Abgabenordnung
Finanzgerichtsordnung

Alphabetische Schnellübersicht

Abgabenordnung

mit Finanzgerichtsordnung
und
Nebengesetzen

Textausgabe mit ausführlichem Sachverzeichnis
und Einführung
von Universitätsprofessor Dr. Klaus Tipke

19. Auflage
Stand 1. Januar 1995

Deutscher
Taschenbuch
Verlag

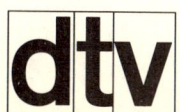

Sonderausgabe unter redaktioneller Verantwortung
des Verlages C. H. Beck, München
Umschlaggestaltung: Celestino Piatti
Gesamtherstellung: C. H. Beck'sche Buchdruckerei, Nördlingen
ISBN 3423055480 (dtv)
ISBN 3406393411 (C. H. Beck)

Inhaltsverzeichnis

Einführung

Von Universitätsprofessor Dr. Klaus Tipke, Köln

I.

Die Abgabenordnung gilt aufgrund Art. 8 des Einigungsvertrages vom 31. 8. 1990 mit Zustimmungsgesetz vom 23. 9. 1990, BGBl. II S. 885, seit dem 29. 9. 1990 (s. Bekanntmachung vom 16. 10. 1990, BGBl. II, 1360) auch in den Ländern auf dem Gebiet der ehemaligen DDR. Jedoch sind die in Art. 97a des Einführungsgesetzes zur Abgabenordnung vorgeschriebenen Überleitungsbestimmungen zu beachten (abgedruckt in diesem Band unter Nr. 1.2).

Die Abgabenordnung enthält den *allgemeinen Teil des Steuerrechts*. Man könnte sie auch als allgemeines Steuergesetz bezeichnen. Sie faßt diejenigen Vorschriften zusammen, die für alle oder für mehrere Steuerarten gelten. Sie ist für das Steuerrecht das, was für das Zivilrecht der allgemeine Teil des Bürgerlichen Gesetzbuches ist. Nicht viele Staaten der Welt besitzen einen solchen kodifizierten allgemeinen Teil des Steuerrechts. Im Weltvergleich nimmt die Abgabenordnung trotz gewisser Schwächen einen sehr guten Platz ein.

Die Abgabenordnung pflegt auch als *Steuergrundgesetz* oder als Grundgesetz der Besteuerung bezeichnet zu werden. Die fundamentalen Prinzipien des Steuerrechts ergeben sich aber aus dem Grundgesetz selbst. Sie sind in der Abgabenordnung auch nicht konkretisiert worden. Die Abgabenordnung enthält nur mittelbare Vorschriften zur Gesetzmäßigkeit und zur Gleichmäßigkeit der Besteuerung (§§ 3, 38, 85). Der dominierende Eindruck, den die Abgabenordnung hinterläßt, ist überhaupt ein technischer. Als ein die Besteuerung beherrschendes, in der Abgabenordnung geregeltes Prinzip ist allerdings das *Steuergeheimnis* (§ 30) zu nennen.

Anders als etwa das Verwaltungsverfahrensgesetz enthält die Abgabenordnung nicht nur *Verfahrensrecht*, sondern *auch materielles Recht*. In ihr finden sich insb. allgemeine Begriffsbestimmungen, die allgemeinen Vorschriften zum Steuerrechtsverhältnis (insb. zum Steuerschuldverhältnis), das Steuerverfahrensrecht für das Verfahren vor den Finanzbehörden und das Steuerstraf- und Steuerordnungswidrigkeitenrecht.

Die Abgabenordnung ist zwar als eine umfassende Kodifikation des allgemeinen Steuerrechts gedacht; sie regelt aber nicht alles, was von Experten für regelungsbedürftig gehalten wird. Im Interesse der Rechtssicherheit der Steuerpflichtigen ist gefordert worden, *Zusagen* (das sind verbindliche Rechtsauskünfte) und *Steuerklauseln* gesetzlich zu verankern. Das ist bisher nicht geschehen; offenbar fürchtet der Gesetzgeber, die an Personalnot leidende Finanzverwaltung könnte überfordert werden. Immerhin ist am 24. 6. 1987 der sog. Zusageerlaß ergangen (BStBl. 1987 I S. 474). Er räumt mit etlichen Ein-

Einführung

schränkungen aus Gründen des Vertrauensschutzes den Steuerpflichtigen grundsätzlich einen Anspruch auf Zusage ein.

Die Steuergesetze enthalten nicht nur Vorschriften, die für Steuereinnahmen sorgen wollen, sondern auch solche, die der Wirtschafts*lenkung* dienen, insbesondere Steuerpflichtige (verdeckt) subventionieren. Diese Seite des Steuerrechts ignoriert die Abgabenordnung noch weitgehend, berücksichtigt sie jedenfalls nicht als etwas Besonderes. Vor allem im wirtschaftslenkenden Bereich können die Betroffenen auch Willenserklärungen abgeben, die Rechtsverhältnisse insbesondere durch Wahl- und Gestaltungsrechte beeinflussen. Während die Abgabenordnung sich indessen sehr ausführlich mit dem Handeln der Finanzbehörden durch Verwaltungsakte befaßt, nimmt sie von den Willenserklärungen Privater keine Notiz.

Im Steuerrecht gilt die *wirtschaftliche Betrachtungsweise;* sie ist ein Reflex der Besteuerung nach der wirtschaftlichen Leistungsfähigkeit. Sie ist eine Betrachtungsweise, die berücksichtigt, daß die Steuergesetze die Steuerlast an der wirtschaftlichen Leistungsfähigkeit messen wollen. Konstituierend für die Rechtsanwendung im Steuerrecht sind – als Ausfluß einer wirtschaftlichen Betrachtungsweise – die §§ 39–41. § 42, wonach die Steuerumgehung rechtlich unerheblich ist, erklärt sich ebenfalls aus der wirtschaftlichen Betrachtungsweise; denn die Umgehung besteht in einer den wirtschaftlichen Vorgängen oder Verhältnissen nicht angemessenen rechtlichen (insbesondere zivilrechtlichen) Gestaltung.

Die Begriffsbestimmungen der §§ 8–14 sind insbesondere von Bedeutung für die Abgrenzung der unbeschränkten von der beschränkten Steuerpflicht.

Der Teil *„Steuerschuldrecht"* (§§ 33 ff.) enthält überwiegend Vorschriften über Entstehung, Inhalt und Beendigung (Erlöschen) des Steuerschuldverhältnisses. Er ist in Anlehnung an die Reichsabgabenordnung noch zu einseitig auf die „Pflichten" des Steuerpflichtigen zugeschnitten. Wer eine Steuer schuldet, haftet mit seinem Vermögen für die Erfüllung der Steuerschuld. Die Abgabenordnung regelt aber auch die Gesamtschuld (§ 44) und die wesentlichen Fälle, in denen Personen für die Erfüllung der Steuerschuld eines anderen *haften* (§§ 69–76), weil sie den Steueranspruch durch Pflichtwidrigkeiten gefährdet haben oder weil die Haftungssubstanz, auf die normalerweise zurückgegriffen werden kann, sich in ihrer (der Haftenden) Hand und nicht in der Hand des Steuerschuldners befindet.

Im Teil Steuerschuldrecht ist auch das allgemeine *Gemeinnützigkeitsrecht* untergebracht. Mehrere Einzelsteuergesetze befreien gemeinnützige Körperschaften, insbesondere gemeinnützige Vereine, von Steuern oder begünstigen sie in anderer Weise. Die Einzelheiten dazu sind in den §§ 51 bis 68 AO geregelt. Das Vereinsförderungsgesetz vom 18. 12. 1989, BGBl. I S. 2212, begünstigen durch Erweiterung des § 52 Abs. 2 AO seit 1990 auch Vereine, die folgende Zwecke verfolgen: die Förderung der Tierzucht, der Pflanzenzucht, der

Kleingärtnerei, des traditionellen Brauchtums, einschließlich des Karnevals, der Fastnacht und des Faschings, der Soldaten- und Reservistenbetreuung, des Amateurfunkens, des Modellflugs und des Hundesports. Die Kritik sieht in dieser Erweiterung eine kasuistische, den Gleichheitssatz strapazierende Denaturierung des herkömmlichen Gemeinnützigkeitsbegriffs in den Freizeitbereich hinein. Viele Vereine unterhalten steuerpflichtige wirtschaftliche Geschäftsbetriebe. Aus Vereinfachungsgründen bleiben künftig aber auch wirtschaftliche Geschäftsbetriebe steuerfrei, wenn sie nicht mehr als 60 000 DM im Jahr umsetzen (s. § 64 Abs. 3 AO).

Die Finanzbehörden haben die Aufgabe, die Steuergesetze gleichmäßig anzuwenden und Verkürzungen von Steuern zu verhindern (s. § 85). Der Erfüllung dieser Aufgabe dienen das allgemeine Besteuerungsverfahren (§§ 86 ff., 149 ff.), die Außenprüfung – für Unternehmer auch als Betriebsprüfung bezeichnet – (§§ 193 ff.), die Steuerfahndung (§ 208) und die Steueraufsichtsmaßnahmen in Zoll- und Verbrauchsteuersachen (§§ 209 ff.). Die Übersicht über diese Sachaufklärungsvorschriften ist dadurch erschwert, daß sie auseinandergerissen sind.

In den einzelnen Verfahren bestehen für die Steuerpflichtigen Mitwirkungspflichten (§ 90 in Verbindung mit §§ 93 ff. und §§ 134 ff.; § 200; § 208 Abs. 1), die mit Zwangsmitteln (§§ 328 ff.) durchgesetzt werden können. Ein Auskunftsverweigerungsrecht wegen Gefahr der Strafverfolgung wird dem Steuerpflichtigen nicht zugestanden. Allerdings bestimmt § 393 Abs. 1 Satz 2 AO, daß Zwangsmittel unzulässig sind, wenn der Steuerpflichtige dadurch gezwungen würde, sich selbst wegen einer von ihm begangenen Steuerstraftat oder Steuerordnungswidrigkeit zu belasten. Die Steuerpflichtigen haben ein Recht auf Gehör (§ 91; §§ 199 Abs. 2, 202; § 208 Abs. 1).

Die *Steuerfahndung* ist hauptsächlich ein Mittel zur Ermittlung von Steuerstrafsachen (§ 208 Abs. 1 Nr. 1, 2); sie darf aber (auch außerhalb des Steuerstrafverfahrens) zur Ermittlung unbekannter Steuerfälle eingesetzt werden (§ 208 Abs. 1, 3).

Der Aufgabe, die Steuern nach Maßgabe der Gesetze gleichmäßig festzusetzen und Steuerverkürzungen zu verhindern (§ 85), können die überlasteten Finanzbehörden nicht voll nachkommen. Andere Personen als die Steuerpflichtigen selbst (s. § 93) werden selten gehört; die eidliche Vernehmung solcher Personen (§ 94) kommt in der Praxis kaum vor. Auch pflegen die Finanzbehörden kaum je Sachverständige (s. § 96) zuzuziehen.

Eine gleichmäßig intensive Sachaufklärung in Steuersachen ist in der Realität nicht gewährleistet; sie wird zum Teil sogar durch das Gesetz verhindert. Am wirksamsten ist die Besteuerung des Arbeitslohns durch den Lohnsteuerabzug an der Quelle. Eine *Außenprüfung* ist uneingeschränkt nur bei Unternehmen zulässig (§ 193 Abs. 1), bei anderen Steuerpflichtigen nur unter bestimmten Voraussetzungen (§ 193 Abs. 2). Es müssen auch nicht bei allen Unternehmen Außen-

Einführung

prüfungen durchgeführt werden. Praktisch werden nur Großbetriebe lückenlos geprüft. Mittelbetriebe werden in größeren Abständen geprüft, soweit die Steuern noch nicht verjährt sind. Klein- und Kleinstbetriebe werden selten oder gar nicht geprüft. Renteneinkünfte pflegen überhaupt nicht darauf überprüft zu werden, inwieweit sie steuerpflichtig sind. Einkünfte aus Kapitalvermögen, auch Zinseinkünfte, unterliegen seit dem 1. 1. 1993 einer Quellensteuer (als Zinsabschlag bezeichnet), soweit nicht der Freibetrag geltend gemacht wird. Soweit die Steuerschuld dadurch nicht abgegolten ist, eröffnet § 30a weiterhin Steuerverkürzungsmöglichkeiten.

Unter bestimmten Voraussetzungen kann sich die Sachaufklärung mit einer *Schätzung* der Besteuerungsgrundlagen (§ 162) behelfen.

Die Sachaufklärung in Steuersachen endet, wenn sich eine Steuerschuld ergibt, mit der Steuerfestsetzung (§§ 155 ff.); der Steuerfestsetzung kann eine gesonderte Feststellung von Besteuerungsgrundlagen (§§ 179 ff.) oder eine Festsetzung, Zerlegung und Zuteilung von Steuermeßbeträgen (§§ 184 ff.) vorausgehen müssen.

Große Bedeutung hat § 164. Danach können die *Steuern unter dem Vorbehalt der Nachprüfung festgesetzt werden.* Durch die Vorbehaltsfestsetzung wird die Erhebung von Steuern beschleunigt. Das Finanzamt kann die Steuer zunächst entsprechend der Steuererklärung oder aufgrund einer provisorischen Prüfung festsetzen und die endgültige Festsetzung der Steuer bis nach einer intensiveren Überprüfung des Steuerfalles (insbesondere durch eine Außenprüfung) bis zum Eintritt der Festsetzungsverjährung aufschieben. Unter bestimmten Voraussetzungen (s. § 165) können Steuern auch *vorläufig festgesetzt* werden; das gilt nunmehr auch in Fällen, in denen einschlägige (die Festsetzung möglicherweise beeinflussende) Verfahren beim Bundesverfassungsgericht anhängig sind.

Die Festsetzung der Steuer und die Korrektur einer Steuerfestsetzung ist nur bis zum Ablauf einer Festsetzungsfrist möglich (sog. *Festsetzungsverjährung*). Die Festsetzungsverjährungsfrist ist einstweilen auf vier Jahre festgesetzt worden. Wegen der Fristberechnung wird auf §§ 169 ff. hingewiesen.

Das Besteuerungsverfahren ist ein *Massenverfahren.* Es kann daher nicht mit der Gründlichkeit eines Gerichtsverfahrens durchgeführt werden. Das macht es notwendig, daß Steuerverwaltungsakte unter gewissen Voraussetzungen korrigiert werden müssen. Der Gesetzgeber hat aber nicht einseitig für Rechtsrichtigkeit zu sorgen, sondern auch das Interesse der Steuerpflichtigen an Rechtssicherheit zu beachten, folglich einen angemessenen Kompromiß zu finden. Das ist in den §§ 130, 131 geschehen. Die Bedeutung dieser Vorschriften ist allerdings relativ gering, weil der Hauptverwaltungsakt des Steuerrechts der Steuerbescheid ist und für seine Korrektur Spezialregeln gelten (§§ 172 ff.), deren Bedeutung wiederum durch § 164 stark herabgesetzt wird. Die komplizierten §§ 130, 131 lehnen sich an das

Verwaltungsverfahrensgesetz an, vermögen aber für Geld-Verwaltungsakte nicht durchweg zu befriedigen.

In einem besonderen Teil der Abgabenordnung ist das *Erhebungsverfahren* geregelt. In diesem Teil sind auch die Vorschriften über *Fälligkeit, Stundung, Zahlungsaufschub, Zahlung, Aufrechnung, Billigkeitserlaß, Zahlungsverjährung, Verzinsung und Säumniszuschläge* plaziert (§§ 218 ff.). Verzinst werden Ansprüche aus dem Steuerschuldverhältnis nur, soweit die Abgabenordnung es ausdrücklich vorschreibt. Das Gesetz kannte bisher Stundungszinsen (§ 234), Hinterziehungszinsen (§ 235), Zinsen auf Erstattungen (§ 236) und Zinsen bei Aussetzung der Vollziehung (§ 237). 1988 neu eingeführt worden ist durch § 233a eine allgemeine Verzinsung von Steuerforderungen und -erstattungen. Sie soll einen Ausgleich dafür schaffen, daß die Steuern verschiedener Steuerpflichtiger zu verschiedenen Zeitpunkten festgesetzt und fällig werden. Die Verzinsung beginnt grundsätzlich 15 Monate nach Ende des Steuerjahres und läuft bis zur Fälligkeit des Anspruchs; sie läuft aber höchstens vier Jahre, was sich bei späten Außenprüfungen auswirken kann. § 233a gilt erstmals für Ansprüche, die nach dem 31. 12. 1988 entstehen.

Erfüllt der Steuerpflichtige die Steuerschuld nicht freiwillig, so kommt es zu dem in einem besonderen Teil des Gesetzes geregelten Vollstreckungsverfahren (§§ 249 ff.).

Das Gesetz regelt auch das *außergerichtliche Rechtsbehelfsverfahren* (§§ 247 ff.). Jeder Verwaltungsakt kann entweder mit dem Einspruch (s. § 348 AO) oder mit der Beschwerde (s. § 349 AO) angefochten werden. Erteilt die Behörde keinen Verwaltungsakt, bleibt sie untätig, so kommt die Untätigkeitsbeschwerde (§ 349 Abs. 2 AO) in Betracht. Über Einspruch und Beschwerde entscheiden nicht die Finanzgerichte, sondern die Finanzbehörden. Dieses „Verwaltungsvorverfahren" ist grundsätzlich die nötige Vorstufe vor dem Gerichtsverfahren (s. § 44 Finanzgerichtsordnung – FGO –). Das Finanzgericht kann regelmäßig nicht unmittelbar, sondern erst angerufen werden, nachdem vorher erfolglos Einspruch oder Beschwerde erhoben worden ist. Verfahrenskosten sind für dieses Vorverfahren nicht vorgesehen.

Das doppelgleisige außergerichtliche Rechtsbehelfsverfahren (Einspruch, Beschwerde) ist mit Wirkung ab (seit) 1. 1. 1996 durch ein einheitliches Einspruchsverfahren ersetzt. Die alte und die neue Fassung der einschlägigen §§ 347 ff. AO sind auf Seiten 147 ff. nebeneinander abgedruckt. Die §§ 352, 360 V, 363 II, 364a und 364b neuer Fassung sollen das Einspruchsverfahren entkomplizieren, beschleunigen und effizienter gestalten.

Die Anfechtung von Steuerbescheiden hat grundsätzlich keine die Vollziehung des Bescheids hemmende Wirkung; allerdings kann die Vollziehung ausgesetzt werden (§ 361 AO; § 69 FGO).

Der letzte Teil der Abgabenordnung behandelt das *Steuerstrafrecht* und das *Steuerbußgeldrecht*. In diesem Abschnitt sind die Tatbestände

Einführung

formuliert, die nach dem Gesetz *Steuerstraftaten* oder *Steuerordnungswidrigkeiten* sind. Diese Materie ist jedoch in der Abgabenordnung nicht abschließend geregelt. Über die Spezialvorschriften der Abgabenordnung hinaus gelten insbesondere das Strafgesetzbuch, die Strafprozeßordnung, das Gerichtsverfassungsgesetz und das Gesetz über Ordnungswidrigkeiten. Das Steuerstrafrecht ist Blankettrecht. Da die meisten Steuerstraftaten die Entstehung eines Steueranspruchs voraussetzen (Steuern, die nicht entstanden sind, können nicht verkürzt werden), verlangt die Anwendung des Steuerstrafrechts nicht nur strafrechtliche Kenntnisse, sondern insb. auch Kenntnisse des besonderen Steuerrechts.

Die Abgabenordnung 1977 ist im ganzen ein brauchbares Gesetz. Die Krux des Steuerrechts ist nicht sein allgemeiner Teil, sondern der aus einer Vielzahl von verschiedenen komplizierten und unübersichtlichen Steuergesetzen bestehende besondere Teil, der nicht weniger als etwa 50 verschiedene Steuerarten umfaßt.

Der in diesem Band ebenfalls abgedruckte *Anwendungserlaß zur Abgabenordnung* (AEAO) gibt die Meinung der Finanzverwaltung zu Auslegungs- und Zweifelsfragen der Abgabenordnung wieder. An den Anwendungserlaß sind nur die Finanzbehörden, nicht aber die Steuerpflichtigen und ihre Berater gebunden.

II.

Das *Gerichtsverfahren* für Steuersachen ist in der *Finanzgerichtsordnung* geregelt. Das Verfahren beginnt mit der *Klage* zum Finanzgericht (s. §§ 2, 33, 35–37 FGO). Klagen können nur Erfolg haben, wenn der Kläger dartun kann, daß er durch einen Verwaltungsakt (z.B. einen Steuerbescheid oder Steuermeßbescheid) oder durch die Ablehnung (z.B. Ablehnung eines Billigkeitserlasses) oder Unterlassung (z.B. Untätigkeit gegenüber einem Antrag auf Erlaß eines Verwaltungsakts oder einer anderen Leistung) in seinen Rechten verletzt worden ist. Auch wenn Klage erhoben worden ist, darf die Finanzbehörde den Verwaltungsakt grundsätzlich vollziehen; sie darf insb. trotz der anhängigen Klage die festgesetzte Steuer erheben; jedoch ist nach § 69 FGO eine Aussetzung der Vollziehung des Verwaltungsakts möglich, und zwar insb. bei ernstlichen Zweifeln an der Rechtmäßigkeit des Verwaltungsakts.

Urteile der Finanzgerichte können unter bestimmten Voraussetzungen mit der *Revision* angefochten werden (§§ 36, 115 ff. FGO). Der Bundesfinanzhof ist jedoch für den Regelfall nur Rechtsinstanz, nicht Tatsacheninstanz; er prüft die Rechtsanwendung nach, übernimmt aber den vom Finanzgericht zugrundegelegten Sachverhalt, es sei denn, daß bei der Sachaufklärung durch das Finanzgericht Verfahrensfehler vorgekommen und gerügt worden sind.

Die Finanzgerichte und der Bundesfinanzhof sind in einer Weise überlastet, daß das Verfahren sich über mehrere Jahre hinzieht. Es ist daher schon von einer Rechtschutzverweigerung durch Zeitablauf gesprochen worden. Das Gesetz zur Änderung der Finanzgerichtsordnung v. 21. 12. 1992, in Kraft seit 1. 1. 1993, versucht, den Gerichten Entlastung zu verschaffen: Es läßt zu, daß anstelle der Senate (mit drei Berufsrichtern und zwei ehrenamtlichen Richtern) Einzelrichter über tatsächlich und rechtlich einfache Fälle ohne grundsätzliche Bedeutung entscheiden (§ 6) sowie im vorbereitenden Verfahren tätig werden (§§ 79, 79a). Von der Finanzbehörde nicht aufgeklärte Sachen können u. U. an diese zurückgegeben werden (§§ 45 100 III). Da in nicht wenigen Fällen Steuerprozesse geführt werden, um Zeit zu gewinnen (zumal wenn keine Steuererklärung abgegeben worden ist), erlaubt das Gesetz dem Gericht (dem Vorsitzenden oder Berichterstatter), dem Kläger Fristen mit zum Teil ausschließender Wirkung zu setzen (§§ 62 III, 65 II, 79b). Das Prinzip der mündlichen Verhandlung (§§ 81 Satz 1; 90 Abs. 1 Satz 1) ist weitgehend durchbrochen worden (§§ 79a; 90 Abs. 2; 90a; 94), dies allerdings letztlich in keinem Fall gegen den Willen der Prozeßbeteiligten.

Die Finanzgerichtsordnung ist kein vorbildliches Gesetz. Sie ist nicht durchgehend übersichtlich geordnet, die Gesetzessprache nicht selten uneinheitlich und unpräzise. Das ist um so bedauerlicher, als im Verfahren vor den Finanzgerichten (nicht vor dem Bundesfinanzhof) auch Laien auftreten dürfen; sie müssen sich nicht durch einen Rechtsanwalt oder Steuerberater vertreten lassen. Nicht wenige Form- und Verfahrensfehler sollten schon deshalb milde beurteilt werden, weil sie ihre Ursache in den Mängeln des Gesetzes haben. Überhaupt sollten die Richter es vermeiden, daß Bürger durch sinnentleerte Formalien um ihren Rechtsschutz gebracht werden.

1. Abgabenordnung (AO 1977)[1]

Vom 16. März 1976 (BGBl. I S. 613, ber. 1977 I S. 269)

Geändert durch Gesetze vom 2. 7. 1976 (BGBl. I S. 1749), vom 28. 2. 1978 (BGBl. I S. 333), vom 5. 10. 1978 (BGBl. I S. 1645), vom 22. 12. 1978 (BGBl. I S. 2063), vom 1. 2. 1979 (BGBl. I S. 127), vom 26. 11. 1979 (BGBl. I S. 1953), vom 25. 6. 1980 (BGBl. I S. 731 und S. 732), vom 16. 8. 1980 (BGBl. I S. 1381), vom 18. 8. 1980 (BGBl. I S. 1537)[2]), vom 20. 8. 1980 (BGBl. I S. 1545), vom 13. 7. 1981 (BGBl. I S. 625), vom 28. 7. 1981 (BGBl. I S. 681), vom 15. 12. 1981 (BGBl. I S. 1390), vom 22. 12. 1981 (BGBl. I S. 1523), vom 22. 12. 1983 (BGBl. I S. 1577 und S. 1583), vom 19. 12. 1985 (BGBl. I S. 2355 und S. 2436[2])), vom 27. 1. 1987 (BGBl. I S. 475), vom 25. 7. 1988 (BGBl. I S. 1093), vom 18. 12. 1989 (BGBl. I S. 2212), vom 22. 12. 1989 (BGBl. I S. 2408), Einigungsvertrag vom 31. 8. 1990 (BGBl. II S. 889, 968), Gesetze vom 12. 9. 1990 (BGBl. I S. 2002), vom 25. 9. 1990 (BGBl. I S. 2106), vom 13. 12. 1990 (BGBl. I S. 2775), vom 17. 12. 1990 (BGBl. I S. 2847), vom 25. 2. 1992 (BGBl. I S. 297), vom 7. 7. 1992 (BGBl. I S. 1222), vom 25. 8. 1992 (BGBl. I S. 1548), vom 21. 12. 1992 (BGBl. I S. 2109[3])), S. 2118 und S. 2150), vom 23. 6. 1993 (BGBl. I S. 944), vom 21. 12. 1993 (BGBl. I S. 2310)[4]), vom 24. 6. 1994 (BGBl. I S. 1325, S. 1374 und S. 1395[5])), vom 15. 7. 1994 (BGBl. I S. 1566), vom 21. 7. 1994 (BGBl. I S. 1630) und vom 14. 9. 1994 (BGBl. I S. 2325).

BGBl. III 610-1-3

Inhaltsübersicht

Erster Teil. Einleitende Vorschriften

Erster Abschnitt: Anwendungsbereich

---

[1] Beachte Art. 97 Übergangsvorschriften des Einführungsgesetzes zur Abgabenordnung v. 14. 12. 1976 (Nr. **1.2**).
Zur Anwendung der AO im Beitrittsgebiet vgl. Art. 97 a EGAO (Nr. **1.2**).

[2] Art. 14 des G v. 18. 8. 1980 hatte bestimmt, daß die in sachlichem Zusammenhang mit dem Staatshaftungsgesetz stehenden Neuregelungen in den §§ 80 a, 233 und 236 AO gleichzeitig mit diesem in Kraft treten. Da das Staatshaftungsgesetz von Anfang an unwirksam ist (BVerfG Urteil v. 19. 10. 1982, BGBl. I S. 1493), sind die Neuregelungen der §§ 80 a, 233 und 236 AO nicht in Kraft getreten. Durch Art. 5 Abs. 1 des SteuerbereinigungsG 1986 v. 19. 12. 1985 sind die durch G v. 18. 8. 1980 bedingten Änderungen ausdrücklich mWv 1. 1. 1982 gestrichen.

[3] Siehe Art. 7 des FGO-ÄndG:
"Überleitungsvorschrift. Die Zulässigkeit eines Rechtsbehelfs gegen einen Verwaltungsakt richtet sich nach den bisher geltenden Vorschriften, wenn der Verwaltungsakt vor dem Inkrafttreten dieses Gesetzes [in Kraft ab 1. 1. 1993] bekanntgegeben worden ist. Die Zulässigkeit eines Rechtsbehelfs gegen eine gerichtliche Entscheidung richtet sich nach den bisher geltenden Vorschriften, wenn die Entscheidung vor dem Inkrafttreten dieses Gesetzes [in Kraft ab 1. 1. 1993] verkündet oder von Amts wegen anstelle einer Verkündung zugestellt worden ist."

[4] Zur Anwendung der Änderungsvorschriften siehe Art. 97 § 1 Abs. 4 EGAO (Nr. **1.2**).

[5] Siehe Art. 97 § 18 Abs. 3 EGAO (Nr. **1.2**).

Fünfter Teil. Erhebungsverfahren

Erster Abschnitt: Verwirklichung, Fälligkeit und Erlöschen von Ansprüchen
aus dem Steuerschuldverhältnis

1. Unterabschnitt: Verwirklichung und Fälligkeit von Ansprüchen
aus dem Steuerschuldverhältnis

§§

Sechster Teil. Vollstreckung

Erster Abschnitt: Allgemeine Vorschriften

Zweiter Abschnitt: Vollstreckung wegen Geldforderungen
1. Unterabschnitt: Allgemeine Vorschriften

2. Unterabschnitt: Aufteilung einer Gesamtschuld

3. Unterabschnitt: Vollstreckung in das bewegliche Vermögen
I. Allgemeines

II. Vollstreckung in Sachen

Der Bundestag hat mit Zustimmung des Bundesrates das folgende
Gesetz beschlossen:

Erster Teil. Einleitende Vorschriften

Erster Abschnitt: Anwendungsbereich

§ 1 Anwendungsbereich. (1) Dieses Gesetz gilt für alle Steuern
einschließlich der Steuervergütungen, die durch Bundesrecht oder
Recht der Europäischen Gemeinschaften geregelt sind, soweit sie
durch Bundesfinanzbehörden oder durch Landesfinanzbehörden verwaltet werden.

(2) Für die Realsteuern gelten, soweit ihre Verwaltung den Gemeinden übertragen worden ist, die folgenden Vorschriften dieses
Gesetzes entsprechend:

1. die Vorschriften des Ersten, Zweiten und Vierten Abschnitts des
Ersten Teils
(Anwendungsbereich, Steuerliche Begriffsbestimmungen, Steuer-
geheimnis),

2. die Vorschriften des Zweiten Teils
(Steuerschuldrecht),

3. die Vorschriften des Dritten Teils mit Ausnahme der §§ 82 bis 84
(Allgemeine Verfahrensvorschriften),

4. die Vorschriften des Vierten Teils
(Durchführung der Besteuerung),

5. die Vorschriften des Fünften Teils
(Erhebungsverfahren),

6. die §§ 351 und 361 Abs. 1 Satz 2 und Abs. 3,

7. die Vorschriften des Achten Teils
(Straf- und Bußgeldvorschriften, Straf- und Bußgeldverfahren).

(3) [1] Auf steuerliche Nebenleistungen sind die Vorschriften dieses Gesetzes sinngemäß anzuwenden. [2] Der Dritte bis Sechste Abschnitt des Vierten Teils gilt jedoch nur, soweit dies besonders bestimmt wird.

§ 2 Vorrang völkerrechtlicher Vereinbarungen. Verträge mit anderen Staaten im Sinne des Artikels 59 Abs. 2 Satz 1 des Grundgesetzes über die Besteuerung gehen, soweit sie unmittelbar anwendbares innerstaatliches Recht geworden sind, den Steuergesetzen vor.

Zweiter Abschnitt: Steuerliche Begriffsbestimmungen

§ 3 Steuern, steuerliche Nebenleistungen. (1) [1] Steuern sind Geldleistungen, die nicht eine Gegenleistung für eine besondere Leistung darstellen und von einem öffentlich-rechtlichen Gemeinwesen zur Erzielung von Einnahmen allen auferlegt werden, bei denen der Tatbestand zutrifft, an den das Gesetz die Leistungspflicht knüpft; die Erzielung von Einnahmen kann Nebenzweck sein. [2] Zölle und Abschöpfungen sind Steuern im Sinne dieses Gesetzes.

(2) Realsteuern sind die Grundsteuer und die Gewerbesteuer.

(3) Steuerliche Nebenleistungen sind Verspätungszuschläge (§ 152), Zinsen (§§ 233 bis 237), Säumniszuschläge (§ 240), Zwangsgelder (§ 329) und Kosten (§ 178, §§ 337 bis 345).

(4) [1] Das Aufkommen der Zinsen steht den jeweils steuerberechtigten Körperschaften zu. [2] Die übrigen steuerlichen Nebenleistungen fließen den verwaltenden Körperschaften zu.

§ 4 Gesetz. Gesetz ist jede Rechtsnorm.

§ 5 Ermessen. Ist die Finanzbehörde ermächtigt, nach ihrem Ermessen zu handeln, hat sie ihr Ermessen entsprechend dem Zweck der Ermächtigung auszuüben und die gesetzlichen Grenzen des Ermessens einzuhalten.

§ 6 Behörden, Finanzbehörden. (1) Behörde ist jede Stelle, die Aufgaben der öffentlichen Verwaltung wahrnimmt.

(2) Finanzbehörden im Sinne dieses Gesetzes sind die folgenden im Gesetz über die Finanzverwaltung genannten Bundes- und Landesfinanzbehörden:

1. das Bundesministerium der Finanzen und die für die Finanzverwaltung zuständigen obersten Landesbehörden als oberste Behörden,
2. die Bundesmonopolverwaltung für Branntwein, das Bundesamt für Finanzen und das Zollkriminalamt als Bundesoberbehörden,
3. Rechenzentren als Landesoberbehörden,
4. die Oberfinanzdirektionen als Mittelbehörden und
5. die Hauptzollämter einschließlich ihrer Dienststellen, die Zollfahndungsämter, die Finanzämter und die besonderen Landesfinanzbehörden als örtliche Behörden.

§ 7 Amtsträger. Amtsträger ist, wer nach deutschem Recht
1. Beamter oder Richter (§ 11 Abs. 1 Nr. 3 des Strafgesetzbuches) ist,
2. in einem sonstigen öffentlich-rechtlichen Amtsverhältnis steht oder
3. sonst dazu bestellt ist, bei einer Behörde oder bei einer sonstigen Stelle oder in deren Auftrag Aufgaben der öffentlichen Verwaltung wahrzunehmen.

§ 8 Wohnsitz. Einen Wohnsitz hat jemand dort, wo er eine Wohnung unter Umständen innehat, die darauf schließen lassen, daß er die Wohnung beibehalten und benutzen wird.

§ 9 Gewöhnlicher Aufenthalt. [1]Den gewöhnlichen Aufenthalt hat jemand dort, wo er sich unter Umständen aufhält, die erkennen lassen, daß er an diesem Ort oder in diesem Gebiet nicht nur vorübergehend verweilt. [2]Als gewöhnlicher Aufenthalt im Geltungsbereich dieses Gesetzes ist stets und von Beginn an ein zeitlich zusammenhängender Aufenthalt von mehr als sechs Monaten Dauer anzusehen; kurzfristige Unterbrechungen bleiben unberücksichtigt. [3]Satz 2 gilt nicht, wenn der Aufenthalt ausschließlich zu Besuchs-, Erholungs-, Kur- oder ähnlichen privaten Zwecken genommen wird und nicht länger als ein Jahr dauert.

§ 10 Geschäftsleitung. Geschäftsleitung ist der Mittelpunkt der geschäftlichen Oberleitung.

§ 11 Sitz. Den Sitz hat eine Körperschaft, Personenvereinigung oder Vermögensmasse an dem Ort, der durch Gesetz, Gesellschaftsvertrag, Satzung, Stiftungsgeschäft oder dergleichen bestimmt ist.

§ 12 Betriebstätte. [1]Betriebstätte ist jede feste Geschäftseinrichtung oder Anlage, die der Tätigkeit eines Unternehmens dient.

² Als Betriebstätten sind insbesondere anzusehen:

1. die Stätte der Geschäftsleitung,

2. Zweigniederlassungen,

3. Geschäftsstellen,

4. Fabrikations- oder Werkstätten,

5. Warenlager,

6. Ein- oder Verkaufsstellen,

7. Bergwerke, Steinbrüche oder andere stehende, örtlich fortschreitende oder schwimmende Stätten der Gewinnung von Bodenschätzen,

8. Bauausführungen oder Montagen, auch örtlich fortschreitende
oder schwimmende, wenn

   a) die einzelne Bauausführung oder Montage oder

   b) eine von mehreren zeitlich nebeneinander bestehenden Bauausführungen oder Montagen oder

   c) mehrere ohne Unterbrechung aufeinander folgende Bauausführungen oder Montagen

länger als sechs Monate dauern.

§ 13 Ständiger Vertreter. ¹ Ständiger Vertreter ist eine Person, die
nachhaltig die Geschäfte eines Unternehmens besorgt und dabei dessen Sachweisungen unterliegt. ² Ständiger Vertreter ist insbesondere
eine Person, die für ein Unternehmen nachhaltig

1. Verträge abschließt oder vermittelt oder Aufträge einholt oder

2. einen Bestand von Gütern oder Waren unterhält und davon Aus-
lieferungen vornimmt.

§ 14 Wirtschaftlicher Geschäftsbetrieb. ¹ Ein wirtschaftlicher
Geschäftsbetrieb ist eine selbständige nachhaltige Tätigkeit, durch die
Einnahmen oder andere wirtschaftliche Vorteile erzielt werden und
die über den Rahmen einer Vermögensverwaltung hinausgeht. ² Die
Absicht, Gewinn zu erzielen, ist nicht erforderlich. ³ Eine Vermö-
gensverwaltung liegt in der Regel vor, wenn Vermögen genutzt, zum
Beispiel Kapitalvermögen verzinslich angelegt oder unbewegliches
Vermögen vermietet oder verpachtet wird.

§ 15 Angehörige. (1) Angehörige sind:

1. der Verlobte,

2. der Ehegatte,

3. Verwandte und Verschwägerte gerader Linie,

4. Geschwister,

5. Kinder der Geschwister,

6. Ehegatten der Geschwister und Geschwister der Ehegatten,

7. Geschwister der Eltern,

8. Personen, die durch ein auf längere Dauer angelegtes Pflegeverhältnis mit häuslicher Gemeinschaft wie Eltern und Kind miteinander verbunden sind (Pflegeeltern und Pflegekinder).

(2) Angehörige sind die in Absatz 1 aufgeführten Personen auch dann, wenn

1. in den Fällen der Nummern 2, 3 und 6 die die Beziehung begründende Ehe nicht mehr besteht;

2. in den Fällen der Nummern 3 bis 7 die Verwandtschaft oder Schwägerschaft durch Annahme als Kind erloschen ist;

3. im Falle der Nummer 8 die häusliche Gemeinschaft nicht mehr besteht, sofern die Personen weiterhin wie Eltern und Kind miteinander verbunden sind.

Dritter Abschnitt: Zuständigkeit der Finanzbehörden

§ 16 Sachliche Zuständigkeit. Die sachliche Zuständigkeit der Finanzbehörden richtet sich, soweit nichts anderes bestimmt ist, nach dem Gesetz über die Finanzverwaltung.

§ 17 Örtliche Zuständigkeit. Die örtliche Zuständigkeit richtet sich, soweit nichts anderes bestimmt ist, nach den folgenden Vorschriften.

§ 18 Gesonderte Feststellungen. (1) Für die gesonderten Feststellungen nach § 180 ist örtlich zuständig:

1. bei Betrieben der Land- und Forstwirtschaft, bei Grundstücken, Betriebsgrundstücken und Mineralgewinnungsrechten das Finanzamt, in dessen Bezirk der Betrieb, das Grundstück, das Betriebsgrundstück, das Mineralgewinnungsrecht oder, wenn sich der Betrieb, das Grundstück, das Betriebsgrundstück oder das Mineralgewinnungsrecht auf die Bezirke mehrerer Finanzämter erstreckt, der wertvollste Teil liegt (Lagefinanzamt),

2. bei gewerblichen Betrieben mit Geschäftsleitung im Geltungsbereich dieses Gesetzes das Finanzamt, in dessen Bezirk sich die Geschäftsleitung befindet, bei gewerblichen Betrieben ohne Geschäftsleitung im Geltungsbereich dieses Gesetzes das Finanzamt, in dessen Bezirk eine Betriebsstätte – bei mehreren Betriebsstätten die wirtschaftlich bedeutendste – unterhalten wird (Betriebsfinanzamt),

3. bei freiberuflicher Tätigkeit das Finanzamt, von dessen Bezirk aus die Berufstätigkeit vorwiegend ausgeübt wird,

4. bei einer Beteiligung mehrerer Personen an anderen Einkünften als Einkünften aus Land- und Forstwirtschaft, aus Gewerbebetrieb oder aus freiberuflicher Tätigkeit, die nach § 180 Abs. 1 Nr. 2

Buchstabe a gesondert festgestellt werden, das Finanzamt, von dessen Bezirk die Verwaltung dieser Einkünfte ausgeht, oder, wenn diese im Geltungsbereich dieses Gesetzes nicht feststellbar ist, das Finanzamt, in dessen Bezirk sich der wertvollste Teil des Vermögens, aus dem die gemeinsamen Einkünfte fließen, befindet. ²Dies gilt sinngemäß auch bei einer gesonderten Feststellung nach § 180 Abs. 1 Nr. 3 oder nach § 180 Abs. 2.

(2) ¹Ist eine gesonderte Feststellung mehreren Steuerpflichtigen gegenüber vorzunehmen und läßt sich nach Absatz 1 die örtliche Zuständigkeit nicht bestimmen, so ist jedes Finanzamt örtlich zuständig, das nach den §§ 19 oder 20 für die Steuern vom Einkommen und Vermögen eines Steuerpflichtigen zuständig ist, dem ein Anteil an dem Gegenstand der Feststellung zuzurechnen ist. ²Soweit dieses Finanzamt auf Grund einer Verordnung nach § 17 Abs. 2 Satz 3 und 4 des Finanzverwaltungsgesetzes sachlich nicht für die gesonderte Feststellung zuständig ist, tritt an seine Stelle das sachlich zuständige Finanzamt.

§ 19 Steuern vom Einkommen und Vermögen natürlicher Personen. (1) ¹Für die Besteuerung natürlicher Personen nach dem Einkommen und Vermögen ist das Finanzamt örtlich zuständig, in dessen Bezirk der Steuerpflichtige seinen Wohnsitz oder in Ermangelung eines Wohnsitzes seinen gewöhnlichen Aufenthalt hat (Wohnsitzfinanzamt). ²Bei mehrfachem Wohnsitz im Geltungsbereich des Gesetzes ist der Wohnsitz maßgebend, an dem sich der Steuerpflichtige vorwiegend aufhält; bei mehrfachem Wohnsitz eines verheirateten Steuerpflichtigen, der von seinem Ehegatten nicht dauernd getrennt lebt, ist der Wohnsitz maßgebend, an dem sich die Familie vorwiegend aufhält. ³Für die nach § 1 Abs. 2 und 3 des Einkommensteuergesetzes und nach § 1 Abs. 2 des Vermögensteuergesetzes unbeschränkt steuerpflichtigen Personen ist das Finanzamt örtlich zuständig, in dessen Bezirk sich die zahlende öffentliche Kasse befindet.

(2) ¹Liegen die Voraussetzungen des Absatzes 1 nicht vor, so ist das Finanzamt örtlich zuständig, in dessen Bezirk sich das Vermögen des Steuerpflichtigen und, wenn dies für mehrere Finanzämter zutrifft, in dessen Bezirk sich der wertvollste Teil des Vermögens befindet. ²Hat der Steuerpflichtige kein Vermögen im Geltungsbereich des Gesetzes, so ist das Finanzamt örtlich zuständig, in dessen Bezirk die Tätigkeit im Geltungsbereich des Gesetzes vorwiegend ausgeübt oder verwertet wird oder worden ist.

(3) ¹Gehören zum Bereich der Wohnsitzgemeinde mehrere Finanzämter und übt ein Steuerpflichtiger mit Einkünften aus Land- und Forstwirtschaft, Gewerbebetrieb oder freiberuflicher Tätigkeit diese Tätigkeit innerhalb der Wohnsitzgemeinde, aber im Bezirk eines anderen Finanzamts als dem des Wohnsitzfinanzamts aus, so ist abweichend von Absatz 1 jenes Finanzamt zuständig, wenn es nach

§ 18 Abs. 1 Nr. 1, 2 oder 3 für eine gesonderte Feststellung dieser Einkünfte zuständig wäre. [2]Einkünfte aus Gewinnanteilen sind bei Anwendung des Satzes 1 nur dann zu berücksichtigen, wenn sie die einzigen Einkünfte des Steuerpflichtigen im Sinne des Satzes 1 sind.

(4) Steuerpflichtige, die zusammen zu veranlagen sind oder zusammen veranlagt werden können, sind bei Anwendung des Absatzes 3 so zu behandeln, als seien ihre Einkünfte von einem Steuerpflichtigen bezogen worden.

(5) [1]Durch Rechtsverordnung der Landesregierung kann bestimmt werden, daß als Wohnsitzgemeinde im Sinne des Absatzes 3 ein Gebiet gilt, das mehrere Gemeinden umfaßt, soweit dies mit Rücksicht auf die Wirtschafts- oder Verkehrsverhältnisse, den Aufbau der Verwaltungsbehörden oder andere örtliche Bedürfnisse zweckmäßig erscheint. [2]Die Landesregierung kann die Ermächtigung auf die für die Finanzverwaltung zuständige oberste Landesbehörde übertragen.

§ 20 Steuern vom Einkommen und Vermögen der Körperschaften, Personenvereinigungen, Vermögensmassen. (1) Für die Besteuerung von Körperschaften, Personenvereinigungen und Vermögensmassen nach dem Einkommen und Vermögen ist das Finanzamt örtlich zuständig, in dessen Bezirk sich die Geschäftsleitung befindet.

(2) Befindet sich die Geschäftsleitung nicht im Geltungsbereich des Gesetzes oder läßt sich der Ort der Geschäftsleitung nicht feststellen, so ist das Finanzamt örtlich zuständig, in dessen Bezirk die Steuerpflichtige ihren Sitz hat.

(3) Ist weder die Geschäftsleitung noch der Sitz im Geltungsbereich des Gesetzes, so ist das Finanzamt örtlich zuständig, in dessen Bezirk sich Vermögen der Steuerpflichtigen und, wenn dies für mehrere Finanzämter zutrifft, das Finanzamt, in dessen Bezirk sich der wertvollste Teil des Vermögens befindet.

(4) Befindet sich weder die Geschäftsleitung noch der Sitz noch Vermögen der Steuerpflichtigen im Geltungsbereich des Gesetzes, so ist das Finanzamt örtlich zuständig, in dessen Bezirk die Tätigkeit im Geltungsbereich des Gesetzes vorwiegend ausgeübt oder verwertet wird oder worden ist.

§ 21 Umsatzsteuer. (1) [1]Für die Umsatzsteuer mit Ausnahme der Einfuhrumsatzsteuer ist das Finanzamt zuständig, von dessen Bezirk aus der Unternehmer sein Unternehmen im Geltungsbereich des Gesetzes ganz oder vorwiegend betreibt. [2]Wird das Unternehmen von einem nicht zum Geltungsbereich des Gesetzes gehörenden Ort aus betrieben, so ist das Finanzamt zuständig, in dessen Bezirk der Unternehmer seine Umsätze im Geltungsbereich des Gesetzes ganz oder vorwiegend bewirkt. [3]Abweichend von Satz 2 kann das Bundesministerium der Finanzen zur Sicherung der Besteuerung durch

Rechtsverordnung mit Zustimmung des Bundesrates die örtliche Zuständigkeit einem Finanzamt für den Geltungsbereich des Gesetzes übertragen.

(2) Für die Umsatzsteuer von Personen, die keine Unternehmer sind, ist das Finanzamt zuständig, das auch für die Besteuerung nach dem Einkommen zuständig ist (§§ 19 und 20); in den Fällen des § 180 Abs. 1 Nr. 2 Buchstabe a ist das Finanzamt für die Umsatzsteuer zuständig, das auch für die gesonderte Feststellung zuständig ist (§ 18).

§ 22 Realsteuern. (1) Für die Festsetzung und Zerlegung der Steuermeßbeträge ist bei der Grundsteuer das Lagefinanzamt (§ 18 Abs. 1 Nr. 1) und bei der Gewerbesteuer das Betriebsfinanzamt (§ 18 Abs. 1 Nr. 2) örtlich zuständig.

(2) ¹Soweit die Festsetzung, Erhebung und Beitreibung von Realsteuern den Finanzämtern obliegt, ist dafür das Finanzamt örtlich zuständig, zu dessen Bezirk die hebeberechtigte Gemeinde gehört. ²Gehört eine hebeberechtigte Gemeinde zu den Bezirken mehrerer Finanzämter, so ist von diesen Finanzämtern das Finanzamt örtlich zuständig, das nach Absatz 1 zuständig ist oder zuständig wäre, wenn im Geltungsbereich dieses Gesetzes nur die in der hebeberechtigten Gemeinde liegenden Teile des Betriebes, des Grundstückes oder des Betriebsgrundstückes vorhanden wären.

(3) Absatz 2 gilt sinngemäß, soweit einem Land nach Artikel 106 Abs. 6 Satz 3 des Grundgesetzes das Aufkommen der Realsteuern zusteht.

§ 23 Zölle und Verbrauchsteuern. (1) Für die Zölle und Verbrauchsteuern ist das Hauptzollamt örtlich zuständig, in dessen Bezirk der Tatbestand verwirklicht wird, an den das Gesetz die Steuer knüpft.

(2) ¹Örtlich zuständig ist ferner das Hauptzollamt, von dessen Bezirk aus der Steuerpflichtige sein Unternehmen betreibt. ²§ 21 Satz 2 gilt sinngemäß.

(3) Werden Zölle und Verbrauchsteuern im Zusammenhang mit einer Steuerstraftat oder einer Steuerordnungswidrigkeit geschuldet, so ist auch das Hauptzollamt örtlich zuständig, das für die Strafsache oder die Bußgeldsache zuständig ist.

§ 24 Ersatzzuständigkeit. Ergibt sich die örtliche Zuständigkeit nicht aus anderen Vorschriften, so ist die Finanzbehörde zuständig, in deren Bezirk der Anlaß für die Amtshandlung hervortritt.

§ 25 Mehrfache örtliche Zuständigkeit. ¹Sind mehrere Finanzbehörden zuständig, so entscheidet die Finanzbehörde, die zuerst mit der Sache befaßt worden ist, es sei denn, die zuständigen Finanzbehörden einigen sich auf eine andere zuständige Finanzbehörde oder die gemeinsame fachlich zuständige Aufsichtsbehörde bestimmt, daß eine andere örtlich zuständige Finanzbehörde zu entscheiden hat. [2]Fehlt eine gemeinsame Aufsichtsbehörde, so treffen die fachlich zuständigen Aufsichtsbehörden die Entscheidung gemeinsam.

§ 26[1)] **Zuständigkeitswechsel.** [1]Geht die örtliche Zuständigkeit durch eine Veränderung der sie begründenden Umstände von einer Finanzbehörde auf eine andere Finanzbehörde über, so tritt der Wechsel der Zuständigkeit in dem Zeitpunkt ein, in dem eine der beiden Finanzbehörden hiervon erfährt. [2]Die bisher zuständige Finanzbehörde kann ein Verwaltungsverfahren fortführen, wenn dies unter Wahrung der Interessen der Beteiligten der einfachen und zweckmäßigen Durchführung des Verfahrens dient und die nunmehr zuständige Finanzbehörde zustimmt.

§ 27 Zuständigkeitsvereinbarung. Im Einvernehmen mit der Finanzbehörde, die nach den Vorschriften der Steuergesetze örtlich zuständig ist, kann eine andere Finanzbehörde die Besteuerung übernehmen, wenn der Betroffene zustimmt.

§ 28 Zuständigkeitsstreit. (1) [1]Die gemeinsame fachlich zuständige Aufsichtsbehörde entscheidet über die örtliche Zuständigkeit, wenn sich mehrere Finanzbehörden für zuständig oder für unzuständig halten oder wenn die Zuständigkeit aus anderen Gründen zweifelhaft ist. [2]§ 25 Satz 2 gilt entsprechend.

(2) § 5 Abs. 1 Nr. 7 des Gesetzes über die Finanzverwaltung bleibt unberührt.

§ 29 Gefahr im Verzug. [1]Bei Gefahr im Verzug ist für unaufschiebbare Maßnahmen jede Finanzbehörde örtlich zuständig, in deren Bezirk der Anlaß für die Amtshandlung hervortritt. [2]Die sonst örtlich zuständige Behörde ist unverzüglich zu unterrichten.

Vierter Abschnitt: Steuergeheimnis

§ 30 Steuergeheimnis. (1) Amtsträger haben das Steuergeheimnis zu wahren.

(2) Ein Amtsträger verletzt das Steuergeheimnis, wenn er

1. Verhältnisse eines anderen, die ihm

   a) in einem Verwaltungsverfahren oder einem gerichtlichen Verfahren in Steuersachen,

---

[1)] Abweichend hiervon siehe Überleitungsregelungen aus Anlaß der Herstellung der Einheit Deutschlands (Art. 97 a § 1 EGAO – Nr. **1.2**).

b) in einem Strafverfahren wegen einer Steuerstraftat oder einem Bußgeldverfahren wegen einer Steuerordnungswidrigkeit,

c) aus anderem Anlaß durch Mitteilung einer Finanzbehörde oder durch die gesetzlich vorgeschriebene Vorlage eines Steuerbescheides oder einer Bescheinigung über die bei der Besteuerung getroffenen Feststellungen

bekanntgeworden sind, oder

2. ein fremdes Betriebs- oder Geschäftsgeheimnis, das ihm in einem der in Nummer 1 genannten Verfahren bekanntgeworden ist,

unbefugt offenbart oder verwertet oder

3. nach Nummer 1 oder Nummer 2 geschützte Daten im automatisierten Verfahren unbefugt abruft, wenn sie für eines der in Nummer 1 genannten Verfahren in einer Datei gespeichert sind.

(3) Den Amtsträgern stehen gleich

1. die für den öffentlichen Dienst besonders Verpflichteten (§ 11 Abs. 1 Nr. 4 des Strafgesetzbuches),

1 a. die in § 193 Abs. 2 des Gerichtsverfassungsgesetzes genannten Personen,

2. amtlich zugezogene Sachverständige,

3. die Träger von Ämtern der Kirchen und anderen Religionsgemeinschaften, die Körperschaften des öffentlichen Rechts sind.

(4) Die Offenbarung der nach Absatz 2 erlangten Kenntnisse ist zulässig, soweit

1. sie der Durchführung eines Verfahrens im Sinne des Absatzes 2 Nr. 1 Buchstaben a und b dient,

2. sie durch Gesetz ausdrücklich zugelassen ist,

3. der Betroffene zustimmt,

4. sie der Durchführung eines Strafverfahrens wegen einer Tat dient, die keine Steuerstraftat ist, und die Kenntnisse

a) in einem Verfahren wegen einer Steuerstraftat oder Steuerordnungswidrigkeit erlangt worden sind; dies gilt jedoch nicht für solche Tatsachen, die der Steuerpflichtige in Unkenntnis der Einleitung des Strafverfahrens oder des Bußgeldverfahrens offenbart hat oder die bereits vor Einleitung des Strafverfahrens oder des Bußgeldverfahrens im Besteuerungsverfahren bekanntgeworden sind, oder

b) ohne Bestehen einer steuerlichen Verpflichtung oder unter Verzicht auf ein Auskunftsverweigerungsrecht erlangt worden sind,

5. für sie ein zwingendes öffentliches Interesse besteht; ein zwingendes öffentliches Interesse ist namentlich gegeben, wenn

a) Verbrechen und vorsätzliche schwere Vergehen gegen Leib und Leben oder gegen den Staat und seine Einrichtungen verfolgt werden oder verfolgt werden sollen,

b) Wirtschaftsstraftaten verfolgt werden oder verfolgt werden sollen, die nach ihrer Begehungsweise oder wegen des Umfangs des durch sie verursachten Schadens geeignet sind, die wirtschaftliche Ordnung erheblich zu stören oder das Vertrauen der Allgemeinheit auf die Redlichkeit des geschäftlichen Verkehrs oder auf die ordnungsgemäße Arbeit der Behörden und der öffentlichen Einrichtungen erheblich zu erschüttern,

oder

c) die Offenbarung erforderlich ist zur Richtigstellung in der Öffentlichkeit verbreiteter unwahrer Tatsachen, die geeignet sind, das Vertrauen in die Verwaltung erheblich zu erschüttern; die Entscheidung trifft die zuständige oberste Finanzbehörde im Einvernehmen mit dem Bundesministerium der Finanzen; vor der Richtigstellung soll der Steuerpflichtige gehört werden.

(5) Vorsätzlich falsche Angaben des Betroffenen dürfen den Strafverfolgungsbehörden gegenüber offenbart werden.

(6) [1] Der automatisierte Abruf von Daten, die für eines der in Absatz 2 Nr. 1 genannten Verfahren in einer Datei gespeichert sind, ist nur zulässig, soweit er der Durchführung eines Verfahrens im Sinne des Absatzes 2 Nr. 1 Buchstaben a und b oder der zulässigen Weitergabe von Daten dient. [2] Zur Wahrung des Steuergeheimnisses kann das Bundesministerium der Finanzen durch Rechtsverordnung mit Zustimmung des Bundesrates bestimmen, welche technischen und organisatorischen Maßnahmen gegen den unbefugten Abruf von Daten zu treffen sind. [3] Insbesondere kann es nähere Regelungen treffen über die Art der Daten, deren Abruf zulässig ist, sowie über den Kreis der Amtsträger, die zum Abruf solcher Daten berechtigt sind. [4] Die Rechtsverordnungen bedürfen nicht der Zustimmung des Bundesrates, soweit sie Zölle und Verbrauchsteuern, mit Ausnahme der Biersteuer, betreffen.

§ 30a Schutz von Bankkunden. (1) Bei der Ermittlung des Sachverhalts (§ 88) haben die Finanzbehörden auf das Vertrauensverhältnis zwischen den Kreditinstituten und deren Kunden besonders Rücksicht zu nehmen.

(2) Die Finanzbehörden dürfen von den Kreditinstituten zum Zwecke der allgemeinen Überwachung die einmalige oder periodische Mitteilung von Konten bestimmter Art oder bestimmter Höhe nicht verlangen.

(3) [1] Die Guthabenkonten oder Depots, bei deren Errichtung eine Legitimationsprüfung nach § 154 Abs. 2 vorgenommen worden ist, dürfen anläßlich der Außenprüfung bei einem Kreditinstitut nicht zwecks Nachprüfung der ordnungsmäßigen Versteuerung festgestellt oder abgeschrieben werden. [2] Die Ausschreibung von Kontrollmitteilungen soll insoweit unterbleiben.

(4) In Vordrucken für Steuererklärungen soll die Angabe der Nummern von Konten und Depots, die der Steuerpflichtige bei Kreditinstituten unterhält, nicht verlangt werden, soweit nicht steuermindernde Ausgaben oder Vergünstigungen geltend gemacht werden oder die Abwicklung des Zahlungsverkehrs mit dem Finanzamt dies bedingt.

(5) [1] Für Auskunftsersuchen an Kreditinstitute gilt § 93. [2] Ist die Person des Steuerpflichtigen bekannt und gegen ihn kein Verfahren wegen einer Steuerstraftat oder einer Steuerordnungswidrigkeit eingeleitet, soll auch im Verfahren nach § 208 Abs. 1 Satz 1 ein Kreditinstitut erst um Auskunft und Vorlage von Urkunden gebeten werden, wenn ein Auskunftsersuchen an den Steuerpflichtigen nicht zum Ziele führt oder keinen Erfolg verspricht.

§ 31 Mitteilung von Besteuerungsgrundlagen. (1) Die Finanzbehörden sind berechtigt, Besteuerungsgrundlagen, Steuermeßbeträge und Steuerbeträge an Körperschaften des öffentlichen Rechts einschließlich der Religionsgemeinschaften, die Körperschaften des öffentlichen Rechts sind, zur Festsetzung von solchen Abgaben mitzuteilen, die an diese Besteuerungsgrundlagen, Steuermeßbeträge oder Steuerbeträge anknüpfen.

(2) Die Finanzbehörden sind berechtigt, die nach § 30 geschützten Verhältnisse des Betroffenen der Künstlersozialkasse und den Trägern der gesetzlichen Sozialversicherung zum Zwecke der Festsetzung von Beiträgen mitzuteilen.

(3) Die für die Verwaltung der Grundsteuer zuständigen Behörden sind berechtigt, die nach § 30 geschützten Namen und Anschriften von Grundstückseigentümern, die bei der Verwaltung der Grundsteuer bekannt geworden sind, zur Verwaltung anderer Abgaben sowie zur Erfüllung sonstiger öffentlicher Aufgaben zu verwenden oder den hierfür zuständigen Gerichten, Behörden oder juristischen Personen des öffentlichen Rechts auf Ersuchen mitzuteilen, soweit nicht überwiegende schutzwürdige Interessen des Betroffenen entgegenstehen.

§ 31a Mitteilungen zur Bekämpfung der illegalen Beschäftigung und des Leistungsmißbrauchs. (1) [1] Die Offenbarung der nach § 30 geschützten Verhältnisse des Betroffenen ist zulässig, soweit sie der Bekämpfung der Schwarzarbeit dient und der Betroffene schuldhaft seine steuerlichen Pflichten verletzt hat. [2] Gleiches gilt, wenn ein Arbeitnehmer ohne die erforderliche Erlaubnis nach § 19 Abs. 1 des Arbeitsförderungsgesetzes beschäftigt oder tätig wird.

(2) [1] Die Finanzbehörden sind berechtigt, der Bundesanstalt für Arbeit Tatsachen mitzuteilen, die zu der Versagung, der Rücknahme oder dem Widerruf einer Erlaubnis nach dem Arbeitnehmerüberlassungsgesetz führen können. [2] Sie dürfen der Bundesanstalt Anhaltspunkte für eine unerlaubte Arbeitnehmerüberlassung mitteilen.

(3) ¹Die Finanzbehörden sind berechtigt, den Sozialleistungsträgern und Subventionsgebern Tatsachen mitzuteilen, die zur Aufhebung eines Verwaltungakts, auf Grund dessen Sozialleistungen erbracht worden sind oder erbracht werden, zur Erstattung von Sozialleistungen führen können oder subventionserheblich im Sinne des § 264 Abs. 7 des Strafgesetzbuches sind. ²Eine Verwendung der mitgeteilten Tatsachen für andere Zwecke ist nur unter den Voraussetzungen des § 30 Abs. 4 und 5 zulässig.

Fünfter Abschnitt: Haftungsbeschränkung für Amtsträger

§ 32 Haftungsbeschränkung für Amtsträger. Wird infolge der Amts- oder Dienstpflichtverletzung eines Amtsträgers

1. eine Steuer oder eine steuerliche Nebenleistung nicht, zu niedrig oder zu spät festgesetzt, erhoben oder beigetrieben oder

2. eine Steuererstattung oder Steuervergütung zu Unrecht gewährt oder

3. eine Besteuerungsgrundlage oder eine Steuerbeteiligung nicht, zu niedrig oder zu spät festgesetzt,

so kann er nur in Anspruch genommen werden, wenn die Amts- oder Dienstpflichtverletzung mit einer Strafe bedroht ist.

Zweiter Teil. Steuerschuldrecht

Erster Abschnitt: Steuerpflichtiger

§ 33 Steuerpflichtiger. (1) Steuerpflichtiger ist, wer eine Steuer schuldet, für eine Steuer haftet, eine Steuer für Rechnung eines Dritten einzubehalten und abzuführen hat, wer eine Steuererklärung abzugeben, Sicherheit zu leisten, Bücher und Aufzeichnungen zu führen oder andere ihm durch die Steuergesetze auferlegte Verpflichtungen zu erfüllen hat.

(2) Steuerpflichtiger ist nicht, wer in einer fremden Steuersache Auskunft zu erteilen, Urkunden vorzulegen, ein Sachverständigengutachten zu erstatten oder das Betreten von Grundstücken, Geschäfts- und Betriebsräumen zu gestatten hat.

§ 34 Pflichten der gesetzlichen Vertreter und der Vermögensverwalter. (1) ¹Die gesetzlichen Vertreter natürlicher und juristischer Personen und die Geschäftsführer von nichtrechtsfähigen Personenvereinigungen und Vermögensmassen haben deren steuerliche Pflichten zu erfüllen. ²Sie haben insbesondere dafür zu sorgen, daß die Steuern aus den Mitteln entrichtet werden, die sie verwalten.

(2) ¹Soweit nichtrechtsfähige Personenvereinigungen ohne Geschäftsführer sind, haben die Mitglieder oder Gesellschafter die Pflich-

ten im Sinne des Absatzes 1 zu erfüllen. [2]Die Finanzbehörde kann sich an jedes Mitglied oder jeden Gesellschafter halten. [3]Für nicht-rechtsfähige Vermögensmassen gelten die Sätze 1 und 2 mit der Maßgabe, daß diejenigen, denen das Vermögen zusteht, die steuerlichen Pflichten zu erfüllen haben.

(3) Steht eine Vermögensverwaltung anderen Personen als den Eigentümern des Vermögens oder deren gesetzlichen Vertretern zu, so haben die Vermögensverwalter die in Absatz 1 bezeichneten Pflichten, soweit ihre Verwaltung reicht.

§ 35 Pflichten des Verfügungsberechtigten. Wer als Verfügungsberechtigter im eigenen oder fremden Namen auftritt, hat die Pflichten eines gesetzlichen Vertreters (§ 34 Abs. 1), soweit er sie rechtlich und tatsächlich erfüllen kann.

§ 36 Erlöschen der Vertretungsmacht. Das Erlöschen der Vertretungsmacht oder der Verfügungsmacht läßt die nach den §§ 34 und 35 entstandenen Pflichten unberührt, soweit diese den Zeitraum betreffen, in dem die Vertretungsmacht oder Verfügungsmacht bestanden hat und soweit der Verpflichtete sie erfüllen kann.

Zweiter Abschnitt: Steuerschuldverhältnis

§ 37 Ansprüche aus dem Steuerschuldverhältnis. (1) Ansprüche aus dem Steuerschuldverhältnis sind der Steueranspruch, der Steuervergütungsanspruch, der Haftungsanspruch, der Anspruch auf eine steuerliche Nebenleistung, der Erstattungsanspruch nach Absatz 2 sowie die in Einzelsteuergesetzen geregelten Steuererstattungsansprüche.

(2) [1]Ist eine Steuer, eine Steuervergütung, ein Haftungsbetrag oder eine steuerliche Nebenleistung ohne rechtlichen Grund gezahlt oder zurückgezahlt worden, so hat derjenige, auf dessen Rechnung die Zahlung bewirkt worden ist, an den Leistungsempfänger einen Anspruch auf Erstattung des gezahlten oder zurückgezahlten Betrages. [2]Dies gilt auch dann, wenn der rechtliche Grund für die Zahlung oder Rückzahlung später wegfällt.

§ 38 Entstehung der Ansprüche aus dem Steuerschuldverhältnis. Die Ansprüche aus dem Steuerschuldverhältnis entstehen, sobald der Tatbestand verwirklicht ist, an den das Gesetz die Leistungspflicht knüpft.

§ 39 Zurechnung. (1) Wirtschaftsgüter sind dem Eigentümer zuzurechnen.

wirtschaftl.(2) Abweichend von Absatz 1 gelten die folgenden Vorschriften:

1. [1]Übt ein anderer als der Eigentümer die tatsächliche Herrschaft über ein Wirtschaftsgut in der Weise aus, daß er den Eigentümer

nur aufgrund einer Vereinbarung möglich

im Regelfall für die gewöhnliche Nutzungsdauer von der Einwirkung auf das Wirtschaftsgut wirtschaftlich ausschließen kann, so ist ihm das Wirtschaftsgut zuzurechnen. [2]Bei Treuhandverhältnissen sind die Wirtschaftsgüter dem Treugeber, beim Sicherungseigentum dem Sicherungsgeber und beim Eigenbesitz dem Eigenbesitzer zuzurechnen.

2. Wirtschaftsgüter, die mehreren zur gesamten Hand zustehen, werden den Beteiligten anteilig zugerechnet, soweit eine getrennte Zurechnung für die Besteuerung erforderlich ist.

§ 40 Gesetz- oder sittenwidriges Handeln. Für die Besteuerung ist es unerheblich, ob ein Verhalten, das den Tatbestand eines Steuergesetzes ganz oder zum Teil erfüllt, gegen ein gesetzliches Gebot oder Verbot oder gegen die guten Sitten verstößt.

§ 41 Unwirksame Rechtsgeschäfte. (1) [1]Ist ein Rechtsgeschäft unwirksam oder wird es unwirksam, so ist dies für die Besteuerung unerheblich, soweit und solange die Beteiligten das wirtschaftliche Ergebnis dieses Rechtsgeschäfts gleichwohl eintreten und bestehen lassen. [2]Dies gilt nicht, soweit sich aus den Steuergesetzen etwas anderes ergibt.

(2) [1]Scheingeschäfte und Scheinhandlungen sind für die Besteuerung unerheblich. [2]Wird durch ein Scheingeschäft ein anderes Rechtsgeschäft verdeckt, so ist das verdeckte Rechtsgeschäft für die Besteuerung maßgebend.

§ 42 Mißbrauch von rechtlichen Gestaltungsmöglichkeiten. [1]Durch Mißbrauch von Gestaltungsmöglichkeiten des Rechts kann das Steuergesetz nicht umgangen werden. [2]Liegt ein Mißbrauch vor, so entsteht der Steueranspruch so, wie er bei einer den wirtschaftlichen Vorgängen angemessenen rechtlichen Gestaltung entsteht.

§ 43 Steuerschuldner, Steuervergütungsgläubiger. [1]Die Steuergesetze bestimmen, wer Steuerschuldner oder Gläubiger einer Steuervergütung ist. [2]Sie bestimmen auch, ob ein Dritter die Steuer für Rechnung des Steuerschuldners zu entrichten hat.

§ 44 Gesamtschuldner. (1) [1]Personen, die nebeneinander dieselbe Leistung aus dem Steuerschuldverhältnis schulden oder für sie haften oder die zusammen zu einer Steuer zu veranlagen sind, sind Gesamtschuldner. [2]Soweit nichts anderes bestimmt ist, schuldet jeder Gesamtschuldner die gesamte Leistung.

(2) [1]Die Erfüllung durch einen Gesamtschuldner wirkt auch für die übrigen Schuldner. [2]Das gleiche gilt für die Aufrechnung und für eine geleistete Sicherheit. [3]Andere Tatsachen wirken nur für und gegen den Gesamtschuldner, in dessen Person sie eintreten. [4]Die Vor-

schriften der §§ 268 bis 280 über die Beschränkung der Vollstreckung in den Fällen der Zusammenveranlagung bleiben unberührt.

§ 45 Gesamtrechtsnachfolge. (1) [1] Bei Gesamtrechtsnachfolge gehen die Forderungen und Schulden aus dem Steuerschuldverhältnis auf den Rechtsnachfolger über. [2] Dies gilt jedoch bei der Erbfolge nicht für Zwangsgelder.

(2) [1] Erben haben für die aus dem Nachlaß zu entrichtenden Schulden nach den Vorschriften des bürgerlichen Rechts über die Haftung des Erben für Nachlaßverbindlichkeiten einzustehen. [2] Vorschriften, durch die eine steuerrechtliche Haftung der Erben begründet wird, bleiben unberührt.

§ 46 Abtretung, Verpfändung, Pfändung. (1) Ansprüche auf Erstattung von Steuern, Haftungsbeträgen, steuerlichen Nebenleistungen und auf Steuervergütungen können abgetreten, verpfändet und gepfändet werden.

(2) Die Abtretung wird jedoch erst wirksam, wenn sie der Gläubiger in der nach Absatz 3 vorgeschriebenen Form der zuständigen Finanzbehörde nach Entstehung des Anspruchs anzeigt.

(3) [1] Die Abtretung ist der zuständigen Finanzbehörde unter Angabe des Abtretenden, des Abtretungsempfängers sowie der Art und Höhe des abgetretenen Anspruchs und des Abtretungsgrundes auf einem amtlich vorgeschriebenen Vordruck anzuzeigen. [2] Die Anzeige ist vom Abtretenden und vom Abtretungsempfänger zu unterschreiben.

(4) [1] Der geschäftsmäßige Erwerb von Erstattungs- oder Vergütungsansprüchen zum Zwecke der Einziehung oder sonstigen Verwertung auf eigene Rechnung ist nicht zulässig. [2] Dies gilt nicht für die Fälle der Sicherungsabtretung. [3] Zum geschäftsmäßigen Erwerb und zur geschäftsmäßigen Einziehung der zur Sicherung abgetretenen Ansprüche sind nur Unternehmen befugt, denen das Betreiben von Bankgeschäften erlaubt ist.

(5) Wird der Finanzbehörde die Abtretung angezeigt, so müssen Abtretender und Abtretungsempfänger der Finanzbehörde gegenüber die angezeigte Abtretung gegen sich gelten lassen, auch wenn sie nicht erfolgt oder nicht wirksam oder wegen Verstoßes gegen Absatz 4 nichtig ist.

(6) [1] Ein Pfändungs- und Überweisungsbeschluß oder eine Pfändungs- und Einziehungsverfügung dürfen nicht erlassen werden, bevor der Anspruch entstanden ist. [2] Ein entgegen diesem Verbot erwirkter Pfändungs- und Überweisungsbeschluß oder erwirkte Pfändungs- und Einziehungsverfügung sind nichtig. [3] Die Vorschriften der Absätze 2 bis 5 sind auf die Verpfändung sinngemäß anzuwenden.

(7) Bei Pfändung eines Erstattungs- oder Vergütungsanspruchs gilt die Finanzbehörde, die über den Anspruch entschieden oder zu ent-

scheiden hat, als Drittschuldner im Sinne der §§ 829, 845 der Zivilprozeßordnung.

§ 47 Erlöschen. Ansprüche aus dem Steuerschuldverhältnis erlöschen insbesondere durch Zahlung (§§ 224, 224a, 225), Aufrechnung
(§ 226), Erlaß (§§ 163, 227), Verjährung (§§ 169 bis 171, §§ 228 bis
232), ferner durch Eintritt der Bedingung bei auflösend bedingten
Ansprüchen.

§ 48 Leistung durch Dritte, Haftung Dritter. (1) Leistungen
aus dem Steuerschuldverhältnis gegenüber der Finanzbehörde können
auch durch Dritte bewirkt werden.

(2) Dritte können sich vertraglich verpflichten, für Leistungen im
Sinne des Absatzes 1 einzustehen.

§ 49 Verschollenheit. Bei Verschollenheit gilt für die Besteuerung
der Tag als Todestag, mit dessen Ablauf der Beschluß über die To-
deserklärung des Verschollenen rechtskräftig wird.

**§ 50 Erlöschen und Unbedingtwerden der Verbrauchsteuer,
Übergang der bedingten Verbrauchsteuerschuld.** (1) Werden
nach den Verbrauchsteuergesetzen Steuervergünstigungen unter der
Bedingung gewährt, daß verbrauchsteuerpflichtige Waren einer besonderen Zweckbestimmung zugeführt werden, so erlischt die Steuer
nach Maßgabe der Vergünstigung ganz oder teilweise, wenn die
Bedingung eintritt oder wenn die Waren untergehen, ohne daß
vorher die Steuer unbedingt geworden ist.

(2) Die bedingte Steuerschuld geht jeweils auf den berechtigten
Erwerber über, wenn die Waren vom Steuerschuldner vor Eintritt
der Bedingung im Rahmen der vorgesehenen Zweckbestimmung an
ihn weitergegeben werden.

(3) Die Steuer wird unbedingt,

1. wenn die Waren entgegen der vorgesehenen Zweckbestimmung
verwendet werden oder ihr nicht mehr zugeführt werden können.
[2]Kann der Verbleib der Waren nicht festgestellt werden, so gelten
sie als nicht der vorgesehenen Zweckbestimmung zugeführt, wenn
der Begünstigte nicht nachweist, daß sie ihr zugeführt worden
sind,

2. in sonstigen gesetzlich bestimmten Fällen.

Dritter Abschnitt: Steuerbegünstigte Zwecke

§ 51 Allgemeines. [1]Gewährt das Gesetz eine Steuervergünstigung,
weil eine Körperschaft ausschließlich und unmittelbar gemeinnützige,
mildtätige oder kirchliche Zwecke (steuerbegünstigte Zwecke) verfolgt, so gelten die folgenden Vorschriften. [2]Unter Körperschaften

1 AO 1977 §§ 52, 53

sind die Körperschaften, Personenvereinigungen und Vermögensmassen im Sinne des Körperschaftsteuergesetzes zu verstehen. ³Funktionale Untergliederungen (Abteilungen) von Körperschaften gelten nicht als selbständige Steuersubjekte.

§ 52 Gemeinnützige Zwecke. (1) ¹Eine Körperschaft verfolgt gemeinnützige Zwecke, wenn ihre Tätigkeit darauf gerichtet ist, die Allgemeinheit auf materiellem, geistigem oder sittlichem Gebiet selbstlos zu fördern. ²Eine Förderung der Allgemeinheit ist nicht gegeben, wenn der Kreis der Personen, dem die Förderung zugute kommt, fest abgeschlossen ist, zum Beispiel Zugehörigkeit zu einer Familie oder zur Belegschaft eines Unternehmens, oder infolge seiner Abgrenzung, insbesondere nach räumlichen oder beruflichen Merkmalen, dauernd nur klein sein kann. ³Eine Förderung der Allgemeinheit liegt nicht allein deswegen vor, weil eine Körperschaft ihre Mittel einer Körperschaft des öffentlichen Rechts zuführt.

(2) Unter den Voraussetzungen des Absatzes 1 sind als Förderung der Allgemeinheit anzuerkennen insbesondere:

1. die Förderung von Wissenschaft und Forschung, Bildung und Erziehung, Kunst und Kultur, der Religion, der Völkerverständigung, der Entwicklungshilfe, des Umwelt-, Landschafts- und Denkmalschutzes, des Heimatgedankens,

2. die Förderung der Jugendhilfe, der Altenhilfe, des öffentlichen Gesundheitswesens, des Wohlfahrtswesens und des Sports. ²Schach gilt als Sport,

3. die allgemeine Förderung des demokratischen Staatswesens im Geltungsbereich dieses Gesetzes; hierzu gehören nicht Bestrebungen, die nur bestimmte Einzelinteressen staatsbürgerlicher Art verfolgen oder die auf den kommunalpolitischen Bereich beschränkt sind,

4. die Förderung der Tierzucht, der Pflanzenzucht, der Kleingärtnerei, des traditionellen Brauchtums einschließlich des Karnevals, der Fastnacht und des Faschings, der Soldaten- und Reservistenbetreuung, des Amateurfunkens, des Modellflugs und des Hundesports.

§ 53 Mildtätige Zwecke. Eine Körperschaft verfolgt mildtätige Zwecke, wenn ihre Tätigkeit darauf gerichtet ist, Personen selbstlos zu unterstützen,

1. die infolge ihres körperlichen, geistigen oder seelischen Zustandes auf die Hilfe anderer angewiesen sind oder

2. deren Bezüge nicht höher sind als das Vierfache des Regelsatzes der Sozialhilfe im Sinne des § 22 des Bundessozialhilfegesetzes; beim Alleinstehenden oder Haushaltsvorstand tritt an die Stelle des Vierfachen das Fünffache des Regelsatzes. ²Dies gilt nicht für Personen, deren Vermögen zur nachhaltigen Verbesserung ihres Unterhalts ausreicht und denen zugemutet werden kann, es dafür zu

verwenden. [3]Bei Personen, deren wirtschaftliche Lage aus besonderen Gründen zu einer Notlage geworden ist, dürfen die Bezüge oder das Vermögen die genannten Grenzen übersteigen. [4]Bezüge im Sinne dieser Vorschrift sind

a) Einkünfte im Sinne des § 2 Abs. 1 des Einkommensteuergesetzes und

b) andere zur Bestreitung des Unterhalts bestimmte oder geeignete Bezüge,

die der Alleinstehende oder der Haushaltsvorstand und die sonstigen Haushaltsangehörigen haben. [5]Zu den Bezügen zählen nicht Leistungen der Sozialhilfe und bis zur Höhe der Leistungen der Sozialhilfe Unterhaltsleistungen an Personen, die ohne die Unterhaltsleistungen sozialhilfeberechtigt wären. [6]Unterhaltsansprüche sind zu berücksichtigen.

§ 54 Kirchliche Zwecke. (1) Eine Körperschaft verfolgt kirchliche Zwecke, wenn ihre Tätigkeit darauf gerichtet ist, eine Religionsgemeinschaft, die Körperschaft des öffentlichen Rechts ist, selbstlos zu fördern.

(2) Zu diesen Zwecken gehören insbesondere die Errichtung, Ausschmückung und Unterhaltung von Gotteshäusern und kirchlichen Gemeindehäusern, die Abhaltung von Gottesdiensten, die Ausbildung von Geistlichen, die Erteilung von Religionsunterricht, die Beerdigung und die Pflege des Andenkens der Toten, ferner die Verwaltung des Kirchenvermögens, die Besoldung der Geistlichen, Kirchenbeamten und Kirchendiener, die Alters- und Behindertenversorgung für diese Personen und die Versorgung ihrer Witwen und Waisen.

§ 55 Selbstlosigkeit. (1) Eine Förderung oder Unterstützung geschieht selbstlos, wenn dadurch nicht in erster Linie eigenwirtschaftliche Zwecke – zum Beispiel gewerbliche Zwecke oder sonstige Erwerbszwecke – verfolgt werden und wenn die folgenden Voraussetzungen gegeben sind:

1. [1]Mittel der Körperschaft dürfen nur für die satzungsmäßigen Zwecke verwendet werden. [2]Die Mitglieder oder Gesellschafter (Mitglieder im Sinne dieser Vorschriften) dürfen keine Gewinnanteile und in ihrer Eigenschaft als Mitglieder auch keine sonstigen Zuwendungen aus Mitteln der Körperschaft erhalten. [3]Die Körperschaft darf ihre Mittel weder für die unmittelbare noch für die mittelbare Unterstützung oder Förderung politischer Parteien verwenden.

2. Die Mitglieder dürfen bei ihrem Ausscheiden oder bei Auflösung oder Aufhebung der Körperschaft nicht mehr als ihre eingezahlten Kapitalanteile und den gemeinen Wert ihrer geleisteten Sacheinlagen zurückerhalten.

3. Die Körperschaft darf keine Person durch Ausgaben, die dem Zweck der Körperschaft fremd sind, oder durch unverhältnismäßig hohe Vergütungen begünstigen.

4. ¹Bei Auflösung oder Aufhebung der Körperschaft oder bei Wegfall ihres bisherigen Zwecks darf das Vermögen der Körperschaft, soweit es die eingezahlten Kapitalanteile der Mitglieder und den gemeinen Wert der von den Mitgliedern geleisteten Sacheinlagen übersteigt, nur für steuerbegünstigte Zwecke verwendet werden (Grundsatz der Vermögensbindung). ²Diese Voraussetzung ist auch erfüllt, wenn das Vermögen einer anderen steuerbegünstigten Körperschaft oder einer Körperschaft des öffentlichen Rechts für steuerbegünstigte Zwecke übertragen werden soll.

(2) Bei der Ermittlung des gemeinen Werts (Absatz 1 Nr. 2 und 4) kommt es auf die Verhältnisse zu dem Zeitpunkt an, in dem die Sacheinlagen geleistet worden sind.

(3) Die Vorschriften, die die Mitglieder der Körperschaft betreffen (Absatz 1 Nr. 1, 2 und 4), gelten bei Stiftungen für die Stifter und ihre Erben, bei Betrieben gewerblicher Art von Körperschaften des öffentlichen Rechts für die Körperschaft sinngemäß, jedoch mit der Maßgabe, daß bei Wirtschaftsgütern, die nach § 6 Abs. 1 Ziff. 4 Sätze 2 und 3 des Einkommensteuergesetzes aus einem Betriebsvermögen zum Buchwert entnommen worden sind, an die Stelle des gemeinen Werts der Buchwert der Entnahme tritt.

§ 56 Ausschließlichkeit. Ausschließlichkeit liegt vor, wenn eine Körperschaft nur ihre steuerbegünstigten satzungsmäßigen Zwecke verfolgt.

§ 57 Unmittelbarkeit. (1) ¹Eine Körperschaft verfolgt unmittelbar ihre steuerbegünstigten satzungsmäßigen Zwecke, wenn sie selbst diese Zwecke verwirklicht. ²Das kann auch durch Hilfspersonen geschehen, wenn nach den Umständen des Falles, insbesondere nach den rechtlichen und tatsächlichen Beziehungen, die zwischen der Körperschaft und der Hilfsperson bestehen, das Wirken der Hilfsperson wie eigenes Wirken der Körperschaft anzusehen ist.

(2) Eine Körperschaft, in der steuerbegünstigte Körperschaften zusammengefaßt sind, wird einer Körperschaft, die unmittelbar steuerbegünstigte Zwecke verfolgt, gleichgestellt.

§ 58 Steuerlich unschädliche Betätigungen. Die Steuervergünstigung wird nicht dadurch ausgeschlossen, daß

1. eine Körperschaft Mittel für die Verwirklichung der steuerbegünstigten Zwecke einer anderen Körperschaft oder für die Verwirklichung steuerbegünstigter Zwecke durch eine Körperschaft des öffentlichen Rechts beschafft,

2. eine Körperschaft ihre Mittel teilweise einer anderen, ebenfalls steuerbegünstigten Körperschaft oder einer Körperschaft des öffentlichen Rechts zur Verwendung zu steuerbegünstigten Zwecken zuwendet,

3. eine Körperschaft ihre Arbeitskräfte anderen Personen, Unternehmen oder Einrichtungen für steuerbegünstigte Zwecke zur Verfügung stellt,

4. eine Körperschaft ihr gehörende Räume einer anderen steuerbegünstigten Körperschaft zur Benutzung für deren steuerbegünstigte Zwecke überläßt,

5. eine Stiftung einen Teil, jedoch höchstens ein Drittel ihres Einkommens dazu verwendet, um in angemessener Weise den Stifter und seine nächsten Angehörigen zu unterhalten, ihre Gräber zu pflegen und ihr Andenken zu ehren,

6. eine Körperschaft ihre Mittel ganz oder teilweise einer Rücklage zuführt, soweit dies erforderlich ist, um ihre steuerbegünstigten satzungsmäßigen Zwecke nachhaltig erfüllen zu können,

7. a) eine Körperschaft höchstens ein Viertel des Überschusses der Einnahmen über die Unkosten aus Vermögensverwaltung einer freien Rücklage zuführt,

   b) eine Körperschaft Mittel zum Erwerb von Gesellschaftsrechten zur Erhaltung der prozentualen Beteiligung an Kapitalgesellschaften ansammelt oder im Jahr des Zuflusses verwendet; diese Beträge sind auf die nach Buchstabe a in demselben Jahr oder künftig zulässigen Rücklagen anzurechnen,

8. eine Körperschaft gesellige Zusammenkünfte veranstaltet, die im Vergleich zu ihrer steuerbegünstigten Tätigkeit von untergeordneter Bedeutung sind,

9. ein Sportverein neben dem unbezahlten auch den bezahlten Sport fördert,

10. eine von einer Gebietskörperschaft errichtete Stiftung zur Erfüllung ihrer steuerbegünstigten Zwecke Zuschüsse an Wirtschaftsunternehmen vergibt.

§ 59 Voraussetzung der Steuervergünstigung. Die Steuervergünstigung wird gewährt, wenn sich aus der Satzung, dem Stiftungsgeschäft oder der sonstigen Verfassung (Satzung im Sinne dieser Vorschriften) ergibt, welchen Zweck die Körperschaft verfolgt, daß dieser Zweck den Anforderungen der §§ 52 bis 55 entspricht und daß er ausschließlich und unmittelbar verfolgt wird; die tatsächliche Geschäftsführung muß diesen Satzungsbestimmungen entsprechen.

§ 60 Anforderungen an die Satzung. (1) Die Satzungszwecke und die Art ihrer Verwirklichung müssen so genau bestimmt sein, daß auf Grund der Satzung geprüft werden kann, ob die satzungsmäßigen Voraussetzungen für Steuervergünstigungen gegeben sind.

(2) Die Satzung muß den vorgeschriebenen Erfordernissen bei der Körperschaftsteuer und bei der Gewerbesteuer während des ganzen Veranlagungs- oder Bemessungszeitraums, bei den anderen Steuern im Zeitpunkt der Entstehung der Steuer entsprechen.

§ 61 Satzungsmäßige Vermögensbindung. (1) Eine steuerlich ausreichende Vermögensbindung (§ 55 Abs. 1 Nr. 4) liegt vor, wenn der Zweck, für den das Vermögen bei Auflösung oder Aufhebung der Körperschaft oder bei Wegfall ihres bisherigen Zweckes verwendet werden soll, in der Satzung so genau bestimmt ist, daß auf Grund der Satzung geprüft werden kann, ob der Verwendungszweck steuerbegünstigt ist.

(2) ¹Kann aus zwingenden Gründen der künftige Verwendungszweck des Vermögens bei der Aufstellung der Satzung nach Absatz 1 noch nicht genau angegeben werden, so genügt es, wenn in der Satzung bestimmt wird, daß das Vermögen bei Auflösung oder Aufhebung der Körperschaft oder bei Wegfall ihres bisherigen Zweckes zu steuerbegünstigten Zwecken zu verwenden ist und daß der künftige Beschluß der Körperschaft über die Verwendung erst nach Einwilligung des Finanzamts ausgeführt werden darf. ²Das Finanzamt hat die Einwilligung zu erteilen, wenn der beschlossene Verwendungszweck steuerbegünstigt ist.

(3) ¹Wird die Bestimmung über die Vermögensbindung nachträglich so geändert, daß sie den Anforderungen des § 55 Abs. 1 Nr. 4 nicht mehr entspricht, so gilt sie von Anfang an als steuerlich nicht ausreichend. ²§ 175 Abs. 1 Satz 1 Nr. 2 ist mit der Maßgabe anzuwenden, daß Steuerbescheide erlassen, aufgehoben oder geändert werden können, soweit sie Steuern betreffen, die innerhalb der letzten zehn Kalenderjahre vor der Änderung der Bestimmung über die Vermögensbindung entstanden sind.

§ 62 Ausnahmen von der satzungsmäßigen Vermögensbindung. Bei Betrieben gewerblicher Art von Körperschaften des öffentlichen Rechts, bei staatlich beaufsichtigten Stiftungen, bei den von einer Körperschaft des öffentlichen Rechts verwalteten unselbständigen Stiftungen und bei geistlichen Genossenschaften (Orden, Kongregationen) braucht die Vermögensbindung in der Satzung nicht festgelegt zu werden.

§ 63 Anforderungen an die tatsächliche Geschäftsführung.
(1) Die tatsächliche Geschäftsführung der Körperschaft muß auf die ausschließliche und unmittelbare Erfüllung der steuerbegünstigten Zwecke gerichtet sein und den Bestimmungen entsprechen, die die Satzung über die Voraussetzungen für Steuervergünstigungen enthält.

(2) Für die tatsächliche Geschäftsführung gilt sinngemäß § 60 Abs. 2, für eine Verletzung der Vorschrift über die Vermögensbindung § 61 Abs. 3.

(3) Die Körperschaft hat den Nachweis, daß ihre tatsächliche Geschäftsführung den Erfordernissen des Absatzes 1 entspricht, durch ordnungsmäßige Aufzeichnungen über ihre Einnahmen und Ausgaben zu führen.

(4) [1] Hat die Körperschaft Mittel angesammelt, ohne daß die Voraussetzungen des § 58 Nr. 6 und 7 vorliegen, kann das Finanzamt ihr eine Frist für die Verwendung der Mittel setzen. [2] Die tatsächliche Geschäftsführung gilt als ordnungsgemäß im Sinne des Absatzes 1, wenn die Körperschaft die Mittel innerhalb der Frist für steuerbegünstigte Zwecke verwendet.

§ 64 Steuerpflichtige wirtschaftliche Geschäftsbetriebe.

(1) Schließt das Gesetz die Steuervergünstigung insoweit aus, als ein wirtschaftlicher Geschäftsbetrieb (§ 14) unterhalten wird, so verliert die Körperschaft die Steuervergünstigung für die dem Geschäftsbetrieb zuzuordnenden Besteuerungsgrundlagen (Einkünfte, Umsätze, Vermögen), soweit der wirtschaftliche Geschäftsbetrieb kein Zweckbetrieb (§§ 65 bis 68) ist.

(2) Unterhält die Körperschaft mehrere wirtschaftliche Geschäftsbetriebe, die keine Zweckbetriebe (§§ 65 bis 68) sind, werden diese als ein wirtschaftlicher Geschäftsbetrieb behandelt.

(3) Übersteigen die Einnahmen einschließlich Umsatzsteuer aus wirtschaftlichen Geschäftsbetrieben, die keine Zweckbetriebe sind, insgesamt nicht 60 000 Deutsche Mark im Jahr, so unterliegen die diesen Geschäftsbetrieben zuzuordnenden Besteuerungsgrundlagen nicht der Körperschaftsteuer und der Gewerbesteuer.

(4) Die Aufteilung einer Körperschaft in mehrere selbständige Körperschaften zum Zweck der mehrfachen Inanspruchnahme der Steuervergünstigung nach Absatz 3 gilt als Mißbrauch von rechtlichen Gestaltungsmöglichkeiten im Sinne des § 42.

(5) Überschüsse aus der Verwertung unentgeltlich erworbenen Altmaterials außerhalb einer ständig dafür vorgehaltenen Verkaufsstelle, die der Körperschaftsteuer und der Gewerbesteuer unterliegen, können in Höhe des branchenüblichen Reingewinns geschätzt werden.

§ 65 Zweckbetrieb. Ein Zweckbetrieb ist gegeben, wenn

1. der wirtschaftliche Geschäftsbetrieb in seiner Gesamtrichtung dazu dient, die steuerbegünstigten satzungsmäßigen Zwecke der Körperschaft zu verwirklichen,

2. die Zwecke nur durch einen solchen Geschäftsbetrieb erreicht werden können und

3. der wirtschaftliche Geschäftsbetrieb zu nicht begünstigten Betrieben derselben oder ähnlicher Art nicht in größerem Umfang in Wettbewerb tritt, als es bei Erfüllung der steuerbegünstigten Zwecke unvermeidbar ist.

§ 66 Wohlfahrtspflege. (1) Eine Einrichtung der Wohlfahrtspflege ist ein Zweckbetrieb, wenn sie in besonderem Maße den in § 53 genannten Personen dient.

(2) [1]Wohlfahrtspflege ist die planmäßige, zum Wohle der Allgemeinheit und nicht des Erwerbes wegen ausgeübte Sorge für notleidende oder gefährdete Mitmenschen. [2]Die Sorge kann sich auf das gesundheitliche, sittliche, erzieherische oder wirtschaftliche Wohl erstrecken und Vorbeugung oder Abhilfe bezwecken.

(3) [1]Eine Einrichtung der Wohlfahrtspflege dient in besonderem Maße den in § 53 genannten Personen, wenn diesen mindestens zwei Drittel ihrer Leistungen zugute kommen. [2]Für Krankenhäuser gilt § 67.

§ 67 Krankenhäuser. (1) Ein Krankenhaus, das in den Anwendungsbereich der Bundespflegesatzverordnung fällt, ist ein Zweckbetrieb, wenn mindestens 40 vom Hundert der jährlichen Pflegetage auf Patienten entfallen, bei denen nur Entgelte für allgemeine Krankenhausleistungen (§§ 5, 6 und 21 der Bundespflegesatzverordnung) berechnet werden.

(2) Ein Krankenhaus, das nicht in den Anwendungsbereich der Bundespflegesatzverordnung fällt, ist ein Zweckbetrieb, wenn mindestens 40 vom Hundert der jährlichen Pflegetage auf Patienten entfallen, bei denen für die Krankenhausleistungen kein höheres Entgelt als nach Absatz 1 berechnet wird.

§ 67 a Sportliche Veranstaltungen. (1) [1]Sportliche Veranstaltungen eines Sportvereins sind ein Zweckbetrieb, wenn die Einnahmen einschließlich Umsatzsteuer insgesamt 60 000 DM im Jahr nicht übersteigen. [2]Der Verkauf von Speisen und Getränken sowie die Werbung gehören nicht zu den sportlichen Veranstaltungen.

(2) [1]Der Sportverein kann dem Finanzamt bis zur Unanfechtbarkeit des Körperschaftsteuerbescheids erklären, daß er auf die Anwendung des Absatzes 1 Satz 1 verzichtet. [2]Die Erklärung bindet den Sportverein für mindestens fünf Veranlagungszeiträume.

(3) [1]Wird auf die Anwendung des Absatzes 1 Satz 1 verzichtet, sind sportliche Veranstaltungen eines Sportvereins ein Zweckbetrieb, wenn

1. kein Sportler des Vereins teilnimmt, der für seine sportliche Betätigung oder für die Benutzung seiner Person, seines Namens, seines Bildes oder seiner sportlichen Betätigung zu Werbezwecken von

dem Verein oder einem Dritten über eine Aufwandsentschädigung hinaus Vergütungen oder andere Vorteile erhält und

2. kein anderer Sportler teilnimmt, der für die Teilnahme an der Veranstaltung von dem Verein oder einem Dritten im Zusammenwirken mit dem Verein über eine Aufwandsentschädigung hinaus Vergütungen oder andere Vorteile erhält.

[2]Andere sportliche Veranstaltungen sind ein steuerpflichtiger wirtschaftlicher Geschäftsbetrieb. [3]Dieser schließt die Steuervergünstigung nicht aus, wenn die Vergütungen oder andere Vorteile ausschließlich aus wirtschaftlichen Geschäftsbetrieben, die nicht Zweckbetriebe sind, oder von Dritten geleistet werden.

§ 68 Einzelne Zweckbetriebe. Zweckbetriebe sind auch:

1. a) Alten-, Altenwohn- und Pflegeheime, Erholungsheime, Mahlzeitendienste, wenn sie in besonderem Maße den in § 53 genannten Personen dienen (§ 66 Abs. 3),

   b) Kindergärten, Kinder-, Jugend- und Studentenheime, Schullandheime und Jugendherbergen,

2. a) landwirtschaftliche Betriebe und Gärtnereien, die der Selbstversorgung von Körperschaften dienen und dadurch die sachgemäße Ernährung und ausreichende Versorgung von Anstaltsangehörigen sichern,

   b) andere Einrichtungen, die für die Selbstversorgung von Körperschaften erforderlich sind, wie Tischlereien, Schlossereien,

   wenn die Lieferungen und sonstigen Leistungen dieser Einrichtungen an Außenstehende dem Wert nach 20 vom Hundert der gesamten Lieferungen und sonstigen Leistungen des Betriebes – einschließlich der an die Körperschaft selbst bewirkten – nicht übersteigen,

3. Werkstätten für Behinderte, die nach den Vorschriften des Arbeitsförderungsgesetzes förderungsfähig sind und Personen Arbeitsplätze bieten, die wegen ihrer Behinderung nicht auf dem allgemeinen Arbeitsmarkt tätig sein können, sowie Einrichtungen für Beschäftigungs- und Arbeitstherapie, die der Eingliederung von Behinderten dienen,

4. Einrichtungen, die zur Durchführung der Blindenfürsorge und zur Durchführung der Fürsorge für Körperbehinderte unterhalten werden,

5. Einrichtungen der Fürsorgeerziehung und der freiwilligen Erziehungshilfe,

6. von den zuständigen Behörden genehmigte Lotterien und Ausspielungen, die eine steuerbegünstigte Körperschaft höchstens zweimal im Jahr zu ausschließlich gemeinnützigen, mildtätigen oder kirchlichen Zwecken veranstaltet,

7. kulturelle Einrichtungen, wie Museen, Theater, und kulturelle Veranstaltungen, wie Konzerte, Kunstausstellungen; dazu gehört nicht der Verkauf von Speisen und Getränken,

8. Volkshochschulen und andere Einrichtungen, soweit sie selbst Vorträge, Kurse und andere Veranstaltungen wissenschaftlicher oder belehrender Art durchführen; dies gilt auch, soweit die Einrichtungen den Teilnehmern dieser Veranstaltungen selbst Beherbergung und Beköstigung gewähren.

Vierter Abschnitt: Haftung[1])

§ 69 Haftung der Vertreter. [1]Die in den §§ 34 und 35 bezeichneten Personen haften, soweit Ansprüche aus dem Steuerschuldverhältnis (§ 37) infolge vorsätzlicher oder grob fahrlässiger Verletzung der ihnen auferlegten Pflichten nicht oder nicht rechtzeitig festgesetzt oder erfüllt oder soweit infolgedessen Steuervergütungen oder Steuererstattungen ohne rechtlichen Grund gezahlt werden. [2]Die Haftung umfaßt auch die infolge der Pflichtverletzung zu zahlenden Säumniszuschläge.

§ 70 Haftung des Vertretenen. (1) Wenn die in den §§ 34 und 35 bezeichneten Personen bei Ausübung ihrer Obliegenheiten eine Steuerhinterziehung oder eine leichtfertige Steuerverkürzung begehen oder an einer Steuerhinterziehung teilnehmen und hierdurch Steuerschuldner oder Haftende werden, so haften die Vertretenen, soweit sie nicht Steuerschuldner sind, für die durch die Tat verkürzten Steuern und die zu Unrecht gewährten Steuervorteile.

(2) [1]Absatz 1 ist nicht anzuwenden bei Taten gesetzlicher Vertreter natürlicher Personen, wenn diese aus der Tat des Vertreters keinen Vermögensvorteil erlangt haben. [2]Das gleiche gilt, wenn die Vertretenen denjenigen, der die Steuerhinterziehung oder die leichtfertige Steuerverkürzung begangen hat, sorgfältig ausgewählt und beaufsichtigt haben.

§ 71 Haftung des Steuerhinterziehers und des Steuerhehlers. Wer eine Steuerhinterziehung oder eine Steuerhehlerei begeht oder an einer solchen Tat teilnimmt, haftet für die verkürzten Steuern und die zu Unrecht gewährten Steuervorteile sowie für die Zinsen nach § 235.

§ 72 Haftung bei Verletzung der Pflicht zur Kontenwahrheit. Wer vorsätzlich oder grob fahrlässig der Vorschrift des § 154 Abs. 3 zuwiderhandelt, haftet, soweit dadurch die Verwirklichung von Ansprüchen aus dem Steuerschuldverhältnis beeinträchtigt wird.

---

[1]) Zur Anwendung in den neuen Bundesländern siehe Art. 97a § 2 Nr. 6 EGAO (Nr. **1.2**).

§ 73 Haftung bei Organschaft. [1]Eine Organgesellschaft haftet für solche Steuern des Organträgers, für welche die Organschaft zwischen ihnen steuerlich von Bedeutung ist. [2]Den Steuern stehen die Ansprüche auf Erstattung von Steuervergütungen gleich.

§ 74 Haftung des Eigentümers von Gegenständen. (1) [1]Gehören Gegenstände, die einem Unternehmen dienen, nicht dem Unternehmer, sondern einer an dem Unternehmen wesentlich beteiligten Person, so haftet der Eigentümer der Gegenstände mit diesen für diejenigen Steuern des Unternehmens, bei denen sich die Steuerpflicht auf den Betrieb des Unternehmens gründet. [2]Die Haftung erstreckt sich jedoch nur auf die Steuern, die während des Bestehens der wesentlichen Beteiligung entstanden sind. [3]Den Steuern stehen die Ansprüche auf Erstattung von Steuervergütungen gleich.

(2) [1]Eine Person ist an dem Unternehmen wesentlich beteiligt, wenn sie unmittelbar oder mittelbar zu mehr als einem Viertel am Grund- oder Stammkapital oder am Vermögen des Unternehmens beteiligt ist. [2]Als wesentlich beteiligt gilt auch, wer auf das Unternehmen einen beherrschenden Einfluß ausübt und durch sein Verhalten dazu beiträgt, daß fällige Steuern im Sinne des Absatzes 1 Satz 1 nicht entrichtet werden.

§ 75 Haftung des Betriebsübernehmers. (1) [1]Wird ein Unternehmen oder ein in der Gliederung eines Unternehmens gesondert geführter Betrieb im ganzen übereignet, so haftet der Erwerber für Steuern, bei denen sich die Steuerpflicht auf den Betrieb des Unternehmens gründet, und für Steuerabzugsbeträge, vorausgesetzt, daß die Steuern seit dem Beginn des letzten, vor der Übereignung liegenden Kalenderjahres entstanden sind und bis zum Ablauf von einem Jahr nach Anmeldung des Betriebes durch den Erwerber festgesetzt oder angemeldet werden. [2]Die Haftung beschränkt sich auf den Bestand des übernommenen Vermögens. [3]Den Steuern stehen die Ansprüche auf Erstattung von Steuervergütungen gleich.

(2) Absatz 1 gilt nicht für Erwerbe aus einer Konkursmasse, für Erwerbe aus dem Vermögen eines Vergleichsschuldners, das auf Grund eines Vergleichsvorschlages nach § 7 Abs. 4 der Vergleichsordnung verwertet wird, und für Erwerbe im Vollstreckungsverfahren.

§ 76 Sachhaftung. (1) Verbrauchsteuerpflichtige Waren und zollpflichtige Waren dienen ohne Rücksicht auf die Rechte Dritter als Sicherheit für die darauf ruhenden Steuern (Sachhaftung).

(2) Die Sachhaftung entsteht bei zoll- oder verbrauchsteuerpflichtigen Waren, wenn nichts anderes vorgeschrieben ist, mit ihrem Verbringen in den Geltungsbereich dieses Gesetzes, bei verbrauchsteuerpflichtigen Waren auch mit Beginn ihrer Gewinnung oder Herstellung.

(3) ¹Solange die Steuer nicht entrichtet ist, kann die Finanzbehörde die Waren mit Beschlag belegen. ²Als Beschlagnahme genügt das Verbot an den, der die Waren im Gewahrsam hat, über sie zu verfügen.

(4) ¹Die Sachhaftung erlischt mit der Steuerschuld. ²Sie erlischt ferner mit der Aufhebung der Beschlagnahme oder dadurch, daß die Waren mit Zustimmung der Finanzbehörde in einen steuerlich nicht beschränkten Verkehr übergehen.

(5) Von der Geltendmachung der Sachhaftung wird abgesehen, wenn die Waren dem Verfügungsberechtigten abhanden gekommen sind und die verbrauchsteuerpflichtigen Waren in einen Herstellungsbetrieb aufgenommen oder die zollpflichtigen Waren einer Zollbehandlung zugeführt werden.

§ 77 Duldungspflicht. (1) Wer kraft Gesetzes verpflichtet ist, eine Steuer aus Mitteln, die seiner Verwaltung unterliegen, zu entrichten, ist insoweit verpflichtet, die Vollstreckung in dieses Vermögen zu dulden.

(2) ¹Wegen einer Steuer, die als öffentliche Last auf Grundbesitz ruht, hat der Eigentümer die Zwangsvollstreckung in den Grundbesitz zu dulden. ²Zugunsten der Finanzbehörde gilt als Eigentümer, wer als solcher im Grundbuch eingetragen ist. ³Das Recht des nicht eingetragenen Eigentümers, die ihm gegen die öffentliche Last zustehenden Einwendungen geltend zu machen, bleibt unberührt.

Dritter Teil. Allgemeine Verfahrensvorschriften

Erster Abschnitt: Verfahrensgrundsätze

1. Unterabschnitt: Beteiligung am Verfahren

§ 78 Beteiligte. Beteiligte sind
1. Antragsteller und Antragsgegner,
2. diejenigen, an die die Finanzbehörde den Verwaltungsakt richten will oder gerichtet hat,
3. diejenigen, mit denen die Finanzbehörde einen öffentlich-rechtlichen Vertrag schließen will oder geschlossen hat.

§ 79 Handlungsfähigkeit. (1) Fähig zur Vornahme von Verfahrenshandlungen sind:
1. natürliche Personen, die nach bürgerlichem Recht geschäftsfähig sind,
2. natürliche Personen, die nach bürgerlichem Recht in der Geschäftsfähigkeit beschränkt sind, soweit sie für den Gegenstand des Verfahrens durch Vorschriften des bürgerlichen Rechts als ge-

schäftsfähig oder durch Vorschriften des öffentlichen Rechts als handlungsfähig anerkannt sind,

3. juristische Personen, Vereinigungen oder Vermögensmassen durch ihre gesetzlichen Vertreter oder durch besonders Beauftragte,

4. Behörden durch ihre Leiter, deren Vertreter oder Beauftragte.

(2) Betrifft ein Einwilligungsvorbehalt nach § 1903 des Bürgerlichen Gesetzbuchs den Gegenstand des Verfahrens, so ist ein geschäftsfähiger Betreuter nur insoweit zur Vornahme von Verfahrenshandlungen fähig, als er nach den Vorschriften des bürgerlichen Rechts ohne Einwilligung des Betreuers handeln kann oder durch Vorschriften des öffentlichen Rechts als handlungsfähig anerkannt ist.

(3) Die §§ 53 und 55 der Zivilprozeßordnung gelten entsprechend.

§ 80 Bevollmächtigte und Beistände. (1) [1] Ein Beteiligter kann sich durch einen Bevollmächtigten vertreten lassen. [2] Die Vollmacht ermächtigt zu allen das Verwaltungsverfahren betreffenden Verfahrenshandlungen, sofern sich aus ihrem Inhalt nicht etwas anderes ergibt; sie ermächtigt nicht zum Empfang von Steuererstattungen und Steuervergütungen. [3] Der Bevollmächtigte hat auf Verlangen seine Vollmacht schriftlich nachzuweisen. [4] Ein Widerruf der Vollmacht wird der Behörde gegenüber erst wirksam, wenn er ihr zugeht.

(2) Die Vollmacht wird weder durch den Tod des Vollmachtgebers noch durch eine Veränderung in seiner Handlungsfähigkeit oder seiner gesetzlichen Vertretung aufgehoben; der Bevollmächtigte hat jedoch, wenn er für den Rechtsnachfolger im Verwaltungsverfahren auftritt, dessen Vollmacht auf Verlangen schriftlich beizubringen.

(3) [1] Ist für das Verfahren ein Bevollmächtigter bestellt, so soll sich die Behörde an ihn wenden. [2] Sie kann sich an den Beteiligten selbst wenden, soweit er zur Mitwirkung verpflichtet ist. [3] Wendet sich die Finanzbehörde an den Beteiligten, so soll der Bevollmächtigte verständigt werden.

(4) [1] Ein Beteiligter kann zu Verhandlungen und Besprechungen mit einem Beistand erscheinen. [2] Das von dem Beistand Vorgetragene gilt als von den Beteiligten vorgebracht, soweit dieser nicht unverzüglich widerspricht.

(5) Bevollmächtigte und Beistände sind zurückzuweisen, wenn sie geschäftsmäßig Hilfe in Steuersachen leisten, ohne dazu befugt zu sein; dies gilt nicht für Notare und Patentanwälte.

(6) [1] Bevollmächtigte und Beistände können vom schriftlichen Vortrag zurückgewiesen werden, wenn sie hierzu ungeeignet sind; vom mündlichen Vortrag können sie zurückgewiesen werden, wenn sie zum sachgemäßen Vortrag nicht fähig sind. [2] Dies gilt nicht für die in § 3 und in § 4 Nr. 1 und 2 des Steuerberatungsgesetzes bezeichneten natürlichen Personen.

(7) ¹Die Zurückweisung nach den Absätzen 5 und 6 ist auch dem Beteiligten, dessen Bevollmächtigter oder Beistand zurückgewiesen wird, mitzuteilen. ²Verfahrenshandlungen des zurückgewiesenen Bevollmächtigten oder Beistandes, die dieser nach der Zurückweisung vornimmt, sind unwirksam.

§ 81 Bestellung eines Vertreters von Amts wegen. (1) Ist ein Vertreter nicht vorhanden, so hat das Vormundschaftsgericht auf Ersuchen der Finanzbehörde einen geeigneten Vertreter zu bestellen

1. für einen Beteiligten, dessen Person unbekannt ist,

2. für einen abwesenden Beteiligten, dessen Aufenthalt unbekannt ist oder der an der Besorgung seiner Angelegenheiten verhindert ist,

3. für einen Beteiligten ohne Aufenthalt im Geltungsbereich dieses Gesetzes, wenn er der Aufforderung der Finanzbehörde, einen Vertreter zu bestellen, innerhalb der ihm gesetzten Frist nicht nachgekommen ist,

4. für einen Beteiligten, der infolge einer psychischen Krankheit oder körperlichen, geistigen oder seelischen Behinderung nicht in der Lage ist, in dem Verwaltungsverfahren selbst tätig zu werden,

5. bei herrenlosen Sachen, auf die sich das Verfahren bezieht, zur Wahrung der sich in bezug auf die Sache ergebenden Rechte und Pflichten.

(2) Für die Bestellung des Vertreters ist in den Fällen des Absatzes 1 Nr. 4 das Vormundschaftsgericht zuständig, in dessen Bezirk der Beteiligte seinen gewöhnlichen Aufenthalt (§ 65 Abs. 1 des Gesetzes über die Angelegenheiten der freiwilligen Gerichtsbarkeit) hat; im übrigen ist das Vormundschaftsgericht zuständig, in dessen Bezirk die ersuchende Finanzbehörde ihren Sitz hat.

(3) ¹Der Vertreter hat gegen den Rechtsträger der Finanzbehörde, die um seine Bestellung ersucht hat, Anspruch auf eine angemessene Vergütung und auf die Erstattung seiner baren Auslagen. ²Die Finanzbehörde kann von dem Vertretenen Ersatz ihrer Aufwendungen verlangen. ³Sie bestimmt die Vergütung und stellt die Auslagen und Aufwendungen fest.

(4) Im übrigen gelten für die Bestellung und für das Amt des Vertreters in den Fällen des Absatzes 1 Nr. 4 die Vorschriften über die Betreuung, in den übrigen Fällen die Vorschriften über die Pflegschaft entsprechend.

2. Unterabschnitt: Ausschließung und Ablehnung von Amtsträgern und anderen Personen

§ 82 Ausgeschlossene Personen. (1) ¹In einem Verwaltungsverfahren darf für eine Finanzbehörde nicht tätig werden,

1. wer selbst Beteiligter ist,

2. wer Angehöriger (§ 15) eines Beteiligten ist,

3. wer einen Beteiligten kraft Gesetzes oder Vollmacht allgemein oder in diesem Verfahren vertritt,

4. wer Angehöriger (§ 15) einer Person ist, die für einen Beteiligten in diesem Verfahren Hilfe in Steuersachen leistet,

5. wer bei einem Beteiligten gegen Entgelt beschäftigt ist oder bei ihm als Mitglied des Vorstandes, des Aufsichtsrates oder eines gleichartigen Organs tätig ist; dies gilt nicht für den, dessen Anstellungskörperschaft Beteiligte ist,

6. wer außerhalb seiner amtlichen Eigenschaft in der Angelegenheit ein Gutachten abgegeben hat oder sonst tätig geworden ist.

[2]Dem Beteiligten steht gleich, wer durch die Tätigkeit oder durch die Entscheidung einen unmittelbaren Vorteil oder Nachteil erlangen kann. [3]Dies gilt nicht, wenn der Vor- oder Nachteil nur darauf beruht, daß jemand einer Berufs- oder Bevölkerungsgruppe angehört, deren gemeinsame Interessen durch die Angelegenheit berührt werden.

(2) Wer nach Absatz 1 ausgeschlossen ist, darf bei Gefahr im Verzuge unaufschiebbare Maßnahmen treffen.

(3) [1]Hält sich ein Mitglied eines Ausschusses für ausgeschlossen oder bestehen Zweifel, ob die Voraussetzungen des Absatzes 1 gegeben sind, ist dies dem Vorsitzenden des Ausschusses mitzuteilen. [2]Der Ausschuß entscheidet über den Ausschluß. [3]Der Betroffene darf an dieser Entscheidung nicht mitwirken. [4]Das ausgeschlossene Mitglied darf bei der weiteren Beratung und Beschlußfassung nicht zugegen sein.

§ 83 Besorgnis der Befangenheit.

(1) [1]Liegt ein Grund vor, der geeignet ist, Mißtrauen gegen die Unparteilichkeit des Amtsträgers zu rechtfertigen oder wird von einem Beteiligten das Vorliegen eines solchen Grundes behauptet, so hat der Amtsträger den Leiter der Behörde oder den von ihm Beauftragten zu unterrichten und sich auf dessen Anordnung der Mitwirkung zu enthalten. [2]Betrifft die Besorgnis der Befangenheit den Leiter der Behörde, so trifft diese Anordnung die Aufsichtsbehörde, sofern sich der Behördenleiter nicht selbst einer Mitwirkung enthält.

(2) Bei Mitgliedern eines Ausschusses ist sinngemäß nach § 82 Abs. 3 zu verfahren.

§ 84 Ablehnung von Mitgliedern eines Ausschusses.

[1]Jeder Beteiligte kann ein Mitglied eines in einem Verwaltungsverfahren tätigen Ausschusses ablehnen, das in diesem Verwaltungsverfahren nicht tätig werden darf (§ 82) oder bei dem die Besorgnis der Befangenheit besteht (§ 83). [2]Eine Ablehnung vor einer mündlichen Verhandlung ist schriftlich oder zur Niederschrift zu erklären. [3]Die Erklärung ist unzulässig, wenn sich der Beteiligte, ohne den ihm bekannten Ab-

lehnungsgrund geltend zu machen, in eine mündliche Verhandlung eingelassen hat. [4]Für die Entscheidung über die Ablehnung gilt § 82 Abs. 3 Sätze 2 bis 4. [5]Die Entscheidung über das Ablehnungsgesuch kann nur zusammen mit der Entscheidung angefochten werden, die das Verfahren vor dem Ausschuß abschließt.

3. Unterabschnitt: Besteuerungsgrundsätze, Beweismittel

I. Allgemeines

§ 85 Besteuerungsgrundsätze. [1]Die Finanzbehörden haben die Steuern nach Maßgabe der Gesetze gleichmäßig festzusetzen und zu erheben. [2]Insbesondere haben sie sicherzustellen, daß Steuern nicht verkürzt, zu Unrecht erhoben oder Steuererstattungen und Steuervergütungen nicht zu Unrecht gewährt oder versagt werden.

§ 86 Beginn des Verfahrens. [1]Die Finanzbehörde entscheidet nach pflichtgemäßem Ermessen, ob und wann sie ein Verwaltungsverfahren durchführt. [2]Dies gilt nicht, wenn die Finanzbehörde auf Grund von Rechtsvorschriften

1. von Amts wegen oder auf Antrag tätig werden muß,

2. nur auf Antrag tätig werden darf und ein Antrag nicht vorliegt.

§ 87 Amtssprache. (1) Die Amtssprache ist deutsch.

(2) [1]Werden bei einer Finanzbehörde in einer fremden Sprache Anträge gestellt oder Eingaben, Belege, Urkunden oder sonstige Schriftstücke vorgelegt, kann die Finanzbehörde verlangen, daß unverzüglich eine Übersetzung vorgelegt wird. [2]In begründeten Fällen kann die Vorlage einer beglaubigten oder von einem öffentlich bestellten oder beeidigten Dolmetscher oder Übersetzer angefertigten Übersetzung verlangt werden. [3]Wird die verlangte Übersetzung nicht unverzüglich vorgelegt, so kann die Finanzbehörde auf Kosten des Beteiligten selbst eine Übersetzung beschaffen. [4]Hat die Finanzbehörde Dolmetscher oder Übersetzer herangezogen, werden diese in entsprechender Anwendung des Gesetzes über die Entschädigung von Zeugen und Sachverständigen entschädigt.

(3) Soll durch eine Anzeige, einen Antrag oder die Abgabe einer Willenserklärung eine Frist in Lauf gesetzt werden, innerhalb deren die Finanzbehörde in einer bestimmten Weise tätig werden muß, und gehen diese in einer fremden Sprache ein, so beginnt der Lauf der Frist erst mit dem Zeitpunkt, in dem der Finanzbehörde eine Übersetzung vorliegt.

(4) [1]Soll durch eine Anzeige, einen Antrag oder eine Willenserklärung, die in fremder Sprache eingehen, zugunsten eines Beteiligten eine Frist gegenüber der Finanzbehörde gewahrt, ein öffentlich-rechtlicher Anspruch geltend gemacht oder eine Leistung begehrt werden, so gelten die Anzeige, der Antrag oder die Willenserklärung

als zum Zeitpunkt des Eingangs bei der Finanzbehörde abgegeben, wenn auf Verlangen der Finanzbehörde innerhalb einer von dieser zu setzenden angemessenen Frist eine Übersetzung vorgelegt wird. [2] Andernfalls ist der Zeitpunkt des Eingangs der Übersetzung maßgebend, soweit sich nicht aus zwischenstaatlichen Vereinbarungen etwas anderes ergibt. [3] Auf diese Rechtsfolge ist bei der Fristsetzung hinzuweisen.

§ 88 Untersuchungsgrundsatz. (1) [1] Die Finanzbehörde ermittelt den Sachverhalt von Amts wegen. [2] Sie bestimmt Art und Umfang der Ermittlungen; an das Vorbringen und an die Beweisanträge der Beteiligten ist sie nicht gebunden. [3] Der Umfang dieser Pflichten richtet sich nach den Umständen des Einzelfalles.

(2) Die Finanzbehörde hat alle für den Einzelfall bedeutsamen, auch die für die Beteiligten günstigen Umstände zu berücksichtigen.

§ 88a Sammlung von geschützen Daten. [1] Soweit es zur Sicherstellung einer gleichmäßigen Festsetzung und Erhebung der Steuern erforderlich ist, dürfen die Finanzbehörden nach § 30 geschützte Daten auch für Zwecke künftiger Verfahren im Sinne des § 30 Abs. 2 Nr. 1 Buchstabe a und b, insbesondere zur Gewinnung von Vergleichswerten, in Dateien oder Akten sammeln und verwenden. [2] Eine Verwendung ist nur für Verfahren im Sinne des § 30 Abs. 2 Nr. 1 Buchstabe a und b zulässig.

§ 89 Beratung, Auskunft. [1] Die Finanzbehörde soll die Abgabe von Erklärungen, die Stellung von Anträgen oder die Berichtigung von Erklärungen oder Anträgen anregen, wenn diese offensichtlich nur versehentlich oder aus Unkenntnis unterblieben oder unrichtig abgegeben oder gestellt worden sind. [2] Sie erteilt, soweit erforderlich, Auskunft über die den Beteiligten im Verwaltungsverfahren zustehenden Rechte und die ihnen obliegenden Pflichten.

§ 90 Mitwirkungspflichten der Beteiligten. (1) [1] Die Beteiligten sind zur Mitwirkung bei der Ermittlung des Sachverhaltes verpflichtet. [2] Sie kommen der Mitwirkungspflicht insbesondere dadurch nach, daß sie die für die Besteuerung erheblichen Tatsachen vollständig und wahrheitsgemäß offenlegen und die ihnen bekannten Beweismittel angeben. [3] Der Umfang dieser Pflichten richtet sich nach den Umständen des Einzelfalles.

(2) [1] Ist ein Sachverhalt zu ermitteln und steuerrechtlich zu beurteilen, der sich auf Vorgänge außerhalb des Geltungsbereichs dieses Gesetzes bezieht, so haben die Beteiligten diesen Sachverhalt aufzuklären und die erforderlichen Beweismittel zu beschaffen. [2] Sie haben dabei alle für sie bestehenden rechtlichen und tatsächlichen Möglichkeiten auszuschöpfen. [3] Ein Beteiligter kann sich nicht darauf berufen,

daß er Sachverhalte nicht aufklären oder Beweismittel nicht beschaffen kann, wenn er sich nach Lage des Falles bei der Gestaltung seiner Verhältnisse die Möglichkeit dazu hätte beschaffen oder einräumen lassen können.

§ 91 Anhörung Beteiligter. (1) [1]Bevor ein Verwaltungsakt erlassen wird, der in Rechte eines Beteiligten eingreift, soll diesem Gelegenheit gegeben werden, sich zu den für die Entscheidung erheblichen Tatsachen zu äußern. [2]Dies gilt insbesondere, wenn von dem in der Steuererklärung erklärten Sachverhalt zuungunsten des Steuerpflichtigen wesentlich abgewichen werden soll.

(2) Von der Anhörung kann abgesehen werden, wenn sie nach den Umständen des Einzelfalles nicht geboten ist, insbesondere wenn

1. eine sofortige Entscheidung wegen Gefahr im Verzug oder im öffentlichen Interesse notwendig erscheint,
2. durch die Anhörung die Einhaltung einer für die Entscheidung maßgeblichen Frist in Frage gestellt würde,
3. von den tatsächlichen Angaben eines Beteiligten, die dieser in einem Antrag oder einer Erklärung gemacht hat, nicht zu seinen Ungunsten abgewichen werden soll,
4. die Finanzbehörde eine Allgemeinverfügung oder gleichartige Verwaltungsakte in größerer Zahl oder Verwaltungsakte mit Hilfe automatischer Einrichtungen erlassen will,
5. Maßnahmen in der Vollstreckung getroffen werden sollen.

(3) Eine Anhörung unterbleibt, wenn ihr ein zwingendes öffentliches Interesse entgegensteht.

§ 92 Beweismittel. [1]Die Finanzbehörde bedient sich der Beweismittel, die sie nach pflichtgemäßem Ermessen zur Ermittlung des Sachverhaltes für erforderlich hält. [2]Sie kann insbesondere

1. Auskünfte jeder Art von den Beteiligten und anderen Personen einholen,
2. Sachverständige zuziehen,
3. Urkunden und Akten beiziehen,
4. den Augenschein einnehmen.

II. Beweis durch Auskünfte und Sachverständigengutachten

§ 93 Auskunftspflicht der Beteiligten und anderer Personen.
(1) [1]Die Beteiligten und andere Personen haben der Finanzbehörde die zur Feststellung eines für die Besteuerung erheblichen Sachverhaltes erforderlichen Auskünfte zu erteilen. [2]Dies gilt auch für nicht rechtsfähige Vereinigungen, Vermögensmassen, Behörden und Betriebe gewerblicher Art der Körperschaften des öffentlichen Rechts. [3]Andere Personen als die Beteiligten sollen erst dann zur

Auskunft angehalten werden, wenn die Sachverhaltsaufklärung durch die Beteiligten nicht zum Ziele führt oder keinen Erfolg verspricht.

(2) [1] In dem Auskunftsersuchen ist anzugeben, worüber Auskünfte erteilt werden sollen und ob die Auskunft für die Besteuerung des Auskunftspflichtigen oder für die Besteuerung anderer Personen angefordert wird. [2] Auskunftsersuchen haben auf Verlangen des Auskunftspflichtigen schriftlich zu ergehen.

(3) [1] Die Auskünfte sind wahrheitsgemäß nach bestem Wissen und Gewissen zu erteilen. [2] Auskunftspflichtige, die nicht aus dem Gedächtnis Auskunft geben können, haben Bücher, Aufzeichnungen, Geschäftspapiere und andere Urkunden, die ihnen zur Verfügung stehen, einzusehen und, soweit nötig, Aufzeichnungen daraus zu entnehmen.

(4) [1] Der Auskunftspflichtige kann die Auskünfte schriftlich, mündlich oder fernmündlich erteilen. [2] Die Finanzbehörde kann verlangen, daß der Auskunftspflichtige schriftlich Auskunft erteilt, wenn dies sachdienlich ist.

(5) [1] Die Finanzbehörde kann anordnen, daß der Auskunftspflichtige eine mündliche Auskunft an Amtsstelle erteilt. [2] Hierzu ist sie insbesondere dann befugt, wenn trotz Aufforderung eine schriftliche Auskunft nicht erteilt worden ist oder eine schriftliche Auskunft nicht zu einer Klärung des Sachverhaltes geführt hat. [3] Absatz 2 Satz 1 gilt entsprechend.

(6) [1] Auf Antrag des Auskunftspflichtigen ist über die mündliche Auskunft an Amtsstelle eine Niederschrift aufzunehmen. [2] Die Niederschrift soll den Namen der anwesenden Personen, den Ort, den Tag und den wesentlichen Inhalt der Auskunft enthalten. [3] Sie soll von dem Amtsträger, dem die mündliche Auskunft erteilt wird, und dem Auskunftspflichtigen unterschrieben werden. [4] Den Beteiligten ist eine Abschrift der Niederschrift zu überlassen.

§ 93 a Allgemeine Mitteilungspflichten. (1) [1] Zur Sicherung der Besteuerung (§ 85) kann die Bundesregierung durch Rechtsverordnung mit Zustimmung des Bundesrates Behörden verpflichten,

1. Verwaltungsakte, die die Versagung oder Einschränkung einer steuerlichen Vergünstigung zur Folge haben oder dem Betroffenen steuerpflichtige Einnahmen ermöglichen,

2. Subventionen und ähnliche Förderungsmaßnahmen sowie

3. Anhaltspunkte für Schwarzarbeit, unerlaubte Arbeitnehmerüberlassung oder unerlaubte Ausländerbeschäftigung

den Finanzbehörden mitzuteilen. [2] Durch Rechtsverordnung kann auch bestimmt werden, daß bei Zahlungen von Behörden und öffentlich-rechtlichen Rundfunkanstalten der Zahlungsempfänger zur Erleichterung seiner steuerlichen Aufzeichnungs- und Erklärungspflichten über die Summe der jährlichen Zahlungen sowie über die

Auffassung der Finanzbehörden zu den daraus entstehenden Steuerpflichten zu unterrichten ist; der zuständigen Finanzbehörde sind der Empfänger, der Rechtsgrund, die Höhe und der Zeitpunkt der Zahlungen mitzuteilen. [3] Die Verpflichtung der Behörden und der Rundfunkanstalten zu Mitteilungen, Auskünften, Anzeigen und zur Amtshilfe auf Grund anderer Vorschriften bleibt unberührt.

(2) Schuldenverwaltungen, Kreditinstitute, Betriebe gewerblicher Art von juristischen Personen des öffentlichen Rechts im Sinne des Körperschaftsteuergesetzes, Berufskammern und Versicherungsunternehmen sind von der Mitteilungspflicht ausgenommen.

(3) [1] In der Rechtsverordnung sind die mitteilenden Stellen, die Verpflichtung zur Unterrichtung der Betroffenen, die mitzuteilenden Angaben und die für die Entgegennahme der Mitteilungen zuständigen Finanzbehörden näher zu bestimmen sowie der Umfang, der Zeitpunkt und das Verfahren der Mitteilung zu regeln. [2] In der Rechtsverordnung können Ausnahmen von der Mitteilungspflicht, insbesondere für Fälle geringer steuerlicher Bedeutung, zugelassen werden.

§ 94 Eidliche Vernehmung. (1) [1] Hält die Finanzbehörde mit Rücksicht auf die Bedeutung der Auskunft oder zur Herbeiführung einer wahrheitsgemäßen Auskunft die Beeidigung einer anderen Person als eines Beteiligten für geboten, so kann sie das für den Wohnsitz oder den Aufenthaltsort der zu beeidigenden Person zuständige Finanzgericht um die eidliche Vernehmung ersuchen. [2] Befindet sich der Wohnsitz oder der Aufenthaltsort der zu beeidigenden Person nicht am Sitz eines Finanzgerichts oder eines besonders errichteten Senates, so kann auch das zuständige Amtsgericht um die eidliche Vernehmung ersucht werden.

(2) [1] In dem Ersuchen hat die Finanzbehörde den Gegenstand der Vernehmung sowie die Namen und Anschriften der Beteiligten anzugeben. [2] Das Gericht hat die Beteiligten und die ersuchende Finanzbehörde von den Terminen zu benachrichtigen. [3] Die Beteiligten und die ersuchende Finanzbehörde sind berechtigt, während der Vernehmung Fragen zu stellen.

(3) Das Gericht entscheidet über die Rechtmäßigkeit der Verweigerung des Zeugnisses oder der Eidesleistung.

§ 95 Versicherung an Eides Statt. (1) [1] Die Finanzbehörde kann den Beteiligten auffordern, daß er die Richtigkeit von Tatsachen, die er behauptet, an Eides Statt versichert. [2] Eine Versicherung an Eides Statt soll nur gefordert werden, wenn andere Mittel zur Erforschung der Wahrheit nicht vorhanden sind, zu keinem Ergebnis geführt haben oder einen unverhältnismäßigen Aufwand erfordern. [3] Von eidesunfähigen Personen im Sinne des § 393 der Zivilprozeßordnung darf eine eidesstattliche Versicherung nicht verlangt werden.

(2) [1] Die Versicherung an Eides Statt wird von der Finanzbehörde zur Niederschrift aufgenommen. [2] Zur Aufnahme sind der Behördenleiter, sein ständiger Vertreter sowie Angehörige des öffentlichen Dienstes befugt, welche die Befähigung zum Richteramt haben oder die Voraussetzungen des § 110 Satz 1 des Deutschen Richtergesetzes erfüllen. [3] Andere Angehörige des öffentlichen Dienstes kann der Behördenleiter oder sein ständiger Vertreter hierzu allgemein oder im Einzelfall schriftlich ermächtigen.

(3) [1] Die Angaben, deren Richtigkeit versichert werden soll, sind schriftlich festzustellen und dem Beteiligten mindestens eine Woche vor Aufnahme der Versicherung mitzuteilen. [2] Die Versicherung besteht darin, daß der Beteiligte unter Wiederholung der behaupteten Tatsachen erklärt: „Ich versichere an Eides Statt, daß ich nach bestem Wissen die reine Wahrheit gesagt und nichts verschwiegen habe". [3] Bevollmächtigte und Beistände des Beteiligten sind berechtigt, an der Aufnahme der Versicherung an Eides Statt teilzunehmen.

(4) [1] Vor der Aufnahme der Versicherung an Eides Statt ist der Beteiligte über die Bedeutung der eidesstattlichen Versicherung und die strafrechtlichen Folgen einer unrichtigen oder unvollständigen eidesstattlichen Versicherung zu belehren. [2] Die Belehrung ist in der Niederschrift zu vermerken.

(5) [1] Die Niederschrift hat ferner die Namen der anwesenden Personen sowie den Ort und den Tag der Niederschrift zu enthalten. [2] Die Niederschrift ist dem Beteiligten, der die eidesstattliche Versicherung abgibt, zur Genehmigung vorzulesen oder auf Verlangen zur Durchsicht vorzulegen. [3] Die erteilte Genehmigung ist zu vermerken und von dem Beteiligten zu unterschreiben. [4] Die Niederschrift ist sodann von dem Amtsträger, der die Versicherung an Eides Statt aufgenommen hat, sowie von dem Schriftführer zu unterschreiben.

(6) Die Versicherung an Eides Statt kann nicht nach § 328 erzwungen werden.

§ 96 Hinzuziehung von Sachverständigen.

(1) [1] Die Finanzbehörde bestimmt, ob ein Sachverständiger zuzuziehen ist. [2] Soweit nicht Gefahr im Verzug vorliegt, hat sie die Person, die sie zum Sachverständigen ernennen will, den Beteiligten vorher bekanntzugeben.

(2) [1] Die Beteiligten können einen Sachverständigen wegen Besorgnis der Befangenheit ablehnen, wenn ein Grund vorliegt, der geeignet ist, Zweifel an seiner Unparteilichkeit zu rechtfertigen oder wenn von seiner Tätigkeit die Verletzung eines Geschäfts- oder Betriebsgeheimnisses oder Schaden für die geschäftliche Tätigkeit eines Beteiligten zu befürchten ist. [2] Die Ablehnung ist der Finanzbehörde gegenüber unverzüglich nach Bekanntgabe der Person des Sachverständigen, jedoch spätestens innerhalb von zwei Wochen unter Glaubhaftmachung der Ablehnungsgründe geltend zu machen. [3] Nach

diesem Zeitpunkt ist die Ablehnung nur zulässig, wenn glaubhaft gemacht wird, daß der Ablehnungsgrund vorher nicht geltend gemacht werden konnte. [4]Über die Ablehnung entscheidet die Finanzbehörde, die den Sachverständigen ernannt hat oder ernennen will. [5]Das Ablehnungsgesuch hat keine aufschiebende Wirkung.

(3) [1]Der zum Sachverständigen Ernannte hat der Ernennung Folge zu leisten, wenn er zur Erstattung von Gutachten der erforderlichen Art öffentlich bestellt ist oder wenn er die Wissenschaft, die Kunst oder das Gewerbe, deren Kenntnis Voraussetzung der Begutachtung ist, öffentlich zum Erwerb ausübt oder wenn er zur Ausübung derselben öffentlich bestellt oder ermächtigt ist. [2]Zur Erstattung des Gutachtens ist auch derjenige verpflichtet, der sich hierzu der Finanzbehörde gegenüber bereit erklärt hat.

(4) Der Sachverständige kann die Erstattung des Gutachtens unter Angabe der Gründe wegen Besorgnis der Befangenheit ablehnen.

(5) Angehörige des öffentlichen Dienstes sind als Sachverständige nur dann zuzuziehen, wenn sie die nach dem Dienstrecht erforderliche Genehmigung erhalten.

(6) Die Sachverständigen sind auf die Vorschriften über die Wahrung des Steuergeheimnisses hinzuweisen.

(7) [1]Das Gutachten ist regelmäßig schriftlich zu erstatten. [2]Die mündliche Erstattung des Gutachtens kann zugelassen werden. [3]Die Beeidigung des Gutachtens darf nur gefordert werden, wenn die Finanzbehörde dies mit Rücksicht auf die Bedeutung des Gutachtens für geboten hält. [4]Ist der Sachverständige für die Erstattung von Gutachten der betreffenden Art im allgemeinen beeidigt, so genügt die Berufung auf den geleisteten Eid; sie kann auch in einem schriftlichen Gutachten erklärt werden. [5]Anderenfalls gilt für die Beeidigung § 94 sinngemäß.

III. Beweis durch Urkunden und Augenschein

§ 97 Vorlage von Urkunden. (1) [1]Die Finanzbehörde kann von den Beteiligten und anderen Personen die Vorlage von Büchern, Aufzeichnungen, Geschäftspapieren und anderen Urkunden zur Einsicht und Prüfung verlangen. [2]Dabei ist anzugeben, ob die Urkunden für die Besteuerung des zur Vorlage Aufgeforderten oder für die Besteuerung anderer Personen benötigt werden. [3]§ 93 Abs. 1 Satz 2 gilt entsprechend.

(2) [1]Die Vorlage von Büchern, Aufzeichnungen, Geschäftspapieren und anderen Urkunden soll in der Regel erst dann verlangt werden, wenn der Vorlagepflichtige eine Auskunft nicht erteilt hat, wenn die Auskunft unzureichend ist oder Bedenken gegen ihre Richtigkeit bestehen. [2]Diese Einschränkungen gelten nicht gegenüber dem Beteiligten, soweit dieser eine steuerliche Vergünstigung geltend macht, oder wenn die Finanzbehörde eine Außenprüfung nicht durchführen

will oder wegen der erheblichen steuerlichen Auswirkungen eine baldige Klärung für geboten hält.

(3) [1]Die Finanzbehörde kann die Vorlage der in Absatz 1 genannten Urkunden an Amtsstelle verlangen oder sie bei dem Vorlagepflichtigen einsehen, wenn dieser einverstanden ist oder die Urkunden für eine Vorlage an Amtsstelle ungeeignet sind. [2]§ 147 Abs. 5 gilt entsprechend.

§ 98 Einnahme des Augenscheins. (1) Führt die Finanzbehörde einen Augenschein durch, so ist das Ergebnis aktenkundig zu machen.

(2) Bei der Einnahme des Augenscheins können Sachverständige zugezogen werden.

§ 99 Betreten von Grundstücken und Räumen. (1) [1]Die von der Finanzbehörde mit der Einnahme des Augenscheins betrauten Amtsträger und die nach den §§ 96 und 98 zugezogenen Sachverständigen sind berechtigt, Grundstücke, Räume, Schiffe, umschlossene Betriebsvorrichtungen und ähnliche Einrichtungen während der üblichen Geschäfts- und Arbeitszeit zu betreten, soweit dies erforderlich ist, um im Besteuerungsinteresse Feststellungen zu treffen. [2]Die betroffenen Personen sollen angemessene Zeit vorher benachrichtigt werden. [3]Wohnräume dürfen gegen den Willen des Inhabers nur zur Verhütung dringender Gefahren für die öffentliche Sicherheit und Ordnung betreten werden.

(2) Maßnahmen nach Absatz 1 dürfen nicht zu dem Zweck angeordnet werden, nach unbekannten Gegenständen zu forschen.

§ 100 Vorlage von Wertsachen. (1) [1]Der Beteiligte und andere Personen haben der Finanzbehörde auf Verlangen Wertsachen (Geld, Wertpapiere, Kostbarkeiten) vorzulegen, soweit dies erforderlich ist, um im Besteuerungsinteresse Feststellungen über ihre Beschaffenheit und ihren Wert zu treffen. [2]§ 98 Abs. 2 ist anzuwenden.

(2) Die Vorlage von Wertsachen darf nicht angeordnet werden, um nach unbekannten Gegenständen zu forschen.

IV. Auskunfts- und Vorlageverweigerungsrechte

§ 101 Auskunfts- und Eidesverweigerungsrecht der Angehörigen. (1) [1]Die Angehörigen (§ 15) eines Beteiligten können die Auskunft verweigern, soweit sie nicht selbst als Beteiligte über ihre eigenen steuerlichen Verhältnisse auskunftspflichtig sind oder die Auskunftspflicht für einen Beteiligten zu erfüllen haben. [2]Die Angehörigen sind über das Auskunftsverweigerungsrecht zu belehren. [3]Die Belehrung ist aktenkundig zu machen.

(2) ¹Die in Absatz 1 genannten Personen haben ferner das Recht, die Beeidigung ihrer Auskunft zu verweigern. ²Absatz 1 Sätze 2 und 3 gelten entsprechend.

§ 102 Auskunftsverweigerungsrecht zum Schutz bestimmter Berufsgeheimnisse. (1) Die Auskunft können ferner verweigern:

1. Geistliche über das, was ihnen in ihrer Eigenschaft als Seelsorger anvertraut worden oder bekanntgeworden ist,

2. Mitglieder des Bundestages, eines Landtages oder einer zweiten Kammer über Personen, die ihnen in ihrer Eigenschaft als Mitglieder dieser Organe oder denen sie in dieser Eigenschaft Tatsachen anvertraut haben, sowie über diese Tatsachen selbst,

3. a) Verteidiger,
   b) Rechtsanwälte, Patentanwälte, Notare, Steuerberater, Wirtschaftsprüfer, Steuerbevollmächtigte, vereidigte Buchprüfer,
   c) Ärzte, Zahnärzte, Apotheker und Hebammen,

   über das, was ihnen in dieser Eigenschaft anvertraut worden oder bekanntgeworden ist,

4. Personen, die bei der Vorbereitung, Herstellung oder Verbreitung von periodischen Druckwerken oder Rundfunksendungen berufsmäßig mitwirken oder mitgewirkt haben, über die Person des Verfassers, Einsenders oder Gewährsmanns von Beiträgen und Unterlagen sowie über die ihnen im Hinblick auf ihre Tätigkeit gemachten Mitteilungen, soweit es sich um Beiträge, Unterlagen und Mitteilungen für den redaktionellen Teil handelt; § 160 bleibt unberührt.

(2) ¹Den im Absatz 1 Nr. 1 bis 3 genannten Personen stehen ihre Gehilfen und die Personen gleich, die zur Vorbereitung auf den Beruf an der berufsmäßigen Tätigkeit teilnehmen. ²Über die Ausübung des Rechts dieser Hilfspersonen, die Auskunft zu verweigern, entscheiden die im Absatz 1 Nr. 1 bis 3 genannten Personen, es sei denn, daß diese Entscheidung in absehbarer Zeit nicht herbeigeführt werden kann.

(3) ¹Die in Absatz 1 Nr. 3 genannten Personen dürfen die Auskunft nicht verweigern, wenn sie von der Verpflichtung zur Verschwiegenheit entbunden sind. ²Die Entbindung von der Verpflichtung zur Verschwiegenheit gilt auch für die Hilfspersonen.

(4) ¹Die gesetzlichen Anzeigepflichten der Notare bleiben unberührt. ²Soweit die Anzeigepflichten bestehen, sind die Notare auch zur Vorlage von Urkunden und zur Erteilung weiterer Auskünfte verpflichtet.

§ 103 Auskunftsverweigerungsrecht bei Gefahr der Verfolgung wegen einer Straftat oder einer Ordnungswidrigkeit. ¹Personen, die nicht Beteiligte und nicht für einen Beteiligten auskunftspflichtig sind, können die Auskunft auf solche Fragen verweigern, deren Beantwortung sie selbst oder einen ihrer Angehörigen (§ 15) der Gefahr strafgerichtlicher Verfolgung oder eines Verfahrens nach dem Gesetz über Ordnungswidrigkeiten aussetzen würde. [2] Über das Recht, die Auskunft zu verweigern, sind sie zu belehren. [3] Die Belehrung ist aktenkundig zu machen.

§ 104 Verweigerung der Erstattung eines Gutachtens und der Vorlage von Urkunden. (1) [1] Soweit die Auskunft verweigert werden darf, kann auch die Erstattung eines Gutachtens und die Vorlage von Urkunden oder Wertsachen verweigert werden. [2] § 102 Abs. 4 Satz 2 bleibt unberührt.

(2) [1] Nicht verweigert werden kann die Vorlage von Urkunden und Wertsachen, die für den Beteiligten aufbewahrt werden, soweit der Beteiligte bei eigenem Gewahrsam zur Vorlage verpflichtet wäre. [2] Für den Beteiligten aufbewahrt werden auch die für ihn geführten Geschäftsbücher und sonstigen Aufzeichnungen.

§ 105 Verhältnis der Auskunfts- und Vorlagepflicht zur Schweigepflicht öffentlicher Stellen. (1) Die Verpflichtung der Behörden oder sonstiger öffentlicher Stellen einschließlich der Deutschen Bundesbank, der Staatsbanken, der Schuldenverwaltungen sowie der Organe und Bediensteten dieser Stellen zur Verschwiegenheit gilt nicht für ihre Auskunfts- und Vorlagepflicht gegenüber den Finanzbehörden.

(2) Absatz 1 gilt nicht, soweit die Behörden und die mit postdienstlichen Verrichtungen betrauten Personen gesetzlich verpflichtet sind, das Brief-, Post- und Fernmeldegeheimnis zu wahren.

§ 106 Beschränkung der Auskunfts- und Vorlagepflicht bei Beeinträchtigung des staatlichen Wohls. Eine Auskunft oder die Vorlage von Urkunden darf nicht gefordert werden, wenn die zuständige oberste Bundes- oder Landesbehörde erklärt, daß die Auskunft oder Vorlage dem Wohle des Bundes oder eines Landes erhebliche Nachteile bereiten würde.

V. Entschädigung der Auskunftspflichtigen und der Sachverständigen

§ 107 Entschädigung der Auskunftspflichtigen und der Sachverständigen. [1] Auskunftspflichtige und Sachverständige, die die Finanzbehörde zu Beweiszwecken herangezogen hat, werden auf Antrag in entsprechender Anwendung des Gesetzes über die Entschädigung von Zeugen und Sachverständigen[1] entschädigt. [2] Dies

---

[1] Gesetz über die Entschädigung von Zeugen und Sachverständigen idF der Bek. v. 1. 10. 1969 (BGBl. I S. 1756), zuletzt geänd. durch G v. 15. 7. 1992 (BGBl. I S. 1302).

gilt nicht für die Beteiligten und für die Personen, die für die Beteiligten die Auskunftspflicht zu erfüllen haben.

4. Unterabschnitt: Fristen, Termine, Wiedereinsetzung

§ 108 **Fristen und Termine.** (1) Für die Berechnung von Fristen und für die Bestimmung von Terminen gelten die §§ 187 bis 193 des Bürgerlichen Gesetzbuches entsprechend, soweit nicht durch die Absätze 2 bis 5 etwas anderes bestimmt ist.

(2) Der Lauf einer Frist, die von einer Behörde gesetzt wird, beginnt mit dem Tag, der auf die Bekanntgabe der Frist folgt, außer wenn dem Betroffenen etwas anderes mitgeteilt wird.

(3) Fällt das Ende einer Frist auf einen Sonntag, einen gesetzlichen Feiertag oder einen Sonnabend, so endet die Frist mit dem Ablauf des nächstfolgenden Werktages.

(4) Hat eine Behörde Leistungen nur für einen bestimmten Zeitraum zu erbringen, so endet dieser Zeitraum auch dann mit dem Ablauf seines letzten Tages, wenn dieser auf einen Sonntag, einen gesetzlichen Feiertag oder einen Sonnabend fällt.

(5) Der von einer Behörde gesetzte Termin ist auch dann einzuhalten, wenn er auf einen Sonntag, gesetzlichen Feiertag oder Sonnabend fällt.

(6) Ist eine Frist nach Stunden bestimmt, so werden Sonntage, gesetzliche Feiertage oder Sonnabende mitgerechnet.

§ 109 **Verlängerung von Fristen.** (1) [1]Fristen zur Einreichung von Steuererklärungen und Fristen, die von einer Finanzbehörde gesetzt sind, können verlängert werden. [2]Sind solche Fristen bereits abgelaufen, so können sie rückwirkend verlängert werden, insbesondere wenn es unbillig wäre, die durch den Fristablauf eingetretenen Rechtsfolgen bestehen zu lassen.

(2) Die Finanzbehörde kann die Verlängerung der Frist von einer Sicherheitsleistung abhängig machen oder sonst nach § 120 mit einer Nebenbestimmung verbinden.

§ 110 **Wiedereinsetzung in den vorigen Stand.** (1) [1]War jemand ohne Verschulden verhindert, eine gesetzliche Frist einzuhalten, so ist ihm auf Antrag Wiedereinsetzung in den vorigen Stand zu gewähren. [2]Das Verschulden eines Vertreters ist dem Vertretenen zuzurechnen.

(2) [1]Der Antrag ist innerhalb eines Monats nach Wegfall des Hindernisses zu stellen. [2]Die Tatsachen zur Begründung des Antrages sind bei der Antragstellung oder im Verfahren über den Antrag glaubhaft zu machen. [3]Innerhalb der Antragsfrist ist die versäumte Handlung nachzuholen. [4]Ist dies geschehen, so kann Wiedereinsetzung auch ohne Antrag gewährt werden.

(3) Nach einem Jahr seit dem Ende der versäumten Frist kann die Wiedereinsetzung nicht mehr beantragt oder die versäumte Handlung nicht mehr nachgeholt werden, außer wenn dies vor Ablauf der Jahresfrist infolge höherer Gewalt unmöglich war.

(4) Über den Antrag auf Wiedereinsetzung entscheidet die Finanzbehörde, die über die versäumte Handlung zu befinden hat.

5. Unterabschnitt: Rechts- und Amtshilfe

§ 111 Amtshilfepflicht. (1) [1] Alle Gerichte und Behörden haben die zur Durchführung der Besteuerung erforderliche Amtshilfe zu leisten. [2] § 102 bleibt unberührt.

(2) Amtshilfe liegt nicht vor, wenn

1. Behörden einander innerhalb eines bestehenden Weisungsverhältnisses Hilfe leisten,

2. die Hilfeleistung in Handlungen besteht, die der ersuchten Behörde als eigene Aufgabe obliegen.

(3) Schuldenverwaltungen, Kreditinstitute sowie Betriebe gewerblicher Art der Körperschaften des öffentlichen Rechts fallen nicht unter diese Vorschrift.

(4) Auf dem Gebiet der Zollverwaltung erstreckt sich die Amtshilfepflicht auch auf diejenigen dem öffentlichen Verkehr oder dem öffentlichen Warenumschlag dienenden Unternehmen, die das Bundesministerium der Finanzen als Zollhilfsorgane besonders bestellt hat, und auf die Bediensteten dieser Unternehmen.

(5) Die §§ 105 und 106 sind entsprechend anzuwenden.

§ 112 Voraussetzungen und Grenzen der Amtshilfe. (1) Eine Finanzbehörde kann um Amtshilfe insbesondere dann ersuchen, wenn sie

1. aus rechtlichen Gründen die Amtshandlung nicht selbst vornehmen kann,

2. aus tatsächlichen Gründen, besonders weil die zur Vornahme der Amtshandlung erforderlichen Dienstkräfte oder Einrichtungen fehlen, die Amtshandlung nicht selbst vornehmen kann,

3. zur Durchführung ihrer Aufgaben auf die Kenntnis von Tatsachen angewiesen ist, die ihr unbekannt sind und die sie selbst nicht ermitteln kann,

4. zur Durchführung ihrer Aufgaben Urkunden oder sonstige Beweismittel benötigt, die sich im Besitz der ersuchten Behörde befinden,

5. die Amtshandlung nur mit wesentlich größerem Aufwand vornehmen könnte als die ersuchte Behörde.

(2) Die ersuchte Behörde darf Hilfe nicht leisten, wenn sie hierzu aus rechtlichen Gründen nicht in der Lage ist.

(3) Die ersuchte Behörde braucht Hilfe nicht zu leisten, wenn

1. eine andere Behörde die Hilfe wesentlich einfacher oder mit wesentlich geringerem Aufwand leisten kann,

2. sie die Hilfe nur mit unverhältnismäßig großem Aufwand leisten könnte,

3. sie unter Berücksichtigung der Aufgaben der ersuchenden Finanzbehörde durch den Umfang der Hilfeleistung die Erfüllung ihrer eigenen Aufgaben ernstlich gefährden würde.

(4) Die ersuchte Behörde darf die Hilfe nicht deshalb verweigern, weil sie das Ersuchen aus anderen als den in Absatz 3 genannten Gründen oder weil sie die mit der Amtshilfe zu verwirklichende Maßnahme für unzweckmäßig hält.

(5) ¹Hält die ersuchte Behörde sich zur Hilfe nicht für verpflichtet, so teilt sie der ersuchenden Finanzbehörde ihre Auffassung mit. ²Besteht diese auf der Amtshilfe, so entscheidet über die Verpflichtung zur Amtshilfe die gemeinsame fachlich zuständige Aufsichtsbehörde oder, sofern eine solche nicht besteht, die für die ersuchte Behörde fachlich zuständige Aufsichtsbehörde.

§ 113 Auswahl der Behörde. Kommen für die Amtshilfe mehrere Behörden in Betracht, so soll nach Möglichkeit eine Behörde der untersten Verwaltungsstufe des Verwaltungszweiges ersucht werden, dem die ersuchende Finanzbehörde angehört.

§ 114 Durchführung der Amtshilfe. (1) Die Zulässigkeit der Maßnahme, die durch die Amtshilfe verwirklicht werden soll, richtet sich nach dem für die ersuchende Finanzbehörde, die Durchführung der Amtshilfe nach dem für die ersuchte Behörde geltenden Recht.

(2) ¹Die ersuchende Finanzbehörde trägt gegenüber der ersuchten Behörde die Verantwortung für die Rechtmäßigkeit der zu treffenden Maßnahme. ²Die ersuchte Behörde ist für die Durchführung der Amtshilfe verantwortlich.

§ 115 Kosten der Amtshilfe. (1) ¹Die ersuchende Finanzbehörde hat der ersuchten Behörde für die Amtshilfe keine Verwaltungsgebühr zu entrichten. ²Auslagen hat sie der ersuchten Behörde auf Anforderung zu erstatten, wenn sie im Einzelfall fünfzig Deutsche Mark übersteigen. ³Leisten Behörden desselben Rechtsträgers einander Amtshilfe, so werden die Auslagen nicht erstattet.

(2) Nimmt die ersuchte Behörde zur Durchführung der Amtshilfe eine kostenpflichtige Amtshandlung vor, so stehen ihr die von einem Dritten hierfür geschuldeten Kosten (Verwaltungsgebühren, Benutzungsgebühren und Auslagen) zu.

§ 116 Anzeige von Steuerstraftaten. (1) Gerichte und die Behörden von Bund, Ländern und kommunalen Trägern der öffentlichen Verwaltung haben Tatsachen, die sie dienstlich erfahren und die den Verdacht einer Steuerstraftat begründen, der Finanzbehörde mitzuteilen.

(2) § 105 Abs. 2 gilt entsprechend.

§ 117 Zwischenstaatliche Rechts- und Amtshilfe in Steuersachen. (1) Die Finanzbehörden können zwischenstaatliche Rechts- und Amtshilfe nach Maßgabe des deutschen Rechts in Anspruch nehmen.

(2) Die Finanzbehörden können zwischenstaatliche Rechts- und Amtshilfe auf Grund innerstaatlich anwendbarer völkerrechtlicher Vereinbarungen, innerstaatlich anwendbarer Rechtsakte der Europäischen Gemeinschaften sowie des EG-Amtshilfe-Gesetzes leisten.

(3) [1] Die Finanzbehörden können nach pflichtgemäßem Ermessen zwischenstaatliche Rechts- und Amtshilfe auf Ersuchen auch in anderen Fällen leisten, wenn

1. die Gegenseitigkeit verbürgt ist,
2. der ersuchende Staat gewährleistet, daß die übermittelten Auskünfte und Unterlagen nur für Zwecke seines Besteuerungs- oder Steuerstrafverfahrens (einschließlich Ordnungswidrigkeitenverfahren) verwendet werden, und daß die übermittelten Auskünfte und Unterlagen nur solchen Personen, Behörden oder Gerichten zugänglich gemacht werden, die mit der Bearbeitung der Steuersache oder Verfolgung der Steuerstraftat befaßt sind,
3. der ersuchende Staat zusichert, daß er bereit ist, bei den Steuern vom Einkommen, Ertrag und Vermögen eine mögliche Doppelbesteuerung im Verständigungswege durch eine sachgerechte Abgrenzung der Besteuerungsgrundlagen zu vermeiden und
4. die Erledigung des Ersuchens die Souveränität, die Sicherheit, die öffentliche Ordnung oder andere wesentliche Interessen des Bundes oder seiner Gebietskörperschaften nicht beeinträchtigt und keine Gefahr besteht, daß dem inländischen Beteiligten ein mit dem Zweck der Rechts- und Amtshilfe nicht zu vereinbarender Schaden entsteht, falls ein Handels-, Industrie-, Gewerbe- oder Berufsgeheimnis oder ein Geschäftsverfahren, das auf Grund des Ersuchens offenbart werden soll, preisgegeben wird.

[2] Soweit die zwischenstaatliche Rechts- und Amtshilfe Steuern betrifft, die von den Landesfinanzbehörden verwaltet werden, entscheidet das Bundesministerium der Finanzen im Einvernehmen mit der zuständigen obersten Landesbehörde.

(4) [1] Bei der Durchführung der Rechts- und Amtshilfe richten sich die Befugnisse der Finanzbehörden sowie die Rechte und Pflichten der Beteiligten und anderer Personen nach den für Steuern im Sinne

von § 1 Abs. 1 geltenden Vorschriften. [2]§ 114 findet entsprechende Anwendung. [3]Bei der Übermittlung von Auskünften und Unterlagen gilt für inländische Beteiligte § 91 entsprechend; soweit die Rechts- und Amtshilfe Steuern betrifft, die von den Landesfinanzbehörden verwaltet werden, hat eine Anhörung des inländischen Beteiligten abweichend von § 91 Abs. 1 stets stattzufinden, wenn nicht eine Ausnahme nach § 91 Abs. 2 oder 3 vorliegt.

(5) Das Bundesministerium der Finanzen wird ermächtigt, zur Förderung der zwischenstaatlichen Zusammenarbeit durch Rechtsverordnung mit Zustimmung des Bundesrates völkerrechtliche Vereinbarungen über die gegenseitige Rechts- und Amtshilfe auf dem Gebiete des Zollwesens in Kraft zu setzen, wenn sich die darin übernommenen Verpflichtungen im Rahmen der nach diesem Gesetz zulässigen zwischenstaatlichen Rechts- und Amtshilfe halten.

Zweiter Abschnitt: Verwaltungsakte

§ 118 Begriff des Verwaltungsaktes. [1]Verwaltungsakt ist jede Verfügung, Entscheidung oder andere hoheitliche Maßnahme, die eine Behörde zur Regelung eines Einzelfalles auf dem Gebiet des öffentlichen Rechts trifft und die auf unmittelbare Rechtswirkung nach außen gerichtet ist. [2]Allgemeinverfügung ist ein Verwaltungsakt, der sich an einen nach allgemeinen Merkmalen bestimmten oder bestimmbaren Personenkreis richtet oder die öffentlich-rechtliche Eigenschaft einer Sache oder ihre Benutzung durch die Allgemeinheit betrifft.

§ 119 Bestimmtheit und Form des Verwaltungsaktes. (1) Ein Verwaltungsakt muß inhaltlich hinreichend bestimmt sein.

(2) [1]Ein Verwaltungsakt kann schriftlich, mündlich oder in anderer Weise erlassen werden. [2]Ein mündlicher Verwaltungsakt ist schriftlich zu bestätigen, wenn hieran ein berechtigtes Interesse besteht und der Betroffene dies unverzüglich verlangt.

(3) Ein schriftlicher Verwaltungsakt muß die erlassende Behörde erkennen lassen und die Unterschrift oder die Namenswiedergabe des Behördenleiters, seines Vertreters oder seines Beauftragten enthalten.

(4) [1]Bei einem schriftlichen Verwaltungsakt, der formularmäßig oder mit Hilfe automatischer Einrichtungen erlassen wird, können abweichend von Absatz 3 Unterschrift und Namenswiedergabe fehlen. [2]Zur Inhaltsangabe können Schlüsselzeichen verwendet werden, wenn derjenige, für den der Verwaltungsakt bestimmt ist oder der von ihm betroffen wird, auf Grund der dazu gegebenen Erläuterungen den Inhalt des Verwaltungsaktes eindeutig erkennen kann.

§ 120 Nebenbestimmungen zum Verwaltungsakt. (1) Ein Verwaltungsakt, auf den ein Anspruch besteht, darf mit einer Nebenbestimmung nur versehen werden, wenn sie durch Rechtsvorschrift zugelassen ist oder wenn sie sicherstellen soll, daß die gesetzlichen Voraussetzungen des Verwaltungsaktes erfüllt werden.

(2) Unbeschadet des Absatzes 1 darf ein Verwaltungsakt nach pflichtgemäßem Ermessen erlassen werden mit

1. einer Bestimmung, nach der eine Vergünstigung oder Belastung zu einem bestimmten Zeitpunkt beginnt, endet oder für einen bestimmten Zeitraum gilt (Befristung),
2. einer Bestimmung, nach der der Eintritt oder der Wegfall einer Vergünstigung oder einer Belastung von dem ungewissen Eintritt eines zukünftigen Ereignisses abhängt (Bedingung),
3. einem Vorbehalt des Widerrufs

oder verbunden werden mit

4. einer Bestimmung, durch die dem Begünstigten ein Tun, Dulden oder Unterlassen vorgeschrieben wird (Auflage),
5. einem Vorbehalt der nachträglichen Aufnahme, Änderung oder Ergänzung einer Auflage.

(3) Eine Nebenbestimmung darf dem Zweck des Verwaltungsaktes nicht zuwiderlaufen.

§ 121 Begründung des Verwaltungsaktes. (1) Ein schriftlicher oder schriftlich bestätigter Verwaltungsakt ist schriftlich zu begründen, soweit dies zu seinem Verständnis erforderlich ist.

(2) Einer Begründung bedarf es nicht,

1. soweit die Finanzbehörde einem Antrag entspricht oder einer Erklärung folgt und der Verwaltungsakt nicht in Rechte eines anderen eingreift,
2. soweit demjenigen, für den der Verwaltungsakt bestimmt ist oder der von ihm betroffen wird, die Auffassung der Finanzbehörde über die Sach- und Rechtslage bereits bekannt oder auch ohne schriftliche Begründung für ihn ohne weiteres erkennbar ist,
3. wenn die Finanzbehörde gleichartige Verwaltungsakte in größerer Zahl oder Verwaltungsakte mit Hilfe automatischer Einrichtungen erläßt und die Begründung nach den Umständen des Einzelfalles nicht geboten ist,
4. wenn sich dies aus einer Rechtsvorschrift ergibt,
5. wenn eine Allgemeinverfügung öffentlich bekanntgegeben wird.

§ 122 Bekanntgabe des Verwaltungsaktes. (1) [1]Ein Verwaltungsakt ist demjenigen Beteiligten bekanntzugeben, für den er bestimmt ist oder der von ihm betroffen wird. [2]§ 34 Abs. 2 ist entsprechend anzuwenden. [3]Der Verwaltungsakt kann auch gegenüber einem Bevollmächtigten bekanntgegeben werden.

(2) Ein schriftlicher Verwaltungsakt, der durch die Post übermittelt wird, gilt als bekanntgegeben

1. bei einer Übermittlung im Geltungsbereich dieses Gesetzes am dritten Tage nach der Aufgabe zur Post,

2. bei einer Übermittlung an einen Beteiligten außerhalb des Geltungsbereichs dieses Gesetzes einen Monat nach der Aufgabe zur Post,

außer wenn er nicht oder zu einem späteren Zeitpunkt zugegangen ist; im Zweifel hat die Behörde den Zugang des Verwaltungsaktes und den Zeitpunkt des Zugangs nachzuweisen.

(3) [1] Ein Verwaltungsakt darf öffentlich bekanntgegeben werden, wenn dies durch Rechtsvorschrift zugelassen ist. [2] Eine Allgemeinverfügung darf auch dann öffentlich bekanntgegeben werden, wenn eine Bekanntgabe an die Beteiligten untunlich ist.

(4) [1] Die öffentliche Bekanntgabe eines schriftlichen Verwaltungsaktes wird dadurch bewirkt, daß sein verfügender Teil ortsüblich bekanntgemacht wird. [2] In der ortsüblichen Bekanntmachung ist anzugeben, wo der Verwaltungsakt und seine Begründung eingesehen werden können. [3] Der Verwaltungsakt gilt zwei Wochen nach dem Tage der ortsüblichen Bekanntmachung als bekanntgegeben. [4] In einer Allgemeinverfügung kann ein hiervon abweichender Tag, jedoch frühestens der auf die Bekanntmachung folgende Tag bestimmt werden.

(5) [1] Ein schriftlicher Verwaltungsakt wird zugestellt, wenn dies gesetzlich vorgeschrieben ist oder behördlich angeordnet wird. [2] Die Zustellung richtet sich nach den Vorschriften des Verwaltungszustellungsgesetzes.

§ 123 Bestellung eines Empfangsbevollmächtigten. [1] Ein Beteiligter ohne Wohnsitz oder gewöhnlichen Aufenthalt, Sitz oder Geschäftsleitung im Geltungsbereich dieses Gesetzes hat der Finanzbehörde auf Verlangen innerhalb einer angemessenen Frist einen Empfangsbevollmächtigten im Geltungsbereich dieses Gesetzes zu benennen. [2] Unterläßt er dies, so gilt ein an ihn gerichtetes Schriftstück einen Monat nach der Aufgabe zur Post als zugegangen, es sei denn, daß feststeht, daß das Schriftstück den Empfänger nicht oder zu einem späteren Zeitpunkt erreicht hat. [3] Auf die Rechtsfolgen der Unterlassung ist der Beteiligte hinzuweisen.

§ 124 Wirksamkeit des Verwaltungsaktes. (1) [1] Ein Verwaltungsakt wird gegenüber demjenigen, für den er bestimmt ist oder der von ihm betroffen wird, in dem Zeitpunkt wirksam, in dem er ihm bekanntgegeben wird. [2] Der Verwaltungsakt wird mit dem Inhalt wirksam, mit dem er bekanntgegeben wird.

(2) Ein Verwaltungsakt bleibt wirksam, solange und soweit er nicht zurückgenommen, widerrufen, anderweitig aufgehoben oder durch Zeitablauf oder auf andere Weise erledigt ist.

(3) Ein nichtiger Verwaltungsakt ist unwirksam.

§ 125 Nichtigkeit des Verwaltungsaktes. (1) Ein Verwaltungsakt ist nichtig, soweit er an einem besonders schwerwiegenden Fehler leidet und dies bei verständiger Würdigung aller in Betracht kommenden Umstände offenkundig ist.

(2) Ohne Rücksicht auf das Vorliegen der Voraussetzungen des Absatzes 1 ist ein Verwaltungsakt nichtig,

1. der schriftlich erlassen worden ist, die erlassende Finanzbehörde aber nicht erkennen läßt,

2. den aus tatsächlichen Gründen niemand befolgen kann,

3. der die Begehung einer rechtswidrigen Tat verlangt, die einen Straf- oder Bußgeldtatbestand verwirklicht,

4. der gegen die guten Sitten verstößt.

(3) Ein Verwaltungsakt ist nicht schon deshalb nichtig, weil

1. Vorschriften über die örtliche Zuständigkeit nicht eingehalten worden sind,

2. eine nach § 82 Abs. 1 Satz 1 Nr. 2 bis 6 und Satz 2 ausgeschlossene Person mitgewirkt hat,

3. ein durch Rechtsvorschrift zur Mitwirkung berufener Ausschuß den für den Erlaß des Verwaltungsaktes vorgeschriebenen Beschluß nicht gefaßt hat oder nicht beschlußfähig war,

4. die nach einer Rechtsvorschrift erforderliche Mitwirkung einer anderen Behörde unterblieben ist.

(4) Betrifft die Nichtigkeit nur einen Teil des Verwaltungsaktes, so ist er im ganzen nichtig, wenn der nichtige Teil so wesentlich ist, daß die Finanzbehörde den Verwaltungsakt ohne den nichtigen Teil nicht erlassen hätte.

(5) Die Finanzbehörde kann die Nichtigkeit jederzeit von Amts wegen feststellen; auf Antrag ist sie festzustellen, wenn der Antragsteller hieran ein berechtigtes Interesse hat.

§ 126 Heilung von Verfahrens- und Formfehlern. (1) Eine Verletzung von Verfahrens- oder Formvorschriften, die nicht den Verwaltungsakt nach § 125 nichtig macht, ist unbeachtlich, wenn

1. der für den Verwaltungsakt erforderliche Antrag nachträglich gestellt wird,

2. die erforderliche Begründung nachträglich gegeben wird,

3. die erforderliche Anhörung eines Beteiligten nachgeholt wird,

4. der Beschluß eines Ausschusses, dessen Mitwirkung für den Erlaß des Verwaltungsaktes erforderlich ist, nachträglich gefaßt wird,

5. die erforderliche Mitwirkung einer anderen Behörde nachgeholt wird.

(2) Handlungen des Absatzes 1 Nr. 2 bis 5 dürfen nur bis Abschluß eines *außergerichtlichen Rechtsbehelfsverfahrens* [*ab 1. 1. 1996:* Einspruchsverfahrens][1] oder, falls ein *außergerichtliches Rechtsbehelfsverfahren* [*ab 1. 1. 1996:* Einspruchsverfahren][1] nicht stattfindet, bis zur Erhebung der finanzgerichtlichen Klage nachgeholt werden.

(3) [1] Fehlt einem Verwaltungsakt die erforderliche Begründung oder ist die erforderliche Anhörung eines Beteiligten vor Erlaß des Verwaltungsaktes unterblieben und ist dadurch die rechtzeitige Anfechtung des Verwaltungsaktes versäumt worden, so gilt die Versäumung der *Rechtsbehelfsfrist* [*ab 1. 1. 1996:* Einspruchsfrist][1] als nicht verschuldet. [2] Das für die Wiedereinsetzungsfrist nach § 110 Abs. 2 maßgebende Ereignis tritt im Zeitpunkt der Nachholung der unterlassenen Verfahrenshandlung ein.

§ 127 Folgen von Verfahrens- und Formfehlern. Die Aufhebung eines Verwaltungsaktes, der nicht nach § 125 nichtig ist, kann nicht allein deshalb beansprucht werden, weil er unter Verletzung von Vorschriften über das Verfahren, die Form oder die örtliche Zuständigkeit zustande gekommen ist, wenn keine andere Entscheidung in der Sache hätte getroffen werden können.

§ 128 Umdeutung eines fehlerhaften Verwaltungsaktes.

(1) Ein fehlerhafter Verwaltungsakt kann in einen anderen Verwaltungsakt umgedeutet werden, wenn er auf das gleiche Ziel gerichtet ist, von der erlassenden Finanzbehörde in der geschehenen Verfahrensweise und Form rechtmäßig hätte erlassen werden können und wenn die Voraussetzungen für dessen Erlaß erfüllt sind.

(2) [1] Absatz 1 gilt nicht, wenn der Verwaltungsakt, in den der fehlerhafte Verwaltungsakt umzudeuten wäre, der erkennbaren Absicht der erlassenden Finanzbehörde widerspräche oder seine Rechtsfolgen für den Betroffenen ungünstiger wären als die des fehlerhaften Verwaltungsaktes. [2] Eine Umdeutung ist ferner unzulässig, wenn der fehlerhafte Verwaltungsakt nicht zurückgenommen werden dürfte.

(3) Eine Entscheidung, die nur als gesetzlich gebundene Entscheidung ergehen kann, kann nicht in eine Ermessensentscheidung umgedeutet werden.

(4) § 91 ist entsprechend anzuwenden.

§ 129 Offenbare Unrichtigkeiten beim Erlaß eines Verwaltungsaktes. [1] Die Finanzbehörde kann Schreibfehler, Rechenfehler und ähnliche offenbare Unrichtigkeiten, die beim Erlaß eines Ver-

---

[1] § 126 Abs. 2 und Abs. 3 Satz 1 kursive Worte ersetzt durch Klammerzusätze durch G v. 24. 6. 1994 (BGBl. I S. 1395).

waltungsaktes unterlaufen sind, jederzeit berichtigen. ²Bei berechtigtem Interesse des Beteiligten ist zu berichtigen. ³Die Finanzbehörde ist berechtigt, die Vorlage des Schriftstückes zu verlangen, das berichtigt werden soll.

§ 130 Rücknahme eines rechtswidrigen Verwaltungsaktes.

(1) Ein rechtswidriger Verwaltungsakt kann, auch nachdem er unanfechtbar geworden ist, ganz oder teilweise mit Wirkung für die Zukunft oder für die Vergangenheit zurückgenommen werden.

(2) Ein Verwaltungsakt, der ein Recht oder einen rechtlich erheblichen Vorteil begründet oder bestätigt hat (begünstigender Verwaltungsakt), darf nur dann zurückgenommen werden, wenn

1. er von einer sachlich unzuständigen Behörde erlassen worden ist,

2. er durch unlautere Mittel, wie arglistige Täuschung, Drohung oder Bestechung erwirkt worden ist,

3. ihn der Begünstigte durch Angaben erwirkt hat, die in wesentlicher Beziehung unrichtig oder unvollständig waren,

4. seine Rechtswidrigkeit dem Begünstigten bekannt oder infolge grober Fahrlässigkeit nicht bekannt war.

(3) ¹Erhält die Finanzbehörde von Tatsachen Kenntnis, welche die Rücknahme eines rechtswidrigen begünstigenden Verwaltungsaktes rechtfertigen, so ist die Rücknahme nur innerhalb eines Jahres seit dem Zeitpunkt der Kenntnisnahme zulässig. ²Dies gilt nicht im Falle des Absatzes 2 Nr. 2.

(4) Über die Rücknahme entscheidet nach Unanfechtbarkeit des Verwaltungsaktes die nach den Vorschriften über die örtliche Zuständigkeit zuständige Finanzbehörde; dies gilt auch dann, wenn der zurückzunehmende Verwaltungsakt von einer anderen Finanzbehörde erlassen worden ist; § 26 Satz 2 bleibt unberührt.

§ 131 Widerruf eines rechtmäßigen Verwaltungsaktes.

(1) Ein rechtmäßiger nicht begünstigender Verwaltungsakt kann, auch nachdem er unanfechtbar geworden ist, ganz oder teilweise mit Wirkung für die Zukunft widerrufen werden, außer wenn ein Verwaltungsakt gleichen Inhalts erneut erlassen werden müßte oder aus anderen Gründen ein Widerruf unzulässig ist.

(2) ¹Ein rechtmäßiger begünstigender Verwaltungsakt darf, auch nachdem er unanfechtbar geworden ist, ganz oder teilweise mit Wirkung für die Zukunft nur widerrufen werden,

1. wenn der Widerruf durch Rechtsvorschrift zugelassen oder im Verwaltungsakt vorbehalten ist,

2. wenn mit dem Verwaltungsakt eine Auflage verbunden ist und der Begünstigte diese nicht oder nicht innerhalb einer ihm gesetzten Frist erfüllt hat,

3. wenn die Finanzbehörde auf Grund nachträglich eingetretener Tatsachen berechtigt wäre, den Verwaltungsakt nicht zu erlassen, und wenn ohne den Widerruf das öffentliche Interesse gefährdet würde.

[2] § 130 Abs. 3 gilt entsprechend.

(3) Der widerrufene Verwaltungsakt wird mit dem Wirksamwerden des Widerrufs unwirksam, wenn die Finanzbehörde keinen späteren Zeitpunkt bestimmt.

(4) Über den Widerruf entscheidet nach Unanfechtbarkeit des Verwaltungsaktes die nach den Vorschriften über die örtliche Zuständigkeit zuständige Finanzbehörde; dies gilt auch dann, wenn der zu widerrufende Verwaltungsakt von einer anderen Finanzbehörde erlassen worden ist.

§ 132 Rücknahme, Widerruf, Aufhebung und Änderung im Rechtsbehelfsverfahren [ab 1. 1. 1996: Einspruchsverfahren][1]. [1] Die Vorschriften über Rücknahme, Widerruf, Aufhebung und Änderung von Verwaltungsakten gelten auch während eines *außergerichtlichen Rechtsbehelfsverfahrens [ab 1. 1. 1996:* Einspruchsverfahrens][1] und während eines finanzgerichtlichen Verfahrens. [2] § 130 Abs. 2 und 3 und § 131 Abs. 2 und 3 stehen der Rücknahme und dem Widerruf eines von einem Dritten angefochtenen begünstigenden Verwaltungsaktes während des *außergerichtlichen Rechtsbehelfsverfahrens [ab 1. 1. 1996:* Einspruchsverfahrens][1] oder des finanzgerichtlichen Verfahrens nicht entgegen, soweit dadurch dem *außergerichtlichen Rechtsbehelf [ab 1. 1. 1996:* Einspruch][1] oder der Klage abgeholfen wird.

§ 133 Rückgabe von Urkunden und Sachen. [1] Ist ein Verwaltungsakt unanfechtbar widerrufen oder zurückgenommen oder ist seine Wirksamkeit aus einem anderen Grund nicht oder nicht mehr gegeben, so kann die Finanzbehörde die auf Grund dieses Verwaltungsaktes erteilten Urkunden oder Sachen, die zum Nachweis der Rechte aus dem Verwaltungsakt oder zu deren Ausübung bestimmt sind, zurückfordern. [2] Der Inhaber und, sofern er nicht der Besitzer ist, auch der Besitzer dieser Urkunden oder Sachen sind zu ihrer Herausgabe verpflichtet. [3] Der Inhaber oder der Besitzer kann jedoch verlangen, daß ihm die Urkunden oder Sachen wieder ausgehändigt werden, nachdem sie von der Finanzbehörde als ungültig gekennzeichnet sind; dies gilt nicht bei Sachen, bei denen eine solche Kennzeichnung nicht oder nicht mit der erforderlichen Offensichtlichkeit oder Dauerhaftigkeit möglich ist.

---

[1] § 132 kursive Worte ersetzt durch Klammerzusätze durch G v. 24. 6. 1994 (BGBl. I S. 1395).

Vierter Teil. Durchführung der Besteuerung

Erster Abschnitt: Erfassung der Steuerpflichtigen

1. Unterabschnitt: Personenstands- und Betriebsaufnahme

§ 134 Personenstands- und Betriebsaufnahme. (1) ¹Zur Erfassung von Personen und Unternehmen, die der Besteuerung unterliegen, können die Gemeinden für die Finanzbehörden eine Personenstands- und Betriebsaufnahme durchführen. ²Die Gemeinden haben hierbei die Befugnisse nach den §§ 328 bis 335.

(2) Die Personenstandsaufnahme erstreckt sich nicht auf diejenigen Angehörigen der Bundeswehr, des Bundesgrenzschutzes und der Polizei, die in Dienstunterkünften untergebracht sind und keine andere Wohnung haben.

(3) ¹Die Landesregierungen bestimmen durch Rechtsverordnung den Zeitpunkt der Erhebungen. ²Sie können den Umfang der Erhebungen (§ 135) auf bestimmte Gemeinden und bestimmte Angaben beschränken. ³Die Landesregierungen können diese Ermächtigung durch Rechtsverordnung auf die obersten Finanzbehörden übertragen.

(4) ¹Mit der Personenstands- und Betriebsaufnahme können die Gemeinden für ihre Zwecke besondere Erhebungen verbinden, soweit für diese Erhebungen eine Rechtsgrundlage besteht. ²Für solche Erhebungen gilt Absatz 1 Satz 2 nicht.

§ 135 Mitwirkungspflicht bei der Personenstands- und Betriebsaufnahme. (1) ¹Die Grundstückseigentümer sind verpflichtet, bei der Durchführung der Personenstands- und Betriebsaufnahme Hilfe zu leisten. ²Sie haben insbesondere die Personen anzugeben, die auf dem Grundstück eine Wohnung, Wohnräume, eine Betriebsstätte, Lagerräume oder sonstige Geschäftsräume haben.

(2) Die Wohnungsinhaber und die Untermieter haben über sich und über die zu ihrem Haushalt gehörenden Personen auf den amtlichen Vordrucken die Angaben zu machen, die für die Personenstands- und Betriebsaufnahme notwendig sind, insbesondere über Namen, Familienstand, Geburtstag und Geburtsort, Religionszugehörigkeit, Wohnsitz, Erwerbstätigkeit oder Beschäftigung, Betriebsstätten.

(3) Die Inhaber von Betriebsstätten, Lagerräumen oder sonstigen Geschäftsräumen haben über den Betrieb, der in diesen Räumen ausgeübt wird, die Angaben zu machen, die für die Betriebsaufnahme notwendig sind und in den amtlichen Vordrucken verlangt werden, insbesondere über Art und Größe des Betriebes und über die Betriebsinhaber.

§ 136 Änderungsmitteilungen für die Personenstandsaufnahme. Die Meldebehörden haben die ihnen nach den Vorschriften über das Meldewesen der Länder bekanntgewordenen Änderungen in den Angaben nach § 135 dem zuständigen Finanzamt mitzuteilen.

2. Unterabschnitt: Anzeigepflichten

§ 137 Steuerliche Erfassung von Körperschaften, Vereinigungen und Vermögensmassen. (1) Steuerpflichtige, die nicht natürliche Personen sind, haben dem nach § 20 zuständigen Finanzamt und den für die Erhebung der Realsteuern zuständigen Gemeinden die Umstände anzuzeigen, die für die steuerliche Erfassung von Bedeutung sind, insbesondere die Gründung, den Erwerb der Rechtsfähigkeit, die Änderung der Rechtsform, die Verlegung der Geschäftsleitung oder des Sitzes und die Auflösung.

(2) Die Mitteilungen sind innerhalb eines Monats seit dem meldepflichtigen Ereignis zu erstatten.

§ 138 Anzeigen über die Erwerbstätigkeit. (1) [1] Wer einen Betrieb der Land- und Forstwirtschaft, einen gewerblichen Betrieb oder eine Betriebsstätte eröffnet, hat dies auf amtlich vorgeschriebenem Vordruck der Gemeinde mitzuteilen, in der der Betrieb oder die Betriebsstätte eröffnet wird; die Gemeinde unterrichtet unverzüglich das nach § 22 Abs. 1 zuständige Finanzamt von dem Inhalt der Mitteilung. [2] Ist die Festsetzung der Realsteuern den Gemeinden nicht übertragen worden, so tritt an die Stelle der Gemeinde das nach § 22 Abs. 2 zuständige Finanzamt. [3] Wer eine freiberufliche Tätigkeit aufnimmt, hat dies dem nach § 19 zuständigen Finanzamt mitzuteilen. [4] Das gleiche gilt für die Verlegung und die Aufgabe eines Betriebes, einer Betriebsstätte oder einer freiberuflichen Tätigkeit.

(2) Steuerpflichtige mit Wohnsitz, gewöhnlichem Aufenthalt, Geschäftsleitung oder Sitz im Geltungsbereich dieses Gesetzes haben dem nach §§ 18 bis 20 zuständigen Finanzamt mitzuteilen:

1. die Gründung und den Erwerb von Betrieben und Betriebsstätten im Ausland,

2. die Beteiligung an ausländischen Personengesellschaften,

3. den Erwerb von Beteiligungen an einer Körperschaft, Personenvereinigung oder Vermögensmasse im Sinne des *§ 2 Abs. 1 Nr. 1*[1)] des Körperschaftsteuergesetzes, wenn damit unmittelbar eine Beteiligung von mindestens zehn vom Hundert oder mittelbar eine Beteiligung von mindestens 25 vom Hundert am Kapital oder am Vermögen der Körperschaft, Personenvereinigung oder Vermögensmasse erreicht wird.

[1)] Jetzt „§ 2 Nr. 1 KStG" (**dtv 5549** Nr. **3.1**).

(3) Die Mitteilungen sind in den Fällen des Absatzes 1 innerhalb eines Monats seit dem meldepflichtigen Ereignis, in den Fällen des Absatzes 2 spätestens dann zu erstatten, wenn nach dem meldepflichtigen Ereignis eine Einkommen- oder Körperschaftsteuererklärung oder eine Erklärung zur gesonderten Gewinnfeststellung einzureichen ist.

§ 139 Anmeldung von Betrieben in besonderen Fällen.
(1) [1]Wer Waren gewinnen oder herstellen will, an deren Gewinnung, Herstellung, Entfernung aus dem Herstellungsbetrieb oder Verbrauch innerhalb des Herstellungsbetriebes eine Verbrauchsteuerpflicht geknüpft ist, hat dies der zuständigen Finanzbehörde vor Eröffnung des Betriebes anzumelden. [2]Das gleiche gilt für den, der ein Unternehmen betreiben will, bei dem besondere Verkehrsteuern anfallen.

(2) [1]Durch Rechtsverordnung können Bestimmungen über den Zeitpunkt, die Form und den Inhalt der Anmeldung getroffen werden. [2]Die Rechtsverordnung erläßt die Bundesregierung, soweit es sich um Verkehrsteuern handelt, im übrigen das Bundesministerium der Finanzen. [3]Die Rechtsverordnung des Bundesministeriums der Finanzen bedarf der Zustimmung des Bundesrates nur, soweit sie die Biersteuer betrifft.

Zweiter Abschnitt: Mitwirkungspflichten

1. Unterabschnitt: Führung von Büchern und Aufzeichnungen

§ 140 Buchführungs- und Aufzeichnungspflichten nach anderen Gesetzen. Wer nach anderen Gesetzen als den Steuergesetzen Bücher und Aufzeichnungen zu führen hat, die für die Besteuerung von Bedeutung sind, hat die Verpflichtungen, die ihm nach den anderen Gesetzen obliegen, auch für die Besteuerung zu erfüllen.

§ 141 Buchführungspflicht bestimmter Steuerpflichtiger.
(1) [1]Gewerbliche Unternehmer sowie Land- und Forstwirte, die nach den Feststellungen der Finanzbehörde für den einzelnen Betrieb

1. Umsätze einschließlich der steuerfreien Umsätze, ausgenommen die Umsätze nach § 4 Nr. 8 bis 10 des Umsatzsteuergesetzes, von mehr als 500 000 Deutsche Mark im Kalenderjahr oder

2. ein Betriebsvermögen von mehr als 125 000 Deutsche Mark oder

3. selbstbewirtschaftete land- und forstwirtschaftliche Flächen mit einem Wirtschaftswert[1]) (§ 46 des Bewertungsgesetzes) von mehr als 40 000 Deutsche Mark oder

---

[1]) Zur Anwendung in den neuen Bundesländern siehe Art. 97 § 2 Nr. 7 EGAO (Nr. **1.2**).

4. einen Gewinn aus Gewerbebetrieb von mehr als 48 000 Deutsche Mark im Wirtschaftsjahr oder

5. einen Gewinn aus Land- und Forstwirtschaft von mehr als 48 000 Deutsche Mark im Kalenderjahr

gehabt haben, sind auch dann verpflichtet, für diesen Betrieb Bücher zu führen und auf Grund jährlicher Bestandsaufnahmen Abschlüsse zu machen, wenn sich eine Buchführungspflicht nicht aus § 140 ergibt. ²Die §§ 238, 240 bis 242 Abs. 1 und die §§ 243 bis 256 des Handelsgesetzbuches gelten sinngemäß, sofern sich nicht aus den Steuergesetzen etwas anderes ergibt. ³Bei der Anwendung der Nummer 3 ist der Wirtschaftswert aller vom Land- und Forstwirt selbstbewirtschafteten Flächen maßgebend, unabhängig davon, ob sie in seinem Eigentum stehen oder nicht. ⁴Bei Land- und Forstwirten, die nach Nummern 1, 3 oder 5 zur Buchführung verpflichtet sind, braucht sich die Bestandsaufnahme nicht auf das stehende Holz zu erstrecken.

(2) ¹Die Verpflichtung nach Absatz 1 ist vom Beginn des Wirtschaftsjahres an zu erfüllen, das auf die Bekanntgabe der Mitteilung folgt, durch die die Finanzbehörde auf den Beginn dieser Verpflichtung hingewiesen hat. ²Die Verpflichtung endet mit dem Ablauf des Wirtschaftsjahres, das auf das Wirtschaftsjahr folgt, in dem die Finanzbehörde feststellt, daß die Voraussetzungen nach Absatz 1 nicht mehr vorliegen.

(3) ¹Die Buchführungspflicht geht auf denjenigen über, der den Betrieb im ganzen zur Bewirtschaftung als Eigentümer oder Nutzungsberechtigter übernimmt. ²Ein Hinweis nach Absatz 2 auf den Beginn der Buchführungspflicht ist nicht erforderlich.

(4) Absatz 1 Nr. 5 in der vorstehenden Fassung ist erstmals auf den Gewinn des Kalenderjahres 1980 anzuwenden.

§ 142 Ergänzende Vorschriften für Land- und Forstwirte. ¹Land- und Forstwirte, die nach § 141 Abs. 1 Nr. 1, 3 oder 5 zur Buchführung verpflichtet sind, haben neben den jährlichen Bestandsaufnahmen und den jährlichen Abschlüssen ein Anbauverzeichnis zu führen. ²In dem Anbauverzeichnis ist nachzuweisen, mit welchen Fruchtarten die selbstbewirtschafteten Flächen im abgelaufenen Wirtschaftsjahr bestellt waren.

§ 143 Aufzeichnung des Wareneingangs. (1) Gewerbliche Unternehmer müssen den Wareneingang gesondert aufzeichnen.

(2) ¹Aufzuzeichnen sind alle Waren einschließlich der Rohstoffe, unfertigen Erzeugnisse, Hilfsstoffe und Zutaten, die der Unternehmer im Rahmen seines Gewerbebetriebes zur Weiterveräußerung oder zum Verbrauch entgeltlich oder unentgeltlich, für eigene oder für fremde Rechnung, erwirbt; dies gilt auch dann, wenn die Waren vor der Weiterveräußerung oder dem Verbrauch be- oder verarbeitet werden sollen. ²Waren, die nach Art des Betriebes üblicherweise für

den Betrieb zur Weiterveräußerung oder zum Verbrauch erworben werden, sind auch dann aufzuzeichnen, wenn sie für betriebsfremde Zwecke verwendet werden.

(3) Die Aufzeichnungen müssen die folgenden Angaben enthalten:
1. den Tag des Wareneingangs oder das Datum der Rechnung,
2. den Namen oder die Firma und die Anschrift des Lieferers,
3. die handelsübliche Bezeichnung der Ware,
4. den Preis der Ware,
5. einen Hinweis auf den Beleg.

§ 144 Aufzeichnung des Warenausgangs. (1) Gewerbliche Unternehmer, die nach der Art ihres Geschäftsbetriebes Waren regelmäßig an andere gewerbliche Unternehmer zur Weiterveräußerung oder zum Verbrauch als Hilfsstoffe liefern, müssen den erkennbar für diese Zwecke bestimmten Warenausgang gesondert aufzeichnen.

(2) [1]Aufzuzeichnen sind auch alle Waren, die der Unternehmer
1. auf Rechnung (auf Ziel, Kredit, Abrechnung oder Gegenrechnung), durch Tausch oder unentgeltlich liefert, oder
2. gegen Barzahlung liefert, wenn die Ware wegen der abgenommenen Menge zu einem Preis veräußert wird, der niedriger ist als der übliche Preis für Verbraucher.
[2]Dies gilt nicht, wenn die Ware erkennbar nicht zur gewerblichen Weiterverwendung bestimmt ist.

(3) Die Aufzeichnungen müssen die folgenden Angaben enthalten:
1. den Tag des Warenausgangs oder das Datum der Rechnung,
2. den Namen oder die Firma und die Anschrift des Abnehmers,
3. die handelsübliche Bezeichnung der Ware,
4. den Preis der Ware,
5. einen Hinweis auf den Beleg.

(4) [1]Der Unternehmer muß über jeden Ausgang der in den Absätzen 1 und 2 genannten Waren einen Beleg erteilen, der die in Absatz 3 bezeichneten Angaben sowie seinen Namen oder die Firma und seine Anschrift enthält. [2]Dies gilt insoweit nicht, als nach § 14 Abs. 5 des Umsatzsteuergesetzes eine Gutschrift an die Stelle einer Rechnung tritt oder auf Grund des § 14 Abs. 6 des Umsatzsteuergesetzes Erleichterungen gewährt werden.

(5) Die Absätze 1 bis 4 gelten auch für Land- und Forstwirte, die nach § 141 buchführungspflichtig sind.

§ 145 Allgemeine Anforderungen an Buchführung und Aufzeichnungen. (1) [1]Die Buchführung muß so beschaffen sein, daß sie einem sachverständigen Dritten innerhalb angemessener Zeit einen Überblick über die Geschäftsvorfälle und über die Lage des Unter-

nehmens vermitteln kann. [2]Die Geschäftsvorfälle müssen sich in ihrer
Entstehung und Abwicklung verfolgen lassen.

(2) Aufzeichnungen sind so vorzunehmen, daß der Zweck, den sie
für die Besteuerung erfüllen sollen, erreicht wird.

**§ 146 Ordnungsvorschriften für die Buchführung und für
Aufzeichnungen.** (1) [1]Die Buchungen und die sonst erforderlichen
Aufzeichnungen sind vollständig, richtig, zeitgerecht und geordnet
vorzunehmen. [2]Kasseneinnahmen und Kassenausgaben sollen täglich
festgehalten werden.

(2) [1]Bücher und die sonst erforderlichen Aufzeichnungen sind im
Geltungsbereich dieses Gesetzes zu führen und aufzubewahren. [2]Dies
gilt nicht, soweit für Betriebstätten außerhalb des Geltungsbereichs
dieses Gesetzes nach dortigem Recht eine Verpflichtung besteht, Bücher und Aufzeichnungen zu führen, und diese Verpflichtung erfüllt
wird. [3]In diesem Falle sowie bei Organgesellschaften außerhalb des
Geltungsbereichs dieses Gesetzes müssen die Ergebnisse der dorti-
gen Buchführung in die Buchführung des hiesigen Unternehmens
übernommen werden, soweit sie für die Besteuerung von Bedeutung
sind. [4]Dabei sind die erforderlichen Anpassungen an die steuerrechtlichen Vorschriften im Geltungsbereich dieses Gesetzes vorzunehmen
und kenntlich zu machen.

(3) [1]Die Buchungen und die sonst erforderlichen Aufzeichnungen
sind in einer lebenden Sprache vorzunehmen. [2]Wird eine andere als
die deutsche Sprache verwendet, so kann die Finanzbehörde Übersetzungen verlangen. [3]Werden Abkürzungen, Ziffern, Buchstaben oder
Symbole verwendet, muß im Einzelfall deren Bedeutung eindeutig
festliegen.

(4) [1]Eine Buchung oder eine Aufzeichnung darf nicht in einer
Weise verändert werden, daß der ursprüngliche Inhalt nicht mehr
feststellbar ist. [2]Auch solche Veränderungen dürfen nicht vorgenommen werden, deren Beschaffenheit es ungewiß läßt, ob sie ursprünglich oder erst später gemacht worden sind.

(5) [1]Die Bücher und die sonst erforderlichen Aufzeichnungen
können auch in der geordneten Ablage von Belegen bestehen oder
auf Datenträgern geführt werden, soweit diese Formen der Buchführung einschließlich des dabei angewandten Verfahrens den Grundsätzen ordnungsmäßiger Buchführung entsprechen; bei Aufzeichnungen, die allein nach den Steuergesetzen vorzunehmen sind, bestimmt
sich die Zulässigkeit des angewendeten Verfahrens nach dem Zweck,
den die Aufzeichnungen für die Besteuerung erfüllen sollen. [2]Bei der
Führung der Bücher und der sonst erforderlichen Aufzeichnungen
auf Datenträgern muß insbesondere sichergestellt sein, daß die Daten
während der Dauer der Aufbewahrungsfrist verfügbar sind und jederzeit innerhalb angemessener Frist lesbar gemacht werden können.
[3]Absätze 1 bis 4 gelten sinngemäß.

(6) Die Ordnungsvorschriften gelten auch dann, wenn der Unternehmer Bücher und Aufzeichnungen, die für die Besteuerung von Bedeutung sind, führt, ohne hierzu verpflichtet zu sein.

§ 147 Ordnungsvorschriften für die Aufbewahrung von Unterlagen. (1) Die folgenden Unterlagen sind geordnet aufzubewahren:

1. Bücher und Aufzeichnungen, Inventare, Jahresabschlüsse, Lageberichte, die Eröffnungsbilanz sowie die zu ihrem Verständnis erforderlichen Arbeitsanweisungen und sonstigen Organisationsunterlagen,

2. die empfangenen Handels- oder Geschäftsbriefe,

3. Wiedergaben der abgesandten Handels- oder Geschäftsbriefe,

4. Buchungsbelege,

5. sonstige Unterlagen, soweit sie für die Besteuerung von Bedeutung sind.

(2) [1] Mit Ausnahme der Jahresabschlüsse und der Eröffnungsbilanz können die in Absatz 1 aufgeführten Unterlagen auch als Wiedergabe auf einem Bildträger oder auf anderen Datenträgern aufbewahrt werden, wenn dies den Grundsätzen ordnungsmäßiger Buchführung entspricht und sichergestellt ist, daß die Wiedergabe oder die Daten

1. mit den empfangenen Handels- oder Geschäftsbriefen und den Buchungsbelegen bildlich und mit den anderen Unterlagen inhaltlich übereinstimmen, wenn sie lesbar gemacht werden,

2. während der Dauer der Aufbewahrungsfrist verfügbar sind und jederzeit innerhalb angemessener Frist lesbar gemacht werden können.

[2] Sind Unterlagen auf Grund des § 146 Abs. 5 auf Datenträgern hergestellt worden, können statt der Datenträger die Daten auch ausgedruckt aufbewahrt werden; die ausgedruckten Unterlagen können auch nach Satz 1 aufbewahrt werden.

(3) [1] Die in Absatz 1 Nr. 1 aufgeführten Unterlagen sind zehn Jahre, die sonstigen in Absatz 1 aufgeführten Unterlagen sechs Jahre aufzubewahren, sofern nicht in anderen Steuergesetzen kürzere Aufbewahrungsfristen zugelassen sind. [2] Die Aufbewahrungsfrist läuft jedoch nicht ab, soweit und solange die Unterlagen für Steuern von Bedeutung sind, für welche die Festsetzungsfrist noch nicht abgelaufen ist; § 169 Abs. 2 Satz 2 gilt nicht.

(4) Die Aufbewahrungsfrist beginnt mit dem Schluß des Kalenderjahrs, in dem die letzte Eintragung in das Buch gemacht, das Inventar, die Eröffnungsbilanz, der Jahresabschluß oder der Lagebericht aufgestellt, der Handels- oder Geschäftsbrief empfangen oder abgesandt worden oder der Buchungsbeleg entstanden ist, ferner die Aufzeichnung vorgenommen worden ist oder die sonstigen Unterlagen entstanden sind.

(5) Wer aufzubewahrende Unterlagen nur in der Form einer Wiedergabe auf einem Bildträger oder auf anderen Datenträgern vorlegen kann, ist verpflichtet, auf seine Kosten diejenigen Hilfsmittel zur Verfügung zu stellen, die erforderlich sind, um die Unterlagen lesbar zu machen; auf Verlangen der Finanzbehörde hat er auf seine Kosten die Unterlagen unverzüglich ganz oder teilweise auszudrucken oder ohne Hilfsmittel lesbare Reproduktionen beizubringen.

§ 148 Bewilligung von Erleichterungen. [1] Die Finanzbehörden können für einzelne Fälle oder für bestimmte Gruppen von Fällen Erleichterungen bewilligen, wenn die Einhaltung der durch die Steuergesetze begründeten Buchführungs-, Aufzeichnungs- und Aufbewahrungspflichten Härten mit sich bringt und die Besteuerung durch die Erleichterung nicht beeinträchtigt wird. [2] Erleichterungen nach Satz 1 können rückwirkend bewilligt werden. [3] Die Bewilligung kann widerrufen werden.

2. Unterabschnitt: Steuererklärungen

§ 149 Abgabe der Steuererklärungen. (1) [1] Die Steuergesetze bestimmen, wer zur Abgabe einer Steuererklärung verpflichtet ist. [2] Zur Abgabe einer Steuererklärung ist auch verpflichtet, wer hierzu von der Finanzbehörde aufgefordert wird. [3] Die Aufforderung kann durch öffentliche Bekanntmachung erfolgen. [4] Die Verpflichtung zur Abgabe einer Steuererklärung bleibt auch dann bestehen, wenn die Finanzbehörde die Besteuerungsgrundlagen geschätzt hat (§ 162).

(2) [1] Soweit die Steuergesetze nichts anderes bestimmen, sind Steuererklärungen, die sich auf ein Kalenderjahr oder einen gesetzlich bestimmten Zeitpunkt beziehen, spätestens fünf Monate danach abzugeben. [2] Bei Steuerpflichtigen, die den Gewinn aus Land- und Forstwirtschaft nach einem vom Kalenderjahr abweichenden Wirtschaftsjahr ermitteln, endet die Frist nicht vor Ablauf des dritten Monats, der auf den Schluß des in dem Kalenderjahr begonnenen Wirtschaftsjahrs folgt.

§ 150 Form und Inhalt der Steuererklärungen. (1) [1] Die Steuererklärungen sind nach amtlich vorgeschriebenem Vordruck abzugeben, soweit nicht eine mündliche Steuererklärung zugelassen ist. [2] Der Steuerpflichtige hat in der Steuererklärung die Steuer selbst zu berechnen, soweit dies gesetzlich vorgeschrieben ist (Steueranmeldung).

(2) [1] Die Angaben in den Steuererklärungen sind wahrheitsgemäß nach bestem Wissen und Gewissen zu machen. [2] Dies ist, wenn der Vordruck dies vorsieht, schriftlich zu versichern.

(3) [1] Ordnen die Steuergesetze an, daß der Steuerpflichtige die Steuererklärung eigenhändig zu unterschreiben hat, so ist die Unterzeichnung durch einen Bevollmächtigten nur dann zulässig, wenn der Steuerpflichtige infolge seines körperlichen oder geistigen Zustandes

oder durch längere Abwesenheit an der Unterschrift gehindert ist. [2]Die eigenhändige Unterschrift kann nachträglich verlangt werden, wenn der Hinderungsgrund weggefallen ist.

(4) [1]Den Steuererklärungen müssen die Unterlagen beigefügt werden, die nach den Steuergesetzen vorzulegen sind. [2]Dritte Personen sind verpflichtet, hierfür erforderliche Bescheinigungen auszustellen.

(5) [1]In die Vordrucke der Steuererklärung können auch Fragen aufgenommen werden, die zur Ergänzung der Besteuerungsunterlagen für Zwecke einer Statistik nach dem Gesetz über Steuerstatistiken erforderlich sind. [2]Die Finanzbehörden können ferner von Steuerpflichtigen Auskünfte verlangen, die für die Durchführung des Bundesausbildungsförderungsgesetzes erforderlich sind. [3]Die Finanzbehörden haben bei der Überprüfung der Angaben dieselben Befugnisse wie bei der Aufklärung der für die Besteuerung erheblichen Verhältnisse.

(6) [1]Zur Erleichterung und Vereinfachung des automatisierten Besteuerungsverfahrens kann das Bundesministerium der Finanzen durch Rechtsverordnung[1]) mit Zustimmung des Bundesrates bestimmen, daß Steuererklärungen oder sonstige für das Besteuerungsverfahren erforderliche Daten ganz oder teilweise auf maschinell verwertbaren Datenträgern oder durch Datenfernübertragung übermittelt werden können. [2]Dabei können insbesondere geregelt werden:

1. die Voraussetzungen für die Anwendung des Verfahrens,
2. das Nähere über Form, Inhalt, Verarbeitung und Sicherung der zu übermittelnden Daten,
3. die Art und Weise der Übermittlung der Daten,
4. die Zuständigkeit für die Entgegennahme der zu übermittelnden Daten,
5. die Haftung von Dritten für Steuern oder Steuervorteile, die auf Grund unrichtiger Verarbeitung oder Übermittlung der Daten verkürzt oder erlangt werden,
6. der Umfang und die Form der für dieses Verfahren erforderlichen besonderen Erklärungspflichten des Steuerpflichtigen.

[3]Zur Regelung der Datenübermittlung kann in der Rechtsverordnung auf Veröffentlichungen sachverständiger Stellen verwiesen werden; hierbei sind das Datum der Veröffentlichung, die Bezugsquelle und eine Stelle zu bezeichnen, bei der die Veröffentlichung archivmäßig gesichert niedergelegt ist.

§ 151 Aufnahme der Steuererklärung an Amtsstelle.

Steuererklärungen, die schriftlich abzugeben sind, können bei der zuständigen Finanzbehörde zur Niederschrift erklärt werden, wenn die Schriftform dem Steuerpflichtigen nach seinen persönlichen Ver-

---

[1]) Siehe Sammelantrags-DatenträgerVO und Steueranmeldungs-DatenträgerVO.

hältnissen nicht zugemutet werden kann, insbesondere, wenn er nicht in der Lage ist, eine gesetzlich vorgeschriebene Selbstberechnung der Steuer vorzunehmen oder durch einen Dritten vornehmen zu lassen.

§ 152[1) Verspätungszuschlag. (1) [1]Gegen denjenigen, der seiner Verpflichtung zur Abgabe einer Steuererklärung nicht oder nicht fristgemäß nachkommt, kann ein Verspätungszuschlag festgesetzt werden. [2]Von der Festsetzung eines Verspätungszuschlages ist abzusehen, wenn die Versäumnis entschuldbar erscheint. [3]Das Verschulden eines gesetzlichen Vertreters oder eines Erfüllungsgehilfen steht dem eigenen Verschulden gleich.

(2) [1]Der Verspätungszuschlag darf zehn vom Hundert der festgesetzten Steuer oder des festgesetzten Meßbetrages nicht übersteigen und höchstens zehntausend Deutsche Mark betragen. [2]Bei der Bemessung des Verspätungszuschlages sind neben seinem Zweck, den Steuerpflichtigen zur rechtzeitigen Abgabe der Steuererklärung anzuhalten, die Dauer der Fristüberschreitung, die Höhe des sich aus der Steuerfestsetzung ergebenden Zahlungsanspruches, die aus der verspäteten Abgabe der Steuererklärung gezogenen Vorteile, sowie das Verschulden und die wirtschaftliche Leistungsfähigkeit des Steuerpflichtigen zu berücksichtigen.

(3) Der Verspätungszuschlag ist regelmäßig mit der Steuer oder dem Steuermeßbetrag festzusetzen.

(4) Bei Steuererklärungen für gesondert festzustellende Besteuerungsgrundlagen gelten die Absätze 1 bis 3 mit der Maßgabe, daß bei Anwendung des Absatzes 2 Satz 1 die steuerlichen Auswirkungen zu schätzen sind.

(5) [1]Das Bundesministerium der Finanzen kann zum Verspätungszuschlag, insbesondere über die Festsetzung im automatisierten Besteuerungsverfahren, allgemeine Verwaltungsvorschriften mit Zustimmung des Bundesrates erlassen. [2]Diese können auch bestimmen, unter welchen Voraussetzungen von der Festsetzung eines Verspätungszuschlags abgesehen werden soll. [3]Die allgemeinen Verwaltungsvorschriften bedürfen nicht der Zustimmung des Bundesrates, soweit sie Zölle und Verbrauchsteuern betreffen.

§ 153 Berichtigung von Erklärungen. (1) [1]Erkennt ein Steuerpflichtiger nachträglich vor Ablauf der Festsetzungsfrist,

1. daß eine von ihm oder für ihn abgegebene Erklärung unrichtig oder unvollständig ist und daß es dadurch zu einer Verkürzung von Steuern kommen kann oder bereits gekommen ist oder

---

[1) Zur Anwendung in den neuen Bundesländern siehe Art. 97 a § 2 Nr. 3 EGAO (Nr. **1.2**).

2. daß eine durch Verwendung von Steuerzeichen oder Steuerstemplern zu entrichtende Steuer nicht in der richtigen Höhe entrichtet worden ist,

so ist er verpflichtet, dies unverzüglich anzuzeigen und die erforderliche Richtigstellung vorzunehmen. [2]Die Verpflichtung trifft auch den Gesamtrechtsnachfolger eines Steuerpflichtigen und die nach den §§ 34 und 35 für den Gesamtrechtsnachfolger oder den Steuerpflichtigen handelnden Personen.

(2) Die Anzeigepflicht besteht ferner, wenn die Voraussetzungen für eine Steuerbefreiung, Steuerermäßigung oder sonstige Steuervergünstigung nachträglich ganz oder teilweise wegfallen.

(3) Wer Waren, für die eine Steuervergünstigung unter einer Bedingung gewährt worden ist, in einer Weise verwenden will, die der Bedingung nicht entspricht, hat dies vorher der Finanzbehörde anzuzeigen.

3. Unterabschnitt: Kontenwahrheit

§ 154 Kontenwahrheit. (1) Niemand darf auf einen falschen oder erdichteten Namen für sich oder einen Dritten ein Konto errichten oder Buchungen vornehmen lassen, Wertsachen (Geld, Wertpapiere, Kostbarkeiten) in Verwahrung geben oder verpfänden oder sich ein Schließfach geben lassen.

(2) [1]Wer ein Konto führt, Wertsachen verwahrt oder als Pfand nimmt oder ein Schließfach überläßt, hat sich zuvor Gewißheit über die Person und Anschrift des Verfügungsberechtigten zu verschaffen und die entsprechenden Angaben in geeigneter Form, bei Konten auf dem Konto, festzuhalten. [2]Er hat sicherzustellen, daß er jederzeit Auskunft darüber geben kann, über welche Konten oder Schließfächer eine Person verfügungsberechtigt ist.

(3) Ist gegen Absatz 1 verstoßen worden, so dürfen Guthaben, Wertsachen und der Inhalt eines Schließfachs nur mit Zustimmung des für die Einkommen- und Körperschaftsteuer des Verfügungsberechtigten zuständigen Finanzamts herausgegeben werden.

Dritter Abschnitt: Festsetzungs- und Feststellungsverfahren

1. Unterabschnitt: Steuerfestsetzung

I. Allgemeine Vorschriften

§ 155 Steuerfestsetzung. (1) [1]Die Steuern werden, soweit nichts anderes vorgeschrieben ist, von der Finanzbehörde durch Steuerbescheid festgesetzt. [2]Steuerbescheid ist der nach § 122 Abs. 1 bekanntgegebene Verwaltungsakt. [3]Dies gilt auch für die volle oder teilweise Freistellung von einer Steuer und für die Ablehnung eines Antrages auf Steuerfestsetzung.

(2) Ein Steuerbescheid kann erteilt werden, auch wenn ein Grundlagenbescheid noch nicht erlassen wurde.

(3) ¹Schulden mehrere Steuerpflichtige eine Steuer als Gesamtschuldner, so können gegen sie zusammengefaßte Steuerbescheide ergehen. ²Mit zusammengefaßten Steuerbescheiden können Verwaltungsakte über steuerliche Nebenleistungen oder sonstige Ansprüche, auf die dieses Gesetz anzuwenden ist, gegen einen oder mehrere der Steuerpflichtigen verbunden werden. ³Das gilt auch dann, wenn festgesetzte Steuern, steuerliche Nebenleistungen oder sonstige Ansprüche nach dem zwischen den Steuerpflichtigen bestehenden Rechtsverhältnis nicht von allen Beteiligten zu tragen sind.

(4) Die Bekanntgabe eines Steuerbescheides an einen Beteiligten zugleich mit Wirkung für und gegen andere Beteiligte ist zulässig, soweit die Beteiligten einverstanden sind; diese Beteiligten können nachträglich eine Abschrift des Bescheides verlangen.

(5) ¹Betrifft ein zusammengefaßter schriftlicher Bescheid Ehegatten oder Ehegatten mit ihren Kindern oder Alleinstehende mit ihren Kindern, so reicht es für die Bekanntgabe an alle Beteiligten aus, wenn ihnen eine Ausfertigung unter ihrer gemeinsamen Anschrift übermittelt wird. ²Der Bescheid ist den Beteiligten einzeln bekanntzugeben, soweit sie dies beantragt haben oder soweit der Finanzbehörde bekannt ist, daß zwischen ihnen ernstliche Meinungsverschiedenheiten bestehen.

(6) Die für die Steuerfestsetzung geltenden Vorschriften sind auf die Festsetzung einer Steuervergütung sinngemäß anzuwenden.

§ 156 Absehen von Steuerfestsetzung, Abrundung. (1) ¹Das Bundesministerium der Finanzen kann zur Vereinfachung der Verwaltung durch Rechtsverordnung¹) bestimmen, daß

1. Steuern und steuerliche Nebenleistungen nicht festgesetzt werden, wenn der Betrag, der festzusetzen ist, einen durch diese Rechtsverordnung zu bestimmenden Betrag voraussichtlich nicht übersteigt; der zu bestimmende Betrag darf 20 Deutsche Mark nicht überschreiten,

2. Steuern und steuerliche Nebenleistungen abgerundet werden, es ist mindestens auf zehn Deutsche Pfennige abzurunden, der Abrundungsbetrag darf fünf Deutsche Mark nicht überschreiten.

²Die Rechtsverordnungen bedürfen nicht der Zustimmung des Bundesrates, soweit sie Zölle und Verbrauchsteuern mit Ausnahme der Biersteuer betreffen.

(2) Die Festsetzung von Steuern und steuerlichen Nebenleistungen kann unterbleiben, wenn feststeht, daß die Einziehung keinen Erfolg haben wird, oder wenn die Kosten der Einziehung einschließlich der Festsetzung außer Verhältnis zu dem Betrag stehen.

---

¹) Vgl. KleinbetragsVO.

§ 157 Form und Inhalt der Steuerbescheide. (1) [1]Steuerbescheide sind schriftlich zu erteilen, soweit nichts anderes bestimmt ist. [2]Schriftliche Steuerbescheide müssen die festgesetzte Steuer nach Art und Betrag bezeichnen und angeben, wer die Steuer schuldet. [3]Ihnen ist außerdem eine Belehrung darüber beizufügen, welcher Rechtsbehelf zulässig ist und binnen welcher Frist und bei welcher Behörde er einzulegen ist.

(2) Die Feststellung der Besteuerungsgrundlagen bildet einen mit Rechtsbehelfen nicht selbständig anfechtbaren Teil des Steuerbescheides, soweit die Besteuerungsgrundlagen nicht gesondert festgestellt werden.

§ 158 Beweiskraft der Buchführung. Die Buchführung und die Aufzeichnungen des Steuerpflichtigen, die den Vorschriften der §§ 140 bis 148 entsprechen, sind der Besteuerung zugrunde zu legen, soweit nach den Umständen des Einzelfalles kein Anlaß ist, ihre sachliche Richtigkeit zu beanstanden.

§ 159 Nachweis der Treuhänderschaft. (1) [1]Wer behauptet, daß er Rechte, die auf seinen Namen lauten, oder Sachen, die er besitzt, nur als Treuhänder, Vertreter eines anderen oder Pfandgläubiger innehabe oder besitze, hat auf Verlangen nachzuweisen, wem die Rechte oder Sachen gehören; anderenfalls sind sie ihm regelmäßig zuzurechnen. [2]Das Recht der Finanzbehörde, den Sachverhalt zu ermitteln, wird dadurch nicht eingeschränkt.

(2) § 102 bleibt unberührt.

§ 160 Benennung von Gläubigern und Zahlungsempfängern. (1) [1]Schulden und andere Lasten, Betriebsausgaben, Werbungskosten und andere Ausgaben sind steuerlich regelmäßig nicht zu berücksichtigen, wenn der Steuerpflichtige dem Verlangen der Finanzbehörde nicht nachkommt, die Gläubiger oder die Empfänger genau zu benennen. [2]Das Recht der Finanzbehörde, den Sachverhalt zu ermitteln, bleibt unberührt.

(2) § 102 bleibt unberührt.

§ 161 Fehlmengen bei Bestandsaufnahmen. [1]Ergeben sich bei einer vorgeschriebenen oder amtlich durchgeführten Bestandsaufnahme Fehlmengen an verbrauchsteuerpflichtigen Waren, so wird vermutet, daß hinsichtlich der Fehlmengen eine Verbrauchsteuer entstanden oder eine bedingt entstandene Verbrauchsteuer unbedingt geworden ist, soweit nicht glaubhaft gemacht wird, daß die Fehlmengen auf Umstände zurückzuführen sind, die eine Steuer nicht begründen oder eine bedingte Steuer nicht unbedingt werden lassen. [2]Die Steuer gilt im Zweifel im Zeitpunkt der Bestandsaufnahme als entstanden oder unbedingt geworden.

§ 162 Schätzung von Besteuerungsgrundlagen. (1) [1] Soweit die Finanzbehörde die Besteuerungsgrundlagen nicht ermitteln oder berechnen kann, hat sie sie zu schätzen. [2] Dabei sind alle Umstände zu berücksichtigen, die für die Schätzung von Bedeutung sind.

(2) [1] Zu schätzen ist insbesondere dann, wenn der Steuerpflichtige über seine Angaben keine ausreichenden Aufklärungen zu geben vermag oder weitere Auskunft oder eine Versicherung an Eides Statt verweigert oder seine Mitwirkungspflicht nach § 90 Abs. 2 verletzt. [2] Das gleiche gilt, wenn der Steuerpflichtige Bücher oder Aufzeichnungen, die er nach den Steuergesetzen zu führen hat, nicht vorlegen kann oder wenn die Buchführung oder die Aufzeichnungen der Besteuerung nicht nach § 158 zugrunde gelegt werden.

(3) In den Fällen des § 155 Abs. 2 können die in einem Grundlagenbescheid festzustellenden Besteuerungsgrundlagen geschätzt werden.

§ 163 Abweichende Festsetzung von Steuern aus Billigkeitsgründen. (1) [1] Steuern können niedriger festgesetzt werden, und einzelne Besteuerungsgrundlagen, die die Steuern erhöhen, können bei der Festsetzung der Steuern unberücksichtigt bleiben, wenn die Erhebung der Steuer nach Lage des einzelnen Falles unbillig wäre. [2] Mit Zustimmung des Steuerpflichtigen kann bei Steuern vom Einkommen zugelassen werden, daß einzelne Besteuerungsgrundlagen, soweit sie die Steuer erhöhen, bei der Steuerfestsetzung erst zu einer späteren Zeit und, soweit sie die Steuer mindern, schon zu einer früheren Zeit berücksichtigt werden. [3] Die Entscheidung über die abweichende Festsetzung kann mit der Steuerfestsetzung verbunden werden.

(2) *(aufgehoben)*

§ 164 Steuerfestsetzung unter Vorbehalt der Nachprüfung. (1) [1] Die Steuern können, solange der Steuerfall nicht abschließend geprüft ist, allgemein oder im Einzelfall unter dem Vorbehalt der Nachprüfung festgesetzt werden, ohne daß dies einer Begründung bedarf. [2] Die Festsetzung einer Vorauszahlung ist stets eine Steuerfestsetzung unter Vorbehalt der Nachprüfung.

(2)[1] [1] Solange der Vorbehalt wirksam ist, kann die Steuerfestsetzung aufgehoben oder geändert werden. [2] Der Steuerpflichtige kann die Aufhebung oder Änderung der Steuerfestsetzung jederzeit beantragen. [3] Die Entscheidung hierüber kann jedoch bis zur abschließenden Prüfung des Steuerfalles, die innerhalb angemessener Frist vorzunehmen ist, hinausgeschoben werden.

---

[1] Zu § 164 Abs. 2 und 3 siehe Art. 97 § 9 EGAO; zur Anwendung in den neuen Bundesländern siehe Art. 97 a § 2 Nr. 4 EGAO (Nr. **1.2**).

(3)[1] ¹Der Vorbehalt der Nachprüfung kann jederzeit aufgehoben werden. ²Die Aufhebung steht einer Steuerfestsetzung ohne Vorbehalt der Nachprüfung gleich; § 157 Abs. 1 Satz 1 und 3 gilt sinngemäß. ³Nach einer Außenprüfung ist der Vorbehalt aufzuheben, wenn sich Änderungen gegenüber der Steuerfestsetzung unter Vorbehalt der Nachprüfung nicht ergeben.

(4) ¹Der Vorbehalt der Nachprüfung entfällt, wenn die Festsetzungsfrist abläuft. ²§ 169 Abs. 2 Satz 2 und § 171 Abs. 7, 8 und 10 sind nicht anzuwenden.

§ 165 Vorläufige Steuerfestsetzung, Aussetzung der Steuerfestsetzung. (1) ¹Soweit ungewiß ist, ob die Voraussetzungen für die Entstehung einer Steuer eingetreten sind, kann sie vorläufig festgesetzt werden. ²Diese Regelung ist auch anzuwenden, wenn

1. ungewiß ist, ob und wann Verträge mit anderen Staaten über die Besteuerung (§ 2), die sich zugunsten des Steuerpflichtigen auswirken, für die Steuerfestsetzung wirksam werden,

2. das Bundesverfassungsgericht die Unvereinbarkeit eines Steuergesetzes mit dem Grundgesetz festgestellt hat und der Gesetzgeber zu einer Neuregelung verpflichtet ist oder

3. die Vereinbarkeit eines Steuergesetzes mit höherrangigem Recht Gegenstand eines Verfahrens bei dem Gerichtshof der Europäischen Gemeinschaften, dem Bundesverfassungsgericht oder einem obersten Bundesgericht ist.

³Umfang und Grund der Vorläufigkeit sind anzugeben. ⁴Unter den Voraussetzungen der Sätze 1 oder 2 kann die Steuerfestsetzung auch gegen oder ohne Sicherheitsleistung ausgesetzt werden.

(2)[2] ¹Soweit die Finanzbehörde eine Steuer vorläufig festgesetzt hat, kann sie die Festsetzung aufheben oder ändern. ²Wenn die Ungewißheit beseitigt ist, ist eine vorläufige Steuerfestsetzung aufzuheben, zu ändern oder für endgültig zu erklären; eine ausgesetzte Steuerfestsetzung ist nachzuholen. ³In den Fällen des Absatzes 1 Satz 2 muß eine vorläufige Steuerfestsetzung nach Satz 2 nur auf Antrag des Steuerpflichtigen für endgültig erklärt werden, wenn sie nicht aufzuheben oder zu ändern ist.

(3) Die vorläufige Steuerfestsetzung kann mit einer Steuerfestsetzung unter Vorbehalt der Nachprüfung verbunden werden.

§ 166 Drittwirkung der Steuerfestsetzung. Ist die Steuer dem Steuerpflichtigen gegenüber unanfechtbar festgesetzt, so hat dies neben einem Gesamtrechtsnachfolger auch gegen sich gelten zu lassen,

---

[1] Zu § 164 Abs. 2 und 3 siehe Art. 97 § 9 EGAO; zur Anwendung in den neuen Bundesländern siehe Art. 97 a § 2 Nr. 4 EGAO (Nr. **1.2**).
[2] Zu § 165 Abs. 2 siehe Art. 97 § 9 EGAO; zur Anwendung in den neuen Bundesländern siehe Art. 97 a § 2 Nr. 4 EGAO (Nr. **1.2**).

wer in der Lage gewesen wäre, den gegen den Steuerpflichtigen erlassenen Bescheid als dessen Vertreter, Bevollmächtigter oder kraft eigenen Rechts anzufechten.

§ 167 Steueranmeldung, Verwendung von Steuerzeichen oder Steuerstemplern. (1) ¹Ist eine Steuer auf Grund gesetzlicher Verpflichtung anzumelden (§ 150 Abs. 1 Satz 2), so ist eine Festsetzung der Steuer nach § 155 nur erforderlich, wenn die Festsetzung zu einer abweichenden Steuer führt oder der Steuer- oder Haftungsschuldner die Steueranmeldung nicht abgibt. ²Satz 1 gilt sinngemäß, wenn die Steuer auf Grund gesetzlicher Verpflichtung durch Verwendung von Steuerzeichen oder Steuerstemplern zu entrichten ist. ³Erkennt der Steuer- oder Haftungsschuldner nach Abschluß einer Außenprüfung im Sinne des § 193 Abs. 2 Nr. 1 seine Zahlungsverpflichtung schriftlich an, steht das Anerkenntnis einer Steueranmeldung gleich.

(2) ¹Steueranmeldungen gelten auch dann als rechtzeitig abgegeben, wenn sie fristgerecht bei der zuständigen Kasse eingehen. ²Dies gilt nicht für Zölle und Verbrauchsteuern.

§ 168 Wirkung einer Steueranmeldung. ¹Eine Steueranmeldung steht einer Steuerfestsetzung unter Vorbehalt der Nachprüfung gleich. ²Führt die Steueranmeldung zu einer Herabsetzung der bisher zu entrichtenden Steuer oder zu einer Steuervergütung, so gilt Satz 1 erst, wenn die Finanzbehörde zustimmt. ³Die Zustimmung bedarf keiner Form.

II. Festsetzungsverjährung[1])

§ 169 Festsetzungsfrist. (1) ¹Eine Steuerfestsetzung sowie ihre Aufhebung oder Änderung sind nicht mehr zulässig, wenn die Festsetzungsfrist abgelaufen ist. ²Dies gilt auch für die Berichtigung wegen offenbarer Unrichtigkeit nach § 129. ³Die Frist ist gewahrt, wenn vor Ablauf der Festsetzungsfrist

1. der Steuerbescheid den Bereich der für die Steuerfestsetzung zuständigen Finanzbehörde verlassen hat oder

2. bei öffentlicher Zustellung der Steuerbescheid oder eine Benachrichtigung nach § 15 Abs. 2 des Verwaltungszustellungsgesetzes ausgehängt wird.

(2) ¹Die Festsetzungsfrist beträgt:

1. ein Jahr
für Zölle, Verbrauchsteuern, Zollvergütungen und Verbrauchsteuervergütungen,

---

[1]) Zur Anwendung siehe Art. 97 § 10 EGAO; zur Anwendung in den neuen Bundesländern siehe Art. 97 a § 2 Nr. 5 EGAO (Nr. **1.2**).

2. vier Jahre

für die nicht in Nummer 1 genannten Steuern und Steuervergütungen.

[2] Die Festsetzungsfrist beträgt zehn Jahre, soweit eine Steuer hinterzogen, und fünf Jahre, soweit sie leichtfertig verkürzt worden ist. [3] Dies gilt auch dann, wenn die Steuerhinterziehung oder leichtfertige Steuerverkürzung nicht durch den Steuerschuldner oder eine Person begangen worden ist, deren er sich zur Erfüllung seiner steuerlichen Pflichten bedient, es sei denn, der Steuerschuldner weist nach, daß er durch die Tat keinen Vermögensvorteil erlangt hat und daß sie auch nicht darauf beruht, daß er die im Verkehr erforderlichen Vorkehrungen zur Verhinderung von Steuerverkürzungen unterlassen hat.

§ 170 Beginn der Festsetzungsfrist. (1) Die Festsetzungsfrist beginnt mit Ablauf des Kalenderjahres, in dem die Steuer entstanden ist oder eine bedingt entstandene Steuer unbedingt geworden ist.

(2) [1] Abweichend von Absatz 1 beginnt die Festsetzungsfrist, wenn

1. eine Steuererklärung oder eine Steueranmeldung einzureichen oder eine Anzeige zu erstatten ist, mit Ablauf des Kalenderjahres, in dem die Steuererklärung, die Steueranmeldung oder die Anzeige eingereicht wird, spätestens jedoch mit Ablauf des dritten Kalenderjahres, das auf das Kalenderjahr folgt, in dem die Steuer entstanden ist, es sei denn, daß die Festsetzungsfrist nach Absatz 1 später beginnt,

2. eine Steuer durch Verwendung von Steuerzeichen oder Steuerstemplern zu zahlen ist, mit Ablauf des Kalenderjahres, in dem für den Steuerfall Steuerzeichen oder Steuerstempler verwendet worden sind, spätestens jedoch mit Ablauf des dritten Kalenderjahres, das auf das Kalenderjahr folgt, in dem die Steuerzeichen oder Steuerstempler hätten verwendet werden müssen.

[2] Dies gilt nicht für Zölle und Verbrauchsteuern.

(3) Wird eine Steuer oder eine Steuervergütung nur auf Antrag festgesetzt, so beginnt die Frist für die Aufhebung oder Änderung dieser Festsetzung oder ihrer Berichtigung nach § 129 nicht vor Ablauf des Kalenderjahres, in dem der Antrag gestellt wird.

(4) Wird durch Anwendung des Absatzes 2 Nr. 1 auf die Vermögensteuer oder die Grundsteuer der Beginn der Festsetzungsfrist hinausgeschoben, so wird der Beginn der Festsetzungsfrist für die folgenden Kalenderjahre des Hauptveranlagungszeitraumes jeweils um die gleiche Zeit hinausgeschoben.

(5) Für die Erbschaftsteuer (Schenkungsteuer) beginnt die Festsetzungsfrist nach den Absätzen 1 oder 2

1. bei einem Erwerb von Todes wegen nicht vor Ablauf des Kalenderjahres, in dem der Erwerber Kenntnis von dem Erwerb erlangt hat,

2. bei einer Schenkung nicht vor Ablauf des Kalenderjahres, in dem der Schenker gestorben ist oder die Finanzbehörde von der vollzogenen Schenkung Kenntnis erlangt hat,

3. bei einer Zweckzuwendung unter Lebenden nicht vor Ablauf des Kalenderjahres, in dem die Verpflichtung erfüllt worden ist.

(6) Für die Wechselsteuer beginnt die Festsetzungsfrist nicht vor Ablauf des Kalenderjahres, in dem der Wechsel fällig geworden ist.

§ 171 Ablaufhemmung. (1) Die Festsetzungsfrist läuft nicht ab, solange die Steuerfestsetzung wegen höherer Gewalt innerhalb der letzten sechs Monate des Fristlaufes nicht erfolgen kann.

(2) Ist beim Erlaß eines Steuerbescheides eine offenbare Unrichtigkeit unterlaufen, so endet die Festsetzungsfrist insoweit nicht vor Ablauf eines Jahres nach Bekanntgabe dieses Steuerbescheides.

(3)[1] [1]Wird vor Ablauf der Festsetzungsfrist ein Antrag auf Steuerfestsetzung oder auf Aufhebung oder Änderung einer Steuerfestsetzung oder ihrer Berichtigung nach § 129 gestellt, so läuft die Festsetzungsfrist insoweit nicht ab, bevor über den Antrag unanfechtbar entschieden worden ist. [2]Dem Antrag nach Satz 1 steht die Anfechtung eines vor Ablauf der Festsetzungsfrist erlassenen Steuerbescheides (§ 169 Abs. 1) auch dann gleich, wenn der Rechtsbehelf nach Ablauf der Festsetzungsfrist eingelegt wird. [3]In den Fällen des § 100 Abs. 1 Satz 1, Abs. 2 Satz 2, Abs. 3 Satz 1, § 101 der Finanzgerichtsordnung ist über den Antrag erst dann unanfechtbar entschieden, wenn ein auf Grund der genannten Vorschriften erlassener Steuerbescheid unanfechtbar geworden ist.

(4) [1]Wird vor Ablauf der Festsetzungsfrist mit einer Außenprüfung begonnen oder wird deren Beginn auf Antrag des Steuerpflichtigen hinausgeschoben, so läuft die Festsetzungsfrist für die Steuern, auf die sich die Außenprüfung erstreckt oder im Falle der Hinausschiebung der Außenprüfung erstrecken sollte, nicht ab, bevor die auf Grund der Außenprüfung zu erlassenden Steuerbescheide unanfechtbar geworden sind oder nach Bekanntgabe der Mitteilung nach § 202 Abs. 1 Satz 3 drei Monate verstrichen sind. [2]Dies gilt nicht, wenn eine Außenprüfung unmittelbar nach ihrem Beginn für die Dauer von mehr als sechs Monaten aus Gründen unterbrochen wird, die die Finanzbehörde zu vertreten hat. [3]Die Festsetzungsfrist endet spätestens, wenn seit Ablauf des Kalenderjahres, in dem die Schlußbesprechung stattgefunden hat, oder, wenn sie unterblieben ist, seit Ablauf des Kalenderjahres, in dem die letzten Ermittlungen im Rahmen der Außenprüfung stattgefunden haben, die in § 169 Abs. 2 genannten Fristen verstrichen sind; eine Ablaufhemmung nach anderen Vorschriften bleibt unberührt.

---

[1] Zur Anwendung von Abs. 3 Satz 1 siehe Art. 97 § 10 Abs. 5 EGAO (Nr. **1.2**).

(5) [1]Beginnen die Zollfahndungsämter oder die mit der Steuerfahndung betrauten Dienststellen der Landesfinanzbehörden vor Ablauf der Festsetzungsfrist beim Steuerpflichtigen mit Ermittlungen der Besteuerungsgrundlagen, so läuft die Festsetzungsfrist insoweit nicht ab, bevor die auf Grund der Ermittlungen zu erlassenden Steuerbescheide unanfechtbar geworden sind; Absatz 4 Satz 2 gilt sinngemäß. [2]Das gleiche gilt, wenn dem Steuerpflichtigen vor Ablauf der Festsetzungsfrist die Einleitung des Steuerstrafverfahrens oder des Bußgeldverfahrens wegen einer Steuerordnungswidrigkeit bekanntgegeben worden ist; § 169 Abs. 1 Satz 3 gilt sinngemäß.

(6) [1]Ist bei Steuerpflichtigen eine Außenprüfung im Geltungsbereich dieses Gesetzes nicht durchführbar, wird der Ablauf der Festsetzungsfrist auch durch sonstige Ermittlungshandlungen im Sinne des § 92 gehemmt, bis die auf Grund dieser Ermittlungen erlassenen Steuerbescheide unanfechtbar geworden sind. [2]Die Ablaufhemmung tritt jedoch nur dann ein, wenn der Steuerpflichtige vor Ablauf der Festsetzungsfrist auf den Beginn der Ermittlungen nach Satz 1 hingewiesen worden ist; § 169 Abs. 1 Satz 3 gilt sinngemäß.

(7) In den Fällen des § 169 Abs. 2 Satz 2 endet die Festsetzungsfrist nicht, bevor die Verfolgung der Steuerstraftat oder der Steuerordnungswidrigkeit verjährt ist.

(8)[1)] [1]Ist die Festsetzung einer Steuer nach § 165 ausgesetzt oder die Steuer vorläufig festgesetzt worden, so endet die Festsetzungsfrist nicht vor dem Ablauf eines Jahres, nachdem die Ungewißheit beseitigt ist und die Finanzbehörde hiervon Kenntnis erhalten hat. [2]In den Fällen des § 165 Abs. 1 Satz 2 endet die Festsetzungsfrist nicht vor Ablauf von zwei Jahren, nachdem die Ungewißheit beseitigt ist und die Finanzbehörde hiervon Kenntnis erlangt hat.

(9) Erstattet der Steuerpflichtige vor Ablauf der Festsetzungsfrist eine Anzeige nach den §§ 153, 371 und 378 Abs. 3, so endet die Festsetzungsfrist nicht vor Ablauf eines Jahres nach Eingang der Anzeige.

(10) Soweit für die Festsetzung einer Steuer ein Feststellungsbescheid, ein Steuermeßbescheid oder ein anderer Verwaltungsakt bindend ist (Grundlagenbescheid), endet die Festsetzungsfrist nicht vor Ablauf eines Jahres nach Bekanntgabe des Grundlagenbescheides.

(11) [1]Ist eine geschäftsunfähige oder in der Geschäftsfähigkeit beschränkte Person ohne gesetzlichen Vertreter, so endet die Festsetzungsfrist nicht vor Ablauf von sechs Monaten nach dem Zeitpunkt, in dem die Person unbeschränkt geschäftsfähig wird oder der Mangel der Vertretung aufhört. [2]Dies gilt auch, soweit für eine Person ein Betreuer bestellt und ein Einwilligungsvorbehalt nach § 1903 des Bürgerlichen Gesetzbuchs angeordnet ist, der Betreuer jedoch verstorben oder auf andere Weise weggefallen oder aus rechtlichen Gründen an der Vertretung des Betreuten verhindert ist.

[1)] Zur Anwendung siehe Art. 97 § 10 Abs. 5 EGAO (Nr. **1.2**).

(12) Richtet sich die Steuer gegen einen Nachlaß, so endet die Festsetzungsfrist nicht vor dem Ablauf von sechs Monaten nach dem Zeitpunkt, in dem die Erbschaft von dem Erben angenommen oder der Konkurs über den Nachlaß eröffnet wird oder von dem an die Steuer gegen einen Vertreter festgesetzt werden kann.

(13) Wird vor Ablauf der Festsetzungsfrist eine noch nicht festgesetzte Steuer im Konkursverfahren angemeldet, so läuft die Festsetzungsfrist insoweit nicht vor Ablauf von drei Monaten nach Beendigung des Konkursverfahrens ab.

(14) Die Festsetzungsfrist für einen Steueranspruch endet nicht, soweit ein damit zusammenhängender Erstattungsanspruch nach § 37 Abs. 2 noch nicht verjährt ist (§ 228).

III. Bestandskraft

§ 172 Aufhebung und Änderung von Steuerbescheiden.

(1) ^{1}Ein Steuerbescheid darf, soweit er nicht vorläufig oder unter dem Vorbehalt der Nachprüfung ergangen ist, nur aufgehoben oder geändert werden,

1. wenn er Zölle oder Verbrauchsteuern betrifft,

2. wenn er andere Steuern betrifft,

 a) soweit der Steuerpflichtige zustimmt oder seinem Antrag der Sache nach entsprochen wird; dies gilt jedoch zugunsten des Steuerpflichtigen nur, soweit er vor Ablauf der *Rechtsbehelfsfrist* [*ab 1. 1. 1996:* Einspruchsfrist]^1 zugestimmt oder den Antrag gestellt hat,

 b) soweit er von einer sachlich unzuständigen Behörde erlassen worden ist,

 c) soweit er durch unlautere Mittel, wie arglistige Täuschung, Drohung oder Bestechung erwirkt worden ist,

 d) soweit dies sonst gesetzlich zugelassen ist; die §§ 130 und 131 gelten nicht.

^{2}Dies gilt auch dann, wenn der Steuerbescheid durch Einspruchsentscheidung bestätigt oder geändert worden ist.

(2) Absatz 1 gilt auch für einen Verwaltungsakt, durch den ein Antrag auf Erlaß, Aufhebung oder Änderung eines Steuerbescheides ganz oder teilweise abgelehnt wird.

§ 173^2 Aufhebung oder Änderung von Steuerbescheiden wegen neuer Tatsachen oder Beweismittel. (1) Steuerbescheide sind aufzuheben oder zu ändern,

---

^{1}) § 172 Abs. 1 Satz 1 Nr. 2 Buchst. a kursives Wort ersetzt durch Klammerzusatz durch G v. 24. 6. 1994 (BGBl. I S. 1395).
^{2}) Zur Weitergeltung siehe Art. 97 § 9 Abs. 2 EGAO (Nr. **1.2**).

1. soweit Tatsachen oder Beweismittel nachträglich bekanntwerden, die zu einer höheren Steuer führen,

2. soweit Tatsachen oder Beweismittel nachträglich bekanntwerden, die zu einer niedrigeren Steuer führen und den Steuerpflichtigen kein grobes Verschulden daran trifft, daß die Tatsachen oder Beweismittel erst nachträglich bekanntwerden. [2]Das Verschulden ist unbeachtlich, wenn die Tatsachen oder Beweismittel in einem unmittelbaren oder mittelbaren Zusammenhang mit Tatsachen oder Beweismitteln im Sinne der Nummer 1 stehen.

(2) [1]Abweichend von Absatz 1 können Steuerbescheide, soweit sie auf Grund einer Außenprüfung ergangen sind, nur aufgehoben oder geändert werden, wenn eine Steuerhinterziehung oder eine leichtfertige Steuerverkürzung vorliegt. [2]Dies gilt auch in den Fällen, in denen eine Mitteilung nach § 202 Abs. 1 Satz 3 ergangen ist.

§ 174 Widerstreitende Steuerfestsetzungen. (1) [1]Ist ein bestimmter Sachverhalt in mehreren Steuerbescheiden zuungunsten eines oder mehrerer Steuerpflichtiger berücksichtigt worden, obwohl er nur einmal hätte berücksichtigt werden dürfen, so ist der fehlerhafte Steuerbescheid auf Antrag aufzuheben oder zu ändern. [2]Ist die Festsetzungsfrist für diese Steuerfestsetzung bereits abgelaufen, so kann der Antrag noch bis zum Ablauf eines Jahres gestellt werden, nachdem der letzte der betroffenen Steuerbescheide unanfechtbar geworden ist. [3]Wird der Antrag rechtzeitig gestellt, steht der Aufhebung oder Änderung des Steuerbescheides insoweit keine Frist entgegen.

(2) [1]Absatz 1 gilt sinngemäß, wenn ein bestimmter Sachverhalt in unvereinbarer Weise mehrfach zugunsten eines oder mehrerer Steuerpflichtiger berücksichtigt worden ist; ein Antrag ist nicht erforderlich. [2]Der fehlerhafte Steuerbescheid darf jedoch nur dann geändert werden, wenn die Berücksichtigung des Sachverhaltes auf einen Antrag oder eine Erklärung des Steuerpflichtigen zurückzuführen ist.

(3) [1]Ist ein bestimmter Sachverhalt in einem Steuerbescheid erkennbar in der Annahme nicht berücksichtigt worden, daß er in einem anderen Steuerbescheid zu berücksichtigen sei, und stellt sich diese Annahme als unrichtig heraus, so kann die Steuerfestsetzung, bei der die Berücksichtigung des Sachverhaltes unterblieben ist, insoweit nachgeholt, aufgehoben oder geändert werden. [2]Die Nachholung, Aufhebung oder Änderung ist nur zulässig bis zum Ablauf der für die andere Steuerfestsetzung geltenden Festsetzungsfrist.

(4) [1]Ist auf Grund irriger Beurteilung eines bestimmten Sachverhaltes ein Steuerbescheid ergangen, der auf Grund eines Rechtsbehelfs oder sonst auf Antrag des Steuerpflichtigen durch die Finanzbehörde zu seinen Gunsten aufgehoben oder geändert wird, so können aus dem Sachverhalt nachträglich durch Erlaß oder Änderung eines

Steuerbescheides die richtigen steuerlichen Folgerungen gezogen werden. [2]Dies gilt auch dann, wenn der Steuerbescheid durch das Gericht aufgehoben oder geändert wird. [3]Der Ablauf der Festsetzungsfrist ist unbeachtlich, wenn die steuerlichen Folgerungen innerhalb eines Jahres nach Aufhebung oder Änderung des fehlerhaften Steuerbescheides gezogen werden. [4]War die Festsetzungsfrist bereits abgelaufen, als der später aufgehobene oder geänderte Steuerbescheid erlassen wurde, gilt dies nur unter den Voraussetzungen des Absatzes 3 Satz 1.

(5) [1]Gegenüber Dritten gilt Absatz 4, wenn sie an dem Verfahren, das zur Aufhebung oder Änderung des fehlerhaften Steuerbescheides geführt hat, beteiligt waren. [2]Ihre Hinzuziehung oder Beiladung zu diesem Verfahren ist zulässig.

§ 175 Aufhebung oder Änderung von Steuerbescheiden in sonstigen Fällen. (1) [1]Ein Steuerbescheid ist zu erlassen, aufzuheben oder zu ändern,

1. soweit ein Grundlagenbescheid (§ 171 Abs. 10), dem Bindungswirkung für diesen Steuerbescheid zukommt, erlassen, aufgehoben oder geändert wird,

2. soweit ein Ereignis eintritt, das steuerliche Wirkung für die Vergangenheit hat (rückwirkendes Ereignis).

[2]In den Fällen des Satzes 1 Nr. 2 beginnt die Festsetzungsfrist mit Ablauf des Kalenderjahres, in dem das Ereignis eintritt.

(2) Als rückwirkendes Ereignis gilt auch der Wegfall einer Voraussetzung für eine Steuervergünstigung, wenn gesetzlich bestimmt ist, daß diese Voraussetzung für eine bestimmte Zeit gegeben sein muß, oder wenn durch Verwaltungsakt festgestellt worden ist, daß sie die Grundlage für die Gewährung der Steuervergünstigung bildet.

§ 175a[1] Umsetzung von Verständigungsvereinbarungen. [1]Ein Steuerbescheid ist zu erlassen, aufzuheben oder zu ändern, soweit dies zur Umsetzung einer Verständigungsvereinbarung oder eines Schiedsspruchs nach einem Vertrag im Sinne des § 2 geboten ist. [2]Die Festsetzungsfrist endet insoweit nicht vor Ablauf eines Jahres nach dem Wirksamwerden der Verständigungsvereinbarung oder des Schiedsspruchs.

§ 176 Vertrauensschutz bei der Aufhebung und Änderung von Steuerbescheiden. (1) [1]Bei der Aufhebung oder Änderung eines Steuerbescheides darf nicht zuungunsten des Steuerpflichtigen berücksichtigt werden, daß

---

[1] Zur Anwendung von Satz 2 siehe Art. 97 § 10 Abs. 5 EGAO (Nr. **1.2**).

1. das Bundesverfassungsgericht die Nichtigkeit eines Gesetzes feststellt, auf dem die bisherige Steuerfestsetzung beruht,
2. ein oberster Gerichtshof des Bundes eine Norm, auf der die bisherige Steuerfestsetzung beruht, nicht anwendet, weil er sie für verfassungswidrig hält,
3. sich die Rechtsprechung eines obersten Gerichtshofes des Bundes geändert hat, die bei der bisherigen Steuerfestsetzung von der Finanzbehörde angewandt worden ist.

² Ist die bisherige Rechtsprechung bereits in einer Steuererklärung oder einer Steueranmeldung berücksichtigt worden, ohne daß das für die Finanzbehörde erkennbar war, so gilt Nummer 3 nur, wenn anzunehmen ist, daß die Finanzbehörde bei Kenntnis der Umstände die bisherige Rechtsprechung angewandt hätte.

(2) Bei der Aufhebung oder Änderung eines Steuerbescheides darf nicht zuungunsten des Steuerpflichtigen berücksichtigt werden, daß eine allgemeine Verwaltungsvorschrift der Bundesregierung, einer obersten Bundes- oder Landesbehörde von einem obersten Gerichtshof des Bundes als nicht mit dem geltenden Recht in Einklang stehend bezeichnet worden ist.

§ 177 Berichtigung von materiellen Fehlern.

(1) Liegen die Voraussetzungen für die Aufhebung oder Änderung eines Steuerbescheides zuungunsten des Steuerpflichtigen vor, so sind, soweit die Änderung reicht, zugunsten und zuungunsten des Steuerpflichtigen solche materiellen Fehler zu berichtigen, die nicht Anlaß der Aufhebung oder Änderung sind.

(2) Liegen die Voraussetzungen für die Aufhebung oder Änderung eines Steuerbescheides zugunsten des Steuerpflichtigen vor, so sind, soweit die Änderung reicht, zuungunsten und zugunsten des Steuerpflichtigen solche materiellen Fehler zu berichtigen, die nicht Anlaß der Aufhebung oder Änderung sind.

(3) Materielle Fehler im Sinne der Absätze 1 und 2 sind alle Fehler einschließlich offenbarer Unrichtigkeiten im Sinne des § 129, die zur Festsetzung einer Steuer führen, die von der kraft Gesetzes entstandenen Steuer abweicht.

(4) § 164 Abs. 2, § 165 Abs. 2 und § 176 bleiben unberührt.

IV. Kosten

§ 178 Kosten bei besonderer Inanspruchnahme der Zollbehörden.

(1) Die Behörden der Bundeszollverwaltung sowie die Behörden, denen die Wahrnehmung von Aufgaben der Bundeszollverwaltung übertragen worden ist, können für eine besondere Inanspruchnahme oder Leistung (kostenpflichtige Amtshandlung) Gebühren erheben und die Erstattung von Auslagen verlangen.

(2) Eine besondere Inanspruchnahme oder Leistung im Sinne des Absatzes 1 liegt insbesondere vor bei

1. Amtshandlungen außerhalb des Amtsplatzes und außerhalb der Öffnungszeiten, soweit es sich nicht um Maßnahmen der Steueraufsicht handelt,

2. Amtshandlungen, die zu einer Diensterschwernis führen, weil sie antragsgemäß zu einer bestimmten Zeit vorgenommen werden sollen,

3. Untersuchungen von Waren, wenn

   a) sie durch einen Antrag auf Erteilung einer verbindlichen Zolltarifauskunft, Gewährung einer Steuervergütung oder sonstigen Vergünstigungen veranlaßt sind oder

   b) bei Untersuchungen von Amts wegen Angaben oder Einwendungen des Verfügungsberechtigten sich als unrichtig oder unbegründet erweisen oder

   c) die untersuchten Waren den an sie gestellten Anforderungen nicht entsprechen,

4. Überwachungsmaßnahmen in Betrieben und bei Betriebsvorgängen, wenn sie durch Zuwiderhandlungen gegen die zur Sicherung des Steueraufkommens erlassenen Rechtsvorschriften veranlaßt sind,

5. amtlichen Bewachungen und Begleitungen von Beförderungsmitteln oder Waren,

6. Verwahrung von Zollgut, die von Amts wegen oder auf Antrag vorgenommen wird,

7. Schreibarbeiten (Fertigung von Schriftstücken, Abschriften und Ablichtungen), die auf Antrag ausgeführt werden.

(3) Das Bundesministerium der Finanzen wird ermächtigt, durch Rechtsverordnung, die der Zustimmung des Bundesrates nicht bedarf, die kostenpflichtigen Amtshandlungen näher festzulegen, die für sie zu erhebenden Kosten nach dem auf sie entfallenden durchschnittlichen Verwaltungsaufwand zu bemessen und zu pauschalieren sowie die Voraussetzungen zu bestimmen, unter denen von ihrer Erhebung wegen Geringfügigkeit, zur Vermeidung von Härten oder aus ähnlichen Gründen ganz oder teilweise abgesehen werden kann.

(4) [1] Auf die Festsetzung der Kosten sind die für Zölle und Verbrauchsteuern geltenden Vorschriften entsprechend anzuwenden. [2] Die §§ 18 bis 22 des Verwaltungskostengesetzes gelten für diese Kosten nicht.

2. Unterabschnitt: Gesonderte Feststellung von Besteuerungsgrundlagen, Festsetzung von Steuermeßbeträgen

I. Gesonderte Feststellungen

§ 179 Feststellung von Besteuerungsgrundlagen. (1) Abweichend von § 157 Abs. 2 werden die Besteuerungsgrundlagen durch Feststellungsbescheid gesondert festgestellt, soweit dies in diesem Gesetz oder sonst in den Steuergesetzen bestimmt ist.

(2) ¹Ein Feststellungsbescheid richtet sich gegen den Steuerpflichtigen, dem der Gegenstand der Feststellung bei der Besteuerung zuzurechnen ist. ²Die gesonderte Feststellung wird gegenüber mehreren Beteiligten einheitlich vorgenommen, wenn dies gesetzlich bestimmt ist oder der Gegenstand der Feststellung mehreren Personen zuzurechnen ist. ³Ist eine dieser Personen an dem Gegenstand der Feststellung nur über eine andere Person beteiligt, so kann insoweit eine besondere gesonderte Feststellung vorgenommen werden.

(3) Soweit in einem Feststellungsbescheid eine notwendige Feststellung unterblieben ist, ist sie in einem Ergänzungsbescheid nachzuholen.

§ 180 Gesonderte Feststellung von Besteuerungsgrundlagen. (1) Gesondert festgestellt werden insbesondere:

1. die Einheitswerte nach Maßgabe des Bewertungsgesetzes,

2.¹⁾ a) die einkommensteuerpflichtigen und körperschaftsteuerpflichtigen Einkünfte und mit ihnen im Zusammenhang stehende andere Besteuerungsgrundlagen, wenn an den Einkünften mehrere Personen beteiligt sind und die Einkünfte diesen Personen steuerlich zuzurechnen sind,

b) in anderen als den in Buchstabe a genannten Fällen die Einkünfte aus Land- und Forstwirtschaft, Gewerbebetrieb oder einer freiberuflichen Tätigkeit, wenn nach den Verhältnissen zum Schluß des Gewinnermittlungszeitraums das für die gesonderte Feststellung zuständige Finanzamt nicht auch für die Steuern vom Einkommen zuständig ist,

3. der Wert der vermögensteuerpflichtigen Wirtschaftsgüter (§§ 114 bis 117a des Bewertungsgesetzes) und der Wert der Schulden und sonstigen Abzüge (§ 118 des Bewertungsgesetzes), wenn die Wirtschaftsgüter, Schulden und sonstigen Abzüge mehreren Personen zuzurechnen sind und die Feststellungen für die Besteuerung von Bedeutung sind.

(2) ¹Zur Sicherstellung einer einheitlichen Rechtsanwendung bei gleichen Sachverhalten und zur Erleichterung des Besteuerungsver-

---

¹⁾ Zur erstmaligen Anwendung von Buchst. a siehe Art. 97 § 10b EGAO (Nr. **1.2**).

fahrens kann das Bundesministerium der Finanzen durch Rechtsverordnung[1] mit Zustimmung des Bundesrates bestimmen, daß in anderen als den in Absatz 1 genannten Fällen Besteuerungsgrundlagen gesondert und für mehrere Personen einheitlich festgestellt werden. [2] Dabei können insbesondere geregelt werden

1. der Gegenstand und der Umfang der gesonderten Feststellung,

2. die Voraussetzungen für das Feststellungsverfahren,

3. die örtliche Zuständigkeit der Finanzbehörden,

4. die Bestimmung der am Feststellungsverfahren beteiligten Personen (Verfahrensbeteiligte) und der Umfang ihrer steuerlichen Pflichten und Rechte einschließlich der Vertretung Beteiligter durch andere Beteiligte,

5. die Bekanntgabe von Verwaltungsakten an die Verfahrensbeteiligten und Empfangsbevollmächtigte,

6. die Zulässigkeit, der Umfang und die Durchführung von Außenprüfungen zur Ermittlung der Besteuerungsgrundlagen.

[3] Durch Rechtsverordnung kann das Bundesministerium der Finanzen mit Zustimmung des Bundesrates bestimmen, daß Besteuerungsgrundlagen, die sich erst später auswirken, zur Sicherung der späteren zutreffenden Besteuerung gesondert und für mehrere Personen einheitlich festgestellt werden; Satz 2 Nr. 1 und 2 gilt entsprechend. [4] Die Rechtsverordnungen bedürfen nicht der Zustimmung des Bundesrates, soweit sie Zölle und Verbrauchsteuern, mit Ausnahme der Biersteuer, betreffen.

(3) [1] Absatz 1 Nr. 2 Buchstabe a gilt nicht, wenn

1. nur eine der an den Einkünften beteiligten Personen mit ihren Einkünften im Geltungsbereich dieses Gesetzes einkommensteuerpflichtig oder körperschaftsteuerpflichtig ist, oder

2. es sich um einen Fall von geringer Bedeutung handelt, insbesondere weil die Höhe des festgestellten Betrages und die Aufteilung feststehen. [2] Dies gilt sinngemäß auch für die Fälle des Absatzes 1 Nr. 3.

[2] Das nach § 18 Abs. 1 Nr. 4 zuständige Finanzamt kann durch Bescheid feststellen, daß eine gesonderte Feststellung nicht durchzuführen ist. [3] Der Bescheid gilt als Steuerbescheid.

(4)[2] Absatz 1 Nr. 2 Buchstabe a gilt ferner nicht für Arbeitsgemeinschaften, deren alleiniger Zweck in der Erfüllung eines einzigen Werkvertrages oder Werklieferungsvertrages besteht.

(5) Absatz 1 Nr. 2, Absätze 2 und 3 sind entsprechend anzuwenden, soweit

---

[1] Vgl. hierzu VO über die gesonderte Feststellung von Besteuerungsgrundlagen nach § 180 Abs. 2 AO.

[2] Zur erstmaligen Anwendung siehe Art. 97 § 10 b EGAO (Nr. **1.2**).

1. die nach einem Abkommen zur Vermeidung der Doppelbesteuerung von der Bemessungsgrundlage ausgenommenen Einkünfte bei der Festsetzung der Steuern der beteiligten Personen von Bedeutung sind oder

2. Steuerabzugsbeträge und Körperschaftsteuer auf die festgesetzte Steuer anzurechnen sind.

§ 181 [1]) **Verfahrensvorschriften für die gesonderte Feststellung, Feststellungsfrist, Erklärungspflicht.** (1) [1] Für die gesonderte Feststellung gelten die Vorschriften über die Durchführung der Besteuerung sinngemäß. [2] Steuererklärung im Sinne des § 170 Abs. 2 Nr. 1 ist die Erklärung zur gesonderten Feststellung. [3] Wird eine Erklärung zur gesonderten Feststellung nach § 180 Abs. 2 ohne Aufforderung durch die Finanzbehörde abgegeben, gilt § 170 Abs. 3 sinngemäß.

(2) [1] Eine Erklärung zur gesonderten Feststellung hat abzugeben, wem der Gegenstand der Feststellung ganz oder teilweise zuzurechnen ist. [2] Erklärungspflichtig sind insbesondere

1. in den Fällen des § 180 Abs. 1 Nr. 2 Buchstabe a jeder Feststellungsbeteiligte, dem ein Anteil an den einkommen- oder körperschaftsteuerpflichtigen Einkünften zuzurechnen ist;

2. in den Fällen des § 180 Abs. 1 Nr. 2 Buchstabe b der Unternehmer;

3. in den Fällen des § 180 Abs. 1 Nr. 3 jeder Feststellungsbeteiligte, dem ein Anteil an den Wirtschaftsgütern, Schulden oder sonstigen Abzügen zuzurechnen ist;

4. in den Fällen des § 180 Abs. 1 Nr. 2 Buchstabe a und Nr. 3 auch die in § 34 bezeichneten Personen.

[3] Hat ein Erklärungspflichtiger eine Erklärung zur gesonderten Feststellung abgegeben, sind andere Beteiligte insoweit von der Erklärungspflicht befreit.

(3) [1] Die Frist für die gesonderte Feststellung von Einheitswerten (Feststellungsfrist) beginnt mit Ablauf des Kalenderjahres, auf dessen Beginn die Hauptfeststellung, die Fortschreibung, die Nachfeststellung oder die Aufhebung eines Einheitswertes vorzunehmen ist. [2] Ist eine Erklärung zur gesonderten Feststellung des Einheitswertes abzugeben, beginnt die Feststellungsfrist mit Ablauf des Kalenderjahres, in dem die Erklärung eingereicht wird, spätestens jedoch mit Ablauf des dritten Kalenderjahres, das auf das Kalenderjahr folgt, auf dessen Beginn die Einheitswertfeststellung vorzunehmen oder aufzuheben ist. [3] Wird der Beginn der Feststellungsfrist nach Satz 2 hinausgeschoben, wird der Beginn der Feststellungsfrist für die weiteren Feststel-

---

[1]) Zur Anwendung siehe Art. 97 § 10 Abs. 5 EGAO (Nr. **1.2**).

lungszeitpunkte des Hauptfeststellungszeitraumes jeweils um die gleiche Zeit hinausgeschoben.

(4) In den Fällen des Absatzes 3 beginnt die Feststellungsfrist nicht vor Ablauf des Kalenderjahres, auf dessen Beginn der Einheitswert erstmals steuerlich anzuwenden ist.

(5) ¹Eine gesonderte Feststellung kann auch nach Ablauf der für sie geltenden Feststellungsfrist insoweit erfolgen, als die gesonderte Feststellung für eine Steuerfestsetzung von Bedeutung ist, für die die Festsetzungsfrist im Zeitpunkt der gesonderten Feststellung noch nicht abgelaufen ist; hierbei bleibt § 171 Abs. 10 außer Betracht. ²Hierauf ist im Feststellungsbescheid hinzuweisen. ³§ 169 Abs. 1 Satz 3 gilt sinngemäß.

§ 182 Wirkungen der gesonderten Feststellung. (1) Feststellungsbescheide sind, auch wenn sie noch nicht unanfechtbar sind, für andere Feststellungsbescheide, für Steuermeßbescheide, für Steuerbescheide und für Steueranmeldungen (Folgebescheide) bindend, soweit die in den Feststellungsbescheiden getroffenen Feststellungen für diese Folgebescheide von Bedeutung sind.

(2) ¹Ein Feststellungsbescheid über einen Einheitswert (§ 180 Abs. 1 Nr. 1) wirkt auch gegenüber dem Rechtsnachfolger, auf den der Gegenstand der Feststellung nach dem Feststellungszeitpunkt mit steuerlicher Wirkung übergeht. ²Tritt die Rechtsnachfolge jedoch ein, bevor der Feststellungsbescheid ergangen ist, so wirkt er gegen den Rechtsnachfolger nur dann, wenn er ihm bekanntgegeben wird.

(3) Ist in einem Feststellungsbescheid im Sinne des § 180 Abs. 1 Nr. 2 und Abs. 2 ein Beteiligter unrichtig bezeichnet, weil Rechtsnachfolge eingetreten ist, kann dies durch besonderen Bescheid gegenüber dem betroffenen Beteiligten berichtigt werden.

§ 183 Empfangsbevollmächtigte bei der einheitlichen Feststellung. (1) ¹Richtet sich ein Feststellungsbescheid gegen mehrere Personen, die an dem Gegenstand der Feststellung als Gesellschafter oder Gemeinschafter beteiligt sind (Feststellungsbeteiligte), so sollen sie einen gemeinsamen Empfangsbevollmächtigten bestellen, der ermächtigt ist, für sie alle Verwaltungsakte und Mitteilungen in Empfang zu nehmen, die mit dem Feststellungsverfahren und dem anschließenden Verfahren über einen *außergerichtlichen Rechtsbehelf [ab 1. 1. 1996:* Einspruch]¹⁾ zusammenhängen. ²Ist ein gemeinsamer Empfangsbevollmächtigter nicht vorhanden, so gilt ein zur Vertretung der Gesellschaft oder der Feststellungsbeteiligten oder ein zur Verwaltung des Gegenstandes der Feststellung Berechtigter als Empfangsbevollmächtigter. ³Anderenfalls kann die Finanzbehörde die Be-

---

¹⁾ § 183 Abs. 1 Satz 1 kursive Worte ersetzt durch Klammerzusatz durch G v. 24. 6. 1994 (BGBl. I S. 1395).

teiligten auffordern, innerhalb einer bestimmten angemessenen Frist einen Empfangsbevollmächtigten zu benennen. [4]Hierbei ist ein Beteiligter vorzuschlagen und darauf hinzuweisen, daß diesem die in Satz 1 genannten Verwaltungsakte und Mitteilungen mit Wirkung für und gegen alle Beteiligten bekanntgegeben werden, soweit nicht ein anderer Empfangsbevollmächtigter benannt wird. [5]Bei der Bekanntgabe an den Empfangsbevollmächtigten ist darauf hinzuweisen, daß die Bekanntgabe mit Wirkung für und gegen alle Feststellungsbeteiligten erfolgt.

(2) [1]Absatz 1 ist insoweit nicht anzuwenden, als der Finanzbehörde bekannt ist, daß die Gesellschaft oder Gemeinschaft nicht mehr besteht, daß ein Beteiligter aus der Gesellschaft oder der Gemeinschaft ausgeschieden ist oder daß zwischen den Beteiligten ernstliche Meinungsverschiedenheiten bestehen. [2]Ist nach Satz 1 Einzelbekanntgabe erforderlich, so sind dem Beteiligten der Gegenstand der Feststellung, die alle Beteiligten betreffenden Besteuerungsgrundlagen, sein Anteil, die Zahl der Beteiligten und die ihn persönlich betreffenden Besteuerungsgrundlagen bekanntzugeben. [3]Bei berechtigtem Interesse ist dem Beteiligten der gesamte Inhalt des Feststellungsbescheides mitzuteilen.

(3) [1]Ist ein Empfangsbevollmächtigter nach Absatz 1 Satz 1 vorhanden, können Feststellungsbescheide ihm gegenüber auch mit Wirkung für einen in Absatz 2 Satz 1 genannten Beteiligten bekanntgegeben werden, soweit und solange dieser Beteiligte oder der Empfangsbevollmächtigte nicht widersprochen hat. [2]Der Widerruf der Vollmacht wird der Finanzbehörde gegenüber erst wirksam, wenn er ihr zugeht.

(4) Wird eine wirtschaftliche Einheit Ehegatten oder Ehegatten mit ihren Kindern oder Alleinstehenden mit ihren Kindern zugerechnet und haben die Beteiligten keinen gemeinsamen Empfangsbevollmächtigten bestellt, so gelten für die Bekanntgabe von Feststellungsbescheiden über den Einheitswert die Regelungen über zusammengefaßte Bescheide in § 155 Abs. 5 entsprechend.

II. Festsetzung von Steuermeßbeträgen

§ 184 Festsetzung von Steuermeßbeträgen. (1) [1]Steuermeßbeträge, die nach den Steuergesetzen zu ermitteln sind, werden durch Steuermeßbescheid festgesetzt. [2]Mit der Festsetzung der Steuermeßbeträge wird auch über die persönliche und sachliche Steuerpflicht entschieden. [3]Die Vorschriften über die Durchführung der Besteuerung sind sinngemäß anzuwenden. [4]Ferner sind § 182 Abs. 1 und für Grundsteuermeßbescheide auch Abs. 2 und § 183 sinngemäß anzuwenden.

(2) [1]Die Befugnis, Realsteuermeßbeträge festzusetzen, schließt auch die Befugnis zu Maßnahmen nach § 163 Abs. 1 Satz 1 ein, soweit für solche Maßnahmen in einer allgemeinen Verwaltungsvor-

schrift der Bundesregierung oder einer obersten Landesfinanzbehörde Richtlinien aufgestellt worden sind. [2]Eine Maßnahme nach § 163 Abs. 1 Satz 2 wirkt, soweit sie die gewerblichen Einkünfte als Grundlage für die Festsetzung der Steuer vom Einkommen beeinflußt, auch für den Gewerbeertrag als Grundlage für die Festsetzung des Gewerbesteuermeßbetrages.

(3) Die Finanzbehörden teilen den Inhalt des Steuermeßbescheides sowie die nach Absatz 2 getroffenen Maßnahmen den Gemeinden mit, denen die Steuerfestsetzung (der Erlaß des Realsteuerbescheids) obliegt.

3. Unterabschnitt: Zerlegung und Zuteilung

§ 185 Geltung der allgemeinen Vorschriften. Auf die in den Steuergesetzen vorgesehene Zerlegung von Steuermeßbeträgen sind die für die Steuermeßbeträge geltenden Vorschriften entsprechend anzuwenden, soweit im folgenden nichts anderes bestimmt ist.

§ 186 Beteiligte. Am Zerlegungsverfahren sind beteiligt:

1. der Steuerpflichtige,
2. die Steuerberechtigten, denen ein Anteil an dem Steuermeßbetrag zugeteilt worden ist oder die einen Anteil beanspruchen. [2]Soweit die Festsetzung der Steuer dem Steuerberechtigten nicht obliegt, tritt an seine Stelle die für die Festsetzung der Steuer zuständige Behörde.

§ 187 Akteneinsicht. Die beteiligten Steuerberechtigten können von der zuständigen Finanzbehörde Auskunft über die Zerlegungsgrundlagen verlangen und durch ihre Amtsträger Einsicht in die Zerlegungsunterlagen nehmen.

§ 188 Zerlegungsbescheid. (1) Über die Zerlegung ergeht ein schriftlicher Bescheid (Zerlegungsbescheid), der den Beteiligten bekanntzugeben ist, soweit sie betroffen sind.

(2) [1]Der Zerlegungsbescheid muß die Höhe des zu zerlegenden Steuermeßbetrages angeben und bestimmen, welche Anteile den beteiligten Steuerberechtigten zugeteilt werden. [2]Er muß ferner die Zerlegungsgrundlagen angeben.

§ 189 Änderung der Zerlegung. [1]Ist der Anspruch eines Steuerberechtigten auf einen Anteil am Steuermeßbetrag nicht berücksichtigt und auch nicht zurückgewiesen worden, so wird die Zerlegung von Amts wegen oder auf Antrag geändert oder nachgeholt. [2]Ist der bisherige Zerlegungsbescheid gegenüber denjenigen Steuerberechtigten, die an dem Zerlegungsverfahren bereits beteiligt waren, unanfechtbar geworden, so dürfen bei der Änderung der Zerlegung nur solche Änderungen vorgenommen werden, die sich aus der nachträglichen Berücksichtigung der bisher übergangenen Steuerberechtigten ergeben. [3] Eine Änderung oder Nachholung der Zerlegung unterbleibt, wenn ein Jahr vergangen ist, seitdem der Steuermeßbescheid unanfechtbar geworden ist, es sei denn, daß der übergangene Steuerberechtigte die Änderung oder Nachholung der Zerlegung vor Ablauf des Jahres beantragt hatte.

§ 190 Zuteilungsverfahren. [1] Ist ein Steuermeßbetrag in voller Höhe einem Steuerberechtigten zuzuteilen, besteht aber Streit darüber, welchem Steuerberechtigten der Steuermeßbetrag zusteht, so entscheidet die Finanzbehörde auf Antrag eines Beteiligten durch Zuteilungsbescheid. [2] Die für das Zerlegungsverfahren geltenden Vorschriften sind entsprechend anzuwenden.

4. Unterabschnitt: Haftung

§ 191 Haftungsbescheide, Duldungsbescheide. (1) [1] Wer kraft Gesetzes für eine Steuer haftet (Haftungsschuldner), kann durch Haftungsbescheid, wer kraft Gesetzes verpflichtet ist, die Vollstreckung zu dulden, kann durch Duldungsbescheid in Anspruch genommen werden. [2] Die Bescheide sind schriftlich zu erteilen.

(2) Bevor gegen einen Rechtsanwalt, Patentanwalt, Notar, Steuerberater, Steuerbevollmächtigten, Wirtschaftsprüfer oder vereidigten Buchprüfer wegen einer Handlung im Sinne des § 69, die er in Ausübung seines Berufes vorgenommen hat, ein Haftungsbescheid erlassen wird, gibt die Finanzbehörde der zuständigen Berufskammer Gelegenheit, die Gesichtspunkte vorzubringen, die von ihrem Standpunkt für die Entscheidung von Bedeutung sind.

(3)[1] [1] Die Vorschriften über die Festsetzungsfrist sind auf den Erlaß von Haftungsbescheiden entsprechend anzuwenden. [2] Die Festsetzungsfrist beträgt vier Jahre, in den Fällen des § 70 bei Steuerhinterziehung zehn Jahre, bei leichtfertiger Steuerverkürzung fünf Jahre, in den Fällen des § 71 zehn Jahre. [3] Die Festsetzungsfrist beginnt mit Ablauf des Kalenderjahres, in dem der Tatbestand verwirklicht worden ist, an den das Gesetz die Haftungsfolge knüpft. [4] Ist die Steuer, für die gehaftet wird, noch nicht festgesetzt worden, so endet die Festsetzungsfrist für den Haftungsbescheid nicht vor Ablauf der für die Steuerfestsetzung geltenden Festsetzungsfrist; andernfalls gilt § 171 Abs. 10 sinngemäß. [5] In den Fällen der §§ 73 und 74 endet die Festsetzungsfrist nicht, bevor die gegen den Steuerschuldner festgesetzte Steuer verjährt (§ 228) ist.

(4)[1] Ergibt sich die Haftung nicht aus den Steuergesetzen, so kann ein Haftungsbescheid ergehen, solange die Haftungsansprüche nach dem für sie maßgebenden Recht noch nicht verjährt sind.

---

[1] Zur Anwendung in den neuen Bundesländern siehe Art. 97 a § 2 Nr. 6 EGAO (Nr. **1.2**).

(5)[1] [1]Ein Haftungsbescheid kann nicht mehr ergehen,

1. soweit die Steuer gegen den Steuerschuldner nicht festgesetzt worden ist und wegen Ablaufs der Festsetzungsfrist auch nicht mehr festgesetzt werden kann,

2. soweit die gegen den Steuerschuldner festgesetzte Steuer verjährt ist oder die Steuer erlassen worden ist.

[2]Dies gilt nicht, wenn die Haftung darauf beruht, daß der Haftungsschuldner Steuerhinterziehung oder Steuerhehlerei begangen hat.

§ 192 Vertragliche Haftung. Wer sich auf Grund eines Vertrages verpflichtet hat, für die Steuer eines anderen einzustehen, kann nur nach den Vorschriften des bürgerlichen Rechts in Anspruch genommen werden.

Vierter Abschnitt: Außenprüfung

1. Unterabschnitt: Allgemeine Vorschriften

§ 193 Zulässigkeit einer Außenprüfung. (1) Eine Außenprüfung ist zulässig bei Steuerpflichtigen, die einen gewerblichen oder land- und forstwirtschaftlichen Betrieb unterhalten oder die freiberuflich tätig sind.

(2) Bei anderen als den in Absatz 1 bezeichneten Steuerpflichtigen ist eine Außenprüfung zulässig,

1. soweit sie die Verpflichtung dieser Steuerpflichtigen betrifft, für Rechnung eines anderen Steuern zu entrichten oder Steuern einzubehalten und abzuführen oder

2. wenn die für die Besteuerung erheblichen Verhältnisse der Aufklärung bedürfen und eine Prüfung an Amtsstelle nach Art und Umfang des zu prüfenden Sachverhaltes nicht zweckmäßig ist.

§ 194 Sachlicher Umfang einer Außenprüfung. (1) [1]Die Außenprüfung dient der Ermittlung der steuerlichen Verhältnisse des Steuerpflichtigen. [2]Sie kann eine oder mehrere Steuerarten, einen oder mehrere Besteuerungszeiträume umfassen oder sich auf bestimmte Sachverhalte beschränken. [3]Die Außenprüfung bei einer Personengesellschaft umfaßt die steuerlichen Verhältnisse der Gesellschafter insoweit, als diese Verhältnisse für die zu überprüfenden einheitlichen Feststellungen von Bedeutung sind. [4]Die steuerlichen Verhältnisse anderer Personen können insoweit geprüft werden, als der Steuerpflichtige verpflichtet war oder verpflichtet ist, für Rechnung dieser Personen Steuern zu entrichten oder Steuern einzubehalten und abzuführen; dies gilt auch dann, wenn etwaige Steuernachforderungen den anderen Personen gegenüber geltend zu machen sind.

---

[1] Zur Anwendung in den neuen Bundesländern siehe Art. 97a § 2 Nr. 6 EGAO (Nr. **1.2**).

(2) Die steuerlichen Verhältnisse von Gesellschaftern und Mitgliedern sowie von Mitgliedern der Überwachungsorgane können über die in Absatz 1 geregelten Fälle hinaus in die bei einer Gesellschaft durchzuführende Außenprüfung einbezogen werden, wenn dies im Einzelfall zweckmäßig ist.

(3) Werden anläßlich einer Außenprüfung Verhältnisse anderer als der in Absatz 1 genannten Personen festgestellt, so ist die Auswertung der Feststellungen insoweit zulässig, als ihre Kenntnis für die Besteuerung dieser anderen Personen von Bedeutung ist oder die Feststellungen eine unerlaubte Hilfeleistung in Steuersachen betreffen.

§ 195 Zuständigkeit. [1]Außenprüfungen werden von den für die Besteuerung zuständigen Finanzbehörden durchgeführt. [2]Sie können andere Finanzbehörden mit der Außenprüfung beauftragen. [3]Die beauftragte Finanzbehörde kann im Namen der zuständigen Finanzbehörde die Steuerfestsetzung vornehmen und verbindliche Zusagen (§§ 204 bis 207) erteilen.

§ 196 Prüfungsanordnung. Die Finanzbehörde bestimmt den Umfang der Außenprüfung in einer schriftlich zu erteilenden Prüfungsanordnung mit Rechtsbehelfsbelehrung (§ 356).

§ 197 Bekanntgabe der Prüfungsanordnung. (1) [1]Die Prüfungsanordnung sowie der voraussichtliche Prüfungsbeginn und die Namen der Prüfer sind dem Steuerpflichtigen, bei dem die Außenprüfung durchgeführt werden soll, angemessene Zeit vor Beginn der Prüfung bekanntzugeben, wenn der Prüfungszweck dadurch nicht gefährdet wird. [2]Der Steuerpflichtige kann auf die Einhaltung der Frist verzichten. [3]Soll die Prüfung nach § 194 Abs. 2 auf die steuerlichen Verhältnisse von Gesellschaftern und Mitgliedern sowie von Mitgliedern der Überwachungsorgane erstreckt werden, so ist die Prüfungsanordnung insoweit auch diesen Personen bekanntzugeben.

(2) Auf Antrag der Steuerpflichtigen soll der Beginn der Außenprüfung auf einen anderen Zeitpunkt verlegt werden, wenn dafür wichtige Gründe glaubhaft gemacht werden.

§ 198 Ausweispflicht, Beginn der Außenprüfung. [1]Die Prüfer haben sich bei Erscheinen unverzüglich auszuweisen. [2]Der Beginn der Außenprüfung ist unter Angabe von Datum und Uhrzeit aktenkundig zu machen.

§ 199 Prüfungsgrundsätze. (1) Der Außenprüfer hat die tatsächlichen und rechtlichen Verhältnisse, die für die Steuerpflicht und für die Bemessung der Steuer maßgebend sind (Besteuerungsgrundlagen), zugunsten wie zuungunsten des Steuerpflichtigen zu prüfen.

(2) Der Steuerpflichtige ist während der Außenprüfung über die festgestellten Sachverhalte und die möglichen steuerlichen Auswirkungen zu unterrichten, wenn dadurch Zweck und Ablauf der Prüfung nicht beeinträchtigt werden.

§ 200 Mitwirkungspflichten des Steuerpflichtigen. (1) [1]Der Steuerpflichtige hat bei der Feststellung der Sachverhalte, die für die Besteuerung erheblich sein können, mitzuwirken. [2]Er hat insbesondere Auskünfte zu erteilen, Aufzeichnungen, Bücher, Geschäftspapiere und andere Urkunden zur Einsicht und Prüfung vorzulegen und die zum Verständnis der Aufzeichnungen erforderlichen Erläuterungen zu geben. [3]Sind der Steuerpflichtige oder die von ihm benannten Personen nicht in der Lage, Auskünfte zu erteilen, oder sind die Auskünfte zur Klärung des Sachverhaltes unzureichend oder versprechen Auskünfte des Steuerpflichtigen keinen Erfolg, so kann der Außenprüfer auch andere Betriebsangehörige um Auskunft ersuchen. [4]§ 93 Abs. 2 Satz 2 und § 97 Abs. 2 gelten nicht.

(2) [1]Die in Absatz 1 genannten Unterlagen hat der Steuerpflichtige in seinen Geschäftsräumen oder, soweit ein zur Durchführung der Außenprüfung geeigneter Geschäftsraum nicht vorhanden ist, in seinen Wohnräumen oder an Amtsstelle vorzulegen. [2]Ein zur Durchführung der Außenprüfung geeigneter Raum oder Arbeitsplatz sowie die erforderlichen Hilfsmittel sind unentgeltlich zur Verfügung zu stellen.

(3) [1]Die Außenprüfung findet während der üblichen Geschäfts- oder Arbeitszeit statt. [2]Die Prüfer sind berechtigt, Grundstücke und Betriebsräume zu betreten und zu besichtigen. [3]Bei der Betriebsbesichtigung soll der Betriebsinhaber oder sein Beauftragter hinzugezogen werden.

§ 201 Schlußbesprechung. (1) [1]Über das Ergebnis der Außenprüfung ist eine Besprechung abzuhalten (Schlußbesprechung), es sei denn, daß sich nach dem Ergebnis der Außenprüfung keine Änderung der Besteuerungsgrundlagen ergibt oder daß der Steuerpflichtige auf die Besprechung verzichtet. [2]Bei der Schlußbesprechung sind insbesondere strittige Sachverhalte sowie die rechtliche Beurteilung der Prüfungsfeststellungen und ihre steuerlichen Auswirkungen zu erörtern.

(2) Besteht die Möglichkeit, daß auf Grund der Prüfungsfeststellungen ein Straf- oder Bußgeldverfahren durchgeführt werden muß, soll der Steuerpflichtige darauf hingewiesen werden, daß die straf- oder bußgeldrechtliche Würdigung einem besonderen Verfahren vorbehalten bleibt.

§ 202 Inhalt und Bekanntgabe des Prüfungsberichts.
(1) [1]Über das Ergebnis der Außenprüfung ergeht ein schriftlicher Bericht (Prüfungsbericht). [2]Im Prüfungsbericht sind die für die Be-

steuerung erheblichen Prüfungsfeststellungen in tatsächlicher und rechtlicher Hinsicht sowie die Änderungen der Besteuerungsgrundlagen darzustellen. [3] Führt die Außenprüfung zu keiner Änderung der Besteuerungsgrundlagen, so genügt es, wenn dies dem Steuerpflichtigen schriftlich mitgeteilt wird.

(2) Die Finanzbehörde hat dem Steuerpflichtigen auf Antrag den Prüfungsbericht vor seiner Auswertung zu übersenden und ihm Gelegenheit zu geben, in angemessener Zeit dazu Stellung zu nehmen.

§ 203 Abgekürzte Außenprüfung. (1) [1] Bei Steuerpflichtigen, bei denen die Finanzbehörde eine Außenprüfung in regelmäßigen Zeitabständen nach den Umständen des Falles nicht für erforderlich hält, kann sie eine abgekürzte Außenprüfung durchführen. [2] Die Prüfung hat sich auf die wesentlichen Besteuerungsgrundlagen zu beschränken.

(2) [1] Der Steuerpflichtige ist vor Abschluß der Prüfung darauf hinzuweisen, in wieweit von den Steuererklärungen oder den Steuerfestsetzungen abgewichen werden soll. [2] Die steuerlich erheblichen Prüfungsfeststellungen sind dem Steuerpflichtigen spätestens mit den Steuerbescheiden schriftlich mitzuteilen. [3] § 201 Abs. 1 und § 202 Abs. 2 gelten nicht.

2. Unterabschnitt: Verbindliche Zusagen auf Grund einer Außenprüfung[1)]

§ 204 Voraussetzung der verbindlichen Zusage. Im Anschluß an eine Außenprüfung soll die Finanzbehörde dem Steuerpflichtigen auf Antrag verbindlich zusagen, wie ein für die Vergangenheit geprüfter und im Prüfungsbericht dargestellter Sachverhalt in Zukunft steuerrechtlich behandelt wird, wenn die Kenntnis der künftigen steuerrechtlichen Behandlung für die geschäftlichen Maßnahmen des Steuerpflichtigen von Bedeutung ist.

§ 205 Form der verbindlichen Zusage. (1) Die verbindliche Zusage wird schriftlich erteilt und als verbindlich gekennzeichnet.

(2) Die verbindliche Zusage muß enthalten:

1. den ihr zugrunde gelegten Sachverhalt; dabei kann auf den im Prüfungsbericht dargestellten Sachverhalt Bezug genommen werden,
2. die Entscheidung über den Antrag und die dafür maßgebenden Gründe,
3. eine Angabe darüber, für welche Steuern und für welchen Zeitraum die verbindliche Zusage gilt.

[1)] Vgl. Art. 97 § 12 EGAO; zur Anwendung in den neuen Bundesländern siehe Art. 97a § 2 Nr. 8 EGAO (Nr. **1.2**).

1 AO 1977 §§ 206–208

§ 206 Bindungswirkung. (1) Die verbindliche Zusage ist für die Besteuerung bindend, wenn sich der später verwirklichte Sachverhalt mit dem der verbindlichen Zusage zugrunde gelegten Sachverhalt deckt.

(2) Absatz 1 gilt nicht, wenn die verbindliche Zusage zuungunsten des Antragstellers dem geltenden Recht widerspricht.

§ 207 Außerkrafttreten, Aufhebung und Änderung der verbindlichen Zusage. (1) Die verbindliche Zusage tritt außer Kraft, wenn die Rechtsvorschriften, auf denen die Entscheidung beruht, geändert werden.

(2) Die Finanzbehörde kann die verbindliche Zusage mit Wirkung für die Zukunft aufheben oder ändern.

(3) Eine rückwirkende Aufhebung oder Änderung der verbindlichen Zusage ist nur zulässig, falls der Steuerpflichtige zustimmt oder wenn die Voraussetzungen des § 130 Abs. 2 Nr. 1 oder 2 vorliegen.

Fünfter Abschnitt: Steuerfahndung (Zollfahndung)

§ 208 Steuerfahndung (Zollfahndung). (1) [1]Aufgabe der Steuerfahndung (Zollfahndung) ist

1. die Erforschung von Steuerstraftaten und Steuerordnungswidrigkeiten,

2. die Ermittlung der Besteuerungsgrundlagen in den in Nummer 1 bezeichneten Fällen,

3. die Aufdeckung und Ermittlung unbekannter Steuerfälle.

[2]Die mit der Steuerfahndung betrauten Dienststellen der Landesfinanzbehörden und die Zollfahndungsämter haben außer den Befugnissen nach § 404 Satz 2 erster Halbsatz auch die Ermittlungsbefugnisse, die den Finanzämtern (Hauptzollämtern) zustehen. [3]In den Fällen der Nummern 2 und 3 gelten die Einschränkungen des § 93 Abs. 1 Satz 3, Abs. 2 Satz 2 und des § 97 Abs. 2 und 3 nicht; § 200 Abs. 1 Satz 1 und 2, Abs. 2, Abs. 3 Satz 1 und 2 gilt sinngemäß, § 393 Abs. 1 bleibt unberührt.

(2) Unabhängig von Absatz 1 sind die mit der Steuerfahndung betrauten Dienststellen der Landesfinanzbehörden und die Zollfahndungsämter zuständig

1. für steuerliche Ermittlungen einschließlich der Außenprüfung auf Ersuchen der zuständigen Finanzbehörde,

2. für die ihnen sonst im Rahmen der Zuständigkeit der Finanzbehörden übertragenen Aufgaben.

(3) Die Aufgaben und Befugnisse der Finanzämter (Hauptzollämter) bleiben unberührt.

Sechster Abschnitt: Steueraufsicht in besonderen Fällen

§ 209 Gegenstand der Steueraufsicht. (1) Der Warenverkehr über die Grenze und in den Freizonen und Freilagern sowie die Gewinnung und Herstellung, Lagerung, Beförderung und gewerbliche Verwendung verbrauchsteuerpflichtiger Waren und der Handel mit verbrauchsteuerpflichtigen Waren unterliegen der zollamtlichen Überwachung (Steueraufsicht).

(2) Der Steueraufsicht unterliegen ferner:

1. der Versand, die Ausfuhr, Lagerung, Verwendung, Vernichtung, Veredelung, Umwandlung und sonstige Bearbeitung oder Verarbeitung von Waren in einem Zoll- oder Verbrauchsteuerverfahren,

2. die Herstellung und Ausfuhr von Waren, für die ein Erlaß, eine Erstattung oder Vergütung von Zoll oder Verbrauchsteuer beansprucht wird.

(3) Andere Sachverhalte unterliegen der Steueraufsicht, wenn es gesetzlich bestimmt ist.

§ 210 Befugnisse der Finanzbehörde. (1) Die von der Finanzbehörde mit der Steueraufsicht betrauten Amtsträger sind berechtigt, Grundstücke und Räume von Personen, die eine gewerbliche oder berufliche Tätigkeit selbständig ausüben und denen ein der Steueraufsicht unterliegender Sachverhalt zuzurechnen ist, während der Geschäfts- und Arbeitszeiten zu betreten, um Prüfungen vorzunehmen oder sonst Feststellungen zu treffen, die für die Besteuerung erheblich sein können (Nachschau).

(2) ¹Der Nachschau unterliegen ferner Grundstücke und Räume von Personen, denen ein der Steueraufsicht unterliegender Sachverhalt zuzurechnen ist, ohne zeitliche Einschränkung, wenn Tatsachen die Annahme rechtfertigen, daß sich dort Schmuggelwaren oder nicht ordnungsgemäß versteuerte verbrauchsteuerpflichtige Waren befinden oder dort sonst gegen Vorschriften oder Anordnungen verstoßen wird, deren Einhaltung durch die Steueraufsicht gesichert werden soll. ²Bei Gefahr im Verzug ist eine Durchsuchung von Wohn- und Geschäftsräumen auch ohne richterliche Anordnung zulässig.

(3) ¹Die von der Finanzbehörde mit der Steueraufsicht betrauten Amtsträger sind ferner berechtigt, im Rahmen von zeitlich und örtlich begrenzten Kontrollen, Schiffe und andere Fahrzeuge, die nach ihrer äußeren Erscheinung gewerblichen Zwecken dienen, anzuhalten. ²Die Betroffenen haben sich auszuweisen und Auskunft über die mitgeführten Waren zu geben; sie haben insbesondere Frachtbriefe und sonstige Beförderungspapiere, auch nicht steuerlicher Art, vorzulegen. ³Ergeben sich dadurch oder aufgrund sonstiger Tatsachen Anhaltspunkte, daß verbrauchsteuerpflichtige Waren mitgeführt werden, können die Amtsträger die mitgeführten Waren überprüfen und alle

Feststellungen treffen, die für eine Besteuerung dieser Waren erheblich sein können. [4]Die Betroffenen haben die Herkunft der verbrauchsteuerpflichtigen Waren anzugeben, die Entnahme von unentgeltlichen Proben zu dulden und die erforderliche Hilfe zu leisten.

(4) [1]Wenn Feststellungen bei Ausübung der Steueraufsicht hierzu Anlaß geben, kann ohne vorherige Prüfungsanordnung (§ 196) zu einer Außenprüfung nach § 193 übergegangen werden. [2]Auf den Übergang zur Außenprüfung wird schriftlich hingewiesen.

(5) [1]Wird eine Nachschau in einem Dienstgebäude oder einer nicht allgemein zugänglichen Einrichtung oder Anlage der Bundeswehr erforderlich, so wird die vorgesetzte Dienststelle der Bundeswehr um ihre Durchführung ersucht. [2]Die Finanzbehörde ist zur Mitwirkung berechtigt. [3]Ein Ersuchen ist nicht erforderlich, wenn die Nachschau in Räumen vorzunehmen ist, die ausschließlich von anderen Personen als Soldaten bewohnt werden.

§ 211 Pflichten des Betroffenen. (1) [1]Wer von einer Maßnahme der Steueraufsicht betroffen wird, hat den Amtsträgern auf Verlangen Aufzeichnungen, Bücher, Geschäftspapiere und andere Urkunden über die der Steueraufsicht unterliegenden Sachverhalte und über den Bezug und den Absatz zoll- oder verbrauchsteuerpflichtiger Waren vorzulegen, Auskünfte zu erteilen und die zur Durchführung der Steueraufsicht sonst erforderlichen Hilfsdienste zu leisten. [2]§ 200 Abs. 2 Satz 2 gilt sinngemäß.

(2) Die Pflichten nach Absatz 1 gelten auch dann, wenn bei einer gesetzlich vorgeschriebenen Nachversteuerung verbrauchsteuerpflichtiger Waren in einem der Steueraufsicht unterliegenden Betrieb oder Unternehmen festgestellt werden soll, an welche Empfänger und in welcher Menge nachsteuerpflichtige Waren geliefert worden sind.

(3) Vorkehrungen, die die Ausübung der Steueraufsicht hindern oder erschweren, sind unzulässig.

§ 212 Durchführungsvorschriften. (1) Das Bundesministerium der Finanzen kann durch Rechtsverordnung zur näheren Bestimmung der im Rahmen der Steueraufsicht zu erfüllenden Pflichten anordnen, daß

1. bestimmte Handlungen nur in Räumen vorgenommen werden dürfen, die der Finanzbehörde angemeldet sind oder deren Benutzung für diesen Zweck von der Finanzbehörde besonders genehmigt ist,

2. Räume, Fahrzeuge, Geräte, Gefäße und Leitungen, die der Herstellung, Bearbeitung, Verarbeitung, Lagerung, Beförderung oder Messung steuerpflichtiger Waren dienen oder dienen können, auf Kosten des Betriebsinhabers in bestimmter Weise einzurichten, herzurichten, zu kennzeichnen oder amtlich zu verschließen sind,

3. der Überwachung unterliegende Waren in bestimmter Weise behandelt, bezeichnet, gelagert, verpackt, versandt oder verwendet werden müssen,

4. der Handel mit steuerpflichtigen Waren besonders überwacht wird, wenn der Händler zugleich Hersteller der Waren ist,

5. über die Betriebsvorgänge und über die steuerpflichtigen Waren sowie über die zu ihrer Herstellung verwendeten Einsatzstoffe, Fertigungsstoffe, Hilfsstoffe und Zwischenerzeugnisse in bestimmter Weise Anschreibungen zu führen und die Bestände festzustellen sind,

6. Bücher, Aufzeichnungen und sonstige Unterlagen in bestimmter Weise aufzubewahren sind,

7. Vorgänge und Maßnahmen in Betrieben oder Unternehmen, die für die Besteuerung von Bedeutung sind, der Finanzbehörde anzumelden sind,

8. von steuerpflichtigen Waren, von Waren, für die ein Erlaß, eine Erstattung oder Vergütung von Zoll oder Verbrauchsteuern beansprucht wird, von Stoffen, die zur Herstellung dieser Waren bestimmt sind, sowie von Umschließungen dieser Waren unentgeltlich Proben entnommen werden dürfen oder unentgeltlich Muster zu hinterlegen sind.

(2) Die Rechtsverordnung bedarf, außer wenn sie die Biersteuer betrifft, nicht der Zustimmung des Bundesrates.

§ 213 Besondere Aufsichtsmaßnahmen. [1] Betriebe oder Unternehmen, deren Inhaber oder deren leitende Angehörige wegen Steuerhinterziehung, versuchter Steuerhinterziehung oder wegen der Teilnahme an einer solchen Tat rechtskräftig bestraft worden sind, dürfen auf ihre Kosten besonderen Aufsichtsmaßnahmen unterworfen werden, wenn dies zur Gewährleistung einer wirksamen Steueraufsicht erforderlich ist. [2] Insbesondere dürfen zusätzliche Anschreibungen und Meldepflichten, der sichere Verschluß von Räumen, Behältnissen und Geräten sowie ähnliche Maßnahmen vorgeschrieben werden.

§ 214 Beauftragte. [1] Wer sich zur Erfüllung steuerlicher Pflichten, die ihm auf Grund eines der Steueraufsicht unterliegenden Sachverhaltes obliegen, durch einen mit der Wahrnehmung dieser Pflichten beauftragten Angehörigen seines Betriebes oder Unternehmens vertreten läßt, bedarf der Zustimmung der Finanzbehörde. [2] Dies gilt nicht für die Vertretung in Eingangsabgabensachen im Zusammenhang mit der Zollbehandlung.

§ 215 Sicherstellung im Aufsichtsweg. (1) [1] Die Finanzbehörde kann durch Wegnahme, Anbringen von Siegeln oder durch Verfügungsverbot sicherstellen:

1. verbrauchsteuerpflichtige Waren, die ein Amtsträger vorfindet

   a) in Herstellungsbetrieben oder anderen anmeldepflichtigen Räumen, die der Finanzbehörde nicht angemeldet sind,

   b) im Handel ohne eine den Steuergesetzen entsprechende Verpackung, Bezeichnung, Kennzeichnung oder ohne vorschriftsmäßige Steuerzeichen,

2. Waren, die im Zollgrenzbezirk oder in Gebieten, die der Grenzaufsicht unterworfen sind, aufgefunden werden, wenn sie weder abgabenfrei noch nach den Umständen offenbar Freigut sind,

3. Waren, die in Gewässern oder Watten, die Zollfreigebiete sind, aufgefunden werden, wenn sie weder abgabenfrei sind noch nach den Umständen offenbar nach § 67 Abs. 2 des Zollgesetzes ausgesetzt werden durften,

4. die Umschließungen der in den Nummern 1 bis 3 genannten Waren,

5. Geräte, die zur Herstellung von verbrauchsteuerpflichtigen Waren bestimmt sind und die sich in einem der Finanzbehörde nicht angemeldeten Herstellungsbetrieb befinden.

²Die Sicherstellung ist auch zulässig, wenn die Sachen zunächst in einem Strafverfahren beschlagnahmt und dann der Finanzbehörde zur Verfügung gestellt worden sind.

(2) ¹Über die Sicherstellung ist eine Niederschrift aufzunehmen. ²Die Sicherstellung ist den betroffenen Personen (Eigentümer, Besitzer) mitzuteilen, soweit sie bekannt sind.

§ 216 Überführung in das Eigentum des Bundes. (1) ¹Nach § 215 sichergestellte Sachen sind in das Eigentum des Bundes überzuführen, sofern sie nicht nach § 375 Abs. 2 eingezogen werden. ²Für Fundgut gilt dies nur, wenn kein Eigentumsanspruch geltend gemacht wird.

(2) ¹Die Überführung sichergestellter Sachen in das Eigentum des Bundes ist den betroffenen Personen mitzuteilen. ²Ist eine betroffene Person nicht bekannt, so gilt § 15 Abs. 2 und 3 des Verwaltungszustellungsgesetzes sinngemäß.

(3) ¹Der Eigentumsübergang wird wirksam, sobald der von der Finanzbehörde erlassene Verwaltungsakt unanfechtbar ist. ²Bei Sachen, die mit dem Grund und Boden verbunden sind, geht das Eigentum unter der Voraussetzung des Satzes 1 mit der Trennung über. ³Rechte Dritter an einer sichergestellten Sache bleiben bestehen. ⁴Das Erlöschen dieser Rechte kann jedoch angeordnet werden, wenn der Dritte leichtfertig dazu beigetragen hat, daß die in das Eigentum des Bundes überführte Sache der Sicherstellung unterlag oder er sein Recht an der Sache in Kenntnis der Umstände erwarb, welche die Sicherstellung veranlaßt haben.

(4) ¹Sichergestellte Sachen können schon vor der Überführung in das Eigentum des Bundes veräußert werden, wenn ihr Verderb oder eine wesentliche Minderung ihres Wertes droht oder ihre Aufbewahrung, Pflege oder Erhaltung mit unverhältnismäßig großen Kosten oder Schwierigkeiten verbunden ist; zu diesem Zweck dürfen auch Sachen, die mit dem Grund und Boden verbunden sind, von diesem getrennt werden. ²Der Erlös tritt an die Stelle der Sachen. ³Die Notveräußerung wird nach den Vorschriften dieses Gesetzes über die Verwertung gepfändeter Sachen durchgeführt. ⁴Die betroffenen Personen sollen vor der Anordnung der Veräußerung gehört werden. ⁵Die Anordnung sowie Zeit und Ort der Veräußerung sind ihnen, soweit tunlich, mitzuteilen.

(5) ¹Sichergestellte oder bereits in das Eigentum des Bundes überführte Sachen werden zurückgegeben, wenn die Umstände, die die Sicherstellung veranlaßt haben, dem Eigentümer nicht zuzurechnen sind oder wenn die Überführung in das Eigentum des Bundes als eine unbillige Härte für die Betroffenen erscheint. ²Gutgläubige Dritte, deren Rechte durch die Überführung in das Eigentum des Bundes erloschen oder beeinträchtigt sind, werden aus dem Erlös der Sachen angemessen entschädigt. ³Im übrigen kann eine Entschädigung gewährt werden, soweit es eine unbillige Härte wäre, sie zu versagen.

§ 217 **Steuerhilfspersonen.** Zur Feststellung von Tatsachen, die zoll- oder verbrauchsteuerrechtlich erheblich sind, kann die Finanzbehörde Personen, die vom Ergebnis der Feststellung nicht selbst betroffen werden, als Steuerhilfspersonen bestellen.

Fünfter Teil. Erhebungsverfahren

Erster Abschnitt: Verwirklichung, Fälligkeit und Erlöschen von Ansprüchen aus dem Steuerschuldverhältnis

1. Unterabschnitt: Verwirklichung und Fälligkeit von Ansprüchen aus dem Steuerschuldverhältnis

§ 218 **Verwirklichung von Ansprüchen aus dem Steuerschuldverhältnis.** (1) ¹Grundlage für die Verwirklichung von Ansprüchen aus dem Steuerschuldverhältnis (§ 37) sind die Steuerbescheide, die Steuervergütungsbescheide, die Haftungsbescheide und die Verwaltungsakte, durch die steuerliche Nebenleistungen festgesetzt werden; bei den Säumniszuschlägen genügt die Verwirklichung des gesetzlichen Tatbestandes (§ 240). ²Die Steueranmeldungen (§ 168) stehen den Steuerbescheiden gleich.

(2) ¹Über Streitigkeiten, die die Verwirklichung der Ansprüche im Sinne des Absatzes 1 betreffen, entscheidet die Finanzbehörde durch Verwaltungsakt. ²Dies gilt auch, wenn die Streitigkeit einen Erstattungsanspruch (§ 37 Abs. 2) betrifft.

§ 219 Zahlungsaufforderung bei Haftungsbescheiden. [1] Wenn nichts anderes bestimmt ist, darf ein Haftungsschuldner auf Zahlung nur in Anspruch genommen werden, soweit die Vollstreckung in das bewegliche Vermögen des Steuerschuldners ohne Erfolg geblieben oder anzunehmen ist, daß die Vollstreckung aussichtslos sein würde. [2] Diese Einschränkung gilt nicht, wenn die Haftung auf § 6 Abs. 1, 3 und 5, § 8 Abs. 3, § 40a Abs. 1 oder auf § 41 Abs. 2, 5 und 8 des Zollgesetzes beruht oder darauf, daß der Haftungsschuldner Steuerhinterziehung oder Steuerhehlerei begangen hat oder gesetzlich verpflichtet war, Steuern einzubehalten und abzuführen oder zu Lasten eines anderen zu entrichten.

§ 220 Fälligkeit. (1) Die Fälligkeit von Ansprüchen aus dem Steuerschuldverhältnis richtet sich nach den Vorschriften der Steuergesetze.

(2) [1] Fehlt es an einer besonderen gesetzlichen Regelung über die Fälligkeit, so wird der Anspruch mit seiner Entstehung fällig, es sei denn, daß in einem nach § 254 erforderlichen Leistungsgebot eine Zahlungsfrist eingeräumt worden ist. [2] Ergibt sich der Anspruch in den Fällen des Satzes 1 aus der Festsetzung von Ansprüchen aus dem Steuerschuldverhältnis, so tritt die Fälligkeit nicht vor Bekanntgabe der Festsetzung ein.

§ 221 Abweichende Fälligkeitsbestimmung. [1] Hat ein Steuerpflichtiger eine Verbrauchsteuer oder die Umsatzsteuer mehrfach nicht rechtzeitig entrichtet, so kann die Finanzbehörde verlangen, daß die Steuer jeweils zu einem von der Finanzbehörde zu bestimmenden, vor der gesetzlichen Fälligkeit aber nach Entstehung der Steuer liegenden Zeitpunkt entrichtet wird. [2] Das gleiche gilt, wenn die Annahme begründet ist, daß der Eingang einer Verbrauchsteuer oder der Umsatzsteuer gefährdet ist; an Stelle der Vorverlegung der Fälligkeit kann auch Sicherheitsleistung verlangt werden. [3] In den Fällen des Satzes 1 ist die Vorverlegung der Fälligkeit nur zulässig, wenn sie dem Steuerpflichtigen für den Fall erneuter nicht rechtzeitiger Entrichtung angekündigt worden ist.

§ 222 Stundung. [1] Die Finanzbehörden können Ansprüche aus dem Steuerschuldverhältnis ganz oder teilweise stunden, wenn die Einziehung bei Fälligkeit eine erhebliche Härte für den Schuldner bedeuten würde und der Anspruch durch die Stundung nicht gefährdet erscheint. [2] Die Stundung soll in der Regel nur auf Antrag und gegen Sicherheitsleistung gewährt werden. [3] Steueransprüche gegen den Steuerschuldner können nicht gestundet werden, soweit ein Dritter (Entrichtungspflichtiger) die Steuer für Rechnung des Steuerschuldners zu entrichten, insbesondere einzubehalten und abzuführen hat. [4] Die Stundung des Haftungsanspruchs gegen den Entrichtungspflichtigen ist ausgeschlossen, soweit er Steuerabzugsbeträge einbehalten oder Beträge, die eine Steuer enthalten, eingenommen hat.

§ 223 Zahlungsaufschub. Bei Zöllen und Verbrauchsteuern kann die Zahlung fälliger Beträge auf Antrag des Steuerschuldners gegen Sicherheitsleistung hinausgeschoben werden, soweit die Steuergesetze dies bestimmen.

2. Unterabschnitt: Zahlung, Aufrechnung, Erlaß

§ 224 Leistungsort, Tag der Zahlung. (1) [1]Zahlungen an Finanzbehörden sind an die zuständige Kasse zu entrichten. [2]Außerhalb des Kassenraumes können Zahlungsmittel nur einem Amtsträger übergeben werden, der zur Annahme von Zahlungsmitteln außerhalb des Kassenraumes besonders ermächtigt worden ist und sich hierüber ausweisen kann.

(2) Eine wirksam geleistete Zahlung gilt als entrichtet:

1. bei Übergabe oder Übersendung von Zahlungsmitteln
   am Tag des Eingangs,
2. bei Überweisung oder Einzahlung auf ein Konto der Finanzbehörde und bei Einzahlung mit Zahlschein oder Postanweisung
   an dem Tag, an dem der Betrag der Finanzbehörde gutgeschrieben wird,
3. bei Vorliegen einer Einzugsermächtigung
   am Fälligkeitstag.

(3) [1]Zahlungen der Finanzbehörden sind unbar zu leisten. [2]Das Bundesministerium der Finanzen und die für die Finanzverwaltung zuständigen obersten Landesbehörden können für ihre Geschäftsbereiche Ausnahmen zulassen. [3]Als Tag der Zahlung gilt bei Überweisung oder Zahlungsanweisung der dritte Tag nach der Hingabe oder Absendung des Auftrages an das Kreditinstitut oder, wenn der Betrag nicht sofort abgebucht werden soll, der dritte Tag nach der Abbuchung.

(4) [1]Die zuständige Kasse kann für die Übergabe von Zahlungsmitteln gegen Quittung geschlossen werden. [2]Absatz 2 Nr. 1 gilt entsprechend, wenn bei der Schließung von Kassen nach Satz 1 am Ort der Kasse eine oder mehrere Zweiganstalten der Deutschen Bundesbank oder, falls solche am Ort der Kasse nicht bestehen, ein oder mehrere Kreditinstitute ermächtigt werden, für die Kasse Zahlungsmittel gegen Quittung anzunehmen.

§ 224a Hingabe von Kunstgegenständen an Zahlungs Statt.

(1) [1]Schuldet ein Steuerpflichtiger Erbschaft- oder Vermögensteuer, kann durch öffentlich-rechtlichen Vertrag zugelassen werden, daß an Zahlungs Statt das Eigentum an Kunstgegenständen, Kunstsammlungen, wissenschaftlichen Sammlungen, Bibliotheken, Handschriften

und Archiven dem Land, dem das Steueraufkommen zusteht, übertragen wird, wenn an deren Erwerb wegen ihrer Bedeutung für Kunst, Geschichte oder Wissenschaft ein öffentliches Interesse besteht. [2]Die Übertragung des Eigentums nach Satz 1 gilt nicht als Veräußerung im Sinne des § 13 Abs. 1 Nr. 2 Satz 2 des Erbschaftsteuergesetzes.

(2) [1]Der Vertrag nach Absatz 1 bedarf der Schriftform. [2]Der Steuerpflichtige hat das Vertragsangebot an die örtlich zuständige Finanzbehörde zu richten. [3]Zuständig für den Vertragsabschluß ist die oberste Finanzbehörde des Landes, dem das Steueraufkommen zusteht. [4]Der Vertrag wird erst mit der Zustimmung der für kulturelle Angelegenheiten zuständigen obersten Landesbehörde wirksam; diese Zustimmung wird von der obersten Finanzbehörde eingeholt.

(3) Kommt ein Vertrag zustande, erlischt die Steuerschuld in der im Vertrag vereinbarten Höhe am Tag der Übertragung des Eigentums an das Land, dem das Steueraufkommen zusteht.

(4) [1]Solange nicht feststeht, ob ein Vertrag zustande kommt, kann der Steueranspruch nach § 222 gestundet werden. [2]Kommt ein Vertrag zustande, ist für die Dauer der Stundung auf die Erhebung von Stundungszinsen zu verzichten.

§ 225 Reihenfolge der Tilgung. (1) Schuldet ein Steuerpflichtiger mehrere Beträge und reicht bei freiwilliger Zahlung der gezahlte Betrag nicht zur Tilgung sämtlicher Schulden aus, so wird die Schuld getilgt, die der Steuerpflichtige bei der Zahlung bestimmt.

(2) [1]Trifft der Steuerpflichtige keine Bestimmung, so werden mit einer freiwilligen Zahlung, die nicht sämtliche Schulden deckt, zunächst die Geldbußen, sodann nacheinander die Zwangsgelder, die Steuerabzugsbeträge, die übrigen Steuern, die Kosten, die Verspätungszuschläge, die Zinsen und die Säumniszuschläge getilgt. [2]Innerhalb dieser Reihenfolge sind die einzelnen Schulden nach ihrer Fälligkeit zu ordnen; bei gleichzeitig fällig gewordenen Beträgen und bei den Säumniszuschlägen bestimmt die Finanzbehörde die Reihenfolge der Tilgung.

(3) Wird die Zahlung im Verwaltungswege erzwungen (§ 249) und reicht der verfügbare Betrag nicht zur Tilgung aller Schulden aus, derentwegen die Vollstreckung oder die Verwertung der Sicherheiten erfolgt ist, so bestimmt die Finanzbehörde die Reihenfolge der Tilgung.

§ 226 Aufrechnung. (1) Für die Aufrechnung mit Ansprüchen aus dem Steuerschuldverhältnis sowie für die Aufrechnung gegen diese Ansprüche gelten sinngemäß die Vorschriften des bürgerlichen Rechts, soweit nichts anderes bestimmt ist.

(2) Mit Ansprüchen aus dem Steuerschuldverhältnis kann nicht aufgerechnet werden, wenn sie durch Verjährung oder Ablauf einer Ausschlußfrist erloschen sind.

(3) Die Steuerpflichtigen können gegen Ansprüche aus dem Steuerschuldverhältnis nur mit unbestrittenen oder rechtskräftig festgestellten Gegenansprüchen aufrechnen.

(4) Für die Aufrechnung gilt als Gläubiger oder Schuldner eines Anspruches aus dem Steuerschuldverhältnis auch die Körperschaft, die die Steuer verwaltet.

§ 227 Erlaß. (1) Die Finanzbehörden können Ansprüche aus dem Steuerschuldverhältnis ganz oder zum Teil erlassen, wenn deren Einziehung nach Lage des einzelnen Falles unbillig wäre; unter den gleichen Voraussetzungen können bereits entrichtete Beträge erstattet oder angerechnet werden.

(2) *(aufgehoben)*

3. Unterabschnitt: Zahlungsverjährung[1])

§ 228 Gegenstand der Verjährung, Verjährungsfrist. [1]Ansprüche aus dem Steuerschuldverhältnis unterliegen einer besonderen Zahlungsverjährung. [2]Die Verjährungsfrist beträgt fünf Jahre.

§ 229[2]) Beginn der Verjährung. (1) [1]Die Verjährung beginnt mit Ablauf des Kalenderjahres, in dem der Anspruch erstmals fällig geworden ist. [2]Sie beginnt jedoch nicht vor Ablauf des Kalenderjahres, in dem die Festsetzung eines Anspruchs aus dem Steuerschuldverhältnis, ihre Aufhebung, Änderung oder Berichtigung nach § 129 wirksam geworden ist, aus der sich der Anspruch ergibt; eine Steueranmeldung steht einer Steuerfestsetzung gleich.

(2) Ist ein Haftungsbescheid ohne Zahlungsaufforderung ergangen, so beginnt die Verjährung mit Ablauf des Kalenderjahres, in dem der Haftungsbescheid wirksam geworden ist.

§ 230 Hemmung der Verjährung. Die Verjährung ist gehemmt, solange der Anspruch wegen höherer Gewalt innerhalb der letzten sechs Monate der Verjährungsfrist nicht verfolgt werden kann.

§ 231 Unterbrechung der Verjährung. (1) [1]Die Verjährung wird unterbrochen durch schriftliche Geltendmachung des Anspruches, durch Zahlungsaufschub, durch Stundung, durch Aussetzung

---

[1]) Zur Anwendung in den neuen Bundesländern vgl. Art. 97 a § 2 Nr. 9 EGAO (Nr. **1.2**).

[2]) Zur Anwendung siehe Art. 97 § 14 Abs. 3 EGAO (Nr. **1.2**).

der Vollziehung, durch Sicherheitsleistung, durch Vollstreckungsaufschub, durch eine Vollstreckungsmaßnahme, durch Anmeldung im Konkurs und durch Ermittlungen der Finanzbehörde nach dem Wohnsitz oder dem Aufenthaltsort des Zahlungspflichtigen. [2]§ 169 Abs. 1 Satz 3 gilt sinngemäß.

(2) [1]Die Unterbrechung der Verjährung durch Zahlungsaufschub, durch Stundung, durch Aussetzung der Vollziehung, durch Sicherheitsleistung, durch Vollstreckungsaufschub, durch eine Vollstreckungsmaßnahme, die zu einem Pfändungspfandrecht, einer Zwangshypothek oder einem sonstigen Vorzugsrecht auf Befriedigung führt, oder durch Anmeldung im Konkurs dauert fort, bis der Zahlungsaufschub, die Stundung, die Aussetzung der Vollziehung oder der Vollstreckungsaufschub abgelaufen, die Sicherheit, das Pfändungspfandrecht, die Zwangshypothek oder ein sonstiges Vorzugsrecht auf Befriedigung erloschen oder das Konkursverfahren beendet worden ist. [2]Wird gegen die Finanzbehörde ein Anspruch geltend gemacht, so endet die hierdurch eingetretene Unterbrechung der Verjährung nicht, bevor über den Anspruch rechtskräftig entschieden worden ist.

(3) Mit Ablauf des Kalenderjahres, in dem die Unterbrechung geendet hat, beginnt eine neue Verjährungsfrist.

(4) Die Verjährung wird nur in Höhe des Betrages unterbrochen, auf den sich die Unterbrechungshandlung bezieht.

§ 232 Wirkung der Verjährung. Durch die Verjährung erlöschen der Anspruch aus dem Steuerschuldverhältnis und die von ihm abhängenden Zinsen.

Zweiter Abschnitt: Verzinsung, Säumniszuschläge

1. Unterabschnitt: Verzinsung

§ 233 Grundsatz. [1]Ansprüche aus dem Steuerschuldverhältnis (§ 37) werden nur verzinst, soweit dies gesetzlich vorgeschrieben ist. [2]Ansprüche auf steuerliche Nebenleistungen (§ 3 Abs. 3) und die entsprechenden Erstattungsansprüche werden nicht verzinst.

§ 233 a[1) Verzinsung von Steuernachforderungen und Steuererstattungen. (1) [1]Führt die Festsetzung der Einkommen-, Körperschaft-, Vermögen-, Umsatz- oder Gewerbesteuer zu einer Steuernachforderung oder Steuererstattung, ist diese nach Maßgabe der folgenden Absätze zu verzinsen. [2]Dies gilt nicht für die Festsetzung von Vorauszahlungen und Steuerabzugsbeträgen.

[1) Zur Anwendung des § 233 a in den neuen Bundesländern siehe Art. 97 a § 2 Nr. 10 EGAO (Nr. **1.2**).

(2) ¹Der Zinslauf beginnt 15 Monate nach Ablauf des Kalenderjahrs, in dem die Steuer entstanden ist. ²Er beginnt für die Einkommen- und Körperschaftsteuer 21 Monate nach diesem Zeitpunkt, wenn die Einkünfte aus Land- und Forstwirtschaft bei der erstmaligen Steuerfestsetzung die anderen Einkünfte überwiegen. ³Er endet mit Ablauf des Tages, an dem die Steuerfestsetzung wirksam wird, spätestens vier Jahre nach seinem Beginn.¹⁾

(3) ¹Maßgebend für die Zinsberechnung ist die festgesetzte Steuer, vermindert um die anzurechnenden Steuerabzugsbeträge, um die anzurechnende Körperschaftsteuer und um die festgesetzten Vorauszahlungen (Unterschiedsbetrag). ²Bei der Vermögensteuer ist als Unterschiedsbetrag für die Zinsberechnung die festgesetzte Steuer, vermindert um die festgesetzten Vorauszahlungen oder die bisher festgesetzte Jahressteuer, maßgebend. ³Ein Unterschiedsbetrag zugunsten des Steuerpflichtigen ist nur bis zur Höhe des zu erstattenden Betrages zu verzinsen; die Verzinsung beginnt frühestens mit dem Tag der Zahlung.

(4) Die Festsetzung der Zinsen soll mit der Steuerfestsetzung verbunden werden.

(5)²⁾ ¹Wird die Steuerfestsetzung aufgehoben, geändert oder nach § 129 berichtigt, ist eine bisherige Zinsfestsetzung zu ändern; gleiches gilt, wenn die Anrechnung von Steuerbeträgen zurückgenommen, widerrufen oder nach § 129 berichtigt wird. ²Maßgebend für die Zinsberechnung ist der Unterschiedsbetrag zwischen der festgesetzten Steuer und der vorher festgesetzten Steuer, jeweils vermindert um die anzurechnenden Steuerabzugsbeträge und um die anzurechnende Körperschaftsteuer. ³Dem sich hiernach ergebenden Zinsbetrag sind bisher festzusetzende Zinsen hinzuzurechnen; bei einem Unterschiedsbetrag zugunsten des Steuerpflichtigen entfallen darauf festgesetzte Zinsen. ⁴Im übrigen gilt Absatz 3 Satz 3 entsprechend.

(6) Die Absätze 1 bis 5 gelten bei der Durchführung des Lohnsteuer-Jahresausgleichs entsprechend.

§ 234³⁾ Stundungszinsen.

(1) ¹Für die Dauer einer gewährten Stundung von Ansprüchen aus dem Steuerschuldverhältnis werden Zinsen erhoben. ²Wird der Steuerbescheid nach Ablauf der Stundung aufgehoben, geändert oder nach § 129 berichtigt, so bleiben die bis dahin entstandenen Zinsen unberührt.

(2) Auf die Zinsen kann ganz oder teilweise verzichtet werden, wenn ihre Erhebung nach Lage des einzelnen Falles unbillig wäre.

---

¹⁾ Zur Anwendung von Abs. 2 Satz 3 siehe Art. 97 § 15 Abs. 5 EGAO (Nr. **1.2**).
²⁾ Zur Anwendung von Abs. 5 siehe Art. 97 § 15 Abs. 6 EGAO (Nr. **1.2**).
³⁾ Zur Anwendung von Abs. 1 Satz 2 siehe Art. 97 § 15 Abs. 6 EGAO (Nr. **1.2**).

(3) Zinsen nach § 233a, die für denselben Zeitraum festgesetzt wurden, sind anzurechnen.

§ 235[1] Verzinsung von hinterzogenen Steuern. (1) [1]Hinterzogene Steuern sind zu verzinsen. [2]Zinsschuldner ist derjenige, zu dessen Vorteil die Steuern hinterzogen worden sind. [3]Wird die Steuerhinterziehung dadurch begangen, daß ein anderer als der Steuerschuldner seine Verpflichtung, einbehaltene Steuern an die Finanzbehörde abzuführen oder Steuern zu Lasten eines anderen zu entrichten, nicht erfüllt, so ist dieser Zinsschuldner.

(2) [1]Der Zinslauf beginnt mit dem Eintritt der Verkürzung oder der Erlangung des Steuervorteils, es sei denn, daß die hinterzogenen Beträge ohne die Steuerhinterziehung erst später fällig geworden wären. [2]In diesem Fall ist der spätere Zeitpunkt maßgebend.

(3) [1]Der Zinslauf endet mit der Zahlung der hinterzogenen Steuern. [2]Für eine Zeit, für die ein Säumniszuschlag verwirkt, die Zahlung gestundet oder die Vollziehung ausgesetzt ist, werden Zinsen nach dieser Vorschrift nicht erhoben. [3]Wird der Steuerbescheid nach Ende des Zinslaufs aufgehoben, geändert oder nach § 129 berichtigt, so bleiben die bis dahin entstandenen Zinsen unberührt.

(4) Zinsen nach § 233a, die für denselben Zeitraum festgesetzt wurden, sind anzurechnen.

§ 236[2] Prozeßzinsen auf Erstattungsbeträge. (1) [1]Wird durch eine rechtskräftige gerichtliche Entscheidung oder auf Grund einer solchen Entscheidung eine festgesetzte Steuer herabgesetzt oder eine Steuervergütung gewährt, so ist der zu erstattende oder zu vergütende Betrag vorbehaltlich des Absatzes 3 vom Tag der Rechtshängigkeit an bis zum Auszahlungstag zu verzinsen. [2]Ist der zu erstattende Betrag erst nach Eintritt der Rechtshängigkeit entrichtet worden, so beginnt die Verzinsung mit dem Tag der Zahlung.

(2) Absatz 1 ist entsprechend anzuwenden, wenn

1. sich der Rechtsstreit durch Aufhebung oder Änderung des angefochtenen Verwaltungsaktes oder durch Erlaß des beantragten Verwaltungsaktes erledigt

   oder

2. eine rechtskräftige gerichtliche Entscheidung oder ein unanfechtbarer Verwaltungsakt, durch den sich der Rechtsstreit erledigt hat,

   a) zur Herabsetzung der in einem Folgebescheid festgesetzten Steuer,

---

[1] Zur Anwendung von Abs. 3 Satz 3 siehe Art. 97 § 15 Abs. 6 EGAO (Nr. **1.2**).
[2] Zur Anwendung siehe Art. 97 § 15 Abs. 6 EGAO (Nr. **1.2**).

b) zur Herabsetzung der Gewerbesteuer nach Änderung des Gewerbesteuermeßbetrages

führt.

(3) Ein zu erstattender oder zu vergütender Betrag wird nicht verzinst, soweit dem Beteiligten die Kosten des Rechtsbehelfs nach § 137 Satz 1 der Finanzgerichtsordnung auferlegt worden sind.

(4) Zinsen nach § 233a, die für denselben Zeitraum festgesetzt wurden, sind anzurechnen.

(5) Ein Zinsbescheid ist nicht aufzuheben oder zu ändern, wenn der Steuerbescheid nach Abschluß des Rechtsbehelfsverfahrens aufgehoben, geändert oder nach § 129 berichtigt wird.

§ 237 Zinsen bei Aussetzung der Vollziehung. (1) ¹Soweit ein *förmlicher außergerichtlicher Rechtsbehelf* [*ab 1. 1. 1996:* Einspruch][1] oder eine Anfechtungsklage gegen einen Steuerbescheid, eine Steueranmeldung oder einen Verwaltungsakt, der einen Steuervergütungsbescheid aufhebt oder ändert, oder gegen eine Einspruchsentscheidung über einen dieser Verwaltungsakte endgültig keinen Erfolg gehabt hat, ist der geschuldete Betrag, hinsichtlich dessen die Vollziehung des angefochtenen Verwaltungsaktes ausgesetzt wurde, zu verzinsen. ²Satz 1 gilt entsprechend, wenn nach Einlegung eines *förmlichen außergerichtlichen* [*ab 1. 1. 1996:* Einspruchs][1] oder gerichtlichen Rechtsbehelfs gegen einen Grundlagenbescheid (§ 171 Abs. 10) oder eine *Rechtsbehelfsentscheidung* [*ab 1. 1. 1996:* Einspruchsentscheidung][1] über einen Grundlagenbescheid die Vollziehung eines Folgebescheides ausgesetzt wurde.

(2) ¹Zinsen werden erhoben vom Tag des Eingangs des *außergerichtlichen Rechtsbehelfs* [*ab 1. 1. 1996:* Einspruchs][1] bei der Behörde, deren Verwaltungsakt angefochten wird, oder vom Tag der Rechtshängigkeit beim Gericht an bis zum Tag, an dem die Aussetzung der Vollziehung endet. ²Ist die Vollziehung erst nach dem Eingang des *außergerichtlichen Rechtsbehelfs* [*ab 1. 1. 1996:* Einspruchs][1] oder erst nach der Rechtshängigkeit ausgesetzt worden, so beginnt die Verzinsung mit dem Tag, an dem die Wirkung der Aussetzung der Vollziehung beginnt.

(3) Absätze 1 und 2 sind entsprechend anzuwenden, wenn nach Aussetzung der Vollziehung des Einkommensteuerbescheides, des Körperschaftsteuerbescheides oder eines Feststellungsbescheides die Vollziehung eines Gewerbesteuermeßbescheides oder Gewerbesteuerbescheides ausgesetzt wird.

(4) § 234 Abs. 2 und 3 gelten entsprechend.

---

[1] § 237 Abs. 1 und 2 kursive Worte ersetzt durch Klammerzusätze durch G v. 24. 6. 1994 (BGBl. I S. 1395).

(5)[1]) Ein Zinsbescheid ist nicht aufzuheben oder zu ändern, wenn der Steuerbescheid nach Abschluß des Rechtsbehelfsverfahrens aufgehoben, geändert oder nach § 129 berichtigt wird.

§ 238 Höhe und Berechnung der Zinsen. (1) [1]Die Zinsen betragen für jeden Monat einhalb vom Hundert. [2]Sie sind von dem Tag an, an dem der Zinslauf beginnt, nur für volle Monate zu zahlen; angefangene Monate bleiben außer Ansatz.

(2) Für die Berechnung der Zinsen wird der zu verzinsende Betrag jeder Steuerart auf volle Hundert Deutsche Mark nach unten abgerundet.

§ 239[2]) Festsetzung der Zinsen. (1) [1]Auf die Zinsen sind die für die Steuern geltenden Vorschriften entsprechend anzuwenden, jedoch beträgt die Festsetzungsfrist ein Jahr. [2]Die Festsetzungsfrist beginnt:

1. in den Fällen des § 233a mit Ablauf des Kalenderjahres, in dem die Steuer festgesetzt, aufgehoben, geändert oder nach § 129 berichtigt worden ist,

2. in den Fällen des § 234 mit Ablauf des Kalenderjahres, in dem die Stundung geendet hat,

3. in den Fällen des § 235 mit Ablauf des Kalenderjahres, in dem die Festsetzung der hinterzogenen Steuern unanfechtbar geworden ist, jedoch nicht vor Ablauf des Kalenderjahres, in dem ein eingeleitetes Strafverfahren rechtskräftig abgeschlossen worden ist,

4. in den Fällen des § 236 mit Ablauf des Kalenderjahres, in dem die Steuer erstattet oder die Steuervergütung ausgezahlt worden ist,

5. in den Fällen des § 237 mit Ablauf des Kalenderjahres, in dem ein *außergerichtlicher Rechtsbehelf [ab 1. 1. 1996:* Einspruch][3]) oder eine Anfechtungsklage endgültig erfolglos geblieben ist.

[3]Die Festsetzungsfrist läuft in den Fällen des § 233a nicht ab, solange die Steuerfestsetzung, ihre Aufhebung, ihre Änderung oder ihre Berichtigung nach § 129 noch zulässig ist.

(2) Zinsen werden nur dann festgesetzt, wenn sie mindestens zwanzig Deutsche Mark betragen.

2. Unterabschnitt: Säumniszuschläge

§ 240[4]) Säumniszuschläge. (1) [1]Wird eine Steuer nicht bis zum Ablauf des Fälligkeitstages entrichtet, so ist für jeden angefangenen

---

[1]) Zur Anwendung siehe Art. 97 § 15 Abs. 6 EGAO (Nr. **1.2**).
[2]) Zur Anwendung siehe Art. 97 § 10 Abs. 5 EGAO (Nr. **1.2**).
[3]) § 239 Abs. 1 Satz 2 Nr. 5 kursive Worte ersetzt durch Klammerzusatz durch G v. 24. 6. 1994 (BGBl. I S. 1395).
[4]) Vgl. Art. 97 § 16 EGAO; zur Anwendung in den neuen Bundesländern vgl. Art. 97a § 2 Nr. 11 EGAO (Nr. **1.2**).

Monat der Säumnis ein Säumniszuschlag von eins vom Hundert des rückständigen auf hundert Deutsche Mark nach unten abgerundeten Steuerbetrages zu entrichten. [2]Das gleiche gilt für zurückzuzahlende Steuervergütungen. [3]Die Säumnis nach Satz 1 tritt nicht ein, bevor die Steuer festgesetzt oder angemeldet worden ist. [4]Wird die Festsetzung einer Steuer oder Steuervergütung aufgehoben, geändert oder nach § 129 berichtigt, so bleiben die bis dahin verwirkten Säumniszuschläge unberührt.

(2) Säumniszuschläge entstehen nicht bei steuerlichen Nebenleistungen.

(3)[1] [1]Ein Säumniszuschlag wird bei einer Säumnis bis zu fünf Tagen nicht erhoben. [2]Dies gilt nicht bei Zahlung nach § 224 Abs. 2 Nr. 1.

(4) [1]In den Fällen der Gesamtschuld entstehen Säumniszuschläge gegenüber jedem säumigen Gesamtschuldner. [2]Insgesamt ist jedoch kein höherer Säumniszuschlag zu entrichten als verwirkt worden wäre, wenn die Säumnis nur bei einem Gesamtschuldner eingetreten wäre.

Dritter Abschnitt: Sicherheitsleistung

§ 241 Art der Sicherheitsleistung. (1) Wer nach den Steuergesetzen Sicherheit zu leisten hat, kann diese erbringen

1. durch Hinterlegung von im Geltungsbereich dieses Gesetzes umlaufenden Zahlungsmitteln bei der zuständigen Finanzbehörde,

2. durch Verpfändung der in Absatz 2 genannten Wertpapiere, die von dem zur Sicherheitsleistung Verpflichteten der Deutschen Bundesbank oder einem Kreditinstitut zur Verwahrung anvertraut worden sind, das zum Depotgeschäft zugelassen ist, wenn dem Pfandrecht keine anderen Rechte vorgehen. [2]Die Haftung der Wertpapiere für Forderungen des Verwahrers für ihre Verwahrung und Verwaltung bleibt unberührt. [3]Der Verpfändung von Wertpapieren steht die Verpfändung von Anteilen an einem Sammelbestand nach § 6 des Depotgesetzes in der im Bundesgesetzblatt Teil III, Gliederungsnummer 4130-1, veröffentlichten bereinigten Fassung, zuletzt geändert durch Artikel 1 des Gesetzes vom 17. Juli 1985 (BGBl. I S. 1507), gleich,

3. durch eine mit der Übergabe des Sparbuches verbundene Verpfändung von Spareinlagen bei einem Kreditinstitut, das im Geltungsbereich dieses Gesetzes zum Einlagengeschäft zugelassen ist, wenn dem Pfandrecht keine anderen Rechte vorgehen,

4. durch Verpfändung von Forderungen, die in einem Schuldbuch des Bundes, eines Sondervermögens des Bundes oder eines Landes

---

[1]) Zur erstmaligen Anwendung siehe Art. 97 § 16 Abs. 3 EGAO (Nr. **1.2**).

eingetragen sind, wenn dem Pfandrecht keine anderen Rechte vorgehen,

5. durch Bestellung von

   a) erstrangigen Hypotheken, Grund- oder Rentenschulden an Grundstücken oder Erbbaurechten, die im Geltungsbereich dieses Gesetzes belegen sind,

   b) erstrangigen Schiffshypotheken an Schiffen, Schiffsbauwerken oder Schwimmdocks, die in einem im Geltungsbereich dieses Gesetzes geführten Schiffsregister oder Schiffsbauregister eingetragen sind,

6. durch Verpfändung von Forderungen, für die eine erstrangige Verkehrshypothek an einem im Geltungsbereich dieses Gesetzes belegenen Grundstück oder Erbbaurecht besteht, oder durch Verpfändung von erstrangigen Grundschulden oder Rentenschulden an im Geltungsbereich dieses Gesetzes belegenen Grundstücken oder Erbbaurechten, wenn an den Forderungen, Grundschulden oder Rentenschulden keine vorgehenden Rechte bestehen,

7. durch Schuldversprechen, Bürgschaft oder Wechselverpflichtungen eines tauglichen Steuerbürgen (§ 244).

(2) Wertpapiere im Sinne von Absatz 1 Nr. 2 sind

1. Schuldverschreibungen des Bundes, eines Sondervermögens des Bundes, eines Landes, einer Gemeinde oder eines Gemeindeverbandes,

2. Schuldverschreibungen zwischenstaatlicher Einrichtungen, denen der Bund Hoheitsrechte übertragen hat, wenn sie im Geltungsbereich dieses Gesetzes zum amtlichen Börsenhandel zugelassen sind,

3. Schuldverschreibungen der Deutschen Genossenschaftsbank, der Deutschen Siedlungs- und Landesrentenbank, der Deutschen Ausgleichsbank, der Kreditanstalt für Wiederaufbau und der Landwirtschaftlichen Rentenbank,

4. Pfandbriefe, Kommunalobligationen und verwandte Schuldverschreibungen,

5. Schuldverschreibungen, deren Verzinsung und Rückzahlung vom Bund oder von einem Land gewährleistet werden.

(3) Ein unter Steuerverschluß befindliches Lager steuerpflichtiger Waren gilt als ausreichende Sicherheit für die darauf lastende Steuer.

§ 242 Wirkung der Hinterlegung von Zahlungsmitteln.

[1] Zahlungsmittel, die nach § 241 Abs. 1 Nr. 1 hinterlegt werden, gehen in das Eigentum der Körperschaft über, der die Finanzbehörde angehört, bei der sie hinterlegt worden sind. [2] Die Forderung auf Rückzahlung ist nicht zu verzinsen. [3] Mit der Hinterlegung erwirbt die Körperschaft, deren Forderung durch die Hinterlegung gesichert werden soll, ein Pfandrecht an der Forderung auf Rückerstattung der hinterlegten Zahlungsmittel.

§ 243 Verpfändung von Wertpapieren. [1]Die Sicherheitsleistung durch Verpfändung von Wertpapieren nach § 241 Abs. 1 Nr. 2 ist nur zulässig, wenn der Verwahrer die Gewähr für die Umlauffähigkeit übernimmt. [2]Die Übernahme dieser Gewähr umfaßt die Haftung dafür,

1. daß das Rückforderungsrecht des Hinterlegers durch gerichtliche Sperre und Beschlagnahme nicht beschränkt ist,

2. daß die anvertrauten Wertpapiere in den Sammellisten aufgerufener Wertpapiere nicht als gestohlen oder als verloren gemeldet und weder mit Zahlungssperre belegt noch zur Kraftloserklärung aufgeboten oder für kraftlos erklärt worden sind,

3. daß die Wertpapiere auf den Inhaber lauten, oder, falls sie auf den Namen ausgestellt sind, mit Blankoindossament versehen und auch sonst nicht gesperrt sind, und daß die Zinsscheine und die Erneuerungsscheine bei den Stücken sind.

§ 244 Taugliche Steuerbürgen. (1) [1]Schuldversprechen und Bürgschaften nach dem Bürgerlichen Gesetzbuch sowie Wechselverpflichtungen aus Artikel 28 oder 78 des Wechselgesetzes sind als Sicherheit nur geeignet, wenn sie von Personen abgegeben oder eingegangen worden sind, die

1. ein der Höhe der zu leistenden Sicherheit angemessenes Vermögen besitzen und

2. ihren allgemeinen oder einen vereinbarten Gerichtsstand im Geltungsbereich dieses Gesetzes haben.

[2]Bürgschaften müssen den Verzicht auf die Einrede der Vorausklage nach § 771 des Bürgerlichen Gesetzbuchs enthalten. [3]Schuldversprechen und Bürgschaftserklärungen sind schriftlich zu erteilen. [4]Sicherungsgeber und Sicherungsnehmer dürfen nicht wechselseitig füreinander Sicherheit leisten und auch nicht wirtschaftlich miteinander verflochten sein. [5]Über die Annahme von Bürgschaften in den Verfahren nach dem A.T.A.-Übereinkommen vom 6. Dezember 1961 (BGBl. 1965 II S. 948) und dem TIR-Übereinkommen vom 14. November 1975 (BGBl. 1979 II S. 445) sowie von Pauschalbürgschaften nach der Verordnung (EWG) Nr. 2454/93 der Kommission vom 2. Juli 1993 mit Durchführungsvorschriften zu der Verordnung (EWG) Nr. 2913/92 des Rates zur Festlegung des Zollkodex der Gemeinschaften (ABl. EG Nr. L 253 S. 1) und dem Übereinkommen vom 20. Mai 1987 über ein gemeinsames Versandverfahren (ABl. EG Nr. L 226 S. 2) in ihren jeweils gültigen Fassungen entscheidet das Bundesministerium der Finanzen.

(2) [1]Die Oberfinanzdirektion kann Kreditinstitute und geschäftsmäßig für andere Sicherheit leistende Versicherungsunternehmen allgemein als Steuerbürge zulassen, wenn sie im Geltungsbereich dieses Gesetzes zum Geschäftsbetrieb befugt sind. [2]Für die Zulassung ist die

Oberfinanzdirektion zuständig, in deren Bezirk sich der Sitz des Unternehmens befindet. ³Bei ausländischen Unternehmen, die eine Niederlassung im Geltungsbereich dieses Gesetzes haben, bestimmt sich die Zuständigkeit nach dem Ort der Niederlassung, bei mehreren Niederlassungen nach dem Ort der wirtschaftlich bedeutendsten; besteht keine Niederlassung, ist die Oberfinanzdirektion zuständig, in deren Bezirk erstmalig eine Bürgschaft übernommen werden soll. ⁴Bei der Zulassung ist ein Höchstbetrag festzusetzen (Bürgschaftssumme). ⁵Die gesamten Verbindlichkeiten aus Schuldversprechen, Bürgschaften und Wechselverpflichtungen, die der Steuerbürge gegenüber der Finanzverwaltung übernommen hat, dürfen nicht über die Bürgschaftssumme hinausgehen.

§ 245 Sicherheitsleistung durch andere Werte. ¹Andere als die in § 241 bezeichneten Sicherheiten kann die Finanzbehörde nach ihrem Ermessen annehmen. ²Vorzuziehen sind Vermögensgegenstände, die größere Sicherheit bieten oder bei Eintritt auch außerordentlicher Verhältnisse ohne erhebliche Schwierigkeit und innerhalb angemessener Frist verwertet werden können.

§ 246 Annahmewerte. ¹Die Finanzbehörde bestimmt nach ihrem Ermessen, zu welchen Werten Gegenstände als Sicherheit anzunehmen sind. ²Der Annahmewert darf jedoch den bei einer Verwertung zu erwartenden Erlös abzüglich der Kosten der Verwertung nicht übersteigen. ³Er darf bei den in § 241 Abs. 1 Nr. 2 und 4 aufgeführten Gegenständen und bei beweglichen Sachen, die nach § 245 als Sicherheit angenommen werden, nicht unter den in § 234 Abs. 3, § 236 und § 237 Satz 1 des Bürgerlichen Gesetzbuches genannten Werten liegen.

§ 247 Austausch von Sicherheiten. Wer nach den §§ 241 bis 245 Sicherheit geleistet hat, ist berechtigt, die Sicherheit oder einen Teil davon durch eine andere nach den §§ 241 bis 244 geeignete Sicherheit zu ersetzen.

§ 248 Nachschußpflicht. Wird eine Sicherheit unzureichaend, so ist sie zu ergänzen oder es ist anderweitige Sicherheit zu leisten.

Sechster Teil. Vollstreckung

Erster Abschnitt: Allgemeine Vorschriften

§ 249 Vollstreckungsbehörden. (1) ¹Die Finanzbehörden können Verwaltungsakte, mit denen eine Geldleistung, eine sonstige Handlung, eine Duldung oder Unterlassung gefordert wird, im Verwaltungsweg vollstrecken. ²Dies gilt auch für Steueranmeldungen

(§ 168). [3] Vollstreckungsbehörden sind die Finanzämter und die Hauptzollämter; § 328 Abs. 1 Satz 3 bleibt unberührt.

(2) [1] Zur Vorbereitung der Vollstreckung können die Finanzbehörden die Vermögens- und Einkommensverhältnisse des Vollstreckungsschuldners ermitteln. [2] Die Finanzbehörde darf ihr bekannte, nach § 30 geschützte Daten, die sie bei der Vollstreckung wegen Steuern und steuerlicher Nebenleistungen verwenden darf, auch bei der Vollstreckung wegen anderer Geldleistungen als Steuern und steuerlicher Nebenleistungen verwenden.

§ 250 Vollstreckungsersuchen. (1) [1] Soweit eine Vollstreckungsbehörde auf Ersuchen einer anderen Vollstreckungsbehörde Vollstreckungsmaßnahmen ausführt, tritt sie an die Stelle der anderen Vollstreckungsbehörde. [2] Für die Vollstreckbarkeit des Anspruchs bleibt die ersuchende Vollstreckungsbehörde verantwortlich.

(2) [1] Hält sich die ersuchte Vollstreckungsbehörde für unzuständig oder hält sie die Handlung, um die sie ersucht worden ist, für unzulässig, so teilt sie ihre Bedenken der ersuchenden Vollstreckungsbehörde mit. [2] Besteht diese auf der Ausführung des Ersuchens und lehnt die ersuchte Vollstreckungsbehörde die Ausführung ab, so entscheidet die Aufsichtsbehörde der ersuchten Vollstreckungsbehörde.

§ 251 Vollstreckbare Verwaltungsakte. (1) Verwaltungsakte können vollstreckt werden, soweit nicht ihre Vollziehung ausgesetzt oder die Vollziehung durch Einlegung eines Rechtsbehelfs gehemmt ist (§ 361; § 69 der Finanzgerichtsordnung).

(2) [1] Unberührt bleiben die Vorschriften der Konkursordnung und der Vergleichsordnung sowie § 79 Abs. 2 des Gesetzes über das Bundesverfassungsgericht. [2] Die Finanzbehörde ist berechtigt, in den Fällen des § 164 Abs. 2 und des § 194 der Konkursordnung sowie des § 85 Abs. 1 der Vergleichsordnung gegen den Schuldner im Verwaltungswege zu vollstrecken.

(3) Macht die Finanzbehörde im Konkursverfahren einen Anspruch aus dem Steuerschuldverhältnis als Konkursforderung geltend, so stellt sie erforderlichenfalls die Konkursforderung und ein Konkursvorrecht durch schriftlichen Verwaltungsakt fest.

§ 252 Vollstreckungsgläubiger. Im Vollstreckungsverfahren gilt die Körperschaft als Gläubigerin der zu vollstreckenden Ansprüche, der die Vollstreckungsbehörde angehört.

§ 253 Vollstreckungsschuldner. Vollstreckungsschuldner ist derjenige, gegen den sich ein Vollstreckungsverfahren nach § 249 richtet.

§ 254 Voraussetzungen für den Beginn der Vollstreckung.

(1) [1] Soweit nichts anderes bestimmt ist, darf die Vollstreckung erst beginnen, wenn die Leistung fällig ist und der Vollstreckungsschuldner zur Leistung oder Duldung oder Unterlassung aufgefordert worden ist (Leistungsgebot) und seit der Aufforderung mindestens eine Woche verstrichen ist. [2] Das Leistungsgebot kann mit dem zu vollstreckenden Verwaltungsakt verbunden werden. [3] Ein Leistungsgebot ist auch dann erforderlich, wenn der Verwaltungsakt gegen den Vollstreckungsschuldner wirkt, ohne ihm bekanntgegeben zu sein. [4] Soweit der Vollstreckungsschuldner eine von ihm auf Grund einer Steueranmeldung geschuldete Leistung nicht erbracht hat, bedarf es eines Leistungsgebotes nicht.

(2) [1] Eines Leistungsgebotes wegen der Säumniszuschläge und Zinsen bedarf es nicht, wenn sie zusammen mit der Steuer beigetrieben werden. [2] Dies gilt sinngemäß für die Vollstreckungskosten, wenn sie zusammen mit dem Hauptanspruch beigetrieben werden.

§ 255 Vollstreckung gegen juristische Personen des öffentlichen Rechts. (1) [1] Gegen den Bund oder ein Land ist die Vollstreckung nicht zulässig. [2] Im übrigen ist die Vollstreckung gegen juristische Personen des öffentlichen Rechts, die der Staatsaufsicht unterliegen, nur mit Zustimmung der betreffenden Aufsichtsbehörde zulässig. [3] Die Aufsichtsbehörde bestimmt den Zeitpunkt der Vollstreckung und die Vermögensgegenstände, in die vollstreckt werden kann.

(2) Gegenüber öffentlich-rechtlichen Kreditinstituten gelten die Beschränkungen des Absatzes 1 nicht.

§ 256 Einwendungen gegen die Vollstreckung. Einwendungen gegen den zu vollstreckenden Verwaltungsakt sind außerhalb des Vollstreckungsverfahrens mit den hierfür zugelassenen Rechtsbehelfen zu verfolgen.

§ 257 Einstellung und Beschränkung der Vollstreckung.

(1) Die Vollstreckung ist einzustellen oder zu beschränken, sobald

1. die Vollstreckbarkeitsvoraussetzungen des § 251 Abs. 1 weggefallen sind,

2. der Verwaltungsakt, aus dem vollstreckt wird, aufgehoben wird,

3. der Anspruch auf die Leistung erloschen ist,

4. die Leistung gestundet worden ist.

(2) [1] In den Fällen des Absatzes 1 Nr. 2 und 3 sind bereits getroffene Vollstreckungsmaßnahmen aufzuheben. [2] Ist der Verwaltungsakt durch eine gerichtliche Entscheidung aufgehoben worden, so gilt dies nur, soweit die Entscheidung unanfechtbar geworden ist und nicht auf Grund der Entscheidung ein neuer Verwaltungsakt zu erlassen ist. [3] Im übrigen bleiben die Vollstreckungsmaßnahmen bestehen, soweit nicht ihre Aufhebung ausdrücklich angeordnet worden ist.

§ 258 Einstweilige Einstellung oder Beschränkung der Vollstreckung. Soweit im Einzelfall die Vollstreckung unbillig ist, kann die Vollstreckungsbehörde sie einstweilen einstellen oder beschränken oder eine Vollstreckungsmaßnahme aufheben.

Zweiter Abschnitt: Vollstreckung wegen Geldforderungen

1. Unterabschnitt: Allgemeine Vorschriften

§ 259 Mahnung. [1] Der Vollstreckungsschuldner soll in der Regel vor Beginn der Vollstreckung mit einer Zahlungsfrist von einer Woche gemahnt werden. [2] Als Mahnung gilt auch ein Postnachnahmeauftrag. [3] Einer Mahnung bedarf es nicht, wenn der Vollstreckungsschuldner vor Eintritt der Fälligkeit an die Zahlung erinnert wird. [4] An die Zahlung kann auch durch öffentliche Bekanntmachung allgemein erinnert werden.

§ 260[1] Angabe des Schuldgrundes. Im Vollstreckungsauftrag oder in der Pfändungsverfügung ist für die beizutreibenden Geldbeträge der Schuldgrund anzugeben.

§ 261 Niederschlagung. Ansprüche aus dem Steuerschuldverhältnis dürfen niedergeschlagen werden, wenn feststeht, daß die Einziehung keinen Erfolg haben wird, oder wenn die Kosten der Einziehung außer Verhältnis zu dem Betrag stehen.

§ 262 Rechte Dritter. (1) [1] Behauptet ein Dritter, daß ihm am Gegenstand der Vollstreckung ein die Veräußerung hinderndes Recht zustehe, oder werden Einwendungen nach den §§ 772 bis 774 der Zivilprozeßordnung erhoben, so ist der Widerspruch gegen die Vollstreckung erforderlichenfalls durch Klage vor den ordentlichen Gerichten geltend zu machen. [2] Als Dritter gilt auch, wer zur Duldung der Vollstreckung in ein Vermögen, das von ihm verwaltet wird, verpflichtet ist, wenn er geltend macht, daß ihm gehörende Gegenstände von der Vollstreckung betroffen seien. [3] Welche Rechte die Veräußerung hindern, bestimmt sich nach bürgerlichem Recht.

(2) Für die Einstellung der Vollstreckung und die Aufhebung von Vollstreckungsmaßnahmen gelten die §§ 769 und 770 der Zivilprozeßordnung.

(3) [1] Die Klage ist ausschließlich bei dem Gericht zu erheben, in dessen Bezirk die Vollstreckung erfolgt. [2] Wird die Klage gegen die Körperschaft, der die Vollstreckungsbehörde angehört, und gegen den Vollstreckungsschuldner gerichtet, so sind sie Streitgenossen.

---

[1] Vgl. Art. 97 § 16 EGAO (Nr. **1.2**).

§ 263 Vollstreckung gegen Ehegatten. Für die Vollstreckung gegen Ehegatten sind die Vorschriften der §§ 739, 740, 741, 743, 744a und 745 der Zivilprozeßordnung entsprechend anzuwenden.

§ 264 Vollstreckung gegen Nießbraucher. Für die Vollstreckung in Gegenstände, die dem Nießbrauch an einem Vermögen unterliegen, ist die Vorschrift des § 737 der Zivilprozeßordnung entsprechend anzuwenden.

§ 265 Vollstreckung gegen Erben. Für die Vollstreckung gegen Erben sind die Vorschriften der §§ 1958, 1960 Abs. 3, § 1961 des Bürgerlichen Gesetzbuches sowie der §§ 747, 748, 778, 779, 781 bis 784 der Zivilprozeßordnung entsprechend anzuwenden.

§ 266 Sonstige Fälle beschränkter Haftung. Die Vorschriften der §§ 781 bis 784 der Zivilprozeßordnung sind auf die nach § 1489 des Bürgerlichen Gesetzbuches eintretende beschränkte Haftung, die Vorschrift des § 781 der Zivilprozeßordnung ist auf die nach den §§ 419, 1480, 1504 und 2187 des Bürgerlichen Gesetzbuches eintretende beschränkte Haftung entsprechend anzuwenden.

§ 267 Vollstreckungsverfahren gegen nichtrechtsfähige Personenvereinigungen. [1] Bei nichtrechtsfähigen Personenvereinigungen, die als solche steuerpflichtig sind, genügt für die Vollstreckung in deren Vermögen ein vollstreckbarer Verwaltungsakt gegen die Personenvereinigung. [2] Dies gilt entsprechend für Zweckvermögen und sonstige einer juristischen Person ähnliche steuerpflichtige Gebilde.

2. Unterabschnitt: Aufteilung einer Gesamtschuld

§ 268 Grundsatz. Sind Personen Gesamtschuldner, weil sie zusammen zu einer Steuer vom Einkommen oder zur Vermögensteuer veranlagt worden sind, so kann jeder von ihnen beantragen, daß die Vollstreckung wegen dieser Steuern jeweils auf den Betrag beschränkt wird, der sich nach Maßgabe der §§ 269 bis 278 bei einer Aufteilung der Steuern ergibt.

§ 269 Antrag. (1) Der Antrag ist bei dem im Zeitpunkt der Antragstellung für die Besteuerung nach dem Einkommen oder dem Vermögen zuständigen Finanzamt schriftlich zu stellen oder zur Niederschrift zu erklären.

(2) [1] Der Antrag kann frühestens nach Bekanntgabe des Leistungsgebots gestellt werden. [2] Nach vollständiger Tilgung der rückständigen Steuer ist der Antrag nicht mehr zulässig. [3] Der Antrag muß alle Angaben enthalten, die zur Aufteilung der Steuer erforderlich sind, soweit sich diese Angaben nicht aus der Steuererklärung ergeben.

§ 270 Allgemeiner Aufteilungsmaßstab. [1]Die rückständige Steuer ist nach dem Verhältnis der Beträge aufzuteilen, die sich bei getrennter Veranlagung nach Maßgabe des § 26a des Einkommensteuergesetzes und der §§ 271 bis 276 ergeben würden. [2]Dabei sind die tatsächlichen und rechtlichen Feststellungen maßgebend, die der Steuerfestsetzung bei der Zusammenveranlagung zugrunde gelegt worden sind, soweit nicht die Anwendung der Vorschriften über die getrennte Veranlagung zu Abweichungen führt.

§ 271 Aufteilungsmaßstab für die Vermögensteuer. Die Vermögensteuer ist wie folgt aufzuteilen:

1. Für die Berechnung des Vermögens und der Vermögensteuer der einzelnen Gesamtschuldner ist vorbehaltlich der Abweichungen in den Nummern 2 und 3 von den Vorschriften des Bewertungsgesetzes und des Vermögensteuergesetzes in der Fassung auszugehen, die der Zusammenveranlagung zugrunde gelegen hat.

2. Wirtschaftsgüter eines Ehegatten, die bei der Zusammenveranlagung als land- und forstwirtschaftliches Vermögen oder als Betriebsvermögen dem anderen Ehegatten zugerechnet worden sind, werden als eigenes land- und forstwirtschaftliches Vermögen oder als eigenes Betriebsvermögen behandelt.

3. Schulden, die nicht mit bestimmten, einem Gesamtschuldner zugerechneten Wirtschaftsgütern in wirtschaftlichem Zusammenhang stehen, werden bei den einzelnen Gesamtschuldnern nach gleichen Teilen abgesetzt, soweit sich ein bestimmter Schuldner nicht feststellen läßt.

§ 272 Aufteilungsmaßstab für Vorauszahlungen. (1) [1]Die rückständigen Vorauszahlungen sind im Verhältnis der Beträge aufzuteilen, die sich bei einer getrennten Festsetzung der Vorauszahlungen ergeben würden. [2]Ein Antrag auf Aufteilung von Vorauszahlungen gilt zugleich als Antrag auf Aufteilung der weiteren im gleichen Veranlagungszeitraum fällig werdenden Vorauszahlungen und einer etwaigen Abschlußzahlung. [3]Nach Durchführung der Veranlagung ist eine abschließende Aufteilung vorzunehmen. [4]Aufzuteilen ist die gesamte Steuer abzüglich der Beträge, die nicht in die Aufteilung der Vorauszahlungen einbezogen worden sind. [5]Dabei sind jedem Gesamtschuldner die von ihm auf die aufgeteilten Vorauszahlungen entrichteten Beträge anzurechnen. [6]Ergibt sich eine Überzahlung gegenüber dem Aufteilungsbetrag, so ist der überzahlte Betrag zu erstatten.

(2) Werden die Vorauszahlungen erst nach der Veranlagung aufgeteilt, so wird der für die veranlagte Steuer geltende Aufteilungsmaßstab angewendet.

§ 273 Aufteilungsmaßstab für Steuernachforderungen.
(1) Führt die Änderung einer Steuerfestsetzung oder ihre Berichtigung nach § 129 zu einer Steuernachforderung, so ist die aus der

Nachforderung herrührende rückständige Steuer im Verhältnis der Mehrbeträge aufzuteilen, die sich bei einem Vergleich der berichtigten getrennten Veranlagungen mit den früheren getrennten Veranlagungen ergeben.

(2) Der in Absatz 1 genannte Aufteilungsmaßstab ist nicht anzuwenden, wenn die bisher festgesetzte Steuer noch nicht getilgt ist.

§ 274 Besonderer Aufteilungsmaßstab. ¹Abweichend von den §§ 270 bis 273 kann die rückständige Steuer nach einem von den Gesamtschuldnern gemeinschaftlich vorgeschlagenen Maßstab aufgeteilt werden, wenn die Tilgung sichergestellt ist. ²Der gemeinschaftliche Vorschlag ist schriftlich einzureichen oder zur Niederschrift zu erklären; er ist von allen Gesamtschuldnern zu unterschreiben.

§ 275 Abrundung. ¹Der aufzuteilende Betrag ist auf volle Deutsche Mark nach unten abzurunden. ²Die errechneten aufgeteilten Beträge sind so auf den nächsten durch zehn Deutsche Pfennige teilbaren Betrag auf- oder abzurunden, daß ihre Summe mit dem der Aufteilung zugrunde liegenden Betrag übereinstimmt.

§ 276 Rückständige Steuer, Einleitung der Vollstreckung.
(1) Wird der Antrag vor Einleitung der Vollstreckung bei der Finanzbehörde gestellt, so ist die im Zeitpunkt des Eingangs des Aufteilungsantrages geschuldete Steuer aufzuteilen.

(2) Wird der Antrag nach Einleitung der Vollstreckung gestellt, so ist die im Zeitpunkt der Einleitung der Vollstreckung geschuldete Steuer, derentwegen vollstreckt wird, aufzuteilen.

(3) Steuerabzugsbeträge und getrennt festgesetzte Vorauszahlungen sind in die Aufteilung auch dann einzubeziehen, wenn sie vor der Stellung des Antrages entrichtet worden sind.

(4) Zur rückständigen Steuer gehören auch Säumniszuschläge, Zinsen und Verspätungszuschläge.

(5) Die Vollstreckung gilt mit der Ausfertigung der Rückstandsanzeige als eingeleitet.

(6) ¹Zahlungen, die in den Fällen des Absatzes 1 nach Antragstellung, in den Fällen des Absatzes 2 nach Einleitung der Vollstreckung von einem Gesamtschuldner geleistet worden sind oder die nach Absatz 3 in die Aufteilung einzubeziehen sind, werden dem Schuldner angerechnet, der sie geleistet hat oder für den sie geleistet worden sind. ²Ergibt sich dabei eine Überzahlung gegenüber dem Aufteilungsbetrag, so ist der überzahlte Betrag zu erstatten.

§ 277 Vollstreckung. Solange nicht über den Antrag auf Beschränkung der Vollstreckung unanfechtbar entschieden ist, dürfen Vollstreckungsmaßnahmen nur soweit durchgeführt werden, als dies zur Sicherung des Anspruchs erforderlich ist.

§ 278 Beschränkung der Vollstreckung. (1) Nach der Aufteilung darf die Vollstreckung nur nach Maßgabe der auf die einzelnen Schuldner entfallenden Beträge durchgeführt werden.

(2) [1] Werden einem Steuerschuldner von einer mit ihm zusammen veranlagten Person in oder nach dem Veranlagungszeitraum, für den noch Steuerrückstände bestehen, unentgeltlich Vermögensgegenstände zugewendet, so kann der Empfänger über den sich nach Absatz 1 ergebenden Betrag hinaus bis zur Höhe des gemeinen Werts dieser Zuwendung für die Steuer in Anspruch genommen werden. [2] Dies gilt nicht für gebräuchliche Gelegenheitsgeschenke.

§ 279 Form und Inhalt des Aufteilungsbescheides. (1) [1] Über den Antrag auf Beschränkung der Vollstreckung ist nach Einleitung der Vollstreckung durch schriftlichen Bescheid (Aufteilungsbescheid) gegenüber den Beteiligten einheitlich zu entscheiden. [2] Eine Entscheidung ist jedoch nicht erforderlich, wenn keine Vollstreckungsmaßnahmen ergriffen oder bereits ergriffene Vollstreckungsmaßnahmen wieder aufgehoben werden.

(2) [1] Der Aufteilungsbescheid hat die Höhe der auf jeden Gesamtschuldner entfallenden anteiligen Steuer zu enthalten; ihm ist eine Belehrung beizufügen, welcher Rechtsbehelf zulässig ist und binnen welcher Frist und bei welcher Behörde er einzulegen ist. [2] Er soll ferner enthalten:

1. die Höhe der aufzuteilenden Steuer,
2. den für die Berechnung der rückständigen Steuer maßgebenden Zeitpunkt,
3. die Höhe der Besteuerungsgrundlagen, die den einzelnen Gesamtschuldnern zugerechnet worden sind, wenn von den Angaben der Gesamtschuldner abgewichen ist,
4. die Höhe der bei getrennter Veranlagung (§ 270) auf den einzelnen Gesamtschuldner entfallenden Steuer,
5. die Beträge, die auf die aufgeteilte Steuer des Gesamtschuldners anzurechnen sind.

§ 280 Änderung des Aufteilungsbescheides. (1) Der Aufteilungsbescheid kann außer in den Fällen des § 129 nur geändert werden, wenn

1. nachträglich bekannt wird, daß die Aufteilung auf unrichtigen Angaben beruht und die rückständige Steuer infolge falscher Aufteilung ganz oder teilweise nicht beigetrieben werden konnte,
2. sich die rückständige Steuer durch Aufhebung oder Änderung der Steuerfestsetzung oder ihre Berichtigung nach § 129 erhöht oder vermindert.

(2) Nach Beendigung der Vollstreckung ist eine Änderung des Aufteilungsbescheides oder seine Berichtigung nach § 129 nicht mehr zulässig.

3. Unterabschnitt: Vollstreckung in das bewegliche Vermögen

I. Allgemeines

§ 281 Pfändung. (1) Die Vollstreckung in das bewegliche Vermögen erfolgt durch Pfändung.

(2) Die Pfändung darf nicht weiter ausgedehnt werden, als es zur Deckung der beizutreibenden Geldbeträge und der Kosten der Vollstreckung erforderlich ist.

(3) Die Pfändung unterbleibt, wenn die Verwertung der pfändbaren Gegenstände einen Überschuß über die Kosten der Vollstreckung nicht erwarten läßt.

§ 282 Wirkung der Pfändung. (1) Durch die Pfändung erwirbt die Körperschaft, der die Vollstreckungsbehörde angehört, ein Pfandrecht an dem gepfändeten Gegenstand.

(2) Das Pfandrecht gewährt ihr im Verhältnis zu anderen Gläubigern dieselben Rechte wie ein Pfandrecht im Sinne des Bürgerlichen Gesetzbuches; es geht Pfand- und Vorzugsrechten vor, die im Konkurs diesem Pfandrecht nicht gleichgestellt sind.

(3) Das durch eine frühere Pfändung begründete Pfandrecht geht demjenigen vor, das durch eine spätere Pfändung begründet wird.

§ 283 Ausschluß von Gewährleistungsansprüchen. Wird ein Gegenstand auf Grund der Pfändung veräußert, so steht dem Erwerber wegen eines Mangels im Recht oder wegen eines Mangels der veräußerten Sache ein Anspruch auf Gewährleistung nicht zu.

§ 284 Eidesstattliche Versicherung. (1) [1]Hat die Vollstreckung in das bewegliche Vermögen des Vollstreckungsschuldners zu einer vollständigen Befriedigung nicht geführt oder ist anzunehmen, daß eine vollständige Befriedigung nicht zu erlangen sein wird, so hat der Vollstreckungsschuldner der Vollstreckungsbehörde auf Verlangen ein Verzeichnis seines Vermögens vorzulegen und für seine Forderungen den Grund und die Beweismittel zu bezeichnen. [2]Aus dem Vermögensverzeichnis müssen auch ersichtlich sein:

1. die im letzten Jahre vor dem ersten zur Abgabe der eidesstattlichen Versicherung anberaumten Termin vorgenommenen entgeltlichen Veräußerungen des Vollstreckungsschuldners an seinen Ehegatten, vor oder während der Ehe, an seine oder seines Ehegatten Verwandte in auf- oder absteigender Linie, an seine oder seines Ehegatten voll- und halbbürtigen Geschwister oder an den Ehegatten einer dieser Personen,

2. die im letzten Jahre vor dem ersten zur Abgabe der eidesstattlichen Versicherung anberaumten Termin von dem Vollstreckungsschuldner vorgenommenen unentgeltlichen Verfügungen, sofern sie nicht gebräuchliche Gelegenheitsgeschenke zum Gegenstand hatten,

3. die in den letzten zwei Jahren vor dem ersten zur Abgabe der eidesstattlichen Versicherung anberaumten Termin von dem Vollstreckungsschuldner vorgenommenen unentgeltlichen Verfügungen zugunsten seines Ehegatten.

³Sachen, die nach § 811 Nr. 1, 2 der Zivilprozeßordnung der Pfändung offensichtlich nicht unterworfen sind, brauchen in dem Vermögensverzeichnis nicht angegeben zu werden, es sei denn, daß eine Austauschpfändung in Betracht kommt.

(2) ¹Der Vollstreckungsschuldner hat zu Protokoll an Eides Statt zu versichern, daß er die von ihm verlangten Angaben nach bestem Wissen und Gewissen richtig und vollständig gemacht habe. ²Die Vollstreckungsbehörde kann von der Abnahme der eidesstattlichen Versicherung absehen.

(3) ¹Ein Vollstreckungsschuldner, der die in dieser Vorschrift oder die in § 807 der Zivilprozeßordnung bezeichnete eidesstattliche Versicherung abgegeben hat, ist, wenn die Abgabe der eidesstattlichen Versicherung in dem Schuldnerverzeichnis (§ 915 der Zivilprozeßordnung) noch nicht gelöscht ist, in den ersten drei Jahren nach ihrer Abgabe zur nochmaligen eidesstattlichen Versicherung nur verpflichtet, wenn anzunehmen ist, daß er später Vermögen erworben hat oder daß ein bisher bestehendes Arbeitsverhältnis mit ihm aufgelöst worden ist. ²Die Vollstreckungsbehörde hat von Amts wegen festzustellen, ob im Schuldnerverzeichnis eine Eintragung darüber besteht, daß der Vollstreckungsschuldner innerhalb der letzten drei Jahre eine eidesstattliche Versicherung abgegeben hat oder daß gegen ihn die Haft zur Erzwingung der Abgabe der eidesstattlichen Versicherung angeordnet ist.

(4) ¹Für die Abnahme der eidesstattlichen Versicherung ist die Vollstreckungsbehörde zuständig, in deren Bezirk sich der Wohnsitz oder Aufenthaltsort des Vollstreckungsschuldners befindet. ²Liegen diese Voraussetzungen bei der Vollstreckungsbehörde, die die Vollstreckung betreibt, nicht vor, so kann sie die eidesstattliche Versicherung abnehmen, wenn der Vollstreckungsschuldner zu ihrer Abgabe bereit ist.

(5) ¹Die Ladung zu dem Termin zur Abgabe der eidesstattlichen Versicherung ist dem Vollstreckungsschuldner selbst zuzustellen. ²Wird gegen die Anordnung der Abgabe der eidesstattlichen Versicherung ein Rechtsbehelf eingelegt und begründet, ist der Vollstreckungsschuldner erst nach Unanfechtbarkeit der Entscheidung über den Rechtsbehelf zur Abgabe der eidesstattlichen Versicherung

verpflichtet. [3] Dies gilt nicht, wenn und soweit die Einwendungen bereits in einem früheren Verfahren unanfechtbar zurückgewiesen worden sind.

(6) [1] Nach der Abgabe der eidesstattlichen Versicherung hat die Vollstreckungsbehörde dem nach § 899 der Zivilprozeßordnung zuständigen Amtsgericht Namen, Vornamen, Geburtstag, Beruf und Anschrift des Vollstreckungsschuldners sowie den Tag der Abgabe der eidesstattlichen Versicherung zur Aufnahme in das Schuldnerverzeichnis mitzuteilen und eine beglaubigte Abschrift des Vermögensverzeichnisses zu übersenden. [2] §§ 915a bis h der Zivilprozeßordnung ist anzuwenden.

(7) [1] Ist der Vollstreckungsschuldner ohne ausreichende Entschuldigung in dem zur Abgabe der eidesstattlichen Versicherung anberaumten Termin vor der in Absatz 4 Satz 1 bezeichneten Vollstreckungsbehörde nicht erschienen oder verweigert er ohne Grund die Vorlage des Vermögensverzeichnisses oder die Abgabe der eidesstattlichen Versicherung, so kann die Vollstreckungsbehörde, die die Vollstreckung betreibt, das nach § 899 der Zivilprozeßordnung zuständige Amtsgericht um Anordnung der Haft zur Erzwingung der eidesstattlichen Versicherung ersuchen. [2] Die §§ 902, 904 bis 906, 908, 910 und 913 bis 915h der Zivilprozeßordnung sind sinngemäß anzuwenden. [3] Die Verhaftung des Vollstreckungsschuldners erfolgt durch einen Gerichtsvollzieher. [4] Der Haftbefehl muß bei der Verhaftung dem Vollstreckungsschuldner vorgezeigt und auf Begehren abschriftlich mitgeteilt werden. [5] § 292 gilt sinngemäß. [6] Nach der Verhaftung des Vollstreckungsschuldners kann die eidesstattliche Versicherung von dem nach § 902 der Zivilprozeßordnung zuständigen Amtsgericht abgenommen werden, wenn sich der Sitz der in Absatz 4 bezeichneten Vollstreckungsbehörde nicht im Bezirk dieses Amtsgerichts befindet oder wenn die Abnahme der eidesstattlichen Versicherung durch die Vollstreckungsbehörde nicht möglich ist. [7] Absatz 2 Satz 2 gilt entsprechend.

(8) [1] Lehnt das Amtsgericht das Ersuchen der Vollstreckungsbehörde ab, die Haft anzuordnen, so ist die sofortige Beschwerde nach der Zivilprozeßordnung gegeben. [2] Gegen die Entscheidung des Beschwerdegerichts findet die sofortige weitere Beschwerde statt.

II. Vollstreckung in Sachen

§ 285 Vollziehungsbeamte. (1) Die Vollstreckungsbehörde führt die Vollstreckung in bewegliche Sachen durch Vollziehungsbeamte aus.

(2) Dem Vollstreckungsschuldner und Dritten gegenüber wird der Vollziehungsbeamte zur Vollstreckung durch schriftlichen Auftrag der Vollstreckungsbehörde ermächtigt; der Auftrag ist vorzuzeigen.

§ 286 Vollstreckung in Sachen. (1) Sachen, die im Gewahrsam des Vollstreckungsschuldners sind, pfändet der Vollziehungsbeamte dadurch, daß er sie in Besitz nimmt.

(2) [1]Andere Sachen als Geld, Kostbarkeiten und Wertpapiere sind im Gewahrsam des Vollstreckungsschuldners zu lassen, wenn die Befriedigung hierdurch nicht gefährdet wird. [2]Bleiben die Sachen im Gewahrsam des Vollstreckungsschuldners, so ist die Pfändung nur wirksam, wenn sie durch Anlegung von Siegeln oder in sonstiger Weise ersichtlich gemacht ist.

(3) Der Vollziehungsbeamte hat dem Vollstreckungsschuldner die Pfändung mitzuteilen.

(4) Diese Vorschriften gelten auch für die Pfändung von Sachen im Gewahrsam eines Dritten, der zu ihrer Herausgabe bereit ist.

§ 287 Befugnisse des Vollziehungsbeamten. (1) Der Vollziehungsbeamte ist befugt, die Wohn- und Geschäftsräume sowie die Behältnisse des Vollstreckungsschuldners zu durchsuchen, soweit dies der Zweck der Vollstreckung erfordert.

(2) Er ist befugt, verschlossene Türen und Behältnisse öffnen zu lassen.

(3) Wenn er Widerstand findet, kann er Gewalt anwenden und hierzu um Unterstützung durch Polizeibeamte nachsuchen.

(4) Für die richterliche Anordnung einer Durchsuchung ist das Amtsgericht zuständig, in dessen Bezirk die Durchsuchung vorgenommen werden soll.

§ 288 Zuziehung von Zeugen. Wird bei einer Vollstreckungshandlung Widerstand geleistet oder ist bei einer Vollstreckungshandlung in den Wohn- oder Geschäftsräumen des Vollstreckungsschuldners weder der Vollstreckungsschuldner noch eine Person, die zu seiner Familie gehört oder bei ihm beschäftigt ist, gegenwärtig, so hat der Vollziehungsbeamte zwei Erwachsene oder einen Gemeinde- oder Polizeibeamten als Zeugen zuzuziehen.

§ 289 Zeit der Vollstreckung. (1) Zur Nachtzeit (§ 188 Abs. 1 der Zivilprozeßordnung) sowie an Sonntagen und staatlich anerkannten allgemeinen Feiertagen darf eine Vollstreckungshandlung nur mit schriftlicher Erlaubnis der Vollstreckungsbehörde vorgenommen werden.

(2) Die Erlaubnis ist bei der Vollstreckungshandlung vorzuzeigen.

§ 290 Aufforderungen und Mitteilungen des Vollziehungsbeamten. Die Aufforderungen und die sonstigen Mitteilungen, die zu den Vollstreckungshandlungen gehören, sind vom Vollziehungsbeamten mündlich zu erlassen und vollständig in die Niederschrift aufzunehmen; können sie mündlich nicht erlassen werden, so hat die

Vollstreckungsbehörde demjenigen, an den die Aufforderung oder Mitteilung zu richten ist, eine Abschrift der Niederschrift zu senden.

§ 291 Niederschrift. (1) Der Vollziehungsbeamte hat über jede Vollstreckungshandlung eine Niederschrift aufzunehmen.

(2) Die Niederschrift muß enthalten:

1. Ort und Zeit der Aufnahme,
2. den Gegenstand der Vollstreckungshandlung unter kurzer Erwähnung der Vorgänge,
3. die Namen der Personen, mit denen verhandelt worden ist,
4. die Unterschriften der Personen und die Bemerkung, daß nach Vorlesung oder Vorlegung zur Durchsicht und nach Genehmigung unterzeichnet sei,
5. die Unterschrift des Vollziehungsbeamten.

(3) Hat einem der Erfordernisse unter Absatz 2 Nr. 4 nicht genügt werden können, so ist der Grund anzugeben.

§ 292 Abwendung der Pfändung. (1) Der Vollstreckungsschuldner kann die Pfändung nur abwenden, wenn er den geschuldeten Betrag an den Vollziehungsbeamten zahlt oder nachweist, daß ihm eine Zahlungsfrist bewilligt worden ist oder daß die Schuld erloschen ist.

(2) Absatz 1 gilt entsprechend, wenn der Vollstreckungsschuldner eine Entscheidung vorlegt, aus der sich die Unzulässigkeit der vorzunehmenden Pfändung ergibt oder wenn er eine Post- oder Bankquittung vorlegt, aus der sich ergibt, daß er den geschuldeten Betrag eingezahlt hat.

§ 293 Pfand- und Vorzugsrechte Dritter. (1) [1]Der Pfändung einer Sache kann ein Dritter, der sich nicht im Besitz der Sache befindet, auf Grund eines Pfand- oder Vorzugsrechtes nicht widersprechen. [2]Er kann jedoch vorzugsweise Befriedigung aus dem Erlös verlangen ohne Rücksicht darauf, ob seine Forderung fällig ist oder nicht.

(2) [1]Für eine Klage auf vorzugsweise Befriedigung ist ausschließlich zuständig das ordentliche Gericht, in dessen Bezirk gepfändet worden ist. [2]Wird die Klage gegen die Körperschaft, der die Vollstreckungsbehörde angehört, und gegen den Vollstreckungsschuldner gerichtet, so sind sie Streitgenossen.

§ 294 Ungetrennte Früchte. (1) [1]Früchte, die vom Boden noch nicht getrennt sind, können gepfändet werden, solange sie nicht durch Vollstreckung in das unbewegliche Vermögen in Beschlag genommen worden sind. [2]Sie dürfen nicht früher als einen Monat vor der gewöhnlichen Zeit der Reife gepfändet werden.

(2) Ein Gläubiger, der ein Recht auf Befriedigung aus dem Grundstück hat, kann der Pfändung nach § 262 widersprechen, wenn nicht für einen Anspruch gepfändet ist, der bei der Vollstreckung in das Grundstück vorgeht.

§ 295 Unpfändbarkeit von Sachen. [1]Die §§ 811 bis 812 und 813 Abs. 1 bis 3 der Zivilprozeßordnung sowie die Beschränkungen und Verbote, die nach anderen gesetzlichen Vorschriften für die Pfändung von Sachen bestehen, gelten entsprechend. [2]An die Stelle des Vollstreckungsgerichts tritt die Vollstreckungsbehörde.

§ 296 Verwertung. (1) Die gepfändeten Sachen sind auf schriftliche Anordnung der Vollstreckungsbehörde öffentlich zu versteigern, und zwar in der Regel durch den Vollziehungsbeamten; § 292 gilt entsprechend.

(2) Bei Pfändung von Geld gilt die Wegnahme als Zahlung des Vollstreckungsschuldners.

§ 297 Aussetzung der Verwertung. Die Vollstreckungsbehörde kann die Verwertung gepfändeter Sachen unter Anordnung von Zahlungsfristen zeitweilig aussetzen, wenn die alsbaldige Verwertung unbillig wäre.

§ 298 Versteigerung. (1) Die gepfändeten Sachen dürfen nicht vor Ablauf einer Woche seit dem Tag der Pfändung versteigert werden, sofern sich nicht der Vollstreckungsschuldner mit einer früheren Versteigerung einverstanden erklärt oder diese erforderlich ist, um die Gefahr einer beträchtlichen Wertverringerung abzuwenden oder unverhältnismäßige Kosten längerer Aufbewahrung zu vermeiden.

(2) [1]Zeit und Ort der Versteigerung sind öffentlich bekanntzumachen; dabei sind die Sachen, die versteigert werden sollen, im allgemeinen zu bezeichnen. [2]Auf Ersuchen der Vollstreckungsbehörde hat ein Gemeindebediensteter oder ein Polizeibeamter der Versteigerung beizuwohnen.

(3) Bei der Versteigerung gilt § 1239 Abs. 1 Satz 1 und Abs. 2 des Bürgerlichen Gesetzbuches entsprechend.

§ 299 Zuschlag. (1) Dem Zuschlag an den Meistbietenden soll ein dreimaliger Aufruf vorausgehen; die Vorschriften des § 156 des Bürgerlichen Gesetzbuches sind anzuwenden.

(2) Die Aushändigung einer zugeschlagenen Sache darf nur gegen bare Zahlung geschehen.

(3) [1]Hat der Meistbietende nicht zu der in den Versteigerungsbedingungen bestimmten Zeit oder in Ermangelung einer solchen Bestimmung nicht vor dem Schluß des Versteigerungstermins die Aushändigung gegen Zahlung des Kaufgeldes verlangt, so wird die Sache

anderweitig versteigert. ²Der Meistbietende wird zu einem weiteren Gebot nicht zugelassen; er haftet für den Ausfall, auf den Mehrerlös hat er keinen Anspruch.

(4) ¹Wird der Zuschlag dem Gläubiger erteilt, so ist dieser von der Verpflichtung zur baren Zahlung so weit befreit, als der Erlös nach Abzug der Kosten der Vollstreckung zu seiner Befriedigung zu verwenden ist. ²Soweit der Gläubiger von der Verpflichtung zur baren Zahlung befreit ist, gilt der Betrag als von dem Schuldner an den Gläubiger gezahlt.

§ 300 Mindestgebot. (1) ¹Der Zuschlag darf nur auf ein Gebot erteilt werden, das mindestens die Hälfte des gewöhnlichen Verkaufswertes der Sache erreicht (Mindestgebot). ²Der gewöhnliche Verkaufswert und das Mindestgebot sollen bei dem Ausbieten bekanntgegeben werden.

(2) ¹Wird der Zuschlag nicht erteilt, weil ein das Mindestgebot erreichendes Gebot nicht abgegeben worden ist, so bleibt das Pfandrecht bestehen. ²Die Vollstreckungsbehörde kann jederzeit einen neuen Versteigerungstermin bestimmen oder eine anderweitige Verwertung der gepfändeten Sachen nach § 305 anordnen. ³Wird die anderweitige Verwertung angeordnet, so gilt Absatz 1 entsprechend.

(3) ¹Gold- und Silbersachen dürfen auch nicht unter ihrem Gold- oder Silberwert zugeschlagen werden. ²Wird ein den Zuschlag gestattendes Gebot nicht abgegeben, so können die Sachen auf Anordnung der Vollstreckungsbehörde aus freier Hand verkauft werden. ³Der Verkaufspreis darf den Gold- oder Silberwert und die Hälfte des gewöhnlichen Verkaufswertes nicht unterschreiten.

§ 301 Einstellung der Versteigerung. (1) Die Versteigerung wird eingestellt, sobald der Erlös zur Deckung der beizutreibenden Beträge einschließlich der Kosten der Vollstreckung ausreicht.

(2) Die Empfangnahme des Erlöses durch den versteigernden Beamten gilt als Zahlung des Vollstreckungsschuldners, es sei denn, daß der Erlös hinterlegt wird (§ 308 Abs. 4).

§ 302 Wertpapiere. Gepfändete Wertpapiere, die einen Börsen- oder Marktpreis haben, sind aus freier Hand zum Tageskurs zu verkaufen; andere Wertpapiere sind nach den allgemeinen Vorschriften zu versteigern.

§ 303 Namenspapiere. Lautet ein gepfändetes Wertpapier auf einen Namen, so ist die Vollstreckungsbehörde berechtigt, die Umschreibung auf den Namen des Käufers oder, wenn es sich um ein auf einen Namen umgeschriebenes Inhaberpapier handelt, die Rückverwandlung in ein Inhaberpapier zu erwirken und die hierzu erforderlichen Erklärungen anstelle des Vollstreckungsschuldners abzugeben.

§ 304 Versteigerung ungetrennter Früchte. [1] Gepfändete Früchte, die vom Boden noch nicht getrennt sind, dürfen erst nach der Reife versteigert werden. [2] Der Vollziehungsbeamte hat sie abernten zu lassen, wenn er sie nicht vor der Trennung versteigert.

§ 305 Besondere Verwertung. Auf Antrag des Vollstreckungsschuldners oder aus besonderen Zweckmäßigkeitsgründen kann die Vollstreckungsbehörde anordnen, daß eine gepfändete Sache in anderer Weise oder an einem anderen Ort, als in den vorstehenden Paragraphen bestimmt ist, zu verwerten oder durch eine andere Person als den Vollziehungsbeamten zu versteigern sei.

§ 306 Vollstreckung in Ersatzteile von Luftfahrzeugen.
(1) Für die Vollstreckung in Ersatzteile, auf die sich ein Registerpfandrecht an einem Luftfahrzeug nach § 71 des Gesetzes über Rechte an Luftfahrzeugen[1]) erstreckt, gilt § 100 des Gesetzes über Rechte an Luftfahrzeugen; an die Stelle des Gerichtsvollziehers tritt der Vollziehungsbeamte.

(2) Absatz 1 gilt für die Vollstreckung in Ersatzteile, auf die sich das Recht an einem ausländischen Luftfahrzeug erstreckt, mit der Maßgabe, daß die Vorschriften des § 106 Abs. 1 Nr. 2 und Abs. 4 des Gesetzes über Rechte an Luftfahrzeugen zu berücksichtigen sind.

§ 307 Anschlußpfändung. (1) [1] Zur Pfändung bereits gepfändeter Sachen genügt die in die Niederschrift aufzunehmende Erklärung des Vollziehungsbeamten, daß er die Sache für die zu bezeichnende Forderung pfändet. [2] Dem Vollstreckungsschuldner ist die weitere Pfändung mitzuteilen.

(2) [1] Ist die erste Pfändung für eine andere Vollstreckungsbehörde oder durch einen Gerichtsvollzieher erfolgt, so ist dieser Vollstreckungsbehörde oder dem Gerichtsvollzieher eine Abschrift der Niederschrift zu übersenden. [2] Die gleiche Pflicht hat ein Gerichtsvollzieher, der eine Sache pfändet, die bereits im Auftrag einer Vollstreckungsbehörde gepfändet ist.

§ 308 Verwertung bei mehrfacher Pfändung. (1) Wird dieselbe Sache mehrfach durch Vollziehungsbeamte oder durch Vollziehungsbeamte und Gerichtsvollzieher gepfändet, so begründet ausschließlich die erste Pfändung die Zuständigkeit zur Versteigerung.

(2) Betreibt ein Gläubiger die Versteigerung, so wird für alle beteiligten Gläubiger versteigert.

(3) Der Erlös wird nach der Reihenfolge der Pfändungen oder nach abweichender Vereinbarung der beteiligten Gläubiger verteilt.

---

[1]) Gesetz über Rechte an Luftfahrzeugen v. 26. 2. 1959 (BGBl. I S. 57, 223), zuletzt geänd. durch G v. 3. 12. 1976 (BGBl. I S. 3281).

(4) [1]Reicht der Erlös zur Deckung der Forderungen nicht aus und verlangt ein Gläubiger, für den die zweite oder eine spätere Pfändung erfolgt ist, ohne Zustimmung der übrigen beteiligten Gläubiger eine andere Verteilung als nach der Reihenfolge der Pfändungen, so ist die Sachlage unter Hinterlegung des Erlöses dem Amtsgericht, in dessen Bezirk gepfändet ist, anzuzeigen. [2]Der Anzeige sind die Schriftstücke, die sich auf das Verfahren beziehen, beizufügen. [3]Für das Verteilungsverfahren gelten die §§ 873 bis 882 der Zivilprozeßordnung.

(5) Wird für verschiedene Gläubiger gleichzeitig gepfändet, so finden die Vorschriften der Absätze 2 bis 4 mit der Maßgabe Anwendung, daß der Erlös nach dem Verhältnis der Forderungen verteilt wird.

III. Vollstreckung in Forderungen und andere Vermögensrechte

§ 309 Pfändung einer Geldforderung. (1) Soll eine Geldforderung gepfändet werden, so hat die Vollstreckungsbehörde dem Drittschuldner schriftlich zu verbieten, an den Vollstreckungsschuldner zu zahlen, und dem Vollstreckungsschuldner schriftlich zu gebieten, sich jeder Verfügung über die Forderung, insbesondere ihrer Einziehung, zu enthalten (Pfändungsverfügung).

(2) [1]Die Pfändung ist bewirkt, wenn die Pfändungsverfügung dem Drittschuldner zugestellt ist. [2]Die an den Drittschuldner zuzustellende Pfändungsverfügung soll den beizutreibenden Geldbetrag nur in einer Summe, ohne Angabe der Steuerarten und der Zeiträume, für die er geschuldet wird, bezeichnen. [3]Die Zustellung ist dem Vollstreckungsschuldner mitzuteilen.

§ 310 Pfändung einer durch Hypothek gesicherten Forderung. (1) [1]Zur Pfändung einer Forderung, für die eine Hypothek besteht, ist außer der Pfändungsverfügung die Aushändigung des Hypothekenbriefes an die Vollstreckungsbehörde erforderlich. [2]Die Übergabe gilt als erfolgt, wenn der Vollziehungsbeamte den Brief wegnimmt. [3]Ist die Erteilung des Hypothekenbriefes ausgeschlossen, so muß die Pfändung in das Grundbuch eingetragen werden; die Eintragung erfolgt auf Grund der Pfändungsverfügung auf Ersuchen der Vollstreckungsbehörde.

(2) Wird die Pfändungsverfügung vor der Übergabe des Hypothekenbriefes oder der Eintragung der Pfändung dem Drittschuldner zugestellt, so gilt die Pfändung diesem gegenüber mit der Zustellung als bewirkt.

(3) [1]Diese Vorschriften gelten nicht, soweit Ansprüche auf die in § 1159 des Bürgerlichen Gesetzbuches bezeichneten Leistungen gepfändet werden. [2]Das gleiche gilt bei einer Sicherungshypothek im Fall des § 1187 des Bürgerlichen Gesetzbuches von der Pfändung der Hauptforderung.

§ 311 Pfändung einer durch Schiffshypothek oder Register-pfandrecht an einem Luftfahrzeug gesicherten Forderung.
(1) Die Pfändung einer Forderung, für die eine Schiffshypothek besteht, bedarf der Eintragung in das Schiffsregister oder das Schiffs-bauregister.

(2) Die Pfändung einer Forderung, für die ein Registerpfandrecht an einem Luftfahrzeug besteht, bedarf der Eintragung in das Register für Pfandrechte an Luftfahrzeugen.

(3) ¹Die Pfändung nach den Absätzen 1 und 2 wird auf Grund der Pfändungsverfügung auf Ersuchen der Vollstreckungsbehörde einge-tragen. ²§ 310 Abs. 2 gilt entsprechend.

(4) ¹Die Absätze 1 bis 3 sind nicht anzuwenden, soweit es sich um die Pfändung der Ansprüche auf die in § 53 des Gesetzes über Rechte an eingetragenen Schiffen und Schiffsbauwerken¹⁾ und auf die in § 53 des Gesetzes über Rechte an Luftfahrzeugen²⁾ bezeichneten Leistun-gen handelt. ²Das gleiche gilt, wenn bei einer Schiffshypothek für eine Forderung aus einer Schuldverschreibung auf den Inhaber, aus einem Wechsel oder aus einem anderen durch Indossament übertrag-baren Papier die Hauptforderung gepfändet ist.

(5) Für die Pfändung von Forderungen, für die ein Recht an einem ausländischen Luftfahrzeug besteht, gilt § 106 Abs. 1 Nr. 3 und Abs. 5 des Gesetzes über Rechte an Luftfahrzeugen.²⁾

§ 312 Pfändung einer Forderung aus indossablen Papieren.
¹Forderungen aus Wechseln und anderen Papieren, die durch Indos-sament übertragen werden können, werden dadurch gepfändet, daß der Vollziehungsbeamte die Papiere in Besitz nimmt. ²Dies gilt ent-sprechend für die Pfändung des Postspargguthabens oder eines Teils dieses Guthabens.

§ 313 Pfändung fortlaufender Bezüge. (1) Das Pfandrecht, das durch die Pfändung einer Gehaltsforderung oder einer ähnlichen in fortlaufenden Bezügen bestehenden Forderung erworben wird, er-streckt sich auch auf die Beträge, die später fällig werden.

(2) ¹Die Pfändung eines Diensteinkommens trifft auch das Ein-kommen, das der Vollstreckungsschuldner bei Versetzung in ein anderes Amt, Übertragung eines neuen Amts oder einer Gehaltser-höhung zu beziehen hat. ²Dies gilt nicht bei Wechsel des Dienst-herrn.

---

¹⁾ Gesetz über Rechte an eingetragenen Schiffen und Schiffsbauwerken v. 15. 11. 1940 (RGBl. I S. 1499), zuletzt geänd. durch G v. 28. 8. 1969 (BGBl. I S. 1513).
²⁾ Gesetz über Rechte an Luftfahrzeugen v. 26. 2. 1959 (BGBl. I S. 57, 223), zuletzt geänd. durch G v. 3. 12. 1976 (BGBl. I S. 3281).

§ 314 Einziehungsverfügung. (1) ¹Die Vollstreckungsbehörde ordnet die Einziehung der gepfändeten Forderung an. ²§ 309 Abs. 2 gilt entsprechend.

(2) Die Einziehungsverfügung kann mit der Pfändungsverfügung verbunden werden.

(3) Wird die Einziehung bei einem Geldinstitut gepfändeten Guthabens eines Vollstreckungsschuldners, der eine natürliche Person ist, angeordnet, so gilt § 835 Abs. 3 Satz 2 der Zivilprozeßordnung entsprechend.

§ 315 Wirkung der Einziehungsverfügung. (1) ¹Die Einziehungsverfügung ersetzt die förmlichen Erklärungen des Vollstreckungsschuldners, von denen nach bürgerlichem Recht die Berechtigung zur Einziehung abhängt. ²Sie genügt auch bei einer Forderung, für die eine Hypothek, Schiffshypothek oder ein Registerpfandrecht an einem Luftfahrzeug besteht. ³Zugunsten des Drittschuldners gilt eine zu Unrecht ergangene Einziehungsverfügung dem Vollstreckungsschuldner gegenüber solange als rechtmäßig, bis sie aufgehoben ist und der Drittschuldner hiervon erfährt.

(2) ¹Der Vollstreckungsschuldner ist verpflichtet, die zur Geltendmachung der Forderung nötige Auskunft zu erteilen und die über die Forderung vorhandenen Urkunden herauszugeben. ²Die Vollstreckungsbehörde kann die Urkunden durch den Vollziehungsbeamten wegnehmen lassen oder ihre Herausgabe nach den §§ 328 bis 335 erzwingen.

(3) ¹Werden die Urkunden nicht vorgefunden, so hat der Vollstreckungsschuldner auf Verlangen der Vollstreckungsbehörde zu Protokoll an Eides Statt zu versichern, daß er die Urkunden nicht besitze, auch nicht wisse, wo sie sich befinden. ²Die Vollstreckungsbehörde kann die eidesstattliche Versicherung der Lage der Sache entsprechend ändern. ³§ 284 Abs. 4, 5, 7 und 8 gilt sinngemäß.

(4) Hat ein Dritter die Urkunde, so kann die Vollstreckungsbehörde auch den Anspruch des Vollstreckungsschuldners auf Herausgabe geltend machen.

§ 316 Erklärungspflicht des Drittschuldners. (1) ¹Auf Verlangen der Vollstreckungsbehörde hat ihr der Drittschuldner binnen zwei Wochen, von der Zustellung der Pfändungsverfügung an gerechnet, zu erklären:

1. ob und inwieweit er die Forderung als begründet anerkenne und bereit sei, zu zahlen,

2. ob und welche Ansprüche andere Personen an die Forderung erheben,

3. ob und wegen welcher Ansprüche die Forderung bereits für andere Gläubiger gepfändet sei.

²Die Erklärung des Drittschuldners zu Nummer 1 gilt nicht als Schuldanerkenntnis.

(2) ¹Die Aufforderung zur Abgabe dieser Erklärung kann in die Pfändungsverfügung aufgenommen werden. ²Der Drittschuldner haftet der Vollstreckungsbehörde für den Schaden, der aus der Nichterfüllung seiner Verpflichtung entsteht. ³Er kann zur Abgabe der Erklärung durch ein Zwangsgeld angehalten werden; § 334 ist nicht anzuwenden.

(3) Die §§ 841 bis 843 der Zivilprozeßordnung sind anzuwenden.

§ 317 Andere Art der Verwertung. ¹Ist die gepfändete Forderung bedingt oder betagt oder ihre Einziehung schwierig, so kann die Vollstreckungsbehörde anordnen, daß sie in anderer Weise zu verwerten ist; § 315 Abs. 1 gilt entsprechend. ²Der Vollstreckungsschuldner ist vorher zu hören, sofern nicht eine Bekanntgabe außerhalb des Geltungsbereiches des Gesetzes oder eine öffentliche Bekanntmachung erforderlich ist.

§ 318 Ansprüche auf Herausgabe oder Leistung von Sachen.
(1) Für die Vollstreckung in Ansprüche auf Herausgabe oder Leistung von Sachen gelten außer den §§ 309 bis 317 die nachstehenden Vorschriften.

(2) ¹Bei der Pfändung eines Anspruchs, der eine bewegliche Sache betrifft, ordnet die Vollstreckungsbehörde an, daß die Sache an den Vollziehungsbeamten herauszugeben sei. ²Die Sache wird wie eine gepfändete Sache verwertet.

(3) ¹Bei Pfändung eines Anspruchs, der eine unbewegliche Sache betrifft, ordnet die Vollstreckungsbehörde an, daß die Sache an einen Treuhänder herauszugeben sei, den das Amtsgericht der belegenen Sache auf Antrag der Vollstreckungsbehörde bestellt. ²Ist der Anspruch auf Übertragung des Eigentums gerichtet, so ist dem Treuhänder als Vertreter des Vollstreckungsschuldners aufzulassen. ³Mit dem Übergang des Eigentums auf den Vollstreckungsschuldner erlangt die Körperschaft, der die Vollstreckungsbehörde angehört, eine Sicherungshypothek für die Forderung. ⁴Der Treuhänder hat die Eintragung der Sicherungshypothek zu bewilligen. ⁵Die Vollstreckung in die herausgegebene Sache wird nach den Vorschriften über die Vollstreckung in unbewegliche Sachen bewirkt.

(4) Absatz 3 gilt entsprechend, wenn der Anspruch ein in Schiffsregister eingetragenes Schiff, ein Schiffsbauwerk oder Schwimmdock, das im Schiffsbauregister eingetragen ist oder in dieses Register eingetragen werden kann oder ein Luftfahrzeug betrifft, das in der Luftfahrzeugrolle eingetragen ist oder nach Löschung in der Luftfahrzeugrolle noch in dem Register für Pfandrechte an Luftfahrzeugen eingetragen ist.

(5) ¹Dem Treuhänder ist auf Antrag eine Entschädigung zu gewähren. ²Die Entschädigung darf die Vergütung nicht übersteigen, die durch die Verordnung über die Geschäftsführung und die Vergütung des Zwangsverwalters vom 16. Februar 1970 (Bundesgesetzbl. I S. 185) festgesetzt worden ist.

§ 319 Unpfändbarkeit von Forderungen. Beschränkungen und Verbote, die nach §§ 850 bis 852 der Zivilprozeßordnung und anderen gesetzlichen Bestimmungen für die Pfändung von Forderungen und Ansprüchen bestehen, gelten sinngemäß.

§ 320 Mehrfache Pfändung einer Forderung. (1) Ist eine Forderung durch mehrere Vollstreckungsbehörden oder durch eine Vollstreckungsbehörde und ein Gericht gepfändet, so sind die §§ 853 bis 856 der Zivilprozeßordnung und § 99 Abs. 1 Satz 1 des Gesetzes über Rechte an Luftfahrzeugen¹⁾ entsprechend anzuwenden.

(2) Fehlt es an einem Amtsgericht, das nach den §§ 853 und 854 der Zivilprozeßordnung zuständig wäre, so ist bei dem Amtsgericht zu hinterlegen, in dessen Bezirk die Vollstreckungsbehörde ihren Sitz hat, deren Pfändungsverfügung dem Drittschuldner zuerst zugestellt worden ist.

§ 321 Vollstreckung in andere Vermögensrechte. (1) Für die Vollstreckung in andere Vermögensrechte, die nicht Gegenstand der Vollstreckung in das unbewegliche Vermögen sind, gelten die vorstehenden Vorschriften entsprechend.

(2) Ist kein Drittschuldner vorhanden, so ist die Pfändung bewirkt, wenn dem Vollstreckungsschuldner das Gebot, sich jeder Verfügung über das Recht zu enthalten, zugestellt ist.

(3) Ein unveräußerliches Recht ist, wenn nichts anderes bestimmt ist, insoweit pfändbar, als die Ausübung einem anderen überlassen werden kann.

(4) Die Vollstreckungsbehörde kann bei der Vollstreckung in unveräußerliche Rechte, deren Ausübung einem anderen überlassen werden kann, besondere Anordnung erlassen, insbesondere bei der Vollstreckung in Nutzungsrechte eine Verwaltung anordnen; in diesem Fall wird die Pfändung durch Übergabe der zu benutzenden Sache an den Verwalter bewirkt, sofern sie nicht durch Zustellung der Pfändungsverfügung schon vorher bewirkt ist.

(5) Ist die Veräußerung des Rechts zulässig, so kann die Vollstreckungsbehörde die Veräußerung anordnen.

---

¹⁾ Gesetz über Rechte an Luftfahrzeugen v. 26. 2. 1959 (BGBl. I S. 57, 223), zuletzt geänd. durch G v. 3. 12. 1976 (BGBl. I S. 3281).

(6) Für die Vollstreckung in eine Reallast, eine Grundschuld oder eine Rentenschuld gelten die Vorschriften über die Vollstreckung in eine Forderung, für die eine Hypothek besteht.

(7) Die §§ 858 bis 863 der Zivilprozeßordnung gelten sinngemäß.

4. Unterabschnitt: Vollstreckung in das unbewegliche Vermögen

§ 322 Verfahren. (1) [1]Der Vollstreckung in das unbewegliche Vermögen unterliegen außer den Grundstücken die Berechtigungen, für welche die sich auf Grundstücke beziehenden Vorschriften gelten, die im Schiffsregister eingetragenen Schiffe, die Schiffsbauwerke und Schwimmdocks, die im Schiffsbauregister eingetragen sind oder in dieses Register eingetragen werden können, sowie die Luftfahrzeuge, die in der Luftfahrzeugrolle eingetragen sind oder nach Löschung in der Luftfahrzeugrolle noch in dem Register für Pfandrecht an Luftfahrzeugen eingetragen sind. [2]Auf die Vollstreckung sind die für die gerichtliche Zwangsvollstreckung geltenden Vorschriften, namentlich die §§ 864 bis 871 der Zivilprozeßordnung und das Gesetz über die Zwangsversteigerung und die Zwangsverwaltung[1] anzuwenden. [3]Bei Stundung und Aussetzung der Vollziehung geht eine im Wege der Vollstreckung eingetragene Sicherungshypothek jedoch nur dann nach § 868 der Zivilprozeßordnung auf den Eigentümer über und erlischt eine Schiffshypothek oder ein Registerpfandrecht an einem Luftfahrzeug jedoch nur dann nach § 870a Abs. 3 der Zivilprozeßordnung sowie § 99 Abs. 1 des Gesetzes über Rechte an Luftfahrzeugen[2], wenn zugleich die Aufhebung der Vollstreckungsmaßnahme angeordnet wird.

(2) Für die Vollstreckung in ausländische Schiffe gilt § 171 des Gesetzes über die Zwangsversteigerung und die Zwangsverwaltung,[1] für die Vollstreckung in ausländische Luftfahrzeuge § 106 Abs. 1, 2 des Gesetzes über Rechte an Luftfahrzeugen[2] sowie die §§ 171h bis 171n des Gesetzes über Zwangsversteigerung und die Zwangsverwaltung.[1]

(3) [1]Die für die Vollstreckung in das unbewegliche Vermögen erforderlichen Anträge des Gläubigers stellt die Vollstreckungsbehörde. [2]Sie hat hierbei zu bestätigen, daß die gesetzlichen Voraussetzungen für die Vollstreckung vorliegen. [3]Diese Fragen unterliegen nicht der Beurteilung des Vollstreckungsgerichts oder des Grundbuchamts. [4]Anträge auf Eintragung einer Sicherungshypothek, einer Schiffshypothek oder eines Registerpfandrechts an einem Luftfahrzeug sind

---

[1] Gesetz über die Zwangsversteigerung und die Zwangsverwaltung idF der Bek. v. 20. 5. 1898 (RGBl. S. 369, 713).

[2] Gesetz über Rechte an Luftfahrzeugen v. 26. 2. 1959 (BGBl. I S. 57, 223), zuletzt geänd. durch G v. 3. 12. 1976 (BGBl. I S. 3281).

Ersuchen im Sinne des § 38 der Grundbuchordnung[1]) und des § 45 der Schiffsregisterordnung.[2])

(4) Zwangsversteigerung und Zwangsverwaltung soll die Vollstrekkungsbehörde nur beantragen, wenn festgestellt ist, daß der Geldbetrag durch Vollstreckung in das bewegliche Vermögen nicht beigetrieben werden kann.

(5) Soweit der zu vollstreckende Anspruch gemäß § 10 Abs. 1 Nr. 3 des Gesetzes über die Zwangsversteigerung und Zwangsverwaltung[3]) den Rechten am Grundstück im Rang vorgeht, kann eine Sicherungshypothek unter der aufschiebenden Bedingung in das Grundbuch eingetragen werden, daß das Vorrecht wegfällt.

§ 323 Vollstreckung gegen den Rechtsnachfolger. [1] Ist nach § 322 eine Sicherungshypothek, eine Schiffshypothek oder ein Registerpfandrecht an einem Luftfahrzeug eingetragen worden, so bedarf es zur Zwangsversteigerung aus diesem Recht nur dann eines Duldungsbescheides, wenn nach der Eintragung dieses Rechts ein Eigentumswechsel eingetreten ist. [2] Satz 1 gilt sinngemäß für die Zwangsverwaltung aus einer nach § 322 eingetragenen Sicherungshypothek.

5. Unterabschnitt: Arrest

§ 324 Dinglicher Arrest. (1) [1] Zur Sicherung der Vollstreckung von Geldforderungen nach den §§ 249 bis 323 kann die für die Steuerfestsetzung zuständige Finanzbehörde den Arrest in das bewegliche oder unbewegliche Vermögen anordnen, wenn zu befürchten ist, daß sonst die Beitreibung vereitelt oder wesentlich erschwert wird. [2] Sie kann den Arrest auch dann anordnen, wenn die Forderung noch nicht zahlenmäßig feststeht oder wenn sie bedingt oder betagt ist. [3] In der Arrestanordnung ist ein Geldbetrag zu bestimmen, bei dessen Hinterlegung die Vollziehung des Arrestes gehemmt und der vollzogene Arrest aufzuheben ist.

(2) [1] Die Arrestanordnung ist zuzustellen. [2] Sie muß begründet und von dem anordnenden Bediensteten unterschrieben sein.

(3) [1] Die Vollziehung der Arrestanordnung ist unzulässig, wenn seit dem Tag, an dem die Anordnung unterzeichnet worden ist, ein Monat verstrichen ist. [2] Die Vollziehung ist auch schon vor der Zustellung an den Arrestschuldner zulässig, sie ist jedoch ohne Wirkung, wenn die Zustellung nicht innerhalb einer Woche nach der Vollziehung und innerhalb eines Monats seit der Unterzeichnung erfolgt. [3] Bei Zustellung im Ausland und öffentlicher Zustellung gilt § 169

---

[1]) GrundbuchO idF der Bek. v. 5. 8. 1935 (RGBl. I S. 1073).
[2]) SchiffsregisterO idF der Bek. v. 26. 5. 1951 (BGBl. I S. 359), zuletzt geänd. durch G v. 28. 6. 1990 (BGBl. I S. 1221).
[3]) Gesetz über die Zwangsversteigerung und die Zwangsverwaltung idF der Bek. v. 20. 5. 1898 (RGBl. S. 369, 713).

Abs. 1 Satz 3 entsprechend. [4]Auf die Vollziehung des Arrestes finden die §§ 930 bis 932 der Zivilprozeßordnung sowie § 99 Abs. 2 und § 106 Abs. 1, 3 und 5 des Gesetzes über Rechte an Luftfahrzeugen entsprechende Anwendung; an die Stelle des Arrestgerichts und des Vollstreckungsgerichts tritt die Vollstreckungsbehörde, an die Stelle des Gerichtsvollziehers der Vollziehungsbeamte. [5]Soweit auf die Vorschriften über die Pfändung verwiesen wird, sind die entsprechenden Vorschriften dieses Gesetzes anzuwenden.

§ 325 Aufhebung des dinglichen Arrestes. Die Arrestanordnung ist aufzuheben, wenn nach ihrem Erlaß Umstände bekanntwerden, die die Arrestanordnung nicht mehr gerechtfertigt erscheinen lassen.

§ 326 Persönlicher Sicherheitsarrest. (1) [1]Auf Antrag der für die Steuerfestsetzung zuständigen Finanzbehörde kann das Amtsgericht einen persönlichen Sicherheitsarrest anordnen, wenn er erforderlich ist, um die gefährdete Vollstreckung in das Vermögen des Pflichtigen zu sichern. [2]Zuständig ist das Amtsgericht, in dessen Bezirk die Finanzbehörde ihren Sitz hat oder sich der Pflichtige befindet.

(2) In dem Antrag hat die für die Steuerfestsetzung zuständige Finanzbehörde den Anspruch nach Art und Höhe sowie die Tatsachen anzugeben, die den Arrestgrund ergeben.

(3) [1]Für die Anordnung, Vollziehung und Aufhebung des persönlichen Sicherheitsarrestes gelten § 921 Abs. 1 und die §§ 922 bis 925, 927, 929, 933, 934 Abs. 1, 3 und 4 der Zivilprozeßordnung sinngemäß. [2]§ 911 der Zivilprozeßordnung ist nicht anzuwenden.

(4) Für Zustellungen gelten die Vorschriften der Zivilprozeßordnung.

6. Unterabschnitt: Verwertung von Sicherheiten

§ 327 Verwertung von Sicherheiten. [1]Werden Geldforderungen, die im Verwaltungsverfahren vollstreckbar sind (§ 251), bei Fälligkeit nicht erfüllt, kann sich die Vollstreckungsbehörde aus den Sicherheiten befriedigen, die sie zur Sicherung dieser Ansprüche erlangt hat. [2]Die Sicherheiten werden nach den Vorschriften dieses Abschnitts verwertet. [3]Die Verwertung darf erst erfolgen, wenn dem Vollstreckungsschuldner die Verwertungsabsicht bekanntgegeben und seit der Bekanntgabe mindestens eine Woche verstrichen ist.

Dritter Abschnitt: Vollstreckung wegen anderer Leistungen als Geldforderungen

1. Unterabschnitt: Vollstreckung wegen Handlungen, Duldungen oder Unterlassungen

§ 328 Zwangsmittel. (1) [1] Ein Verwaltungsakt, der auf Vornahme einer Handlung oder auf Duldung oder Unterlassung gerichtet ist, kann mit Zwangsmitteln (Zwangsgeld, Ersatzvornahme, unmittelbarer Zwang) durchgesetzt werden. [2] Für die Erzwingung von Sicherheiten gilt § 336. [3] Vollstreckungsbehörde ist die Behörde, die den Verwaltungsakt erlassen hat.

(2) [1] Es ist dasjenige Zwangsmittel zu bestimmen, durch das der Pflichtige und die Allgemeinheit am wenigsten beeinträchtigt werden. [2] Das Zwangsmittel muß in einem angemessenen Verhältnis zu seinem Zweck stehen.

§ 329 Zwangsgeld. Das einzelne Zwangsgeld darf fünftausend Deutsche Mark nicht übersteigen.

§ 330 Ersatzvornahme. Wird die Verpflichtung, eine Handlung vorzunehmen, deren Vornahme durch einen anderen möglich ist (vertretbare Handlung), nicht erfüllt, so kann die Vollstreckungsbehörde einen anderen mit der Vornahme der Handlung auf Kosten des Pflichtigen beauftragen.

§ 331 Unmittelbarer Zwang. Führen das Zwangsgeld oder die Ersatzvornahme nicht zum Ziele oder sind sie untunlich, so kann die Finanzbehörde den Pflichtigen zur Handlung, Duldung oder Unterlassung zwingen oder die Handlung selbst vornehmen.

§ 332 Androhung der Zwangsmittel. (1) [1] Die Zwangsmittel müssen schriftlich angedroht werden. [2] Wenn zu besorgen ist, daß dadurch der Vollzug des durchzusetzenden Verwaltungsaktes vereitelt wird, genügt es, die Zwangsmittel mündlich oder auf andere nach der Lage gebotene Weise anzudrohen. [3] Zur Erfüllung der Verpflichtung ist eine angemessene Frist zu bestimmen.

(2) [1] Die Androhung kann mit dem Verwaltungsakt verbunden werden, durch den die Handlung, Duldung oder Unterlassung aufgegeben wird. [2] Sie muß sich auf ein bestimmtes Zwangsmittel beziehen und für jede einzelne Verpflichtung getrennt ergehen. [3] Zwangsgeld ist in bestimmter Höhe anzudrohen.

(3) [1] Eine neue Androhung wegen derselben Verpflichtung ist erst dann zulässig, wenn das zunächst angedrohte Zwangsmittel erfolglos ist. [2] Wird vom Pflichtigen ein Dulden oder Unterlassen gefordert, so kann das Zwangsmittel für jeden Fall der Zuwiderhandlung angedroht werden.

(4) Soll die Handlung durch Ersatzvornahme ausgeführt werden, so ist in der Androhung der Kostenbetrag vorläufig zu veranschlagen.

§ 333 Festsetzung der Zwangsmittel. Wird die Verpflichtung innerhalb der Frist, die in der Androhung bestimmt ist, nicht erfüllt oder handelt der Pflichtige der Verpflichtung zuwider, so setzt die Finanzbehörde das Zwangsmittel fest.

§ 334 Ersatzzwangshaft. (1) [1]Ist ein gegen eine natürliche Person festgesetztes Zwangsgeld uneinbringlich, so kann das Amtsgericht auf Antrag der Finanzbehörde nach Anhörung des Pflichtigen Ersatzzwangshaft anordnen, wenn bei Androhung des Zwangsgeldes hierauf hingewiesen worden ist. [2]Ordnet das Amtsgericht Ersatzzwangshaft an, so hat es einen Haftbefehl auszufertigen, in dem die antragstellende Behörde, der Pflichtige und der Grund der Verhaftung zu bezeichnen sind.

(2) [1]Das Amtsgericht entscheidet nach pflichtgemäßem Ermessen durch Beschluß. [2]Örtlich zuständig ist das Amtsgericht, in dessen Bezirk der Pflichtige seinen Wohnsitz oder in Ermangelung eines Wohnsitzes seinen gewöhnlichen Aufenthalt hat. [3]Gegen den Beschluß des Amtsgerichts ist die sofortige Beschwerde nach der Zivilprozeßordnung gegeben. [4]Gegen die Entscheidung des Beschwerdegerichts findet die sofortige weitere Beschwerde statt.

(3) [1]Die Ersatzzwangshaft beträgt mindestens einen Tag, höchstens zwei Wochen. [2]Die Vollziehung der Ersatzzwangshaft richtet sich nach den §§ 904 bis 906, 909 und 910 der Zivilprozeßordnung und den §§ 171 bis 175 des Strafvollzugsgesetzes.

(4) Ist der Anspruch auf das Zwangsgeld verjährt, so darf die Haft nicht mehr vollstreckt werden.

§ 335 Beendigung des Zwangsverfahrens. Wird die Verpflichtung nach Festsetzung des Zwangsmittels erfüllt, so ist der Vollzug einzustellen.

2. Unterabschnitt: Erzwingung von Sicherheiten

§ 336 Erzwingung von Sicherheiten. (1) Wird die Verpflichtung zur Leistung von Sicherheiten nicht erfüllt, so kann die Finanzbehörde geeignete Sicherheiten pfänden.

(2) [1]Der Erzwingung der Sicherheit muß eine schriftliche Androhung vorausgehen. [2]Die §§ 262 bis 323 sind entsprechend anzuwenden.

Vierter Abschnitt: Kosten

§ 337 Kosten der Vollstreckung. (1) Die Kosten der Vollstreckung (Gebühren und Auslagen) fallen dem Vollstreckungsschuldner zur Last.

(2) ¹Für das Mahnverfahren werden keine Kosten erhoben. ²Jedoch hat der Vollstreckungsschuldner die Kosten zu tragen, die durch einen Postnachnahmeauftrag (§ 259 Satz 2) entstehen.

§ 338 Gebührenarten. Im Vollstreckungsverfahren werden Pfändungsgebühren (§ 339), Wegnahmegebühren (§ 340) und Verwertungsgebühren (§ 341) erhoben.

§ 339 Pfändungsgebühr. (1)[1] Die Pfändungsgebühr wird erhoben:

1. für die Pfändung von beweglichen Sachen, von Früchten, die vom Boden noch nicht getrennt sind, von Forderungen aus Wechseln oder anderen Papieren, die durch Indossament übertragen werden können, und von Postspareinlagen,

2. für die Pfändung von Forderungen, die nicht unter Nummer 1 fallen, und von anderen Vermögensrechten.

(2) Die Gebühr entsteht:

1. sobald der Vollziehungsbeamte Schritte zur Ausführung des Vollstreckungsauftrages unternommen hat,

2. mit der Zustellung der Verfügung, durch die eine Forderung oder ein anderes Vermögensrecht gepfändet werden soll.

(3) ¹Die Gebühr bemißt sich nach der Summe der zu vollstreckenden Beträge. ²Die durch die Pfändung entstehenden Kosten sind nicht mitzurechnen. ³Bei der Vollziehung eines Arrestes bemißt sich die Pfändungsgebühr nach der Hinterlegungssumme (§ 324 Abs. 1 Satz 3).

(4) ¹Die Höhe der Gebühr richtet sich nach § 13 Abs. 1 des Gesetzes über Kosten der Gerichtsvollzieher[2]. ²Es wird die volle Gebühr erhoben; sie beträgt in den Fällen des Absatzes 1 Nr. 2 mindestens 20 Deutsche Mark.

(5) Die halbe Gebühr wird erhoben, wenn

1. ein Pfändungsversuch erfolglos geblieben ist, weil pfändbare Gegenstände nicht vorgefunden wurden,

2. die Pfändung in den Fällen des § 281 Abs. 3 dieses Gesetzes sowie der §§ 812 und 851 b Abs. 1 der Zivilprozeßordnung unterbleibt.

(6) ¹Die volle Gebühr wird erhoben, wenn

1. durch Zahlung an den Vollziehungsbeamten die Pfändung abgewendet wird oder

2. auf andere Weise Zahlung geleistet wird, nachdem sich der Vollziehungsbeamte an Ort und Stelle begeben hat.

---

[1] Vgl. hierzu Art. 97 § 17 a EGAO (Nr. **1.2**).
[2] Siehe am Ende dieses Gesetzes.

[2] Wird die Pfändung auf andere Weise abgewendet, wird keine Gebühr erhoben.

(7) Werden wegen desselben Anspruchs mehrere Forderungen, die nicht unter Absatz 1 Nr. 1 fallen, oder andere Vermögensrechte gepfändet, so wird die Gebühr nur einmal erhoben.

§ 340 Wegnahmegebühr. (1) [1] Die Wegnahmegebühr wird für die Wegnahme beweglicher Sachen einschließlich Urkunden in den Fällen der §§ 310, 315 Abs. 2 Satz 2, §§ 318, 321, 331 und 336 erhoben. [2] Dies gilt auch dann, wenn der Vollstreckungsschuldner an den zur Vollstreckung erschienenen Vollziehungsbeamten freiwillig leistet.

(2) § 339 Abs. 2 Nr. 1 ist entsprechend anzuwenden.

(3) Die Höhe der Wegnahmegebühr richtet sich nach § 22 Abs. 1 Satz 1 des Gesetzes über Kosten der Gerichtsvollzieher[1].

(4) Sind die in Absatz 1 bezeichneten Sachen nicht aufzufinden, so wird für den Wegnahmeversuch nur die halbe Gebühr erhoben.

§ 341 Verwertungsgebühr. (1) Die Verwertungsgebühr wird für die Versteigerung und andere Verwertung von Gegenständen erhoben.

(2) Die Gebühr entsteht, sobald der Vollziehungsbeamte oder ein anderer Beauftragter Schritte zur Ausführung des Verwertungsauftrages unternommen hat.

(3) [1] Die Gebühr bemißt sich nach dem Erlös. [2] Übersteigt der Erlös die Summe der zu vollstreckenden Beträge, so ist diese maßgebend. [3] Die Höhe der Gebühr beträgt das Zweieinhalbfache der Gebühr für Pfändungen nach § 339 Abs. 1 Nr. 1.

(4) [1] Wird die Verwertung abgewendet (§ 296 Abs. 1 zweiter Halbsatz), so ist § 339 Abs. 6 Satz 1 mit der Maßgabe anzuwenden, daß ein Viertel der vollen Gebühr, höchstens sechzig Deutsche Mark, erhoben wird; im übrigen wird keine Gebühr erhoben. [2] Die Gebühr bemißt sich nach dem Betrag, der bei einer Verwertung der Gegenstände voraussichtlich als Erlös zu erzielen wäre (Schätzwert). [3] Absatz 3 Satz 2 gilt sinngemäß.

§ 342 Mehrheit von Schuldnern. (1) Wird gegen mehrere Schuldner vollstreckt, so sind die Gebühren, auch wenn der Vollziehungsbeamte bei derselben Gelegenheit mehrere Vollstreckungshandlungen vornimmt, von jedem Vollstreckungsschuldner zu erheben.

(2) [1] Wird gegen Gesamtschuldner wegen der Gesamtschuld bei derselben Gelegenheit vollstreckt, so werden Pfändungs-, Wegnah-

---

[1] Gesetz über Kosten der Gerichtsvollzieher v. 26. 7. 1957 (BGBl. I S. 861, 887, ber. 1959 I S. 155), zuletzt geänd. durch G v. 17. 12. 1990 (BGBl. I S. 2847).

me- und Verwertungsgebühren nur einmal erhoben. ²Die in Satz 1 bezeichneten Personen schulden die Gebühren als Gesamtschuldner. ³Wird die Vollstreckung einer Gesamtschuld nach den §§ 268 bis 278 beschränkt, so ermäßigen sich die bis dahin entstandenen Gebühren entsprechend.

§ 343 Abrundung. Ergeben sich bei der Berechnung der Gebühr Pfennigbeträge, so sind sie auf einen durch zehn teilbaren Betrag abzurunden.

§ 344 Auslagen. (1) Als Auslagen werden erhoben:

1. Schreibauslagen für nicht von Amts wegen zu erteilende oder per Telefax übermittelte Abschriften. ²Die Schreibauslagen betragen für jede Seite unabhängig von der Art der Herstellung eine Deutsche Mark,

2. Entgelte für Post- und Telekommunikationsdienstleistungen, ausgenommen die Entgelte für Telefondienstleistungen im Orts- und Nahbereich,

3. Kosten für Zustellungen durch die Post mit Postzustellungsurkunde und für Nachnahmen; wird durch die Behörde zugestellt (§ 5 des Verwaltungszustellungsgesetzes), so werden die für Zustellungen durch die Post mit Zustellungsurkunde entstehenden Kosten erhoben,

4. Kosten, die durch öffentliche Bekanntmachung entstehen,

5. Entschädigungen der zum Öffnen von Türen oder Behältnissen sowie zur Durchsuchung von Vollstreckungsschuldnern zugezogenen Personen,

6. Kosten der Beförderung, Verwahrung und Beaufsichtigung gepfändeter Sachen, Kosten der Aberntung gepfändeter Früchte und Kosten der Verwahrung, Fütterung und Pflege gepfändeter Tiere,

7. Beträge, die als Entschädigung an Zeugen, Auskunftspersonen und Sachverständige (§ 107) sowie an Treuhänder (§ 318 Abs. 5) zu zahlen sind,

8. andere Beträge, die auf Grund von Vollstreckungsmaßnahmen an Dritte zu zahlen sind, insbesondere Beträge, die bei der Ersatzvornahme oder beim unmittelbaren Zwang an Beauftragte und an Hilfspersonen gezahlt werden und sonstige durch Ausführung des unmittelbaren Zwanges oder Anwendung der Ersatzzwangshaft entstandene Kosten.

(2) ¹Werden Sachen, die bei mehreren Vollstreckungsschuldnern gepfändet worden sind, in einem einheitlichen Verfahren abgeholt und verwertet, so werden die Auslagen, die in diesem Verfahren entstehen, auf die beteiligten Vollstreckungsschuldner verteilt. ²Dabei sind die besonderen Umstände des einzelnen Falles, vor allem Wert, Umfang und Gewicht der Gegenstände, zu berücksichtigen.

§ 345 Reisekosten und Aufwandsentschädigung. Im Vollstreckungsverfahren sind die Reisekosten des Vollziehungsbeamten und Auslagen, die durch Aufwandsentschädigungen abgegolten werden, von dem Vollstreckungsschuldner nicht zu erstatten.

§ 346 Unrichtige Sachbehandlung, Festsetzungsfrist. (1) Kosten, die bei richtiger Behandlung der Sache nicht entstanden wären, sind nicht zu erheben.

(2) [1] Die Frist für den Ansatz der Kosten und für die Aufhebung und Änderung des Kostenansatzes beträgt ein Jahr. [2] Sie beginnt mit Ablauf des Kalenderjahres, in dem die Kosten entstanden sind. [3] Einem vor Ablauf der Frist gestellten Antrag auf Aufhebung oder Änderung kann auch nach Ablauf der Frist entsprochen werden.

Siebenter Teil. Außergerichtliches Rechtsbehelfsverfahren[1)]

[Fassung bis 31. 12. 1995]	*[Fassung ab 1. 1. 1996]*
Erster Abschnitt: Zulässigkeit der Rechtsbehelfe	**Erster Abschnitt: Zulässigkeit**[2)]
§ 347 Zulässigkeit der Rechtsbehelfe. (1) Die Rechtsbehelfe dieses Teils sind gegeben:	**§ 347**[2)] **Statthaftigkeit des Einspruchs.** (1) [1] Gegen Verwaltungsakte
1. in Abgabenangelegenheiten, auf die dieses Gesetz Anwendung findet,	1. in Abgabenangelegenheiten, auf die dieses Gesetz Anwendung findet,
2. in Verfahren zur Vollstreckung von Verwaltungsakten in anderen als den in Nummer 1 bezeichneten Angelegenheiten, soweit die Verwaltungsakte durch Bundesfinanzbehörden oder Landesfinanzbehörden nach den Vorschriften dieses Gesetzes zu vollstrecken sind,	2. in Verfahren zur Vollstreckung von Verwaltungsakten in anderen als den in Nummer.1 bezeichneten Angelegenheiten, soweit die Verwaltungsakte durch Bundesfinanzbehörden oder Landesfinanzbehörden nach den Vorschriften dieses Gesetzes zu vollstrecken sind,

---

[1)] Zu §§ 347 ff. siehe Übergangsvorschriften in Art. 97 § 18 Abs. 3 EGAO (Nr. **1.2**).

[2)] Abschnittsüberschrift sowie § 347 neugef. durch G v. 24. 6. 1994 (BGBl. I S. 1395).

[Fassung bis 31. 12. 1995]	*[Fassung ab 1. 1. 1996]*

3. in öffentlich-rechtlichen und berufsrechtlichen Streitigkeiten über Angelegenheiten, die durch den Ersten Teil, den Zweiten und den Sechsten Abschnitt des Zweiten Teils und den Ersten Abschnitt des Dritten Teils des Steuerberatungsgesetzes geregelt werden,

4. in anderen durch die Finanzbehörden verwalteten Angelegenheiten, soweit die Vorschriften über die außergerichtlichen Rechtsbehelfe durch Gesetz für anwendbar erklärt worden sind oder erklärt werden.

(2) ¹Abgabenangelegenheiten sind alle mit der Verwaltung der Abgaben einschließlich der Abgabenvergütungen oder sonst mit der Anwendung der abgabenrechtlichen Vorschriften durch die Finanzbehörden zusammenhängenden Angelegenheiten einschließlich der Maßnahmen der Bundesfinanzbehörden zur Beachtung der Verbote und Beschränkungen für den Warenverkehr über die Grenze; den Abgabenangelegenheiten stehen die Angelegenheiten der Verwaltung der Finanzmonopole gleich. ²Die Vorschriften des Absatzes 1 finden auf das Straf- und Bußgeldverfahren keine Anwendung.

3. in öffentlich-rechtlichen und berufsrechtlichen Angelegenheiten, auf die dieses Gesetz nach § 164a des Steuerberatungsgesetzes Anwendung findet,

4. in anderen durch die Finanzbehörden verwalteten Angelegenheiten, soweit die Vorschriften über die außergerichtlichen Rechtsbehelfe durch Gesetz für anwendbar erklärt worden sind oder erklärt werden,

ist als Rechtsbehelf der Einspruch statthaft. ²Der Einspruch ist außerdem statthaft, wenn geltend gemacht wird, daß in den in Satz 1 bezeichneten Angelegenheiten über einen vom Einspruchsführer gestellten Antrag auf Erlaß eines Verwaltungsaktes ohne Mitteilung eines zureichenden Grundes binnen angemessener Frist sachlich nicht entschieden worden ist.

(2) Abgabenangelegenheiten sind alle mit der Verwaltung der Abgaben einschließlich der Abgabenvergütungen oder sonst mit der Anwendung der abgabenrechtlichen Vorschriften durch die Finanzbehörden zusammenhängenden Angelegenheiten einschließlich der Maßnahmen der Bundesfinanzbehörden zur Beachtung der Verbote und Beschränkungen für den Warenverkehr über die Grenze; den Abgabenangelegenheiten stehen die Angelegenheiten der Verwaltung der Finanzmonopole gleich.

[Fassung bis 31. 12. 1995]

§ 348 Einspruch. (1) Gegen die folgenden Verwaltungsakte ist, auch soweit sie für Zwecke der Vorauszahlungen erteilt werden, als Rechtsbehelf der Einspruch gegeben:

1. Steuerbescheide und Steuervergütungsbescheide (§ 155) sowie Steueranmeldungen (§ 168),

2. Feststellungsbescheide (§ 179), Steuermeßbescheide (§ 184), Zerlegungsbescheide (§ 188) und Zuteilungsbescheide (§ 190) sowie alle anderen Verwaltungsakte, die für die Festsetzung von Steuern verbindlich sind, ausgenommen die Billigkeitsmaßnahmen nach § 163,

3. Verwaltungsakte über Steuervergünstigungen, auf deren Gewährung oder Belassung ein Rechtsanspruch besteht,

4. Haftungsbescheide und Duldungsbescheide (§ 191),

5. verbindliche Zolltarifauskünfte,

6. verbindliche Zusagen nach § 204,

7. Verwaltungsakte, durch die auf Grund des Gesetzes über das Branntweinmonopol ein Kontingent festgesetzt wird (Kontingentbescheide),

8. Aufteilungsbescheide (§ 279),

[Fassung ab 1. 1. 1996]

(3) Die Vorschriften des Siebenten Teils finden auf das Straf- und Bußgeldverfahren keine Anwendung.

§ 348[1] Ausschluß des Einspruchs. Der Einspruch ist nicht statthaft

1. gegen Einspruchsentscheidungen (§ 367),

2. bei Nichtentscheidung über einen Einspruch,

3. gegen Verwaltungsakte der obersten Finanzbehörden des Bundes und der Länder, außer wenn ein Gesetz das Einspruchsverfahren vorschreibt,

4. gegen Entscheidungen des Zulassungsausschusses und des Prüfungsausschusses der Oberfinanzdirektionen in Angelegenheiten des Steuerberatungsgesetzes.

---

[1] § 348 neugef. durch G v. 24. 6. 1994 (BGBl. I S. 1395).

[Fassung bis 31. 12. 1995]   *[Fassung ab 1. 1. 1996]*

 9. Verwaltungsakte nach § 218
    Abs. 2,

10. Verwaltungsakte über Zin-
    sen und Kosten,

11. Verwaltungsakte nach § 251
    Abs. 3.

(2) In den Fällen des Absatzes 1 ist der Einspruch auch gegeben, wenn ein Verwaltungsakt
aufgehoben oder geändert oder
ein Antrag auf Erlaß, Aufhebung
oder Änderung eines Verwaltungsaktes abgelehnt wird.

§ 349[1]) *Beschwerde.* (1) ¹ *Gegen andere als die in § 348 aufgeführten Verwaltungsakte ist als Rechtsbehelf die Beschwerde gegeben.* ² *Dies gilt nicht für Entscheidungen über einen außergerichtlichen Rechtsbehelf.*

(2) ¹ *Die Beschwerde ist außerdem gegeben, wenn jemand geltend macht, daß über einen von ihm gestellten Antrag auf Erlaß eines Verwaltungsaktes ohne Mitteilung eines zureichenden Grundes binnen angemessener Frist sachlich nicht entschieden worden ist.* ² *Entscheidungen über einen außergerichtlichen Rechtsbehelf gelten nicht als Verwaltungsakte in diesem Sinne.*

(3) Die Beschwerde ist nicht gegeben gegen

1. *Verwaltungsakte der obersten Finanzbehörden des Bundes und der Länder sowie der Bundesmonopolverwaltung für Branntwein,*

2. *Entscheidungen des Zulassungsausschusses und des Prüfungsausschusses der Oberfinanzdirektionen in Angelegenheiten des Steuerberatungsgesetzes.*

§ 350 Beschwer. Befugt, *Rechtsbehelfe [**ab 1. 1. 1996:** Einsprü-che]*[2]) einzulegen, ist nur, wer geltend macht, durch einen Verwaltungsakt oder dessen Unterlassung beschwert zu sein.

§ 351 Bindungswirkung anderer Verwaltungsakte. (1) Verwaltungsakte, die unanfechtbare Verwaltungsakte ändern, können
nur insoweit angegriffen werden, als die Änderung reicht, es sei denn,
daß sich aus den Vorschriften über die Aufhebung und Änderung
von Verwaltungsakten etwas anderes ergibt.

(2) Entscheidungen in einem Grundlagenbescheid (§ 171 Abs. 10)
können nur durch Anfechtung dieses Bescheides, nicht auch durch
Anfechtung des Folgebescheides, angegriffen werden.

---

¹) § 349 aufgeh. mWv 1. 1. 1996 durch G v. 24. 6. 1994 (BGBl. I S. 1395).
²) § 350 kursives Wort ersetzt durch Klammerzusatz durch G v. 24. 6. 1994
(BGBl. I S. 1395).

[Fassung bis 31. 12. 1995]

§ 352 Rechtsbehelfsbefugnis bei einheitlichen Feststellungsbescheiden. (1) Einen Einspruch in Angelegenheiten, die einen einheitlichen Feststellungsbescheid über Einkünfte aus Gewerbebetrieb, über den Einheitswert eines gewerblichen Betriebs oder über wirtschaftliche Untereinheiten von gewerblichen Betrieben betreffen, können die folgenden Personen einlegen:

1. soweit es sich darum handelt, wer an dem festgestellten Betrag beteiligt ist und wie dieser sich auf die einzelnen Beteiligten verteilt:
   jeder Gesellschafter oder Gemeinschafter, der durch die Feststellungen hierzu berührt wird,

2. soweit es sich um eine Frage handelt, die einen Gesellschafter oder Gemeinschafter persönlich angeht:
   der Gesellschafter oder Gemeinschafter, der durch die Feststellungen über die Frage berührt wird,

3. im übrigen:
   nur die zur Geschäftsführung berufenen Gesellschafter oder Gemeinschafter.

(2) Sind in anderen als den Fällen des Absatzes 1 einheitliche Feststellungsbescheide gegen Mitberechtigte ergangen, so ist jeder Mitberechtigte befugt, Einspruch einzulegen.

[Fassung ab 1. 1. 1996]

§ 352[1] Einspruchsbefugnis bei der einheitlichen Feststellung. (1) Gegen Bescheide über die einheitliche und gesonderte Feststellung von Besteuerungsgrundlagen können Einspruch einlegen:

1. zur Vertretung berufene Geschäftsführer oder, wenn solche nicht vorhanden sind, der Einspruchsbevollmächtigte im Sinne des Absatzes 2;

2. wenn Personen nach Nummer 1 nicht vorhanden sind, jeder Gesellschafter, Gemeinschafter oder Mitberechtigte, gegen den der Feststellungsbescheid ergangen ist oder zu ergehen hätte;

3. auch wenn Personen nach Nummer 1 vorhanden sind, ausgeschiedene Gesellschafter, Gemeinschafter oder Mitberechtigte, gegen die der Feststellungsbescheid ergangen ist oder zu ergehen hätte;

4. soweit es sich darum handelt, wer an dem festgestellten Betrag beteiligt ist und wie dieser sich auf die einzelnen Beteiligten verteilt, jeder, der durch die Feststellungen hierzu berührt wird;

5. soweit es sich um eine Frage handelt, die einen Beteiligten persönlich angeht, jeder, der durch die Feststellungen über die Frage berührt wird.

(2) [1] Einspruchsbefugt im Sinne des Absatzes 1 Nr. 1 ist der gemeinsame Empfangsbevollmächtigte im Sinne des § 183

---

[1] § 352 neugef. durch G v. 24. 6. 1994 (BGBl. I S. 1395).

[Fassung bis 31. 12. 1995]   *[Fassung ab 1. 1. 1996]*

Abs. 1 Satz 1 oder des § 6 Abs. 1 Satz 1 der Verordnung über die gesonderte Feststellung von Besteuerungsgrundlagen nach § 180 Abs. 2 der Abgabenordnung vom 19. Dezember 1986 (BGBl. I S. 2663). ²Haben die Feststellungsbeteiligten keinen gemeinsamen Empfangsbevollmächtigten bestellt, ist einspruchsbefugt im Sinne des Absatzes 1 Nr. 1 der nach § 183 Abs. 1 Satz 2 fingierte oder der nach § 183 Abs. 1 Satz 3 bis 5 oder nach § 6 Abs. 1 Satz 3 bis 5 der Verordnung über die gesonderte Feststellung von Besteuerungsgrundlagen nach § 180 Abs. 2 der Abgabenordnung von der Finanzbehörde bestimmte Empfangsbevollmächtigte; dies gilt nicht für Feststellungsbeteiligte, die gegenüber der Finanzbehörde der Einspruchsbefugnis des Empfangsbevollmächtigten widersprechen. ³Die Sätze 1 und 2 sind nur anwendbar, wenn die Beteiligten in der Feststellungserklärung oder in der Aufforderung zur Benennung eines Empfangsbevollmächtigten über die Einspruchsbefugnis des Empfangsbevollmächtigten belehrt worden sind.

§ 353 *Rechtsbehelfsbefugnis [ab 1. 1. 1996: Einspruchsbefugnis]*[1] **des Rechtsnachfolgers.** Wirkt ein Feststellungsbescheid über einen Einheitswert, ein Grundsteuermeßbescheid oder ein Zerlegungs- oder Zuteilungsbescheid über einen Grundsteuermeßbetrag gegenüber dem Rechtsnachfolger, ohne daß er diesem bekanntgegeben worden ist (§ 182 Abs. 2, § 184 Abs. 1 Satz 4, §§ 185 und 190), so kann der Rechtsnachfolger nur innerhalb der für den Rechtsvorgän-

---

[1] § 353 kursive Worte ersetzt durch Klammerzusätze durch G v. 24. 6. 1994 (BGBl. I S. 1395).

ger maßgebenden *Rechtsbehelfsfrist* [*ab 1. 1. 1996:* Einspruchsfrist][1]) Einspruch einlegen.

§ 354 *Rechtsbehelfsverzicht* [*ab 1. 1. 1996:* **Einspruchsverzicht**][1]). (1) [1]Auf Einlegung eines *Rechtsbehelfs* [*ab 1. 1. 1996:* Einspruchs][1]) kann nach Erlaß des Verwaltungsaktes verzichtet werden. [2]Der Verzicht kann auch bei Abgabe einer Steueranmeldung für den Fall ausgesprochen werden, daß die Steuer nicht abweichend von der Steueranmeldung festgesetzt wird. [3]Durch den Verzicht wird der *Rechtsbehelf* [*ab 1. 1. 1996:* Einspruch][1]) unzulässig.

(1 a) [1]Soweit Besteuerungsgrundlagen für ein Verständigungs- oder ein Schiedsverfahren nach einem Vertrag im Sinne des § 2 von Bedeutung sein können, kann auf die Einlegung eines *Rechtsbehelfs* [*ab 1. 1. 1996:* Einspruchs][1]) insoweit verzichtet werden. [2]Die Besteuerungsgrundlage, auf die sich der Verzicht beziehen soll, ist genau zu bezeichnen.

(2) [1]Der Verzicht ist gegenüber der zuständigen Finanzbehörde schriftlich oder zur Niederschrift zu erklären; er darf keine weiteren Erklärungen enthalten. [2]Wird nachträglich die Unwirksamkeit des Verzichts geltend gemacht, so gilt § 110 Abs. 3 sinngemäß.

Zweiter Abschnitt: Verfahrensvorschriften

[Fassung bis 31. 12. 1995]

§ 355 Rechtsbehelfsfrist.

(1) [1]Die Rechtsbehelfe gegen einen Verwaltungsakt sind innerhalb eines Monats nach Bekanntgabe des Verwaltungsaktes einzulegen. [2]Ein Rechtsbehelf gegen eine Steueranmeldung ist innerhalb eines Monats nach Eingang der Steueranmeldung bei der Finanzbehörde, in den Fällen des § 168 Satz 2 innerhalb eines Monats nach Bekanntwerden der Zustimmung, einzulegen.

(2) Die Beschwerde nach § 349 Abs. 2 ist unbefristet.

[Fassung ab 1. 1. 1996]

§ 355[2]) Einspruchsfrist.

(1) [1]Der Einspruch nach § 347 Abs. 1 Satz 1 ist innerhalb eines Monats nach Bekanntgabe des Verwaltungsaktes einzulegen. [2]Ein Einspruch gegen eine Steueranmeldung ist innerhalb eines Monats nach Eingang der Steueranmeldung bei der Finanzbehörde, in den Fällen des § 168 Satz 2 innerhalb eines Monats nach Bekanntwerden der Zustimmung, einzulegen.

(2) Der Einspruch nach § 347 Abs. 1 Satz 2 ist unbefristet.

§ 356 Rechtsbehelfsbelehrung. (1) Ergeht ein Verwaltungsakt schriftlich, so beginnt die Frist für die Einlegung des *Rechtsbehelfs* [*ab*

---

[1]) Kursive Worte in §§ 353, 354 ersetzt durch Klammerzusätze durch G v. 24. 6. 1994 (BGBl. I S. 1395).
[2]) § 355 neugef. durch G v. 24. 6. 1994 (BGBl. I S. 1395).

1. 1. 1996: Einspruchs][1] nur, wenn der Beteiligte über den *Rechtsbehelf* [ab *1. 1. 1996:* Einspruch][1] und die Finanzbehörde, bei der er einzulegen ist, deren Sitz und die einzuhaltende Frist schriftlich belehrt worden ist.

(2) [1]Ist die Belehrung unterblieben oder unrichtig erteilt, so ist die Einlegung des *Rechtsbehelfs* [ab *1. 1. 1996:* Einspruchs][1] nur binnen eines Jahres seit Bekanntgabe des Verwaltungsaktes zulässig, es sei denn, daß die Einlegung vor Ablauf der Jahresfrist infolge höherer Gewalt unmöglich war oder eine schriftliche Belehrung dahin erfolgt ist, daß ein *Rechtsbehelf* [ab *1. 1. 1996:* Einspruch][1] nicht gegeben sei. [2]§ 110 Abs. 2 gilt für den Fall höherer Gewalt sinngemäß.

[Fassung bis 31. 12. 1995]

§ 357 Einlegung der Rechtsbehelfe.

(1) [1]Die Rechtsbehelfe sind schriftlich einzureichen oder zur Niederschrift zu erklären. [2]Es genügt, wenn aus dem Schriftstück hervorgeht, wer den Rechtsbehelf eingelegt hat. [3]Einlegung durch Telegramm ist zulässig. [4]Unrichtige Bezeichnung des Rechtsbehelfs schadet nicht.

(2) [1]Der Einspruch oder die Beschwerde ist bei der Finanzbehörde anzubringen, deren Verwaltungsakt angefochten wird oder bei der ein Antrag auf Erlaß eines Verwaltungsaktes gestellt worden ist. [2]Die Beschwerde kann auch bei der zur Entscheidung berufenen Finanzbehörde eingelegt werden. [3]Ferner genügt es, wenn ein Rechtsbehelf, der sich gegen die Feststellung von Besteuerungsgrundlagen oder gegen die Festsetzung eines Steuermeßbetrages richtet, bei der zur Erteilung des Steuerbescheides zuständigen Behörde angebracht wird. [4]Der Rechtsbehelf ist in den Fällen der Sätze 2 und 3 der zuständigen

[Fassung ab 1. 1. 1996]

§ 357[2] Einlegung des Einspruchs.

(1) [1]Der Einspruch ist schriftlich einzureichen oder zur Niederschrift zu erklären. [2]Es genügt, wenn aus dem Schriftstück hervorgeht, wer den Einspruch eingelegt hat. [3]Einlegung durch Telegramm ist zulässig. [4]Unrichtige Bezeichnung des Einspruchs schadet nicht.

(2) [1]Der Einspruch ist bei der Behörde anzubringen, deren Verwaltungsakt angefochten wird oder bei der ein Antrag auf Erlaß eines Verwaltungsaktes gestellt worden ist. [2]Ein Einspruch, der sich gegen die Feststellung von Besteuerungsgrundlagen oder gegen die Festsetzung eines Steuermeßbetrages richtet, kann auch bei der zur Erteilung des Steuerbescheides zuständigen Behörde angebracht werden. [3]Ein Einspruch, der sich gegen einen Verwaltungsakt richtet, den eine Behörde auf Grund gesetzlicher Vorschrift für die zuständige Finanzbehörde erlassen hat, kann auch bei der zuständigen Finanzbehörde angebracht werden. [4]Die schriftliche An-

---

[1] Kursive Worte in § 356 ersetzt durch G v. 24. 6. 1994 (BGBl. I S. 1395).
[2] § 357 neugef. durch G v. 24. 6. 1994 (BGBl. I S. 1395).

[Fassung bis 31. 12. 1995]

Finanzbehörde zu übermitteln. ⁵Die schriftliche Anbringung bei einer anderen Behörde ist unschädlich, wenn der Rechtsbehelf vor Ablauf der Rechtsbehelfsfrist einer der Behörden übermittelt wird, bei der er nach den Sätzen 1 bis 3 angebracht werden kann.

(3) ¹Bei der Einlegung soll der Verwaltungsakt bezeichnet werden, gegen den der Rechtsbehelf gerichtet ist. ²Es soll angegeben werden, inwieweit der Verwaltungsakt angefochten und seine Aufhebung beantragt wird. ³Ferner sollen die Tatsachen, die zur Begründung dienen, und die Beweismittel angeführt werden.

[Fassung ab 1. 1. 1996]

bringung bei einer anderen Behörde ist unschädlich, wenn der Einspruch vor Ablauf der Einspruchsfrist einer der Behörden übermittelt wird, bei der er nach den Sätzen 1 bis 3 angebracht werden kann.

(3) ¹Bei der Einlegung soll der Verwaltungsakt bezeichnet werden, gegen den der Einspruch gerichtet ist. ²Es soll angegeben werden, inwieweit der Verwaltungsakt angefochten und seine Aufhebung beantragt wird. ³Ferner sollen die Tatsachen, die zur Begründung dienen, und die Beweismittel angeführt werden.

§ 358 Prüfung der Zulässigkeitsvoraussetzungen. ¹Die zur Entscheidung über den *Rechtsbehelf* [*ab 1. 1. 1996:* Einspruch]¹⁾ berufene Finanzbehörde hat zu prüfen, ob der *Rechtsbehelf* [*ab 1. 1. 1996:* Einspruch]¹⁾ zulässig, insbesondere in der vorgeschriebenen Form und Frist eingelegt ist. ²Mangelt es an einem dieser Erfordernisse, so ist der *Rechtsbehelf* [*ab 1. 1. 1996:* Einspruch]¹⁾ als unzulässig zu verwerfen.

§ 359 Beteiligte. Beteiligte am Verfahren sind:

1. *wer den Rechtsbehelf eingelegt hat* [*ab 1. 1. 1996:* wer den Einspruch eingelegt hat (Einspruchsführer)]²⁾,
2. wer zum Verfahren hinzugezogen worden ist.

§ 360 Hinzuziehung zum Verfahren

[Fassung bis 31. 12. 1995]

(1) ¹Die zur Entscheidung über den Rechtsbehelf berufene Finanzbehörde kann von Amts wegen oder auf Antrag andere

[Fassung ab 1. 1. 1996]

(1)³⁾ ¹Die zur Entscheidung über den Einspruch berufene Finanzbehörde kann von Amts wegen oder auf Antrag andere

---

¹⁾ § 358 kursive Worte ersetzt durch Klammerzusätze durch G v. 24. 6. 1994 (BGBl. I S. 1395).

²⁾ § 359 Nr. 1 neugef. durch G v. 24. 6. 1994 (BGBl. I S. 1395).

³⁾ § 360 Abs. 1 neugef. durch G v. 24. 6. 1994 (BGBl. I S. 1395).

[Fassung bis 31. 12. 1995]	*[Fassung ab 1. 1. 1996]*
hinzuzuziehen, deren rechtliche Interessen nach den Steuergesetzen durch die Entscheidung berührt werden, insbesondere solche, die nach den Steuergesetzen neben dem Steuerpflichtigen haften. ²Vor der Hinzuziehung ist derjenige zu hören, der den Rechtsbehelf eingelegt hat.	hinzuzuziehen, deren rechtliche Interessen nach den Steuergesetzen durch die Entscheidung berührt werden, insbesondere solche, die nach den Steuergesetzen neben dem Steuerpflichtigen haften. ²Vor der Hinzuziehung ist derjenige zu hören, der den Einspruch eingelegt hat.

(2) Wird eine Abgabe für einen anderen Abgabenberechtigten verwaltet, so kann dieser nicht deshalb hinzugezogen werden, weil seine Interessen als Abgabenberechtigter durch die Entscheidung berührt werden.

(3) ¹Sind an dem streitigen Rechtsverhältnis Dritte derart beteiligt, daß die Entscheidung auch ihnen gegenüber nur einheitlich ergehen kann, so sind sie hinzuzuziehen. ²Dies gilt nicht für Mitberechtigte, die nach § 352 nicht befugt sind, Einspruch einzulegen.

[Fassung bis 31. 12. 1995]	*[Fassung ab 1. 1. 1996]*
(4) Wer zum Verfahren hinzugezogen worden ist, kann dieselben Rechte geltend machen wie derjenige, der den Rechtsbehelf eingelegt hat.	(4)¹⁾ Wer zum Verfahren hinzugezogen worden ist, kann dieselben Rechte geltend machen wie derjenige, der den Einspruch eingelegt hat.

(5)¹⁾ ¹Kommt nach Absatz 3 die Hinzuziehung von mehr als fünfzig Personen in Betracht, kann die Finanzbehörde anordnen, daß nur solche Personen hinzugezogen werden, die dies innerhalb einer bestimmten Frist beantragen. ²Von einer Einzelbekanntgabe der Anordnung kann abgesehen werden, wenn die Anordnung im Bundesanzeiger bekanntgemacht und außerdem in Tageszeitungen veröffentlicht wird, die in dem Bereich verbreitet sind, in dem sich die Entscheidung voraussichtlich auswirken wird. ³Die Frist muß mindestens drei Monate seit Veröffentlichung im Bundesanzeiger betragen. ⁴In der Veröffentlichung in Tageszeitungen ist mitzuteilen, an welchem Tage die Frist abläuft. ⁵Für die Wiedereinsetzung in den vorigen Stand wegen Versäumung der Frist gilt § 110 entsprechend. ⁶Die Finanzbehörde soll Personen, die von der Entscheidung erkennbar in besonderem Maße betroffen werden, auch ohne Antrag hinzuziehen.

§ 361 **Aussetzung der Vollziehung.** (1) ¹Durch Einlegung des *Rechtsbehelfs* [*ab 1. 1. 1996:* Einspruchs]²⁾ wird die Vollziehung des

---

¹⁾ § 360 Abs. 4 neugef., Abs. 5 angef. mWv 1. 1. 1996 durch G v. 24. 6. 1994 (BGBl. I S. 1395).
²⁾ § 361 Abs. 1 Satz 1 kursives Wort ersetzt durch Klammerzusatz durch G v. 24. 6. 1994 (BGBl. I S. 1395).

angefochtenen Verwaltungsaktes vorbehaltlich des Absatzes 4 nicht gehemmt, insbesondere die Erhebung einer Abgabe nicht aufgehalten. ²Entsprechendes gilt bei Anfechtung von Grundlagenbescheiden für die darauf beruhenden Folgebescheide.

(2) ¹Die Finanzbehörde, die den angefochtenen Verwaltungsakt erlassen hat, kann die Vollziehung ganz oder teilweise aussetzen; § 367 Abs. 1 Satz 2 gilt sinngemäß. ²Auf Antrag soll die Aussetzung erfolgen, wenn ernstliche Zweifel an der Rechtmäßigkeit des angefochtenen Verwaltungsaktes bestehen oder wenn die Vollziehung für den Betroffenen eine unbillige, nicht durch überwiegende öffentliche Interessen gebotene Härte zur Folge hätte. ³Die Aussetzung kann von einer Sicherheitsleistung abhängig gemacht werden.

(3) ¹Soweit die Vollziehung eines Grundlagenbescheides ausgesetzt wird, ist auch die Vollziehung eines Folgebescheides auszusetzen. ²Der Erlaß eines Folgebescheides bleibt zulässig. ³Über eine Sicherheitsleistung ist bei der Aussetzung eines Folgebescheides zu entscheiden, es sei denn, daß bei der Aussetzung der Vollziehung des Grundlagenbescheides die Sicherheitsleistung ausdrücklich ausgeschlossen worden ist.

(4) ¹Durch Einlegung eines *außergerichtlichen Rechtsbehelfs* [*ab 1. 1. 1996:* Einspruchs][1] gegen die Untersagung des Gewerbebetriebes oder der Berufsausübung wird die Vollziehung des angefochtenen Verwaltungsaktes gehemmt. ²Die Finanzbehörde, die den Verwaltungsakt erlassen hat, kann die hemmende Wirkung durch besondere Anordnung ganz oder zum Teil beseitigen, wenn sie es im öffentlichen Interesse für geboten hält; sie hat das öffentliche Interesse schriftlich zu begründen. ³§ 367 Abs. 1 Satz 2 gilt sinngemäß.

(5) Gegen die Ablehnung der Aussetzung der Vollziehung kann das Gericht nur nach § 69 Abs. 3 und 5 Satz 3 der Finanzgerichtsordnung angerufen werden.

§ 362 Rücknahme des *Rechtsbehelfs* [*ab 1. 1. 1996:* Einspruchs][1]. (1) ¹Der *Rechtsbehelf* [*ab 1. 1. 1996:* Einspruch][1] kann bis zur Bekanntgabe der Entscheidung über den *Rechtsbehelf* [*ab 1. 1. 1996:* Einspruch][1] zurückgenommen werden. ²§ 357 Abs. 1 und 2 gilt sinngemäß.

(1 a) ¹Soweit Besteuerungsgrundlagen für ein Verständigungs- oder ein Schiedsverfahren nach einem Vertrag im Sinne des § 2 von Bedeutung sein können, kann der *Rechtsbehelf* [*ab 1. 1. 1996:* Einspruch][1] hierauf begrenzt zurückgenommen werden. ²§ 354 Abs. 1 a Satz 2 gilt entsprechend.

---

[1] § 361 Abs. 4 Satz 1, § 362 Abs. 1 Satz 1, Abs. 1 a Satz 1 kursive Worte ersetzt durch Klammerzusätze durch G v. 24. 6. 1994 (BGBl. I S. 1395).

(2) ¹Die Rücknahme hat den Verlust des eingelegten *Rechtsbehelfs* [*ab 1. 1. 1996:* Einspruchs]¹⁾ zur Folge. ²Wird nachträglich die Unwirksamkeit der Rücknahme geltend gemacht, so gilt § 110 Abs. 3 sinngemäß.

[Fassung bis 31. 12. 1995]

§ 363 Aussetzung des Verfahrens. (1) Die zur Entscheidung berufene Finanzbehörde kann, wenn die Entscheidung des Rechtsbehelfs ganz oder zum Teil von dem Bestehen oder Nichtbestehen eines Rechtsverhältnisses abhängt, das den Gegenstand eines anhängigen Rechtsstreits bildet oder von einem Gericht oder einer Verwaltungsbehörde festzustellen ist, anordnen, daß die Entscheidung bis zur Erledigung des anderen Rechtsstreits oder bis zur Entscheidung des Gerichts oder der Verwaltungsbehörde ausgesetzt wird.

(2) Die zur Entscheidung berufene Finanzbehörde kann das Verfahren mit Zustimmung des Beteiligten, der den Rechtsbehelf eingelegt hat, ruhen lassen, wenn das aus wichtigen Gründen zweckmäßig erscheint.

[Fassung ab 1. 1. 1996]

§ 363²⁾ Aussetzung und Ruhen des Verfahrens. (1) Hängt die Entscheidung ganz oder zum Teil von dem Bestehen oder Nichtbestehen eines Rechtsverhältnisses ab, das den Gegenstand eines anhängigen Rechtsstreits bildet oder von einem Gericht oder einer Verwaltungsbehörde festzustellen ist, kann die Finanzbehörde die Entscheidung bis zur Erledigung des anderen Rechtsstreits oder bis zur Entscheidung des Gerichts oder der Verwaltungsbehörde aussetzen.

(2) ¹Die Finanzbehörde kann das Verfahren mit Zustimmung des Einspruchsführers ruhen lassen, wenn das aus wichtigen Gründen zweckmäßig erscheint. ²Ist wegen der Verfassungsmäßigkeit einer Rechtsnorm oder wegen einer Rechtsfrage ein Verfahren bei dem Europäischen Gerichtshof, dem Bundesverfassungsgericht oder einem obersten Bundesgericht anhängig und wird der Einspruch hierauf gestützt, ruht das Einspruchsverfahren insoweit; dies gilt nicht, soweit nach § 165 Abs. 1 Satz 2 Nr. 3 die Steuer vorläufig festgesetzt wurde. ³Mit Zustimmung der obersten Finanzbehörde kann durch öffentlich bekanntzugebende Allgemeinverfügung

---

¹⁾ § 362 Abs. 2 Satz 1 kursive Worte ersetzt durch Klammerzusätze durch G v. 24. 6. 1994 (BGBl. I S. 1395).

²⁾ § 363 neugef. durch G v. 24. 6. 1994 (BGBl. I S. 1395).

[Fassung bis 31. 12. 1995]   *[Fassung ab 1. 1. 1996]*

für bestimmte Gruppen gleich-gelagerter Fälle angeordnet wer-den, daß Einspruchsverfahren in-soweit auch in anderen als den in den Sätzen 1 und 2 genannten Fällen ruhen. [4]Das Einspruchs-verfahren ist fortzusetzen, wenn der Einspruchsführer dies bean-tragt oder die Finanzbehörde dies dem Einspruchsführer mit-teilt.

(3) Wird ein Antrag auf Aus-setzung oder Ruhen des Ver-fahrens abgelehnt oder die Aus-setzung oder das Ruhen des Verfahrens widerrufen, kann die Rechtswidrigkeit der Ablehnung oder des Widerrufs nur durch Klage gegen die Einspruchsent-scheidung geltend gemacht wer-den.

§ 364 Mitteilung der Besteuerungsunterlagen. Den Beteiligten sind, soweit es noch nicht geschehen ist, die Unterlagen der Besteue-rung auf Antrag oder, wenn die Begründung des *Rechtsbehelfs [**ab 1. 1. 1996:** Einspruchs][1]* dazu Anlaß gibt, von Amts wegen mitzutei-len.

§ 364a[2] Erörterung des Sach- und Rechtsstands. (1) [1]Auf Antrag eines Einspruchsführers soll die Finanzbehörde vor Erlaß einer Einspruchsentscheidung den Sach- und Rechtsstand erörtern. [2]Wei-tere Beteiligte können hierzu geladen werden, wenn die Finanz-behörde dies für sachdienlich hält. [3]Die Finanzbehörde kann auch ohne Antrag eines Einspruchsführers diesen und weitere Beteiligte zu einer Erörterung laden.

(2) [1]Von einer Erörterung mit mehr als 10 Beteiligten kann die Fi-nanzbehörde absehen. [2]Bestellen die Beteiligten innerhalb einer von der Finanzbehörde bestimmten angemessenen Frist einen gemeinsa-men Vertreter, soll der Sach- und Rechtsstand mit diesem erörtert werden.

---

[1] § 364 kursives Wort ersetzt durch Klammerzusatz durch G v. 24. 6. 1994 (BGBl. I S. 1395).

[2] § 364a eingef. mWv 1. 1. 1996 durch G v. 24. 6. 1994 (BGBl. I S. 1395).

(3) ¹Die Beteiligten können sich durch einen Bevollmächtigten vertreten lassen. ²Sie können auch persönlich zur Erörterung geladen werden, wenn die Finanzbehörde dies für sachdienlich hält.

(4) Das Erscheinen kann nicht nach § 328 erzwungen werden.

§ 364b¹⁾ **Fristsetzung.** (1) Die Finanzbehörde kann dem Einspruchsführer eine Frist setzen

1. zur Angabe der Tatsachen, durch deren Berücksichtigung oder Nichtberücksichtigung er sich beschwert fühlt,

2. zur Erklärung über bestimmte klärungsbedürftige Punkte,

3. zur Bezeichnung von Beweismitteln oder zur Vorlage von Urkunden, soweit er dazu verpflichtet ist.

(2) ¹Erklärungen und Beweismittel, die erst nach Ablauf der nach Absatz 1 gesetzten Frist vorgebracht werden, sind nicht zu berücksichtigen. ²§ 367 Abs. 2 Satz 2 bleibt unberührt. ³Bei Überschreitung der Frist gilt § 110 entsprechend.

(3) Der Einspruchsführer ist mit der Fristsetzung über die Rechtsfolgen nach Absatz 2 zu belehren.

§ 365²⁾ **Anwendung von Verfahrensvorschriften.** (1) Für das Verfahren über den außergerichtlichen *Rechtsbehelf* [*ab 1. 1. 1996:* Einspruch]²⁾ gelten im übrigen die Vorschriften sinngemäß, die für den Erlaß des angefochtenen oder des begehrten Verwaltungsaktes gelten.

(2) In den Fällen des § 93 Abs. 5, des § 96 Abs. 7 Satz 2 und der §§ 98 bis 100 ist den Beteiligten und ihren Bevollmächtigten und Beiständen (§ 80) Gelegenheit zu geben, an der Beweisaufnahme teilzunehmen.

[Fassung bis 31. 12. 1995]

(3) Wird der angefochtene Verwaltungsakt geändert oder ersetzt, so wird der neue Verwaltungsakt Gegenstand des Rechtsbehelfsverfahrens.

[Fassung ab 1. 1. 1996]

(3) ¹Wird der angefochtene Verwaltungsakt geändert oder ersetzt, so wird der neue Verwaltungsakt Gegenstand des Einspruchsverfahrens. ²Satz 1 gilt entsprechend, wenn

1. ein Verwaltungsakt nach § 129 berichtigt wird oder

2. ein Verwaltungsakt an die Stelle eines angefochtenen

---

¹⁾ § 364b eingef. mWv 1. 1. 1996 durch G v. 24. 6. 1994 (BGBl. I S. 1395).
²⁾ § 365 Abs. 1 kursiver Satzteil ersetzt durch Klammerzusatz und Abs. 3 neugef. durch G v. 24. 6. 1994 (BGBl. I S. 1395). Zur Anwendung von Abs. 3 Satz 2 Nr. 1 siehe Art. 97 § 18 Abs. 3 EGAO (Nr. **1.2**).

[Fassung bis 31. 12. 1995]

[Fassung ab 1. 1. 1996]
unwirksamen Verwaltungsaktes tritt.

§ 366 Form und Inhalt der Rechtsbehelfsentscheidung. ¹Die Rechtsbehelfsentscheidung ist schriftlich abzufassen, zu begründen, mit einer Rechtsbehelfsbelehrung zu versehen und den Beteiligten bekanntzugeben. ²§ 122 gilt entsprechend.

§ 366¹⁾ Form und Inhalt der Einspruchsentscheidung. ¹Die Einspruchsentscheidung ist schriftlich abzufassen, zu begründen, mit einer Rechtsbehelfsbelehrung zu versehen und den Beteiligten bekanntzugeben. ²§ 122 gilt entsprechend.

§ 367 Entscheidung über den Einspruch. (1) ¹Über den Einspruch entscheidet die Finanzbehörde, die den Verwaltungsakt erlassen hat, durch Einspruchsentscheidung. ²Ist für den Steuerfall nachträglich eine andere Finanzbehörde zuständig geworden, so entscheidet diese Finanzbehörde; § 26 Satz 2 bleibt unberührt.

(2) ¹Die Finanzbehörde, die über den Einspruch entscheidet, hat die Sache in vollem Umfang erneut zu prüfen. ²Der Verwaltungsakt kann auch zum Nachteil *dessen, der den Einspruch eingelegt hat,* [*ab 1. 1. 1996:* des Einspruchsführers]²⁾ geändert werden, wenn dieser auf die Möglichkeit einer verbösernden Entscheidung unter Angabe von Gründen hingewiesen und ihm Gelegenheit gegeben worden ist, sich hierzu zu äußern. ³Einer Einspruchsentscheidung bedarf es nur insoweit, als die Finanzbehörde dem Einspruch nicht abhilft.

(3) ¹Richtet sich der Einspruch gegen einen Verwaltungsakt, den eine Behörde auf Grund gesetzlicher Vorschrift für die zuständige Finanzbehörde erlassen hat, so entscheidet die zuständige Finanzbehörde über den Einspruch. ²Auch die für die zuständige Finanzbehörde handelnde Behörde ist berechtigt, dem Einspruch abzuhelfen.

§ 368³⁾ *Entscheidung über die Beschwerde.* (1) ¹*Die Finanzbehörde, deren Verwaltungsakt mit der Beschwerde angefochten ist oder von der mit der Beschwerde der Erlaß eines Verwaltungsaktes begehrt wird, kann der Beschwerde abhelfen; § 367 Abs. 1 Satz 2 gilt sinngemäß. ²Der Beschwerde kann auch die Behörde abhelfen, die den angefochtenen Verwaltungsakt auf Grund gesetzlicher Vorschrift für die zuständige Finanzbehörde erlassen hat oder von der begehrt wird, daß sie auf Grund gesetzlicher Vorschrift für die zuständige Finanzbehörde einen Verwaltungsakt erläßt.*

---

¹⁾ § 366 neugef. durch G v. 24. 6. 1994 (BGBl. I S. 1395).
²⁾ § 367 Abs. 2 Satz 2 kursive Worte ersetzt durch Klammerzusatz durch G v. 24. 6. 1994 (BGBl. I S. 1395).
³⁾ § 368 aufgeh. mWv 1. 1. 1996 durch G v. 24. 6. 1994 (BGBl. I S. 1395).

(2) ¹ Wird der Beschwerde nicht abgeholfen, so ist sie der zur Entscheidung berufenen Finanzbehörde vorzulegen. ² Über die Beschwerde entscheidet die nächsthöhere Behörde durch Beschwerdeentscheidung. ³ In den Fällen des Absatzes 1 Satz 2 entscheidet die der zuständigen Finanzbehörde vorgesetzte Behörde.

Achter Teil. Straf- und Bußgeldvorschriften; Straf- und Bußgeldverfahren

Erster Abschnitt: Strafvorschriften

§ 369 Steuerstraftaten. (1) Steuerstraftaten (Zollstraftaten) sind:

1. Taten, die nach den Steuergesetzen strafbar sind,
2. der Bannbruch,
3. die Wertzeichenfälschung und deren Vorbereitung, soweit die Tat Steuerzeichen betrifft,
4. die Begünstigung einer Person, die eine Tat nach den Nummern 1 bis 3 begangen hat.

(2) Für Steuerstraftaten gelten die allgemeinen Gesetze über das Strafrecht, soweit die Strafvorschriften der Steuergesetze nichts anderes bestimmen.

§ 370 Steuerhinterziehung. (1) Mit Freiheitsstrafe bis zu 5 Jahren oder mit Geldstrafe wird bestraft, wer

1. den Finanzbehörden oder anderen Behörden über steuerlich erhebliche Tatsachen unrichtige oder unvollständige Angaben macht,
2. die Finanzbehörden pflichtwidrig über steuerlich erhebliche Tatsachen in Unkenntnis läßt oder
3. pflichtwidrig die Verwendung von Steuerzeichen oder Steuerstemplern unterläßt

und dadurch Steuern verkürzt oder für sich oder einen anderen nicht gerechtfertigte Steuervorteile erlangt.

(2) Der Versuch ist strafbar.

(3) ¹ In besonders schweren Fällen ist die Strafe Freiheitsstrafe von sechs Monaten bis zu zehn Jahren. ² Ein besonders schwerer Fall liegt in der Regel vor, wenn der Täter

1. aus grobem Eigennutz in großem Ausmaß Steuern verkürzt oder nicht gerechtfertigte Steuervorteile erlangt,
2. seine Befugnisse oder seine Stellung als Amtsträger mißbraucht,
3. die Mithilfe eines Amtsträgers ausnutzt, der seine Befugnisse oder seine Stellung mißbraucht, oder

4. unter Verwendung nachgemachter oder verfälschter Belege fortgesetzt Steuern verkürzt oder nicht gerechtfertigte Steuervorteile erlangt.

(4) [1] Steuern sind namentlich dann verkürzt, wenn sie nicht, nicht in voller Höhe oder nicht rechtzeitig festgesetzt werden; dies gilt auch dann, wenn die Steuer vorläufig oder unter Vorbehalt der Nachprüfung festgesetzt wird oder eine Steueranmeldung einer Steuerfestsetzung unter Vorbehalt der Nachprüfung gleichsteht. [2] Steuervorteile sind auch Steuervergütungen; nicht gerechtfertigte Steuervorteile sind erlangt, soweit sie zu Unrecht gewährt oder belassen werden. [3] Die Voraussetzungen der Sätze 1 und 2 sind auch dann erfüllt, wenn die Steuer, auf die sich die Tat bezieht, aus anderen Gründen hätte ermäßigt oder der Steuervorteil aus anderen Gründen hätte beansprucht werden können.

(5) Die Tat kann auch hinsichtlich solcher Waren begangen werden, deren Einfuhr, Ausfuhr oder Durchfuhr verboten ist.

(6) [1] Die Absätze 1 bis 5 gelten auch dann, wenn sich die Tat auf Eingangsabgaben bezieht, die von einem anderen Mitgliedstaat der Europäischen Gemeinschaften verwaltet werden oder die einem Mitgliedstaat der Europäischen Freihandelsassoziation oder einem mit dieser assoziierten Staat zustehen. [2] Das gleiche gilt, wenn sich die Tat auf Umsatzsteuern oder auf harmonisierte Verbrauchsteuern, für die in Artikel 3 Abs. 1 der Richtlinie 92/12/EWG des Rates vom 25. Februar 1992 (ABl. EG Nr. L 76 S. 1) genannten Waren bezieht, die von einem anderen Mitgliedstaat der Europäischen Gemeinschaften verwaltet werden. [3] Die in Satz 2 bezeichneten Taten werden nur verfolgt, wenn die Gegenseitigkeit zur Zeit der Tat verbürgt und dies in einer Rechtsverordnung nach Satz 4 festgestellt ist. [4] Das Bundesministerium der Finanzen wird ermächtigt, mit Zustimmung des Bundesrates in einer Rechtsverordnung festzustellen, im Hinblick auf welche Mitgliedstaaten der Europäischen Gemeinschaften Taten im Sinne des Satzes 2 wegen Verbürgung der Gegenseitigkeit zu verfolgen sind.

(7) Die Absätze 1 bis 5 gelten unabhängig von dem Recht des Tatortes auch für Taten, die außerhalb des Geltungsbereiches dieses Gesetzes begangen werden.

§ 371 Selbstanzeige bei Steuerhinterziehung. (1) Wer in den Fällen des § 370 unrichtige oder unvollständige Angaben bei der Finanzbehörde berichtigt oder ergänzt oder unterlassene Angaben nachholt, wird insoweit straffrei.

(2) Straffreiheit tritt nicht ein, wenn

1. vor der Berichtigung, Ergänzung oder Nachholung

   a) ein Amtsträger der Finanzbehörde zur steuerlichen Prüfung oder zur Ermittlung einer Steuerstraftat oder einer Steuerordnungswidrigkeit erschienen ist oder

b) dem Täter oder seinem Vertreter die Einleitung des Straf- oder Bußgeldverfahrens wegen der Tat bekannt gegeben worden ist oder

2. die Tat im Zeitpunkt der Berichtigung, Ergänzung oder Nachholung ganz oder zum Teil bereits entdeckt war und der Täter dies wußte oder bei verständiger Würdigung der Sachlage damit rechnen mußte.

(3) Sind Steuerverkürzungen bereits eingetreten oder Steuervorteile erlangt, so tritt für einen an der Tat Beteiligten Straffreiheit nur ein, soweit er die zu seinen Gunsten hinterzogenen Steuern innerhalb der ihm bestimmten angemessenen Frist entrichtet.

(4) [1] Wird die in § 153 vorgesehene Anzeige rechtzeitig und ordnungsmäßig erstattet, so wird ein Dritter, der die in § 153 bezeichneten Erklärungen abzugeben unterlassen oder unrichtig oder unvollständig abgegeben hat, strafrechtlich nicht verfolgt, es sei denn, daß ihm oder seinem Vertreter vorher die Einleitung eines Straf- oder Bußgeldverfahrens wegen der Tat bekanntgegeben worden ist. [2] Hat der Dritte zum eigenen Vorteil gehandelt, so gilt Absatz 3 entsprechend.

§ 372 Bannbruch. (1) Bannbruch begeht, wer Gegenstände entgegen einem Verbot einführt, ausführt oder durchführt.

(2) Der Täter wird nach § 370 Absatz 1, 2 bestraft, wenn die Tat nicht in anderen Vorschriften als Zuwiderhandlung gegen ein Einfuhr-, Ausfuhr- oder Durchfuhrverbot mit Strafe oder mit Geldbuße bedroht ist.

§ 373 Gewerbsmäßiger, gewaltsamer und bandenmäßiger Schmuggel. (1) Wer gewerbsmäßig Eingangsabgaben hinterzieht oder gewerbsmäßig durch Zuwiderhandlungen gegen Monopolvorschriften Bannbruch begeht, wird mit Freiheitsstrafe von drei Monaten bis zu fünf Jahren bestraft.

(2) Ebenso wird bestraft, wer

1. eine Hinterziehung von Eingangsabgaben oder einen Bannbruch begeht, bei denen er oder ein anderer Beteiligter eine Schußwaffe bei sich führt,

2. eine Hinterziehung von Eingangsabgaben oder einen Bannbruch begeht, bei denen er oder ein anderer Beteiligter eine Waffe oder sonst ein Werkzeug oder Mittel bei sich führt, um den Widerstand eines anderen durch Gewalt oder Drohung mit Gewalt zu verhindern oder zu überwinden, oder

3. als Mitglied einer Bande, die sich zur fortgesetzten Begehung der Hinterziehung von Eingangsabgaben oder des Bannbruchs verbunden hat, unter Mitwirkung eines anderen Bandenmitglieds die Tat ausführt.

§ 374 Steuerhehlerei. (1) Wer Erzeugnisse oder Waren, hinsichtlich deren Verbrauchsteuern oder Zoll hinterzogen oder Bannbruch nach § 372 Abs. 2, § 373 begangen worden ist, ankauft oder sonst sich oder einem Dritten verschafft, sie absetzt oder abzusetzen hilft, um sich oder einen Dritten zu bereichern, wird nach § 370 Abs. 1 und 2, wenn er gewerbsmäßig handelt, nach § 373 bestraft.

(2) Absatz 1 gilt auch dann, wenn Eingangsabgaben hinterzogen worden sind, die von einem anderen Mitgliedstaat der Europäischen Gemeinschaften verwaltet werden oder die einem Mitgliedstaat der Europäischen Freihandelsassoziation oder einem mit dieser assoziierten Staat zustehen; § 370 Abs. 7 gilt entsprechend.

§ 375 Nebenfolgen. (1) Neben einer Freiheitsstrafe von mindestens einem Jahr wegen

1. Steuerhinterziehung,
2. Bannbruchs nach § 372 Abs. 2, § 373,
3. Steuerhehlerei oder
4. Begünstigung einer Person, die eine Tat nach den Nummern 1 bis 3 begangen hat,

kann das Gericht die Fähigkeit, öffentliche Ämter zu bekleiden, und die Fähigkeit, Rechte aus öffentlichen Wahlen zu erlangen, aberkennen (§ 45 Abs. 2 des Strafgesetzbuches).

(2) [1]Ist eine Steuerhinterziehung, ein Bannbruch nach § 372 Abs. 2, § 373 oder eine Steuerhehlerei begangen worden, so können

1. die Erzeugnisse, Waren und andere Sachen, auf die sich die Hinterziehung von Verbrauchsteuer oder Zoll, der Bannbruch oder die Steuerhehlerei bezieht, und
2. die Beförderungsmittel, die zur Tat benutzt worden sind,

eingezogen werden. [2]§ 74a des Strafgesetzbuches ist anzuwenden.

§ 376 Unterbrechung der Verfolgungsverjährung. Die Verjährung der Verfolgung einer Steuerstraftat wird auch dadurch unterbrochen, daß dem Beschuldigten die Einleitung des Bußgeldverfahrens bekanntgegeben oder diese Bekanntgabe angeordnet wird.

Zweiter Abschnitt: Bußgeldvorschriften

§ 377 Steuerordnungswidrigkeiten. (1) Steuerordnungswidrigkeiten (Zollordnungswidrigkeiten) sind Zuwiderhandlungen, die nach den Steuergesetzen mit Geldbuße geahndet werden können.

(2) Für Steuerordnungswidrigkeiten gelten die Vorschriften des Ersten Teils des Gesetzes über Ordnungswidrigkeiten,[1] soweit die Bußgeldvorschriften der Steuergesetze nichts anderes bestimmen.

---

[1] OWiG idF der Bek. v. 19. 2. 1987 (BGBl. I S. 602), zuletzt geänd. durch G v. 15. 7. 1992 (BGBl. I S. 1302).

§ 378 **Leichtfertige Steuerverkürzung.** (1) [1] Ordnungswidrig handelt, wer als Steuerpflichtiger oder bei Wahrnehmung der Angelegenheiten eines Steuerpflichtigen eine der in § 370 Abs. 1 bezeichneten Taten leichtfertig begeht. [2] § 370 Abs. 4 bis 7 gilt entsprechend.

(2) Die Ordnungswidrigkeit kann mit einer Geldbuße bis zu hunderttausend Deutsche Mark geahndet werden.

(3) [1] Eine Geldbuße wird nicht festgesetzt, soweit der Täter unrichtige oder unvollständige Angaben bei der Finanzbehörde berichtigt oder ergänzt oder unterlassene Angaben nachholt, bevor ihm oder seinem Vertreter die Einleitung eines Straf- oder Bußgeldverfahrens wegen der Tat bekanntgegeben worden ist. [2] § 371 Abs. 3 und 4 gilt entsprechend.

§ 379 **Steuergefährdung.** (1) [1] Ordnungswidrig handelt, wer vorsätzlich oder leichtfertig

1. Belege ausstellt, die in tatsächlicher Hinsicht unrichtig sind, oder

2. nach Gesetz buchungs- oder aufzeichnungspflichtige Geschäftsvorfälle oder Betriebsvorgänge nicht oder in tatsächlicher Hinsicht unrichtig verbucht oder verbuchen läßt

und dadurch ermöglicht, Steuern zu verkürzen oder nicht gerechtfertigte Steuervorteile zu erlangen. [2] Satz 1 Nr. 1 gilt auch dann, wenn Eingangsabgaben verkürzt werden können, die von einem anderen Mitgliedstaat der Europäischen Gemeinschaften verwaltet werden oder die einem Staat zustehen, der für Waren aus den Europäischen Gemeinschaften auf Grund eines Assoziations- oder Präferenzabkommens eine Vorzugsbehandlung gewährt; § 370 Abs. 7 gilt entsprechend. [3] Das gleiche gilt, wenn sich die Tat auf Umsatzsteuern bezieht, die von einem anderen Mitgliedstaat der Europäischen Gemeinschaften verwaltet werden.

(2) Ordnungswidrig handelt, wer vorsätzlich oder leichtfertig

1. der Mitteilungspflicht nach § 138 Abs. 2 nicht, nicht vollständig oder nicht rechtzeitig nachkommt,

2. die Pflicht zur Kontenwahrheit nach § 154 Abs. 1 verletzt.

(3) Ordnungswidrig handelt, wer vorsätzlich oder fahrlässig einer Auflage nach § 120 Abs. 2 Nr. 4 zuwiderhandelt, die einem Verwaltungsakt für Zwecke der besonderen Steueraufsicht (§§ 209 bis 217) beigefügt worden ist.

(4) Die Ordnungswidrigkeit kann mit einer Geldbuße bis zu zehntausend Deutsche Mark geahndet werden, wenn die Handlung nicht nach § 378 geahndet werden kann.

§ 380 **Gefährdung der Abzugsteuern.** (1) Ordnungswidrig handelt, wer vorsätzlich oder leichtfertig seiner Verpflichtung, Steuerabzugsbeträge einzubehalten und abzuführen, nicht, nicht vollständig oder nicht rechtzeitig nachkommt.

(2) Die Ordnungswidrigkeit kann mit einer Geldbuße bis zu zehntausend Deutsche Mark geahndet werden, wenn die Handlung nicht nach § 378 geahndet werden kann.

§ 381 Verbrauchsteuergefährdung. (1)[1] Ordnungswidrig handelt, wer vorsätzlich oder leichtfertig Vorschriften der Verbrauchsteuergesetze oder der dazu erlassenen Rechtsverordnungen

1. über die zur Vorbereitung, Sicherung oder Nachprüfung der Besteuerung auferlegten Pflichten,

2. über Verpackung und Kennzeichnung verbrauchsteuerpflichtiger Erzeugnisse oder Waren, die solche Erzeugnisse enthalten, oder über Verkehrs- oder Verwendungsbeschränkungen für solche Erzeugnisse oder Waren oder

3. über den Verbrauch unversteuerter Waren in den Freihäfen

zuwiderhandelt, soweit die Verbrauchsteuergesetze oder die dazu erlassenen Rechtsverordnungen für einen bestimmten Tatbestand auf diese Bußgeldvorschrift verweisen.

(2) Die Ordnungswidrigkeit kann mit einer Geldbuße bis zu zehntausend Deutsche Mark geahndet werden, wenn die Handlung nicht nach § 378 geahndet werden kann.

§ 382 Gefährdung der Eingangsabgaben. (1) Ordnungswidrig handelt, wer als Pflichtiger oder bei der Wahrnehmung der Angelegenheiten eines Pflichtigen vorsätzlich oder fahrlässig Vorschriften der Zollgesetze, der dazu erlassenen Rechtsverordnungen oder der Verordnungen des Rates oder der Kommission der Europäischen Gemeinschaften zuwiderhandelt, die

1. für die zollamtliche Erfassung des Warenverkehrs über die Grenze des Zollgebiets der Europäischen Gemeinschaft sowie über die Freizonengrenzen,

2. für die Überführung von Waren in ein Zollverfahren und dessen Durchführung oder für die Erlangung einer sonstigen zollrechtlichen Bestimmung von Waren,

3. für den grenznahen Raum sowie die darüber hinaus der Grenzaufsicht unterworfenen Gebiete

gelten, soweit die Zollgesetze, die dazu oder die auf Grund von Absatz 4 erlassenen Rechtsverordnungen für einen bestimmten Tatbestand auf diese Bußgeldvorschrift verweisen.

(2) Absatz 1 ist auch anzuwenden, soweit die Zollgesetze und die dazu erlassenen Rechtsverordnungen für Verbrauchsteuern sinngemäß gelten.

---

[1] Vgl. Art. 97 § 20 EGAO (Nr. **1.2**).

(3) Die Ordnungswidrigkeit kann mit einer Geldbuße bis zu zehntausend Deutsche Mark geahndet werden, wenn die Handlung nicht nach § 378 geahndet werden kann.

(4) Das Bundesministerium der Finanzen kann durch Rechtsverordnungen die Tatbestände der Verordnungen des Rates oder der Kommission der Europäischen Gemeinschaften, die nach den Absätzen 1 bis 3 als Ordnungswidrigkeiten mit Geldbuße geahndet werden können, bezeichnen, soweit dies zur Durchführung dieser Rechtsvorschriften erforderlich ist und die Tatbestände Pflichten zur Gestellung oder Vorführung von Waren, zur Abgabe von Erklärungen oder Anzeigen, zur Aufnahme von Niederschriften sowie zur Ausfüllung oder Vorlage von Zolldokumenten oder zur Aufnahme von Vermerken in solchen Dokumenten betreffen.

§ 383 Unzulässiger Erwerb von Steuererstattungs- und Vergütungsansprüchen. (1) Ordnungswidrig handelt, wer entgegen § 46 Abs. 4 Satz 1 Erstattungs- oder Vergütungsansprüche erwirbt.

(2) Die Ordnungswidrigkeit kann mit einer Geldbuße bis zu hunderttausend Deutsche Mark geahndet werden.

§ 384 Verfolgungsverjährung. Die Verfolgung von Steuerordnungswidrigkeiten nach den §§ 378 bis 380 verjährt in fünf Jahren.

Dritter Abschnitt: Strafverfahren

1. Unterabschnitt: Allgemeine Vorschriften

§ 385 Geltung von Verfahrensvorschriften. (1) Für das Strafverfahren wegen Steuerstraftaten gelten, soweit die folgenden Vorschriften nichts anderes bestimmen, die allgemeinen Gesetze über das Strafverfahren, namentlich die Strafprozeßordnung, das Gerichtsverfassungsgesetz und das Jugendgerichtsgesetz.

(2) Die für Steuerstraftaten geltenden Vorschriften dieses Abschnitts, mit Ausnahme des § 386 Abs. 2 sowie der §§ 399 bis 401, sind bei dem Verdacht einer Straftat, die unter Vorspiegelung eines steuerlich erheblichen Sachverhaltes gegenüber der Finanzbehörde oder einer anderen Behörde auf die Erlangung von Vermögensvorteilen gerichtet ist und kein Steuerstrafgesetz verletzt, entsprechend anzuwenden.

§ 386 Zuständigkeit der Finanzbehörde bei Steuerstraftaten. (1) ¹Bei dem Verdacht einer Steuerstraftat ermittelt die Finanzbehörde den Sachverhalt. ²Finanzbehörde im Sinne dieses Abschnitts ist das Hauptzollamt, das Finanzamt und das Bundesamt für Finanzen.

(2) Die Finanzbehörde führt das Ermittlungsverfahren in den Grenzen des § 399 Abs. 1 und der §§ 400, 401 selbständig durch, wenn die Tat

1. ausschließlich eine Steuerstraftat darstellt oder

2. zugleich andere Strafgesetze verletzt und deren Verletzung Kirchensteuern oder andere öffentlich-rechtliche Abgaben betrifft, die an Besteuerungsgrundlagen, Steuermeßbeträge oder Steuerbeträge anknüpfen.

(3) Absatz 2 gilt nicht, sobald gegen einen Beschuldigten wegen der Tat ein Haftbefehl oder ein Unterbringungsbefehl erlassen ist.

(4) ¹Die Finanzbehörde kann die Strafsache jederzeit an die Staatsanwaltschaft abgeben. ²Die Staatsanwaltschaft kann die Strafsache jederzeit an sich ziehen. ³In beiden Fällen kann die Staatsanwaltschaft im Einvernehmen mit der Finanzbehörde die Strafsache wieder an die Finanzbehörde abgeben.

§ 387 Sachlich zuständige Finanzbehörde. (1) Sachlich zuständig ist die Finanzbehörde, welche die betroffene Steuer verwaltet.

(2) ¹Die Zuständigkeit nach Absatz 1 kann durch Rechtsverordnung einer Finanzbehörde für den Bereich mehrerer Finanzbehörden übertragen werden, soweit dies mit Rücksicht auf die Wirtschafts- oder Verkehrsverhältnisse, den Aufbau der Verwaltungsbehörden oder andere örtliche Bedürfnisse zweckmäßig erscheint. ²Die Rechtsverordnung erläßt, soweit die Finanzbehörde eine Landesbehörde ist, die Landesregierung, im übrigen das Bundesministerium der Finanzen. ³Die Rechtsverordnung des Bundesministeriums der Finanzen bedarf nicht der Zustimmung des Bundesrates. ⁴Die Landesregierung kann die Ermächtigung auf die für die Finanzverwaltung zuständige oberste Landesbehörde übertragen.

§ 388 Örtlich zuständige Finanzbehörde. (1) Örtlich zuständig ist die Finanzbehörde,

1. in deren Bezirk die Steuerstraftat begangen oder entdeckt worden ist,

2. die zur Zeit der Einleitung des Strafverfahrens für die Abgabenangelegenheiten zuständig ist oder

3. in deren Bezirk der Beschuldigte zur Zeit der Einleitung des Strafverfahrens seinen Wohnsitz hat.

(2) ¹Ändert sich der Wohnsitz des Beschuldigten nach Einleitung des Strafverfahrens, so ist auch die Finanzbehörde örtlich zuständig, in deren Bezirk der neue Wohnsitz liegt. ²Entsprechendes gilt, wenn sich die Zuständigkeit der Finanzbehörde für die Abgabenangelegenheit ändert.

(3) Hat der Beschuldigte im räumlichen Geltungsbereich dieses Gesetzes keinen Wohnsitz, so wird die Zuständigkeit auch durch den gewöhnlichen Aufenthaltsort bestimmt.

§ 389 Zusammenhängende Strafsachen. [1]Für zusammenhängende Strafsachen, die einzeln nach § 388 zur Zuständigkeit verschiedener Finanzbehörden gehören würden, ist jede dieser Finanzbehörden zuständig. [2]§ 3 der Strafprozeßordnung gilt entsprechend.

§ 390 Mehrfache Zuständigkeit. (1) Sind nach den §§ 387 bis 389 mehrere Finanzbehörden zuständig, so gebührt der Vorzug der Finanzbehörde, die wegen der Tat zuerst ein Strafverfahren eingeleitet hat.

(2) [1]Auf Ersuchen dieser Finanzbehörde hat eine andere zuständige Finanzbehörde die Strafsache zu übernehmen, wenn dies für die Ermittlungen sachdienlich erscheint. [2]In Zweifelsfällen entscheidet die Behörde, der die ersuchte Finanzbehörde untersteht.

§ 391 Zuständiges Gericht. (1) [1]Ist das Amtsgericht sachlich zuständig, so ist örtlich zuständig das Amtsgericht, in dessen Bezirk das Landgericht seinen Sitz hat. [2]Im vorbereitenden Verfahren gilt dies, unbeschadet einer weitergehenden Regelung nach § 58 Abs. 1 des Gerichtsverfassungsgesetzes, nur für die Zustimmung des Gerichts nach § 153 Abs. 1 und § 153a Abs. 1 der Strafprozeßordnung.

(2) [1]Die Landesregierung kann durch Rechtsverordnung die Zuständigkeit abweichend von Absatz 1 Satz 1 regeln, soweit dies mit Rücksicht auf die Wirtschafts- oder Verkehrsverhältnisse, den Aufbau der Verwaltungsbehörden oder andere örtliche Bedürfnisse zweckmäßig erscheint. [2]Die Landesregierung kann diese Ermächtigung auf die Landesjustizverwaltung übertragen.

(3) Strafsachen wegen Steuerstraftaten sollen beim Amtsgericht einer bestimmten Abteilung zugewiesen werden.

(4) Die Absätze 1 bis 3 gelten auch, wenn das Verfahren nicht nur Steuerstraftaten zum Gegenstand hat; sie gelten jedoch nicht, wenn dieselbe Handlung eine Straftat nach dem Betäubungsmittelgesetz darstellt, und nicht für Steuerstraftaten, welche die Kraftfahrzeugsteuer betreffen.

§ 392 Verteidigung. (1) Abweichend von § 138 Abs. 1 der Strafprozeßordnung können auch Steuerberater, Steuerbevollmächtigte, Wirtschaftsprüfer und vereidigte Buchprüfer zu Verteidigern gewählt werden, soweit die Finanzbehörde das Strafverfahren selbständig durchführt; im übrigen können sie die Verteidigung nur in Gemeinschaft mit einem Rechtsanwalt oder einem Rechtslehrer an einer deutschen Hochschule führen.

(2) § 138 Abs. 2 der Strafprozeßordnung bleibt unberührt.

§ 393 Verhältnis des Strafverfahrens zum Besteuerungsverfahren. (1) [1]Die Rechte und Pflichten der Steuerpflichtigen und der Finanzbehörde im Besteuerungsverfahren und im Strafverfahren richten sich nach den für das jeweilige Verfahren geltenden Vorschriften. [2] Im Besteuerungsverfahren sind jedoch Zwangsmittel (§ 328) gegen den Steuerpflichtigen unzulässig, wenn er dadurch gezwungen würde, sich selbst wegen einer von ihm begangenen Steuerstraftat oder Steuerordnungswidrigkeit zu belasten. [3] Dies gilt stets, soweit gegen ihn wegen einer solchen Tat das Strafverfahren eingeleitet worden ist. [4] Der Steuerpflichtige ist hierüber zu belehren, soweit dazu Anlaß besteht.

(2) [1] Soweit der Staatsanwaltschaft oder dem Gericht in einem Strafverfahren aus den Steuerakten Tatsachen oder Beweismittel bekannt werden, die der Steuerpflichtige der Finanzbehörde vor Einleitung des Strafverfahrens oder in Unkenntnis der Einleitung des Strafverfahrens in Erfüllung steuerrechtlicher Pflichten offenbart hat, dürfen diese Kenntnisse gegen ihn nicht für die Verfolgung einer Tat verwendet werden, die keine Steuerstraftat ist. [2] Dies gilt nicht für Straftaten, an deren Verfolgung ein zwingendes öffentliches Interesse (§ 30 Abs. 4 Nr. 5) besteht.

§ 394 Übergang des Eigentums. [1] Hat ein Unbekannter, der bei einer Steuerstraftat auf frischer Tat betroffen wurde, aber entkommen ist, Sachen zurückgelassen und sind diese Sachen beschlagnahmt oder sonst sichergestellt worden, weil sie eingezogen werden können, so gehen sie nach Ablauf eines Jahres in das Eigentum des Staates über, wenn der Eigentümer der Sachen unbekannt ist und die Finanzbehörde durch eine öffentliche Bekanntmachung auf den drohenden Verlust des Eigentums hingewiesen hat. [2] § 15 Abs. 2 Satz 1 des Verwaltungszustellungsgesetzes gilt entsprechend. [3] Die Frist beginnt mit dem Aushang der Bekanntmachung.

§ 395 Akteneinsicht der Finanzbehörde. [1] Die Finanzbehörde ist befugt, die Akten, die dem Gericht vorliegen oder im Falle der Erhebung der Anklage vorzulegen wären, einzusehen sowie beschlagnahmte oder sonst sichergestellte Gegenstände zu besichtigen. [2] Die Akten werden der Finanzbehörde auf Antrag zur Einsichtnahme übersandt.

§ 396 Aussetzung des Verfahrens. (1) Hängt die Beurteilung der Tat als Steuerhinterziehung davon ab, ob ein Steueranspruch besteht, ob Steuern verkürzt oder ob nicht gerechtfertigte Steuervorteile erlangt sind, so kann das Strafverfahren ausgesetzt werden, bis das Besteuerungsverfahren rechtskräftig abgeschlossen ist.

(2) Über die Aussetzung entscheidet im Ermittlungsverfahren die Staatsanwaltschaft, im Verfahren nach Erhebung der öffentlichen Klage das Gericht, das mit der Sache befaßt ist.

(3) Während der Aussetzung des Verfahrens ruht die Verjährung.

2. Unterabschnitt: Ermittlungsverfahren

I. Allgemeines

§ 397 Einleitung des Strafverfahrens. (1) Das Strafverfahren ist eingeleitet, sobald die Finanzbehörde, die Polizei, die Staatsanwaltschaft, einer ihrer Hilfsbeamten oder der Strafrichter eine Maßnahme trifft, die erkennbar darauf abzielt, gegen jemanden wegen einer Steuerstraftat strafrechtlich vorzugehen.

(2) Die Maßnahme ist unter Angabe des Zeitpunktes unverzüglich in den Akten zu vermerken.

(3) Die Einleitung des Strafverfahrens ist dem Beschuldigten spätestens mitzuteilen, wenn er dazu aufgefordert wird, Tatsachen darzulegen oder Unterlagen vorzulegen, die im Zusammenhang mit der Straftat stehen, derer er verdächtig ist.

§ 398 Einstellung wegen Geringfügigkeit. ¹Die Staatsanwaltschaft kann von der Verfolgung einer Steuerhinterziehung, bei der nur eine geringwertige Steuerverkürzung eingetreten ist oder nur geringwertige Steuervorteile erlangt sind, auch ohne Zustimmung des für die Eröffnung des Hauptverfahrens zuständigen Gerichts absehen, wenn die Schuld des Täters als gering anzusehen wäre und kein öffentliches Interesse an der Verfolgung besteht. ²Dies gilt für das Verfahren wegen einer Steuerhehlerei nach § 374 und einer Begünstigung einer Person, die eine der in § 375 Abs. 1 Nr. 1 bis 3 genannten Taten begangen hat, entsprechend.

II. Verfahren der Finanzbehörde bei Steuerstraftaten

§ 399 Rechte und Pflichten der Finanzbehörde. (1) Führt die Finanzbehörde das Ermittlungsverfahren auf Grund des § 386 Abs. 2 selbständig durch, so nimmt sie die Rechte und Pflichten wahr, die der Staatsanwaltschaft im Ermittlungsverfahren zustehen.

(2) ¹Ist einer Finanzbehörde nach § 387 Abs. 2 die Zuständigkeit für den Bereich mehrerer Finanzbehörden übertragen, so bleiben das Recht und die Pflicht dieser Finanzbehörden unberührt, bei dem Verdacht einer Steuerstraftat den Sachverhalt zu erforschen und alle unaufschiebbaren Anordnungen zu treffen, um die Verdunkelung der Sache zu verhüten. ²Sie können Beschlagnahmen, Notveräußerungen, Durchsuchungen, Untersuchungen und sonstige Maßnahmen nach den für Hilfsbeamte der Staatsanwaltschaft geltenden Vorschriften der Strafprozeßordnung anordnen.

§ 400 Antrag auf Erlaß eines Strafbefehls. Bieten die Ermittlungen genügenden Anlaß zur Erhebung der öffentlichen Klage, so beantragt die Finanzbehörde beim Richter den Erlaß eines Strafbefehls, wenn die Strafsache zur Behandlung im Strafbefehlsverfahren geeignet erscheint; ist dies nicht der Fall, so legt die Finanzbehörde die Akten der Staatsanwaltschaft vor.

§ 401 Antrag auf Anordnung von Nebenfolgen im selbständigen Verfahren. Die Finanzbehörde kann den Antrag stellen, die Einziehung oder den Verfall selbständig anzuordnen oder eine Geldbuße gegen eine juristische Person oder eine Personenvereinigung selbständig festzusetzen (§§ 440, 442 Abs. 1, § 444 Abs. 3 der Strafprozeßordnung).

III. Stellung der Finanzbehörde im Verfahren der Staatsanwaltschaft

§ 402 Allgemeine Rechte und Pflichten der Finanzbehörde.
(1) Führt die Staatsanwaltschaft das Ermittlungsverfahren durch, so hat die sonst zuständige Finanzbehörde dieselben Rechte und Pflichten wie die Behörden des Polizeidienstes nach der Strafprozeßordnung sowie die Befugnisse nach § 399 Abs. 2 Satz 2.

(2) Ist einer Finanzbehörde nach § 387 Abs. 2 die Zuständigkeit für den Bereich mehrerer Finanzbehörden übertragen, so gilt Absatz 1 für jede dieser Finanzbehörden.

§ 403 Beteiligung der Finanzbehörde. (1) [1]Führt die Staatsanwaltschaft oder die Polizei Ermittlungen durch, die Steuerstraftaten betreffen, so ist die sonst zuständige Finanzbehörde befugt, daran teilzunehmen. [2]Ort und Zeit der Ermittlungshandlungen sollen ihr rechtzeitig mitgeteilt werden. [3]Dem Vertreter der Finanzbehörde ist zu gestatten, Fragen an Beschuldigte, Zeugen und Sachverständige zu stellen.

(2) Absatz 1 gilt sinngemäß für solche richterlichen Verhandlungen, bei denen auch der Staatsanwaltschaft die Anwesenheit gestattet ist.

(3) Der sonst zuständigen Finanzbehörde sind die Anklageschrift und der Antrag auf Erlaß eines Strafbefehls mitzuteilen.

(4) Erwägt die Staatsanwaltschaft, das Verfahren einzustellen, so hat sie die sonst zuständige Finanzbehörde zu hören.

IV. Steuer- und Zollfahndung

§ 404 Steuer- und Zollfahndung. [1]Die Zollfahndungsämter und die mit der Steuerfahndung betrauten Dienststellen der Landesfinanzbehörden sowie ihre Beamten haben im Strafverfahren wegen Steuerstraftaten dieselben Rechte und Pflichten wie die Behörden und Beamten des Polizeidienstes nach den Vorschriften der Strafprozeßordnung. [2]Die in Satz 1 bezeichneten Stellen haben die Befugnisse nach § 399 Abs. 2 Satz 2 sowie die Befugnisse zur Durchsicht der Papiere des von der Durchsuchung Betroffenen (§ 110 Abs. 1 der

Strafprozeßordnung); ihre Beamten sind Hilfsbeamte der Staatsanwaltschaft.

V. Entschädigung der Zeugen und der Sachverständigen

§ 405 **Entschädigung der Zeugen und der Sachverständigen.**
[1] Werden Zeugen und Sachverständige von der Finanzbehörde zu
Beweiszwecken herangezogen, so werden sie nach dem Gesetz über
die Entschädigung von Zeugen und Sachverständigen[1] entschädigt.
[2] Dies gilt auch in den Fällen des § 404.

3. Unterabschnitt: Gerichtliches Verfahren

§ 406 **Mitwirkung der Finanzbehörde im Strafbefehlsverfahren und im selbständigen Verfahren.** (1) Hat die Finanzbehörde
den Erlaß eines Strafbefehls beantragt, so nimmt sie die Rechte und
Pflichten der Staatsanwaltschaft wahr, solange nicht nach § 408 Abs. 3
Satz 2 der Strafprozeßordnung Hauptverhandlung anberaumt oder
Einspruch gegen den Strafbefehl erhoben wird.

(2) Hat die Finanzbehörde den Antrag gestellt, die Einziehung
oder den Verfall selbständig anzuordnen oder eine Geldbuße gegen
eine juristische Person oder eine Personenvereinigung selbständig
festzusetzen (§ 401), so nimmt sie die Rechte und Pflichten der
Staatsanwaltschaft wahr, solange nicht mündliche Verhandlung beantragt oder vom Gericht angeordnet wird.

§ 407 **Beteiligung der Finanzbehörde in sonstigen Fällen.**
(1) [1] Das Gericht gibt der Finanzbehörde Gelegenheit, die Gesichtspunkte vorzubringen, die von ihrem Standpunkt für die Entscheidung von Bedeutung sind. [2] Dies gilt auch, wenn das Gericht erwägt, das Verfahren einzustellen. [3] Der Termin zur Hauptverhandlung und der Termin zur Vernehmung durch einen beauftragten oder
ersuchten Richter (§§ 223, 233 der Strafprozeßordnung) werden der
Finanzbehörde mitgeteilt. [4] Ihr Vertreter erhält in der Hauptverhandlung auf Verlangen das Wort. [5] Ihm ist zu gestatten, Fragen an Angeklagte, Zeugen und Sachverständige zu richten.

(2) Das Urteil und andere das Verfahren abschließende Entscheidungen sind der Finanzbehörde mitzuteilen.

4. Unterabschnitt: Kosten des Verfahrens

§ 408 **Kosten des Verfahrens.** [1] Notwendige Auslagen eines Beteiligten im Sinne des § 464a Abs. 2 Nr. 2 der Strafprozeßordnung
sind im Strafverfahren wegen einer Steuerstraftat auch die gesetzlichen Gebühren und Auslagen eines Steuerberaters, Steuerbevoll-

---

[1] Gesetz über die Entschädigung von Zeugen und Sachverständigen idF der Bek.
v. 1. 10. 1969 (BGBl. I S. 1756).

mächtigten, Wirtschaftsprüfers oder vereidigten Buchprüfers. [2]Sind
Gebühren und Auslagen gesetzlich nicht geregelt, so können sie bis
zur Höhe der gesetzlichen Gebühren und Auslagen eines Rechtsan-
walts erstattet werden.

Vierter Abschnitt: Bußgeldverfahren

§ 409 Zuständige Verwaltungsbehörde. [1]Bei Steuerordnungswidrigkeiten ist zuständige Verwaltungsbehörde im Sinne des § 36
Abs. 1 Nr. 1 des Gesetzes über Ordnungswidrigkeiten die nach § 387
Abs. 1 sachlich zuständige Finanzbehörde. [2]§ 387 Abs. 2 gilt entsprechend.

§ 410 Ergänzende Vorschriften für das Bußgeldverfahren.
(1) Für das Bußgeldverfahren gelten außer den verfahrensrechtli-
chen Vorschriften des Gesetzes über Ordnungswidrigkeiten entsprechend:

1. die §§ 388 bis 390 über die Zuständigkeit der Finanzbehörde,
2. § 391 über die Zuständigkeit des Gerichts,
3. § 392 über die Verteidigung,
4. § 393 über das Verhältnis des Strafverfahrens zum Besteuerungsverfahren,
5. § 396 über die Aussetzung des Verfahrens,
6. § 397 über die Einleitung des Strafverfahrens,
7. § 399 Abs. 2 über die Rechte und Pflichten der Finanzbehörde,
8. die §§ 402, 403 Abs. 1, 3 und 4 über die Stellung der Finanzbehörde im Verfahren der Staatsanwaltschaft,
9. § 404 Satz 1 und Satz 2 erster Halbsatz über die Steuer- und Zollfahndung,
10. § 405 über die Entschädigung der Zeugen und der Sachverständi-
    gen,
11. § 407 über die Beteiligung der Finanzbehörde und
12. § 408 über die Kosten des Verfahrens.

(2) Verfolgt die Finanzbehörde eine Steuerstraftat, die mit einer
Steuerordnungswidrigkeit zusammenhängt (§ 42 Abs. 1 Satz 2 des
Gesetzes über Ordnungswidrigkeiten), so kann sie in den Fällen des
§ 400 beantragen, den Strafbefehl auf die Steuerordnungswidrigkeit
zu erstrecken.

**§ 411 Bußgeldverfahren gegen Rechtsanwälte, Steuerbera-
ter, Steuerbevollmächtigte, Wirtschaftsprüfer oder vereidigte
Buchprüfer.** Bevor gegen einen Rechtsanwalt, Steuerberater, Steuerbevollmächtigten, Wirtschaftsprüfer oder vereidigten Buchprüfer
wegen einer Steuerordnungswidrigkeit, die er in Ausübung seines

Berufs bei der Beratung in Steuersachen begangen hat, ein Bußgeldbescheid erlassen wird, gibt die Finanzbehörde der zuständigen Berufskammer Gelegenheit, die Gesichtspunkte vorzubringen, die von
ihrem Standpunkt für die Entscheidung von Bedeutung sind.

§ 412 Zustellung, Vollstreckung, Kosten. (1) [1]Für das Zustellungsverfahren gelten abweichend von § 51 Abs. 1 Satz 1 des Gesetzes über Ordnungswidrigkeiten die Vorschriften des Verwaltungszustellungsgesetzes auch dann, wenn eine Landesfinanzbehörde den
Bescheid erlassen hat. [2]§ 51 Abs. 1 Satz 2 und Absatz 2 bis 5 des Gesetzes über Ordnungswidrigkeiten bleibt unberührt.

(2) [1]Für die Vollstreckung von Bescheiden der Finanzbehörden in
Bußgeldverfahren gelten abweichend von § 90 Abs. 1 und 4, § 108
Abs. 2 des Gesetzes über Ordnungswidrigkeiten die Vorschriften des
Sechsten Teils dieses Gesetzes. [2]Die übrigen Vorschriften des Neunten Abschnitts des Zweiten Teils des Gesetzes über Ordnungswidrigkeiten bleiben unberührt.

(3) Für die Kosten des Bußgeldverfahrens gilt § 107 Abs. 4 des
Gesetzes über Ordnungswidrigkeiten auch dann, wenn eine Landesfinanzbehörde den Bußgeldbescheid erlassen hat; an Stelle des § 19
des Verwaltungskostengesetzes gelten § 227 Abs. 1 und § 261 dieses
Gesetzes.

Neunter Teil. Schlußvorschriften

§ 413 Einschränkung von Grundrechten. Die Grundrechte auf
körperliche Unversehrtheit und Freiheit der Person (Artikel 2 Abs. 2
des Grundgesetzes), des Briefgeheimnisses sowie des Post- und Fernmeldegeheimnisses (Artikel 10 des Grundgesetzes) und der Unverletzlichkeit der Wohnung (Artikel 13 des Grundgesetzes) werden
nach Maßgabe dieses Gesetzes eingeschränkt.

§ 414 *(aufgehoben)*

§ 415 Inkrafttreten. (1) Dieses Gesetz tritt am 1. Januar 1977 in
Kraft[1], soweit die folgenden Absätze nichts anderes bestimmen.

(2) § 19 Abs. 5, § 117 Abs. 5, § 134 Abs. 3, § 139 Abs. 2, § 150
Abs. 6, § 156 Abs. 1, § 178 Abs. 3, § 212, § 382 Abs. 4, § 387 Abs. 2
und § 391 Abs. 2 treten am Tage nach der Verkündung[2] in Kraft.

(3) Die §§ 52 und 55 sind erstmals ab 1. Januar 1984 anzuwenden.

---

[1] Das Inkrafttreten der späteren Änderungen ergibt sich aus den jeweiligen
Änderungsgesetzen.
[2] Verkündet am 23. 3. 1976.

Anlage zu § 339 Abs. 4

Gebührentabelle zu § 13 Abs. 1 des Gesetzes über Kosten der Gerichtsvollzieher

§ 13. (1) [1]Die volle Gebühr beträgt bei einem Gegenstandswert bis 1 000 Deutsche Mark 20 Deutsche Mark. [2]Die Gebühr erhöht sich bei einem Gegenstandswert bis 10 000 Deutsche Mark für jeden angefangenen Betrag von weiteren 1 000 Deutsche Mark und bei einem Gegenstandswert über 10 000 Deutsche Mark für jeden angefangenen Betrag von weiteren 2 000 Deutsche Mark um 10 Deutsche Mark. [3]Eine Gebührentabelle für Gegenstandswerte bis 100 000 Deutsche Mark ist diesem Gesetz als Anlage beigefügt.

....

Anlage zu § 13 Abs. 1

Gegenstandswert bis ... DM	Gebühr ... DM	Gegenstandswert bis ... DM	Gebühr ... DM
1 000	20	52 000	320
2 000	30	54 000	330
3 000	40	56 000	340
4 000	50	58 000	350
5 000	60	60 000	360
6 000	70	62 000	370
7 000	80	64 000	380
8 000	90	66 000	390
9 000	100	68 000	400
10 000	110	70 000	410
12 000	120	72 000	420
14 000	130	74 000	430
16 000	140	76 000	440
18 000	150	78 000	450
20 000	160	80 000	460
22 000	170	82 000	470
24 000	180	84 000	480
26 000	190	86 000	490
28 000	200	88 000	500
30 000	210	90 000	510
32 000	220	92 000	520
34 000	230	94 000	530
36 000	240	96 000	540
38 000	250	98 000	550
40 000	260	100 000	560
42 000	270		
44 000	280		
46 000	290		
48 000	300		
50 000	310		

1.1. Anwendungserlaß zur AO 1977 (AEAO)

Vom 24. September 1987 (BStBl. I S. 664)

(BMF IV A 5-S 0062-38/87)

Geändert durch BMF-Schreiben vom 7. 7. 1988 (BStBl. I S. 204), vom 18. 1. 1990 (BStBl. I S. 50), vom 1. 2. 1990 (BStBl. I S. 66), vom 3.4. 1990 (BStBl. I S. 174), vom 7. 12. 1990 (BStBl. I S. 818), vom 8. 10. 1991 (BStBl. I S. 932), vom 18. 12. 1991 (BStBl. I 1992 S. 2), vom 26. 3. 1992 (BStBl. I S. 246), vom 20. 7. 1992 (BStBl. I S. 430), vom 13. 11. 1992 (BStBl. I S. 711), vom 26. 1. 1993 (BStBl. I S. 170), vom 23. 3. 1993 (BStBl. I S. 330), vom 26. 4. 1993 (BStBl. I S. 331), vom 11. 11. 1993 (BStBl. I S. 923), vom 17. 1. 1994 (BStBl. I S. 106), vom 6. 6. 1994 (BStBl. I S. 303) und vom 3. 8. 1994 (BStBl. I S. 472)

Unter Bezugnahme auf das Ergebnis der Erörterungen mit den obersten Finanzbehörden der Länder gilt für die Anwendung der Abgabenordnung folgendes:

Zu § 1 – Anwendungsbereich:

1. Der Anwendungsbereich beschränkt sich auf die Steuern einschließlich der Steuervergütungen. Die AO gilt auch für Steuererstattungen; diese sind als Umkehr der Steuerentrichtung bereits durch den Begriff der Steuer in den Anwendungsbereich mit einbezogen (§ 37 Abs. 1).

2. Für die von den Finanzbehörden verwalteten, durch Bundesrecht geregelten übrigen öffentlich-rechtlichen Abgaben, Prämien und Zulagen wird die Geltung der AO durch die jeweiligen Rechtsvorschriften bestimmt. Dies gilt insbesondere für die Spar- und Wohnungsbauprämien und die Investitionszulagen.

3. Die Vorschriften der AO sind grundsätzlich sinngemäß auch auf die steuerlichen Nebenleistungen (§ 3 Abs. 3) anzuwenden. Ausgenommen sind die Bestimmungen über die Festsetzung, Außenprüfung, Steuerfahndung und Steueraufsicht in besonderen Fällen (§§ 155 bis 217), soweit sie nicht ausdrücklich für anwendbar erklärt worden sind (§ 155 Abs. 3 Satz 2, § 156 Abs. 2).

4. Die AO ist auch für die Angelegenheiten anzuwenden, die nicht unmittelbar der Besteuerung dienen, aber auf Grund der Verwaltungskompetenz für diese Steuern in den Zuständigkeitsbereich der Finanzbehörden fallen (z. B. Erteilung von steuerlichen Unbedenklichkeitsbescheinigungen, Ausstellung von Einkommens- oder Vermögensbescheinigungen für nichtsteuerliche Zwecke).

5. Wegen der Anwendung der AO bei der Leistung von Rechtsoder Amtshilfe wird auf die §§ 111 ff. hingewiesen.

Zu § 3 – Steuern, steuerliche Nebenleistungen:

Steuerliche Nebenleistungen sind keine Steuern. Sie sind in § 3 Abs. 3 abschließend aufgezählt. Wegen der Anwendung der AO auf steuerliche Nebenleistungen wird auf § 1 hingewiesen.

Zu § 4 – Gesetz:

Bei der Auslegung von Steuergesetzen gelten die allgemeinen Auslegungsregeln und damit auch die wirtschaftliche Betrachtungsweise, so wie sie ihren Niederschlag in der Rechtsprechung gefunden hat (vgl. BVerfG, BStBl. I 1962 S. 506).

Zu § 5 – Ermessen:

1. Bei der Ausübung des Ermessens sind nicht nur die in einzelnen gesetzlichen Bestimmungen vorgeschriebenen Voraussetzungen, sondern auch die Grundsätze der Gleichmäßigkeit der Besteuerung, der Verhältnismäßigkeit der Mittel, der Erforderlichkeit, der Zumutbarkeit, der Billigkeit und von Treu und Glauben sowie das Willkürverbot und das Übermaßverbot zu beachten. Verwaltungsvorschriften, die die Ausübung des Ermessens regeln, sind für die Finanzbehörden bindend.

2. Wegen der Begründung von Ermessensentscheidungen wird auf § 121, wegen Rücknahme und Widerruf auf §§ 130 und 131 hingewiesen.

Zu § 7 – Amtsträger:

1. Der Begriff des Amtsträgers ist u. a. im Zusammenhang mit dem Steuergeheimnis (§ 30), der Haftungsbeschränkung (§ 32), der Ausschließung und Ablehnung von Personen in einem Verwaltungsverfahren (§§ 82 ff.) und bei der Selbstanzeige (§ 371 Abs. 2) von Bedeutung. Die Bestimmung entspricht § 11 Abs. 1 Nrn. 2 und 3 StGB.

2. Die in § 7 Nrn. 1 und 2 genannten Personen sind ohne Rücksicht auf Art und Inhalt der ausgeübten Tätigkeit Amtsträger.

3. Die in § 7 Nr. 3 aufgeführten Personen sind nur Amtsträger, soweit sie Aufgaben der öffentlichen Verwaltung wahrnehmen. Das sind Aufgaben, bei deren Erledigung Angelegenheiten der Gemeinwesen und ihrer Mitglieder unmittelbar gebietend, verbietend, entscheidend oder sonstwie handelnd innerhalb der gesetzlichen Grenzen wahrgenommen werden. Unter § 7 Nr. 3 fallen insbesondere Verwaltungsangestellte (z. B. Angestellte im Außenprüfungsdienst), soweit sie nicht lediglich als Hilfskräfte bei öffentlichen Aufgaben mitwirken (z. B. Registratur- und Schreibkräfte).

Zu § 8 – Wohnsitz:

1. Bei dem Begriff des Wohnsitzes handelt es sich um einen eigenständigen steuerrechtlichen Begriff, der allein auf die tatsächlichen

Verhältnisse abstellt (BFH-Urteil vom 10. November 1978, BStBl. II 1979 S. 335). Die Frage des Wohnsitzes ist – auch bei Ehegatten – für jeden Steuerpflichtigen getrennt zu prüfen. Die bloße Absicht, einen Wohnsitz zu begründen oder aufzugeben, bzw. die An- und Abmeldung bei der Ordnungsbehörde entfalten allein keine unmittelbare steuerliche Wirkung (BFH-Urteil vom 14. November 1969, BStBl. II 1970 S. 153). In der Regel stimmen der bürgerlich-rechtliche, auf Grund einer Willenserklärung des Steuerpflichtigen von ihm selbst bestimmte Wohnsitz und der steuerlich maßgebende Wohnsitz überein. Deshalb können die An- und Abmeldung bei der Ordnungsbehörde im allgemeinen als Indizien dafür angesehen werden, daß der Steuerpflichtige seinen Wohnsitz unter der von ihm angegebenen Anschrift begründet bzw. aufgegeben hat.

Mit Wohnung sind die objektiv zumWohnen geeigneten Wohnräume gemeint. Es genügt eine bescheidene Bleibe. Nicht erforderlich ist eine abgeschlossene Wohnung mit Küche und separater Waschgelegenheit im Sinne des Bewertungsrechts.

Der Steuerpflichtige muß die Wohnung innehaben, d. h. er muß tatsächlich über sie verfügen können und sie als Bleibe nicht nur vorübergehend benutzen (BFH-Urteile vom 24. April 1964, BStBl. III S. 462 und 6. März 1968, BStBl. II 1968 S. 439). Es genügt, daß die Wohnung z. B. über Jahre hinweg jährlich regelmäßig zweimal zu bestimmten Zeiten über einige Wochen benutzt wird (BFH-Urteil vom 23. November 1988, BStBl. II 1989 S. 182). Anhaltspunkte dafür können die Ausstattung und Einrichtung sein. Wer eine Wohnung von vornherein in der Absicht nimmt, sie nur vorübergehend (weniger als sechs Monate) beizubehalten und zu benutzen, begründet dort keinen Wohnsitz (BFH-Urteil vom 30. August 1989, BStBl. II S. 956). Auch gelegentliches Übernachten auf einem inländischen Betriebsgelände, in einem Büro u. ä. (sog. Schlafstelle) kann dort keinen Wohnsitz begründen (BFH-Urteil vom 6. Februar 1985, BStBl. II S. 331). Wer sich – auch in regelmäßigen Abständen – in der Wohnung eines Angehörigen oder eines Bekannten aufhält, begründet dort ebenfalls keinen Wohnsitz (BFH-Urteil vom 24. Oktober 1969, BStBl. II 1970 S. 109), sofern es nicht wie im Fall einer Familienwohnung oder der Wohnung einer Wohngemeinschaft gleichzeitig die eigene Wohnung ist.

2. Wer einen Wohnsitz im Ausland begründet und seine Wohnung im Inland beibehält, hat auch im Geltungsbereich der AO einen Wohnsitz im Sinne von § 8 AO. Zur Zuständigkeit in diesen Fällen siehe § 19 Abs. 1 Satz 2 AO. Dies gilt insbesondere, wenn die inländische Wohnung beibehalten wird, in die der Steuerpflichtige zwischenzeitlich immer wieder zurückkehrt (RFH-Urteil vom 10. Mai 1937, RStBl. 1937 S. 498). Das Innehaben der inländischen Wohnung kann nach den Umständen des Einzelfalles auch dann anzunehmen sein, wenn der Steuerpflichtige sie während eines Auslandsaufenthalts kurzfristig (bis zu sechs Monaten) vermietet oder

untervermietet, um sie alsbald nach Rückkehr im Inland wieder zu
benutzen. Hat ein Steuerpflichtiger eine Wohnung im Inland und im
Ausland und gilt er nach dem anzuwendenden DBA als in dem ausländischen Vertragsstaat ansässig, z. B. weil dort der Mittelpunkt der
Lebensinteressen liegt, bleibt die deutsche unbeschränkte Steuerpflicht unberührt; die Wohnsitzbestimmung nach Abkommensrecht
hat nur Bedeutung für die Zuteilung von Besteuerungsrechten nach
dem DBA (BFH-Urteile vom 13. Oktober 1965, BStBl. III S. 738,
und vom 4. Juni 1975, BStBl. II S. 708).

3. Ein Wohnsitz im Sinne von § 8 AO besteht nicht mehr, wenn
die inländische Wohnung/die inländischen Wohnungen aufgegeben
wird/werden. Das ist z. B. der Fall bei Kündigung und Auflösung
einer Mietwohnung, bei nicht nur kurzfristiger Vermietung der
Wohnung im eigenen Haus bzw. der Eigentumswohnung. Wird die
inländische Wohnung zur bloßen Vermögensverwaltung zurückgelassen, endet der Wohnsitz mit dem Wegzug. Bloße Vermögensverwaltung liegt z. B. vor, wenn ein ins Ausland versetzter Steuerpflichtiger bzw. ein im Ausland lebender Steuerpflichtiger seine Woh-
nung/sein Haus verkaufen oder langfristig vermieten will und dies in
absehbarer Zeit auch tatsächlich verwirklicht. Eine zwischenzeitliche
kurze Rückkehr (zur Beaufsichtigung und Verwaltung der zurückge-
lassenen Wohnung) führt nicht dazu, daß die zurückgelassene Wohnung dadurch zum inländischen Wohnsitz wird.

4. Auch wenn kein Wohnsitz mehr besteht, kann der Steuerpflichtige noch seinen gewöhnlichen Aufenthalt (§ 9 AO) im Geltungsbereich dieses Gesetzes haben.

Zu § 9 – Gewöhnlicher Aufenthalt:

1. Bei Fehlen eines Wohnsitzes (§ 8) kann bereits durch den gewöhnlichen Aufenthalt im Geltungsbereich des Gesetzes die unbeschränkte Steuerpflicht nach dem EStG und dem VStG sowie die In-
ländereigenschaft nach dem ErbStG begründet werden. Sofern nicht
die besonderen Voraussetzungen des § 9 Satz 3 vorliegen, wird an
den inländischen Aufenthalt während eines zusammenhängenden
Zeitraums von mehr als sechs Monaten die unwiderlegbare Vermutung für das Vorhandensein eines gewöhnlichen Aufenthalts geknüpft. Der Begriff „gewöhnlich" ist gleichbedeutend mit „dauernd".
„Dauernd" erfordert keine ununterbrochene Anwesenheit, sondern
ist im Sinne „nicht nur vorübergehend" zu verstehen (BFH-Urteil
vom 30. August 1989, BStBl. II S. 956). Bei Unterbrechungen der
Anwesenheit kommt es darauf an, ob noch ein einheitlicher Aufenthalt oder mehrere getrennte Aufenthalte anzunehmen sind. Ein
einheitlicher Aufenthalt ist gegeben, wenn der Aufenthalt nach den
Verhältnissen fortgesetzt werden sollte und die Unterbrechung nur
kurzfristig ist. Als kurzfristige Unterbrechung kommen in Betracht
Familienheimfahrten, Jahresurlaub, längerer Heimaturlaub, Kur und
Erholung, aber auch geschäftliche Reisen. Der Tatbestand des ge-

wöhnlichen Aufenthalts kann bei einem weniger als sechs Monate
dauernden Aufenthalt verwirklicht werden, wenn Inlandsaufenthalte
nacheinander folgen, die sachlich miteinander verbunden sind, und
der Steuerpflichtige von vornherein beabsichtigt, nicht nur vorübergehend im Inland zu verweilen (RFH-Urteil vom 17. Oktober 1935,
RStBl. S. 1427; BFH-Urteile vom 27. Juli 1962, BStBl. III S. 429
und vom 3. August 1977, BStBl. II 1978 S. 118).

2. Der gewöhnliche Aufenthalt im Inland ist zu verneinen, wenn
der Steuerpflichtige unter Benutzung einer im Ausland gelegenen
Wohnung lediglich seine Tätigkeit im Inland ausübt (BFH-Urteil
vom 25. Mai 1988, BStBl. II S. 944). Grenzgänger haben ihren gewöhnlichen Aufenthalt grundsätzlich im Wohnsitzstaat (BFH-Urteil
vom 5. Februar 1965, BStBl. III S. 352, vom 9. Februar 1966,
BStBl. III S. 522, vom 10. August 1983, BStBl. II 1984 S. 11 und
vom 10. Mai 1989, BStBl. II S. 755). Dasselbe gilt für Unternehmer/
Freiberufler, die regelmäßig jeweils nach Geschäftsschluß zu ihrer
Familienwohnung im Ausland zurückkehren (BFH-Urteil vom
6. Februar 1985, BStBl. II S. 331). Wer allerdings regelmäßig an Ar-
beitstagen am Arbeits-/Geschäftsort im Inland übernachtet und sich
nur am Wochenende bzw. an Feiertagen und im Urlaub zu seiner
Wohnung im Ausland begibt, hat an dem inländischen Arbeits-/Ge-
schäftsort jedenfalls seinen gewöhnlichen Aufenthalt.

3. Der gewöhnliche Aufenthalt kann nicht gleichzeitig an mehreren Orten bestehen. Bei fortdauerndem Schwerpunktaufenthalt im
Ausland begründen kurzfristige Aufenthalte im Inland, z.B. Ge-
schäfts-, Dienstreisen, Schulungen, keinen gewöhnlichen Aufenthalt
im Inland. Umgekehrt führen kurzfristige Auslandsaufenthalte bei
fortdauerndem Schwerpunktaufenthalt im Inland nicht zur Aufgabe
eines gewöhnlichen Aufenthalts im Inland.

4. Der gewöhnliche Aufenthalt im Inland ist aufgegeben, wenn der
Steuerpflichtige zusammenhängend mehr als sechs Monate im Ausland lebt, es sei denn, daß besondere Umstände darauf schließen
lassen, daß die Beziehungen zum Inland bestehen bleiben. Entscheidend ist dabei, ob der Steuerpflichtige den persönlichen und geschäftlichen Lebensmittelpunkt ins Ausland verlegt hat und ob er
seinen Willen, in den Geltungsbereich dieses Gesetzes zurückzukeh-
ren, endgültig aufgegeben hat (BFH-Urteil vom 27. Juli 1962,
BStBl. III S. 429). Als Kriterien dafür können die familiären, beruflichen und gesellschaftlichen Bindungen herangezogen werden (z.B.
Wohnung der Familienangehörigen im Inland, Sitz des Gewerbebe-
triebs im Inland). Hält sich der Steuerpflichtige zusammenhängend
länger als ein Jahr im Ausland auf, ist grundsätzlich eine Aufgabe des
gewöhnlichen Aufenthalts im Inland anzunehmen.

5. Wegen der Steuerpflicht von Auslandsbediensteten wird auf die
Regelung in den jeweiligen Einzelsteuergesetzen und auf § 19 Abs. 1
Satz 3 hingewiesen.

Zu § 12 – Betriebstätte:

1. Die Begriffsbestimmung gilt auch für die freiberufliche Tätigkeit und Steuerpflichtige mit Einkünften aus Land- und Forstwirtschaft.

2. Zu den Betriebstätten zählen auch bewegliche Geschäftseinrichtungen mit vorübergehend festem Standort (z. B. fahrbare Verkaufsstätten mit wechselndem Standplatz).

3. Stätten der Erkundung von Bodenschätzen (z. B. Versuchsbohrungen) sind als Betriebstätten anzusehen, wenn die Voraussetzungen des § 12 Nr. 8 erfüllt sind.

Zu § 14 – Wirtschaftlicher Geschäftsbetrieb:

Die Begriffsbestimmung gilt einheitlich für alle Steuerarten.

Zu § 15 – Angehörige:

1. Dem Angehörigenbegriff kommt überwiegend verfahrensrechtliche Bedeutung zu. Für das materielle Recht können die Einzelsteuergesetze abweichende Regelungen treffen.

2. § 15 Abs. 1 Nr. 1 (Verlobte) setzt ein wirksames Eheversprechen voraus.

3. Zu den Geschwistern i. S. des § 15 Abs. 1 Nr. 4 gehören auch die Halbgeschwister. Das sind die Geschwister, die einen Elternteil gemeinsam haben; darunter fallen jedoch nicht die mit in eine Ehe gebrachten Kinder, die keinen Elternteil gemeinsam haben.

4. Das Angehörigenverhältnis i. S. des § 15 Abs. 1 Nr. 5 besteht lediglich zu den Kindern der Geschwister (Neffen oder Nichten), nicht jedoch zwischen den Kindern der Geschwister untereinander (z. B. Vettern).

5. Die Ehegatten mehrerer Geschwister sind im Verhältnis zueinander keine Angehörigen i. S. des § 15 Abs. 1 Nr. 6. Dasselbe gilt für die Geschwister der Ehegatten.

6. Für die Annahme eines Pflegeverhältnisses gem. § 15 Abs. 1 Nr. 8 ist nicht erforderlich, daß das Kind außerhalb der Pflege und Obhut seiner leiblichen Eltern steht. Ein Pflegeverhältnis kann z. B. auch zwischen einem Mann und einem Kind begründet werden, wenn der Mann mit der leiblichen Mutter des Kindes und diesem in häuslicher Gemeinschaft lebt. Die Unterhaltsgewährung ist nicht Merkmal dieses Pflegekinderbegriffes. Soweit Bestimmungen in Einzelsteuergesetzen auch daran anknüpfen, müssen dort besondere Regelungen getroffen sein.

7. Durch die Annahme als Kind erhält ein Kind die volle rechtliche Stellung eines ehelichen Kindes des oder der Annehmenden. Damit wird auch die Angehörigeneigenschaft zwischen dem Kind und den Angehörigen des oder der Annehmenden nach Maßgabe des § 15 Abs. 1 begründet. Dieser Grundsatz gilt entsprechend bei ähnlichen

familienrechtlichen Rechtsbeziehungen ausländischen Rechts (Adoption).

8. Für die in § 15 Abs. 2 genannten Personen bleibt die Angehörigeneigenschaft auch dann bestehen, wenn die Beziehung, die ursprünglich die Angehörigeneigenschaft begründete, nicht mehr besteht; lediglich bei Verlobten erlischt die Angehörigeneigenschaft mit Aufhebung des Verlöbnisses.

Zu § 16 – Sachliche Zuständigkeit:

1. Die sachliche Zuständigkeit betrifft den einer Behörde dem Gegenstand und der Art nach durch Gesetz zugewiesenen Aufgabenbereich. Neben dem Aufgabenkreis, der durch das FVG bestimmt wird, ergeben sich für die Finanzbehörden auch Aufgabenzuweisungen aus der AO (z.B. §§ 163, 208, 227, 249, 386) und anderen Gesetzen (z.B. §§ 40, 164 StBerG, § 5 InvZulG).

2. Im Rahmen des föderativen Aufbaus der Bundesrepublik ist die verbandsmäßige Zuständigkeit als besondere Art der sachlichen Zuständigkeit zu beachten. Nach der Rechtsprechung des BFH ist jedoch bei den nicht gebietsgebundenen Steuern (z.B. ESt) die Verwaltungskompetenz nicht auf die Finanzämter des verbandsmäßig zuständigen Bundeslandes beschränkt. Das Wohnsitzfinanzamt ist für die Besteuerung nach dem Einkommen auch für Besteuerungszeiträume zuständig, in denen der Steuerpflichtige in einem anderen Bundesland wohnte (BFH-Urteile vom 29. 10. 1970, BStBl. II 1971 S. 151, und vom 23. 11. 1972, BStBl. II 1973 S. 198).

3. Wegen der Rücknahme eines Verwaltungsaktes einer sachlich unzuständigen Behörde wird auf § 130 Abs. 2 Nr. 1 hingewiesen.

Zu § 17 – Örtliche Zuständigkeit:

1. Neben den Vorschriften im Dritten Abschnitt bestehen Sonderregelungen über die örtliche Zuständigkeit z.B. in den §§ 195, 367, 388 sowie in Einzelsteuergesetzen (z.B. §§ 42c, *46 Abs. 6*[1) EStG; § 1 KraftStDV).

2. Wegen der Folgen der Verletzung von Vorschriften über die örtliche Zuständigkeit Hinweis auf § 125 Abs. 3 Nr. 1 und § 127. Zur mehrfachen örtlichen Zuständigkeit Hinweis auf §§ 25 und 28.

Zu § 18 – Gesonderte Feststellungen:

1. Die Zuständigkeitsvorschriften des § 18 Abs. 1 Nrn. 1 bis 3 gelten für die Feststellung von Einheitswerten und Einkünften aus Land- und Forstwirtschaft, aus Gewerbebetrieb oder aus freiberuflicher Tätigkeit. Bei den Einkünften gilt dies sowohl in den Fällen der Beteiligung mehrerer Personen (§ 180 Abs. 1 Nr. 2 Buchstabe a) wie auch

---

[1) § 46 Abs. 6 EStG aufgeh. mWv 1. 1. 1988 durch StRefG 1990.

in den Fällen, in denen der Betriebsort, Ort der Geschäftsleitung bzw.
Ort der Tätigkeit und der Wohnsitz auseinanderfallen (§ 180 Abs. 1
Nr. 2 Buchstabe b). Wegen der gesonderten Feststellung bei Zustän-
digkeit mehrerer Finanzämter in einer Gemeinde vgl. zu § 19 Nr. 5.

2. Im Falle der gesonderten Feststellung sind als Einkünfte aus freiberuflicher Tätigkeit die Einkünfte nach § 18 Abs. 1 Nr. 1 EStG
anzusehen, nicht die übrigen Einkünfte aus selbständiger Arbeit.

3. Die Regelung nach § 18 Abs. 1 Nr. 4 bestimmt eine abweichende Zuständigkeit für die gesonderte Feststellung der Einkünfte
aus Vermietung und Verpachtung oder aus Kapitalvermögen; i.d.R.
ist nicht das Lagefinanzamt, sondern das Finanzamt zuständig, von
dessen Bezirk die Verwaltung ausgeht. Entsprechendes regelt § 18
Abs. 1 Nr. 4 für die Feststellung von sonstigem Vermögen, von
Schulden und sonstigen Abzügen (§ 180 Abs. 1 Nr. 3) und für die
Durchführung von Feststellungen bei Bauherrengemeinschaften usw.
(Verordnung über die gesonderte Feststellung von Besteuerungsgrundlagen nach § 180 Abs. 2 AO – V zu § 180 Abs. 2 AO – vom
19. 12. 1986, BGBl. I S. 2663, BStBl. I 1987 S. 2).

4. Aus Vereinfachungsgründen kann das Finanzamt bei der gesonderten Feststellung der Einkünfte aus Vermietung und Verpachtung
aus nur einem Grundstück davon ausgehen, daß die Verwaltung dieser Einkünfte von dem Ort ausgeht, in dem das Grundstück liegt, es
sei denn, die Steuerpflichtigen legen etwas anderes dar.

5. Wird von der gesonderten Feststellung nach § 180 Abs. 3 abgesehen (Fälle geringerer Bedeutung), verbleibt es bei der für die Ein-
zelsteuern getroffenen Zuständigkeitsregelung.

6. Die Regelung in § 18 Abs. 2 hat insbesondere Bedeutung für
die gesonderte Feststellung von ausländischen Einkünften, an denen
mehrere im Inland steuerpflichtige Personen beteiligt sind. Auf § 25
wird hingewiesen.

Zu § 19 – Steuern vom Einkommen und Vermögen natürlicher Personen:

1. Bei verheirateten, nicht dauernd getrennt lebenden Steuerpflichtigen ist bei mehrfachem Wohnsitz das Finanzamt des Aufenthalts der Familie für die Besteuerung nach dem Einkommen und
Vermögen zuständig. Insoweit sind für die Bestimmung der örtlichen
Zuständigkeit die Kinder in die Betrachtung einzubeziehen.

2. Nach § 19 Abs. 3 ist das Lage-, Betriebs- oder Tätigkeitsfinanzamt auch für die persönlichen Steuern vom Einkommen und Vermögen zuständig, wenn ein Steuerpflichtiger in einer Gemeinde (Stadt)
mit mehreren Finanzämtern einen land- und forstwirtschaftlichen
oder gewerblichen Betrieb unterhält, bzw. eine freiberufliche Tätigkeit ausübt. In diesen Fällen ist keine gesonderte Feststellung durchzuführen (§ 180 Abs. 1 Nr. 2 Buchstabe b).

3. Wenn der Steuerpflichtige außerhalb des Bezirks seines Wohnsitzfinanzamtes, aber in den Bezirken mehrerer Finanzämter derselben Wohnsitzgemeinde, Einkünfte aus Land- und Forstwirtschaft, Gewerbebetrieb oder freiberuflicher Tätigkeit erzielt, so können nach § 19 Abs. 3 mehrere Finanzämter zuständig sein. In diesen Fällen ist nach § 25 zu verfahren. Gesonderte Feststellungen sind nur von den Finanzämtern vorzunehmen, die den Steuerpflichtigen nicht zur Einkommensteuer und Vermögensteuer veranlagen (§ 180 Abs. 1 Nr. 2 Buchstabe b).

Zu § 20 – Steuern vom Einkommen und Vermögen der Körperschaften, Personenvereinigungen, Vermögensmassen:

Die Zuständigkeit für die Besteuerung von Körperschaften usw. richtet sich
– grundsätzlich nach dem Ort der Geschäftsleitung,
– hilfsweise nach dem Sitz,
– hilfsweise nach der Lage des Vermögens,
– hilfsweise nach dem Ort der Ausübung oder Verwertung der Tätigkeit.

Zu § 24 – Ersatzzuständigkeit:

1. Für den Fall, daß sich die Zuständigkeit nicht aus den anderen Vorschriften ableiten läßt, ist die Finanzbehörde zuständig, in deren Bezirk objektiv ein Anlaß für eine Amtshandlung besteht. Abgesehen von der Zuständigkeit für Maßnahmen zur Aufdeckung unbekannter Steuerfälle (§ 208 Abs. 1 Nr. 3) ist hiernach auch die Zuständigkeit für den Erlaß von Haftungsbescheiden (§§ 191 ff.) zu bestimmen. Wegen des Sachzusammenhangs ist mithin in der Regel das Finanzamt des Steuerpflichtigen gleichzeitig für die Heranziehung des Haftenden örtlich zuständig.

2. Kann die örtliche Zuständigkeit nicht sofort einwandfrei geklärt werden, ist bei unaufschiebbaren Maßnahmen die Zuständigkeit auf § 29 zu stützen.

Zu § 25 – Mehrfache örtiche Zuständigkeit:

Einigen sich bei mehrfacher örtlicher Zuständigkeit die Finanzbehörden auf eine der örtlich zuständigen Finanzbehörden, so handelt es sich hierbei nicht um eine Zuständigkeitsvereinbarung i. S. des § 27. Der Zustimmung des Betroffenen bedarf es nicht.

Zu § 26 – Zuständigkeitswechsel:

1. Der Steuerpflichtige kann sich auf den Zuständigkeitswechsel nicht berufen, solange keine der beiden beteiligten Finanzbehörden von den die Zuständigkeit verändernden Tatsachen Kenntnis erlangt hat. Wegen der Bedeutung der Zuständigkeit für die Steuerberechtigung ist die Kenntnis über die Umstände, die die Zuständigkeit

ändern, mit Angabe des Datums aktenkundig zu machen und unverzüglich der anderen Finanzbehörde mitzuteilen.

2. Die Fortführung eines bereits begonnenen Verwaltungsverfahrens durch das bisher zuständige Finanzamt ist zulässig, wenn das Finanzamt, dessen Zuständigkeit durch die veränderten Umstände begründet wird, zustimmt. Der Steuerpflichtige soll gehört werden; er ist von der Fortführung des Verwaltungsverfahrens zu benachrichtigen.

3. Bei Verlegung des Wohnsitzes in den Bezirk eines anderen Finanzamtes unter gleichzeitiger Betriebsaufgabe sind nur die Personensteuerakten zu überweisen. Das bisher zuständige Finanzamt ermittelt im Wege der Amtshilfe den Gewinn aus der Zeit bis zur Betriebsaufgabe und teilt ihn dem neuen Wohnsitzfinanzamt mit.

Für die Betriebsteuern bleibt grundsätzlich das Betriebsfinanzamt zuständig, auch hinsichtlich der Erhebung und etwaigen Vollstreckung. Rückstände sind erforderlichenfalls im Wege der Amtshilfe beizutreiben. Ausnahmsweise kommt eine Zuständigkeitsvereinbarung nach § 27 in Betracht, wenn sich dies als zweckmäßig erweist.

4. Zu den Auswirkungen eines Zuständigkeitswechsels auf das Rechtsbehelfsverfahren siehe zu § 367 Nr. 1 und BMF-Schreiben vom 15. 10. 1979 – IV A 6 – S 0600 – 14/79 – (BStBl. I S. 642, AO-Kartei § 347 Vorkarte 2).

Zu § 27 – Zuständigkeitsvereinbarung:

1. Durch Vereinbarung zwischen den Finanzbehörden kann auch außer in den Fällen des § 26 Satz 2 die Zuständigkeit einer an sich nicht zuständigen Finanzbehörde begründet werden; Voraussetzung für diese Zuständigkeitsbegründung ist die Zustimmung des Betroffenen. Das Zustimmungserfordernis ist eingefügt, um der Verfassungsbestimmung des Art. 101 Abs. 1 Satz 2 GG zu genügen, weil an die Zuständigkeit der Finanzbehörde die Zuständigkeit des Finanzgerichts anknüpft.

2. Eine bestimmte Form ist für die Zustimmung des Betroffenen nicht vorgeschrieben. Sie muß jedoch ausdrücklich erklärt werden. Schweigen oder fehlender Widerspruch des Betroffenen auf eine entsprechende Anfrage der Finanzbehörde können für sich nicht als Zustimmung gewertet werden. Die Zustimmung ist bedingungsfeindlich und kann nur mit Wirkung für die Zukunft widerrufen werden.

3. Soweit auf Grund von Verwaltungsanweisungen im Einzelfall die Zuständigkeit vor dem 1. 1. 1977 auf ein anderes Finanzamt übertragen worden ist, bleibt die damit vereinbarte Zuständigkeit erhalten.

Zu § 30 – Steuergeheimnis:

1. Das Steuergeheimnis haben Amtsträger und die in § 30 Abs. 3 genannten Personen zu wahren.

2. Amtsträger sind die in § 7 abschließend aufgeführten Personen.

3. Den Amtsträgern sind nach § 30 Abs. 3 gleichgestellt unter anderem die für den öffentlichen Dienst besonders Verpflichteten. Nach § 11 Abs. 1 Nr. 4 StGB ist dies, wer, ohne Amtsträger zu sein, bei einer Behörde oder bei einer sonstigen Stelle, die Aufgaben der öffentlichen Verwaltung wahrnimmt, oder bei einem Verband oder sonstigen Zusammenschluß, Betrieb oder Unternehmen, die für eine Behörde oder für eine sonstige Stelle Aufgaben der öffentlichen Verwaltung ausführen, beschäftigt oder für sie tätig und auf die gewissenhafte Erfüllung seiner Obliegenheiten auf Grund eines Gesetzes förmlich verpflichtet ist. Rechtsgrundlage für die Verpflichtung ist das Verpflichtungsgesetz vom 2. 3. 1974 (BStBl. I S. 380). Für eine Verpflichtung kommen z.B. Schreib- und Registraturkräfte, ferner Mitarbeiter in Rechenzentren sowie Unternehmer und deren Mitarbeiter, die Hilfstätigkeiten für die öffentliche Verwaltung erbringen (z.B. Ablocharbeiten, Versendung von Erklärungsvordrucken) in Betracht.

4. Sachverständige stehen Amtsträgern nur dann gleich, wenn sie von einer Behörde oder einem Gericht hinzugezogen werden.

5. Durch das Steuergeheimnis wird alles geschützt, was dem Amtsträger oder einer ihm gleichgestellten Person in einem der in § 30 Abs. 2 Nr. 1 Buchstabe a bis c genannten Verfahren über den Steuerpflichtigen oder anderen Personen bekanntgeworden ist. Geschützt werden auch auskunftspflichtige Dritte sowie Gewährspersonen, die den Finanzbehörden Angaben über steuerliche Verhältnisse anderer machen; § 30 Abs. 5 bleibt unberührt.

6. Die Absätze 4 und 5 des § 30 erlauben die Offenbarung der in § 30 Abs. 2 geschützten Verhältnisse, Betriebs- und Geschäftsgeheimnisse, nicht aber die Verwertung von Betriebs- und Geschäftsgeheimnissen. Die Finanzbehörde ist, sofern eine der in § 30 Abs. 4 und 5 genannten Voraussetzungen vorliegt, zur Offenbarung befugt, jedoch nicht verpflichtet. Bei der Entscheidung, ob dem Steuergeheimnis unterliegende Verhältnisse offenbart werden sollen, ist zu berücksichtigen, daß das Steuergeheimnis auch dazu dient, die Beteiligten am Besteuerungsverfahren zu wahrheitsgemäßen Angaben zu veranlassen. Ist die Befugnis zur Offenbarung gegeben und besteht gleichzeitig eine Verpflichtung zur Auskunft, z.B. auf Grund des § 161 StPO, so ist die Finanzbehörde zur Auskunftserteilung verpflichtet.

7. § 30 Abs. 4 Nr. 1 läßt eine Offenbarung zur Durchführung eines steuerlichen Verfahrens oder eines Steuerstraf- oder Bußgeldverfahrens zu. Es genügt, daß das Offenbaren für die Einleitung oder den Fortgang dieses Verfahrens nützlich sein könnte. Die Zulässigkeit ist nicht auf die Mitteilung von Tatsachen zwischen Finanzbehörden beschränkt (z.B. Mitteilungen zwischen Zollbehörden und Steuerbehörden, zwischen Finanzämtern und übergeordneten Finanzbehörden). Zulässig ist auch die Mitteilung an andere Behörden, soweit sie unmittelbar der Durchführung eines der oben genannten Verfahren

dient, z. B. Mitteilungen an die Wirtschaftsbehörden im Bescheinigungsverfahren nach § 6 b EStG.

8. Auf § 30 Abs. 4 Nr. 2 kann eine Offenbarung nur gestützt werden, wenn die Befugnis zum Offenbaren in einem Gesetz ausdrücklich enthalten ist. Eine Bestimmung über die allgemeine Pflicht zur Amtshilfe genügt nicht. Die Befugnis kann in der AO selbst (z. B. § 31) oder in anderen Steuergesetzen enthalten sein. Eine Befugnis zur Offenbarung enthalten u. a. folgende außersteuerliche Vorschriften:

§ 125 a Abs. 2 des Gesetzes über die Angelegenheiten der freiwilligen Gerichtsbarkeit i. d. F. der Bekanntmachung vom 17. 5. 1898 (RGBl. S. 771), geändert am 10. 8. 1937 (RGBl. I S. 900);

§ 20 des Wohnungsgemeinnützigkeitsgesetzes i. d. F. der Bekanntmachung vom 29. 2. 1940 (RGBl. S. 437);

§ 17 Satz 2 des Gesetzes über das gerichtliche Verfahren in Landwirtschaftssachen vom 21. 7. 1953 (BGBl. I S. 667), geändert durch Art. 3 des Gesetzes zur Neuordnung des landwirtschaftlichen Pachtrechts vom 8. 11. 1985 (BGBl. I S. 2065);

§ 19 Abs. 2, § 26 Abs. 6 des Gesetzes über die Kosten in Angelegenheiten der freiwilligen Gerichtsbarkeit (Kostenordnung) vom 26. 7. 1957 (BGBl. I S. 960), geändert durch Art. 1 des Gesetzes zur Änderung von Vorschriften des Justizkostenrechts vom 28. 12. 1968 (BGBl. I S. 1458);

§ 7 Abs. 2 des Gesetzes über die Preisstatistik vom 9. 8. 1958 (BGBl. I S. 605);

§ 8 des Abschöpfungserhebungsgesetzes vom 25. 7. 1962 (BGBl. I S. 453);

§ 10 Abs. 2 des Ausländergesetzes vom 28. 4. 1965 (BGBl. I S. 353), geändert durch Art. 1 des Einführungsgesetzes zum Strafgesetzbuch vom 2. 3. 1974 (BGBl. I S. 469);

§ 10 des Steuerberatungsgesetzes i. d. F. vom 4. 11. 1975 (BGBl. I S. 2735);

§ 28 Abs. 1 Satz 3 des Gerichtskostengesetzes vom 15. 12. 1975 (BGBl. I S. 3047);

§ 12 des Graduiertenförderungsgesetzes i. d. F. der Bekanntmachung vom 22. 1. 1976 (BGBl. I S. 207);

§ 52 des Jugendarbeitsschutzgesetzes vom 12. 4. 1976 (BGBl. I S. 965);

§ 197 Abs. 2 des Baugesetzbuches i. d. F. der Bekanntmachung vom 8. 12. 1986 (BGBl. I S. 2253);

§ 25 Abs. 3 des Personenbeförderungsgesetzes vom 21. 3. 1961 (BGBl. I S. 241), zuletzt geändert durch Art. 91 des Einführungsgesetzes zur Abgabenordnung vom 14. 12. 1976 (BGBl. I S. 3341);

§ 34 des Erdölbevorratungsgesetzes vom 25. 7. 1978 (BGBl. I S. 1073);

das Gesetz über Steuerstatistiken vom 6. 12. 1966 (BGBl. I S. 665), zuletzt geändert durch Art. 3 des 2. Statistikbereinigungsgesetzes vom 19. 12. 1986 (BGBl. I S. 2555);

§ 21 Abs. 4 des Zehnten Buches Sozialgesetzbuch vom 18. 8. 1980 (BGBl. I S. 1469, 2218);

§ 20 Abs. 2 des Unterhaltssicherungsgesetzes i.d.F. der Bekanntmachung vom 9. 9. 1980 (BGBl. I S. 1685), geändert durch Art. 33 des Ersten Gesetzes zur Bereinigung des Verwaltungsverfahrensrechts vom 18. 2. 1986 (BGBl. I S. 265);

§ 5 Abs. 3 des Gesetzes zum Abbau der Fehlsubventionierung im Wohnungswesen vom 22. 12. 1981 (BGBl. I S. 1523);

§ 94a des Zweiten Wohnungsbaugesetzes i.d.F. der Bekanntmachung vom 11. 7. 1985 (BGBl. I S. 1284, 1661);

§ 102b Abs. 3 des Güterkraftverkehrsgesetzes i.d.F. der Bekanntmachung vom 10. 3. 1983 (BGBl. I S. 256);

§ 3a der Verfahrensordnung für Höfesachen i.d.F. des Art. 2 des Zweiten Gesetzes zur Änderung der Höfeordnung vom 29. 3. 1976 (BGBl. I S. 881; 1977 S. 288), eingefügt durch Art. 4 des Gesetzes zur Neuordnung des landwirtschaftlichen Pachtrechts vom 8. 11. 1985 (BGBl. I S. 2065);

§ 8 Abs. 2 des Gesetzes über das Kreditwesen i.d.F. der Bekanntmachung vom 11. 7. 1985 (BGBl. I S. 1472).

9. Gem. § 30 Abs. 4 Nr. 4 Buchstabe a dürfen im Steuerstrafverfahren oder Steuerordnungswidrigkeitsverfahren gewonnene Erkenntnisse über außersteuerliche Straftaten an Gerichte und Strafverfolgungsbehörden für Zwecke der Strafverfolgung weitergeleitet werden. Die Finanzbehörden können daher z.B. die Staatsanwaltschaft auch über sog. Zufallsfunde unterrichten. Voraussetzung ist jedoch stets, daß die Erkenntnisse im Steuerstraf- oder Bußgeldverfahren selbst gewonnen wurden. Kenntnisse, die bereits vorher in einem anderen Verfahren (z.B. Veranlagungs-, Außenprüfungs- oder Vollstreckungsverfahren) erlangt wurden, dürfen den Strafverfolgungsbehörden gegenüber nicht offenbart werden. Sind die Tatsachen von dem Steuerpflichtigen (§ 33) selbst oder der für ihn handelnden Person (§ 200 Abs. 1) der Finanzbehörde mitgeteilt worden, ist die Weitergabe zur Strafverfolgung wegen nichtsteuerlicher Straftaten nur zulässig, wenn der Steuerpflichtige zum Zeitpunkt der Abgabe der Mitteilung an die Finanzbehörde die Einleitung des steuerlichen Straf- oder Bußgeldverfahrens gekannt hat, es sei denn, einer der in § 30 Abs. 4 Nr. 5 oder Abs. 5 geregelten Fälle läge vor.

10. Gem. § 30 Abs. 4 Nr. 4 Buchstabe b ist eine Offenbarung von Kenntnissen zur Durchführung eines Strafverfahrens wegen einer nichtsteuerlichen Straftat uneingeschränkt zulässig, wenn die Tatsachen der Finanzbehörde ohne Bestehen einer steuerlichen Verpflichtung oder unter Verzicht auf ein Auskunftsverweigerungsrecht bekanntgeworden sind. Tatachen sind der Finanzbehörde ohne Bestehen einer steuerlichen Verpflichtung bekanntgeworden, wenn die Auskunftsperson nicht zuvor durch die Finanzbehörde zur Erteilung einer Auskunft aufgefordert worden ist. Ein Verzicht auf ein Auskunftsverweigerungsrecht (vgl. §§ 101 ff.) kann nur angenommen

werden, wenn dem Berechtigten sein Auskunftsverweigerungsrecht bekannt war; dies setzt in den Fällen des § 101 eine Belehrung voraus.

11. Die Unterrichtung der Strafverfolgungsbehörden über vorsätzlich falsche Angaben des Betroffenen gem. § 30 Abs. 5 darf nur erfolgen, wenn nach Auffassung der Finanzbehörde durch die falschen Angaben ein Straftatbestand verwirklicht worden ist; die Durchführung eines Strafverfahrens wegen dieser Tat ist nicht Voraussetzung für die Zulässigkeit der Offenbarung.

12. Eine Offenbarung ist gem. § 30 Abs. 4 Nr. 5 zulässig, soweit für sie ein zwingendes öffentliches Interesse besteht. § 30 Abs. 4 Nr. 5 enthält eine beispielhafte Aufzählung von Fällen, in denen ein zwingendes öffentliches Interesse zu bejahen ist. Bei anderen Sachverhalten ist ein zwingendes öffentliches Interesse nur gegeben, wenn sie in ihrer Bedeutung einem der in § 30 Abs. 4 Nr. 5 erwähnten Fälle vergleichbar sind. So können die Gewerbebehörden für Zwecke eines Gewerbeuntersagungsverfahrens über die Verletzung steuerlicher Pflichten unterrichtet werden, die mit der Ausübung des Gewerbes, das untersagt werden soll, im Zusammenhang stehen (BFH-Urteil vom 10. 2. 1987, BStBl. II S. 545).

13. Verbrechen i.S. von § 30 Abs. 4 Nr. 5 Buchstabe a sind alle Straftaten, die im Mindestmaß mit Freiheitsstrafe von einem Jahr oder darüber bedroht sind (§ 12 Abs. 1 StGB). Als vorsätzliche schwere Vergehen gegen Leib und Leben oder gegen den Staat und seine Einrichtungen kommen nur solche Vergehen in Betracht, die eine schwerwiegende Rechtsverletzung darstellen und dementsprechend mit Freiheitsstrafe bedroht sind.

14. Unter den Begriff der Wirtschaftsstraftat i.S. des § 30 Abs. 4 Nr. 5 Buchstabe b fallen Straftaten nicht schon deswegen, weil sie nach § 74 c des Gerichtsverfassungsgesetzes zur Zuständigkeit des Landgerichts gehören. Es ist vielmehr in jedem Einzelfall unter Abwägung der Interessen zu prüfen, ob die besonderen Voraussetzungen des § 30 Abs. 4 Nr. 5 Buchstabe b gegeben sind.

15. Eine Offenbarung zur Richtigstellung in der Öffentlichkeit verbreiteter unwahrer Tatsachen gem. § 30 Abs. 4 Nr. 5 Buchstabe c kommt nur im Ausnahmefall in Betracht. Derartige Fälle sind der obersten Finanzbehörde unter eingehender Darlegung des Sachverhalts zur Entscheidung vorzulegen.

Zu § 30 a – Schutz von Bankkunden:

1. § 30 a Abs. 3 gilt nur für Guthabenkonten oder Depots, bei deren Errichtung eine Identitätsprüfung nach § 154 Abs. 2 vorgenommen worden ist. Guthabenkonten oder Depots, bei deren Errichtung keine Identitätsprüfung nach § 154 Abs. 2 vorgenommen worden ist, dürfen anläßlich der Außenprüfung bei einem Kreditinstitut zwecks Nachprüfung der ordnungsgemäßen Versteuerung festgestellt oder

abgeschrieben werden. Für die Ausschreibung von Kontrollmitteilungen gilt in diesen Fällen § 194 Abs. 3.

Zufallserkenntnisse, die den Verdacht einer Steuerverkürzung im Einzelfall begründen, können auch hinsichtlich solcher Guthabenkonten oder Depots, bei deren Errichtung eine Identitätsprüfung vorgenommen worden ist, dem zuständigen Finanzamt mitgeteilt werden.

§ 194 Abs. 3 bleibt hinsichtlich der Kreditkonten, der Eigenkonten und der Konten pro Diverse durch § 30a Abs. 3 ebenfalls unberührt.

Im übrigen steht § 30a Abs. 3 einer Außenprüfung nach § 50b EStG bei den Kreditinstituten nicht entgegen.

2. Für Auskunftsersuchen an Kreditinstitute gelten §§ 93 und 208. Ermittlungen „ins Blaue hinein" sind unzulässig (vgl. BFH-Urteil vom 23. Oktober 1990, BStBl. II 1991 S. 277 [278]). Auskünfte können bei hinreichendem Anlaß verlangt werden (BFH-Urteile vom 29. Oktober 1986, BStBl. II 1988 S. 359, und vom 24. März 1987, BStBl. II S. 484). Unter dieser Voraussetzung sind auch Auskunftsersuchen, die sich auf eine Vielzahl von Einzelfällen beziehen (Sammelauskunftsersuchen), zulässig (vgl. BFH-Urteil vom 24. Oktober 1989, BStBl. II 1990 S. 198).

Hingegen sind Sammelauskunftsersuchen über Bestände von Konten einschließlich Depotkonten sowie über Gutschriften von Kapitalerträgen nach § 30a Abs. 2 unzulässig.

3. Die Anzeigepflicht der Kreditinstitute nach § 33 des Erbschaftsteuergesetzes und die Auswertung der Anzeigen auch für Einkommensteuerzwecke bleiben durch § 30a Abs. 2 unberührt (BFH-Beschluß vom 2. April 1992, BStBl. II S. 616).

4. Bei Ermittlungen im Steuerstrafverfahren und im Bußgeldverfahren wegen Steuerordnungswidrigkeiten findet § 30a keine Anwendung.

Zu § 31 – Mitteilung von Besteuerungsgrundlagen:

Eine Offenbarung gegenüber der Künstlersozialkasse und Trägern der gesetzlichen Sozialversicherung ist nur zulässig, soweit die Angaben für die Festsetzung von Beiträgen benötigt werden. Die Künstlersozialkasse und die Träger der Sozialversicherung haben dies bei Anfragen zu versichern; dabei kann eine Bezugnahme auf § 31 Abs. 2 als ausreichend angesehen werden. Gesetzliche Sozialversicherungen sind nur die Renten-, Kranken-, Unfall- und Arbeitslosenversicherung. Träger dieser Versicherungen sind gem. § 12 des Ersten Buches Sozialgesetzbuch vom 11. 12. 1975 (BGBl. I S. 3015) die in den §§ 19, 21, 22 und 23 des Ersten Buches Sozialgesetzbuch genannten Körperschaften, Anstalten und Behörden.

Zu § 31a – Mitteilungen zur Bekämpfung der illegalen Beschäftigung:

§ 31a Abs. 1 erlaubt es, in den Fällen von Schwarzarbeit (Satz 1) und illegaler Beschäftigung von nichtdeutschen Arbeitnehmern

(Satz 2) die nach § 30 geschützten Verhältnisse der Betroffenen zu offenbaren. „Betroffene" i. S. des Satzes 1 sind der Schwarzarbeiter und sein Auftraggeber, i. S. des Satzes 2 der Arbeitgeber und sein Arbeitnehmer; zum Begriff der Schwarzarbeit vgl. § 1 des Gesetzes zur Bekämpfung der Schwarzarbeit i. d. F. der Bekanntmachung vom 29. 1. 1982 (BGBl. I S. 109). Die Offenbarung ihrer Verhältnisse ist zulässig, wenn und soweit sie der Bekämpfung der Schwarzarbeit (Satz 1) bzw. der illegalen Beschäftigung nichtdeutscher Arbeitnehmer (Satz 2) dient. Die weitere Voraussetzung – schuldhafte Verletzung der steuerlichen Pflichten – betrifft nur die Fälle des Satzes 1 (Schwarzarbeit); sie wird dort in der Person des Auftraggebers nur ausnahmsweise erfüllt sein. Die Offenbarungen sind an die mit der Bekämpfung der Mißstände befaßten Behörden zu richten.

Zu § 32 – Haftungsbeschränkung für Amtsträger:

Die Vorschrift enthält keine selbständige Haftungsgrundlage; sie schränkt vielmehr die sich aus anderen Bestimmungen ergebende Haftung für Amtsträger ein. Disziplinarmaßnahmen sind keine Strafen i. S. der Vorschrift.

Zu § 33 – Steuerpflichtiger:

1. Zu den Pflichten, die nach § 33 Abs. 1 den Steuerpflichtigen auferlegt werden, gehören: Eine Steuer als Steuerschuldner, Haftender oder für Rechnung eines anderen (§ 43) zu entrichten, die Verpflichtung zur Abgabe einer Steuererklärung (§ 149), zur Mitwirkung und Auskunft in eigener Steuersache (§§ 90, 93, 200), zur Führung von Büchern und Aufzeichnungen (§§ 140 ff.), zur ordnungsgemäßen Kontenführung (§ 154) oder zur Sicherheitsleistung (§ 241).

2. Nicht unter den Begriff des Steuerpflichtigen fällt (§ 33 Abs. 2), wer in einer für ihn fremden Steuersache tätig wird oder werden soll. Das sind neben Bevollmächtigten und Beiständen (§§ 80, 123, 183) diejenigen, die Auskunft zu erteilen (§ 93), Urkunden (§ 97) ‚oder Wertsachen (§ 100) vorzulegen, Sachverständigengutachten zu erstatten (§ 96) oder das Betreten von Grundstücken oder Räumen zu gestatten (§ 99) oder Steuern aufgrund vertraglicher Verpflichtung zu entrichten haben (§ 192).

3. Unter Steuergesetzen sind alle Gesetze zu verstehen, die steuerrechtliche Vorschriften enthalten, auch wenn diese nur einen Teil des Gesetzes umfassen.

Zu § 34 – Pflichten der gesetzlichen Vertreter und der Vermögensverwalter:

1. Die gesetzlichen Vertreter natürlicher und juristischer Personen, die Geschäftsführer nichtrechtsfähiger Personenvereinigungen oder Vermögensmassen (§ 34 Abs. 1) sowie die Vermögensverwalter im

Rahmen ihrer Verwaltungsbefugnis (§ 34 Abs. 3) treten in ein unmittelbares Pflichtenverhältnis zur Finanzbehörde. Sie haben alle Pflichten zu erfüllen, die den von ihnen Vertretenen auferlegt sind. Dazu gehören z. B. die Buchführungs-, Erklärung-, Mitwirkungs- oder Auskunftspflichten (§§ 140 ff., 90, 93), die Verpflichtung, Steuern zu zahlen und die Vollstreckung in dieses Vermögen zu dulden (§ 77).

2. Hat eine nichtrechtsfähige Personenvereinigung oder Vermögensmasse keinen Geschäftsführer, so kann sich die Finanzbehörde unmittelbar an jedes Mitglied oder an jeden Gesellschafter halten, ohne daß vorher in jedem Fall eine Aufforderung zur Bestellung von Bevollmächtigten ergehen muß. Die Finanzbehörde kann auch mehrere Mitglieder (Gesellschafter) zugleich zur Pflichterfüllung auffordern.

Zu § 35 – Pflichten des Verfügungsberechtigten:

1. Tatsächlich verfügungsberechtigt ist derjenige, der wirtschaftlich über Mittel, die einem anderen gehören, verfügen kann.

2. Rechtlich ist zur Erfüllung von Pflichten in der Lage, wer im Außenverhältnis rechtswirksam handeln kann. Auf etwaige Beschränkungen im Innenverhältnis (Auftrag, Vollmacht) kommt es nicht an. Bevollmächtigte werden von dieser Bestimmung nur betroffen, wenn sie tatsächlich und rechtlich verfügungsberechtigt sind.

3. Der Sicherungsnehmer einer Sicherungsübereignung oder Sicherungsabtretung ist grundsätzlich kein Verfügungsberechtigter i. S. dieser Vorschrift, da er im Regelfall zur Verwertung des Sicherungsgutes lediglich zum Zweck seiner Befriedigung befugt und insoweit einem Pfandrechtsgläubiger vergleichbar ist. Im Einzelfall kann jedoch die Rechtsstellung des Sicherungsnehmers weitergehen, wenn er sich z. B. eigene Mitsprache- oder Verfügungsrechte im Betrieb des Sicherungsgebers vorbehalten hat, so daß er auch wirtschaftlich über die Mittel des Sicherungsgebers verfügen kann. Das kann dann der Fall sein, wenn sich ein Gläubiger zur Sicherstellung seiner Ansprüche die gesamten Kundenforderungen mit dem Recht zur Einziehung abtreten läßt und aus diesen Forderungen nur diejenigen Mittel freigibt, die er zur Unternehmensfortführung des Sicherungsgebers für erforderlich hält.

Zu § 36 – Erlöschen der Vertretungsmacht:

Auch nach dem Erlöschen der Vertretungs- oder Verfügungsmacht, gleichgültig worauf dies beruht, hat der gesetzliche Vertreter, Vermögensverwalter oder Verfügungsberechtigte die nach §§ 34 und 35 bestehenden Pflichten zu erfüllen, soweit sie vor dem Erlöschen entstanden sind und er zur Erfüllung noch in der Lage ist. Daraus ergibt sich u. a., daß sich der zur Auskunft für einen Beteiligten Verpflichtete nach dem Erlöschen der Vertretungs- oder Verfügungsmacht nicht auf ein evtl. Auskunftsverweigerungsrecht (§§ 101, 103, 104) berufen kann. Auch entsteht kein Entschädigungsanspruch (§ 107).

Zu § 37 – Ansprüche aus dem Steuerschuldverhältnis:

1. Die Ansprüche auf Strafen und Geldbußen gehören nicht zu den Ansprüchen aus dem Steuerschuldverhältnis. § 37 Abs. 2 enthält eine allgemeine Umschreibung des öffentlich-rechtlichen Erstattungsanspruchs, der einem Steuerpflichtigen oder Steuergläubiger dadurch erwächst, daß eine Leistung aus dem Steuerschuldverhältnis ohne rechtlichen Grund erfolgt ist oder der Grund hierfür später wegfällt. Erstattungsberechtigter ist derjenige, auf dessen Rechnung die Zahlung geleistet worden ist, auch wenn ein Dritter die Zahlung tatsächlich geleistet hat. Hat einer von mehreren Gesamtschuldnern die Zahlung geleistet, so ist auch an diesen zu erstatten. Ist für gemeinsame Rechnung von Gesamtschuldnern (§ 44) geleistet worden, so haben diese als Gesamtgläubiger Anspruch auf die Erstattung. Das Finanzamt kann mit befreiender Wirkung an jeden der Gesamtgläubiger erstatten. Erstattungsverpflichteter ist der Leistungsempfänger.

2. Wegen der Verwirklichung von Ansprüchen aus dem Steuerschuldverhältnis wird auf § 218, wegen der Verzinsung auf § 233 hingewiesen.

Zu § 38 – Entstehung der Ansprüche aus dem Steuerschuldverhältnis:

1. Der Steueranspruch entsteht in dem Zeitpunkt, in dem der Tatbestand verwirklicht wird, an den das Einzelsteuergesetz eine bestimmte Leistungspflicht knüpft (z.B. § 36 Abs. 1 EStG, § 48 KStG, § 13 Abs. 1 UStG, § 18 GewStG, § 5 Abs. 2 VStG, § 9 Abs. 2 GrStG, § 9 ErbStG). Das gilt nicht nur für den Steueranspruch, sondern auch für den Steuervergütungsanspruch und den Steuererstattungsanspruch (z.B. zur Lohnsteuer vgl. zu § 46 Nr. 1). Der Erstattungsanspruch nach § 37 Abs. 2 entsteht in dem Zeitpunkt, in dem die zu erstattende Leistung erbracht wurde oder der rechtliche Grund für die Zahlung entfallen ist.

2. Von der Entstehung der Ansprüche aus dem Steuerschuldverhältnis zu unterscheiden sind
– die Festsetzung durch Steuerbescheid (§§ 155 ff.),
– die Fälligkeit (§ 220) sowie
– die Verwirklichung im Erhebungsverfahren (§§ 218 ff.).

Zu § 39 – Zurechnung:

1. § 39 Abs. 2 Nr. 1 Satz 1 definiert den Begriff des wirtschaftlichen Eigentums i.S. der Rechtsprechung des BFH (z.B. BFH-Urteile vom 26. 1. 1970, BStBl. II S. 264, vom 5. 5. 1983, BStBl. II S. 631, und vom 28. 4. 1983, BStBl. II S. 690), insbesondere zur er-

tragsteuerlichen Behandlung von Leasing-Verträgen. Beispiele für die Anwendung des Grundsatzes des § 39 Abs. 2 Nr. 1 Satz 1 enthält Satz 2. Der landwirtschaftliche Pächter ist grundsätzlich nicht als wirtschaftlicher Eigentümer zu behandeln.

2. Für die anteilige Zurechnung von Wirtschaftsgütern, die mehreren zur gesamten Hand zustehen, sind die jeweiligen Steuergesetze sowie die allgemeinen gesetzlichen und vertraglichen Regelungen maßgebend. Eine Ermittlung der Anteile erfolgt nur, soweit eine getrennte Zurechnung für die Besteuerung erforderlich ist.

Zu § 41 – Unwirksame Rechtsgeschäfte:

1. Ein unwirksames oder anfechtbares Rechtsgeschäft ist für Zwecke der Besteuerung als gültig zu behandeln, soweit die Beteiligten das wirtschaftliche Ergebnis bestehen lassen. Soweit ausnahmsweise die rückwirkende Aufhebung eines vollzogenen Vertrages steuerlich zu berücksichtigen ist, wird auf die in Einzelsteuergesetzen geregelten Besonderheiten (z.B. § 17 UStG) hingewiesen; zur verfahrensmäßigen Abwicklung Hinweis auf § 175 Abs. 1 Satz 1 Nr. 2.

2. Nach § 41 Abs. 2 sind z.B. Scheinarbeitsverhältnisse zwischen Ehegatten oder die Begründung eines Scheinwohnsitzes für die Besteuerung ohne Bedeutung.

3. Beteiligter ist nicht der Beteiligte i.S. des § 78, sondern der am Vertrag Beteiligte.

Zu § 44 – Gesamtschuldner:

Zur Steuerfestsetzung bei Gesamtschuldnern wird auf § 155 Abs. 3 bis 5 hingewiesen, zur Inanspruchnahme eines Haftungsschuldners auf § 219, wegen der Vollstreckung gegen Gesamtschuldner auf § 342 Abs. 2, wegen einer Beschränkung der Vollstreckung in den Fällen der Zusammenveranlagung auf §§ 268 bis 280, wegen der Erstattung an Gesamtschuldner vgl. zu § 37 Nr. 1.

Zu § 46 – Abtretung, Verpfändung, Pfändung:

1. Der Gläubiger kann die Abtretung oder Verpfändung der zuständigen Finanzbehörde wirksam nur nach Entstehung des Anspruchs anzeigen. Die Anzeige wirkt nicht auf den Zeitpunkt des Abtretungs- oder Verpfändungsvertrages zurück. Vor Entstehung des Steueranspruchs sind Pfändungen wirkungslos; sie werden auch nicht mit Entstehung des Anspruchs wirksam. Da z.B. der Lohnsteuererstattungsanspruch grundsätzlich mit Ablauf des für die Steuerfestsetzung maßgebenden Erhebungszeitraums entsteht (§ 38 AO i.V.m. § 36 Abs. 1 EStG), sind während des betreffenden Erhebungszeitraums (bis 31. 12.) angezeigte Lohnsteuer-Abtretungen bzw. Verpfändungen oder ausgebrachte Pfändungen wirkungslos. Anderes gilt, falls während des Erhebungszeitraums die unbeschränkte Einkommensteuerpflicht wegfällt (z.B. Rückzug von Gastarbeitern). In die-

sen Fällen entsteht der Lohnsteuererstattungsanspruch mit dem Wegfall der unbeschränkten Einkommensteuerpflicht (§ 42 Abs. 2 Satz 2 EStG). Der Anspruch auf Erstattungszinsen nach § 233a entsteht erst, wenn eine Steuerfestsetzung zu einer Steuererstattung führt und die übrigen Voraussetzungen des § 233a in diesem Zeitpunkt erfüllt sind.

2. Der geschäftsmäßige Erwerb und die geschäftsmäßige Einziehung von Erstattungs- oder Vergütungsansprüchen ist nur bei Sicherungsabtretungen und nur Bankunternehmen gestattet (BFH-Urteil vom 23. 11. 1985, BStBl. II 1986, S. 124). Verstöße gegen § 46 Abs. 4 werden als Steuerordnungswidrigkeiten geahndet (§ 383). Auskünfte darüber, inwieweit einem Unternehmen das Betreiben von Bankgeschäften nach § 32 des Kreditwesengesetzes erlaubt worden ist, können beim Bundesaufsichtsamt für das Kreditwesen oder auch bei der für den Sitz des betreffenden Unternehmens zuständigen Landeszentralbank eingeholt werden. Die Geschäftsmäßigkeit wird stets zu bejahen sein, wenn für den Erwerb von Erstattungsansprüchen organisatorische Vorkehrungen getroffen werden (z.B. vorbereitete Formulare, besondere Karten). Für die Annahme der Geschäftsmäßigkeit reicht es nicht aus, daß die – vereinzelte – Abtretung im Rahmen eines Handelsgeschäfts vorgenommen wurde.

3. Auch bei einem Verstoß gegen § 46 Abs. 4 Satz 1 oder bei sonstiger Unwirksamkeit des der Abtretung oder Verpfändung zugrunde liegenden Rechtsgeschäfts kann die Finanzbehörde nach erfolgter Anzeige mit befreiender Wirkung an den Abtretungsempfänger zahlen, soweit nicht Rechte anderer Gläubiger entgegenstehen.

4. Mit der wirksam angezeigten Abtretung oder Verpfändung (bzw. ausgebrachten Pfändung) tritt der neue Gläubiger insoweit an die Stelle des Erstattungsberechtigten. Im Falle der Abtretung, Verpfändung oder Pfändung von Erstattungsansprüchen aus dem Lohnsteuer-Jahresausgleich hat er z.B. das Recht, innerhalb der Frist des § 42 Abs. 2 EStG den Antrag auf Durchführung des Lohnsteuer-Jahresausgleichs nach amtlich vorgeschriebenem Vordruck zu stellen. Die Abtretungsanzeige wirkt auch in Wechselfällen, in denen statt des Lohnsteuer-Jahresausgleichs eine Einkommensteuerveranlagung – oder umgekehrt – durchgeführt wird (BFH-Urteil vom 25. 6. 1985, BStBl. II S. 572). Es ist nicht zu beanstanden, wenn der neue Gläubiger bei rechtzeitiger Antragstellung, die mindestens Name und Anschrift des ursprünglichen Erstattungsberechtigten enthalten muß, die zur Bearbeitung des Antrags erforderlichen Unterlagen und sonstigen Angaben innerhalb angemessener Frist nachreicht.

5. Für die Anzeige der Abtretung oder Verpfändung eines Erstattungs- oder Vergütungsanspruchs wird der in der Anlage abgedruckte Vordruck[1] bestimmt. Der früher (ab 1. Oktober 1990) geltende Vordruck kann weiter verwendet werden.

---

[1] Abgedruckt am Ende des AEAO.

Zu § 47 – Erlöschen:

Außer in den aufgezählten Fällen können entstandene Ansprüche aus dem Steuerschuldverhältnis auch auf andere Weise erlöschen, z. B. bei Zwangsgeldern durch Erbfolge (§ 45 Abs. 1) oder durch Verzicht auf Erstattung (§ 37 Abs. 2).

Zu § 48 – Leistung durch Dritte, Haftung Dritter:

Die Vorschrift eröffnet die Möglichkeit, daß alle Leistungen aus dem Steuerschuldverhältnis (§ 37) gegenüber der Finanzbehörde auch durch Dritte bewirkt werden oder sich Dritte hierzu vertraglich verpflichten können. Der Steuerpflichtige wird in diesen Fällen von seiner eigenen Leistungspflicht nicht befreit. Derartige rechtsgeschäftliche Verpflichtungsgeschäfte (z. B. Bürgschaft, Schuldversprechen oder kumulative Schuldübernahme) können auf einem Vertrag zwischen Steuergläubiger und Schuldübernehmer oder auf einem Vertrag zwischen Steuerschuldner und Übernehmer zugunsten des Steuergläubigers beruhen. In beiden Fällen sind die sich hieraus ergebenden Ansprüche der Finanzbehörde privatrechtlicher, nicht öffentlich-rechtlicher Natur und können gem. § 192 nur nach den Vorschriften des bürgerlichen Rechts durchgesetzt werden. Diese Vorschriften gelten auch für steuerliche Nebenleistungen (§ 3 Abs. 3).

Zu § 51 – Allgemeines:[1]

1. Unter Körperschaften i. S. des § 51, für die eine Steuervergünstigung in Betracht kommen kann, sind Körperschaften, Personenvereinigungen und Vermögensmassen i. S. des KStG zu verstehen. Dazu gehören auch die juristischen Personen des öffentlichen Rechts mit ihren Betrieben gewerblicher Art (§ 1 Abs. 1 Nr. 6, § 4 KStG), nicht aber die juristischen Personen des öffentlichen Rechts als solche.

2. *(aufgehoben)*

Zu § 52 – Gemeinnützige Zwecke:[1]

1. Bei § 52 Abs. 2 Nr. 1 und 2 handelt es sich um eine beispielhafte Aufzählung gemeinnütziger Zwecke. Die Allgemeinheit kann deshalb auch durch ähnliche Zwecke gefördert werden. Dies sind insbesondere die in der Anlage 7 zu den Einkommensteuer-Richtlinien allgemein als besonders förderungswürdig anerkannten gemeinnützigen Zwecke (z. B. die Förderung der Rettung aus Lebensgefahr, des Feuer-, Arbeits- und Zivilschutzes, der Unfallverhütung, der Verbraucherberatung und der Gleichberechtigung) mit Ausnahme der in § 52 Abs. 2 Nr. 4 genannten Zwecke, die in der Nummer 21 der Anlage 7 EStR aufgeführt sind.

---

[1] Vgl. jetzt §§ 51 und 52 AO idF des Vereinsförderungsgesetzes vom 18. 12. 1989 (BGBl. I S. 2212).

Dagegen handelt es sich bei § 52 Abs. 2 Nr. 4 um eine abschließende Aufzählung. Durch Tätigkeiten, die nicht unter § 52 Abs. 2 Nrn. 1 bis 3 fallen und die in § 52 Abs. 2 Nr. 4 nicht ausdrücklich genannt sind, wird die Allgemeinheit also nicht gefördert. Dazu gehören z. B. die Förderung des Briefmarkensammelns, des Skats, der Modellschiffahrt und des Amateurfilmens.

2. Ein wesentliches Element des Sports (§ 52 Abs. 2 Nr. 2) ist die körperliche Ertüchtigung. Motorsport fällt unter den Begriff des Sports. Skat-, Bridge- und Gospiel sind dagegen kein Sport i. S. der Vorschrift. Dies gilt auch für Amateurfunk, Modellflug und Hundesport, die jedoch eigenständige gemeinnützige Zwecke sind (§ 52 Abs. 2 Nr. 4).

3. Die Förderung des bezahlten Sports ist kein gemeinnütziger Zweck, weil dadurch eigenwirtschaftliche Zwecke der bezahlten Sportler gefördert werden. Sie ist aber unter bestimmten Voraussetzungen unschädlich für die Gemeinnützigkeit eines Sportvereins (s. §§ 58 Nr. 9 und 67 a).

4. Obst- und Gartenbauvereine fördern in der Regel die Pflanzenzucht i. S. des § 52 Abs. 2 Nr. 4.

5. Bei Tier- und Pflanzenzuchtvereinen ist besonders auf die Selbstlosigkeit (§ 55) zu achten. Eine Körperschaft ist z. B. nicht selbstlos tätig, wenn sie in erster Linie eigenwirtschaftliche Zwecke ihrer Mitglieder fördert.

6. Die Einbeziehung von Karneval, Fastnacht und Fasching als Brauchtumspflege in die Gemeinnützigkeit bedeutet keine allgemeine Ausweitung des Brauchtumsbegriffs i. S. des Gemeinnützigkeitsrechts. Studentische Verbindungen, z. B. Burschenschaften, und ähnliche Vereinigungen, z. B. Landjugendvereine, sind deshalb in der Regel nach wie vor nicht gemeinnützig.

7. Soldaten und Reservistenvereine verfolgen in der Regel gemeinnützige Zwecke i. S. des § 52 Abs. 2 Nr. 4, wenn sie aktive und ehemalige Wehrdienstleistende, Zeit- und Berufssoldaten betreuen, z. B. über mit dem Soldatsein zusammenhängende Fragen beraten, Möglichkeiten zu sinnvoller Freizeitgestaltung bieten oder beim Übergang in das Zivilleben helfen. Die Pflege der Tradition durch Soldaten- und Reservistenvereine ist weder steuerbegünstigte Brauchtumspflege noch Betreuung von Soldaten und Reservisten i. S. des § 52 Abs. 2 Nr. 4; ebenso ist die Pflege der Kameradschaft kein gemeinnütziger Zweck (BFH-Urteil vom 31. Oktober 1963, BStBl. III 1964 S. 20).

8. Einrichtungen, die mit ihrer Tätigkeit auf die Erholung arbeitender Menschen ausgerichtet sind (z. B. der Betrieb von Freizeiteinrichtungen wie Campingplätze oder Bootsverleihe), können nicht als gemeinnützig anerkannt werden, es sei denn, daß das Gewähren von Erholung einem besonders schutzwürdigen Personenkreis (z. B. Kran-

ken oder der Jugend) zugute kommt oder in einer bestimmten Art und Weise (z. B. auf sportlicher Grundlage) vorgenommen wird (BFH-Urteile vom 22. 11. 1972, BStBl. II 1973 S. 251, und vom 30. 9. 1981, BStBl. II 1982 S. 148). Wegen Erholungsheimen wird auf § 68 Nr. 1 Buchstabe a hingewiesen.

9. Politische Zwecke (Beeinflussung der politischen Meinungsbildung, Förderung politischer Parteien u. dergl.) zählen grundsätzlich nicht zu den gemeinnützigen Zwecken i. S. des § 52.

Eine gewisse Beeinflussung der politischen Meinungsbildung schließt jedoch die Gemeinnützigkeit nicht aus (BFH-Urteil vom 29. 8. 1984, BStBl. II S. 844). Eine politische Tätigkeit ist danach unschädlich für die Gemeinnützigkeit, wenn eine gemeinnützige Tätigkeit nach den Verhältnissen im Einzelfall zwangsläufig mit einer politischen Zielsetzung verbunden ist und die unmittelbare Einwirkung auf die politischen Parteien und die staatliche Willensbildung gegenüber der Förderung des gemeinnützigen Zwecks weit in den Hintergrund tritt. Eine Körperschaft fördert deshalb auch dann ausschießlich ihren steuerbegünstigten Zweck, wenn sie gelegentlich zu tagespolitischen Themen im Rahmen ihres Satzungszwecks Stellung nimmt. Entscheidend ist, daß die Tagespolitik nicht Mittelpunkt der Tätigkeit der Körperschaft ist oder wird, sondern der Vermittlung der steuerbegünstigten Ziele der Körperschaft dient (BFH-Urteil vom 23. 11. 1988, BStBl. II 1989 S. 391).

Dagegen ist die Gemeinnützigkeit zu versagen, wenn ein politischer Zweck als alleiniger oder überwiegender Zweck in der Satzung einer Körperschaft festgelegt ist oder die Körperschaft tatsächlich ausschließlich oder überwiegend einen politischen Zweck verfolgt.

10. Eine Körperschaft i. S. des § 51 kann nur dann als gemeinnützig behandelt werden, wenn sie sich bei ihrer Betätigung im Rahmen der verfassungsmäßigen Ordnung hält. Die verfassungsmäßige Ordnung wird schon durch die Ankündigung von gewaltfreiem Widerstand gegen geplante Maßnahmen und die Nichtbefolgung von polizeilichen Anordnungen durchbrochen (BFH-Urteil vom 29. 8. 1984, BStBl. II 1985 S. 106).

11. Wird eine bisher steuerpflichtige Körperschaft nach § 5 Abs. 1 Nr. 9 KStG von der Körperschaftsteuer befreit, ist unter den Voraussetzungen des § 13 KStG eine Schlußbesteuerung durchzuführen.

Zu § 53 – Mildtätige Zwecke:

1. Der Begriff „mildtätige Zwecke" umfaßt auch die Unterstützung von Personen, die wegen ihres seelischen Zustands hilfsbedürftig sind. Das hat beispielsweise für die Telefonseelsorge Bedeutung.

2. Völlige Unentgeltlichkeit der mildtätigen Zuwendung wird nicht verlangt. Die mildtätige Zuwendung darf nur nicht des Entgelts wegen erfolgen.

3. Hilfen nach § 53 Nr. 1 (Unterstützung von Personen, die infolge ihres körperlichen, geistigen oder seelischen Zustands auf die Hilfe anderer angewiesen sind) dürfen ohne Rücksicht auf die wirtschaftliche Unterstützungsbedürftigkeit gewährt werden. Bei der Beurteilung der Bedürftigkeit i.S. des § 53 Nr. 1 kommt es nicht darauf an, daß die Hilfsbedürftigkeit dauernd oder für längere Zeit besteht. Hilfeleistungen wie beispielsweise „Essen auf Rädern" können daher steuerbegünstigt durchgeführt werden. Bei Personen, die das 75. Lebensjahr vollendet haben, kann körperliche Hilfsbedürftigkeit ohne weitere Nachprüfung angenommen werden.

4. § 53 Nr. 2 legt die Grenzen der wirtschaftlichen Hilfsbedürftigkeit fest. Danach können ohne Verlust der Steuerbegünstigung Personen unterstützt werden, deren Bezüge das Vierfache, beim Alleinstehenden oder Haushaltsvorstand das Fünffache des Regelsatzes der Sozialhilfe i.S. des § 22 des Bundessozialhilfegesetzes nicht übersteigen. Etwaige Mehrbedarfszuschläge zum Regelsatz sind nicht zu berücksichtigen. Leistungen für die Unterkunft werden nicht gesondert berücksichtigt. Für die Begriffe „Einkünfte" und „Bezüge" sind die Ausführungen in Abschnitt 190 Abs. 6 EStR maßgebend.

5. Zu den Bezügen i.S. des § 53 Nr. 2 zählen also neben den Einkünften i.S. des § 2 Abs. 1 EStG auch alle anderen für die Bestreitung des Unterhalts bestimmten oder geeigneten Bezüge aller Haushaltsangehörigen. Hierunter fallen demnach auch solche Einnahmen, die im Rahmen der steuerlichen Einkunftsermittlung nicht erfaßt werden, also sowohl nicht steuerbare als auch für steuerfrei erklärte Einnahmen (BFH-Urteil vom 2. 8. 1974, BStBl. II 1975 S. 139). Dazu gehört u.a. auch das Kindergeld i.S. des Bundeskindergeldgesetzes.

6. Bei Leibrenten zählt der über den von § 53 Nr. 2 Buchstabe a erfaßten Ertragsanteil hinausgehende Teil der Rente zu den Bezügen i.S. des § 53 Nr. 2 Buchstabe b.

7. Bei der Feststellung der Bezüge i.S. des § 53 Nr. 2 Buchstabe b sind aus Vereinfachungsgründen insgesamt 360 DM im Kalenderjahr abzuziehen, wenn nicht höhere Aufwendungen, die in wirtschaftlichem Zusammenhang mit den entsprechenden Einnahmen stehen, nachgewiesen oder glaubhaft gemacht werden.

Zu § 54 – Kirchliche Zwecke:

Ein kirchlicher Zweck liegt nur vor, wenn die Tätigkeit darauf gerichtet ist, eine Religionsgemeinschaft des öffentlichen Rechts zu fördern. Bei Religionsgemeinschaften, die nicht Körperschaften des öffentlichen Rechts sind, kann wegen Förderung der Religion eine Anerkennung als gemeinnützige Körperschaft in Betracht kommen.

Zu § 55 – Selbstlosigkeit:

Zu § 55 Abs. 1 Nr. 1:

1. Eine Körperschaft handelt selbstlos, wenn sie weder selbst noch zugunsten ihrer Mitglieder eigenwirtschaftliche Zwecke verfolgt. Ist

die Tätigkeit einer Körperschaft in erster Linie auf Mehrung ihres eigenen Vermögens gerichtet, so handelt sie nicht selbstlos. Eine Körperschaft verfolgt zum Beispiel in erster Linie eigenwirtschaftliche Zwecke, wenn sie ausschließlich durch Darlehen ihrer Gründungsmitglieder finanziert ist und dieses Fremdkapital satzungsgemäß tilgen und verzinsen muß (BFH-Urteile vom 13. 12. 1978, BStBl. II 1979 S. 482, vom 26. 4. 1989, BStBl. II S. 670 und vom 28. 6. 1989, BStBl. II 1990 S. 550).

2. Nach § 55 Abs. 1 Nr. 1 dürfen sämtliche Mittel der Körperschaft nur für die satzungsmäßigen Zwecke verwendet werden (Ausnahmen siehe § 58). Auch der Gewinn aus Zweckbetrieben und aus dem steuerpflichtigen wirtschaftlichen Geschäftsbetrieb (§ 64 Abs. 2) sowie der Überschuß aus der Vermögensverwaltung dürfen nur für die satzungsmäßigen Zwecke verwendet werden. Mitglieder dürfen keine Zuwendungen aus Mitteln der Körperschaften erhalten. Dies gilt nicht, soweit es sich um Annehmlichkeiten handelt, wie sie im Rahmen der Betreuung von Mitgliedern allgemein üblich und nach allgemeiner Verkehrsauffassung als angemessen anzusehen sind.

3. Das schließt nicht aus, daß im wirtschaftlichen Geschäftsbetrieb freie Rücklagen gebildet werden, die bei vernünftiger kaufmännischer Beurteilung wirtschaftlich begründet sind (enstpr. § 14 Nr. 5 KStG). Es muß ein konkreter Anlaß für die Bildung der Rücklage gegeben sein, der auch aus objektiver unternehmerischer Sicht die Bildung der Rücklage rechtfertigt, wie z. B. eine geplante Betriebsverlegung, Werksneuerung, Kapazitätsausweitung.

4. Es ist nicht zulässig, Mittel des ideellen Bereichs (insbesondere Mitgliedsbeiträge, Spenden, Zuschüsse, Gewinne aus Zweckbetrieben, Rücklagen), Erträge aus der Vermögenverwaltung und das entsprechende Vermögen zum Ausgleich von Verlusten des steuerpflichtigen wirtschaftlichen Geschäftsbetriebs zu verwenden. Geschieht dies jedoch nur gelegentlich und wird der Ausgleich von Verlusten auf anderem Wege ernsthaft versucht (z. B. durch Erhöhung der Entgelte für die Leistungen des steuerpflichtigen wirtschaftlichen Geschäftsbetriebs), so bleibt die Selbstlosigkeit unberührt (BFH-Urteil vom 2. 10. 1968, BStBl. II 1969 S. 43). Der Ausgleich von Verlusten eines steuerpflichtigen wirtschaftlichen Geschäftsbetriebs (§ 64 Abs. 2 AO) durch dafür bestimmte Umlagen, Zuschüsse usw. ist zulässig. Derartige Zuwendungen sind jedoch keine steuerbegünstigten Spenden.

5. Die Körperschaft muß ihre Mittel grundsätzlich zeitnah für ihre steuerbegünstigten satzungsmäßigen Zwecke verwenden. Die Bildung von Rücklagen ist nur nach Maßgabe des § 58 Nrn. 6 und 7 zulässig.

Es verstößt nicht gegen das Gebot der zeitnahen Mittelverwendung, wenn eine steuerbegünstigte Körperschaft einen ihr zugewendeten Betrag oder Gegenstand auf Wunsch des Spenders in ihrem Vermögen behält und nur die Erträge daraus zeitnah für ihre steuerbegünstigten Zwecke ausgibt. Eine besondere Erklärung des Spenders ist nicht erforderlich, wenn die Zuwendungen aufgrund eines Spendenaufrufs der Körperschaft geleistet werden, in dem sie um Zuwendungen zu ihrem Kapital gebeten hat. Zuwendungen von Todes wegen darf eine gemeinnützige Körperschaft grundsätzlich ihrem Vermögen zuführen.

Zu § 55 Abs. 1 Nrn. 2 und 4:

6. Die in § 55 Abs. 1 Nrn. 2 und 4 genannten Sacheinlagen sind Einlagen i. S. des Handelsrechts, für die dem Mitglied Gesellschaftsrechte eingeräumt worden sind. Insoweit sind also nur Kapitalgesellschaften, nicht aber Vereine angesprochen. Unentgeltlich zur Verfügung gestellte Vermögensgegenstände, für die keine Gesellschaftsrechte eingeräumt sind (Leihgaben, Sachspenden) fallen nicht unter § 55 Abs. 1 Nrn. 2 und 4. Soweit Kapitalanteile und Sacheinlagen von der Vermögensbindung ausgenommen werden, kann von dem Gesellschafter nicht die Spendenbegünstigung des § 10b EStG (§ 9 Nr. 3 KStG) in Anspruch genommen werden.

Zu § 55 Abs. 1 Nr. 4:

7. Eine wesentliche Voraussetzung für die Annahme der Selbstlosigkeit bildet der Grundsatz der Vermögensbindung für steuerbegünstigte Zwecke im Falle der Beendigung des Bestehens der Körperschaft oder des Wegfalles des bisherigen Zwecks (§ 55 Abs. 1 Nr. 4). Hiermit soll verhindert werden, daß Vermögen, das sich aufgrund der Steuervergünstigungen gebildet hat, später zu nicht begünstigten Zwecken verwendet wird. Die satzungsmäßigen Anforderungen an die Vermögensbindung sind in den §§ 61 und 62 geregelt.

Zu § 55 Abs. 2:

8. Wertsteigerungen bleiben für steuerbegünstigte Zwecke gebunden. Bei der Rückgabe des Wirtschaftsguts selbst hat der Empfänger die Differenz in Geld auszugleichen.

Zu § 55 Abs. 3:

9. Die Regelung, nach der sich die Vermögensbindung nicht auf die eingezahlten Kapitalanteile der Mitglieder und den gemeinen Wert der von den Mitgliedern geleisteten Sacheinlagen erstreckt, gilt bei Stiftungen für die Stifter und ihre Erben sinngemäß (§ 55 Abs. 3, erster Halbsatz). Es ist also zulässig, das Stiftungskapital und die Zustiftungen von der Vermögensbindung auszunehmen und im Falle des Erlöschens der Stiftung an den Stifter oder seine Erben zurückfallen zu lassen. Für solche Stiftungen und Zustiftungen kann aber vom Stifter nicht die Spendenvergünstigung nach § 10b EStG (§ 9 Nr. 3 KStG) in Anspruch genommen werden.

10. Die Vorschrift des § 55 Abs. 3 Halbsatz 2, die sich nur auf Stiftungen und Körperschaften des öffentlichen Rechts bezieht, berücksichtigt die Regelung im EStG, wonach die Entnahme eines

Wirtschaftsgutes mit dem Buchwert angesetzt werden kann, wenn das Wirtschaftsgut den in § 6 Abs. 1 Nr. 4 Satz 2 EStG genannten Körperschaften unentgeltlich überlassen wird. Dies hat zur Folge, daß der Zuwendende bei der Aufhebung der Stiftung nicht den gemeinen Wert der Zuwendung, sondern nur den dem ursprünglichen Buchwert entsprechenden Betrag zurückerhält. Stille Reserven und Wertsteigerungen bleiben hiernach für steuerbegünstigte Zwecke gebunden. Bei Rückgabe des Wirtschaftsgutes selbst hat der Empfänger die Differenz in Geld auszugleichen.

Zu § 56 – Ausschließlichkeit:

Die Vorschrift stellt klar, daß eine Körperschaft mehrere steuerbegünstigte Zwecke nebeneinander verfolgen darf, ohne daß dadurch die Ausschließlichkeit verletzt wird. Die steuerbegünstigten Zwecke müssen jedoch sämtlich satzungsmäßige Zwecke sein. Will demnach eine Körperschaft steuerbegünstigte Zwecke, die nicht in die Satzung aufgenommen sind, fördern, so ist eine Satzungsänderung erforderlich, die den Erfordernissen des § 60 entsprechen muß.

Zu § 57 – Unmittelbarkeit:

1. Die Vorschrift stellt in Absatz 1 klar, daß die Körperschaft die steuerbegünstigten satzungsmäßigen Zwecke selbst verwirklichen muß, damit Unmittelbarkeit gegeben ist (wegen der Ausnahmen Hinweis auf § 58).

2. Nach Absatz 2 wird eine Körperschaft, in der steuerbegünstigte Körperschaften zusammengefaßt sind, einer Körperschaft gleichgestellt, die unmittelbar steuerbegünstigte Zewcke verfolgt. Voraussetzung ist, daß jede der zusammengefaßten Körperschaften sämtliche Voraussetzungen für eine Steuervergünstigung erfüllen muß. Verfolgt eine solche Körperschaft selbst unmittelbar steuerbegünstigte Zwecke, ist die bloße Mitgliedschaft einer nicht steuerbegünstigten Organisation für die Steuerbegünstigung unschädlich. Die Körperschaft darf die nicht steuerbegünstigte Organisation aber nicht mit Rat und Tat fördern (z.B. Zuweisung von Mitteln, Rechtsberatung).

Zu § 58 – Steuerlich unschädliche Betätigungen:

Zu § 58 Nr. 1:

1. Diese Ausnahmeregelung ermöglicht, sog. Fördervereine und Spendensammelvereine als steuerbegünstigte Körperschaften anzuerkennen. Die Beschaffung von Mitteln muß als Satzungszweck festgelegt sein. Die Körperschaft, für die Mittel beschafft werden, muß nicht steuerbegünstigt sein. Die Verwendung der Mittel für die steuerbegünstigten Zwecke muß jedoch ausreichend nachgewiesen werden.

Zu § 58 Nr. 2:

2. Die teilweise (nicht überwiegende) Weitergabe eigener Mittel (auch Sachmittel) ist unschädlich. Ausschüttungen und sonstige Zuwendungen einer steuerbegünstigten Körperschaft sind unschädlich, wenn die Gesellschafter oder Mitglieder als Begünstigte ausschließlich steuerbegünstigte Körperschaften sind.

Zu § 58 Nr. 3:

3. Eine steuerlich unschädliche Betätigung liegt auch dann vor, wenn nicht nur Arbeitskräfte, sondern zugleich Arbeitsmittel (z.B. Krankenwagen) zur Verfügung gestellt werden.

Zu § 58 Nr. 4:

4. Zu den „Räumen" i.S. der Nummer 4 gehören beispielsweise auch Sportstätten, Sportanlagen und Freibäder.

Zu § 58 Nr. 5:

5. Eine Stiftung darf einen Teil ihres Einkommens – höchstens ein Drittel des Einkommens – dazu verwenden, die Gräber des Stifters und seiner nächsten Angehörigen zu pflegen und deren Andenken zu ehren. In diesem Rahmen ist auch gestattet, dem Stifter und seinen nächsten Angehörigen Unterhalt zu gewähren.

Ist das einer steuerbegünstigten Körperschaft zugewendete Vermögen mit Ansprüchen Dritter auf Rentenzahlungen belastet und sind für die Erfüllung der Verbindlichkeiten keine ausreichenden flüssigen Vermögensmittel vorhanden, können dafür auch Erträge der Körperschaft verwendet werden. Der Körperschaft müssen jedoch ausreichende Mittel für die Verwirklichung ihrer steuerbegünstigten Zwecke verbleiben. Diese Voraussetzung ist als erfüllt anzusehen, wenn für die Erfüllung der Verbindlichkeiten höchstens ein Drittel des Einkommens der Körperschaft verwendet wird. Die Ein-Drittel-Grenze umfaßt nicht nur die über den Barwert der Rentenverpflichtung hinausgehenden Zahlungen, sondern wie im Falle des § 58 Nr. 5 die gesamten Zahlungen. Sie bezieht sich auf den Veranlagungszeitraum.

6. Der Begriff des nächsten Angehörigen ist enger als der Begriff des Angehörigen nach § 15. Er umfaßt:
- Ehegatten,
- Eltern, Großeltern, Kinder, Enkel (auch falls durch Adoption verbunden),
- Geschwister,
- Pflegeeltern, Pflegekinder.

7. Unterhalt, Grabpflege und Ehrung des Andenkens müssen sich in angemessenem Rahmen halten. Damit ist neben der relativen Grenze von einem Drittel des Einkommens eine gewisse absolute Grenze festgelegt. Maßstab für die Angemessenheit des Unterhalts ist der Lebensstandard des Zuwendungsempfängers.

Zu § 58 Nr. 6:

8. Bei der Bildung der Rücklage nach § 58 Nr. 6 kommt es – im Gegensatz zu der Rücklagenbildung nach § 58 Nr. 7 Buchstabe a – nicht auf die Herkunft der Mittel an. Der Rücklage dürfen also auch Spendenmittel zugeführt werden.

9. Voraussetzung für die Bildung einer Rücklage nach § 58 Nr. 6 ist in jedem Fall, daß ohne sie die steuerbegünstigten satzungsmäßigen Zwecke nachhaltig nicht erfüllt werden können. Das Bestreben, ganz allgemein die Leistungsfähigkeit der Körperschaft zu erhalten, reicht für eine steuerlich unschädliche Rücklagenbildung nach dieser Vorschrift nicht aus (hierfür können nur – ab 1985 – freie Rücklagen nach § 58 Nr. 7 gebildet werden, vgl. *Nrn. 11 bis 13*). Vielmehr müssen die Mittel für bestimmte – die steuerbegünstigten Satzungszwecke verwirklichende – Vorhaben angesammelt werden, für deren Durchführung bereits konkrete Zeitvorstellungen bestehen. Besteht noch keine konkrete Zeitvorstellung, ist eine Rücklagenbildung zulässig, wenn die Durchführung des Vorhabens glaubhaft und bei den finanziellen Verhältnissen der steuerbegünstigten Körperschaft in einem angemessenen Zeitraum möglich ist. Die Bildung von Rücklagen für periodisch wiederkehrende Ausgaben (z.B. Löhne, Gehälter, Mieten) in Höhe des Mittelbedarfs für eine angemessene Zeitperiode ist zulässig (sog. Betriebsmittelrücklage).

10. Die vorstehenden Grundsätze zu § 58 Nr. 6 gelten auch für sogenannte Fördervereine und Spendensammelvereine i.S. des § 58 Nr. 1 (BFH-Urteil vom 13. 9. 1989, BStBl. II 1990 S. 28). Voraussetzung ist jedoch, daß die Rücklagenbildung dem Zweck der Beschaffung von Mitteln für die steuerbegünstigten Zwecke einer anderen Körperschaft entspricht. Diese Voraussetzung ist zum Beispiel erfüllt, wenn die Mittelbeschaffungskörperschaft wegen Verzögerung der von ihr zu finanzierenden steuerbegünstigten Maßnahmen gezwungen ist, die beschafften Mittel zunächst zu thesaurieren.

11. Unterhält eine steuerbegünstigte Körperschaft einen steuerpflichtigen wirtschaftlichen Geschäftsbetrieb, so können dessen Erträge der Rücklage erst nach Versteuerung zugeführt werden.

Zu § 58 Nr. 7:

12. Ab 1985 ist auch die Bildung einer freien Rücklage zulässig (§ 58 Nr. 7 Buchstabe a). Ihr darf jährlich höchstens ein Viertel des Überschusses der Einnahmen über die Unkosten aus der Vermögensverwaltung zugeführt werden. Unter Unkosten sind die Aufwendungen zu verstehen, die die Körperschaft, wäre sie steuerpflichtig, nach § 8 Abs. 1 KStG als Werbungskosten ansetzen könnte. Hierzu zählen nicht Aufwendungen im Rahmen steuerlich unschädlicher Betätigungen nach § 58.

Wird die in Satz 1 genannte Höchstgrenze nicht voll ausgeschöpft, so ist eine Nachholung in späteren Jahren nicht zulässig. Die steuerbegünstigte Körperschaft braucht die freie Rücklage während der Dauer ihres Bestehens nicht aufzulösen.

13. Die Ansammlung und Verwendung von Mitteln zum Erwerb von Gesellschaftsrechten zur Erhaltung der prozentualen Beteiligung an Kapitalgesellschaften schließen die Steuervergünstigungen nicht aus (§ 58 Nr. 7 Buchstabe b). Die Herkunft der Mittel ist dabei ohne Bedeutung.

14. Die Höchstgrenze für die Zuführung zu der freien Rücklage mindert sich um den Betrag, den die Körperschaft zum Erwerb von Gesellschaftsrechten zur Erhaltung der prozentualen Beteiligung an Kapitalgesellschaften ausgibt oder bereitstellt. Übersteigt der für die Erhaltung der Beteiligungsquote verwendete oder bereitgestellte Betrag ein Viertel des Überschusses aus der Vermögensverwaltung des laufenden Jahres, ist auch in den Folgejahren eine Zuführung zu der freien Rücklage erst wieder möglich, wenn die für eine freie Rücklage verwendbaren Teile der Überschüsse aus der Vermögensverwaltung insgesamt die für die Erhaltung der Beteiligungsquote verwendeten oder bereitgestellten Mittel übersteigen. Die Zuführung von Mitteln zu Rücklagen nach § 58 Nr. 6 berührt die Höchstgrenze für die Bildung freier Rücklagen dagegen nicht.

Beispiel:

	freie Rücklage (§ 58 Nr. 7 Buchst. a)	Verwendung von Mitteln zur Erhaltung der Beteiligungsquote (§ 58 Nr. 7 Buchst. b)
Jahr 01		
Zuführung zur freien Rücklage	50 000 DM	
Jahr 02		
Höchstbetrag für die Zuführung zur freien Rücklage: 25 v. H. von 80 000 DM =	20 000 DM	
Verwendung von Mitteln zur Erhaltung der Beteiligungsquote	./. 35 000 DM	35 000 DM
Übersteigender Betrag	./. 15 000 DM	
Zuführung zur freien Rücklage		0 DM
Jahr 03		
Höchstbetrag für die Zuführung zur freien Rücklage: 25 v. H. von 80 000 DM =	20 000 DM	
Übersteigender Betrag aus dem Jahr 02	./. 15 000 DM	
Verbleibender Betrag	5 000 DM	
Zuführung zur freien Rücklage		5 000 DM

Zu § 58 Nrn. 6 und 7:

15. Ob die Voraussetzungen für die Bildung einer Rücklage gegeben sind, hat die steuerbegünstigte Körperschaft dem zuständigen Finanzamt im einzelnen darzulegen. Weiterhin muß sie die Rücklagen nach § 58 Nrn. 6 und 7 in ihrer Rechnungslegung – ggf. in einer Nebenrechnung – gesondert ausweisen, damit eine Kontrolle jeder-

zeit und ohne besonderen Aufwand möglich ist (BFH-Urteil vom 20. 12. 1978, BStBl. II 1979 S. 496).

Zu § 58 Nr. 8:

16. Gesellige Zusammenkünfte, die im Vergleich zur steuerbegünstigten Tätigkeit nicht von untergeordneter Bedeutung sind, schließen die Steuervergünstigung aus.

17. Den in § 58 Nrn. 2 bis 9 genannten Ausnahmetatbeständen ist gemeinsam, daß sie auch ohne entsprechende Satzungsbestimmung verwirklicht werden können.

Zu § 59 – Voraussetzung der Steuervergünstigung:

1. Die Vorschrift bestimmt u. a., daß die Steuervergünstigung nur gewährt wird, wenn ein steuerbegünstigter Zweck (§§ 52 bis 54), die Selbstlosigkeit (§ 55) und die ausschließliche und unmittelbare Zweckverfolgung (§§ 56, 57) durch die Körperschaft aus der Satzung direkt hervorgehen. Eine weitere satzungsmäßige Voraussetzung in diesem Sinn ist die in § 61 geforderte Vermögensbindung. Das Unterhalten wirtschaftlicher Geschäftsbetriebe (§ 14 Sätze 1 und 2 und § 64), die keine Zweckbetriebe (§§ 65 bis 68) sind, und die Vermögensverwaltung (§ 14 Satz 3) dürfen nicht Satzungszweck sein.

2. Bei mehreren Betrieben gewerblicher Art einer juristischen Person des öffentlichen Rechts ist für jeden Betrieb gewerblicher Art eine eigene Satzung erforderlich.

3. Ein besonderes Anerkennungsverfahren ist im steuerlichen Gemeinnützigkeitsrecht nicht vorgesehen. Ob eine Körperschaft steuerbegünstigt ist, entscheidet das Finanzamt im Veranlagungsverfahren durch Steuerbescheid (ggf. Freistellungsbescheid). Dabei hat es von Amts wegen die tatsächlichen und rechtlichen Verhältnisse zu ermitteln, die für die Steuerpflicht und für die Bemessung der Steuer wesentlich sind. Eine Körperschaft, bei der nach dem Ergebnis dieser Prüfung die gesetzlichen Voraussetzungen für die steuerliche Behandlung als steuerbegünstigte Körperschaft vorliegen, muß deshalb auch als solche behandelt werden, und zwar ohne Rücksicht darauf, ob ein entsprechender Antrag gestellt worden ist oder nicht. Ein Verzicht auf die Behandlung als steuerbegünstigte Körperschaft ist somit für das Steuerrecht unbeachtlich.

4. Auf Antrag einer Körperschaft, bei der die Voraussetzungen der Steuervergünstigung noch nicht im Veranlagungsverfahren festgestellt worden sind, bescheinigt das zuständige Finanzamt vorläufig z. B. für den Empfang steuerbegünstigter Spenden oder für eine Gebührenbefreiung, daß bei ihm die Körperschaft steuerlich erfaßt ist und die eingereichte Satzung alle nach § 59 Satz 1, §§ 60 und 61 geforderten Voraussetzungen erfüllt, welche u. a. für die Steuerbefreiung nach § 5 Abs. 1 Nr. 9 KStG vorliegen müssen.

5. Die vorläufige Bescheinigung über die Gemeinnützigkeit stellt keinen Verwaltungsakt, sondern lediglich eine Auskunft über den gekennzeichneten Teilbereich der für die Steuervergünstigung erforderlichen Voraussetzungen dar. Sie sagt z. B. nichts über die Übereinstimmung von Satzung und tatsächlicher Geschäftsführung aus. Sie ist befristet zu erteilen und ist frei widerruflich (Beschluß des BFH vom 7. 5. 1986, BStBl. II S. 677).

6. Die vorläufige Bescheinigung wird durch den Steuerbescheid (ggf. Freistellungsbescheid) ersetzt. Die Steuerbefreiung soll spätestens alle drei Jahre überprüft werden.

Zu § 60 – Anforderungen an die Satzung:

1. Die Satzung muß so präzise gefaßt sein, daß aus ihr unmittelbar entnommen werden kann, ob die Voraussetzungen der Steuerbegünstigung vorliegen (formelle Satzungsmäßigkeit). Die bloße Bezugnahme auf Satzungen oder andere Regelungen Dritter genügt nicht (BFH-Urteil vom 19. 4. 1989, BStBl. II S. 595). Es reicht aus, wenn sich die satzungsmäßigen Voraussetzungen aufgrund einer Auslegung aller Satzungsbestimmungen ergeben (BFH-Urteil vom 13. 12. 1978, BStBl. II 1979 S. 482).

2. Die Anlagen 1 und 2 enthalten das Muster einer Satzung. Das Muster in Anlage 1 sieht ergänzende Bestimmungen über die Vermögensbindung vor. Das Muster in Anlage 2 Buchstabe a ist zu verwenden, wenn die Vermögensbindung nicht in der Satzung festgelegt zu werden braucht (§ 62).

3. Eine Satzung braucht nicht allein deswegen geändert zu werden, weil in ihr auf Vorschriften des StAnpG oder der GemV verwiesen oder das Wort „selbstlos" nicht verwandt wird.

4. Ordensgemeinschaften haben eine den Ordensstatuten entsprechende zusätzliche Erklärung nach dem Muster der Anlage 3 abzugeben, die die zuständigen Organe der Orden bindet.

5. Die tatsächliche Geschäftsführung muß mit der Satzung übereinstimmen, wozu § 63 ergänzende Regelungen bringt.

6. Die satzungsmäßigen Voraussetzungen für die Anerkennung der Steuerbegünstigung müssen
– bei der Körperschaftsteuer vom Beginn bis zum Ende des Veranlagungszeitraums,
– bei der Gewerbesteuer vom Beginn bis zum Ende des Erhebungszeitraums,
– bei der Vermögensteuer und der Grundsteuer zum Beginn des Kalenderjahres, für das über die Steuerpflicht zu entscheiden ist (§ 5 Abs. 2 VStG, § 9 Abs. 2 GrStG),
– bei der Umsatzsteuer zu den sich aus § 13 Abs. 1 UStG ergebenden Zeitpunkten,
– bei der Erbschaftsteuer zu den sich aus § 9 ErbStG ergebenden Zeitpunkten,

– bei der Gesellschaftsteuer zu dem Zeitpunkt des ersten Erwerbs der Gesellschaftsrechte an einer Kapitalgesellschaft bzw. dem Zeitpunkt der Leistung an eine Kapitalgesellschaft (§ 2 KVStG i. V. m. § 38), erfüllt sein.

7. Bei Körperschaften, die durch § 52 Abs. 2 Nr. 4 neu als gemeinnützig anerkannte Zwecke fördern, ist es bei der Körperschaft- und Gewerbesteuer – abweichend von der allgemeinen Regelung in Nummer 6 – bei der Anerkennung der Steuerbegünstigung für das Jahr 1990 nicht zu beanstanden, wenn die Satzung erst im Laufe des Jahres 1990 an die Vorschriften des Gemeinnützigkeitsrechts angepaßt wird. Es reicht in diesen Fällen also aus, wenn die satzungsmäßigen Voraussetzungen am Ende des Jahres erfüllt sind. Eine vorläufige Bescheinigung über die Gemeinnützigkeit (s. zu § 59 Nrn. 4 bis 6) kann erst ausgestellt werden, wenn eine den gemeinnützigkeitsrechtlichen Vorschriften entsprechende Satzung vorliegt.

Anlage 1 zu § 60

Mustersatzung
für einen Verein

(nur aus steuerlichen Gründen notwendige Bestimmungen ohne Berücksichtigung der vereinsrechtlichen Vorschriften des BGB)

§ 1. Der . . . .(e. V.) mit Sitz in . . . . verfolgt ausschließlich und unmittelbar – gemeinnützige – mildtätige – kirchliche – Zwecke (nicht verfolgte Zwecke streichen) im Sinne des Abschnitts „Steuerbegünstigte Zwecke" der Abgabenordnung.
Zweck des Vereins ist
. . . .

(z. B. die Förderung von Wissenschaft und Forschung, Bildung und Erziehung, Kunst und Kultur, des Umwelt-, Landschafts- und Denkmalschutzes, der Jugend- und Altenhilfe, des öffentlichen Gesundheitswesens, des Sports, Unterstützung hilfsbedürftiger Personen).
Der Satzungszweck wird verwirklicht insbesondere durch . . . .

(z. B. Durchführung wissenschaftlicher Veranstaltungen und Forschungsvorhaben, Vergabe von Forschungsaufträgen, Unterhaltung einer Schule, einer Erziehungsberatungsstelle, Pflege von Kunstsammlungen, Pflege des Liedgutes und des Chorgesanges, Errichtung von Naturschutzgebieten, Unterhaltung eines Kindergartens, Kinder-, Jugendheimes, Unterhaltung eines Altenheimes, eines Erholungsheimes, Bekämpfung des Drogenmißbrauchs, des Lärms, Errichtung von Sportanlagen, Förderung sportlicher Übungen und Leistungen).
§ 2. Der Verein ist selbstlos tätig; er verfolgt nicht in erster Linie eigenwirtschaftliche Zwecke.
§ 3. Mittel des Vereins dürfen nur für die satzungsmäßigen Zwecke verwendet werden. Die Mitglieder erhalten keine Zuwendungen aus Mitteln des Vereins.
§ 4. Es darf keine Person durch Ausgaben, die dem Zweck der Körperschaft fremd sind, oder durch unverhältnismäßig hohe Vergütungen begünstigt werden.
§ 5. Bei Auflösung des Vereins oder bei Wegfall steuerbegünstigter Zwecke fällt das Vermögen des Vereins

a) an – den – die – das – . . . .

. . . .

(Bezeichnung einer juristischen Person des öffentlichen Rechts oder einer anderen steuerbegünstigten Körperschaft)
– der – die – das – es unmittelbar und ausschließlich für gemeinnützige, mildtätige oder kirchliche Zwecke zu verwenden hat,

oder

b) an eine juristische Person des öffentlichen Rechts oder eine andere steuerbegünstigte Körperschaft
zwecks Verwendung für . . . .

(Angabe eines **bestimmten** gemeinnützigen, mildtätigen oder kirchlichen
Zwecks, z.B. Förderung von Wissenschaft und Forschung, Bildung und Erziehung, der Unterstützung von Personen, die im Sinne von § 53 AO wegen

. . . .
bedürfig sind, Unterhaltung des Gotteshauses in

. . . .).

Alternative zu § 5

Kann aus zwingenden Gründen der künftige Verwendungszweck
jetzt noch nicht angegeben werden (§ 61 Abs. 2 AO), so kommt
folgende Bestimmung über die Vermögensbindung in Betracht:

„Bei Auflösung des Vereins oder bei Wegfall steuerbegünstigter Zwecke ist das
Vermögen zu steuerbegünstigten Zwecken zu verwenden.
Beschlüsse über die künftige Verwendung des Vermögens dürfen erst nach Ein-
willigung des Finanzamts ausgeführt werden.“

Anlage 2 zu § 60

Mustersatzung
für andere Körperschaften

(Betriebe gewerblicher Art von juristischen Personen des öffentlichen
Rechts, Stiftungen, geistliche Genossenschaften und Kapitalgesellschaften)

Das Muster nach Anlage 1 ist unter entsprechenden Änderungen
auch für andere Körperschaften verwendbar:

a) Bei Betrieben gewerblicher Art von juristischen Personen des öffentlichen Rechts, bei staatlich beaufsichtigten Stiftungen, bei den
von einer juristischen Person des öffentlichen Rechts verwalteten
unselbständigen Stiftungen und bei geistlichen Genossenschaften
(Orden, Kongregationen)
– braucht die Vermögensbindung in der Satzung nicht festgelegt zu
werden.

Damit kann § 5 des Musters enfallen.

Außerdem ist folgende Bestimmung aufzunehmen:

– § 3 Abs. 2:

„Der – die – das – . . . .
erhält bei Auflösung oder Aufhebung der Körperschaft oder bei Wegfall steuerbegünstigter Zwecke nicht mehr als – seine – ihre – eingezahlten Kapitalanteile
und den gemeinen Wert – seiner – ihrer – geleisteten Sacheinlagen zurück.“

Bei Stiftungen ist diese Bestimmung nur erforderlich, wenn die Satzung dem Stifter einen Anspruch auf Rückgewähr von Vermögen einräumt (vgl. hierzu zu § 55 Nr. 9 Sätze 2 und 3). Fehlt die Regelung, wird das eingebrachte Vermögen wie das übrige Vermögen behandelt.

b) Bei Kapitalgesellschaften sind folgende ergänzende Bestimmungen in die Satzung aufzunehmen:

– § 3 Abs. 1 Satz 2:
„Die Gesellschafter dürfen keine Gewinnanteile und in ihrer Eigenschaft als Gesellschafter auch keine sonstigen Zuwendungen aus Mitteln der Körperschaft erhalten."
– § 3 Abs. 2:
„Sie erhalten bei ihrem Ausscheiden oder bei Auflösung der Körperschaft oder bei Wegfall steuerbegünstigter Zwecke nicht mehr als ihre eingezahlten Kapitalanteile und den gemeinen Wert ihrer geleisteten Sacheinlagen zurück."
– § 5:
„Bei Auflösung der Körperschaft oder bei Wegfall steuerbegünstigter Zwecke fällt das Vermögen der Körperschaft, soweit es die eingezahlten Kapitalanteile der Gesellschafter und den gemeinen Wert der von den Gesellschaftern geleisteten Sacheinlagen übersteigt, ..."
– Alternative zu § 5 unter den Voraussetzungen des § 61 Abs. 2 AO:
„Bei Auflösung der Körperschaft ist das Vermögen, soweit es die eingezahlten Kapitalanteile der Gesellschafter und den gemeinen Wert der von den Gesellschaften geleisteten Sacheinlagen übersteigt, zu steuerbegünstigten Zwecken zu verwenden.
Beschlüsse über die künftige Verwendung des Vermögens dürfen erst nach Einwilligung des Finanzamts ausgeführt werden."

§ 3 Abs. 2 und der Satzteil, „soweit es die eingezahlten Kapitalanteile der Gesellschafter und den gemeinen Wert der von den Gesellschaftern geleisteten Sacheinlagen übersteigt", in § 5 sind nur erforderlich, wenn die Satzung einen Anspruch auf Rückgewähr von Vermögen einräumt (vgl. hierzu zu § 55 Nr. 6 Satz 4).

Anlage 3 zu § 60

Muster einer Erklärung
der Ordensgemeinschaften

1. Der – Die . . . .
                     (Bezeichnung der Ordensgemeinschaft)
mit dem Sitz in . . . .
ist eine anerkannte Ordensgemeinschaft der Katholischen Kirche.
2. Der – Die . . . .
verfolgt ausschließlich und unmittelbar kirchliche, gemeinnützige oder mildtätige Zwecke, und zwar insbesondere durch . . . .
3. Überschüsse aus der Tätigkeit der Ordensgemeinschaft werden nur für die satzungsmäßigen Zwecke verwendet. Den Mitgliedern stehen keine Anteile an den Überschüssen zu. Ferner erhalten die Mitglieder weder während der Zeit ihrer Zugehörigkeit zu der Ordensgemeinschaft noch im Fall ihres Ausscheidens noch bei Auflösung oder Aufhebung der Ordensgemeinschaft irgendwelche Zuwendungen oder Vermögensvorteile aus deren Mitteln. Es darf keine Person durch Ausgaben, die den Zwecken der Ordensgemeinschaft fremd sind, oder durch unverhältnismäßig hohe Vergütungen begünstigt werden.

4. Der – Die . . . .
wird vertreten durch . . . .

. . . .
(Ort)   (Datum)
. . . .
(Unterschrift des Ordensobern)

Zu § 61 – Satzungsmäßige Vermögensbindung:

1. Die Vorschrift stellt klar, daß die zu den Voraussetzungen der
Selbstlosigkeit zählende Bindung des Vermögens für steuerbegünstigte Zwecke vor allem im Falle der Auflösung der Körperschaft aus
der Satzung genau hervorgehen muß (Mustersatzungen § 5).

2. § 61 Abs. 2 läßt bei Vorliegen zwingender Gründe die Bestimmung in der Satzung zu, daß über die Verwendung des Vermögens zu
steuerbegünstigten Zwecken erst nach Auflösung der Körperschaft oder
bei Wegfall steuerbegünstigter Zweckverfolgung nach Einwilligung des
Finanzamtes bestimmt wird (Mustersatzungen Alternative zu § 5).

3. Für bestimmte Körperschaften, z. B. Betriebe gewerblicher Art
von juristischen Personen des öffentlichen Rechts und bestimmte
Stiftungen, enthält § 62 eine Ausnahme von der Vermögensbindung.

4. Wird die satzungsmäßige Vermögensbindung aufgehoben, gilt
sie von Anfang an als steuerlich nicht ausreichend. Die Regelung
greift auch ein, wenn die Bestimmung über die Vermögensbindung
erst zu einem Zeitpunkt geändert wird, in dem die Körperschaft nicht
mehr als steuerbegünstigt anerkannt ist. Die entsprechenden steuerlichen Folgerungen sind durch Steuerfestsetzungen, Aufhebung oder
Änderung einer Steuerfestsetzung rückwirkend zu ziehen.

5. Bei Verstößen gegen den Grundsatz der Vermögensbindung bildet die Festsetzungsverjährung (§§ 169 ff.) keine Grenze. Vielmehr
können nach § 175 Abs. 1 Satz 1 Nr. 2 auch Steuerbescheide noch
geändert werden, die Steuern betreffen, die innerhalb von zehn Jahren vor der erstmaligen Verletzung der Vermögensbindungsregelung
entstanden sind. Es kann demnach auch dann noch zugegriffen werden, wenn zwischen dem steuerfreien Bezug der Erträge und dem
Wegfall der Steuerbegünstigung ein Zeitraum von mehr als fünf
Jahren liegt, selbst wenn in der Zwischenzeit keine Erträge mehr zu-
geflossen sind.

Beispiel:

Eine gemeinnützige Körperschaft hat in den Jahren 01 bis 11 steuerfreie Einnahmen
aus einem Zweckbetrieb bezogen und diese teils für gemeinnützige Zwecke ausgegeben und zum Teil in eine Rücklage eingestellt. Eine in 11 vollzogene Satzungsänderung sieht jetzt vor, daß bei Auflösung des Vereins das Vermögen an die Mitglieder ausgekehrt wird. In diesem Fall muß das Finanzamt für die Veranlagungszeiträume 01 ff. Steuerbescheide erlassen, welche die Nachversteuerung aller genannten Einnahmen vorsehen, wobei es unerheblich ist, ob die Einnahmen noch
im Vereinsvermögen vorhanden sind.

6. Verstöße gegen § 55 Abs. 1 und 3 begründen die Möglichkeit einer Nachversteuerung im Rahmen der Festsetzungsfrist.

7. Die Nachversteuerung gem. § 61 Abs. 3 greift nicht nur bei gemeinnützigkeitsschädlichen Änderungen satzungsrechtlicher Bestimmungen über die Vermögensbindung ein, sondern erfaßt auch die Fälle, in denen die tatsächliche Geschäftsführung gegen die von § 61 geforderte Vermögensbindung verstößt (§ 63 Abs. 2).

Beispiel:

Eine gemeinnützige Körperschaft verwendet bei ihrer Auflösung oder bei Aufgabe ihres begünstigten Satzungszweckes ihr Vermögen entgegen der Vermögensbindungsbestimmung in der Satzung nicht für begünstigte Zwecke.

8. Verstöße der tatsächlichen Geschäftsführung gegen § 55 Abs. 1 Nrn. 1 bis 3 können so schwerwiegend sein, daß sie einer Verwendung des gesamten Vermögens für satzungsfremde Zwecke gleichkommen. Auch in diesen Fällen ist eine Nachversteuerung nach § 61 Abs. 3 möglich.

9. Bei der nachträglichen Besteuerung ist so zu verfahren, als ob die Körperschaft von Anfang an uneingeschränkt steuerpflichtig gewesen wäre. § 13 Abs. 3 KStG ist nicht anwendbar.

Zu § 62 – Ausnahmen von der satzungsmäßigen Vermögensbindung:

1. Die Vorschrift befreit nur von der Verpflichtung, die Vermögensbindung in der Satzung festzulegen. Materiell unterliegen auch diese Körperschaften der Vermögensbindung.

2. Die staatliche Genehmigung einer Stiftung begründet noch nicht die Befreiung; die Stiftung muß vielmehr staatlicher Aufsicht nach den Stiftungsgesetzen der Länder unterliegen.

Zu § 63 – Anforderungen an die tatsächliche Geschäftsführung:

1. Den Nachweis, daß die tatsächliche Geschäftsführung den notwendigen Erfordernissen entspricht, hat die Körperschaft durch ordnungsmäßige Aufzeichnungen über ihre Einnahmen und Ausgaben zu führen. Die Vorschriften der AO über die Führung von Büchern und Aufzeichnungen (§§ 140 ff.) sind zu beachten. Die Vorschriften des Handelsrechts einschließlich der entsprechenden Buchführungsvorschriften gelten nur, sofern sich dies aus der Rechtsform der Körperschaft oder aus ihrer wirtschaftlichen Tätigkeit ergibt.

2. Die tatsächliche Geschäftsführung umfaßt auch die Ausstellung steuerlicher Spendenbescheinigungen. Mißbräuche auf diesem Gebiet, z.B. durch die Ausstellung von Gefälligkeitsbescheinigungen, können einen Verstoß gegen die Gemeinnützigkeit darstellen.

Zu § 64 – Steuerpflichtige wirtschaftliche Geschäftsbetriebe:

Zu § 64 Abs. 1:

1. Als Gesetz, das die Steuervergünstigung teilweise, nämlich für den wirtschaftlichen Geschäftsbetrieb (§ 14 Sätze 1 und 2), ausschließt, ist das jeweilige Steuergesetz zu verstehen, also § 5 Abs. 1 Nr. 9 KStG, § 3 Nr. 6 GewStG, § 3 Abs. 1 Nr. 12 VStG, § 12 Abs. 2 Nr. 8 Satz 2 UStG, § 3 Abs. 1 Nr. 3b GrStG i. V. m. Abschn. 12 Abs. 4 GrStR.

2. Wegen des Begriffs „Wirtschaftlicher Geschäftsbetrieb" wird auf § 14 hingewiesen. Zum Begriff der „Nachhaltigkeit" bei wirtschaftlichen Geschäftsbetrieben siehe BFH-Urteil vom 21. 8. 1985 (BStBl. II 1986 S. 88). Danach ist eine Tätigkeit grundsätzlich nachhaltig, wenn sie auf Wiederholung angelegt ist. Es genügt, wenn bei der Tätigkeit der allgemeine Wille besteht, gleichartige oder ähnliche Handlungen bei sich bietender Gelegenheit zu wiederholen. Wiederholte Tätigkeiten liegen auch vor, wenn der Grund zum Tätigwerden auf einem einmaligen Entschluß beruht, die Erledigung aber mehrere (Einzel-)-Tätigkeiten erfordert.

3. Ob eine an einer Personengesellschaft oder Gemeinschaft beteiligte steuerbegünstigte Körperschaft gewerbliche Einkünfte bezieht und damit einen wirtschaftlichen Geschäftsbetrieb (§ 14 Sätze 1 und 2) unterhält, wird im einheitlichen und gesonderten Gewinnfeststellungsbescheid der Personengesellschaft bindend festgestellt (BFH-Urteil vom 27. 7. 1989, BStBl. II S. 134). Ob der wirtschaftliche Geschäftsbetrieb steuerpflichtig ist oder ein Zweckbetrieb (§§ 65 bis 68) vorliegt, ist dagegen bei der Körperschaftsteuerveranlagung der steuerbegünstigten Körperschaft zu entscheiden. Die Beteiligung einer steuerbegünstigten Körperschaft an einer Kapitalgesellschaft ist grundsätzlich Vermögensverwaltung (§ 14 Satz 3). Sie stellt jedoch einen wirtschaftlichen Geschäftsbetrieb dar, wenn mit ihr tatsächlich ein entscheidender Einfluß auf die laufende Geschäftsführung der Kapitalgesellschaft ausgeübt wird oder ein Fall der Betriebsaufspaltung vorliegt (vgl. BFH-Urteil vom 30. 6. 1971, BStBl. II S. 753; Abschnitt 137 Abs. 5 EStR).

Zu § 64 Abs. 2:

4. Die Regelung, daß bei steuerbegünstigten Körperschaften mehrere steuerpflichtige wirtschaftliche Geschäftsbetriebe als ein Betrieb zu behandeln sind, gilt auch für die Beurteilung der Buchführungspflicht nach § 141 Abs. 2. Für die Frage, ob die Grenzen für die Buchführungspflicht überschritten sind, kommt es also auf die Werte (Einnahmen, Überschuß, Vermögen) des Gesamtbetriebs an.

5. § 55 Abs. 1 Nr. 1 Satz 2 und Nr. 3 gilt auch für den steuerpflichtigen wirtschaftlichen Geschäftsbetrieb. Das bedeutet u. a., daß Verluste und Gewinnminderungen in den einzelnen steuerpflichtigen wirtschaftlichen Geschäftsbetrieben nicht durch Zuwendungen an

Mitglieder oder durch unverhältnismäßig hohe Vergütungen entstanden sein dürfen.

6. Bei einer Körperschaft, die mehrere steuerpflichtige wirtschaftliche Geschäftsbetriebe unterhält, ist für die Frage, ob gemeinnützigkeitsschädliche Verluste vorliegen (vgl. Tz. 4 zu § 55), nicht auf das Ergebnis des einzelnen steuerpflichtigen wirtschaftlichen Geschäftsbetriebs, sondern auf das zusammengefaßte Ergebnis aller steuerpflichtigen wirtschaftlichen Geschäftsbetriebe abzustellen. Danach ist die Gemeinnützigkeit einer Körperschaft gefährdet, wenn die steuerpflichtigen wirtschaftlichen Geschäftsbetriebe insgesamt Verluste erwirtschaften.

Zu § 64 Abs. 3:

7. Die Höhe der Einnahmen aus den steuerpflichtigen wirtschaftlichen Geschäftsbetrieben bestimmt sich nach den Grundsätzen der steuerlichen Gewinnermittlung. Bei steuerbegünstigten Körperschaften, die den Gewinn nach § 4 Abs. 1 oder § 5 EStG ermitteln, kommt es deshalb nicht auf den Zufluß i. S. des § 11 EStG an, so daß auch Forderungszugänge als Einnahmen zu erfassen sind. Bei anderen steuerbegünstigten Körperschaften sind die im Kalenderjahr zugeflossenen Einnahmen (§ 11 EStG) maßgeblich. Ob die Einnahmen die Besteuerungsgrenze übersteigen, ist für jedes Jahr gesondert zu prüfen.

8. Ist eine steuerbegünstigte Körperschaft an einer Personengesellschaft oder Gemeinschaft beteiligt, sind für die Beurteilung, ob die Besteuerungsgrenze überschritten wird, die anteiligen Einnahmen aus der Beteiligung – nicht aber der Gewinnanteil – maßgeblich.

9. Einnahmen aus der Verwertung unentgeltlich erworbenen Altmaterials gehören auch dann zu den Einnahmen i. S. des § 64 Abs. 3, wenn der Überschuß nach § 64 Abs. 5 in Höhe des branchenüblichen Reingewinns geschätzt werden kann.

10. Einnahmen aus sportlichen Veranstaltungen, die nach § 67 a Abs. 1 Satz 1 oder – bei einer Option – Abs. 3 kein Zweckbetrieb sind, gehören zu den Einnahmen i. S. des § 64 Abs. 3.

Beispiel:

Ein Sportverein, der auf die Anwendung des § 67 a Abs. 1 Satz 1 (Zweckbetriebsgrenze) verzichtet hat, erzielt im Jahr 01 folgende Einnahmen aus wirtschaftlichen Geschäftsbetrieben:

Sportliche Veranstaltungen, an denen kein bezahlter Sportler
teilgenommen hat   70 000 DM
Sportliche Veranstaltungen, an denen bezahlte Sportler
des Vereins teilgenommen haben   40 000 DM
Verkauf von Speisen und Getränken   10 000 DM

Die Einnahmen aus wirtschaftlichen Geschäftsbetrieben, die keine Zweckbetriebe sind, betragen 50 000 DM (40 000 DM + 10 000 DM). Die Besteuerungsgrenze von 60 000 DM wird nicht überschritten.

11. Zu den Einnahmen i. S. des § 64 Abs. 3 gehören auch:

a) Zuschüsse für die Anschaffung oder Herstellung von Wirtschaftsgütern des steuerpflichtigen wirtschaftlichen Geschäftsbetriebs.

b) Der gesamte Erlös aus der Veräußerung von Wirtschaftsgütern des steuerpflichtigen wirtschaftlichen Geschäftsbetriebs. Dies gilt auch dann, wenn Teile des Verkaufserlöses nach § 6b EStG auf ein Ersatzwirtschaftsgut übertragen werden.

c) Vorauszahlungen (im Jahr des Zuflusses).

d) Ausschüttung einschließlich des Anrechnungsguthabens für Beteiligungen an Kapitalgesellschaften, wenn die Beteiligung einen steuerpflichtigen wirtschaftlichen Geschäftsbetrieb darstellt (vgl. Nr. 3) oder in einem steuerpflichtigen wirtschaftlichen Geschäftsbetrieb gehalten wird.

e) Die mit den anzusetzenden Einnahmen zusammenhängende Umsatzsteuer, auch bei Gewinnermittlung nach § 4 Abs. 1 oder 5 EStG.

12. Nicht zu den Einnahmen i.S. des § 64 Abs. 3 gehören z.B.

a) Investitionszulagen;

b) der Zufluß von Darlehen;

c) Entnahmen i.S. des § 4 Abs. 1 EStG;

d) die Auflösung von Rücklagen.

13. Eine wirtschaftliche Betätigung verliert durch das Unterschreiten der Besteuerungsgrenze nicht den Charakter des steuerpflichtigen wirtschaftlichen Geschäftsbetriebs. Das bedeutet, daß kein Beginn einer teilweisen Steuerbefreiung i.S. des § 13 Abs. 5 KStG vorliegt und dementsprechend keine Schlußbesteuerung durchzuführen ist, wenn Körperschaft- und Gewerbesteuer wegen § 64 Abs. 3 nicht mehr erhoben werden.

14. Bei Körperschaften mit einem vom Kalenderjahr abweichenden Wirtschaftsjahr sind für die Frage, ob die Besteuerungsgrenze überschritten wird, die in dem Wirtschaftsjahr erzielten Einnahmen maßgeblich. § 64 Abs. 3 ist in diesen Fällen erstmals für das erste nach dem 31. Dezember 1989 endende Wirtschaftsjahr anzuwenden.

15. Der allgemeine Grundsatz des Gemeinnützigkeitsrechts, daß für die steuerbegünstigten Zwecke gebundene Mittel nicht für den Ausgleich von Verlusten aus steuerpflichtigen wirtschaftlichen Geschäftsbetrieben verwendet werden dürfen, wird durch § 64 Abs. 3 nicht aufgehoben. Unter diesem Gesichtspunkt braucht jedoch bei Unterschreiten der Besteuerungsgrenze der Frage der Mittelverwendung nicht nachgegangen zu werden, wenn bei überschlägiger Prüfung der Aufzeichnungen erkennbar ist, daß in den steuerpflichtigen wirtschaftlichen Geschäftsbetrieben keine Dauerverluste entstanden sind.

16. Verluste und Gewinne aus Jahren, in denen die maßgeblichen Einnahmen die Besteuerungsgrenze nicht übersteigen, bleiben bei dem Verlustabzug (§ 10d EStG) außer Ansatz. Ein rück- und vortragbarer Verlust kann danach nur in Jahren entstehen, in denen die Einnahmen die Besteuerungsgrenze übersteigen. Dieser Verlust wird

nicht für Jahre verbraucht, in denen die Einnahmen die Besteuerungsgrenze von 60 000 DM nicht übersteigen.

Zu § 64 Abs. 4:

17. § 64 Abs. 4 gilt nicht für regionale Untergliederungen (Lan-
des-, Bezirks-, Ortsverbände) steuerbegünstigter Körperschaften.

Zu § 64 Abs. 5:

18. § 64 gilt nur für Altmaterialsammlungen (Sammlung und Verwertung von Lumpen, Altpapier, Schrott). Die Regelung gilt nicht
für den Einzelverkauf gebrauchter Sachen (Gebrauchtwarenhandel).
Basare und ähnliche Einrichtungen sind deshalb nicht begünstigt.

19. § 64 Abs. 5 ist nur anzuwenden, wenn die Körperschaft dies
beantragt (Wahlrecht).

20. Wird der Überschuß nach § 64 Abs. 5 geschätzt, sind dadurch
auch die tatsächlichen Aufwendungen der Körperschaft für die
Altmaterialsammlung und -verwertung abgegolten; sie können nicht
zusätzlich abgezogen werden.

21. Wird der Überschuß nach § 64 Abs. 5 geschätzt, muß die Körperschaft – abweichend von § 64 Abs. 2 – die mit der Altmaterialsammlung zusammenhängenden Einnahmen und Ausgaben gesondert
aufzeichnen. Die genaue Höhe der Einnahmen wird als Grundlage
für die Reingewinnschätzung benötigt. Die mit diesem steuerpflichtigen wirtschaftlichen Geschäftsbetrieb zusammenhängenden Ausgaben
dürfen das Ergebnis der anderen steuerpflichtigen wirtschaftlichen
Geschäftsbetriebe nicht mindern.

22. Der branchenübliche Reingewinn ist bei der Verwertung von
Altpapier mit 5 v. H. und bei der Verwertung von anderem Altmate-
rial mit 20 v. H. der Einnahmen anzusetzen. Zu den maßgeblichen
Einnahmen gehört nicht die im Bruttopreis enthaltene Umsatzsteuer.

Zu § 65 – Zweckbetrieb:

1. Der Zweckbetrieb ist ein wirtschaftlicher Geschäftsbetrieb i. S.
von § 14. Jedoch wird ein wirtschaftlicher Geschäftsbetrieb unter
bestimmten Voraussetzungen steuerlich dem begünstigten Bereich
der Körperschaft zugerechnet.

2. Ein Zweckbetrieb muß tatsächlich und unmittelbar satzungsmäßige Zwecke der Körperschaft verwirklichen, die ihn betreibt. Es
genügt nicht, wenn er begünstigte Zwecke verfolgt, die nicht satzungsmäßige Zwecke der ihn tragenden Körperschaft sind. Ebensowenig genügt es, wenn er der Verwirklichung begünstigter Zwecke
nur mittelbar dient, z. B. durch Abführung seiner Erträge (BFH-Urteil vom 21. 8. 1985, BStBl. II 1986 S. 88).

3. Weitere Voraussetzung eines Zweckbetriebes ist, daß die Zwek-
ke der Körperschaft nur durch ihn erreicht werden können. Die
Körperschaft muß den Zweckbetrieb zur Verwirklichung ihrer satzungsmäßigen Zwecke unbedingt und unmittelbar benötigen.

4. Der Wettbewerb eines Zweckbetriebes zu nicht begünstigten Betrieben derselben oder ähnlicher Art muß auf das zur Erfüllung der steuerbegünstigten Zwecke unvermeidbare Maß begrenzt sein. Unschädlich ist dagegen der uneingeschränkte Wettbewerb zwischen Zweckbetrieben, die demselben steuerbegünstigten Zweck dienen und ihn in der gleichen oder in ähnlicher Form verwirklichen.

Zu § 66 – Wohlfahrtspflege:

1. Die Bestimmung enthält eine Sonderregelung für wirtschaftliche Geschäftsbetriebe, die sich mit der Wohlfahrtspflege befassen.

2. Die Wohlfahrtspflege darf nicht des Erwerbs wegen ausgeführt werden. Damit ist keine Einschränkung gegenüber den Voraussetzungen der Selbstlosigkeit gegeben, wie sie in § 55 bestimmt sind.

3. Die Tätigkeit muß auf die Sorge für notleidende oder gefährdete Menschen gerichtet sein. Notleidend bzw. gefährdet sind Menschen, die eine oder beide der in § 53 Nrn. 1 und 2 genannten Voraussetzungen erfüllen. Es ist nicht erforderlich, daß die gesamte Tätigkeit auf die Förderung notleidender bzw. gefährdeter Menschen gerichtet ist. Es genügt, wenn zwei Drittel der Leistungen einer Einrichtung notleidenden bzw. gefährdeten Menschen zugute kommen. Auf das Zahlenverhältnis von gefährdeten bzw. notleidenden und übrigen geförderten Menschen kommt es nicht an.

4. Unter § 68 ist eine Reihe von Einrichtungen der Wohlfahrtspflege beispielhaft aufgezählt.

Zu § 67a – Sportliche Veranstaltungen:

I. Allgemeines

1. Sportliche Veranstaltungen eines Sportvereins sind grundsätzlich ein Zweckbetrieb, wenn die Einnahmen einschließlich der Umsatzsteuer aus allen sportlichen Veranstaltungen des Vereins die Zweckbetriebsgrenze von 60000 DM im Jahr nicht übersteigen (§ 67a Abs. 1 Satz 1). Übersteigen die Einnahmen die Zweckbetriebsgrenze von 60000 DM, liegt grundsätzlich ein steuerpflichtiger wirtschaftlicher Geschäftsbetrieb vor.

Der Verein kann auf die Anwendung der Zweckbetriebsgrenze verzichten (§ 67a Abs. 2). Die steuerliche Behandlung seiner sportlichen Veranstaltungen richtet sich dann nach § 67a Abs. 3.

2. Die Vorschrift gilt ab dem 1. Januar 1990. In Fällen eines vom Kalenderjahr abweichenden Wirtschaftsjahres ist die Vorschrift erstmals für das erste nach dem 31. Dezember 1989 endende Wirtschaftsjahr anzuwenden.

3. Unter Sportvereinen i.S. der Vorschrift sind alle gemeinnützigen Körperschaften zu verstehen, bei denen die Förderung des Sports Satzungszweck ist. § 67a gilt also z.B. auch für Sportverbände. Sie gilt auch für Sportvereine, die Fußballveranstaltungen unter Einsatz

ihrer Lizenzspieler nach dem Lizenzspielerstatut des Deutschen Fußballverbandes e. V. durchführen. Die frühere Sonderregelung für diese Vereine (vgl. Abschnitt 11 KStR 1985) wurde mit Wirkung ab 1990 abgeschafft.

4. Sportreisen sind als sportliche Veranstaltungen anzusehen, wenn die sportliche Betätigung wesentlicher und notwendiger Bestandteil der Reise ist (z. B. Reise zum Wettkampfort). Reisen, bei denen die Erholung der Teilnehmer im Vordergrund steht (Touristikreisen), zählen dagegen nicht zu den sportlichen Veranstaltungen, selbst wenn anläßlich der Reise auch Sport getrieben wird.

5. Die Ausbildung und Fortbildung in sportlichen Fertigkeiten gehört zu den typischen und wesentlichen Tätigkeiten eines Sportvereins. Sportkurse und Sportlehrgänge für Mitglieder und Nichtmitglieder von Sportvereinen (Sportunterricht) sind daher als „sportliche Veranstaltungen" zu beurteilen. Es ist unschädlich für die Zweckbetriebseigenschaft, daß der Verein mit dem Sportunterricht in Konkurrenz zu gewerblichen Sportlehrern (z. B. Reitlehrer, Skilehrer, Tennislehrer, Schwimmlehrer) tritt, weil § 67a als die speziellere Vorschrift dem § 65 vorgeht. Die Beurteilung des Sportunterrichts als sportliche Veranstaltung hängt nicht davon ab, ob der Unterricht durch Beiträge, Sonderbeiträge oder Sonderentgelte abgegolten wird.

6. Der Verkauf von Speisen und Getränken – auch an Wettkampfteilnehmer, Schiedsrichter, Kampfrichter, Sanitäter usw. – und die Werbung gehören nicht zu den sportlichen Veranstaltungen. Diese Tätigkeiten sind gesonderte steuerpflichtige wirtschaftliche Geschäftsbetriebe. Nach § 64 Abs. 2 ist es jedoch möglich, Überschüsse aus diesen Betrieben mit Verlusten aus sportlichen Veranstaltungen, die steuerpflichtige wirtschaftliche Geschäftsbetriebe sind, zu verrechnen.

7. Wird für den Besuch einer sportlichen Veranstaltung, die Zweckbetrieb ist, mit Bewirtung ein einheitlicher Eintrittspreis bezahlt, so ist dieser – ggf. im Wege der Schätzung – in einen Entgeltsanteil für den Besuch der sportlichen Veranstaltung und in einen Entgeltsanteil für die Bewirtungsleistungen aufzuteilen.

8. Sportliche Veranstaltungen, die Zweckbetriebe sind, werden in erster Linie um ihrer selbst willen und nicht zu Werbezwecken durchgeführt. Andererseits wären die Werbeeinnahmen kaum ohne die sportlichen Veranstaltungen zu erzielen. Im Hinblick auf diesen Zusammenhang zwischen den Sportveranstaltungen und den Werbeeinnahmen wird zugelassen, daß ein Teil der Veranstaltungskosten von den Werbeeinnahmen abgezogen wird.

Die unmittelbar mit den Sportveranstaltungen zusammenhängenden Kosten lassen sich praktisch nicht ermitteln und hinreichend genau gegenüber den Kosten der übrigen sportlichen Betätigungen des Vereins abgrenzen. Aus diesem Grunde ist es nicht zu beanstanden, wenn die abziehbaren Veranstaltungskosten pauschal mit 25 v. H. der Werbeeinnahmen angesetzt werden. Zu den maßgebenden Werbeeinnahmen gehört nicht die im Bruttopreis enthaltene Umsatzsteuer. Andererseits ist die Umsatzsteuer nicht durch die Pauschale abgedeckt. Bei der Überschußermittlung nach § 4 Abs. 3 EStG ist die Umsatzsteuer als Betriebseinnahme anzusetzen und neben der Pauschale als Betriebsausgabe abzuziehen. Die Pauschale deckt auch die unmittelbar durch die Werbung selbst verursachten Kosten ab. Diese können nicht noch einmal von den Werbeeinnahmen abgezogen werden und dürfen auch nicht das Ergebnis der anderen steuerpflichtigen wirtschaftlichen Geschäftsbetriebe mindern.

9. Die entgeltliche Übertragung des Rechts zur Nutzung von Werbeflächen in vereinseigenen oder gemieteten Sportstätten (z.B. an der Bande) sowie von Lautsprecheranlagen an Werbeunternehmer ist als steuerfreie Vermögensverwaltung (§ 14 Satz 3) zu beurteilen. Voraussetzung ist jedoch, daß dem Pächter (Werbeunternehmer) ein angemessener Gewinn verbleibt. Es ist ohne Bedeutung, ob die sportlichen Veranstaltungen, bei denen der Werbeunternehmer das erworbene Recht nutzt, Zweckbetrieb oder wirtschaftlicher Geschäftsbetrieb sind.

Die entgeltliche Übertragung des Rechts zur Nutzung von Werbeflächen auf der Sportkleidung (z.B. auf Trikots, Sportschuhen, Helmen) und auf Sportgeräten ist stets als steuerpflichtiger wirtschaftlicher Geschäftsbetrieb zu behandeln.

10. Die Unterhaltung von Club-Häusern, Kantinen, Vereinsheimen oder Vereinsgaststätten ist keine „sportliche Veranstaltung", auch wenn diese Einrichtungen ihr Angebot nur an Mitglieder richten.

11. Bei Vermietung von Sportstätten einschließlich der Betriebsvorrichtungen für sportliche Zwecke ist zwischen der Vermietung auf längere Dauer und der Vermietung auf kurze Dauer (z.B. stundenweise Vermietung, auch wenn die Stunden für einen längeren Zeitraum im voraus festgelegt werden) zu unterscheiden.

Die Vermietung auf längere Dauer ist dem Bereich der steuerfreien Vermögensverwaltung zuzuordnen, so daß sich die Frage der Behandlung als sportliche Veranstaltung i.S. des § 67a dort nicht stellt.

Die Vermietung von Sportstätten und Betriebsvorrichtungen auf kurze Dauer schafft lediglich die Voraussetzungen für sportliche Veranstaltungen. Sie ist jedoch selbst keine sportliche Veranstaltung, sondern ein wirtschaftlicher Geschäftsbetrieb eigener Art. Dieser ist als Zweckbetrieb i.S. des § 65 anzusehen, wenn es sich bei den Mietern um Mitglieder des Vereins handelt. Bei der Vermietung auf kurze Dauer an Nichtmitglieder tritt der Verein dagegen in größerem Umfang in Wettbewerb zu nicht begünstigten Vermietern, als es bei Erfüllung seiner steuerbegünstigten Zwecke unvermeidbar ist (§ 65 Nr. 3). Diese Art der Vermietung ist deshalb als steuerpflichtiger wirtschaftlicher Geschäftsbetrieb zu behandeln.

12. § 3 Nr. 26 EStG gilt nicht für Einnahmen, die ein nebenberuflicher Übungsleiter für eine Tätigkeit in einem steuerpflichtigen wirtschaftlichen Geschäftsbetrieb „sportliche Veranstaltungen" erhält.

13. Werden sportliche Veranstaltungen, die im vorangegangenen Veranlagungszeitraum Zweckbetrieb waren, zu einem steuerpflichtigen wirtschaftlichen Geschäftsbetrieb oder umgekehrt, ist grundsätzlich § 13 Abs. 5 KStG anzuwenden.

II. Zu § 67a Abs. 1:

1. Bei der Anwendung der Zweckbetriebsgrenze von 60000 DM sind alle Einnahmen der Veranstaltungen zusammenzurechnen, die in dem maßgeblichen Jahr nach den Regelungen des Abschnitts I als sportliche Veranstaltungen anzusehen sind. Zu diesen Einnahmen gehören insbesondere Eintrittsgelder, Startgelder, Zahlungen für die Übertragung sportlicher Veranstaltungen in Rundfunk und Fernsehen, Lehrgangsgebühren und Ablösezahlungen. Zum allgemeinen Einnahmebegriff wird auf die Regelungen zu § 64 Nrn. 11 und 12 hingewiesen.

2. Die Bezahlung von Sportlern in einem Zweckbetrieb i.S. des § 67a Abs. 1 Satz 1 ist zulässig (§ 58 Nr. 9). Dabei ist die Herkunft der Mittel, mit denen die Sportler bezahlt werden, ohne Bedeutung.

3. Die Zahlung von Ablösesummen ist in einem Zweckbetrieb i.S. des § 67a Abs. 1 Satz 1 uneingeschränkt zulässig.

4. Bei Spielgemeinschaften von Sportvereinen ist – unabhängig von der Qualifizierung der Einkünfte im Feststellungsbescheid für die Gemeinschaft – bei der Körperschaftsteuerveranlagung der beteiligten Sportvereine zu entscheiden, ob ein Zweckbetrieb oder ein steuerpflichtiger wirtschaftlicher Geschäftsbetrieb gegeben ist. Dabei ist für die Beurteilung der Frage, ob die Zweckbetriebsgrenze des § 67a Abs. 1 Satz 1 überschritten wird, die Höhe der anteiligen Einnahmen (nicht des anteiligen Gewinns) maßgeblich.

III. Zu § 67a Abs. 2:

1. Ein Verzicht auf die Anwendung des § 67a Abs. 1 Satz 1 ist auch dann möglich, wenn die Einnahmen aus den sportlichen Veranstaltungen die Zweckbetriebsgrenze von 60000 DM nicht übersteigen.

2. Die Option nach § 67a Abs. 2 kann bis zur Unanfechtbarkeit des Körperschaftsteuerbescheids widerrufen werden. Die Regelungen in Abschnitt 247 Abs. 2 und 6 UStR sind entsprechend anzuwenden. Der Widerruf ist – auch nach Ablauf der Bindungsfrist – nur mit Wirkung ab dem Beginn eines Kalender- oder Wirtschaftsjahres zulässig.

IV. Zu § 67a Abs. 3:

1. Verzichtet ein Sportverein gem. § 67a Abs. 2 auf die Anwendung der Zweckbetriebsgrenze (§ 67a Abs. 1 Satz 1), sind sportliche Veranstaltungen ein Zweckbetrieb, wenn an ihnen kein bezahlter Sportler des Vereins teilnimmt und der Verein keinen vereinsfremden Sportler selbst oder im Zusammenwirken mit einem Dritten bezahlt. Auf die Höhe der Einnahmen oder Überschüsse dieser sportlichen Veranstaltungen kommt es bei Anwendung des § 67a Abs. 3 nicht

an. Sportliche Veranstaltungen, an denen ein oder mehrere Sportler teilnehmen, die nach § 67 a Abs. 3 Satz 1 Nr. 1 oder 2 als bezahlte Sportler anzusehen sind, sind steuerpflichtige wirtschaftliche Geschäftsbetriebe. Es kommt nach dem Gesetz nicht darauf an, ob ein Verein eine Veranstaltung von vornherein als steuerpflichtigen wirtschaftlichen Geschäftsbetrieb angesehen oder ob er – aus welchen Gründen auch immer – zunächst irrtümlich einen Zweckbetrieb angenommen hat.

2. Unter Veranstaltungen i. S. des § 67 a Abs. 3 sind bei allen Sportarten grundsätzlich die einzelnen Wettbewerbe zu verstehen, die in engem zeitlichen und örtlichen Zusammenhang durchgeführt werden. Bei einer Mannschaftssportart ist also nicht die gesamte Meisterschaftsrunde, sondern jedes einzelne Meisterschaftsspiel die zu beurteilende sportliche Veranstaltung. Bei einem Turnier hängt es von der Gestaltung im Einzelfall ab, ob das gesamte Turnier oder jedes einzelne Spiel als eine sportliche Veranstaltung anzusehen ist. Dabei ist von wesentlicher Bedeutung, ob für jedes Spiel gesondert Eintritt erhoben wird und ob die Einnahmen und Ausgaben für jedes Spiel gesondert ermittelt werden.

3. Sportkurse und Sportlehrgänge für Mitglieder und Nichtmitglieder von Sportvereinen sind bei Anwendung des § 67 a Abs. 3 als Zweckbetrieb zu behandeln, wenn kein Sportler als Auszubildender teilnimmt, der wegen seiner Betätigung in dieser Sportart als bezahlter Sportler i. S. des § 67 a Abs. 3 anzusehen ist. Die Bezahlung von Ausbildern berührt die Zweckbetriebseigenschaft nicht.

4. Ist ein Sportler in einem Kalenderjahr als bezahlter Sportler anzusehen, sind alle in dem Kalenderjahr durchgeführten sportlichen Veranstaltungen des Vereins, an denen der Sportler teilnimmt, ein steuerpflichtiger wirtschaftlicher Geschäftsbetrieb. Bei einem vom Kalenderjahr abweichenden Wirtschaftsjahr ist das abweichende Wirtschaftsjahr zugrunde zu legen. Es kommt nicht darauf an, ob der Sportler die Merkmale des bezahlten Sportlers erst nach Beendigung der sportlichen Veranstaltung erfüllt. Die Teilnahme unbezahlter Sportler an einer Veranstaltung, an der auch bezahlte Sportler teilnehmen, hat keinen Einfluß auf die Behandlung der Veranstaltung als steuerpflichtiger wirtschaftlicher Geschäftsbetrieb.

5. Die Vergütungen oder anderen Vorteile müssen in vollem Umfang aus steuerpflichtigen wirtschaftlichen Geschäftsbetrieben oder von Dritten geleistet werden (§ 67 a Abs. 3 Satz 3). Eine Aufteilung der Vergütungen ist nicht zulässig. Es ist also z. B. steuerlich nicht zulässig, Vergütungen an bezahlte Sportler bis zu 700 DM im Monat als Ausgaben des steuerbegünstigten Bereichs und nur die 700 DM übersteigenden Vergütungen als Ausgaben des steuerpflichtigen wirtschaftlichen Geschäftsbetriebs „Sportveranstaltungen" zu behandeln.

Auch die anderen Kosten müssen aus dem steuerpflichtigen wirtschaftlichen Geschäftsbetrieb „sportliche Veranstaltungen", anderen steuerpflichtigen wirtschaftlichen Geschäftsbetrieben oder von Dritten geleistet werden. Dies gilt auch dann, wenn an der Veranstaltung neben bezahlten Sportlern auch unbezahlte Sportler teilnehmen. Die Kosten eines steuerpflichtigen wirtschaftlichen Geschäftsbetriebs „Sportveranstaltungen" sind also nicht danach aufzuteilen, ob sie auf bezahlte oder auf unbezahlte Sportler entfallen. Etwaiger Aufwandsersatz an unbezahlte Sportler für die Teilnahme an einer Veranstaltung mit bezahlten Sportlern ist als eine Ausgabe dieser Veranstaltung zu behandeln. Aus Vereinfachungsgründen ist es aber nicht zu beanstanden, wenn die Aufwandspauschale (vgl. Tz. 8) an unbezahlte Sportler nicht als Betriebsausgabe des steuerpflichtigen wirtschaftlichen Geschäftsbetriebs behandelt, sondern aus Mittel des ideellen Bereichs abgedeckt wird.

6. Trainingskosten (z. B. Vergütungen an Trainer), die sowohl unbezahlte als auch bezahlte Sportler betreffen, sind nach den im Einzelfall gegebenen Abgrenzungsmöglichkeiten aufzuteilen. Als solche kommen beispielsweise in Betracht der jeweilige Zeitaufwand oder – bei gleichzeitigem Training unbezahlter und bezahlter Sportler – die Zahl der trainierten Sportler oder Mannschaften. Soweit eine Abgrenzung anders nicht möglich ist, sind die auf das Training unbezahlter und bezahlter Sportler entfallenden Kosten im Wege der Schätzung zu ermitteln.

Werden bezahlte und unbezahlte Sportler einer Mannschaft gleichzeitig für eine Veranstaltung trainiert, die als steuerpflichtiger wirtschaftlicher Geschäftsbetrieb zu beurteilen ist, sind die gesamten Trainingskosten dafür Ausgaben des steuerpflichtigen wirtschaftlichen Geschäftsbetriebs. Die Vereinfachungsregelung in Tz. 5 letzter Satz gilt entsprechend.

7. Sportler des Vereins i. S. des § 67a Abs. 3 Satz 1 Nr. 1 sind nicht nur die (aktiven) Mitglieder des Vereins, sondern alle Sportler, die für den Verein auftreten, z. B. in einer Mannschaft des Vereins mitwirken. Für Verbände gilt Tz. 14.

8. Zahlungen an einen Sportler des Vereins bis zu insgesamt 700 DM je Monat im Jahresdurchschnitt sind für die Beurteilung der Zweckbetriebseigenschaft der sportlichen Veranstaltungen – nicht aber bei der Besteuerung des Sportlers – ohne Einzelnachweis als Aufwandsentschädigung anzusehen. Werden höhere Aufwendungen erstattet, sind die gesamten Aufwendungen im einzelnen nachzuweisen. Dabei muß es sich um Aufwendungen persönlicher oder sachlicher Art handeln, die dem Grunde nach Werbungskosten oder Betriebsausgaben sein können.

Die Regelung gilt für alle Sportarten.

9. Die Regelung über die Unschädlichkeit pauschaler Aufwandsentschädigungen bis zu 700 DM je Monat im Jahresdurchschnitt gilt nur für Sportler des Vereins, nicht aber für Zahlungen an andere Sportler. Einem anderen Sportler, der in einem Jahr nur an einer

Veranstaltung des Vereins teilnimmt, kann also nicht ein Betrag bis zu 8400 DM als pauschaler Aufwandsersatz dafür gezahlt werden. Vielmehr führt in den Fällen des § 67a Abs. 3 Satz 1 Nr. 2 jede Zahlung an einen Sportler, der über eine Erstattung des tatsächlichen Aufwands hinausgeht, zum Verlust der Zweckbetriebseigenschaft der Veranstaltung.

10. Zuwendungen der Stiftung Deutsche Sporthilfe, Frankfurt, und der Sporthilfe Berlin an Spitzensportler sind in der Regel als Ersatz von besonderen Aufwendungen der Spitzensportler für ihren Sport anzusehen. Sie sind deshalb nicht auf die zulässige Aufwandspauschale von 700 DM je Monat im Jahresdurchschnitt anzurechnen. Weisen Sportler die tatsächlichen Aufwendungen nach, so muß sich der Nachweis auch auf die Aufwendungen erstrecken, die den Zuwendungen der Stiftung Deutsche Sporthilfe und der Sporthilfe Berlin gegenüberstehen.

11. Bei der Beurteilung der Zweckbetriebseigenschaft einer Sportveranstaltung nach § 67a Abs. 3 ist nicht zu unterscheiden, ob Vergütungen oder andere Vorteile an einen Sportler für die Teilnahme an sich oder für die erfolgreiche Teilnahme gewährt werden. Entscheidend ist, daß der Sportler auf Grund seiner Teilnahme Vorteile hat, die er ohne seine Teilnahme nicht erhalten hätte. Auch die Zahlung eines Preisgeldes, das über eine Aufwandsentschädigung hinausgeht, begründet demnach einen steuerpflichtigen wirtschaftlichen Geschäftsbetrieb.

12. Bei einem sog. Spielertrainer ist zu unterscheiden, ob er für die Trainertätigkeit oder für die Ausübung des Sports Vergütungen erhält. Wird er nur für die Trainertätigkeit bezahlt oder erhält er für die Tätigkeit als Spieler nicht mehr als den Ersatz seiner Aufwendungen (Tz. 8), ist seine Teilnahme an sportlichen Veranstaltungen unschädlich für die Zweckbetriebseigenschaft.

13. Unbezahlte Sportler werden wegen der Teilnahme an Veranstaltungen mit bezahlten Sportlern nicht selbst zu bezahlten Sportlern. Die Ausbildung dieser Sportler gehört nach wie vor zu der steuerbegünstigten Tätigkeit eines Sportvereins, es sei denn, sie werden zusammen mit bezahlten Sportlern für eine Veranstaltung trainiert, die ein steuerpflichtiger wirtschaftlicher Geschäftsbetrieb ist (vgl. Tz. 6).

14. Sportler, die einem bestimmten Sportverein angehören und die nicht selbst unmittelbar Mitglieder eines Sportverbandes sind, werden bei der Beurteilung der Zweckbetriebseigenschaft von Veranstaltungen des Verbandes als andere Sportler i.S. des § 67a Abs. 3 Satz 1 Nr. 2 angesehen. Zahlungen der Vereine an Sportler im Zusammenhang mit sportlichen Veranstaltungen der Verbände (z.B. Länderkämpfe) sind in diesen Fällen als „Zahlungen von Dritten im Zusammenwirken mit dem Verein" (hier: Verband) zu behandeln.

15. Ablösezahlungen, die einem gemeinnützigen Sportverein für die Freigabe von Sportlern zufließen, beeinträchtigen seine Gemein-

nützigkeit nicht. Die erhaltenen Beträge zählen zu den Einnahmen aus dem steuerpflichtigen wirtschaftlichen Geschäftsbetrieb „sportliche Veranstaltungen", wenn der den Verein wechselnde Sportler in den letzten zwölf Monaten vor seiner Freigabe bezahlter Sportler i. S. des § 67 a Abs. 3 Satz 1 Nr. 1 war. Ansonsten gehören sie zu den Einnahmen aus dem Zweckbetrieb „sportliche Veranstaltungen".

Zahlungen eines gemeinnützigen Sportvereins an einen anderen (abgebenden) Verein für die Übernahme eines Sportlers sind unschädlich für die Gemeinnützigkeit des zahlenden Vereins, wenn sie aus steuerpflichtigen wirtschaftlichen Geschäftsbetrieben für die Übernahme eines Sportlers gezahlt werden, der beim aufnehmenden Verein in den ersten zwölf Monaten nach dem Vereinswechsel als bezahlter Sportler i. S. des § 67 a Abs. 3 Satz 1 Nr. 1 anzusehen ist. Zahlungen für einen Sportler, der beim aufnehmenden Verein nicht als bezahlter Sportler anzusehen ist, sind bei Anwendung des § 67 a Abs. 3 nur dann unschädlich für die Gemeinnützigkeit des zahlenden Vereins, wenn lediglich die Ausbildungskosten für den den Verein wechselnden Sportler erstattet werden. Eine derartige Kostenerstattung kann bei Zahlungen bis zur Höhe von 5000 DM je Sportler ohne weiteres angenommen werden. Bei höheren Kostenerstattungen sind sämtliche Ausbildungskosten im Einzelfall nachzuweisen. Die Zahlungen mindern nicht den Überschuß des steuerpflichtigen wirtschaftlichen Geschäftsbetriebs „sportliche Veranstaltungen".

Zur steuerlichen Behandlung von Ablösezahlungen bei Anwendung der Zweckbetriebsgrenze des § 67 a Abs. 1 Satz 1 siehe Tz. II.1 und II.3.

Zu § 68 – Einzelne Zweckbetriebe:

1. § 68 geht als die speziellere Vorschrift dem § 65 vor. Die beispielhafte Aufzählung von Betrieben, die ihrer Art nach Zweckbetriebe sein können, gibt wichtige Anhaltspunkte für die Auslegung der Begriffe Zweckbetrieb (§ 65) im allgemeinen und Einrichtungen der Wohlfahrtspflege (§ 66) im besonderen.

Zu § 68 Nr. 1:

2. Wegen der Begriffe „Alten-, Altenwohn- und Pflegeheim" Hinweis auf § 1 des Heimgesetzes vom 7. 8. 1974 (BGBl. I S. 1873).

3. Bei Kindergärten, Kinder-, Jugend- und Studentenheimen sowie bei Schullandheimen und Jugendherbergen müssen die geförderten Personen die Voraussetzungen nach § 53 nicht erfüllen.

Zu § 68 Nr. 3:

4. Wegen des Begriffs der Werkstatt für Behinderte wird auf § 54 des Schwerbehindertengesetzes hingewiesen.

5. Zu den Zweckbetrieben gehören auch die von den Trägern der Behindertenwerkstätten betriebenen Kantinen, weil die besondere

Situation der Behinderten auch während der Mahlzeiten eine Betreuung erfordert.

Zu § 68 Nr. 6:

6. Begünstigt sind von den zuständigen Behörden genehmigte Lotterieveranstaltungen, die höchstens zweimal im Jahr zu ausschließlich gemeinnützigen, mildtätigen oder kirchlichen Zwecken veranstaltet werden. Der Gesetzeswortlaut läßt es offen, in welchem Umfang solche Lotterien veranstaltet werden dürfen. Da eine besondere Einschränkung fehlt, ist auch eine umfangreiche Tätigkeit so lange unschädlich, als die allgemein durch das Gesetz gezogenen Grenzen – hier insbesondere § 65 – nicht überschritten werden und die Körperschaft durch den Umfang der Lotterieveranstaltungen nicht ihr Gepräge als begünstigte Einrichtung verliert.

7. Unter Veranstaltung sind die innerhalb einer angemessenen Zeitdauer abgewickelten Lotterien und Ausspielungen zu verstehen. Lotterieveranstaltungen in Form von Dauerveranstaltungen sind demnach keine Zweckbetriebe.

Zu § 68 Nr. 7:

8. Gesellige Veranstaltungen sind ab dem Veranlagungszeitraum 1990 als steuerpflichtige wirtschaftliche Geschäftsbetriebe zu behandeln. Die frühere Regelung, nach der gesellige Veranstaltungen unter bestimmten Voraussetzungen als Zweckbetriebe galten, wurde abgeschafft. Veranstaltungen, bei denen zwar auch die Geselligkeit gepflegt wird, die aber in erster Linie zur Betreuung behinderter Personen durchgeführt werden, können unter den Voraussetzungen der §§ 65, 66 Zweckbetrieb sein.

9. Kulturelle Einrichtungen und Veranstaltungen i.S. des § 68 Nr. 7 können nur vorliegen, wenn die Förderung der Kultur Satzungszweck der Körperschaft ist. Sie sind stets als Zweckbetrieb zu behandeln. Auf die Höhe des Überschusses kommt es ab dem Veranlagungszeitraum 1990 nicht mehr an.

10. Der Verkauf von Speisen und Getränken und die Werbung bei kulturellen Veranstaltungen gehören nicht zu dem Zweckbetrieb. Diese Tätigkeiten sind gesonderte wirtschaftliche Geschäftsbetriebe. Wird für den Besuch einer kulturellen Veranstaltung mit Bewirtung ein einheitlicher Eintrittspreis bezahlt, so ist dieser – ggf. im Wege der Schätzung – in einen Entgeltungsanteil für den Besuch der Veranstaltung und für die Bewirtungsleistungen aufzuteilen.

11. Rücklagen, die vor 1990 nach § 68 Nr. 7 Satz 3 a.F. gebildet wurden, müssen innerhalb von drei Jahren für die steuerbegünstigten Zwecke der Körperschaft verwendet werden. Geschieht dies nicht oder nicht zeitgerecht, so liegt im Jahr der Rücklagenbildung ein steuerpflichtiger wirtschaftlicher Geschäftsbetrieb vor. Die Nichtverwendung der Rücklage bzw. die nicht zeitgerechte Verwendung der Rücklage zu steuerbegünstigten Zwecken ist ein Ereignis i.S. des

§ 175 Abs. 1 Satz 1 Nr. 2. Tritt das Ereignis ein, sind Steuerbescheide zu erlassen oder zu ändern. Das Ereignis tritt mit Ablauf des Jahres ein, in dem die Rücklage spätestens hätte verwendet werden müssen.

12.–19. *(aufgehoben)*

Zu § 69 – Haftung der Vertreter:

1. Bevollmächtigte, Beistände und Vertreter (§§ 80 und 81) haften nur, wenn sie gleichzeitig Vertreter oder Verfügungsberechtigte i.S. der §§ 34 und 35 (z.B. Vermögensverwalter, Konkursverwalter, Testamentsvollstrecker) sind.

2. Die Haftung wird durch Erlaß eines Haftungsbescheides gem. § 191 geltend gemacht. Wegen der Einwendungen des Haftenden gegen den ursprünglichen Steuerbescheid Hinweis auf § 166, wegen des Leitungsgebots vgl. zu § 219; wegen der Verpflichtung zur Anhörung der zuständigen Berufskammern vgl. zu § 191.

Zu § 70 – Haftung des Vertretenen:

Die Vorschrift hat vor allem Bedeutung auf dem Gebiet des Zoll- und Verbrauchsteuerrechts, im Bereich der Besitz- und Verkehrsteuern kommt ihre Anwendung nur bei Abzugsteuern in Betracht. Für Handlungen eines Arbeitnehmers wird nur gehaftet, wenn dieser zu dem in den §§ 34 und 35 genannten Personenkreis gehört.

Zu § 71 – Haftung des Steuerhinterziehers und des Steuerhehlers:

Die für den Erlaß des Haftungsbescheides zuständige Stelle der Finanzbehörde hat im Einvernehmen mit der für Straf- und Bußgeldsachen zuständigen Stelle zu prüfen, ob der objektive und subjektive Tatbestand der einschlägigen Strafvorschrift gegeben ist. Eine vorherige strafgerichtliche Verurteilung ist nicht erforderlich. Ebensowenig sind Selbstanzeige (§ 371), Eintritt der Strafverfolgungsverjährung oder sonstige Strafverfahrenshindernisse von Bedeutung. An Entscheidungen im strafgerichtlichen Verfahren ist die Finanzbehörde nicht gebunden (BFH-Urteil vom 10. 10. 1972, BStBl. II 1973 S. 68).

Zu § 73 – Haftung bei Organschaft:

1. Die Haftung bezieht sich auf die Steuern, für die die Organschaft gilt. Besteht z.B. nur hinsichtlich der Umsatzsteuer Organschaft, so erstreckt sich die Haftung der Tochtergesellschaft nicht auch auf die Körperschaftsteuer oder Gewerbesteuer der Muttergesellschaft.

2. Ob eine Organschaft vorliegt, richtet sich nach dem jeweiligen Steuergesetz, das für die einzelne Steuer von Bedeutung ist (z.B. § 14 KStG; § 2 Abs. 2 Nr. 2 UStG; § 2 Abs. 2 GewStG).

Zu § 74 – Haftung des Eigentümers von Gegenständen:

1. Der Eigentümer der Gegenstände haftet persönlich, aber beschränkt auf die dem Unternehmen zur Verfügung gestellten Gegenstände. Der Inhaber von Rechten (immateriellen Wirtschaftsgütern) haftet nicht.

2. Der Eigentümer haftet für die Steuern und Ansprüche auf Erstattung von Steuervergütungen, bei denen sich die Steuerpflicht auf den Betrieb des Unternehmens gründet und die während des Bestehens der wesentlichen Beteiligung entstanden sind; auf die Fälligkeit kommt es nicht an. Hierzu gehören die Steuern bzw. Ansprüche, für die der in den Einzelsteuergesetzen bezeichnete Tatbestand an den Betrieb eines Unternehmens geknüpft ist (z. B. Umsatzsteuer – auch bei Eigenverbrauch –, Gewerbesteuer, Verbrauchsteuer bei Herstellungsbetrieben, Rückforderung von Investitionszulage), nicht dagegen z. B. Personensteuern (z. B. Einkommen-, Körperschaft-, Erbschaft- und Vermögensteuer), Zölle, Abschöpfungen, Steuerabzugsbeträge (z. B. Lohnsteuer) oder Kapitalverkehrsteuern. Die Haftung erstreckt sich nicht auf die steuerlichen Nebenleistungen (§ 3 Abs. 3).

3. Eine wesentliche Beteiligung liegt auch dann vor, wenn der betroffene Eigentümer nur mittelbar, z. B. über eine Tochtergesellschaft oder einen Treuhänder, beteiligt ist.

4. Einer wesentlichen Beteiligung steht es gleich, wenn jemand ohne entsprechende Vermögensbeteiligung auf das Unternehmen einen beherrschenden Einfluß tatsächlich und in einer Weise ausübt, die dazu beiträgt, daß fällige Betriebsteuern nicht entrichtet werden; es genügt nicht, wenn eine Person nur die Möglichkeit hat, beherrschenden Einfluß auszuüben.

Zu § 75 – Haftung des Betriebsübernehmers:

1. Der Übernehmer eines Unternehmens oder gesondert geführten Betriebes haftet nur für die im Betrieb begründeten Steuern (vgl. zu § 74), für Erstattung von Steuervergütungen und für Steuerabzugsbeträge (insbesondere Lohnsteuer). Voraussetzung für die Haftung ist, daß die Steuern und Erstattungsansprüche seit dem Beginn des letzten, vor der Übereignung liegenden Kalenderjahres entstanden sind (vgl. zu § 38) und innerhalb eines Jahres nach Anmeldung des Betriebes (§ 138) durch den Erwerber festgesetzt oder angemeldet worden sind. Die Jahresfrist beginnt frühestens mit dem Zeitpunkt der Betriebsübernahme.

2. Die Haftung beschränkt sich auf den Bestand des übernommenen Vermögens einschließlich der Surrogate, vgl. die Rechtsprechung zu § 419 BGB.

3. Es reicht aus, wenn die Steuern gegenüber dem Veräußerer innerhalb der Jahresfrist festgesetzt worden sind. Der Haftungsbescheid

kann auch später erlassen werden. In Fällen der Betriebsübernahme ist die Steuerfestsetzung beschleunigt durchzuführen; ggf. ist zu schätzen.

Zu § 77 – Duldungspflicht:

1. Eine Duldungspflicht kommt vor allem bei den in den §§ 34 und 35 genannten Personen in Betracht. Als öffentliche Last ruht auf dem Grundbesitz die Grundsteuer (§ 12 GrStG).

2. Zum Erlaß eines Duldungsbescheides wird auf § 191 hingewiesen, wegen weiterer Vorschriften über die Duldung der Zwangsvollstreckung auf die §§ 262, 264 und 265.

Zu § 78 – Beteiligte:

Unter Beteiligten sind in der Regel die Steuerpflichtigen (§ 33 Abs. 1) zu verstehen. Der Beteiligtenbegriff des § 78 gilt nicht im Zerlegungs- und Rechtsbehelfsverfahren (§§ 186, 359; vgl. BFH-Beschluß vom 28. 3. 1979, BStBl. II S. 538).

Zu § 80 – Bevollmächtigte und Beistände:

1. Die Finanzbehörde soll den schriftlichen Nachweis einer Vollmacht nur verlangen, wenn begründete Zweifel an der Vertretungsmacht bestehen. Bei Angehörigen der steuerberatenden Berufe, die für den Steuerpflichtigen handeln, wird eine ordnungsgemäße Bevollmächtigung vermutet.

2. Eine Vollmacht ermächtigt zwar nicht zum Empfang von Erstattungen oder Vergütungen. Der Bevollmächtigte kann jedoch in anderer Weise über das Guthaben des Steuerpflichtigen verfügen, indem er z. B. namens des Steuerpflichtigen gegenüber der Finanzbehörde aufrechnet (§ 226). Erstattungen an Bevollmächtigte oder andere Personen sind zulässig, wenn der Steuerpflichtige eine entsprechende Zahlungsanweisung erteilt; die Finanzbehörde ist jedoch nicht zur Zahlung an sie verpflichtet.

3. Bei der Unterzeichnung von Steuererklärungen ist, wenn die Einzelsteuergesetze die eigenhändige Unterschrift vorsehen, eine Vertretung durch Bevollmächtigte nur unter den Voraussetzungen des § 150 Abs. 3 zulässig.

4. Der Schriftwechsel und die Verhandlungen im Besteuerungsverfahren sind mit dem Bevollmächtigten zu führen. Nur bei Vorliegen besonderer Gründe soll sich die Finanzbehörde an den Beteiligten selbst wenden, z. B. um ihn um Auskünfte zu bitten, die nur er selbst als Wissensträger geben kann. In diesem Fall ist der Bevollmächtigte zu unterrichten. Inwieweit Verwaltungsakte, insbesondere Steuerbescheide, gegenüber dem Bevollmächtigten bekanntzugeben sind, richtet sich nach § 122.

5. Mit der Bestellung eines Bevollmächtigten verliert der Steuerpflichtige nicht die Möglichkeit, selbst rechtswirksame Erklärungen

gegenüber der Finanzbehörde abzugeben. Er kann z.B. auch einen
von dem Bevollmächtigten eingelegten Rechtsbehelf zurücknehmen.

6. Verfahrenshandlungen, die ein Bevollmächtigter oder Beistand
vor seiner Zurückweisung vorgenommen hat, sind wirksam.

Zu § 81 – Bestellung eines Vertreters von Amts wegen:

Die Finanzbehörden haben im allgemeinen keinen Anlaß, die Bestellung eines Vertreters von Amts wegen zu beantragen. Wegen der
Bekanntgabe von Verwaltungsakten an Beteiligte außerhalb des Geltungsbereichs der AO vgl. zu § 122 Nr. 4.

Zu § 82 – Ausgeschlossene Personen:

1. Wegen der Rechtsfolgen bei einem Verstoß gegen diese Vorschrift wird auf §§ 125 und 127 hingewiesen.

2. Hilfe in Steuersachen i.S. von § 82 Abs. 1 Nr. 4 leisten nicht
nur diejenigen, die nach dem Steuerberatungsgesetz ausdrücklich dazu befugt sind, sondern auch sonstige Personen, die ohne gesetzliche
Befugnis Hilfe in Steuersachen leisten. Zur Hilfe in Steuersachen
zählen auch die nicht dem Erlaubnisvorbehalt des § 2 StBerG unterliegenden mechanischen Buchführungsarbeiten und die Erstattung
wissenschaftlicher Gutachten (§ 6 StBerG).

3. Zum Begriff des Amtsträgers Hinweis auf § 7.

Zu § 83 – Besorgnis der Befangenheit:

1. Das in § 83 vorgeschriebene Verfahren ist nicht nur dann durchzuführen, wenn der Amtsträger tatsächlich befangen ist oder sich für
befangen hält, sondern schon dann, wenn ein vernünftiger Grund
vorliegt, der den Beteiligten von seinem Standpunkt aus befürchten
lassen könnte, daß der Amtsträger nicht unparteiisch sachlich entscheiden werde.

2. Die Entscheidung, ob sich ein Amtsträger der Mitwirkung an
einem Verwaltungsverfahren zu enthalten hat, trifft der Behördenleiter bzw. der von ihm Beauftragte oder die Aufsichtsbehörde. Über
die Zulässigkeit der Mitwirkung des Amtsträgers im Verwaltungsverfahren ist ggf. im Rechtsbehelfsverfahren über den Verwaltungsakt zu
entscheiden.

Zu § 85 – Besteuerungsgrundsätze:

1. Das Gesetz unterscheidet nicht zwischen dem Steuerermitt-
lungsverfahren, das der Festsetzung der Steuer gegenüber einem bestimmten Steuerpflichtigen dient und dem Steueraufsichtsverfahren,
in dem die Finanzbehörden gegenüber allen Steuerpflichtigen darüber wachen, daß die Steuern nicht zu Unrecht verkürzt werden.
Die Finanzbehörden können sich sowohl bei Ermittlungen, die sich
gegen einen bestimmten Steuerpflichtigen richten, als auch bei der

Erforschung unbekannter Steuerfälle der Beweismittel des § 92 bedienen. Sie können mit der Aufdeckung und Ermittlung unbekannter Steuerfälle auch die Steuerfahndung beauftragen (§ 208 Abs. 1 Nr. 3).

2. Die Finanzbehörde kann nach pflichtgemäßem Ermessen „betriebsnahe Veranlagungen" durchführen. Diese sind abgekürzte Außenprüfungen (§ 203), wenn sie aufgrund einer Prüfungsanordnung (§ 196) durchgeführt werden; es gelten die Vorschriften über die Außenprüfung (§§ 193 bis 203) mit Ausnahme des § 201 Abs. 1 und des § 202 Abs. 2.

3. Die betriebsnahen Veranlagungen gehören zum Steuerfestsetzungsverfahren, wenn sie ohne Prüfungsanordnung mit Einverständnis des Steuerpflichtigen an Ort und Stelle durchgeführt werden; es gelten die allgemeinen Verfahrensvorschriften über Besteuerungsgrundsätze und Beweismittel (§§ 85, 88 und 90 ff.).

4. Der gesetzliche Auftrag „sicherzustellen", daß Steuern nicht verkürzt werden usw., weist auf die Befugnis zu Maßnahmen außerhalb eines konkreten Besteuerungsverfahrens hin. So sind den Finanzbehörden allgemeine Hinweise an die Öffentlichkeit oder ähnliche vorbeugende Maßnahmen gegenüber Einzelnen zur Erfüllung des gesetzlichen Auftrags gestattet. Auf der Grundlage des § 85 können auch im Wege der Amtshilfe andere Behörden ersucht werden, Aufträge nur gegen Vorlage steuerlicher Unbedenklichkeitsbescheinigungen zu erteilen; wegen der allgemeinen Mitteilungspflichten (Kontrollmitteilungen) von Behörden und Rundfunkanstalten vgl. § 93 a.

Zu § 87 – Amtssprache:

1. Bei Eingaben in fremder Sprache soll die Finanzbehörde zunächst prüfen, ob eine zur Bearbeitung ausreichende Übersetzung durch eigene Bedienstete oder im Wege der Amtshilfe ohne Schwierigkeiten beschafft werden kann. Übersetzungen sind nur im Rahmen des Notwendigen, nicht aus Prinzip anzufordern. Die Finanzbehörde kann auch Schriftstücke in fremder Sprache entgegennehmen und in einer fremden Sprache verhandeln, wenn der Amtsträger über entsprechende Sprachkenntnisse verfügt. Anträge, die ein Verwaltungsverfahren auslösen, und fristwahrende Eingaben sollen in ihren wesentlichen Teilen in deutscher Sprache aktenkundig gemacht werden. Verwaltungsakte sind grundsätzlich in deutscher Sprache bekanntzugeben.

2. Wegen der Führung von Büchern in einer fremden Sprache Hinweis auf § 146 Abs. 3.

Zu § 88 – Untersuchungsgrundsatz:

1. Die Finanzbehörden haben alle notwendigen Maßnahmen zu ergreifen, um die entscheidungserheblichen Tatsachen aufzuklären.

Sie bestimmen Art und Umfang der Ermittlungen nach den Umständen des Einzelfalles. Der Grundsatz der Verhältnismäßigkeit ist zu beachten. Die Ermittlungshandlungen dürfen danach zu dem angestrebten Erfolg nicht erkennbar außer Verhältnis stehen. Sie sollen so gewählt werden, daß damit unter Berücksichtigung des Verhältnisses des Einzelfalles ein möglichst geringer Eingriff in die Rechtssphäre des Beteiligten oder Dritter verbunden ist. Der Gewährung rechtlichen Gehörs kommt besondere Bedeutung zu.

Trotz des in § 85 festgelegten Legalitätsprinzips können bei den Entscheidungen der Finanzbehörden Erwägungen einbezogen werden, die im Ergebnis Zweckmäßigkeitserwägungen gleichzustellen sind (BVerfG vom 20. 6. 1973, BStBl. II S. 720). Für die Anforderungen, die an die Aufklärungspflicht der Finanzbehörden zu stellen sind, darf die Erwägung eine Rolle spielen, daß die Aufklärung einen nicht mehr vertretbaren Zeitaufwand erfordert. Dabei kann auf das Verhältnis zwischen voraussichtlichem Arbeitsaufwand und steuerlichem Erfolg abgestellt werden. Die Finanzämter dürfen auch berücksichtigen, in welchem Maße sie durch ein zu erwartendes finanzgerichtliches Verfahren belastet werden, sofern sie bei vorhandenen tatsächlichen oder rechtlichen Zweifeln dem Begehren des Steuerpflichtigen nicht entsprechen und zu seinem Nachteil entscheiden. In Fällen erschwerter Sachverhaltsermittlung dient es unter bestimmten Voraussetzungen der Effektivität der Besteuerung und allgemein dem Rechtsfrieden, wenn sich die Beteiligten über die Annahme eines bestimmten Sachverhalts und über eine bestimmte Sachbehandlung einigen können (BFH-Urteil vom 11. 12. 1984, BStBl. II 1985 S. 354).

2. Die Aufklärungspflicht der Finanzbehörden wird durch die Mitwirkungsflicht der Beteiligten (§ 90) begrenzt. Die Finanzbehörden sind nicht verpflichtet, den Sachverhalt auf alle möglichen Fallgestaltungen zu erforschen. Für den Regelfall kann davon ausgegangen werden, daß die Angaben des Steuerpflichtigen in der Steuererklärung vollständig und richtig sind (BFH-Urteil vom 17. 4. 1969, BStBl. II S. 474). Die Finanzbehörde kann den Angaben eines Steuerpflichtigen Glauben schenken, wenn nicht greifbare Umstände vorliegen, die darauf hindeuten, daß diese Angaben falsch oder unvollständig sind (BFH-Urteil vom 11. 7. 1978, BStBl. II 1979 S. 57). Sie verletzt ihre Aufklärungspflicht nur, wenn sie Tatsachen oder Beweismittel außer acht läßt und offenkundigen Zweifelsfragen nicht nachgeht, die sich ihr den Umständen nach ohne weiteres aufdrängen mußten (BFH-Urteile vom 16. 1. 1964, BStBl. III S. 149, und vom 13. 11. 1985, BStBl. II 1986 S. 241).

3. Im Rahmen der Prüfung zugunsten des Steuerpflichtigen muß die Finanzbehörde ihrer Pflicht zur Fürsorge für den Steuerpflichtigen (§ 89) gerecht werden. So ist auch die Verjährung von Amts wegen zu berücksichtigen.

Zu § 89 – Beratung, Auskunft:

1. In § 89 Satz 1 sind Erklärungen und Anträge gemeint, die sich bei dem gegebenen Sachverhalt aufdrängen. Im übrigen ist es Sache des Steuerpflichtigen, sich über die Antragsmöglichkeiten zu unterrichten, ggf. durch Rückfrage beim Finanzamt (§ 89 Satz 2). Die Finanzämter wären überfordert, wenn sie darauf zu achten hätten, ob der Steuerpflichtige jede sich ihm bietende Möglichkeit, Steuern zu sparen, ausgenutzt hat (BFH-Urteil vom 22. 1. 1960, BStBl. III S. 178).

2. Kann bei einem eindeutigen Verstoß der Finanzbehörden gegen die Fürsorgepflicht nach § 89 Satz 1 dem Steuerpflichtigen nicht durch Wiedereinsetzung in den vorigen Stand (§ 110) oder durch Änderung des bestandskräftigen Steuerbescheides nach § 173 Abs. 1 Nr. 2 geholfen werden, so kann es geboten sein, die zu Unrecht festgesetzte Steuer wegen sachlicher Unbilligkeit (§ 227 Abs. 1) zu erlassen.

3. In § 89 Satz 2 sind Auskünfte über das Verfahren (z. B. Fristberechnung, Wiedereinsetzung in den vorigen Stand, Aussetzung der Vollziehung) gemeint. Die Erteilung von Auskünften materieller Art ist den Finanzbehörden gestattet; hierauf besteht jedoch kein Anspruch.

Zu § 91 – Anhörung Beteiligter:

1. Im Besteuerungsverfahren äußert sich der Beteiligte zu den für die Entscheidung erheblichen Tatsachen regelmäßig in der Steuererklärung. Will die Finanzbehörde von dem erklärten Sachverhalt zuungunsten des Beteiligten wesentlich abweichen, so muß sie den Beteiligten hiervon vor Erlaß des Steuerbescheides oder sonstigen Verwaltungsaktes unterrichten. Der persönlichen (ggf. fernmündlichen) Kontaktaufnahme mit dem Steuerpflichtigen kommt hierbei besondere Bedeutung zu. Sind die steuerlichen Auswirkungen der Abweichung nur gering, so genügt es, die Abweichung im Steuerbescheid zu erläutern.

2. Eine versehentlich unterbliebene Anhörung der Beteiligten kann nach Erlaß des Steuerbescheides nachgeholt und die Fehlerhaftigkeit des Bescheides dadurch geheilt werden (§ 126 Abs. 1 Nr. 3).

3. Ist die erforderliche Anhörung eines Beteiligten unterblieben und dadurch die rechtzeitige Anfechtung des Verwaltungsaktes versäumt worden, so ist Wiedereinsetzung in den vorigen Stand zu gewähren (§ 126 Abs. 3 i. V. m. § 110). Die unterlassene Anhörung ist im allgemeinen nur dann für die Versäumung der Rechtsbehelfsfrist ursächlich, wenn die notwendigen Erläuterungen auch im Verwaltungsakt selbst unterblieben sind (BFH-Urteil vom 13. Dezember 1984, BStBl. II 1985 S. 601).

4. Ein Recht auf Akteneinsicht im Steuerfestsetzungsverfahren wird den Beteiligten nicht eingeräumt. Im Einzelfall kann jedoch

nach Ermessen der Finanzbehörde Akteneinsicht gewährt werden. Hierbei ist sicherzustellen, daß Verhältnisse eines anderen nicht unbefugt offenbart werden. Die Gewährung einer beantragten Akteneinsicht kann insbesondere nach einem Beraterwechsel zweckmäßig sein. Die Ablehnung eines Antrags auf Akteneinsicht ist mit der Beschwerde (§ 349) anfechtbar.

5. Wegen des zwingenden öffentlichen Interesses (§ 91 Abs. 3) Hinweis auf § 30 Abs. 4 Nr. 5 und § 106, deren Grundsätze entsprechend anzuwenden sind.

Zu § 93a – Allgemeine Mitteilungspflichten:

§ 93a ist die Ermächtigungsgrundlage zum Erlaß einer Rechtsverordnung, in der die allgemeinen Mitteilungspflichten (Kontrollmitteilungen) der Behörden und der Rundfunkanstalten an die Finanzbehörden zu regeln sind. Die Verpflichtung der Behörden und der Rundfunkanstalten zu Mitteilungen, Auskünften (insbesondere Einzelauskünften nach § 93), Anzeigen (z.B. gem. § 116) und zur Amtshilfe (§§ 111 ff.) aufgrund anderer Vorschriften bleibt unberührt. Mitteilungspflichten, die sich aus Verträgen oder Auflagen in Verwaltungsakten ergeben (z.B. besondere Bedingungen in Zuwendungsbescheiden nach Maßgabe des Haushaltrechts) bleiben ebenfalls unberührt.

Die Mitteilungspflichten für Zwecke der Feststellung von Einheitswerten des Grundbesitzes und der Mineralgewinnungsrechte sowie für Zwecke der Grundsteuer sind in § 29 Abs. 3 BewG geregelt.

Zu § 95 – Versicherung an Eides Statt:

Aus der Weigerung eines Steuerpflichtigen, eine Tatsachenbehauptung durch eidesstattliche Versicherung zu bekräftigen, können für ihn nachteilige Folgerungen gezogen werden. Im übrigen wird auf § 162 hingewiesen.

Zu § 99 – Betreten von Grundstücken und Räumen:

Es dürfen auch Grundstücke, Räume usw. betreten werden, die nicht dem Steuerpflichtigen gehören, sondern im Eigentum oder Besitz einer anderen Person stehen. Von der Besichtigung „betroffene" Personen sind alle, die an dem Grundstück usw. entweder Besitzrechte haben, sie tatsächlich nutzen oder eine sonstige tatsächliche Verfügungsbefugnis haben. Wohnräume dürfen im Besteuerungsverfahren nicht gegen den Willen des Inhabers betreten werden (vgl. aber § 210 Abs. 2 und § 287).

Zu § 101 – Auskunfts- und Eidesverweigerungsrecht der Angehörigen:

1. Der Beteiligte (Steuerpflichtige) selbst hat kein Auskunftsverweigerungsrecht; § 393 Abs. 1 ist zu beachten.

2. Ist die nach § 101 Abs. 1 Satz 2 erforderliche Belehrung unterblieben, dürfen die auf der Aussage des Angehörigen beruhenden Kenntnisse nicht verwertet werden (BFH-Urteil vom 31. 10. 1990, BStBl. II 1991 S. 204), es sei denn, der Angehörige stimmt nachträglich zu oder wiederholt nach Belehrung seine Aussage (vgl. auch BFH-Urteil vom 7. 11. 1986, BStBl. II S. 435).

Zu § 104 – Verweigerung der Erstattung eines Gutachtens und der Vorlage von Urkunden:

Trotz ihres Auskunftsverweigerungsrechts sind die Angehörigen der steuerberatenden Berufe verpflichtet, alle Urkunden und Wertsachen, insbesondere Geschäftsbücher und sonstige Aufzeichnungen, die sie für den Steuerpflichtigen aufbewahren oder führen, auf Verlangen der Finanzbehörde unter den gleichen Voraussetzungen vorzulegen wie der Steuerpflichtige selbst.

Zu § 107 – Entschädigung der Auskunftspflichtigen und Sachverständigen:

1. Die Entschädigungpsflicht wird nur ausgelöst, wenn die Finanzbehörde Auskunftspflichtige und Sachverständige durch Verwaltungsakt zu Beweiszwecken herangezogen hat. Freiwillig vorgelegte Auskünfte und Sachverständigengutachten führen selbst dann nicht zu einer Entschädigung, wenn die Finanzbehörde sie verwertet.

2. Vorlagepflichtige, die aufzubewahrende Unterlagen nur in der Form einer Wiedergabe auf einem Bildträger oder auf anderen Datenträgern vorlegen können (§ 97 Abs. 3 Satz 2), erhalten keine Entschädigung für Kosten, die dadurch entstehen, daß sie Hilfsmittel zur Verfügung stellen müssen, um die Unterlagen lesbar zu machen (§ 147 Abs. 5). Das gleiche gilt für die Kosten, die der Ausdruck der Unterlagen oder die Fertigung von lesbaren Reproduktionen verursacht.

Zu § 108 – Fristen und Termine:

1. Fristen sind abgegrenzte, bestimmbare Zeiträume, vor deren Ablauf eine Handlung oder ein Ereignis wirksam werden muß, um fristgerecht zu sein. Termine sind bestimmte Zeitpunkte, an denen etwas geschehen soll oder zu denen eine Wirkung eintritt. „Fälligkeitstermine" geben das Ende einer Frist an.

2. Bei der Dreitage-Regelung bzw. der Monats-Regelung (§§ 122, 123) handelt es sich nicht um eine Frist i.S. des § 108. § 108 Abs. 3 ist daher nicht anzuwenden (vgl. BFH-Urteil vom 5. 3. 1986, BStBl. II S. 462).

Zu § 110 – Wiedereinsetzung in den vorigen Stand:

1. Zur Wiedereinsetzung in den vorigen Stand nach unterlassener Anhörung eines Beteiligten bzw. wegen fehlender Begründung des

Verwaltungsaktes (§ 126 Abs. 3) vgl. zu § 91 Nr. 3 und zu § 121 Nr. 3.

2. Abweichend von § 110 Abs. 2 beträgt im finanzgerichtlichen Verfahren die Frist für den Antrag auf Wiedereinsetzung und die Nachholung der versäumten Rechtshandlung zwei Wochen (§ 56 Abs. 2 FGO).

3. Soweit das Gesetz eine Fristverlängerung vorsieht (§ 109 Abs. 1), kommt nicht Wiedereinsetzung, sondern rückwirkende Fristverlängerung in Betracht.

Zu § 111 – Amtshilfepflicht:

1. Die §§ 111 ff. sind auch dann anzuwenden, wenn sich Finanzbehörden untereinander Amtshilfe leisten.

2. Für Verbände und berufsständische Vertretungen besteht, soweit sie nicht Behörden sind oder unterhalten, keine Beistandspflicht. Sie sind jedoch ebenso wie die in § 111 Abs. 3 erwähnten Institutionen im Rahmen der §§ 88, 92 ff. zur Auskunftserteilung und Vorlage von Urkunden verpflichtet.

Zu § 112 – Voraussetzungen und Grenzen der Amtshilfe:

Andere Behörden, die von den Finanzbehörden im Besteuerungsverfahren um Amtshilfe ersucht werden, können die Amtshilfe nur unter den Voraussetzungen dieser Vorschrift ablehnen. Die Bestimmungen des Verwaltungsverfahrensgesetzes und des Zehnten Buches Sozialgesetzbuch über die Amtshilfe sind insoweit nicht anwendbar.

Zu § 117 – Zwischenstaatliche Rechts- und Amtshilfe in Steuersachen:

1. Die Voraussetzungen, unter denen die Finanzbehörden für deutsche Besteuerungszwecke die Hilfe ausländischer Behörden in Anspruch nehmen dürfen, richten sich nach deutschem Recht, insbesondere den §§ 85 ff.

2. Gem. § 117 Abs. 2 können die Finanzbehörden zwischenstaatliche Rechts- und Amtshilfe leisten aufgrund

a) innerstaatlich anwendbarer völkerrechtlicher Vereinbarungen. Derartige Vereinbarungen enthalten vor allem die Doppelbesteuerungsabkommen und die Abkommen im Zollbereich. Über den Stand der Doppelbesteuerungsabkommen veröffentlicht der Bundesminister der Finanzen jährlich im Bundessteuerblatt Teil I eine Übersicht;

b) innerstaatlich anwendbarer Rechtsakte der Europäischen Gemeinschaften (im Zollbereich). Als Rechtsgrundlagen kommen unmittelbar geltende Verordnungen in Betracht;

c) des EG-Amtshilfe-Gesetzes vom 19. 12. 1985 (BGBl. I S. 2436, BStBl. I S. 735, 740) und des EG-Beitreibungsgesetzes vom 10. 8. 1979 (BGBl. I S. 1429, BStBl. I 1981 S. 564), geändert durch das Erste Gesetz zur Änderung des Beitreibungsgesetzes – EG vom 7. 8. 1981 (BGBl. I S. 807, BStBl. I S. 566).

3. Wegen der Voraussetzungen und der Durchführung der zwischenstaatlichen Amtshilfe bei der Steuererhebung wird auf das Merkblatt vom 14. 4. 1987 – IV C 5 – S 1320 – 8/87 – (BStBl. I S. 402, AO-Kartei § 117 Karte 2) verwiesen.

Zu § 118 – Begriff des Verwaltungsaktes:

Da auch die Steuerbescheide Verwaltungsakte sind, gelten die §§ 118 ff. auch für die Steuerbescheide, soweit in den §§ 155 ff. nichts anderes bestimmt ist. Ausgenommen sind insbesondere die §§ 130 und 131, die kraft ausdrücklicher Regelung (§ 172 Abs. 1 Satz 1 Nr. 2 Buchstabe d) als Rechtsgrundlage für die Aufhebung oder Änderung von Steuerbescheiden ausgeschlossen sind.

Zu § 120 – Nebenbestimmungen zum Verwaltungsakt:

1. Nebenbestimmungen sind zulässig bei Verwaltungsakten, die auf einer Ermessensentscheidung der Finanzbehörden beruhen (z. B. Fristverlängerung, Stundung, Erlaß, Aussetzung der Vollziehung). Bei gebundenen Verwaltungsakten (z. B. Steuerbescheiden) sind gesetzlich ausdrücklich zugelassene Nebenbestimmungen der Vorbehalt der Nachprüfung (§ 164), die Vorläufigkeitserklärung (§ 165) und die Sicherheitsleistung (§ 165 Abs. 1 Satz 2).

2. Nebenbestimmungen müssen inhaltlich hinreichend bestimmt sein (§ 119). Andernfalls sind sie nichtig. Wegen der Rechtsfolgen bei Nichtigkeit der Nebenbestimmung Hinweis auf § 125 Abs. 4.

3. Wegen der unterschiedlichen Folgen, die sich aus der Nichterfüllung einer Nebenbestimmung ergeben können, ist die Nebenbestimmung im Verwaltungsakt genau zu bezeichnen (z. B. „unter der aufschiebenden Bedingung", „unter dem Vorbehalt des Widerrufs").

4. Der Widerrufsvorbehalt ermöglicht den Widerruf rechtmäßiger Verwaltungsakte nach § 131 Abs. 2 Nr. 1. Er ist aber für sich allein kein hinreichender Grund zum Widerruf, sondern läßt den Widerruf nur im Rahmen pflichtgemäßen Ermessens zu.

Zu § 121 – Begründung des Verwaltungsaktes:

1. Die Vorschrift gilt für alle Verwaltungsakte einschließlich der Steuerbescheide.

2. Besteht eine Pflicht, den Verwaltungsakt zu begründen, so muß die Begründung nur den Umfang haben, der erforderlich ist, damit der Adressat des Verwaltungsaktes die Gründe für die Entscheidung

der Finanzbehörde verstehen kann. Die Begründung von Ermessensentscheidungen soll erkennen lassen, daß die Finanzbehörde ihr Ermessen ausgeübt hat und von welchen Gesichtspunkten sie bei ihrer Entscheidung ausgegangen ist.

3. Das Fehlen der vorgeschriebenen Begründung macht den Verwaltungsakt fehlerhaft. Dieser Mangel kann nach § 126 Abs. 1 und 2 geheilt werden oder gem. § 127 unbeachtlich sein. Wurde wegen der fehlenden Begründung die rechtzeitige Anfechtung des Verwaltungsaktes versäumt, so ist auf Antrag Wiedereinsetzung in den vorigen Stand zu gewähren (§ 126 Abs. 3 i.V.m. § 110; vgl. auch zu § 91 Nr. 3).

Zu § 122 – Bekanntgabe des Verwaltungsaktes:

1. Einzelheiten über die Bekanntgabe von schriftlichen Verwaltungsakten ergeben sich aus dem Bekanntgabeerlaß (BMF-Schreiben vom 8. April 1991 – IV A 5 – S 0284 –1/91 –, BStBl. I S. 398, AO-Kartei § 122 Karte 2).

2. Die Bekanntgabe von Verwaltungsakten an den Steuerpflichtigen ist zwar auch dann zulässig, wenn dieser einen Bevollmächtigten bestellt hat. Die Finanzbehörden sollen von dieser Möglichkeit nur Gebrauch machen, wenn besondere Gründe gegen die Bekanntgabe an den Bevollmächtigten sprechen. Diese können auch technischer Natur sein. Die von der Rechtsprechung aufgestellten Grundsätze zu § 8 Abs. 1 Satz 1 VwZG (BFH-Urteile vom 11. 8. 1954, BStBl. III S. 327, vom 13. 4. 1965, BStBl. III S. 389, vom 25. 10. 1963, BStBl. III S. 600, und vom 9. 4. 1963, BStBl. III S. 388) gelten weiter.

3. Die Bekanntgabe von Verwaltungsakten durch Telefax ist keine Übermittlung durch die Post. Wird ein schriftlicher Verwaltungsakt durch die Post übermittelt, so hängt die Wirksamkeit der Bekanntgabe nicht davon ab, daß der Tag der Aufgabe des Verwaltungsaktes zur Post in den Akten vermerkt wird. Um den Bekanntgabezeitpunkt berechnen zu können und im Hinblick auf die Regelung in § 169 Abs. 1 Satz 3 Nr. 1 ist jedoch der Tag der Aufgabe zur Post in geeigneter Weise festzuhalten. § 108 Abs. 3 ist nicht anwendbar.

4. Soll ein Verwaltungsakt einem Empfänger außerhalb des Geltungsbereichs der AO bekanntgegeben werden, so ist nach § 14 VwZG, § 122 Abs. 2 Satz 2, § 123 AO oder § 15 VwZG zu verfahren. An Empfänger in Belgien, Dänemark, Finnland, Frankreich, Großbritannien, Irland, Italien, Kanada, Luxemburg, Niederlande, Norwegen, Österreich, Schweden, Spanien und die USA können Steuerverwaltungsakte durch einfachen Brief bekanntgegeben werden, weil diese Staaten damit einverstanden sind.

5. Welche der bestehenden Möglichkeiten einer Auslandsbekanntgabe gewählt wird, liegt im pflichtgemäßen Ermessen (§ 5) der Finanzbehörde. Die Auswahl ist u.a. abhängig von den gesetzlichen

Erfordernissen (z. B. Zustellung vgl. § 309 Abs. 2) und von dem Erfordernis, im Einzelfall einen einwandfreien Nachweis des Zugangs des amtlichen Schreibens zu erhalten.

Zu § 123 – Bestellung eines Empfangsbevollmächtigten:

Die Vorschrift läßt den Nachweis zu, daß das Schriftstück den Empfänger nicht oder erst zu einem späteren Zeitpunkt erreicht hat. Zweifel gehen zu Lasten des Empfängers.

Zu § 124 – Wirksamkeit des Verwaltungsaktes:

1. Der Verwaltungsakt wird mit dem Inhalt wirksam, mit dem er bekanntgegeben wird. Eine wirksame Bekanntgabe setzt den Bekanntgabewillen des für den Erlaß des Verwaltungsaktes zuständigen Bediensteten voraus (BFH-Urteil vom 27. 6. 1986, BStBl. II S. 832). Maßgebend ist nicht die Aktenverfügung der Finanzbehörde, sondern die Fassung, die dem Beteiligten zugegangen ist. Bei der Auslegung des Verwaltungsaktes kommt es gem. dem entsprechend anzuwendenden § 133 BGB nicht darauf an, was die Behörde mit ihren Erklärungen gewollt hat, sondern darauf, wie der Betroffene nach den ihm bekannten Umständen den materiellen Gehalt der Erklärungen unter Berücksichtigung von Treu und Glauben verstehen konnte. Im Zweifel ist das den Steuerpflichtigen weniger belastende Auslegungsergebnis vorzuziehen (BFH-Beschluß vom 25. 8. 1981, BStBl. II 1982 S. 34).

2. Weicht der bekanntgegebene Verwaltungsakt von der Aktenverfügung ab, so liegt in der Regel ein Schreib- oder Übertragungsfehler vor, der gem. § 129 berichtigt werden kann. Sind die Voraussetzungen des § 129 nicht gegeben, hat die Finanzbehörde alle Möglichkeiten einer Rücknahme, des Widerrufs, der Aufhebung oder Änderung des Verwaltungsaktes zu prüfen.

3. Bis zur Bekanntgabe wird der Verwaltungsakt nicht wirksam. Er kann daher bis zu diesem Zeitpunkt rückgängig gemacht oder abgeändert werden.

Zu § 125 – Nichtigkeit des Verwaltungsaktes:

1. Der nichtige Verwaltungsakt entfaltet keine Rechtswirkungen; aus ihm darf nicht vollstreckt werden.

2. Fehler bei der Anwendung des materiellen Rechts führen in der Regel nicht zur Nichtigkeit, sondern nur zur Rechtswidrigkeit des Verwaltungsaktes.

3. Der Betroffene kann die Nichtigkeit des Verwaltungsaktes jederzeit auch noch nach Ablauf der Rechtsbehelfsfristen geltend machen. Der Antrag auf Feststellung der Nichtigkeit (§ 125 Abs. 5) ist nicht fristgebunden.

Zu § 126 – Heilung von Verfahrens- und Formfehlern:

1. Ein nachträglich gestellter, fristgebundener Antrag heilt den Verwaltungsakt nur, wenn er innerhalb der für die Antragstellung vorgeschriebenen Frist nachgeholt wird.

2. Wegen § 126 Abs. 1 Nr. 3 wird auf § 91 hingewiesen.

3. Zur Wiedereinsetzung in den vorigen Stand nach unterlassener Anhörung eines Beteiligten bzw. wegen fehlender Begründung des Verwaltungsaktes (§ 126 Abs. 3 i.V.m. § 110) vgl. zu § 91 Nr. 3 und zu § 121 Nr. 3.

Zu § 127 – Folgen von Verfahrens- und Formfehlern:

Die Vorschrift gilt nur für gesetzesgebundene Verwaltungsakte, nicht für Ermessensentscheidungen. Wenn diese mit einem Verfahrens- oder Formfehler behaftet sind, der nicht nach § 126 geheilt worden ist, müssen sie aufgehoben und nach erneuter Ausübung des Ermessens nochmals erlassen werden, falls der Beteiligte rechtzeitig einen Rechtsbehelf eingelegt hat.

Zu § 129 – Offenbare Unrichtigkeit beim Erlaß eines Verwaltungsaktes:

Die Berichtigung zugunsten und zuungunsten des Steuerpflichtigen ist bei Steuerfestsetzungen, Zinsbescheiden, Haftungs- und Duldungsbescheiden nur innerhalb der Festsetzungsfrist (§ 169 Abs. 1 Satz 2); bei Aufteilungsbescheiden nur bis zur Beendigung der Vollstreckung (§ 280); bei Verwaltungsakten, die sich auf Zahlungsansprüche richten, bis zum Ablauf der Zahlungsverjährung (§ 228); bei anderen Verwaltungsakten zeitlich unbeschränkt zulässig. Auf die besondere Ablaufhemmung nach § 171 Abs. 2 wird hingewiesen.

Vor §§ 130, 131 – Rücknahme und Widerruf von Verwaltungsakten:

1. Die §§ 130 bis 133 gelten für Rücknahme oder Widerruf von Verwaltungsakten nur, soweit keine Sonderregelungen bestehen (Hinweis auf §§ 172 ff. für Steuerbescheide; §§ 206, 207 für verbindliche Zusagen; § 280 für Aufteilungsbescheide). Dabei bestehen hinsichtlich der Bestandskraft unanfechtbarer Verwaltungsakte Unterschiede zwischen begünstigenden Verwaltungsakten und nicht begünstigenden Verwaltungsakten.

2. Begünstigende Verwaltungsakte sind insbesondere
– Gewährung von Entschädigungen (§ 107),
– Fristverlängerungen (§ 109),
– Gewährung von Buchführungserleichterungen (§ 148),
– Billigkeitsmaßnahmen (§§ 163, 227, 234 Abs. 2),
– Verlegung des Beginns einer Außenprüfung (§ 197 Abs. 2),
– Stundungen (§ 222),

- Einstellung oder Beschränkung der Vollstreckung (§§ 257, 258),
- Aussetzung der Vollziehung (§ 361 AO, § 69 Abs. 2 FGO).

3. Nicht begünstigende Verwaltungsakte sind insbesondere
- Ablehnung beantragter begünstigender Verwaltungsakte,
- Festsetzung von steuerlichen Nebenleistungen (§ 3 Abs. 3, § 218 Abs. 1),
- Ablehnung einer Erstattung von Nebenleistungen (§ 37 Abs. 2, § 218 Abs. 2),
- Auskunftsersuchen (§§ 93 ff.),
- Aufforderung zur Buchführung (§ 141 Abs. 2),
- Haftungsbescheide (§ 191),
- Duldungsbescheide (§ 191),
- Prüfungsanordnungen (§ 196),
- Anforderung von Säumniszuschlägen (§ 240),
- Pfändungen (§ 281).

Zu § 130 – Rücknahme eines rechtswidrigen Verwaltungsaktes:

1. Ein Verwaltungsakt ist rechtswidrig, wenn er ganz oder teilweise gegen zwingende gesetzliche Vorschriften (§ 4) verstößt, ermessensfehlerhaft ist (vgl. zu § 5) oder eine Rechtsgrundlage überhaupt fehlt. Besonders schwerwiegende Fehler haben die Nichtigkeit und damit die Unwirksamkeit zur Folge (§ 125 i.V.m. § 124 Abs. 3). Liegt kein Fall der Nichtigkeit vor, so wird der rechtswidrige Verwaltungsakt zunächst wirksam.

2. Die Finanzbehörde entscheidet im Rahmen ihres Ermessens, ob sie eine Überprüfung eines rechtswidrigen, unanfechtbaren Verwaltungsaktes vornehmen soll. Die Finanzbehörde braucht nicht in die Überprüfung einzutreten, wenn der Steuerpflichtige nach Ablauf der Rechtsbehelfsfrist die Rechtswidrigkeit lediglich behauptet und Gründe, aus denen sich schlüssig die Rechtswidrigkeit des belastenden Verwaltungsaktes ergibt, nicht näher bezeichnet (vgl. BFH-Urteil vom 9. 3. 1989, BStBl. II S. 749, 751). Ist die Fehlerhaftigkeit eines Verwaltungsaktes festgestellt, so ist zunächst die mögliche Nichtigkeit (§ 125), danach die Möglichkeit der Berichtigung offenbarer Unrichtigkeiten (§ 129), danach die Möglichkeit der Heilung von Verfahrens- und Formfehlern (§§ 126, 127), danach die Möglichkeit der Umdeutung (§ 128) und danach die Rücknahme zu prüfen.

3. Nicht begünstigende rechtswidrige Verwaltungsakte können jederzeit zurückgenommen werden, auch wenn die Rechtsbehelfsfrist abgelaufen ist. Bei Haftungs- und Duldungsbescheiden sind die Vorschriften über die Festsetzungsfrist (§ 191 Abs. 3) zu beachten. Eine teilweise Rücknahme ist zulässig.

Beispiel:

Ein Verspätungszuschlag ist mit einem Betrag festgesetzt worden, der mehr als 10 v. H. der festgesetzten Steuer ausmacht (Verstoß gegen § 152 Abs. 2). Die Festsetzung kann insoweit zurückgenommen werden, wie sie 10 v. H. übersteigt; sie bleibt im übrigen bestehen.

4. Die Rücknahme eines begünstigenden rechtswidrigen Verwaltungsaktes ist nur unter Einschränkungen möglich (§ 130 Abs. 2 und 3). Unter einer Begünstigung i. S. dieser Vorschriften ist jede Rechtswirkung zu verstehen, an deren Aufrechterhaltung der vom Verwaltungsakt Betroffene ein schutzwürdiges Interesse hat (BFH-Urteil vom 16. 10. 1986, BStBl. II 1987 S. 405). Sofern die Rücknahme zulässig und wirksam ist, kann die Finanzbehörde aufgrund des veränderten Sachverhalts oder der veränderten Rechtslage einen neuen Verwaltungsakt erlassen, der für den Beteiligten weniger vorteilhaft ist.

Beispiele:

a) Ein Verspätungszuschlag ist unter Abweichung von der sonst beim Finanzamt üblichen Anwendung der Grundsätze des § 152 auf 1000 DM festgesetzt worden. Eine Überprüfung des Falles ergibt, daß eine Festsetzung in Höhe von 2000 DM richtig gewesen wäre. Die Rücknahme der Festsetzung, verbunden mit einer neuen höheren Festsetzung, ist rechtlich zulässig, wenn die niedrige Festsetzung auf unrichtigen oder unvollständigen Angaben des Steuerpflichtigen beruhte (§ 130 Abs. 2 Nr. 3).

b) Der Steuerpflichtige hat durch arglistige Täuschung über seine Vermögens- und Liquiditätslage eine Stundung ohne Sicherheitsleistung erwirkt. Die Finanzbehörde kann jederzeit die Stundungsverfügung rückwirkend aufheben (§ 130 Abs. 2 Nr. 2), für die Vergangenheit Säumniszuschläge anfordern und eine in die Zukunft wirkende neue Stundung von einer Sicherheitsleistung abhängig machen.

Zu § 131 – Widerruf eines rechtmäßigen Verwaltungsaktes:

1. Ein Verwaltungsakt ist rechtmäßig, wenn er zum Zeitpunkt des Wirksamwerdens (Bekanntgabe) dem Gesetz (§ 4) entspricht. Ändert sich der Sachverhalt durch nachträglich eingetretene Tatsachen oder läßt das Gesetz in derselben Sache unterschiedliche Verwaltungsakte zu (Ermessensentscheidungen), so kann der rechtmäßige Verwaltungsakt unter bestimmten Voraussetzungen mit Wirkung für die Zukunft widerrufen werden.

2. Die Widerrufsmöglichkeit wegen nachträglicher Veränderung der Sachlage nach § 131 Abs. 2 Nr. 3 ist bei Verwaltungsakten mit Dauerwirkung von Bedeutung. Die Vorschrift betrifft nur die Änderung tatsächlicher, nicht rechtlicher Verhältnisse. Das öffentliche Interesse i. S. dieser Vorschrift ist immer dann gefährdet, wenn bei einem Festhalten an der getroffenen Entscheidung der Betroffene gegenüber anderen Steuerpflichtigen bevorzugt würde.

3. Ein Steuererlaß kann nicht widerrufen werden. Die nachträgliche Verbesserung der Liquiditäts- oder Vermögenslage ist unbeachtlich. Für die Rücknahme gilt § 130 Abs. 2 und 3.

4. Ein rechtmäßiger begünstigender Verwaltungsakt darf jederzeit um einen weiteren rechtmäßigen Verwaltungsakt ergänzt werden.

Beispiele:

a) Verlängerung oder Erhöhung einer Stundung,
b) weitere Fristverlängerung,
c) Gewährung ergänzender Buchführungserleichterungen,
d) Erhöhung des zu erlassenden Steuerbetrages.

5. Dementsprechend bedarf es bei demselben Sachverhalt nicht des Widerrufs, wenn zu einem nicht begünstigenden rechtmäßigen Verwaltungsakt lediglich ein weiterer rechtmäßiger Verwaltungsakt hinzutritt.

Beispiele:

a) Wegen einer Steuerschuld von 5000 DM sind Wertpapiere im Werte von 3000 DM gepfändet worden. Es wird eine weitere Pfändung über 2000 DM verfügt.
b) Die Prüfungsanordnung für eine Außenprüfung umfaßt den Prüfungszeitraum 1973 bis 1975. Die Prüfungsanordnung wird auf den Besteuerungszeitraum 1976 ausgedehnt.
c) Zur Klärung eines steuerlich bedeutsamen Sachverhalts wird das Kreditinstitut X um Auskunft über die Kontenstände des Steuerpflichtigen gebeten. Im Zuge der Ermittlungen wird auch die Angabe aller baren Einzahlungen über 10000 DM verlangt.

Zu § 138 – Anzeigen über die Erwerbstätigkeit:

1. Die Verpflichtung, die Eröffnung eines Betriebes der Land- und Forstwirtschaft, eines gewerblichen Betriebes oder einer Betriebstätte anzuzeigen, besteht nur gegenüber der Gemeinde, in der dieser Betrieb oder die Betriebstätte eröffnet wird; diese hat unverzüglich das zuständige Finanzamt zu unterrichten. Freiberuflich Tätige haben die Aufnahme ihrer Erwerbstätigkeit dem Wohnsitzfinanzamt (§ 19 Abs. 1, ggf. Tätigkeitsfinanzamt nach § 19 Abs. 3) mitzuteilen. Unter Eröffnung ist auch die Fortführung eines Betriebes oder einer Betriebstätte durch den Rechtsnachfolger oder Erwerber zu verstehen (Hinweis auf § 75).

Die Meldefrist beträgt einen Monat. Gewerbetreibende, die nach § 14 der Gewerbeordnung gegenüber der zuständigen Behörde (Ordnungs- bzw. Gewerbeamt) anzeigepflichtig sind, genügen mit dieser Anzeige gleichzeitig ihrer steuerlichen Anzeigepflicht nach § 138 Abs. 1. Die Anzeige ist auf dem Vordruck zu erstatten, der durch die Gewerbeanzeigenverordnung vom 19. 10. 1979 (BGBl. I S. 1761) bestimmt worden ist. Ein Durchschlag ist zur Weiterleitung an das zuständige Finanzamt vorgesehen. Steuerpflichtige, die nicht unter die Gewerbeanzeigenverordnung fallen, können die Anzeige formlos erstatten. Sie können sich auch des Vordrucks gem. der Gewerbeanzeigenverordnung bedienen.

2. § 138 Abs. 2 verpflichtet alle Steuerpflichtigen, Auslandsbeteiligungen innerhalb der Fristen nach § 138 Abs. 3 dem Finanzamt mitzuteilen. Eine Verletzung dieser Verpflichtung kann als Steuergefährdung mit einem Bußgeld geahndet werden (§ 379 Abs. 2 Nr. 1).

Zu § 140 – Buchführungs- und Aufzeichnungpsflichten nach anderen Gesetzen:

Durch die Vorschrift werden die sog. außersteuerlichen Buchführungs- und Aufzeichnungsvorschriften, die auch für die Besteuerung von Bedeutung sind, für das Steuerrecht nutzbar gemacht. In Betracht kommen einmal die allgemeinen Buchführungs- und Aufzeichnungsvorschriften des Handels-, Gesellschafts- und Genossenschaftsrechts. Zum anderen fallen hierunter die Buchführungs- und Aufzeichnungspflichten für bestimmte Betriebe und Berufe, die sich aus einer Vielzahl von Gesetzen und Verordnungen ergeben. Verstöße gegen außersteuerliche Buchführungs- und Aufzeichnungspflichten stehen den Verstößen gegen steuerrechtliche Buchführungs- und Aufzeichnungsvorschriften gleich. Hinweis auf § 162 Abs. 2 (Schätzung), § 379 Abs. 1 (Steuergefährdung).

Zu § 141 – Buchführungspflicht bestimmter Steuerpflichtiger:

1. Die Vorschrift findet nur Anwendung, wenn sich nicht bereits eine Buchführungspflicht nach § 140 ergibt. Unter die Vorschrift fallen gewerbliche Unternehmer sowie Land- und Forstwirte, nicht jedoch Freiberufler. Gewerbliche Unternehmer sind solche Unternehmer, die einen Gewerbebetrieb i.S. des § 15 Abs. 2 oder 3 EStG bzw. des § 2 Abs. 2 oder 3 GewStG ausüben.

2. Für die Anwendung der durch das Steuerbereinigungsgesetz 1986 erhöhten Umsatzgrenze in § 141 Abs. 1 Nr. 1 und der Betriebsvermögensgrenze in § 141 Abs. 1 Nr. 2 sind die in Art. 97 § 19 Abs. 2 bis 5 EGAO enthaltenen Übergangsregelungen zu beachten. Die Anwendung der in § 141 Abs. 1 Satz 2 enthaltenen und durch das Steuerbereinigungsgesetz 1986 geänderten Verweisung auf die handelsrechtlichen Buchführungsvorschriften richtet sich nach der Übergangsregelung in Art. 97 § 19 Abs. 6 EGAO.

3. Die Finanzbehörde kann die Feststellung i.S. des § 141 Abs. 1 im Rahmen eines Steuer- oder Feststellungsbescheides oder durch einen selbständigen feststellenden Verwaltungsakt treffen. Die Feststellung kann aber auch mit der Mitteilung über den Beginn der Buchführungspflicht nach § 141 Abs. 2 verbunden werden und bildet dann mit ihr einen einheitlichen Verwaltungsakt (BFH-Urteil vom 23. 6. 1983, BStBl. II S. 768).

4. Die Buchführungsgrenzen beziehen sich grundsätzlich auf den einzelnen Betrieb, auch wenn der Steuerpflichtige mehrere Betriebe der gleichen Einkunftsart hat. Eine Ausnahme gilt für steuerbegünstigte Körperschaften, bei denen mehrere steuerpflichtige wirtschaftliche Geschäftsbetriebe als ein Betrieb zu behandeln sind (§ 64 Abs. 2). In den maßgebenden Umsatz (§ 141 Abs. 1 Nr. 1) sind auch die nicht steuerbaren Auslandsumsätze einzubeziehen. Sie sind ggf. zu schätzen; § 162 gilt entsprechend. Da die Gewinngrenze für die land- und forstwirtschaftlichen Betriebe (§ 141 Abs. 1 Nr. 5) auf das Kalenderjahr

abstellt, werden bei einem vom Kalenderjahr abweichenden Wirtschaftsjahr die zeitanteiligen Gewinne aus zwei Wirtschaftsjahren angesetzt.

5. Die Finanzbehörde hat den Steuerpflichtigen auf den Beginn der Buchführungspflicht hinzuweisen. Diese Mitteilung kann in einem Steuer- oder Feststellungsbescheid oder in einem gesonderen Verwaltungsakt ergehen; sie soll dem Steuerpflichtigen mindestens einen Monat vor Beginn des Wirtschaftsjahres bekanntgegeben werden, von dessen Beginn ab die Buchführungsverpflichtung zu erfüllen ist. Werden die Buchführungsgrenzen nicht mehr überschritten, so wird der Wegfall der Buchführungspflicht dann nicht wirksam, wenn die Finanzbehörde vor dem Erlöschen der Verpflichtung wiederum das Bestehen der Buchführungspflicht feststellt. Beim einmaligen Überschreiten der Buchführungsgrenze soll auf Antrag nach § 148 Befreiung von der Buchführungspflicht bewilligt werden, wenn nicht zu erwarten ist, daß die Grenze auch später überschritten wird.

6. Die Buchführungspflicht geht nach § 141 Abs. 3 kraft Gesetzes über. Es ist nicht Voraussetzung, daß eine der in § 141 Abs. 1 Nrn. 1 bis 5 aufgeführten Buchführungsgrenzen überschritten ist. Als Eigentümer bzw. Nutzungsberechtigter kommen z.B. in Betracht: Erwerber, Erbe, Pächter, Nießbraucher. Eine Übernahme des Betriebs im ganzen liegt vor, wenn seine Identität gewahrt bleibt. Dies ist der Fall, wenn die wesentlichen Grundlagen des Betriebs als einheitliches Ganzes erhalten bleiben.

Zu § 143 – Aufzeichnung des Wareneingangs:

1. Zur gesonderten Aufzeichnung des Wareneingangs sind nur gewerbliche Unternehmer verpflichtet; Land- und Forstwirte fallen nicht unter die Vorschrift. Gewerbliche Unternehmer sind solche Unternehmer, die einen Gewerbebetrieb i. S. des § 15 Abs. 2 oder 3 EStG bzw. des § 2 Abs. 2 oder 3 GewStG ausüben. Bei buchführenden Gewerbetreibenden genügt es, wenn sich die geforderten Angaben aus der Buchführung ergeben.

2. Besondere Aufzeichnungspflichten, die in Einzelsteuergesetzen vorgeschrieben sind (z.B. nach § 22 UStG), werden von dieser Vorschrift nicht berührt.

Zu § 144 – Aufzeichnung des Warenausgangs:

Zur gesonderten Aufzeichnung des Warenausgangs sind gewerbliche Unternehmer (wegen des Begriffs vgl. zu § 143) sowie nach § 144 Abs. 5 auch buchführungspflichtige Land- und Forstwirte verpflichtet. Mit der Einbeziehung der buchführungspflichtigen Land- und Forstwirte in die Vorschrift soll eine bessere Überprüfung der Käufer land- und forstwirtschaftlicher Produkte (z.B. Obst- oder Gemüsehändler) ermöglicht werden. Bei buchführenden Unternehmern können die Aufzeichnungspflichten im Rahmen der Buchführung erfüllt werden. Besondere Aufzeichnungspflichten, z. B. nach § 22 Abs. 2 Nr. 1 bis 3 UStG, bleiben unberührt. Erleichterungen nach § 14 Abs. 6 UStG für die Ausstellung von Rechnungen (z. B. nach §§ 31, 33 UStDV) gelten auch für diese Vorschrift.

Zu § 146 – Ordnungsvorschriften für die Buchführung und für Aufzeichnungen:

1. Nur der ordnungsmäßigen Buchführung kommt Beweiskraft zu (§ 158). Verstöße gegen die Buchführungsvorschriften können z. B. die Anwendung von Zwangsmitteln nach § 328, eine Schätzung nach § 162 oder eine Ahndung nach § 379 Abs. 1 zur Folge haben. Die Verletzung von Buchführungspflichten kann zur Bestrafung führen, wenn der Täter seine Zahlungen eingestellt hat oder über sein Vermögen das Konkursverfahren eröffnet oder der Eröffnungsantrag mangels Masse abgewiesen worden ist (§§ 283 und 283 b StGB).

2. Der Begriff „geordnet" in § 146 Abs. 1 besagt, daß jede sinnvolle Ordnung genügt, die einen sachverständigen Dritten in den Stand setzt, sich in angemessener Zeit einen Überblick über die Geschäftsvorfälle und über die Lage des Unternehmens zu verschaffen.

3. § 146 Abs. 5 enthält die gesetzliche Grundlage für die sog. „Offene Posten-Buchhaltung" sowie für die Führung der Bücher und sonst erforderlichen Aufzeichnungen auf maschinell lesbaren Datenträgern (z. B. Magnetplatten, Magnetbänder, Disketten). Bei einer Buchführung auf maschinell lesbaren Datenträgern (EDV-Buchführung/Speicherbuchführung) müssen die Daten jederzeit innerhalb angemessener Zeit lesbar gemacht werden können (z. B. durch Ausdruck, Bildschirm). Es wird nicht verlangt, daß der Buchungsstoff zu einem bestimmten Zeitpunkt (z. B. zum Ende des Jahres) lesbar gemacht wird. Er muß ganz oder teilweise lesbar gemacht werden, wenn die Finanzbehörde es verlangt (§ 147 Abs. 5). Beim Verlangen nach Lesbarmachung sind die tatsächlichen Prüfungsmöglichkeiten und der für den Steuerpflichtigen entstehende Aufwand in die Ermessensabwägung einzubeziehen. Wer seine Bücher oder sonst erforderlichen Aufzeichnungen auf maschinell lesbaren Datenträgern führt, hat die Grundsätze ordnungsmäßiger Speicherbuchführung – GoS – zu beachten (BMF-Schreiben vom 5. 7. 1978 – IV A 7 – S 0316 – 7/78 –, BStBl. I S. 250, AO-Kartei § 146 Karte 2).

Zu § 147 – Ordnungsvorschriften für die Aufbewahrung von Unterlagen:

1. Die Aufbewahrungspflicht ist Bestandteil der Buchführungs- und Aufzeichnungpsflicht. Wegen der Rechtsfolgen bei Verstößen vgl. zu § 146 Nr. 1.

2. Den in § 147 Abs. 1 Nr. 1 aufgeführten Arbeitsanweisungen und sonstigen Organisationsunterlagen kommt bei EDV-Buchführungen besondere Bedeutung zu. Auch eine solche Buchführung muß von einem sachverständigen Dritten (§ 145 Abs. 1) hinsichtlich ihrer formellen und sachlichen Richtigkeit prüfbar sein. Dies muß sowohl durch die Prüfung einzelner Geschäftsvorfälle als auch durch die Prüfbarkeit des gesamten Abrechnungsverfahrens möglich sein. Die Prüfbarkeit des Abrechnungsverfahrens setzt voraus, daß Aufbau und Ablauf des Abrechnungsverfahrens schlüssig dokumentiert und diese Dokumentationsunterlagen gem. den gesetzlichen Bestimmungen aufbewahrt werden. Die Dokumentation hat nach Maßgabe der Grundsätze ordnungsmäßiger Speicherbuchführung – GoS – (BMF-Schreiben vom 5. 7. 1978 – IV A 7 – S 0316 – 7/78 –, BStBl. I S. 250, AO-Kartei § 146 Karte 2) zu erfolgen.

3. Bildträger i. S. des § 147 Abs. 2 sind z. B. Fotokopien, Mikrofilme. Als andere Datenträger kommen z. B. Magnetbänder, Magnetplatten, Disketten in Betracht. § 147 Abs. 2 enthält auch die Rechtsgrundlage für das sog. COM-Verfahren (Computer Output Microfilm); bei diesem Verfahren werden die Daten aus dem Computer direkt auf Mikrofilm ausgegeben. Bei der Aufzeichnung von Schriftgut auf Mikrofilm sind die Mikrofilm-Grundsätze (BMF-Schreiben vom 1. 2. 1984 – IV A 7 – S 0318 – 1/84 –, BStBl. I S. 155, AO-Kartei § 147 Karte 4) zu beachten. Die Lesbarmachung von in nicht lesbarer Form aufbewahrten Unterlagen richtet sich nach § 147 Abs. 5.

Zu § 148 – Bewilligung von Erleichterungen:

Die Bewilligung von Erleichterungen kann sich nur auf steuerrechtliche Buchführungs-, Aufzeichnungs- und Aufbewahrungspflichten erstrecken; die bewilligten Erleichterungen gelten somit nicht für Pflichten nach dem Handelsrecht. Persönliche Gründe, wie Alter und Krankheit des Steuerpflichtigen, rechtfertigen i. d. R. keine Erleichterungen (BFH-Urteil vom 14. 7. 1954, BStBl. III S. 253). Erleichterungen stehen gem. § 148 Satz 3 kraft Gesetzes unter Widerrufsvorbehalt (§ 131); sie sollen auch rückwirkend bewilligt werden, z. B. bei einer Außenprüfung, wenn sie bei rechtzeitigem Antrag bewilligt worden wären. Eine Bewilligung soll nur ausgesprochen werden, wenn der Steuerpflichtige sie beantragt oder zustimmt.

Zu § 150 – Form und Inhalt der Steuererklärungen:

Die Umsatzsteuer-Jahreserklärung ist eine Steueranmeldung i. S. des § 150 Abs. 1 Satz 2, da der Unternehmer nach § 18 Abs. 3 UStG nach Ablauf eines Kalenderjahres eine Umsatzsteuererklärung abzugeben hat, in der er die Umsatzsteuer oder den Überschuß selbst berechnen muß. Wegen der Festsetzung der Steuer bei einer Steueranmeldung vgl. zu § 167, wegen der Wirkung einer Steueran-

meldung vgl. zu § 168. Zu den Grundsätzen für die Verwendung von Steuererklärungsvordrucken vgl. BMF-Schreiben vom 8. 8. 1984
$$- \frac{\text{IV A 7 − S 0082 − 26/84}}{\text{IV C 2 − O 2250 − 42/84}} -, \text{BStBl. I S. 454, AO-Kartei § 150}$$
Karte 2.

Zu § 151 − Aufnahme der Steuererklärung an Amtsstelle:

Eine Aufnahme der Steuererklärung an Amtsstelle kommt in der Regel nur bei geschäftlich unerfahrenen oder der deutschen Sprache unkundigen Steuerpflichtigen in Betracht, die nicht fähig sind, die Steuererklärung selbst schriftlich abzugeben, und auch nicht in der Lage sind, die Hilfe eines Angehörigen der steuerberatenden Berufe in Anspruch zu nehmen.

Zu § 152 − Verspätungszuschlag:

1. Der Verspätungszuschlag wird gegen den Erklärungspflichtigen festgesetzt. Wird die Steuererklärung von einem gesetzlichen Vertreter oder einer sonstigen Person im Sinne der §§ 34, 35 abgegeben, so ist der Verspätungszuschlag gleichwohl grundsätzlich gegen den Steuerschuldner festzusetzen (vgl. BFH-Urteil vom 18. 4. 1991, BStBl. II S. 675). Eine Festsetzung gegen den Vertreter kommt nur in Ausnahmefällen (z. B. leichtere Beitreibbarkeit des Verspätungszuschlags gegen den Vertreter) in Betracht.

2. Das Versäumnis ist regelmäßig dann nicht entschuldbar, wenn die Steuererklärung wiederholt nicht oder wiederholt nicht fristgemäß abgegeben wurde oder eine von der Finanzbehörde antragsgemäß bewilligte Fristverlängerung (§ 109) nicht eingehalten wurde.

3. Der Verspätungszuschlag ist eine Nebenleistung (§ 3 Abs. 3). Er entsteht mit der Bekanntgabe seiner Festsetzung (§ 124 Abs. 1) und wird mit Ablauf vom Finanzamt gesetzten Frist fällig (§ 220 Abs. 2). I. d. R. ist dies die Zahlungsfrist für die Steuer (Ausnahme vgl. zu § 152 Nr. 6). Wegen der Verjährung des Verspätungszuschlags wird auf § 228 hingewiesen, wegen der Rücknahme und des Widerrufs auf §§ 130, 131, wegen der Haftung für Verspätungszuschläge auf §§ 69 ff., wegen des Rechtsbehelfs gegen die Festsetzung auf § 349.

4. Ein Verspätungszuschlag kann auch bei verspäteter Abgabe oder bei Nichtabgabe von Erklärungen zur gesonderten Feststellung (§ 180) festgesetzt werden. In diesem Fall sind bei der Bemessung des Verspätungszuschlages die steuerlichen Auswirkungen nach den Grundsätzen zu schätzen, die die Rechtsprechung zu der Bemessung des Streitwerts entwickelt hat. Der Verspätungszuschlag ist abweichend von Nummer 1 Satz 3 gegen denjenigen festzusetzen, der nach § 181 Abs. 2 AO, § 3 Abs. 1 der VO zu § 180 Abs. 2 AO die Erklärung zur gesonderten Feststellung abzugeben hat. Bei mehreren

Feststellungsbeteiligten ist es grundsätzlich ermessensfehlerfrei, ihn gegen den Erklärungspflichtigen festzusetzen, der gegenüber dem Finanzamt bei der Erledigung der steuerlichen Angelegenheiten für die Gemeinschaft bzw. die Beteiligten auftritt (vgl. BFH-Urteil vom 21. Mai 1987, BStBl. II S. 764).

5. Der Verspätungszuschlag darf 10 v.H. der festgesetzten, geänderten oder berichtigten Steuer (bzw. des Meßbetrages) nicht übersteigen. Der Höhe nach ist der Verspätungszuschlag auf 10 000 DM begrenzt.

6. Bei verspäteter Abgabe einer Steueranmeldung (§ 168) ist der Verspätungszuschlag durch besonderen Verwaltungsakt festzusetzen. Einer besonderen schriftlichen Begründung bedarf es hierbei i.d.R. nicht (§ 121 Abs. 2 Nr. 2). Unabhängig von der Fälligkeit der Steuer ist in diesen Fällen jedoch eine Zahlungsfrist für den Verspätungszuschlag einzuräumen (§ 220 Abs. 2).

7. Von der Festsetzung eines Verspätungszuschlags ist bei einer bis zu fünf Tage verspäteten Abgabe der monatlich oder vierteljährlich abzugebenden Umsatzsteuer-Voranmeldungen und der monatlich, vierteljährlich oder jährlich abzugebenden Lohnsteuer-Anmeldungen grundsätzlich abzusehen (Abgabe-Schonfrist). Dies gilt jedoch nicht in Mißbrauchsfällen. Ein Mißbrauch liegt insbesondere vor, wenn der Steuerpflichtige die angemeldete Steuer nicht gleichzeitig mit der Abgabe der Anmeldung entrichtet, sondern die Zahlung bewußt verzögert. Es reicht aber aus, daß der Steuerpflichtige die angemeldete Steuer mittels eines der Steueranmeldung beigefügten Schecks leistet, gleichzeitig mit der Abgabe der Steueranmeldung zur Zahlung anweist (z. B. Überweisungsauftrag) oder eine Einzugsermächtigung erteilt hat. Fällt der letzte Tag der Abgabe-Schonfrist auf einen Sonntag, einen allgemeinen Feiertag oder auf einen Sonnabend, so tritt an seine Stelle der nächste Werktag, der kein Sonnabend ist. Zur Zahlungs-Schonfrist vgl. zu § 240 Nr. 1.

Beispiele:

a) Der Steuerpflichtige gibt die am 10. Januar fällige Umsatzsteuer-Voranmeldung am 15. Januar ab. Der Steueranmeldung ist ein Scheck über die angemeldete Steuer beigefügt. Es ist kein Verspätungszuschlag festzusetzen. Säumniszuschläge sind nicht entstanden (§ 240 Abs. 1 Satz 3).

b) Der Steuerpflichtige gibt die am 10. Januar fällige Umsatzsteuer-Voranmeldung am 14. Januar ab. Die angemeldete Steuer entrichtet er mittels eines am 15. Januar bei der Finanzbehörde eingegangenen Schecks. Ein Verspätungszuschlag kann festgesetzt werden, weil die Zahlung nicht zugleich mit der Anmeldung erfolgte. Da für Scheckzahlungen keine Zahlungs-Schonfrist gewährt wird (§ 240 Abs. 3 Satz 2), sind zugleich Säumniszuschläge verwirkt.

8. Bei der Bemessung des Verspätungszuschlags ist ggf. zu berücksichtigen, daß die aus der verspäteten Abgabe der Steuererklärung gezogenen Zinsvorteile (§ 152 Abs. 2 Satz 2) bereits durch die Verzinsung nach § 233 a teilweise ausgeglichen werden. Dies gilt jedoch nur für die Verzinsungszeiträume des § 233 a Abs. 2.

251

Zu § 154 – Kontenwahrheit:

1. Das Verbot, falsche oder erdichtete Namen zu verwenden, richtet sich an denjenigen, der als Kunde bei einem anderen ein Konto errichten lassen will oder Buchungen vornehmen läßt. (Wegen des Verbots, im eigenen Geschäftsbetrieb falsche oder erdichtete Namen für Konten zu gebrauchen, Hinweis auf § 146 Abs. 1).

2. Es ist zulässig, Konten auf den Namen Dritter zu errichten, hierbei ist die Existenz des Dritten nachzuweisen. Der ausdrücklichen Zustimmung des Dritten bedarf es nicht.

3. Jeder, der für einen anderen Konten führt, Wertsachen verwahrt oder von ihm als Pfand nimmt oder ihm ein Schließfach überläßt, hat sich Gewißheit über die Person des Verfügungsberechtigten zu verschaffen. Die Vorschrift ist nicht auf Kreditinstitute beschränkt, sondern gilt auch im gewöhnlichen Geschäftsverkehr und für Privatpersonen. Verboten ist die Abwicklung von Geschäftsvorfällen über sog. CpD-Konten, wenn der Name des Beteiligten bekannt ist oder unschwer ermittelt werden kann und für ihn bereits ein entsprechendes Konto geführt wird.

4. Das Kreditinstitut hat sich vor Erledigung von Aufträgen, die über ein Konto abgewickelt werden sollen, bzw. vor Überlassung eines Schließfachs Gewißheit über die Person und Anschrift des (der) Verfügungsberechtigten zu verschaffen. Gewißheit über die Person besteht im allgemeinen nur, wenn der vollständige Name, das Geburtsdatum und der Wohnsitz bekannt sind. Eine vorübergehende Anschrift (Hoteladresse) reicht nicht aus. Bei einer juristischen Person (Körperschaft des öffentlichen Rechts, AG, GmbH usw.) reicht die Bezugnahme auf eine amtliche Veröffentlichung oder ein amtliches Register unter Angabe der Register-Nr. aus. Wird ein Konto auf den Namen eines verfügungsberechtigten Dritten errichtet, müssen die Angaben über Person und Anschrift sowohl des Kontoinhabers als auch desjenigen, der das Konto errichtet, festgehalten werden. Steht der Verfügungsberechtigte noch nicht fest (z.B. der unbekannte Erbe), reicht es aus, wenn das Kreditinstitut sich zunächst Gewißheit über die Person und Anschrift des das Konto Errichtenden (z.B. des Nachlaßpflegers) verschafft; die Legitimation des Kontoinhabers ist so bald wie möglich nachzuholen.

5. Diese Angaben sind auf dem Kontostammblatt zu machen. Es ist unzulässig, Name und Anschrift des Verfügungsberechtigten lediglich in einer vertraulichen Liste zu führen und das eigentliche Konto nur mit einer Nummer zu kennzeichnen. Die Führung sog. Nummernkonten bleibt verboten. Bei Auflösung des ersten Kontos müssen die Identifikationsmerkmale auf das zweite bzw. weitere Konto bzw. auf die betreffenden Kontounterlagen übertragen werden.

6. Das Kreditinstitut ist nach § 154 Abs. 2 Satz 2 verpflichtet, ein besonderes alphabetisch geführtes Namensverzeichnis der Verfügungsberechtigten zu führen, um jederzeit über die Konten und

Schließfächer eines Verfügungsberechtigten Auskunft geben zu können. Eines derartigen Verzeichnisses bedarf es nicht, wenn die Erfüllung der Verpflichtung auf andere Weise sichergestellt werden kann. Die Verpflichtung besteht noch sechs Jahre nach Beendigung der Geschäftsbeziehung, bei Bevollmächtigten sechs Jahre nach Erlöschen der Vollmacht.

7. Verfügungsberechtigte im Sinne der vorstehenden Nummern sind sowohl der Gläubiger der Forderung und seine gesetzlichen Vertreter als auch jede Person, die zur Verfügung über das Konto bevollmächtigt ist (Kontovollmacht). Dies gilt entsprechend für die Verwahrung von Wertsachen sowie für die Überlassung von Schließfächern. Personen, die aufgrund Gesetzes oder Rechtsgeschäfts zur Verfügung berechtigt sind, ohne daß diese Berechtigung dem Kreditinstitut usw. mitgeteilt worden ist, gelten insoweit nicht als Verfügungsberechtigte.

Nach dem Grundsatz der Verhältnismäßigkeit ist nicht zu beanstanden, wenn in folgenden Fällen auf die Legitimationsprüfung (Nummern 3 bis 5) und die Herstellung der Auskunftsbereitschaft (Nummer 6) verzichtet wird:

a) bei Eltern als gesetzliche Vertreter ihrer minderjährigen Kinder, wenn die Voraussetzungen für die gesetzliche Vertretung bei Kontoeröffnung durch amtliche Urkunden nachgewiesen werden,

b) bei Vormundschaften und Pflegschaften einschließlich Amtsvormundschaften und Amtspflegschaften,

c) bei Parteien kraft Amtes (Konkursverwalter, Zwangsverwalter, Nachlaßverwalter, Testamentsvollstrecker und ähnliche Personen),

d) bei Pfandnehmern (insbesondere in bezug auf Mietkautionskonten, bei denen die Einlage auf einem Konto des Mieters erfolgt und an den Vermieter verpfändet wird),

e) bei Vollmachten auf den Todesfall (auch nach diesem Ereignis),

f) bei Vollmachten zur einmaligen Verfügung über ein Konto,

g) bei Verfügungsbefugnissen im Lastschriftverfahren (Abbuchungsauftragsverfahren und Einzugsermächtigungsverfahren),

h) bei Vertretung juristischer Personen des öffentlichen Rechts (einschließlich Eigenbetriebe),

i) bei Vertretung von Kreditinstituten und Versicherungsunternehmen,

j) bei den als Vertretern eingetragenen Personen, die in öffentlichen Registern (Handelsregister, Vereinsregister) eingetragene Firmen oder Personen vertreten,

k) bei Vertretung von Unternehmen, sofern schon mindestens fünf Personen, die in öffentliche Register eingetragen sind bzw. bei denen eine Legitimationsprüfung stattgefunden hat, Verfügungsbefugnis haben,

l) bei vor dem 1. Januar 1992 begründeten, noch bestehenden oder bereits erloschenen Befugnissen.

Unberührt bleibt die Befugnis der Finanzämter, im Besteuerungsverfahren schriftliche oder mündliche Auskünfte von Auskunftspersonen (§§ 93, 94) einzuholen und die Vorlage von Unterlagen (§ 97) zu verlangen, sowie in einem Strafverfahren wegen einer Steuerstraftat oder in einem Bußgeldverfahren wegen einer Steuerordnungswidrigkeit die Befugnis zur Vernehmung von Zeugen oder zur Beschlagnahme von Unterlagen (§§ 208, 385, 399 Abs. 2, § 410).

8. Bei einem Verstoß gegen § 154 Abs. 3 haftet der Zuwiderhandelnde nach Maßgabe des § 72. Waren über ein Konto usw. mehrere Personen verfügungsberechtigt (mit Ausnahme der in Nummer 7 Satz 4 genannten Fälle), bedarf es u. U. der Zustimmung aller beteiligten Finanzämter zur Herausgabe.

9. Wegen der Ahndung einer Verletzung des § 154 Abs. 1 als Ordnungswidrigkeit Hinweis auf § 379 Abs. 2 Nr. 2.

10. Die Verletzung der Verpflichtungen nach § 154 Abs. 2 führt allein noch nicht unmittelbar zu einer Haftung oder Ahndung wegen Ordnungswidrigkeit. Es kann sich jedoch um eine Steuergefährdung im Sinne des § 379 Abs. 1 Nr. 2 handeln, soweit nicht sogar der Tatbestand des § 370 erfüllt ist. Wird festgestellt, daß die nach § 154 Abs. 2 bestehenden Verpflichtungen nicht erfüllt sind, soll die für Straf- und Bußgeldsachen zuständige Stelle unterrichtet werden. Die Möglichkeit der Erzwingung der Verpflichtungen (§§ 328 ff.) bleibt unberührt.

Zu § 155 – Steuerfestsetzung:

1. Einzelheiten über die Bekanntgabe von Steuerbescheiden ergeben sich aus dem Bekanntgabeerlaß (BMF-Schreiben vom 8. April 1991 – IV A 5 – S 0284 – 1/91 –, BStBl. I S. 398, AO-Kartei § 122 Karte 2). Wegen der Wirksamkeit von Steuerbescheiden wird auf § 124 hingewiesen, wegen formeller Fehler auf §§ 126 bis 129, wegen Form und Inhalt auf § 157.

2. Kein schriftlicher Bescheid ist erforderlich bei der Steueranmeldung (§ 150 Abs. 1 Satz 2), bei einem schriftlichen Zahlungsanerkenntnis (§ 167 Abs. 1 Satz 3) und der Verwendung von Steuerzeichen (Steuermarken, Banderolen) und Steuerstemplern (§ 167Abs. 1 Satz 2).

3. Die volle oder teilweise Freistellung von der Steuer sowie die Ablehnung eines Antrags auf Festsetzung der Steuer erfolgt durch Steuerbescheid. Daher ist die Erstattung von Kapitalertragsteuer aufgrund von Doppelbesteuerungsabkommen oder von Lohnsteuer im Lohnsteuer-Jahresausgleichsverfahren eine Steuerfestsetzung i. S. dieser Vorschrift. Es gelten alle Verfahrensvorschriften, die bei der Festsetzung von Steuern anzuwenden sind. Für die Festsetzung sind ins-

besondere die Grundsätze über die Festsetzungsfrist zu beachten (§§ 169ff., 47). Für die Aufhebung und Änderung dieser Steuerbescheide sind die §§ 172ff. maßgebend.

4. Ansprüche des Steuerpflichtigen, die auf Rückzahlung eines überzahlten Betrages gerichtet sind (z. B. bei Doppelzahlung), fallen nicht unter den Begriff der Vergütung i. S. dieser Vorschrift. Ein solcher Rückzahlungsanspruch ist im Erhebungsverfahren geltend zu machen (Hinweis auf § 218 Abs. 2).

5. Nach den Gesetzen, in denen die Gewährung von Zulagen geregelt wird (z.B. die Investitionszulage, die Zulage nach dem Berlinförderungsgesetz oder dem 4. VermBG), und den Prämiengesetzen sind die für Steuervergütungen geltenden Vorschriften (§ 155 Abs. 6) auf Zulagen und Prämien entsprechend anzuwenden. Die Gewährung erfolgt somit durch Festsetzung, soweit nichts anderes vorgeschrieben ist (z.B. § 4 Abs. 4 Satz 1 WoPG). Die Aufhebung oder Änderung dieser Bescheide und insbesondere die Rückforderung zu Unrecht gewährter Beträge regelt sich nach den für das Steuerfestsetzungsverfahren geltenden Vorschriften.

Zu § 156 – Absehen von Steuerfestsetzung, Abrundung:

Das Absehen von der Festsetzung bringt den Steueranspruch nicht zum Erlöschen; die Festsetzung kann innerhalb der Festsetzungsfrist nachgeholt werden. Wegen der Kleinbetragsregelung für das Festsetzungsverfahren vgl. Kleinbetragsverordnung vom 10. 12. 1980 (BGBl. I S. 2255, BStBl. I S. 784), geändert durch Art. 2 des Steuerbereinigungsgesetzes 1985 vom 14. 12. 1984 (BGBl. I S. 1493, BStBl. I S. 659). Zur Kleinbetragsregelung für das Erhebungsverfahren siehe BMF-Schreiben vom 15. 1. 1982 – IV A 8 – S 0512 – 7/81 – (BStBl. I S. 197, AO-Kartei § 218 Karte 2).

Zu § 157 – Form und Inhalt der Steuerbescheide:

1. Steuerbescheide, die zwecks Bekanntgabe dem Steuerpflichtigen nicht selbst übergeben werden, sind mit Rücksicht auf das Steuergeheimnis (§ 30) in einem verschlossenen Umschlag zu versenden.

2. Wegen der Begründung des Steuerbescheides wird auf § 121 hingewiesen, wegen der Bekanntgabe auf §§ 122, 155, wegen der Wirksamkeit auf § 124, wegen des Leistungsgebotes auf § 254, wegen der Folgen bei unterbliebener oder unrichtiger Rechtsbehelfsbelehrung auf § 356.

Zu § 158 – Beweiskraft der Buchführung:

Die Vorschrift enthält eine gesetzliche Vermutung. Sie verliert ihre Wirksamkeit mit der Folge der Schätzungsnotwendigkeit nach § 162, wenn es nach Verprobung usw. unwahrscheinlich ist, daß das ausgewiesene Ergebnis mit den tatsächlichen Verhältnissen übereinstimmt.

Das Buchführungsergebnis ist soweit nicht zu übernehmen, wie die Beanstandungen reichen. Vollschätzung an Stelle einer Zuschätzung kommt nur dann in Betracht, wenn sich die Buchführung in wesentlichen Teilen als unbrauchbar erweist.

Zu § 159 – Nachweis der Treuhänderschaft:

Personen, die zur Verweigerung der Auskunft aufgrund ihres Berufes berechtigt sind (§ 102), insbesondere Angehörige der steuerberatenden Berufe, können ein Aussageverweigerungsrecht nur mit der Einschränkung des § 104 Abs. 2 in Anspruch nehmen. Sie haften für steuerliche Folgen u. U. selbst gem. §§ 34, 35, soweit ihnen die Wirtschaftsgüter nicht nach § 159 selbst zuzurechnen sind.

Zu § 160 – Benennung von Gläubigern und Zahlungsempfängern:

1. Es steht im pflichtgemäßen Ermessen des Finanzamts, ob es sich den Gläubiger von Schulden oder den Empfänger von Ausgaben vom Steuerpflichtigen benennen läßt (vgl. BFH-Urteil vom 25. 11. 1986, BStBl. II 1987 S. 286). Das Benennungsverlangen ist eine nicht selbständig anfechtbare Vorbereitungshandlung (BFH-Urteil vom 20. 4. 1988, BStBl. II S. 927).

2. Wegen der Stellung von Personen, die aufgrund ihres Berufes zur Auskunftsverweigerung berechtigt sind, siehe Satz 1 zu § 159.

3. Unterläßt der Steuerpflichtige es trotz Aufforderung durch die Finanzbehörde, den Gläubiger der Schuld oder den Empfänger der Ausgabe genau zu benennen, so ist die Schuld bzw. die Ausgabe regelmäßig nicht anzuerkennen. Werden Leistungen über eine Domizilgesellschaft (Briefkastenfirma) abgerechnet, so ist zunächst zu prüfen, ob der Steuerpflichtige überhaupt eine Leistung von objektiv feststellbarem wirtschaftlichen Wert erhalten hat oder ob lediglich ein Scheingeschäft vorliegt. Bei Leistungen an Domizilgesellschaften ist der Empfängernachweis nur erbracht, wenn die hinter der Gesellschaft stehenden Personen benannt werden (BFH-Beschluß vom 25. August 1986, BStBl. II 1987 S. 481). Das sind die Personen, die anstelle der inaktiven Domizilgesellschaften bei wirtschaftlicher Betrachtungsweise eine Leistung gegenüber dem Steuerpflichtigen erbracht haben und denen damit auch die Gegenleistung zusteht. Die Benennung lediglich formaler Anteilseigner (z. B. Treuhänder) reicht nicht aus, ebensowenig wie die Erklärung des Steuerpflichtigen, nicht er, sondern ein fremder Dritter stehe hinter der ausländischen Gesellschaft (BFH-Beschluß vom 25. August 1986 a. a. O.). Ungewißheiten hinsichtlich der Person des Empfängers gehen zu Lasten des Steuerpflichtigen (BFH-Urteil vom 13. März 1985, BStBl. II 1986 S. 318, und BFH-Beschluß vom 9. Juli 1986, BStBl. II 1987 S. 487). Ausländische Verbotsnormen führen nicht dazu, daß ein Offenlegungsverlangen von vornherein unverhältnismäßig oder unzumutbar wird

(vgl. BFH-Urteil vom 16. April 1980, BStBl. II 1981 S. 492). § 16 AStG bleibt unberührt.

4. Bei Zahlungen an ausländische Empfänger soll das Finanzamt auf den Empfängernachweis verzichten, wenn feststeht, daß die Zahlung im Rahmen eines üblichen Handelsgeschäfts erfolgte, der Geldbetrag ins Ausland abgeflossen ist und der Empfänger nicht der deutschen Steuerpflicht unterliegt. Hierzu ist der Empfänger in dem Umfang zu bezeichnen, daß dessen Steuerpflicht im Inland mit hinreichender Sicherheit ausgeschlossen werden kann. Die bloße Möglichkeit einer im Inland nicht bestehenden Steuerpflicht reicht nicht aus (BFH-Urteil vom 13. März 1985, BStBl. II 1986 S. 318). In geeigneten Fällen ist eine Erklärung der mit dem Geschäft betrauten Personen sowie des verantwortlichen Organs des Unternehmens zu verlangen, daß ihnen keine Umstände bekannt sind, die für einen Rückfluß der Zuwendung an einen inländischen Empfänger sprechen. Die Zulässigkeit der Mitteilung von Erkenntnissen deutscher Finanzbehörden im Rahmen des § 117 bleibt hiervon unberührt.

Zu § 162 – Schätzung von Besteuerungsgrundlagen:

1. Bei der Schätzung der Besteuerungsgrundlagen in den Fällen des § 155 Abs. 2 handelt es sich um eine vorläufige Maßnahme des Wohnsitzfinanzamtes, der Grundlagenbescheid nachfolgen muß (BFH-Urteil vom 26. 7. 1983, BStBl. II 1984 S. 290).

2. Wegen der Pflicht zur Abgabe einer Steuererklärung trotz Schätzung vgl. § 149 Abs. 1 Satz 4.

3. Wegen der nur eingeschränkten Offenlegung der Verhältnisse von Vergleichsbetrieben usw. Hinweis auf BMF-Schreiben vom 7. 4. 1986 – IV A 5 – S 0130 – 25/86 – (BStBl. I S. 128, AO-Kartei § 30 Karte 12).

Zu § 163 – Abweichende Festsetzung von Steuern aus Billigkeits-
        gründen:

1. § 163 behandelt die Berücksichtigung von Billigkeitsmaßnahmen im Festsetzungsverfahren. Die Gewährung von Billigkeitsmaßnahmen im Erhebungsverfahren regelt § 227.

2. Wegen der Auswirkungen einer Billigkeitsmaßnahme bei den Steuern vom Einkommen auf die Gewerbesteuer Hinweis auf § 184 Abs. 2. Danach ist die niedrigere Festsetzung eines Meßbetrags nach § 163 Abs. 1 Satz 1 nicht zulässig, wenn die Voraussetzungen dafür nicht in einer allgemeinen Verwaltungsvorschrift der Bundesregierung oder einer obersten Landesfinanzbehörde festgelegt sind.

3. Wegen der Zuständigkeit für die abweichende Festsetzung von Steuern aus Billigkeitsgründen vgl. AO-Kartei § 227 Karten 1 und 2.

4. Gegen die Versagung einer Billigkeitsmaßnahme ist, auch wenn sie mit der Steuerfestsetzung verbunden ist (§ 163 Abs. 1 Satz 3), stets

die Beschwerde gegeben (§ 348 Abs. 1 Nr. 2); im einzelnen vgl. zu § 368 Nr. 3.

Zu § 164 – Steuerfestsetzung unter Vorbehalt der Nachprüfung:

1. Der Vorbehalt der Nachprüfung ist eine Nebenbestimmung i. S. des § 120, die im Steuerbescheid anzugeben ist. Im Gegensatz zur vorläufigen Steuerfestsetzung hat der Vorbehalt keine Auswirkung auf den Ablauf der Festsetzungsfrist. Wegen der Wirkung einer Steueranmeldung als Vorbehaltsfestsetzung vgl. § 168.

2. Der Vorbehalt der Nachprüfung ist zulässig bei allen Festsetzungen, für die die Vorschriften über das Steuerfestsetzungsverfahren gelten (z. B. bei Steuervergütungen, Zulagen, Prämien, gesonderten Feststellungen, Steuermeßbeträgen, Zinsen, vgl. zu § 155).

3. Solange ein Steuerfall nicht abschließend geprüft ist, kann die spätere Überprüfung vorbehalten bleiben und die Steuer aufgrund der Angaben des Steuerpflichtigen oder aufgrund vorläufiger Überprüfung (vgl. BFH-Urteil vom 4. 8. 1983, BStBl. II 1984 S. 6) unter Vorbehalt der Nachprüfung festgesetzt werden. Der Vorbehalt der Nachprüfung erfaßt die Festsetzung insgesamt; eine Beschränkung auf Einzelpunkte oder Besteuerungsgrundlagen ist nicht zulässig. Eine Begründung dafür, daß die Festsetzung unter Vorbehalt erfolgt, ist nicht erforderlich.

4. Solange der Vorbehalt wirksam ist, bleibt der gesamte Steuerfall „offen", die Steuerfestsetzung kann jederzeit – also auch nach Ablauf der Rechtsbehelfsfrist – und dem Umfang nach uneingeschränkt von Amts wegen oder auch auf Antrag des Steuerpflichtigen aufgehoben oder geändert werden. Die Grundsätze des Vertrauensschutzes nach § 176 sind aber zu beachten.

5. Der Steuerpflichtige hat keinen Anspruch auf unverzügliche Entscheidung über seinen Antrag. Die Entscheidung kann bis zur abschließenden Prüfung des Steuerfalles – an Amtsstelle oder im Wege einer Außenprüfung – hinausgeschoben werden. Sie hat jedoch in angemessener Zeit zu erfolgen. Wegen des Ablaufs der Festsetzungsfrist bei Antragstellung Hinweis auf § 171 Abs. 3.

6. Wird eine Steuerfestsetzung unter Vorbehalt der Nachprüfung geändert, so ist in dem neuen Steuerbescheid zu vermerken, ob dieser weiterhin unter Vorbehalt der Nachprüfung steht oder ob der Vorbehalt aufgehoben wird. Für die Aufhebung des Vorbehalts gelten die Formvorschriften für Steuerbescheide; sie muß schriftlich ergehen und mit einer Rechtsbehelfsbelehrung versehen sein (§ 157 Abs. 1 Sätze 1 und 3). Nach der Bekanntgabe der Aufhebung kann die Aufhebung oder Änderung einer Steuerfestsetzung nicht mehr auf § 164 Abs. 2 gestützt werden; §§ 172 ff. bleiben unberührt.

7. Wird der Vorbehalt nicht ausdrücklich aufgehoben, entfällt der Vorbehalt mit Ablauf der allgemeinen Festsetzungsfrist (§ 169 Abs. 2

Satz 1). Die Verlängerung der Festsetzungsfrist für hinterzogene oder leichtfertig verkürzte Steuern (§ 169 Abs. 2 Satz 2) verlängert nicht die Wirksamkeit des Vorbehalts, es ergeben sich aber Auswirkungen auf die Ablaufhemmung nach § 171 Abs. 1 bis 6, 9 und 11 bis 14.

8. Wegen des Einspruchs gegen eine Vorbehaltsfestsetzung vgl. zu § 367 Nr. 5.

Zu § 165 – Vorläufige Steuerfestsetzung, Aussetzung der Steuerfestsetzung:

1. Eine vorläufige Steuerfestsetzung nach § 165 Abs. 1 Satz 1 ist nur zulässig, soweit ungewiß ist, ob der Tatbestand verwirklicht ist, an den das Gesetz die Leistungspflicht knüpft; Zweifel bei der Auslegung des Steuergesetzes reichen nicht aus. Eine Steuerfestsetzung kann demgemäß nach § 165 Abs. 1 Satz 1 nur im Hinblick auf ungewisse Tatsachen, nicht im Hinblick auf die steuerrechtliche Beurteilung von Tatsachen für vorläufig erklärt werden (BFH-Urteil vom 25. April 1985, BStBl. II S. 648). Vorläufige Steuerfestsetzungen nach § 165 Abs. 1 Satz 1 sind insbesondere dann vorzunehmen, wenn eine Steuerfestsetzung unter Vorbehalt der Nachprüfung nicht zweckmäßig ist, z.B. weil keine Nachprüfung des gesamten Steuerfalles mehr zu erwarten ist oder weil sie aus Rechtsgründen nicht möglich ist (z. B. bei fortbestehender Ungewißheit nach einer Außenprüfung).

2. Die Tatsache, daß ein Doppelbesteuerungsabkommen nach seinem Inkrafttreten voraussichtlich rückwirkend anzuwenden sein wird, rechtfertigt eine vorläufige Steuerfestsetzung nach § 165 Abs. 1 Satz 2 Nr. 1, um dem Steuerpflichtigen die Vorteile des Doppelbesteuerungsabkommens zu sichern.

3. Eine vorläufige Steuerfestsetzung nach § 165 Abs. 1 Satz 2 Nr. 2 setzt voraus, daß die Entscheidung des Bundesverfassungsgerichts bereits ergangen ist und die gesetzliche Neuregelung noch aussteht.

4. Verfassungsrechtliche Zweifel an einem der Steuerfestsetzung zugrundezulegenden Steuergesetz rechtfertigen nur dann eine vorläufige Steuerfestsetzung nach § 165 Abs. 1 Satz 2 Nr. 3, wenn dieselbe Frage bereits Gegenstand eines Musterverfahrens bei dem Europäischen Gerichtshof, dem Bundesverfassungsgericht oder einem obersten Bundesgericht ist. Die Entscheidung, die Steuer vorläufig festzusetzen, steht auch in diesem Fall im Ermessen der Finanzbehörde.

5. Die Vorläufigkeit ist auf die ungewissen Voraussetzungen zu beschränken und zu begründen. Die Begründung kann nachgeholt werden (§ 126 Abs. 1 Nr. 2).

6. Die vorläufige Steuerfestsetzung kann jederzeit für endgültig erklärt werden. Die Vorläufigkeit bleibt bis dahin bestehen; für den Ablauf der Festsetzungsfrist gilt § 171 Abs. 8.

7. In den Fällen des § 165 Abs. 1 Satz 2 ist eine Endgültigkeitserklärung nicht erforderlich, wenn sich die Steuerfestsetzung letztlich

als zutreffend erweist und der Steuerpflichtige keine Entscheidung beantragt. Die Vorläufigkeit entfällt in diesem Fall mit Ablauf der – ggf. nach § 171 Abs. 8 Satz 2 verlängerten – Festsetzungsfrist.

Zu § 167 – Steueranmeldung, Verwendung von Steuerzeichen oder Steuerstemplern:

1. Die Selbstberechnung der Steuer (§ 150 Abs. 1 Satz 2) durch Steueranmeldung ist gesetzlich insbesondere vorgeschrieben für die Umsatzsteuer (Voranmeldung und Jahreserklärung – § 18 UStG), die Lohnsteuer (§ 41a EStG), die Kapitalertragsteuer (§ 44 EStG), die Versicherungsteuer (§ 8 VersStG), die Wettsteuer (§ 18 Rennw-Lott-AB) und für die Feuerschutzsteuer (§ 8 FeuerSchStG). Die Steueranmeldung ist Steuererklärung i.S. des § 150. Wegen der Wirkung einer Steueranmeldung vgl. § 168.

2. Eine Steueranmeldung i.S. der AO liegt nicht vor, wenn ein Gesetz zwar die Selbstberechnung der Steuer durch den Steuerpflichtigen vorschreibt, daneben aber eine förmliche Steuerfestsetzung vorsieht (vgl. z.B. § 9 KraftStDV).

3. Das Anerkenntnis des zum Steuerabzug Verpflichteten, insbesondere des Arbeitgebers hinsichtlich der Lohnsteuer, steht einer Steueranmeldung und damit einer Steuerfestsetzung unter Vorbehalt der Nachprüfung gleich (§ 167 Abs. 1 Satz 3, § 168 Satz 1). Es ist deshalb nicht erforderlich, gegen ihn einen schriftlichen Haftungsbescheid zu erlassen, wenn er seiner Zahlungsverpflichtung aus dem Anerkenntnis nicht nachkommen will. Der Entrichtungspflichtige kann sein Zahlungsanerkenntnis nur mit Zustimmung der Finanzbehörde ändern oder widerrufen. Nach einer abschließenden Prüfung des Steuerfalls ist der Vorbehalt der Nachprüfung durch besonderen Bescheid aufzuheben (§ 164 Abs. 2 und 3).

4. Steueranmeldungen sind bei dem für die Besteuerung zuständigen Finanzamt abzugeben. Es treten aber keine Verspätungsfolgen ein, wenn der Steuerpflichtige die Steueranmeldung und den Scheck fristgemäß bei dem für die Steuererhebung zuständigen Finanzamt einreicht.

Zu § 168 – Wirkung einer Steueranmeldung:

1. Wird von der angemeldeten Steuer nicht abgewichen, so hat der Eingang einer Steueranmeldung mit einer Zahllast die Wirkung einer Steuerfestsetzung unter Vorbehalt der Nachprüfung. Wegen der daraus sich ergebenden Folgen vgl. zu § 164.

2. Die fällige Steuer ist ohne besonderes Leistungsgebot nach Eingang der Anmeldung vollstreckbar (§ 249 Abs. 1, § 254 Abs. 1 Satz 4).

3. Eine Steueranmeldung, die zu einer Steuervergütung führt (z.B. Vorsteuerüberschuß), wirkt erst nach Zustimmung durch die Finanz-

behörde als Steuerfestsetzung unter Vorbehalt der Nachprüfung. Bis dahin ist sie als Antrag auf Steuerfestsetzung (§ 155 Abs. 1 und 6) anzusehen. Die kassenmäßige Sollstellung eines Rotbetrags ist keine Zustimmung zur Anmeldung i. S. des § 168 Satz 2; sie darf dem Antragsteller nicht mitgeteilt werden. Die angemeldete Steuervergütung wird erst mit ihrer Festsetzung, also am Tag der Zustimmung durch die Finanzbehörde fällig.

4. Eine Steueranmeldung, die zu einem Mindersoll führt (Herabsetzung der bisher angemeldeten Steuer aufgrund einer berichtigten Anmeldung), wirkt erst nach Zustimmung durch die Finanzbehörde als Steuerfestsetzung unter Vorbehalt der Nachprüfung. Bis dahin ist sie als Antrag auf Änderung der Steuerfestsetzung nach § 164 Abs. 2 Satz 2 zu behandeln. Führt die Anmeldung zu einer Erstattung von Steuern, so wird dieser Betrag erst am Tag der Zustimmung durch die Finanzbehörde fällig.

5. Die Abgabe einer berichtigten Anmeldung mit Mindersoll hat keine Auswirkungen auf den Zeitpunkt der Fälligkeit des ursprünglich angemeldeten Betrages. Wird einer derartigen Anmeldung nicht bzw. nicht in vollem Umfang zugestimmt, bleiben somit Säumniszuschläge, die aufgrund der ursprünglich abgegebenen Steueranmeldung verwirkt sind, bestehen. Lediglich im Fall der Erteilung der Zustimmung ist diese auf den Tag des Eingangs der Anmeldung zurückzubeziehen, wodurch Säumniszuschläge entfallen.

6. Will die Finanzbehörde von der angemeldeten Steuer abweichen, so ist eine Steuerfestsetzung vorzunehmen und darüber ein Steuerbescheid zu erteilen. Die abweichende Festsetzung kann unter Vorbehalt der Nachprüfung oder vorläufig vorgenommen werden (§§ 164, 165).

7. Nach § 18 Abs. 2 UStG ist die für einen Voranmeldungszeitraum errechnete Umsatzsteuer eine Vorauszahlung. Wird eine abweichende USt-Festsetzung durchgeführt, steht diese als Vorauszahlungsbescheid nach § 164 Abs. 1 Satz 2 ohne besonderen Vermerk unter Vorbehalt der Nachprüfung. Dies gilt nicht bei einer von einer USt-Jahreserklärung abweichenden Festsetzung; in diesen Fällen muß die Steuerfestsetzung unter Vorbehalt der Nachprüfung besonders angeordnet und im Bescheid vermerkt werden.

8. Ergibt sich durch die anderweitige Festsetzung eine höhere Zahllast als angemeldet, ist für den nachzuzahlenden Differenzbetrag eine Zahlungsfrist einzuräumen (§ 220 Abs. 2). Auf § 18 Abs. 4 UStG wird hingewiesen. Liegt der abweichenden Festsetzung eine Steueranmeldung mit Steuervergütung oder Mindersoll zugrunde, so ist Fälligkeitstag des gesamten Erstattungsbetrags der Tag der Bekanntgabe der anderweitigen Festsetzung (§ 220 Abs. 2).

9. Aus Vereinfachungsgründen kann bei Steueranmeldungen, die zu einer Steuervergütung oder zu einem Mindersoll führen, die Zustimmung allgemein erteilt werden. In diesem Fall stehen die Anmel-

dungen bereits bei ihrem Eingang einer Steuerfestsetzung unter Vorbehalt der Nachprüfung (§ 168 Satz 1) gleich.

10. In den Fällen, in denen keine allgemeine Zustimmung erteilt wird, ist über die Zustimmung oder Festsetzung alsbald zu entscheiden. Auf die Bearbeitung in angemessener Zeit bzw. auf die rechtzeitige Bekanntgabe von Hinderungsgründen ist angesichts § 349 Abs. 2 besonders zu achten. Es ist nicht erforderlich, die Zustimmung zur Steueranmeldung bekanntzugeben.

11. Wird die Zustimmung zur Steueranmeldung nicht erteilt, so ist der Antrag des Steuerpflichtigen auf Steuerfestsetzung bzw. Änderung der Steuerfestsetzung nach § 164 Abs. 2 Satz 2 durch Bescheid abzulehnen (§ 155 Abs. 1). Wird die Zustimmung lediglich teilweise nicht erteilt, so ist in die vom Antrag des Steuerpflichtigen abweichende Festsetzung ein Hinweis auf die teilweise Ablehnung des Antrags aufzunehmen. Die abweichende Festsetzung kann unter dem Vorbehalt der Nachprüfung oder vorläufig vorgenommen werden (§§ 164, 165).

12. Führt die berichtigte Anmeldung einer Steuervergütung (§ 153) zu einem geringeren Vergütungsbetrag, bedarf es keiner Zustimmung, wenn die ursprüngliche Anmeldung als Festsetzung unter dem Vorbehalt der Nachprüfung wirksam geworden ist. Bei endgültiger Festsetzung ist ein berichtigter Bescheid zu erteilen (§ 172 Abs. 1 Nr. 2 Buchstabe a). Zu prüfen ist, ob die berichtigte Anmeldung eine Selbstanzeige (§ 371) ist. Wegen der Verlängerung der Festsetzungsfrist Hinweis auf § 171 Abs. 9.

13. Wegen der Anfechtungsmöglichkeit einer Steueranmeldung wird auf § 348 Abs. 1 Nr. 1 hingewiesen, wegen des Beginns der Einspruchsfrist auf § 355, wegen des Beginns der Zahlungsverjährung auf § 229.

Vor §§ 169 bis 171 – Festsetzungsverjährung:

1. Durch Verjährung erlöschen allgemein Ansprüche aus dem Steuerschuldverhältnis (§ 47).

Das Gesetz unterscheidet zwischen der Verjährung der noch nicht festgesetzten Steuer (Festsetzungsverjährung, §§ 169 bis 171) und der Verjährung des Zahlungsanspruchs (Zahlungsverjährung, §§ 228 bis 232).

2. Die Bestimmungen über die Festsetzungsverjährung gelten sinngemäß auch für die Festsetzung von Steuermeßbeträgen (§ 184 Abs. 1) und für die gesonderte Feststellung von Besteuerungsgrundlagen (§ 181 Abs. 1), sowie bei allen Festsetzungen, für die die Vorschriften über das Steuerfestsetzungsverfahren anzuwenden sind (vgl. § 155). Auf steuerliche Nebenleistungen (§ 3 Abs. 3) finden sie nur Anwendung, wenn dies besonders vorgeschrieben ist (§ 1 Abs. 3 Satz 2), wie z. B. bei Zinsen (§ 239). Für die Kosten der Vollstrek-

kung gilt die besondere Regelung des § 346. Für Verspätungszuschläge (§ 152) fehlt dagegen eine entsprechende Bestimmung (vgl. zu § 169 Nr. 5). Säumniszuschläge (§ 240) werden verwirkt und angefordert, sie unterliegen allein der Zahlungsverjährung (§§ 228 ff.).

3. Die Finanzbehörde darf die Festsetzung von Steuern, von Erstattungs- oder Vergütungsansprüchen nur vornehmen, soweit die Festsetzungsfrist noch nicht abgelaufen ist. Dies gilt auch für Änderungen oder Aufhebungen von Steuerfestsetzungen sowie Berichtigungen wegen offenbarer Unrichtigkeit, gleichgültig ob zugunsten oder zuungunsten des Steuerpflichtigen. Mit Ablauf der Festsetzungsfrist sind Ansprüche des Steuergläubigers, aber auch Ansprüche des Erstattungsberechtigten erloschen. Zur Berichtigung (teil-)verjährter Steueransprüche im Zusammenhang mit einer Aufhebung, Änderung oder Berichtigung der Steuerfestsetzung wegen offenbarer Unrichtigkeit vgl. zu § 177 Nr. 1.

4. Eine Festsetzung usw., die erst nach Eintritt der Festsetzungsverjährung erfolgt, ist nicht nichtig (§ 125 Abs. 1), sondern nur anfechtbar, erwächst also ggf. in Bestandskraft; der Bescheid ist auch vollstreckbar.

5. Die Festsetzungsverjährung schließt Ermittlungshandlungen der Finanzbehörde im Einzelfall (§§ 88, 92 ff., 193 ff., 208 Abs. 1 Nr. 2) nicht aus (vgl. BFH-Urteil vom 23. 7. 1985, BStBl. II 1986 S. 433).

Zu § 169 – Festsetzungsfrist:

1. Die Festsetzungsfrist ist gewahrt, wenn der Steuerbescheid vor Ablauf der Frist den Bereich der für die Steuerfestsetzung zuständigen Finanzbehörde verlassen hat und die Finanzbehörde alle Voraussetzungen eingehalten hat, die für den Erlaß eines wirksamen Steuerbescheides vorgeschrieben sind (vgl. BFH-Urteil vom 31. 10. 1989, BStBl. II 1990 S. 518). Auf den tatsächlichen Zugang oder den Zeitpunkt der Bekanntgabe des Steuerbescheids kommt es nicht an. Zu den für die Steuerfestsetzung zuständigen Finanzbehörden sind auch die für die Finanzbehörden arbeitenden Rechenzentren (§§ 2 und 17 FVG) zu zählen, wenn sie die Absendung an den Steuerpflichtigen vornehmen.

Bei Steuermeßbescheiden wird die Frist allein durch die Absendung der Mitteilungen an die Gemeinde (§ 184 Abs. 3) nicht gewahrt. Die fristgerechte Absendung der Meßbescheide ist Aufgabe der Gemeinden, die insoweit für die Finanzbehörden handeln.

2. Zur Frage der Feststellung, ob Steuern hinterzogen worden sind, vgl. zu § 71. Entsprechendes gilt bezüglich leichtfertig verkürzter Steuern.

3. Wegen der Frist für die gesonderte Feststellung von Besteuerungsgrundlagen (Feststellungsfrist) Hinweis auf § 181 Abs. 3. Für den Erlaß von Haftungsbescheiden wird auf § 191 Abs. 3 hingewiesen.

4. Bei Zinsen und Kosten der Vollstreckung beträgt die Festsetzungsfrist jeweils ein Jahr (§§ 239 und 346).

5. Verspätungszuschläge unterliegen nicht der Festsetzungsverjährung (vgl. vor §§ 169 bis 171 Nr. 2). Von der Festsetzung eines Verspätungszuschlags ist abzusehen, wenn die Festsetzungsfrist für die Steuer abgelaufen ist (vgl. zu § 152 Nr. 3).

Zu § 170 – Beginn der Festsetzungsfrist:

1. Für den Beginn der Festsetzungsfrist kommt es darauf an, wann die Steuer (§ 37) entstanden ist. Der Zeitpunkt der Entstehung der Ansprüche aus dem Steuerschuldverhältnis ist in § 38 und in den Einzelsteuergesetzen (z.B. § 36 Abs. 1 EStG; § 13 Abs. 1 und 3 und § 21 Abs. 2 und 3 UStG; § 18 GewStG; § 5 Abs. 2 VStG; § 9 Abs. 2 GrStG; § 9 ErbStG) geregelt.

2. Wegen des Beginns der Frist für die gesonderte Feststellung von Einheitswerten Hinweis auf § 181 Abs. 3 und 4. Für Haftungsbescheide gilt § 191 Abs. 3. Bei Zinsen und Kosten der Vollstreckung ergibt sich der Beginn der Festsetzungsfrist aus § 239 Abs. 1 Satz 2 bzw. § 346 Abs. 2 Satz 2. Hinsichtlich der Verspätungszuschläge vgl. zu § 169 Nr. 5.

3. Die Anlaufhemmung (§ 170 Abs. 2 bis 6) schiebt den Beginn der Festsetzungsfrist hinaus. Sie gilt für sämtliche Besitz- und Verkehrsteuern, für die auf Grund allgemeiner gesetzlicher Vorschrift (z.B. § 181 Abs. 2; § 25 Abs. 2 EStG; § 14a GewStG; § 49 KStG; § 18 UStG; § 19 VStG; § 31 ErbStG) oder auf Grund einer Aufforderung der Finanzbehörde (§ 149 Abs. 1 Satz 2) eine Steuererklärung oder eine Steueranmeldung einzureichen oder eine Anzeige zu erstatten ist (§ 170 Abs. 2); gesetzliche Vorschrift ist auch eine Rechtsverordnung (§ 4).

Zu § 171 – Ablaufhemmung:

1. Die Ablaufhemmung schiebt das Ende der Festsetzungsfrist hinaus. Die Festsetzungsfrist endet in diesen Fällen meist nicht – wie im Normalfall – am Ende, sondern im Laufe eines Kalenderjahres. Wegen der Fristberechnung Hinweis auf § 108.

2. Der Ablauf der Festsetzungsfrist wird durch den Beginn einer Außenprüfung (vgl. zu § 198) hinausgeschoben (§ 171 Abs. 4). Eine Außenprüfung hemmt den Ablauf der Festsetzungsfrist nur für die Steuern, auf die sich die Prüfungsanordnung erstreckt (BFH-Urteil vom 18. Juli 1991, BStBl II S. 824). Wird die Prüfung später auf bisher nicht einbezogene Steuern ausgedehnt, ist die Ablaufhemmung nur wirksam, soweit die Prüfungsanordnung vor Ablauf der Festsetzungsfrist geändert wird (vgl. zu § 196 Nr. 3). Die Festsetzungsfrist für die Auswertung von Prüfungsfeststellungen endet spätestens, wenn seit Ablauf des Kalenderjahres, in dem die Schlußbesprechung

oder die letzten Ermittlungshandlungen stattgefunden haben, die in
§ 169 Abs. 2 genannten Fristen (d. h. in der Regel vier Jahre) verstrichen sind. Sind in dieser Zeit keine Steuerbescheide erlassen worden,
ist eine Änderung der Festsetzung nicht mehr zulässig.

3. Bei einer vorläufigen Steuerfestsetzung nach § 165 Abs. 1 Satz 1
endet die Festsetzungsfrist nicht vor Ablauf eines Jahres, nachdem die
Finanzbehörde von der Beseitigung der Ungewißheit Kenntnis erhalten hat (§ 171 Abs. 8 Satz 1). Bei einer vorläufigen Steuerfestsetzung
nach § 165 Abs. 1 Satz 2 endet die Festsetzungsfrist nicht vor Ablauf
von zwei Jahren, nachdem die Finanzbehörde von der Beseitigung
der Ungewißheit Kenntnis erlangt hat (§ 171 Abs. 8 Satz 2). Die
Ablaufhemmung beschränkt sich dabei nur auf den für vorläufig
erklärten Teil der Steuerfestsetzung.

4. Der Ablauf der Festsetzungsfrist eines Folgebescheides wird bis
zum Ablauf eines Jahres nach Bekanntgabe des Grundlagenbescheides
hinausgeschoben (§ 171 Abs. 10). Da die Festsetzungsverjährung auch
für die gesonderte Feststellung von Besteuerungsgrundlagen gilt (vgl.
vor §§ 169 bis 171 Nr. 2), ist für die Entscheidung, ob eine gesonderte Feststellung durchgeführt oder geändert werden kann, die Frage
der Verjährung der von der Feststellung abhängigen Steuern nicht zu
prüfen. Ist die Feststellungsfrist bereits abgelaufen, die Steuerfestsetzung in einem Folgebescheid aber noch zulässig, so gilt § 181 Abs. 5.

5.[1] § 171 Abs. 14 verlängert die Festsetzungsfrist bis zum Ablauf
der Zahlungsverjährung für die Erstattung von rechtsgrundlos gezahlten Steuern. Die Finanzbehörde kann daher Steuerfestsetzungen, die
wegen Bekanntgabemängeln unwirksam waren, noch innerhalb der
Zahlungsverjährungsfrist (§§ 228, 229) nachholen.

Vor §§ 172 bis 177 – Bestandskraft:

1. Die §§ 172 ff. regeln die Durchbrechung der materiellen Bestandskraft (Verbindlichkeit einer Verwaltungsentscheidung). Sie ist
von der formellen Bestandskraft (Unanfechtbarkeit) zu unterscheiden.
Diese liegt vor, soweit ein Verwaltungsakt nicht oder nicht mehr mit
Rechtsbehelfen angefochten werden kann. Unanfechtbarkeit bedeutet nicht Unabänderbarkeit. Dementsprechend können auch Steuerfestsetzungen unter dem Vorbehalt der Nachprüfung unanfechtbar
werden (vgl. BFH-Urteil vom 19. 12. 1985, BStBl. II 1986 S. 420).

2. Die Vorschriften über die materielle Bestandskraft gelten für
Steuerfestsetzungen i. S. des § 155 sowie für alle Festsetzungen, für
die die Vorschriften über das Steuerfestsetzungsverfahren anzuwenden
sind. Keine Anwendung finden sie bei der Rücknahme eines
rechtswidrigen und dem Widerruf eines rechtmäßigen begünstigenden oder nicht begünstigenden sonstigen Verwaltungsaktes (vgl. zu
§§ 130, 131).

3. Die materielle Bestandskraft wird nur durchbrochen, soweit es
das Gesetz zuläßt. Die Zulässigkeit ergibt sich nicht nur aus der AO

selbst (z. B. §§ 129, 132, 164, 165, 172 bis 175), sondern auch aus anderen Steuergesetzen (z. B. § 10 d EStG; § 35 b GewStG; § 18 VStG; §§ 24 und 24 a BewG; § 20 GrStG).

4. Steuerfestsetzungen unter Vorbehalt der Nachprüfung sowie Vorauszahlungsbescheide (§ 164 Abs. 1 Satz 2) und Steueranmeldungen (§ 150 Abs. 1 Satz 2, § 168), die kraft Gesetzes unter Vorbehalt der Nachprüfung stehen, sind unabhängig von der formellen Bestandskraft nach § 164 Abs. 2 dem Umfang nach uneingeschränkt änderbar, solange der Vorbehalt nicht aufgehoben worden oder entfallen ist; § 176 bleibt unberührt.

5. Die Unanfechtbarkeit des Lohnsteuer-Jahresausgleichs steht einer nachträglichen Veranlagung zur Einkommensteuer nicht entgegen, wenn nachträglich festgestellt wird, daß die hierfür erforderlichen Voraussetzungen nach § 46 EStG vorliegen (BFH-Beschlüsse vom 21. 10. 1985, BStBl. II 1986 S. 207 und 213).

6. Wegen der Berichtigung offenbarer Unrichtigkeiten Hinweis auf § 129.

7. Zeitlich ist die Aufhebung, Änderung oder Berichtigung einer Steuerfestsetzung nur innerhalb der Festsetzungsfrist zulässig (§ 169).

8. Bei Änderung oder Berichtigung von Steuerfestsetzungen sind die Vorschriften der Kleinbetragsverordnung vom 10. 12. 1980 (BStBl. I S. 784) zu beachten. Danach unterbleibt i. d. R. eine Änderung oder Berichtigung zum Nachteil des Steuerpflichtigen, wenn die Abweichung von der bisherigen Festsetzung nicht mindestens 20 DM beträgt.

Zu § 172 – Aufhebung und Änderung von Steuerbescheiden:

1. Die Vorschrift gilt nur für Steuerbescheide, nicht für Haftungs-, Duldungs- und Aufteilungsbescheide (vgl. vor §§ 130, 131).

2. Ist innerhalb der Rechtsbehelfsfrist ein Antrag auf schlichte Änderung gestellt worden, kann der Steuerbescheid zugunsten des Steuerpflichtigen noch geändert werden, nachdem die Rechtsbehelfsfrist bereits abgelaufen ist. Anträge auf schlichte Änderung, die nicht schriftlich gestellt werden, sind aktenkundig zu machen. Ein schlichter Änderungsantrag kann nach Ablauf der Rechtsbehelfsfrist nicht erweitert werden. Umgekehrt ist auch das Finanzamt an das Vorbringen und die Anträge des Steuerpflichtigen gebunden; es kann nicht die Steuerfestsetzung in vollem Umfang erneut überprüfen und ggf. verbösern. Außerdem ist bei einem schlichten Änderungsantrag keine Aussetzung der Vollziehung möglich; es kann aber ggf. gestundet werden. Die bloße Mitteilung des Steuerpflichtigen über Tatsachen, die sich zu seinen Ungunsten auswirken (§ 153), ist nicht als Antrag (§ 172 Abs. 1 Satz 1 Nr. 2 Buchstabe a) anzusehen.

3. Zum Rechtsbehelfsverfahren gegen Entscheidungen über die schlichte Änderung siehe zu § 348 Nr. 5; zur Bestandskraft eines Abhilfebescheides siehe zu § 367 Nr. 4.

Zu § 173 – Aufhebung oder Änderung von Steuerbescheiden wegen neuer Tatsachen oder Beweismittel:

1. Eine Änderung ist nur soweit zulässig, wie sich die neuen Tatsachen oder Beweismittel auswirken. Sonstige Fehler können nur im Rahmen des § 177 berücksichtigt werden.

2. Tatsachen oder Beweismittel werden „nachträglich" bekannt, wenn sie einem für die Steuerfestsetzung zuständigen Beamten (BFH-Urteile vom 9. November 1984, BStBl. II 1985 S. 191, und vom 20. Juni 1985, BStBl. II S. 492) bekannt werden, nachdem die Willensbildung über die Steuerfestsetzung abgeschlossen worden ist (Abzeichnung der Verfügung); vgl. BFH-Urteil vom 18. März 1987, BStBl. II S. 416. Auf die Bekanntgabe gegenüber dem Steuerpflichtigen kommt es nicht an. Dem Steuerpflichtigen ist das Datum der Unterzeichnung der Verfügung auf Verlangen mitzuteilen. Wird im automatisierten Verfahren nach der Zeichnung des Eingabewertbogens noch eine materiell-rechtliche Kontrolle der gesamten Steuerfestsetzung vorgenommen, sind alle bis dahin bekanntgewordenen Tatsachen zu berücksichtigen. Um eine solche Kontrolle handelt es sich nicht, wenn z. B. der maschinell ausgedruckte Steuerbescheid lediglich in die V-Liste eingetragen oder der Finanzkasse zur Abrechnung zugeleitet wird oder nur offenbare Unrichtigkeiten berichtigt werden (z. B. Berichtigung der Anschrift, Ergänzung der Steuernummer).

3. Der auch im Steuerrecht geltende Grundsatz von Treu und Glauben verbietet es dem Finanzamt, unter Berufung auf das nachträgliche Bekanntwerden steuererhöhender Tatsachen oder Beweismittel eine Steuerfestsetzung nach § 173 Abs. 1 Nr. 1 zu ändern, wenn die Tatsachen dem Finanzamt bei ordnungsgemäßer Erfüllung seiner Ermittlungspflicht nicht verborgen geblieben wären, sofern der Steuerpflichtige seinerseits seiner Mitwirkungspflicht voll genügt hat. Haben sowohl der Steuerpflichtige als auch das Finanzamt es versäumt, den Sachverhalt aufzuklären, so trifft in der Regel die Verantwortlichkeit den Steuerpflichtigen mit der Folge, daß der Steuerbescheid geändert werden kann. Eine Änderung scheidet dagegen aus, wenn der Verstoß des Finanzamts deutlich überwiegt (BFH-Urteil vom 27. Oktober 1992, BStBl. II 1993 S. 569).

4. Als grobes Verschulden, das grundsätzlich eine Änderung wegen nachträglich bekanntgewordener steuermindernder Tatsachen oder Beweismittel ausschließt, hat der Steuerpflichtige Vorsatz und grobe Fahrlässigkeit zu vertreten. Grobe Fahrlässigkeit ist anzunehmen, wenn er die ihm nach seinen persönlichen Verhältnissen zumutbare Sorgfalt in ungewöhnlichem Maße und in nicht entschuldbarer Weise verletzt (BFH-Urteil vom 3. Februar 1983, BStBl. II S. 324, und vom 28. März 1985, BStBl. II 1986 S. 120). Ein grobes Verschulden kann im allgemeinen angenommen werden, wenn der Steuerpflichtige trotz Aufforderung eine Steuererklärung nicht abgegeben hat (BFH-

Urteil vom 28. März 1985, BStBl. II 1986 S. 120), allgemeine
Grundsätze der Buchführung (§§ 145 bis 147) verletzt oder aus-
drückliche Hinweise in ihm zugegangenen Vordrucken, Merk-
blättern oder sonstigen Mitteilungen der Finanzbehörde nicht beach-
tet (BFH-Urteile vom 29. Juni 1984, BStBl. II S. 693, und vom
9. August 1991, BStBl. II 1992 S. 65). Die Unkenntnis steuerrechtlicher Bestimmungen allein kann den Vorwurf groben Verschuldens
nicht begründen (BFH-Urteil vom 22. Mai 1992, BStBl. II 1993
S. 80). Der Steuerpflichtige hat aber ein grobes Verschulden seines
steuerlichen Beraters in gleicher Weise zu vertreten wie das Verschulden eines Bevollmächtigten (BFH-Urteile vom 3. Februar 1983,
BStBl. II S. 324, vom 28. Juni 1983, BStBl. II 1984 S. 2, und vom
25. November 1983, BStBl. II 1984 S. 256).

5. Das Verschulden des Steuerpflichtigen ist nach § 173 Abs. 1
Nr. 2 Satz 2 unbeachtlich, wenn die Tatsachen oder Beweismittel,
die zu einer niedrigeren Steuer führen, in einem unmittelbaren oder
mittelbaren Zusammenhang mit neuen Tatsachen oder Beweismitteln
stehen, die zu einer höheren Steuer führen. Stehen die steuermindernden Tatsachen mit steuererhöhenden Tatsachen im Zusammenhang, sind die steuermindernden Tatsachen nicht nur bis zur steuerlichen Auswirkung der steuererhöhenden Tatsachen, sondern uneingeschränkt zu berücksichtigen (BFH-Urteil vom 2. August 1984,
BStBl. II 1984 S. 4). Ein derartiger Zusammenhang ist gegeben,
wenn eine zu einer höheren Besteuerung führende Tatsache die zur
Steuerermäßigung führende Tatsache ursächlich bedingt, so daß der
steuererhöhende Vorgang nicht ohne den steuermindernden Vorgang
denkbar ist (BFH-Urteile vom 28. März 1985, BStBl. II 1986 S. 120,
und vom 8. August 1991, BStBl. II 1992 S. 12).

6. Ein Steuerbescheid darf wegen nachträglich bekanntgewordener
Tatsachen oder Beweismittel zugunsten des Steuerpflichtigen nicht
aufgehoben oder geändert werden, wenn die Finanzbehörde bei
ursprünglicher Kenntnis der Tatsachen oder Beweismittel nicht anders entschieden hätte (BFH-Beschluß vom 23. November 1987,
BStBl. II 1988 S. 180). Die Vorschrift des § 173 hat nicht den Sinn,
dem Steuerpflichtigen das Risiko eines Rechtsbehelfsverfahrens dadurch abzunehmen, daß ihm gestattet wird, sich auf Tatsachen gegenüber der Finanzbehörde erst dann zu berufen, wenn etwa durch
eine spätere Änderung der Rechtsprechung eine Rechtslage eintritt,
die eine bisher nicht vorgetragene Tatsache nunmehr als relevant
erscheinen läßt. Wie die Finanzbehörde bei Kenntnis bestimmter
Tatsachen und Beweismittel einen Sachverhalt in ihrem ursprünglichen Bescheid gewürdigt hätte, ist im Einzelfall aufgrund des Gesetzes, wie es nach der damaligen Rechtsprechung des BFH auszulegen
war, und der die Finanzbehörden bindenden Verwaltungsanweisungen zu beurteilen, die im Zeitpunkt des ursprünglichen Bescheider-
lasses gegolten haben. Subjektive Fehler der Finanzbehörden, wie sie
sowohl in rechtlicher als auch in tatsächlicher Hinsicht denkbar sein

mögen, sind unbeachtlich (BFH-Urteil vom 11. Mai 1988, BStBl. II S. 715).

7. Soweit Tatsachen oder Beweismittel vor dem 1. Januar 1994 bekannt geworden sind, ist die Kleinbetragsregelung des § 173 Abs. 1 Satz 2 i.d.F. des Steuerbereinigungsgesetzes 1986 (BGBl. I 1985 S. 2436, BStBl. I 1985 S. 735) weiterhin anzuwenden (Art. 97 § 9 Abs. 2 EGAO). Insoweit gilt folgendes:

Eine Änderung ist wegen Geringfügigkeit nicht zulässig, sofern die Abweichung zum bisherigen Betrag weder 1 v.H. noch 500 DM beträgt. Die Regelung gilt zugunsten wie zuungunsten des Steuerpflichtigen. Eine Änderung kommt in Betracht, wenn die Steuer, die sich durch die Änderung ergibt, um mindestens 1 v.H. von der bisher festgesetzten Steuer abweicht. Bei einer Abweichung zur bisherigen Steuer um mindestens 500 DM ist eine Änderung stets durchzuführen, auch wenn die 1 v.H.-Grenze nicht erreicht wird. Im Ergebnis bedeutet dies, daß bei festgesetzten Beträgen bis zu 50 000 DM die relative Grenze zur Anwendung kommt, während bei Beträgen ab 50 000 DM der Mindestbetrag von 500 DM für eine Änderung maßgebend ist. Bei Änderung von Bescheiden über den Lohnsteuer-Jahresausgleich ist auf den festgesetzten Erstattungsbetrag abzustellen.

Beim Zusammentreffen von beispielsweise neuen Tatsachen zugunsten des Steuerpflichtigen, die wegen der Bagatellgrenze eine Änderung nicht rechtfertigen, mit Änderungen aus anderen Gründen (z.B. nach § 175 Abs. 1 Satz 1 Nr. 1), die zu einer höheren Steuer führen, bestehen aus Vereinfachungsgründen keine Bedenken, die neuen Tatsachen bei der Änderungsfestsetzung bis zur Höhe der ursprünglichen Steuer zu berücksichtigen (entsprechende Anwendung des § 351 Abs. 1 bereits im Veranlagungsverfahren). Zur Anwendung der Bagatellgrenze in Feststellungsfällen vgl. zu § 181 Nr. 1.

8. Die im Hinblick auf die Änderungssperre nach § 173 Abs. 2 zu beurteilende Frage, ob die objektiven und subjektiven Tatbestandsmerkmale einer Steuerhinterziehung (§ 370) oder leichtfertigen Steuerverkürzung (§ 378) vorliegen, ist von der für die Veranlagung zuständigen Stelle im Benehmen mit der für Straf- und Bußgeldsachen zuständigen Stelle zu entscheiden. Für eine Änderung ist nicht Voraussetzung, daß eine Bestrafung oder Ahndung mit Bußgeld erfolgte. Eine Änderung der Steuerfestsetzung ist deshalb auch bei Selbstanzeige (§ 371), Eintritt der Verfolgungsverjährung (§ 384) oder sonstigen Prozeßhindernissen möglich. Eine Außenprüfung im Sinne des § 173 Abs. 2 ist auch eine abgekürzte Prüfung nach § 203. Im Falle der Beschränkung der Außenprüfung auf bestimmte Sachverhalte (§ 194 Abs. 1 Satz 2) umfaßt die Änderungssperre nur den in der Prüfungsanordnung genannten Teil der Besteuerungsgrundlagen.

Zu § 174 – Widerstreitende Steuerfestsetzungen:

1. Die Vorschrift eröffnet die Möglichkeit, Vorteile und Nachteile auszugleichen, die sich durch Steuerfestsetzungen ergeben haben, die

inhaltlich einander widersprechen. Sie bietet insoweit die gesetzliche Grundlage für die Änderung einer oder beider Festsetzungen (§ 172 Abs. 1 Nr. 2 Buchstabe d).

2. Nach § 174 Abs. 1 ist ein Steuerbescheid aufzuheben oder zu ändern, wenn ein bestimmter Sachverhalt mehrfach zuungunsten eines oder mehrerer Steuerpflichtiger berücksichtigt worden ist, obwohl er nur einmal hätte berücksichtigt werden dürfen. Hierbei kann es sich um Fälle handeln, in denen z.B. dieselbe Einnahme irrtümlich verschiedenen Steuerpflichtigen, verschiedenen Steuern oder verschiedenen Besteuerungszeiträumen zugeordnet worden ist. Auch die Fälle, in denen mehrere Finanzämter gegen denselben Steuerpflichtigen für dieselbe Steuer und denselben Besteuerungszeitraum Steuerbescheide erlassen haben, fallen hierunter.

3. Der fehlerhafte Steuerbescheid ist in den Fällen des § 174 Abs. 1 nur auf Antrag aufzuheben oder zu ändern. Hat der Steuerpflichtige fälschlich nur r :inen Antrag auf Änderung des rechtmäßigen Steuerbescheides gestellt, ist der Antrag allgemein als Antrag auf Beseitigung der widerstreitenden Festsetzung zu behandeln. Die Antragsfrist (§ 174 Abs. 1 Satz 2) ist eine gesetzliche Frist i.S. des § 110. Über den fristgerecht gestellten Antrag kann auch noch nach Ablauf der Jahresfrist entschieden werden.

4. § 174 Abs. 2 regelt in entsprechender Anwendung des § 174 Abs. 1 die Fälle, daß ein bestimmter Sachverhalt mehrfach zugunsten eines oder mehrerer Steuerpflichtiger berücksichtigt worden ist. Die Änderung des fehlerhaften Steuerbescheides ist von Amts wegen vorzunehmen.

Unter den Begriff des Antrages oder einer Erklärung des Steuerpflichtigen i.S. dieser Vorschrift fallen auch formlose Mitteilungen und Auskünfte sowie die für den Beteiligten von Dritten abgegebene Erklärung (z.B. im Rahmen des § 80 Abs. 1 und 4, § 200 Abs. 1).

5. § 174 Abs. 3 erfaßt die Fälle, in denen bei einer Steuerfestsetzung ein bestimmter Sachverhalt in der erkennbaren Annahme nicht berücksichtigt worden ist, daß der Sachverhalt nur Bedeutung für eine andere Steuer, einen anderen Besteuerungszeitraum oder einen anderen Steuerpflichtigen habe.

Beispiel:

Die Finanzbehörde hat bei der Festsetzung der Einkommensteuer am 31. 12. entstandene Aufwendungen nicht zum Abzug als Sonderausgaben zugelassen, weil sie der Auffassung war, daß die Sonderausgaben erst im nächsten Veranlagungszeitraum abzugsfähig seien (§ 11 Abs. 1 Satz 2 EStG).
Stellt sich die Annahme später als unrichtig heraus, so kann die Steuerfestsetzung, bei der die Berücksichtigung des Sachverhaltes unterblieben ist, insoweit trotz etwa eingetretener Bestandskraft noch geändert werden, zeitlich jedoch nur bis zum Ablauf der für die andere Steuerfestsetzung laufenden Festsetzungsfrist.

6. § 174 Abs. 4 ergänzt die Regelung des § 174 Abs. 3 um die Fälle, in denen eine Steuerfestsetzung auf Antrag oder im Rechtsbehelfsverfahren zugunsten des Steuerpflichtigen geändert worden ist.

Beispiel:

Die Finanzbehörde hat einen Veräußerungsgewinn bei der Festsetzung der Einkommensteuer erfaßt. Der Steuerpflichtige macht im Rechtsbehelfsverfahren mit Erfolg geltend, daß der Veräußerungsgewinn erst im folgenden Veranlagungszeitraum zu berücksichtigen sei.

Unter den Voraussetzungen des § 174 Abs. 4 kann die Erfassung des Veräußerungsgewinnes in dem folgenden Veranlagungszeitraum nachgeholt werden, auch wenn die hierfür maßgebliche Steuerfestsetzung bereits unanfechtbar geworden ist oder die Festsetzungsfrist bereits abgelaufen war.

7. Die sich aus § 174 Abs. 4 ergebenden Folgerungen sind auch gegenüber einem Dritten zu ziehen, wenn der Dritte schon bisher an dem Verfahren beteiligt war. Die Finanzbehörde hat die Hinzuziehung oder Beiladung eines in Betracht kommenden Dritten rechtzeitig vorzunehmen oder zu veranlassen.

Zu § 175 – Aufhebung oder Änderung von Steuerbescheiden in sonstigen Fällen:

1. Grundlagenbescheide i. S. des § 175 Abs. 1 Satz 1 Nr. 1 sind Feststellungsbescheide, Steuermeßbescheide oder sonstige für eine Steuerfestsetzung bindende Verwaltungsakte (§ 171 Abs. 10). Auch Verwaltungsakte von Behörden, die keine Finanzbehörden sind, können Grundlagenbescheide sein (z. B. der Anerkennungsbescheid nach §§ 83, 93 II. WoBauG; Bescheinigungen der zuständigen Behörde über eine Körperbehinderung, Bescheinigungen §§ 2, 4 und 4a InvZulG). Diese außersteuerlichen Grundlagenbescheide sind auch dann bindend, wenn sie aufgrund der für sie maßgebenden Verfahrensvorschriften nach Ablauf der für steuerliche Grundlagenbescheide geltenden Festsetzungsfrist (§§ 169 ff.) ergehen. Der Folgebescheid ist auch dann zu ändern, wenn der Grundlagenbescheid erst nach Erlaß des Folgebescheides ergeht oder bereits bei Erlaß eines früheren Steuerbescheides hätte berücksichtigt werden können (BFH-Urteil vom 9. 8. 1983, BStBl. II 1984 S. 86; vgl. auch § 155 Abs. 2 und § 162 Abs. 3).

2. Stellt der Steuerpflichtige den erforderlichen, aber nicht fristgebundenen Antrag für eine Steuervergünstigung, deren Voraussetzungen durch einen anderen Verwaltungsakt i. S. des § 171 Abs. 10 nachzuweisen sind, erst nach Unanfechtbarkeit des Steuerbescheides, so steht das einer Änderung nach § 175 Abs. 1 Satz 1 Nr. 1 nicht entgegen (BFH-Urteil vom 13. 12. 1985, BStBl. II 1986 S. 245).

3. Ob ein Ereignis steuerliche Rückwirkung i. S. von § 175 Abs. 1 Satz 1 Nr. 2 hat, beurteilt sich nach dem jeweils anzuwendenden Steuergesetz (BFH-Urteil vom 26. 7. 1984, BStBl. II S. 786). Wegen des Wegfalls von Voraussetzungen für eine Steuervergünstigung vgl. § 175 Abs. 2.

4. Bei Nichtigkeitserklärung eines Gesetzes durch das BVerfG ist eine Aufhebung oder Änderung bestandskräftiger Steuerbescheide nicht zulässig (Hinweis auf § 79 BVerfGG).

1.1 AEAO zu §§ 176, 177

Anwendungserlaß zur AO

Zu § 176 – Vertrauensschutz bei der Aufhebung und Änderung von Steuerbescheiden:

1. Die Vorschrift schützt das Vertrauen des Steuerpflichtigen in die Gültigkeit einer Rechtsnorm. Die Richtigkeit der Rechtsprechung eines obersten Gerichtshofs des Bundes und die Übereinstimmung einer allgemeinen Verwaltungsvorschrift (z. B. EStR) mit der Rechtslage wird zu seinen Gunsten unterstellt, soweit die Steuerfestsetzung darauf beruhte.

2. Bei Änderung der Steuerfestsetzung ist so vorzugehen, als hätte die frühere für den Steuerpflichtigen günstige Rechtsauffassung nach wie vor Gültigkeit. Ist z. B. eine Steuer unter Vorbehalt der Nachprüfung festgesetzt worden (§ 164), so muß eine dem Steuerpflichtigen günstige Rechtsprechung des BFH, die bei der Vorbehaltsfestsetzung berücksichtigt worden war, auch dann weiter angewendet werden, wenn der BFH seine Rechtsprechung zum Nachteil des Steuerpflichtigen geändert hat.

3. Hat der Steuerpflichtige die bisherige Rechtsprechung seinen Steuererklärungen stillschweigend und für das Finanzamt nicht erkennbar zugrunde gelegt, gilt der Vertrauensschutz nur, wenn davon ausgegangen werden kann, daß die Finanzbehörde mit der Anwendung der Rechtsprechung einverstanden gewesen wäre. Das Einverständnis ist immer dann zu unterstellen, wenn die Entscheidung im Bundessteuerblatt veröffentlicht worden war und keine Verwaltungsanweisung vorlag, die Rechtsprechung des BFH über den entschiedenen Einzelfall hinaus nicht anzuwenden.

4. Wegen der sinngemäßen, eingeschränkten Anwendung des § 176 auf Neuveranlagungen der Vermögenssteuer vgl. § 16 Abs. 2 Satz 2 und 3 VStG, auf Neuveranlagungen der Grundsteuermeßbeträge vgl. § 17 Abs. 2 Nr. 2 GrStG sowie auf Fortschreibungen der Einheitswerte vgl. § 22 Abs. 3 Satz 2 und 3 BewG.

Zu § 177 – Berichtigung von materiellen Fehlern:

1. Materieller Fehler ist jede objektive Unrichtigkeit eines Steuerbescheids. Materiell fehlerhaft ist ein Bescheid nicht nur, wenn bei Erlaß des Steuerbescheids geltendes Recht unrichtig angewendet wurde, sondern auch dann, wenn der Steuerfestsetzung ein Sachverhalt zugrundegelegt worden ist, der sich nachträglich als unrichtig erweist. Bei der Steuerfestsetzung nicht berücksichtigte Tatsachen sind deshalb, sofern sie zu keiner Änderung nach § 173 führen, nach § 177 zu berücksichtigen (BFH-Urteil vom 5. August 1986, BStBl. II 1987 S. 297, 299). Auf ein Verschulden kommt es ebensowenig an wie darauf, daß der Steueranspruch insoweit verjährt ist (BFH-Urteil vom 18. Dezember 1991, BStBl. II 1992 S. 504). Eine Berichtigung eines materiellen Fehlers nach § 177 ist deshalb auch dann zulässig und geboten, wenn eine isolierte Änderung dieses Fehlers oder seine

Berichtigung nach § 129 wegen Ablaufs der Festsetzungsfrist nicht möglich wäre.

2. Die Möglichkeit der Berichtigung materieller Fehler ist bei jeder Aufhebung oder Änderung eines Steuerbescheids zu prüfen. Materielle Fehler sind zu berichtigen, soweit die Voraussetzungen für die Aufhebung oder Änderung eines Steuerbescheids zuungunsten (§ 177 Abs. 1) oder zugunsten des Steuerpflichtigen (§ 177 Abs. 2) vorliegen; die Voraussetzungen des § 177 Abs. 1 und 2 können auch nebeneinander vorliegen. Materielle Fehler dürfen nur innerhalb des Änderungsrahmens berichtigt, d. h. gegengerechnet werden. Liegen sowohl die Voraussetzungen für Änderungen zugunsten des Steuerpflichtigen als auch solche zu dessen Ungunsten vor, sind die oberen und unteren Grenzen der Fehlerberichtigung jeweils getrennt voneinander zu ermitteln (BFH-Urteile vom 9. Juni 1993, BStBl. II S. 822, und vom 14. Juli 1993, BStBl. II 1994 S. 77). Eine Saldierung der Änderungstatbestände zuungunsten und zugunsten des Steuerpflichtigen ist deshalb nicht zulässig (Saldierungsverbot).

3. Änderungsobergrenze ist der Steuerbetrag, der sich aus der Summe der bisherigen Steuerfestsetzung und der steuerlichen Auswirkung aller selbständigen steuererhöhenden Änderungstatbestände ergibt. Änderungsuntergrenze ist der Steuerbetrag, der sich nach Abzug der steuerlichen Auswirkung aller selbständigen steuermindernden Änderungstatbestände von der bisherigen Steuerfestsetzung ergibt.

4. Die Auswirkungen materieller Fehler sind zu saldieren und dann, soweit der Änderungsrahmen reicht, zu berücksichtigen (Saldierungsgebot); vgl. BFH-Urteil vom 9. Juni 1993, BStBl. II S. 822. Bei Änderungen zuungunsten des Steuerpflichtigen kann ein negativer (steuermindernder) Fehler-Saldo nur bis zur Änderungsuntergrenze berücksichtigt werden (§ 177 Abs. 1). Bei Änderungen zugunsten des Steuerpflichtigen kann ein positiver (steuererhöhender) Fehler-Saldo nur bis zur Änderungsobergrenze berücksichtigt werden (§ 177 Abs. 2).

Beispiele:

a) Es werden nachträglich Tatsachen bekannt, die zu einer um 10 000 DM höheren Steuer führen. Zugleich werden materielle Fehler, die sich bei der früheren Festsetzung in Höhe von 12 000 DM zugunsten des Steuerpflichtigen ausgewirkt haben, und materielle Fehler, die sich bei der früheren Festsetzung in Höhe von 17 000 DM zum Nachteil des Steuerpflichtigen ausgewirkt haben, festgestellt.

Der Saldo der materiellen Fehler führt in Höhe von 5 000 DM zu einer Minderung der Nachforderung.

b) Es werden nachträglich Tatsachen bekannt, die zu einer um 10 000 DM höheren Steuer führen. Außerdem ist ein geänderter Grundlagenbescheid zu berücksichtigen, der zu einer um 11 000 DM niedrigeren Steuer führt. Zugleich werden materielle Fehler festgestellt, die sich in Höhe von 17 000 DM zugunsten und in Höhe von 12 000 DM zuungunsten des Steuerpflichtigen ausgewirkt haben.

Der Saldo der materiellen Fehler (5 000 DM zugunsten des Steuerpflichtigen) mindert die Änderung der Steuerfestsetzung zugunsten des Steuerpflichtigen aufgrund des geänderten Grundlagenbescheids (11 000 DM). Die Differenz von 6 000 DM ist mit der Nachforderung von 10 000 DM wegen nachträglich bekanntgewordener Tatsachen zu verrechnen, so daß im Ergebnis eine Änderung des Steuerbescheides in Höhe von 4 000 DM zuungunsten des Steuerpflichtigen vorzunehmen ist.

5. Soweit ein Ausgleich materieller Fehler nach § 177 nicht möglich ist, bleibt der Steuerbescheid fehlerhaft. Hierin liegt keine sachliche Unbilligkeit, da die Folge vom Gesetzgeber gewollt ist.

Zu § 179 – Feststellung von Besteuerungsgrundlagen:

1. Abweichend von dem Grundsatz, daß die Besteuerungsgrundlagen einen unselbständigen Teil des Steuerbescheides bilden (§ 157 Abs. 2), sehen die §§ 179 ff. in bestimmten Fällen eine gesonderte Feststellung der Besteuerungsgrundlagen vor, die, wenn der Gegenstand der Feststellung bei der Besteuerung mehrerer Personen zuzurechnen ist, einheitlich zu treffen ist. Eine gesonderte Feststellung ist auch dann einheitlich gegenüber den Feststellungsbeteiligten vorzunehmen, wenn die AO oder ein Einzelsteuergesetz (vgl. z.B. § 15 a Abs. 4 EStG) dies besonders vorschreiben. Für das Feststellungsverfahren sind die Vorschriften über die Durchführung der Besteuerung sinngemäß anzuwenden (§ 181 Abs. 1).

2. Ein Ergänzungsbescheid (§ 179 Abs. 3) kann erlassen werden, wenn der Feststellungsbescheid lückenhaft ist. Nicht zulässig ist es, fehlerhafte Feststellungen in einem Feststellungsbescheid durch einen Ergänzungsbescheid zu berichtigen (BFH-Urteil vom 24. 7. 1984, BStBl. II S. 785, 786). z.B. kann die im Feststellungsverfahren unterbliebene Entscheidung, ob ein steuerbegünstigter Gewinn vorliegt, nicht in einem Ergänzungsbescheid nachgeholt werden (BFH-Urteil vom 26. 11. 1975, BStBl. II 1976 S. 304). Eine Nachholung durch Ergänzungsbescheid ist dagegen beispielsweise möglich, wenn die im Feststellungsverfahren zu treffende Entscheidung über die Gewährung vermögenswirksamer Leistungen durch eine Gesellschaft unterblieben ist (BFH-Urteil vom 13. 4. 1978, BStBl. II S. 479), oder wenn die Feststellung unterlassen wurde, daß die Buchführung nicht ordnungsmäßig war (BFH-Urteil vom 28. 10. 1981, BStBl. II 1982 S. 485).

3. Wegen der Anpassung der Folgebescheide an den Feststellungsbescheid wird auf § 175 Abs. 1 Satz 1 Nr. 1 hingewiesen, wegen der Rechtsbehelfsbefugnis bei Feststellungsbescheiden auf § 351 Abs. 2 und §§ 352, 353.

4. In den Fällen der atypischen stillen Unterbeteiligung am Anteil des Gesellschafters einer Personengesellschaft kann eine besondere gesonderte und einheitliche Feststellung vorgenommen werden (§ 179 Abs. 2 letzter Satz). Von dieser Möglichkeit ist wegen des Geheim-

haltungsbedürfnisses der Betroffenen regelmäßig Gebrauch zu machen.

Die Berücksichtigung der Unterbeteiligung im Feststellungsverfahren für die Hauptgesellschaft ist nur mit Einverständnis aller Beteiligten – Hauptgesellschaft und deren Gesellschafter sowie der Unterbeteiligten – zulässig. Das Einverständnis der Beteiligten gilt als erteilt, wenn die Unterbeteiligung in der Feststellungserklärung für die Hauptgesellschaft geltend gemacht wird.

Die Regelung gilt für Treuhandverhältnisse, in denen der Treugeber über den Treuhänder Hauptgesellschafter der Personengesellschaft ist, entsprechend.

Die örtliche Zuständigkeit für die besondere gesonderte Feststellung richtet sich i. d. R. nach der Zuständigkeit für die Hauptgesellschaft.

5.[1] Die Gewinnanteile des Unterbeteiligten bei einer typischen stillen Unterbeteiligung sind als Sonderbetriebsausgaben des Hauptbeteiligten im Feststellungsverfahren zu berücksichtigen (BFH-Urteil vom 9. 11. 1988, BStBl. 1989 II S. 343). Eine Nachholung des Sonderbetriebsausgabenabzugs im Veranlagungsverfahren des Hauptbeteiligten ist nicht zulässig.

Zu § 180 – Gesonderte Feststellung von Besteuerungsgrundlagen:

1. Die gesonderte Feststellung nach § 180 Abs. 1 Nr. 2 Buchstabe a umfaßt über die von den Feststellungsbeteiligten gemeinschaftlich erzielten Einkünfte hinaus alle weiteren Besteuerungsgrundlagen, die in rechtlichem, wirtschaftlichem oder tatsächlichem Zusammenhang mit diesen Einkünften stehen. Dies sind insbesondere Sonderbetriebseinnahmen und -ausgaben der Feststellungsbeteiligten. Darüber hinaus sind auch solche Aufwendungen gesondert festzustellen, die aus Mitteln der Gesellschaft oder Gemeinschaft geleistet werden und für die Besteuerung der Feststellungsbeteiligten, z. B. als Sonderausgaben, von Bedeutung sind. Soweit bei Erlaß des Feststellungsbescheids derartige Besteuerungsgrundlagen nicht berücksichtigt wurden, ist deren gesonderte Feststellung durch Ergänzungsbescheid

---

[1] AEAO Nr. 5 zu § 179 neugef. durch BMF v. 11. 11. 1993 (BStBl. I S. 923) mit folgender **Übergangsregelung:**

„Wurden Gewinnanteile des Unterbeteiligten bei einer typischen stillen Unterbeteiligung im Hinblick auf die bisher geltende Regelung (AEAO zu § 179, Nr. 5, idF vom 24. September 1987, BStBl. I S. 664) im Feststellungsbescheid in der Annahme nicht berücksichtigt, daß sie im Veranlagungsverfahren des Hauptbeteiligten zu berücksichtigen seien, kann der Feststellungsbescheid nach § 174 Abs. 3 Satz 1 geändert werden; der Folgebescheid kann in diesem Fall ggf. nach § 175 Abs. 1 Satz 1 Nr. 1 angepaßt werden. Zur Verwaltungsvereinfachung kann im Einvernehmen mit den Feststellungsbeteiligten auf die Änderung des Feststellungsbescheids nach § 174 Abs. 3 Satz 1 verzichtet werden, wenn sich ansonsten keine weiteren Auswirkungen ergäben. Diese Vereinfachungsregelung gilt nicht, wenn der Feststellungsbescheid bereits aus anderen Gründen zu ändern ist."

(§ 179 Abs. 3) nachzuholen. Zur erstmaligen Anwendung der durch Gesetz vom 21. Dezember 1993 (BGBl. I S. 2310, BStBl. I 1994 S. 50) geänderten Fassung des § 180 Abs. 1 Nr. 2 Buchstabe a vgl. Art. 97 § 10b EGAO.

2. Fallen der Wohnort und der Betriebs- bzw. Tätigkeitsort auseinander und liegen diese Orte im Bereich verschiedener Finanzämter, sind die Einkünfte des Steuerpflichtigen aus Land- und Forstwirtschaft, Gewerbebetrieb oder freiberuflicher Tätigkeit gesondert festzustellen (§ 180 Abs. 1 Nr. 2 Buchstabe b). Maßgebend sind die Verhältnisse zum Schluß des Gewinnermittlungszeitraums. Spätere Änderungen dieser Verhältnisse sind unbeachtlich. Bei einem vom Kalenderjahr abweichenden Wirtschaftsjahr oder einem Rumpfwirtschaftsjahr sind die Verhältnisse zum Schluß dieses Zeitraums maßgebend.
Als Einkünfte aus freiberuflicher Tätigkeit sind die Einkünfte nach § 18 Abs. 1 Nr. 1 EStG anzusehen, nicht die übrigen Einkünfte aus selbständiger Arbeit. Zur Zuständigkeit, wenn Wohnung und Betrieb in einer Gemeinde (Großstadt) mit mehreren Finanzämtern liegen, vgl. zu § 19 Nrn. 2 und 3. Im übrigen ergibt sich die örtliche Zuständigkeit für gesonderte Feststellungen aus § 18.

3. Wegen der in § 180 Abs. 2 vorgesehenen Feststellungen wird auf die Verordnung über die gesonderte Feststellung von Besteuerungsgrundlagen nach § 180 Abs. 2 AO – V zu § 180 Abs. 2 AO – vom 19. Dezember 1986 (BGBl. I S. 2663, BStBl. I 1987 S. 2) verwiesen. Auf Feststellungen nach § 180 Abs. 1 findet die V zu § 180 Abs. 2 AO keine Anwendung.

4. Fälle von geringer Bedeutung, in denen eine gesonderte Feststellung entfällt (§ 180 Abs. 3 Nr. 2), sind beispielsweise bei Mieteinkünften von zusammenveranlagten Eheleuten (BFH-Urteil vom 20. Januar 1976, BStBl. II S. 305) und bei dem gemeinschaftlich erzielten Gewinn von Landwirts-Eheleuten (BFH-Urteil vom 4. Juli 1985, BStBl. II S. 576) gegeben, wenn die Einkünfte verhältnismäßig einfach zu ermitteln sind und die Aufteilung feststeht.

5. Eine Feststellung ist auch zum Zweck der Ermittlung des anzuwendenden Steuersatzes im Falle eines bei der Steuerfestsetzung zu beachtenden Progressionsvorbehaltes und in den Fällen des § 2a EStG vorzunehmen (§ 180 Abs. 5 Nr. 1).

6. Soweit Einkünfte oder andere Besteuerungsgrundlagen nach § 180 Abs. 1 Nr. 2 oder nach der V zu § 180 Abs. 2 AO festzustellen sind, sind auch damit in Zusammenhang stehende Steuerabzugsbeträge und Körperschaftsteuer, die auf die Steuer der Feststellungsbeteiligten anzurechnen sind, gesondert festzustellen (§ 180 Abs. 5 Nr. 2). Steuerbescheinigungen sind deshalb nur dem für die gesonderte Feststellung zuständigen Finanzamt vorzulegen. Zur zeitlichen Anwendung des § 180 Abs. 5 Nr. 2 vgl. Art. 97 § 10b EGAO.

Zu § 181 – Verfahrensvorschriften für eine gesonderte Feststellung, Feststellungsfrist, Erklärungspflicht:

1. Auch in Feststellungsfällen ist – soweit Tatsachen oder Beweismittel vor dem 1. Januar 1994 bekanntgeworden sind (Art. 97 § 9 Abs. 2 EGAO) – die Bagatellgrenze des § 173 Abs. 1 Satz 2 zu beachten. Sie richtet sich nach dem festgestellten Gesamtbetrag, nicht nach der steuerlichen Auswirkung. Bei Feststellungen ohne betragsmäßige Auswirkung (z.B. Art der Einkünfte, Gewinnverteilung bei unverändertem Gesamtbetrag) gilt die Bagatellgrenze nicht.

2. Erfolgt eine gesonderte Feststellung nach § 181 Abs. 5 nach Ablauf der für sie geltenden Feststellungsfrist, ist im Feststellungsbescheid auf seine eingeschränkte Wirkung hinzuweisen. Der Hinweis soll dem für den Erlaß des Folgebescheides zuständigen Finanzamt und dem Steuerpflichtigen deutlich machen, daß es sich um einen Feststellungsbescheid handelt, der nach Ablauf der Feststellungsfrist ergangen und deshalb nur noch für solche Steuerfestsetzungen bedeutsam ist, bei denen die Festsetzungsfrist noch nicht abgelaufen ist (vgl. BFH-Urteil vom 17. 8. 1989, BStBl. 1990 II S. 411).

3. Die Anlaufhemmung der Feststellungsfrist für die gesonderte Feststellung von Einheitswerten nach § 181 Abs. 3 Satz 3 ist auch dann maßgeblich, wenn zugleich die Voraussetzungen der Anlaufhemmung nach § 181 Abs. 3 Satz 2 erfüllt sind.

Zu § 182 – Wirkung der gesonderten Feststellung:

1. Ein Feststellungsbescheid über einen Einheitswert ist nur dann an den Rechtsnachfolger bekanntzugeben, wenn die Rechtsnachfolge eintritt, bevor der Bescheid dem Rechtsvorgänger bekanntgegeben worden ist. War der Bescheid bereits im Zeitpunkt der Rechtsnachfolge bekanntgegeben, wirkt der Bescheid auch gegenüber dem Rechtsnachfolger (dingliche Wirkung, § 182 Abs. 2). Der Rechtsnachfolger kann ihn in diesem Fall nach § 353 nur innerhalb der für den Rechtsvorgänger maßgebenden Rechtsbehelfsfrist anfechten.

2. § 182 Abs. 2 gilt nicht für Gewerbesteuermeßbescheide (§ 184 Abs. 1), wohl aber für Grundsteuermeßbescheide.

3. Eine Bindung des Haftungsschuldners an den Einheitswertbescheid ist nicht gegeben.

4. Die wegen Rechtsnachfolge fehlerhafte Bezeichnung eines Beteiligten kann nach § 182 Abs. 3 durch einen besonderen Bescheid richtiggestellt werden (Richtigstellungsbescheid). Der Regelungsgehalt des ursprünglichen Bescheides bleibt im übrigen unberührt. § 182 Abs. 3 gilt nicht für Feststellungen nach § 180 Abs. 1 Nr. 2 Buchst. b (vgl. BFH-Urteil vom 12. Mai 1993, BStBl 1994 II S. 5).

Zu § 183 – Empfangsbevollmächtigte bei der einheitlichen Fest-stellung:

Wegen der Einzelheiten der Bekanntgabe wird auf den Bekanntga-beerlaß (BMF-Schreiben vom 8. April 1991 – IV A 5 – S 0284 – 1/91 –, BStBl. I S. 398, AO-Kartei § 122 Karte 2) hingewiesen.

Zu § 188 – Zerlegungsbescheid:

Dem Steuerpflichtigen ist der vollständige Zerlegungsbescheid be-kanntzugeben, während die einzelnen beteiligten Gemeinden nur ei-nen kurzgefaßten Bescheid mit den sie betreffenden Daten erhalten müssen.

Zu § 191 – Haftungsbescheide, Duldungsbescheide:

1. Die materiell-rechtlichen Voraussetzungen für den Erlaß eines Haftungs- oder Duldungsbescheides ergeben sich aus den §§ 69 bis 77, den Einzelsteuergesetzen oder den zivilrechtlichen Vorschriften (z.B. §§ 25, 128 HGB; § 419 BGB).

2. Die Befugnis zum Erlaß eines Haftungs- oder Duldungsbeschei-des besteht auch, soweit die Haftung und Duldung sich auf steuerli-che Nebenleistungen erstreckt.

3. Wegen Rücknahme und Widerruf eines Haftungs- oder Dul-dungsbescheides Hinweis auf die §§ 130, 131; zur Zahlungsaufforde-rung bei Haftungsbescheiden vgl. zu § 219.

4. Vor Erlaß eines Haftungsbescheides gegen Rechtsanwälte, Pa-tentanwälte, Notare, Steuerberater, Steuerbevollmächtigte, Wirt-schaftsprüfer und vereidigte Buchprüfer ist der zuständigen Berufs-kammer gem. § 191 Abs. 2 Gelegenheit zur Stellungnahme zu geben. Die Frist für die Abgabe einer Stellungnahme soll im allgemeinen zwei Monate betragen. Die Stellungnahme kann in dringenden Fällen auch fernmündlich eingeholt werden. Eine versehentlich unterlassene Aufforderung zur Stellungnahme kann nachgeholt werden. Wird die Stellungnahme innerhalb der von der Finanzbehörde zu setzenden Frist nicht abgegeben, kann auch vor Eingang der Stellungnahme ein Haftungsbescheid ergehen.

Zu § 192 – Vertragliche Haftung:

Aufgrund vertraglicher Haftung (vgl. zu § 48) ist eine Inanspruch-nahme durch Haftungsbescheid nicht zulässig. Eine Verpflichtung zur Inanspruchnahme des vertraglich Haftenden besteht nicht; das Fi-nanzamt entscheidet nach Ermessen.

Zu § 193 – Zulässigkeit einer Außenprüfung:

1. Der Steuerpflichtige hat kein Recht auf Durchführung einer Außenprüfung, sondern es liegt im pflichtgemäßen Ermessen der Fi-

nanzbehörde, ob eine Außenprüfung durchgeführt wird (vgl. § 86 und BFH-Urteil vom 24. 10. 1972, BStBl. II 1973 S. 275). Dies gilt grundsätzlich auch, wenn der Steuerpflichtige wegen wirtschaftlicher Dispositionen (z.B. Betriebsveräußerung, Kapitalaufnahme) die alsbaldige Durchführung einer Außenprüfung begehrt.

2. Die Außenprüfung löst bestimmte Rechtsfolgen aus, z.B. Aufhebung des Vorbehalts der Nachprüfung (§ 164 Abs. 3 Satz 3); Ablaufhemmung (§ 171 Abs. 4); eingeschränkte Berichtigungsmöglichkeit (§ 173 Abs. 2); eine Außenprüfung ist auch Voraussetzung für die Erteilung einer verbindlichen Zusage i.S. des § 204. Von der Außenprüfung zu unterscheiden ist die Beweiserhebung im Besteuerungsverfahren (§§ 88, 92ff.), auch wenn sie am Ort des Betriebs ausgeführt wird. Zur betriebsnahen Veranlagung vgl. zu § 85 Nr. 2.

3. § 193 Abs. 2 Nr. 1 enthält die Rechtsgrundlage für die Prüfung der Lohnsteuer bei Steuerpflichtigen, die nicht unter § 193 Abs. 1 fallen (z.B. Prüfung der Lohnsteuer bei Privatpersonen mit mehreren Bediensteten). § 193 Abs. 2 Nr. 2 kann insbesondere bei Steuerpflichtigen mit umfangreichen und vielgestaltigen Einkünften zur Anwendung kommen, wenn diese Steuerpflichtigen nicht unter § 193 Abs. 1 fallen. Eine auf § 193 Abs. 2 Nr. 2 gestützte Prüfungsanordnung muß besonders begründet werden. Die Begründung muß ergeben, daß die gewünschte Aufklärung durch Einzelermittlung an Amtsstelle nicht erreicht werden kann (BFH-Urteil vom 7. 11. 1985, BStBl. II 1986 S. 435).

Zu § 194 – Sachlicher Umfang einer Außenprüfung:

1. Nach § 194 Abs. 1 Satz 2 liegt es im pflichtgemäßen Ermessen der Finanzbehörde, den Umfang der Außenprüfung zu bestimmen. Diese Regelung läßt die Möglichkeit zu, Prüfungspunkte bereits in der Prüfungsanordnung abzugrenzen. Eine auf § 193 Abs. 1 gestützte Außenprüfung kann sich auf die Steuerarten erstrecken, für die die betrieblichen Verhältnisse des Steuerpflichtigen Bedeutung haben. Im Rahmen einer solchen Außenprüfung können, ohne daß die Voraussetzungen des § 193 Abs. 2 Nr. 2 vorliegen müssen, auch Besteuerungsmerkmale überprüft werden, die mit den betrieblichen Verhältnissen der Steuerpflichtigen in keinem Zusammenhang stehen (BFH-Urteile vom 5. 11. 1981, BStBl. II 1982 S. 208, und vom 28. 11. 1985, BStBl. II 1986 S. 437).

2. Eine Außenprüfung kann zur Erledigung eines zwischenstaatlichen Rechts- und Amtshilfeersuchens (§ 117) unter den Voraussetzungen des § 193 nur bei einem in einem ausländischen Besteuerungsverfahren Steuerpflichtigen, nicht aber zur Feststellung der steuerlichen Verhältnisse bei einer anderen Person, durchgeführt werden (z.B. eines Ersuchens um Prüfung einer im Bundesgebiet belegenen Firma, die im ersuchenden Staat als Zollbeteiligter auftritt, oder einer deutschen Betriebsstätte eines ausländischen Steuerpflichtigen). Er-

mittlungen sind in Verbindung mit einer Außenprüfung möglich, die aus anderen Gründen durchgeführt wird.

3. Nach § 194 Abs. 1 Sätze 3 und 4 sowie Absatz 2 kann die Außenprüfung beim Steuerpflichtigen unter gewissen Voraussetzungen auch auf die steuerlichen Verhältnisse von Gesellschaftern, Mitgliedern, Betriebsangehörigen oder Mitgliedern von Überwachungsorganen (z. B. Aufsichtsräte) ausgedehnt werden.

4. § 194 Abs. 3 enthält die Rechtsgrundlage für das Erstellen von Kontrollmitteilungen. Soweit der Steuerpflichtige ein Auskunftsverweigerungsrecht nach § 102 hat und hierauf nicht ausdrücklich verzichtet, hat die Fertigung von Kontrollmitteilungen zu unterbleiben.

Zu § 195 – Zuständigkeit:

Durch § 195 Satz 3 sind im Rahmen der Organisationsform „veranlagende Betriebsprüfung" im Außenverhältnis zum Steuerpflichtigen die Prüfungsfälle gesetzlich abgesichert worden, in denen die prüfende Behörde nicht nach §§ 16 ff. für die Steuerfestsetzung zuständig ist. Vor Erteilung einer verbindlichen Zusage soll die beauftragte Finanzbehörde die für die Besteuerung insoweit zuständige Finanzbehörde hören; Hinweis auf § 367 Abs. 3.

Zu § 196 – Prüfungsanordnung:

1. Die Prüfungsanordnung stellt einen Verwaltungsakt dar (§ 118); sie muß eine Rechtsbehelfsbelehrung enthalten und kann mit der Beschwerde (§ 349) angefochten werden. Da die Beschwerde jedoch keine aufschiebende Wirkung hat, erfolgt der vorläufige Rechtsschutz im Anfechtungsverfahren erst durch Aussetzung der Vollziehung nach § 361 AO, § 69 FGO (BFH-Beschluß vom 17. 9. 1974, BStBl. II 1975 S. 197). Feststellungen, deren Anordnung rechtskräftig für rechtswidrig erklärt wurde, unterliegen einem Verwertungsverbot (BFH-Urteil vom 14. 8. 1985, BStBl. II 1986 S. 2). Das Finanzamt kann jedoch eine bereits abgeschlossene rechtswidrige Prüfung aufgrund einer fehlerfreien erneuten Prüfungsanordnung wiederholen (BFH-Urteil vom 7. 11. 1985, BStBl. II 1986 S. 435).

2. Die Duldung einer Außenprüfung kann gem. § 328 erzwungen werden; ihre vorsätzliche Behinderung kann den Tatbestand der Steuerhinterziehung erfüllen (§ 370 Abs. 1 Nr. 2).

3. Die Bestimmung des Umfangs der Außenprüfung in der Prüfungsanordnung ist von besonderer Bedeutung für die Ablaufhemmung nach § 171 Abs. 4 und die Sperrwirkung nach § 173 Abs. 2.

Soll eine Außenprüfung über den Rahmen der ergangenen Prüfungsanordnung hinaus ausgedehnt oder eingeschränkt werden, ist hierzu eine Änderung der Prüfungsanordnung erforderlich (BFH-Urteil vom 13. 10. 1972, BStBl. II 1973 S. 74). Soweit es zum Verständnis des Steuerpflichtigen erforderlich ist, sind ihm die Gründe für die Änderung mitzuteilen (§ 121 Abs. 1).

4. Dem Erlaß einer Prüfungsanordnung steht nicht entgegen, daß die zu überprüfenden Steueransprüche möglicherweise verjährt sind oder aus anderen Gründen nicht mehr durchgesetzt werden können (BFH-Urteil vom 23. 7. 1985, BStBl. II 1986 S. 433).

Zu § 197 – Bekanntgabe der Prüfungsanordnung:

1. Die Prüfungsanordnung wird durch ihre Bekanntgabe wirksam (§ 124). Um dem Steuerpflichtigen Gelegenheit zu geben, sich rechtzeitig auf die Prüfung einzustellen, ist die Prüfungsanordnung angemessene Zeit vor Prüfungsbeginn bekanntzugeben, wenn der Prüfungszweck dadurch nicht gefährdet wird.

2. Prüfungsanordnungen gegen beide Ehegatten können in einer Verfügung zusammengefaßt werden. Zu ihrer Bekanntgabe genügt die Übersendung nur einer Ausfertigung, wenn die Eheleute durch die gemeinsame Abgabe von Einkommensteuererklärungen sich gegenseitig zur Empfangnahme im Besteuerungsverfahren ermächtigt haben. Soll gegen beide Ehegatten eine Prüfungsanordnung ergehen, müssen die Prüfungsvoraussetzungen (§§ 193, 194 Abs. 2) bei jedem Ehegatten erfüllt sein (BFH-Urteil vom 5. 11. 1981, BStBl. II 1982 S. 208).

3. § 197 Abs. 2 stellt es in das pflichtgemäße Ermessen der Finanzbehörde, auf Antrag des Steuerpflichtigen den Prüfungsbeginn hinauszuschieben. Die Ablehnung eines solchen Antrags stellt einen Verwaltungsakt (§ 118) dar, der mit der Beschwerde (§ 349) angefochten werden kann. Wichtige Gründe für eine Hinausschiebung des Prüfungsbeginns können z.B. sein: Erkrankung des Steuerpflichtigen, seines für Auskünfte erforderlichen steuerlichen Beraters oder maßgeblichen Mitarbeiters; beträchtliche Betriebsstörungen durch Umbau oder höhere Gewalt. Dem Antrag des Steuerpflichtigen kann ggf. unter Auflage (z.B. Erledigung von Vorbereitungsarbeiten für die Prüfung) stattgegeben werden.

Zu § 198 – Ausweispflicht, Beginn der Außenprüfung:

Der Nachweis des Prüfungsbeginns kann für die Berechnung der Ablaufhemmung nach § 171 Abs. 4 wichtig sein. Eine Prüfung wird begonnen, wenn der Außenprüfer ernsthaft mit der Prüfung beginnt; hierzu gehören auch Anfangsbesprechungen mit dem Steuerpflichtigen oder seinem Bevollmächtigten. In der Regel wird der Prüfungsbeginn mit dem für die Erstattung einer Selbstanzeige maßgeblichen Zeitpunkt des Erscheinens des Außenprüfers zusammenfallen (§ 371 Abs. 2 Nr. 1 Buchstabe a). Der Prüfungsbeginn ist in dem Prüfungsbericht bzw. in der Mitteilung über die ergebnislose Prüfung (§ 202 Abs. 1) mitzuteilen.

Zu § 200 – Mitwirkungspflichten des Steuerpflichtigen:

1. Der Steuerpflichtige hat insbesondere Unterlagen vorzulegen, d.h. er muß die vom Außenprüfer gewünschten Teile der Buchfüh-

rung usw. heraussuchen und herbeischaffen. Er hat ferner eine Verpflichtung, mündlich oder schriftlich die zum Verständnis erforderlichen Erläuterungen zu geben. Die Auskunfts- und Mitwirkungspflicht des Steuerpflichtigen erlischt nicht mit der Bestellung von Auskunftspersonen.

2. Die Bestimmung des Umfangs der Mitwirkung des Steuerpflichtigen liegt im pflichtgemäßen Ermessen der Finanzbehörde. Bei wiederholten Verzögerungen durch den Steuerpflichtigen oder der von ihm benannten Auskunftspersonen sollen nach den Umständen des Einzelfalls die Anwendung von Zwangsmitteln (§ 328) oder die Vornahme einer Schätzung (§ 162) in Betracht gezogen werden, wenn andere Bemühungen (z.B. nachdrückliche Hinweise an den Steuerpflichtigen bzw. die Geschäftsleitung des Unternehmens durch den für die Außenprüfung zuständigen Sachgebietsleiter) keine Abhilfe geschaffen haben.

3. Die Betriebsbesichtigung stellt keine Augenscheinseinnahme i.S. des § 98 dar.

Zu § 201 – Schlußbesprechung:

Rechtsirrtümer, die die Finanzbehörde nach der Schlußbesprechung erkennt, können auch dann noch bei der Auswertung der Prüfungsfeststellungen richtiggestellt werden, wenn an der Schlußbesprechung der für die Steuerfestsetzung zuständige Beamte teilgenommen hat (BFH-Urteile vom 6. 11. 1962, BStBl. III 1963 S. 104, und vom 1. 3. 1963, BStBl. III S. 212).

Zu § 202 – Inhalt und Bekanntgabe des Prüfungsberichts:

1. Wenn bekannt ist, daß zu einem Sachverhalt mit einem Rechtsbehelf oder mit einem Antrag auf verbindliche Zusage (§ 204) zu rechnen ist, ist der Sachverhalt umfassend im Prüfungsbericht darzustellen. Die Mitteilung über die ergebnislose Prüfung (§ 202 Abs. 1 Satz 3) hat Bedeutung für spätere Änderungen (§ 173 Abs. 2) und für die Ablaufhemmung (§ 171 Abs. 4). Für den Innendienst oder spätere Besteuerungszeiträume bestimmte Mitteilungen des Außenprüfers brauchen nicht in den Prüfungsbericht aufgenommen zu werden (BFH-Urteil vom 27. 3. 1961, BStBl. III S. 290).

2. In dem durch die Prüfungsanordnung vorgegebenen Rahmen muß die Außenprüfung entweder durch Steuerfestsetzung oder Mitteilung über eine ergebnislose Prüfung (§ 202 Abs. 1 Satz 3) abgeschlossen werden.

Zu § 203 – Abgekürzte Außenprüfung:

Eine abgekürzte Außenprüfung ist bei allen unter § 193 fallenden Steuerpflichtigen zulässig. Sie löst dieselben Rechtsfolgen wie eine andere Außenprüfung aus (s. zu § 193 Nr. 2). Ihre Anordnung liegt im pflichtgemäßen Ermessen der Finanzbehörde. Bei einer abgekürzten Außenprüfung finden alle Vorschriften über die Außenprüfung (§§ 193 ff.) Anwendung, mit Ausnahme der Regelungen in § 201 Abs. 1 (Schlußbesprechung) und § 202 Abs. 2 (Übersendung des Prüfungsberichts auf Antrag vor dessen Auswertung).

Zu § 204 – Voraussetzung der verbindlichen Zusage:

1. Über den Antrag auf Erteilung einer verbindlichen Zusage entscheidet die für die Auswertung der Prüfungsfeststellungen zuständige Finanzbehörde (Stelle). Der Antrag kann ausnahmsweise abgelehnt werden, insbesondere wenn sich der Sachverhalt nicht für eine verbindliche Zusage eignet (z. B. zukünftige Angemessenheit von Verrechnungspreisen bei unübersichtlichen Marktverhältnissen), wenn zu dem betreffenden Sachverhalt die Herausgabe von allgemeinen Verwaltungsvorschriften oder eine Grundsatzentscheidung des BFH nahe bevorsteht oder die Zusage einen unverhältnismäßig hohen Verwaltungsaufwand erfordert.

2. Der Anwendungsbereich der Vorschrift erstreckt sich praktisch auf für die Vergangenheit geprüfte (verwirklichte) Sachverhalte mit Wirkung in die Zukunft (z. B. Gesellschaftsverträge, Erwerb von Grundstücken). Zwischen der Außenprüfung und der Stellung des Antrags auf Erteilung einer verbindlichen Zusage muß der zeitliche Zusammenhang gewahrt bleiben. Bei einem nach der Schlußbesprechung gestellten Antrag ist in der Regel keine verbindliche Zusage mehr zu erteilen, wenn nochmalige umfangreiche Prüfungshandlungen erforderlich sind. Ein Antrag auf Erteilung einer verbindlichen Zusage soll schriftlich gestellt werden; Unklarheiten gehen zu Lasten des Steuerpflichtigen (BFH-Urteil vom 4. 8. 1961, BStBl. III S. 562).

3. Die Erteilung oder Ablehnung einer verbindlichen Zusage stellt einen Verwaltungsakt (§ 118) dar, der gem. § 348 Abs. 1 Nr. 6 mit dem Einspruch angefochten werden kann.

Zu § 205 – Form der verbindlichen Zusage:

Für die Erteilung der verbindlichen Zusage ist die Schriftform vorgeschrieben; mündlich erteilte Zusagen haben nicht die Bindungswirkung des § 206. Die verbindliche Zusage ist als verbindlich zu kennzeichnen. Vorbehalte (z. B. „vorbehaltlich des Ergebnisses einer Besprechung mit den obersten Finanzbehörden der Länder") schließen die Bindung aus (BFH-Urteil vom 4. 8. 1961, BStBl. III S. 562). Die verbindliche Zusage hat die Entscheidung über den Sachverhalt, die Entscheidungsgründe (§ 205 Abs. 2 Nr. 2) sowie die Rechtsvorschriften, auf die die Entscheidung gestützt wird, zu enthalten; die Angabe der Rechtsvorschriften hat Bedeutung im Hinblick auf die Regelung in § 207 Abs. 1. Die verbindliche Zusage wird durch Bekanntgabe wirksam. Sie kann mit Nebenbestimmungen (§ 120 Abs. 2) verbunden werden.

Zu § 206 – Bindungswirkung:

Entspricht der nach Erteilung der verbindlichen Zusage festgestellte und steuerlich zu beurteilende Sachverhalt nicht dem der verbindlichen Zusage zugrunde gelegten Sachverhalt, so ist die Finanzbehörde an die erteilte Zusage auch ohne besonderen Widerruf nicht gebunden (§ 206 Abs. 1). Trifft die Finanzbehörde in einer Steuerfestsetzung eine andere Entscheidung als bei der Erteilung der verbindlichen Zusage, so kann der Steuerpflichtige im Rechtsbehelfsverfahren gegen den betreffenden Bescheid die Bindungswirkung geltend machen. Der Steuerpflichtige andererseits ist nicht gebunden, wenn die verbindliche Zusage zu seinen Ungunsten dem geltenden Recht widerspricht (§ 206 Abs. 2). Er kann also den Steuerbescheid, dem eine verbindliche Zusage zugrunde liegt, anfechten, um eine günstigere Regelung zu erreichen. Hierbei ist es unerheblich, ob die Fehlerhaftigkeit der Zusage bereits bei ihrer Erteilung erkennbar war oder erst später (z. B. durch eine Rechtsprechung zugunsten des Steuerpflichtigen) erkennbar geworden ist.

Zu § 207 – Außerkrafttreten, Aufhebung und Änderung der verbindlichen Zusage:

1. Tritt eine verbindliche Zusage wegen Änderung der Rechtsvorschriften (§ 207 Abs. 1) außer Kraft und bringt dies für den Steuerpflichtigen unbillige Härten mit sich, so können im Einzelfall Billigkeitsmaßnahmen (z. B. Stundung nach § 222, Erlaß nach § 227 Abs. 1) in Betracht gezogen werden. Grundsätzlich kann jedoch das Vertrauen des Steuerpflichtigen auf den Fortbestand einer Rechtsvorschrift keinen Schutz genießen.

2. Die Finanzbehörde kann die verbindliche Zusage mit Wirkung für die Zukunft widerrufen oder ändern (§ 207 Abs. 2), z. B. wenn sich die steuerrechtliche Beurteilung der verbindlichen Zusage zugrunde gelegten Sachverhalts durch die Rechtsprechung oder Verwaltung zum Nachteil des Steuerpflichtigen ändert. Es handelt sich hierbei um eine Ermessensentscheidung der Finanzbehörde, wobei auch zu berücksichtigen ist, inwieweit der Steuerpflichtige auf die verbindliche Zusage vertraut und disponiert hat. Entsprechend den im Vertrauen auf den Fortbestand der verbindlichen Zusage getroffenen Dispositionen bzw. vertraglichen Vereinbarungen kann es im Einzelfall aus Billigkeitsgründen gerechtfertigt sein, von einem Widerruf der verbindlichen Zusage abzusehen oder die Wirkung des Widerrufs zu einem späteren Zeitpunkt eintreten zu lassen; eine solche Billigkeitsmaßnahme wird in der Regel jedoch nur dann geboten sein, wenn sich der Steuerpflichtige nicht mehr ohne erheblichen Aufwand bzw. unter beträchtlichen Schwierigkeiten von den getroffenen Dispositionen oder eingegangenen vertraglichen Verpflichtungen zu lösen vermag.

3. Die verbindliche Zusage kann nach § 207 Abs. 3 rückwirkend nur aufgehoben werden, wenn der Steuerpflichtige zustimmt oder wenn sie von einer sachlich unzuständigen Stelle erteilt oder durch unlautere Mittel (z. B. arglistige Täuschung, Drohung oder Bestechung) erwirkt worden ist (§ 130 Abs. 2 Nr. 1 oder 2).

Zu § 208 – Steuerfahndung, Zollfahndung:

1. Der Steuerfahndung weist das Gesetz folgende Aufgaben zu:

a) Vorfeldermittlungen zur Verhinderung von Steuerverkürzungen (§ 85 Satz 2), die auf die Aufdeckung und Ermittlung unbekannter Steuerfälle gerichtet sind (§ 208 Abs. 1 Satz 1 Nr. 3);

b) die Verfolgung bekanntgewordener Steuerstraftaten gem. § 386 Abs. 1 Satz 1 und Steuerordnungswidrigkeiten einschließlich der Ermittlung des steuerlich erheblichen Sachverhalts und dessen rechtlicher Würdigung (§ 208 Abs. 1 Satz 1 Nrn. 1 und 2). § 208 Abs. 1 Sätze 2 und 3 bestimmen, welche Vorschriften für das Verfahren zur Durchführung von Steuerfahndungsmaßnahmen maßgebend sind.

2. Die Steuerfahndung übt die Rechte und Pflichten aus,

a) die den Finanzämtern im Besteuerungsverfahren zustehen (§§ 85 ff.);

b) die sich aus § 404 Satz 2 ergeben: erster Zugriff; Durchsuchung; Beschlagnahme; Durchsicht von Papieren sowie sonstige Maßnahmen nach den für die Hilfsbeamten der Staatsanwaltschaft geltenden Vorschriften.

3. Zu Maßnahmen im Besteuerungsverfahren ist die Steuerfahndung auch berechtigt, wenn bereits ein Steuerstrafverfahren eingeleitet worden ist (vgl. BFH-Beschluß vom 29. 10. 1986, BStBl. II 1987 S. 440). Für Einwendungen gegen ihre Maßnahmen im Besteuerungsverfahren ist der Finanzrechtsweg, für Einwendungen gegen Maßnahmen im Strafverfahren wegen Steuerstraftaten der ordentliche Rechtsweg gegeben.

4. Für die Steuerfahndung gelten bei der Ermittlung der Besteuerungsgrundlagen und bei Vorfeldermittlungen folgende Einschränkungen als Vorschriften über das Besteuerungsverfahren nicht (§ 208 Abs. 1 Satz 3):

a) Andere Personen als die Beteiligten können sofort um Auskunft angehalten werden (§ 93 Abs. 1 Satz 3).

b) Das Auskunftsersuchen bedarf entgegen § 93 Abs. 2 Satz 2 nicht der Schriftform.

c) Die Vorlage von Urkunden kann ohne vorherige Befragung des Vorlagepflichtigen verlangt und die Einsichtnahme in diese Urkunden unabhängig von dessen Einverständnis erwirkt werden (§ 97 Abs. 2 und 3).

In den Fällen der Buchstaben a) und c) ist § 30 a Abs. 5 zu beachten.

5. Mitwirkungspflichten des Steuerpflichtigen, die sich aus den Vorschriften über die Außenprüfung ergeben, bleiben bestehen (§ 208 Abs. 1 Satz 3). Die Mitwirkungspflicht kann allerdings nicht erzwungen werden, wenn sich der Steuerpflichtige dadurch der Gefahr aussetzen würde, sich selbst wegen einer von ihm begangenen Steuerstraftat oder Steuerordnungswidrigkeit belasten zu müssen oder wenn gegen ihn bereits ein Steuerstraf- oder Bußgeldverfahren eingeleitet worden ist. Über diese Rechtslage muß der Steuerpflichtige belehrt werden.

6. Beamte der Steuerfahndung können mit sonstigen Aufgaben betraut werden (§ 208 Abs. 2).

Zu § 218 – Verwirklichung von Ansprüchen aus dem Steuerschuldverhältnis:

1. Ansprüche aus dem Steuerschuldverhältnis (§ 37) werden durch Verwaltungsakt konkretisiert. Zu leisten ist der im Bescheid ausgewiesene Betrag unabhängig davon, in welcher Höhe nach den gesetzlichen Bestimmungen tatsächlich ein Anspruch entstanden ist. Der Verwaltungsakt wirkt deklaratorisch, soweit sich die festgesetzte Steuer mit der gesetzlichen Steuerschuld deckt; er wirkt konstitutiv, soweit die festgesetzte Steuer nicht der tatsächlich entstandenen Steuer entspricht. Der Verwaltungsakt wirkt ebenfalls konstitutiv, wenn es sich um steuerliche Nebenleistungen handelt, deren Festsetzung in das Ermessen der Finanzbehörde gestellt ist, z.B. beim Verspätungszuschlag (§ 152).

2. Bei Säumniszuschlägen bedarf es keines Leistungsgebotes, wenn sie zusammen mit der Steuer beigetrieben werden (§ 254 Abs. 2).

3. Über Streitigkeiten, die Zahlungsansprüche betreffen, entscheiden die Finanzbehörden durch Abrechnungsbescheid (BFH-Urteil vom 12. 6. 1986, BStBl. II S. 702). Als Rechtsbehelf ist der Einspruch gegeben (§ 348 Abs. 1 Nr. 9). Die Änderungsmöglichkeiten richten sich nach §§ 129 bis 131. Die Abrechnung über Steuerabzugsbeträge, Steuervorauszahlungen und anrechenbare Körperschaftsteuer im Zusammenhang mit der Steuerfestsetzung ist kein Abrechnungsbescheid i.S. des § 218 Abs. 2 (BFH-Urteil vom 14. 11. 1984, BStBl. II 1985 S. 216). Sie ergeht i.d.R. im Rahmen eines mit dem Steuerbescheid verbundenen Leistungsgebots bzw. einer Erstattungsverfügung. Sie kann deshalb bis zum Ablauf der Zahlungsverjährung jederzeit zugunsten des Steuerpflichtigen geändert werden. Dagegen ist – soweit nicht § 129 anzuwenden ist – eine Änderung zuungunsten des Steuerpflichtigen nur unter den einschränkenden Voraussetzungen des § 130 Abs. 2 möglich (BFH-Urteil vom 16. 10. 1986, BStBl. II 1987 S. 405).

Zu § 219 – Zahlungsaufforderung bei Haftungsbescheiden:

1. Es ist zu unterscheiden zwischen der gesetzlichen Entstehung der Haftungsschuld, dem Erlaß des Haftungsbescheides (§ 191) und

der Inanspruchnahme des Haftungsschuldners durch Zahlungsaufforderung (Leistungsgebot). § 219 regelt nur die Zahlungsaufforderung. Der Erlaß des Haftungsbescheides selbst wird durch die Einschränkung in der Vorschrift nicht gehindert. Die Zahlungsaufforderung darf jedoch mit dem Haftungsbescheid nur verbunden werden, wenn die Voraussetzungen des § 219 vorliegen.

2. § 219 ist Ausdruck des Grundsatzes, daß der Haftungsschuldner nur nach dem Steuerschuldner (subsidiär) für die Steuerschuld einzustehen hat. Auch in den Fällen des § 219 Satz 2, in denen das Gesetz eine unmittelbare Inanspruchnahme des Haftungsschuldners erlaubt, kann es der Ausübung pflichtgemäßen Ermessens entsprechen, sich zunächst an den Steuerschuldner zu halten.

Zu § 220 – Fälligkeit:

Steueranmeldungen, die zu einer Steuervergütung oder zu einer Herabsetzung der bisher festgesetzten Steuer führen, stehen einer Steuerfestsetzung unter dem Vorbehalt der Nachprüfung erst gleich, wenn die Finanzbehörde zustimmt (§ 168). Die angemeldeten Überschüsse werden nach § 220 Abs. 2 Satz 2 nicht vor diesem Zeitpunkt fällig.

Zu § 224 – Leistungsort, Tag der Zahlung:

1. § 224 Abs. 2 Nr. 3 stellt sicher, daß Verzögerungen bei der Einziehung aufgrund einer Einzugsermächtigung nicht zu Lasten des Steuerpflichtigen gehen.

2. Die Regelungen zum Tag der Zahlung (§ 224 Abs. 2 und 3) gelten nur bei wirksam geleisteten Zahlungen, d. h. wenn der geleistete Betrag den Empfänger erreicht hat.

3. *(aufgehoben)*

Zu § 226 – Aufrechnung:

1. Für die Aufrechnung gelten sinngemäß die Vorschriften des Bürgerlichen Gesetzbuches (§§ 387 bis 396). § 390 Satz 2 BGB wird durch § 226 Abs. 2 ausgeschlossen. Die Gegenseitigkeit von Forderungen aus dem Steuerschuldverhältnis ist nach der ab 1. 1. 1987 geltenden Neufassung des § 226 gewahrt, wenn die Abgabe derselben Körperschaft zusteht (§ 226 Abs. 1) oder von derselben Körperschaft verwaltet wird (§ 226 Abs. 4). Das Finanzamt kann daher von einem Steuerpflichtigen geforderte Landessteuern (z. B. Vermögensteuer) gegen die an diesen Steuerpflichtigen zu erstattenden Bundessteuern (z. B. Gesellschaftsteuer) aufrechnen. Bei der Aufrechnung durch den Steuerpflichtigen findet § 395 BGB keine Anwendung (BFH-Urteil vom 25. April 1989, BStBl. II S. 949).

2. Die Rückwirkung der Aufrechnung nach § 389 BGB geht nicht über den Zeitpunkt der Fälligkeit der Schuld des Aufrechnenden

hinaus (BGHZ Bd. 27 S. 123). Rechnet das Finanzamt mit einer Steuerforderung gegen eine später als die Steuerforderung fällig gewordene Erstattungsforderung auf, so bleiben Säumniszuschläge hinsichtlich der zur Aufrechnung gestellten Steuerforderung für die Zeit vor der Fälligkeit der Erstattungsforderung bestehen.

Bei der Umbuchung von Ansprüchen auf Steuererstattungen oder Steuervergütungen, die sich aus Steueranmeldungen ergeben, gilt aus Billigkeitsgründen als Fälligkeitstag der Tag des Eingangs der Steueranmeldung, frühestens jedoch der 1. Tag des auf den Anmeldungszeitraum folgenden Monats. Dies gilt auch, wenn die Steuererstattung oder Steuervergütung abweichend von der Steueranmeldung festgesetzt wird.

3. Soweit sich die Aufrechnungslage weder aus § 226 Abs. 1 auf Grund der Ertragsberechtigung noch aus § 226 Abs. 4 auf Grund der Verwaltungshoheit ergibt, kann in geeigneten Fällen die erforderliche Gegenseitigkeit seitens der Finanzverwaltung dadurch hergestellt werden, daß zwecks Einziehung der zu erhebende (ggf. anteilige) Anspruch an die Körperschaft, die den anderen Anspruch zu erfüllen hat, abgetreten und damit die Gläubiger-/Schuldneridentität i.S. des § 226 Abs. 1 herbeigeführt wird (BFH-Urteil vom 5. September 1989, BStBl. II S. 1004).

4. Für die Erklärung der Aufrechnung ist grundsätzlich die Behörde zuständig, die den Anspruch, gegen den aufgerechnet werden soll, zu erfüllen hat.

5. Liegen die Voraussetzungen für die Aufrechnung nicht vor, bleibt die Möglichkeit einer vertraglichen Verrechnung der Forderungen. Ein solcher Verrechnungsvertrag kommt z.B. dadurch zustande, daß der Unternehmer (eine Personengesellschaft) gleichzeitig mit der Umsatzsteuer-Voranmeldung dem Finanzamt die Verrechnung seines Umsatzsteuer-Erstattungsanspruchs mit der Einkommensteuer-Forderung des Finanzamts an einen der Gesellschafter anbietet und das Finanzamt dieses Angebot ausdrücklich oder stillschweigend annimmt. Die Rechtswirksamkeit eines Verrechnungsvertrags ist nach den allgemeinen Rechtsgrundsätzen über den Abschluß von Verträgen zu beurteilen (BFH-Urteile vom 13. 10. 1972, BStBl. II 1973 S. 66, vom 21. 3. 1978, BStBl. II S. 606, und vom 30. 10. 1984, BStBl. II 1985 S. 114).

Zu § 228 – Gegenstand der Verjährung, Verjährungsfrist:

1. Die Zahlungsverjährung erstreckt sich auch auf Ansprüche des Steuerpflichtigen.

2. Fällt das Ende der Verjährungsfrist auf einen Sonntag, einen gesetzlichen Feiertag oder einen Sonnabend, so endet die Verjährungsfrist erst mit dem Ablauf des nächstfolgenden Werktages (§ 108 Abs. 3).

3. Die Zahlungsverjährung führt zum Erlöschen des Anspruchs (§§ 47, 232).

Zu § 229 – Beginn der Verjährung:

Die Zahlungsverjährung beginnt grundsätzlich mit Ablauf des Kalenderjahres, in dem der Anspruch erstmals fällig geworden ist. Wird durch eine Steueranmeldung oder Steuerfestsetzung erst die Voraussetzung für die Durchsetzung des Anspruchs geschaffen, so beginnt die Verjährung auch bei früherer Fälligkeit des Anspruchs (z.B. bei den sog. Fälligkeitssteuern) nicht vor Ablauf des Kalenderjahres, in dem die Steueranmeldung oder die Festsetzung, die Aufhebung oder Änderung der Festsetzung eines Anspruchs wirksam geworden ist. Dies gilt unabhängig davon, ob der Bescheid angefochten wird oder nicht.

Zu § 231 – Unterbrechung der Verjährung:

1. Für die Unterbrechung genügt, daß das maßgebliche Schriftstück vor Ablauf der Verjährungsfrist die Finanzbehörde verlassen hat oder daß bei öffentlicher Zustellung bis zu diesem Zeitpunkt der Aushang erfolgt ist (§ 169 Abs. 1 Satz 3).

2. Zu den Unterbrechungstatbeständen gehört auch die schriftliche Geltendmachung eines Zahlungsanspruchs durch den Steuerpflichtigen.

Zu § 233 a – Verzinsung von Steuernachforderungen und Steuererstattungen:

Allgemeines

1. Die Verzinsung von Steuernachforderungen und Steuererstattungen nach § 233 a (Vollverzinsung) soll einen Ausgleich dafür schaffen, daß die Steuern trotz gleichen gesetzlichen Entstehungszeitpunkts, aus welchen Gründen auch immer, zu unterschiedlichen Zeitpunkten festgesetzt und erhoben werden. Die Verzinsung ist gesetzlich vorgeschrieben; die Zinsfestsetzung steht nicht im Ermessen der Finanzbehörde. Die Zinsen werden im automatisierten Verfahren berechnet, festgesetzt und zum Soll gestellt. Die Zinsfestsetzung wird regelmäßig mit dem Steuerbescheid oder der Abrechnungsmitteilung verbunden.

Sachlicher Geltungsbereich

2. Die Verzinsung ist beschränkt auf die Festsetzung der Einkommen-, Körperschaft-, Vermögen-, Umsatz- und Gewerbesteuer (§ 233 a Abs. 1 Satz 1). Von der Verzinsung ausgenommen sind die übrigen Steuern und Abgaben sowie Steuervorauszahlungen und Steuerabzugsbeträge (§ 233 a Abs. 1 Satz 2). Auch bei der Nachforderung von Abzugsteuern gegenüber dem Steuerschuldner, der Festset-

zung der vom Arbeitgeber übernommenen Lohnsteuer sowie der Festsetzung der Umsatzsteuer im Abzugsverfahren erfolgt keine Verzinsung nach § 233a. Kirchensteuern werden nur verzinst, soweit die Landeskirchensteuergesetze dies vorsehen.

Zinsschuldner/-gläubiger

3. Bei der Verzinsung von Steuernachzahlungen ist der Steuerschuldner auch Zinsschuldner. Schulden mehrere Personen die Steuer als Gesamtschuldner, sind sie auch Gesamtschuldner der Zinsen. Bei der Verzinsung von Erstattungsansprüchen ist grundsätzlich der Gläubiger des Erstattungsanspruchs Zinsgläubiger. Die Aufteilung der Zinsen nach §§ 268 ff. hat für die Zinsberechnung keine Bedeutung. Zur Abtretung eines Anspruchs auf Erstattungszinsen vgl. zu § 46 Nr. 1.

Zinslauf

4. Der Zinslauf beginnt grundsätzlich 15 Monate nach Ablauf des Kalenderjahres, in dem die Steuer entstanden ist (Karenzzeit nach § 233a Abs. 2 Satz 1). Er endet mit Ablauf des Tages, an dem die Steuerfestsetzung wirksam wird, spätestens jedoch vier Jahre nach seinem Beginn (§ 233a Abs. 2 Satz 3). Der Zeitpunkt der Zahlung oder der Fälligkeit der Steuernachforderung oder der Steuererstattung ist grundsätzlich unbeachtlich.

5. Bei Steuerfestsetzungen durch Steuerbescheid endet der Zinslauf am Tag der Bekanntgabe des Steuerbescheids (§ 124 Abs. 1 Satz 1 i.V.m. § 122). Dies kann auch ein Sonnabend, ein Sonntag oder ein gesetzlicher Feiertag sein. Bei Umsatzsteuererklärungen mit einem Unterschiedsbetrag zuungunsten des Steuerpflichtigen endet der Zinslauf grundsätzlich am Tag des Eingangs der Steueranmeldung (§ 168 Satz 1). Bei zustimmungsbedürftigen Umsatzsteuererklärungen mit einem Unterschiedsbetrag zugunsten des Steuerpflichtigen endet der Zinslauf grundsätzlich am Tag der Zustimmung der Finanzbehörde (§ 168 Satz 2). In Fällen, in denen die Betragsgrenze für die allgemein erteilte Zustimmung nicht überschritten wird (vgl. zu § 163 Nr. 9), endet der Zinslauf am Tag des Eingangs der Umsatzsteuererklärung.

6. Ein voller Zinsmonat (§ 238 Abs. 1 Satz 2) ist erreicht, wenn der Tag, an dem der Zinslauf endet, hinsichtlich seiner Zahl dem Tag entspricht, der dem Tag vorhergeht, an dem die Frist begann (vgl. § 108 Abs. 1). Begann der Zinslauf z.B. am 1. April und wurde die Steuerfestsetzung am 30. April bekanntgegeben, ist bereits ein voller Zinsmonat gegeben.

7. Behauptet der Steuerpflichtige, ihm sei der Steuerbescheid bzw. die erweiterte Abrechnungsmitteilung später als nach der Zugangsvermutung des § 122 Abs. 2 zugegangen, bleibt der ursprüngliche Bekanntgabetag für die Zinsberechnung maßgebend, wenn das Gut-

haben bereits erstattet wurde. Gleiches gilt, wenn der Steuerbescheid bzw. die erweiterte Abrechnungsmitteilung nach einem erfolglosen Bekanntgabeversuch erneut abgesandt wird und das Guthaben bereits erstattet wurde. Wurde bei einer Änderung/Berichtigung einer Steuerfestsetzung vor ihrer Bekanntgabe ein Guthaben bereits erstattet, ist allerdings die Zinsfestsetzung im bekanntgegebenen Bescheid so durchzuführen, als ob das Guthaben noch nicht erstattet worden wäre.

8. Für die Einkommen- und Körperschaftsteuer beträgt die Karenzzeit 21 Monate, wenn die Einkünfte aus Land- und Forstwirtschaft bei der erstmaligen Steuerfestsetzung für das jeweilige Jahr überwiegen (§ 233 a Abs. 2 Satz 2). Unter dieser Voraussetzung beginnt der Zinslauf für die Einkommen- und Körperschaftsteuer 1992 daher nicht bereits am 1. April 1994, sondern am 1. Oktober 1994. Bei der Prüfung, ob die Einkünfte aus Land- und Forstwirtschaft die anderen Einkünfte überwiegen, kommt es auf die Verhältnisse bei der erstmaligen Steuerfestsetzung für den jeweiligen Besteuerungszeitraum an.

9. Stellt sich später heraus, daß die Einkünfte aus Land- und Forstwirtschaft die anderen Einkünfte nicht überwiegen, bleibt es gleichwohl bei der Karenzzeit von 21 Monaten. Umgekehrt bleibt es bei der Karenzzeit von 15 Monaten, wenn sich später herausstellt, daß entgegen den Verhältnissen bei der erstmaligen Steuerfestsetzung die Einkünfte aus Land- und Forstwirtschaft die übrigen Einkünfte überwiegen. Sind die Einkünfte aus Land- und Forstwirtschaft negativ, überwiegen die anderen Einkünfte, wenn diese positiv oder in geringerem Maße negativ sind.

Grundsätze der Zinsberechnung

10. Die Zinsen betragen für jeden vollen Monat des Zinslaufs einhalb vom Hundert (§ 238 Abs. 1). Für ihre Berechnung wird der zu verzinsende Betrag jeder Steuerart auf volle hundert Deutsche Mark nach unten abgerundet (§ 238 Abs. 2). Sie werden nur dann festgesetzt, wenn sie mindestens zwanzig Deutsche Mark betragen (§ 239 Abs. 2).

11. Für die Zinsberechnung gelten die Grundsätze der sog. Sollverzinsung. Berechnungsgrundlage ist der Unterschied zwischen dem festgesetzten Soll und dem vorher festgesetzten Soll (Vorsoll). Es ist grundsätzlich unerheblich, ob das Vorsoll bei Fälligkeit getilgt worden ist. Ggf. treten insoweit besondere Zins- und Säumnisfolgen (z.B. Stundungszinsen, Säumniszuschläge) ein. Bei der Berechnung von Erstattungszinsen gelten allerdings Besonderheiten, wenn Steuerbeträge nicht oder nicht fristgerecht gezahlt wurden (§ 233 a Abs. 3 Satz 3).

Zinsberechnung bei der erstmaligen Steuerfestsetzung

12. Bei der erstmaligen Steuerfestsetzung (endgültige Steuerfestsetzung, vorläufige Steuerfestsetzung, Steuerfestsetzung unter Vorbehalt der Nachprüfung) ist Berechnungsgrundlage der Unterschied zwischen dem dabei festgesetzten Soll (festgesetzte Steuer abzüglich anzurechnender Steuerabzugsbeträge und anzurechnender Körperschaftsteuer) und dem Vorauszahlungssoll. Maßgebend sind die bei Beginn des Zinslaufs festgesetzten Vorauszahlungen.

13. Vorauszahlungen können noch innerhalb der gesetzlichen Fristen (z.B. § 37 Abs. 3 Satz 3 EStG) angepaßt werden. Leistet der Steuerpflichtige vor Ablauf der Karenzzeit eine freiwillige Vorauszahlung, ist dies als Antrag auf Anpassung der bisher festgesetzten Vorauszahlungen anzusehen. Diesem Antrag soll regelmäßig entsprochen werden. Eine nachträgliche Erhöhung der Vorauszahlungen zur Einkommen- und Körperschaftsteuer erfolgt jedoch nur dann, wenn der Erhöhungsbetrag mindestens 5000 Deutsche Mark beträgt (§ 37 Abs. 5 EStG, § 49 Abs. 1 KStG). Bei der Umsatzsteuer kann der Steuerpflichtige eine Anpassung der Vorauszahlungen durch die Abgabe einer berichtigten Voranmeldung (§ 153 Abs. 1) herbeiführen. Die berichtigte Voranmeldung steht einer geänderten Steuerfestsetzung unter Vorbehalt der Nachprüfung gleich und bedarf keiner Zustimmung der Finanzbehörde, wenn sie zu einer Erhöhung der bisher zu entrichtenden Steuer oder einem geringeren Erstattungsbetrag führt (vgl. zu § 168 Nr. 12).

14. Leistet der Steuerpflichtige nach Ablauf der Karenzzeit eine freiwillige Zahlung, soll bei Vorliegen der Steuererklärung unverzüglich eine Steuerfestsetzung erfolgen. Diese Steuerfestsetzung kann zur Beschleunigung auch durch eine personelle Festsetzung unter Vorbehalt der Nachprüfung erfolgen. In diesem Fall kann sich die Steuerfestsetzung auf die bisher festgesetzten Vorauszahlungen zuzüglich der freiwillig geleisteten Zahlung beschränken. Auf die Angabe der Besteuerungsgrundlagen kann dabei verzichtet werden.

15. Bei der freiwilligen Zahlung kann grundsätzlich unterstellt werden, daß die Zahlung ausschließlich auf die Hauptsteuer (Einkommen- bzw. Körperschaftsteuer) entfällt. Die Folgesteuern sind ggf. daneben festzusetzen und zu erheben.

16. Gibt der Steuerpflichtige nach Ablauf der Karenzzeit eine erstmalige oder berichtigte Umsatzsteuer-Voranmeldung ab, soll unverzüglich eine Festsetzung der Jahressteuer unter Vorbehalt der Nachprüfung erfolgen.

17. Ergibt sich bei der ersten Steuerfestsetzung ein Unterschiedsbetrag zuungunsten des Steuerpflichtigen (Mehrsoll), werden Nachzahlungszinsen für die Zeit ab Beginn des Zinslaufs bis zur Wirksamkeit der Steuerfestsetzung, höchstens aber bis zum Ablauf des Vierjahreszeitraums (§ 233a Abs. 2 Satz 3), berechnet.

18. Beispiel 1:

Einkommensteuer 1992

a) Festgesetzte Vorauszahlungen:	26 000,– DM
b) Steuerfestsetzung 1992 vom 9. 12. 1994, bekanntgegeben am 12. 12. 1994, Soll:	40 000,– DM
Unterschiedsbetrag (Mehrsoll):	14 000,– DM
Nachzahlungszinsen für die Zeit vom 1. 4. 1994 bis 12. 12. 1994 (8 volle Monate × 0,5 v. H. von 14 000,– DM):	560,– DM

19. Ergibt sich ein Unterschiedsbetrag zugunsten des Steuerpflichtigen (Mindersoll), ist dieser ebenfalls Grundlage der Zinsberechnung. Um Erstattungszinsen auf festgesetzte, aber nicht entrichtete Vorauszahlungen zu verhindern, ist nur der tatsächlich zu erstattende Betrag – und zwar für den Zeitraum zwischen der Zahlung der zu erstattenden Beträge und der Wirksamkeit der Steuerfestsetzung, höchstens aber bis zum Ablauf des Vierjahreszeitraums (§ 233a Abs. 2 Satz 3) – zu verzinsen (§ 233a Abs. 3 Satz 3).

20. Beispiel 2:

Einkommensteuer 1992

a) Festgesetzte Vorauszahlungen: Darauf zahlte der Steuerpflichtige am 10. 6. 1994 10 000,– DM. Weitere Zahlungen sind nicht erfolgt.	26 000,– DM
b) Steuerfestsetzung 1992 vom 9. 12. 1994, bekanntgegeben am 12. 12. 1994, Soll:	0,– DM
Unterschiedsbetrag (Mindersoll):	26 000,– DM
Zu erstatten sind	10 000,– DM.
Erstattungszinsen für die Zeit vom 10. 6. 1994 bis 12. 12. 1994 (6 volle Monate × 0,5 v. H. von 10 000,– DM):	300,– DM

21. Besteht der zu erstattende Betrag aus mehreren Einzahlungen, richtet sich der Zinsberechnungszeitraum nach der Einzahlung des jeweiligen Teilbetrags, wobei unterstellt wird, daß die Erstattung zuerst aus dem zuletzt gezahlten Betrag erfolgt.

22. Der Erstattungsbetrag ist für die Zinsberechnung auf volle hundert Deutsche Mark nach unten abzurunden (z. B. ist ein Erstattungsbetrag von 750,– DM auf 700,– DM abzurunden). Ist mehr als ein Betrag (mehrere Einzahlungen) zu verzinsen, so ist der durch die Rundung auf volle hundert Deutsche Mark sich ergebende Spitzenbetrag vom Teilbetrag mit dem ältesten Wertstellungstag abzuziehen.

23. Die Verzinsung des zu erstattenden Betrages erfolgt nur bis zur Höhe des Mindersolls. Freiwillig geleistete Zahlungen sollen zum Anlaß genommen werden, die bisher festgesetzten Vorauszahlungen anzupassen (vgl. Nummer 13) oder die Jahressteuer unverzüglich festzusetzen (vgl. Nummer 14). Bis zur Festsetzung der Vorauszahlung

oder der Jahressteuer sind sie aber zur Vermeidung von Mißbräuchen von der Verzinsung ausgeschlossen.

24. Beispiel 3:

Einkommensteuer 1992

a) Festgesetzte Vorauszahlungen: 26 000,– DM
   Der Steuerpflichtige zahlte die Voraus-
   zahlungen jeweils bei Fälligkeit;
   am 20. 6. 1994 zahlte er freiwillig 14 000,– DM.

b) Steuerfestsetzung 1992 vom 19. 7. 1994,
   bekanntgegeben am 22. 7. 1994, Soll: 24 000,– DM

   Unterschiedsbetrag (Mindersoll)   2 000,– DM

   Zu erstatten sind   16 000,– DM

   Erstattungszinsen für die Zeit vom
   1. 4. 1994 bis 22. 7. 1994
   (3 volle Monate × 0,5 v. H. von 2000,– DM):   30,– DM

25. Bei der Ermittlung freiwilliger (Über-)Zahlungen des Steuerpflichtigen, die bei der Berechnung der Erstattungszinsen außer Ansatz bleiben, sind die zuletzt eingegangenen, das Vorauszahlungssoll übersteigenden Zahlungen als freiwillig anzusehen.

Zinsberechnung bei Korrektur der Steuerfestsetzung oder der Anrechnung von Steuerbeträgen

26. Falls anläßlich einer Steuerfestsetzung Zinsen festgesetzt wurden, löst die Aufhebung, Änderung oder Berichtigung dieser Steuerfestsetzung eine Änderung der bisherigen Zinsfestsetzung aus (§ 233 a Abs. 5 Satz 1 1. Halbsatz). Dabei ist es gleichgültig, worauf die Aufhebung, Änderung oder Berichtigung beruht (z. B. auch Änderung durch Einspruchsentscheidung oder durch oder aufgrund der Entscheidung eines Finanzgerichts). Der Zinslauf beginnt auch dann 15 bzw. 21 Monate nach Ablauf des Kalenderjahres, in dem die Steuer entstanden ist, wenn die Änderung auf § 175 Abs. 1 Satz 1 Nr. 2 oder § 10d Abs. 1 EStG (ggf. i. V. m. § 8 Abs. 1 und § 49 Abs. 1 KStG) beruht. Grundlage für die Zinsberechnung ist der Unterschied zwischen dem neuen und dem früheren Soll.

27. Ist bei der vorangegangenen Steuerfestsetzung eine Zinsfestsetzung unterblieben, weil z. B. bei Wirksamkeit der Steuerfestsetzung die Karenzzeit noch nicht abgelaufen war oder die Zinsen weniger als zwanzig Deutsche Mark betragen haben, ist bei der erstmaligen Zinsfestsetzung aus Anlaß der Aufhebung, Änderung oder Berichtigung der Steuerfestsetzung für die Berechnung der Zinsen ebenfalls der Unterschied zwischen dem neuen und dem früheren Soll maßgebend.

28. Den Fällen der Aufhebung, Änderung oder Berichtigung der Steuerfestsetzung sind die Fälle der Korrektur der Anrechnung von Steuerbeträgen (Steuerabzugsbeträge, anzurechnende Körperschaftsteuer) gleichgestellt (§ 233 a Abs. 5 Satz 1 2. Halbsatz). Die Zinsfest-

setzung ist auch dann anzupassen, wenn die Anrechnung von Steuerabzugsbeträgen oder von Körperschaftsteuer in einem Abrechnungsbescheid nach § 218 Abs. 2 Satz 1 von der vorangegangenen Anrechnung abweicht. Ist dem bisherigen Zinsbescheid ein unrichtiges Vorauszahlungssoll oder ein unrichtiger Wertstellungstag zugrunde gelegt worden, kann demgegenüber eine Änderung des Zinsbescheides nicht nach § 233a Abs. 5, sondern nur nach den allgemeinen Vorschriften erfolgen (z. B. §§ 129, 172ff.).

29. Ergibt sich bei der Aufhebung, Änderung oder Berichtigung der Steuerfestsetzung oder der Rücknahme, dem Widerruf oder Berichtigung der Anrechnung von Steuerbeträgen ein Mehrsoll, fallen hierauf Zinsen an, die zu den bisher berechneten Zinsen hinzutreten.

30. **Beispiel 4:**

Einkommensteuer 1992

a) Festgesetzte Vorauszahlungen, gezahlt innerhalb der Karenzfrist:	26 000,– DM	
b) Steuerfestsetzung 1992 vom 9. 12. 1994, bekanntgegeben am 12. 12. 1994, Soll:	40 000,– DM	
Unterschiedsbetrag (Mehrsoll) nach § 233a Abs. 3:	14 000,– DM	
Nachzahlungszinsen für die Zeit vom 1. 4. 1994 bis 12. 12. 1994 (8 volle Monate × 0,5 v. H. von 14 000,– DM):		560,– DM
c) Änderung der Steuerfestsetzung 1992 (Bescheid vom 6. 10. 1995, bekanntgegeben am 9. 10. 1995), Soll:	42 000,– DM	
Unterschiedsbetrag (Mehrsoll) nach § 233a Abs. 5 gegenüber Steuerfestsetzung vom 9. 12. 1994 (vgl. b):	2 000,– DM	
Nachzahlungszinsen für die Zeit vom 1. 4. 1994 bis 9. 10. 1995 (18 volle Monate × 0,5 v. H. von 2000,– DM):		180,– DM
dazu bisherige Nachzahlungszinsen:		560,– DM
Nachzahlungszinsen insgesamt:		740,– DM

31. Ergibt sich zugunsten des Steuerpflichtigen ein Mindersoll, wird bis zur Höhe dieses Mindersolls nur der tatsächlich zu erstattende Betrag verzinst, und zwar ab dem Zeitpunkt der Zahlung bis zur Wirksamkeit der Steuerfestsetzung, längstens aber bis zum Ablauf des Vierjahreszeitraums (§ 233a Abs. 2 Satz 3). Steht die Zahlung noch aus, werden keine Erstattungszinsen festgesetzt. Besteht der zu erstattende Betrag aus mehreren Einzahlungen, richtet sich der Zinsberechnungszeitraum nach der Einzahlung des jeweiligen Teilbetrags, wobei unterstellt wird, daß die Erstattung zuerst aus dem zuletzt gezahlten Betrag erfolgt.

32. Neben der Berechnung der Erstattungszinsen sind die bisher auf den Herabsetzungsbetrag ggf. berechneten Nachzahlungszinsen für die Zeit ab Beginn des Zinslaufs rückgängig zu machen. Dabei

darf jedoch höchstens auf den Unterschiedsbetrag der bei Beginn des
Zinslaufs festgesetzten Steuer zurückgegangen werden, um zu ver-
meiden, daß eine Korrektur für einen Zeitraum erfolgt, für den keine
Nachzahlungszinsen berechnet worden sind.

33. Beispiel 5:

Einkommensteuer 1992

a) Festgesetzte Vorauszahlungen, gezahlt innerhalb der Karenzfrist:	26 000,– DM	
b) Steuerfestsetzung 1992 vom 9. 12. 1994, bekanntgegeben am 12. 12. 1994, Soll:	40 000,– DM	
Unterschiedsbetrag (Mehrsoll) nach § 233a Abs. 3, am 9. 6. 1995 gezahlt:	14 000,– DM	
Nachzahlungszinsen für die Zeit vom 1. 4. 1994 bis 12. 12. 1994 (8 volle Monate × 0,5 v. H. von 14 000,– DM):		560,– DM
c) Änderung der Steuerfestsetzung 1992 (Bescheid vom 6. 10. 1995, bekanntgegeben am 9. 10. 1995), Soll:	30 000,– DM	
Unterschiedsbetrag (Mindersoll) nach § 233a Abs. 5 gegenüber Steuerfestsetzung vom 9. 12. 1994 (vgl. b):	10 000,– DM	
Zu erstatten sind	10 000,– DM.	
Erstattungszinsen für die Zeit vom 9. 6. 1995 bis 9. 10. 1995 (4 volle Monate × 0,5 v. H. von 10 000,– DM):		./. 200,– DM
Bisher festgesetzte Nachzahlungszinsen:	560,– DM	
Rückgängigmachung dieser Zinsen auf den Unterschiedsbetrag von 10 000,– DM für die Zeit vom 1. 4. 1994 bis 12. 12. 1994 (8 volle Monate × 0,5 v. H. von 10 000,– DM):	./. 400,– DM	
Verbleibende Nachzahlungszinsen:		160,– DM
Insgesamt festzusetzende Zinsen (Erstattungszinsen ./. 200,– DM und verbleibende Nachzahlungszinsen 160,– DM):		./. 40,– DM

34. Zinsen werden nur festgesetzt, wenn sie mindestens zwanzig
Deutsche Mark betragen (§ 239 Abs. 2). Dabei ist jeweils auf die sich
insgesamt ergebenden Zinsen abzustellen, nicht nur auf den Betrag,
der sich durch die Verzinsung des letzten Unterschiedsbetrags bzw.
des letzten Erstattungsbetrags ergibt. Wären insgesamt weniger als
zwanzig Deutsche Mark festzusetzen, ist der bisherige Zinsbescheid
zu ändern.

Zinsberechnung bei sog. NV-Fällen

35. Ist eine Veranlagung zur Einkommensteuer nicht durchzuführen, weil die Voraussetzungen des § 46 EStG nicht erfüllt sind, sind
festgesetzte und geleistete Vorauszahlungen zu erstatten. Die Erstattungszinsen sind so zu berechnen, als sei eine Steuerfestsetzung über
Null Deutsche Mark erfolgt. Wird eine Einkommensteuerfestsetzung,

die zu einer Erstattung geführt hat, aufgehoben und die Abrechnung geändert, so daß die bisher angerechneten Steuerabzugsbeträge zurückgefordert werden, ist diese Steuernachforderung zu verzinsen. Eine bisher durchgeführte Zinsfestsetzung (Erstattungszinsen) ist nach § 233a Abs. 5 Satz 1 zu ändern.

Zinsberechnung bei der Vermögensteuer

36. Bei der Verzinsung der Vermögensteuer ist die für jedes Jahr festgesetzte Steuer getrennt zu behandeln. Dies gilt auch für die Kleinbetragsgrenze des § 239 Abs. 2. Obwohl die Vermögensteuer mit Beginn des Kalenderjahres, für das sie festzusetzen ist, entsteht (§ 5 Abs. 2 VStG), beginnt die 15-monatige Karenzzeit erst mit Ablauf des jeweiligen Kalenderjahres.

37. Den Besonderheiten der Zinsberechnung bei der Haupt- und Nachveranlagung sowie bei der Neuveranlagung der Vermögensteuer und der Aufhebung einer Vermögensteuer-Veranlagung wird durch § 233a Abs. 3 Satz 2 Rechnung getragen. Danach ist bei der Zinsberechnung jeweils der Unterschied entweder zwischen der festgesetzten Jahressteuer und den festgesetzten Vorauszahlungen oder der festgesetzten Jahressteuer und der bisher festgesetzten Jahressteuer maßgebend. Werden nach Beginn des Zinslaufs gleichzeitig eine (befristete) Hauptveranlagung und eine Neuveranlagung durchgeführt, so ist bei der Ermittlung der Unterschiedsbeträge jeweils vom Vorauszahlungssoll auszugehen. Wird die Neuveranlagung dagegen in zeitlichem Abstand nach der Hauptveranlagung durchgeführt, so ist für die Zinsberechnung der Unterschiedsbetrag zum Hauptveranlagungssoll maßgebend. Anläßlich einer Neu- oder Nachveranlagung oder Aufhebung der Veranlagung zur Vermögensteuer ist eine bisherige Zinsfestsetzung entsprechend § 233a Abs. 5 zu ändern.

38. Beispiel 6:

Vermögensteuer 1995

a) Festgesetzte Vorauszahlungen:	10 000,– DM	
b) Steuerfestsetzung 1995 (Hauptveranlagung) vom 9. 9. 1998, bekanntgegeben am 12. 9. 1998, Soll:	12 000,– DM	
Unterschiedsbetrag (Mehrsoll):	2 000,– DM	
Nachzahlungszinsen für die Zeit vom 1. 4. 1997 bis 12. 9. 1998 (17 volle Monate × 0,5 v. H. von 2000,– DM):		170,– DM

Vermögensteuer 1996

a) Festgesetzte Vorauszahlungen:	10 000,– DM
b) Steuerfestsetzung 1995 vom 9. 9. 1998, bekanntgegeben am 12. 9. 1998 (wirkt als Hauptveranlagung auch für 1996), Soll:	12 000,– DM
Unterschiedsbetrag (Mehrsoll):	2 000,– DM

Nachzahlungszinsen für die Zeit vom
1. 4. 1998 bis 12. 9. 1998
(5 volle Monate × 0,5 v. H. von 2000,– DM):   50,– DM

Für die Vermögensteuer 1997 sind keine Zinsen festzusetzen, da die Karenzzeit insoweit erst am 31. 3. 1999 endet.

39. Beispiel 7:

Wie Beispiel 6, jedoch wird mit Bescheid vom 7. 10. 1998 zum Stichtag 1. 1. 1996 eine Neuveranlagung durchgeführt, aufgrund derer sich eine Jahressteuer von 16000,– DM ergibt.

Grundlage der Verzinsung ist nun nicht mehr der Unterschied zwischen der festgesetzten Jahressteuer (16000,– DM) und den festgesetzten Vorauszahlungen (10000,– DM), sondern der Unterschied zwischen der festgesetzten Steuer (16000,– DM) und der bisher festgesetzten Steuer (12000,– DM).

Vermögensteuer 1996

a) Bisher festgesetzte Jahressteuer (Soll):   12000,– DM

b) Neuveranlagung 1996
(Bescheid vom 7. 10. 1998,
bekanntgegeben am 10. 10. 1998), Soll: 16000,– DM
Unterschiedsbetrag (Mehrsoll):   4000,– DM

Nachzahlungszinsen für die Zeit vom
1. 4. 1998 bis 10. 10. 1998
(6 volle Monate × 0,5 v. H. von 4000,– DM):   120,– DM
Dazu bisherige Nachzahlungszinsen
für die Zeit vom 1. 4. 1998 bis 12. 9. 1998
(5 volle Monate × 0,5 v. H. von 2000,– DM):   50,– DM
Nachzahlungszinsen insgesamt: 170,– DM

Verhältnis zu anderen steuerlichen Nebenleistungen

40. Zur Berücksichtigung der Verzinsung nach § 233a bei der Bemessung des Verspätungszuschlags vgl. zu § 152 Nr. 8.

41. Die Erhebung von Säumniszuschlägen (§ 240) bleibt durch § 233a unberührt, da die Vollverzinsung nur den Zeitraum bis zur Festsetzung der Steuer betrifft. Sollten sich in Fällen, in denen die Steuerfestsetzung zunächst zugunsten und sodann wieder zuungunsten des Steuerpflichtigen geändert wird, Überschneidungen ergeben, sind insoweit die Säumniszuschläge zur Hälfte zu erlassen.

42. Überschneidungen von Stundungszinsen und Nachzahlungszinsen nach § 233a können sich ergeben, wenn die Steuerfestsetzung nach Ablauf der Stundung zunächst zugunsten und später wieder zuungunsten des Steuerpflichtigen geändert wird (vgl. § 234 Abs. 1 Satz 2). Zur Vermeidung einer Doppelverzinsung werden Nachzahlungszinsen, die für denselben Zeitraum festgesetzt wurden, im Rahmen der Zinsfestsetzung auf Stundungszinsen angerechnet (§ 234 Abs. 3). Erfolgt die Zinsfestsetzung nach § 233a aber erst nach Festsetzung der Stundungszinsen, sind Nachzahlungszinsen insoweit nach § 227 zu erlassen, als sie für denselben Zeitraum wie die bereits erhobenen Stundungszinsen festgesetzt wurden.

43. Überschneidungen mit Hinterziehungszinsen (§ 235) sind möglich, etwa weil der Zinslauf mit Eintritt der Verkürzung und damit vor Festsetzung der Steuer beginnt. Zinsen nach § 233a, die für denselben Zeitraum festgesetzt wurden, sind im Rahmen der Zinsfestsetzung auf die Hinterziehungszinsen anzurechnen (§ 235 Abs. 4). Dies gilt ungeachtet der unterschiedlichen ertragsteuerlichen Behandlung beider Zinsarten.

44. Prozeßzinsen auf Erstattungsbeträge (§ 236) werden ab Rechtshängigkeit bzw. ab dem Zahlungstag berechnet. Überschneidungen mit Erstattungszinsen nach § 233a sind daher möglich. Zur Vermeidung einer Doppelverzinsung werden Zinsen nach § 233a, die für denselben Zeitraum festgesetzt wurden, im Rahmen der Zinsfestsetzung auf die Prozeßzinsen angerechnet (§ 236 Abs. 4).

45. Überschneidungen mit Aussetzungszinsen (§ 237) sind im Regelfall nicht möglich, da Zinsen nach § 233a Abs. 1 bis 3 nur für den Zeitraum bis zur Festsetzung der Steuer, Aussetzungszinsen jedoch frühestens ab der Fälligkeit der Steuernachforderung entstehen können (vgl. zu § 237 Nr. 6). Überschneidungen können sich aber ergeben, wenn Aussetzungszinsen erhoben wurden, weil die Anfechtung einer Steuerfestsetzung erfolglos blieb, und die Steuerfestsetzung nach Abschluß des Rechtsbehelfsverfahrens (vgl. § 237 Abs. 5) zunächst zugunsten und sodann zuungunsten des Steuerpflichtigen geändert wird. Zur Vermeidung einer Doppelverzinsung werden Nachzahlungszinsen, die für denselben Zeitraum festgesetzt wurden, im Rahmen der Zinsfestsetzung auf Aussetzungszinsen angerechnet (§ 237 Abs. 4 i. V. m. § 234 Abs. 3). Erfolgt die Zinsfestsetzung nach § 233a aber erst nach Festsetzung der Aussetzungszinsen, sind Nachzahlungszinsen insoweit nach § 227 zu erlassen, als sie für denselben Zeitraum wie die bereits erhobenen Aussetzungszinsen festgesetzt wurden.

Billigkeitsmaßnahmen

46. Billigkeitsmaßnahmen hinsichtlich der Zinsen werden in Betracht kommen, wenn solche auch hinsichtlich der zugrundeliegenden Steuer zu treffen sind. Daneben sind zinsspezifische Billigkeitsmaßnahmen nicht ausgeschlossen. Als sachlicher Billigkeitsgrund i. S. der §§ 163, 227 reicht aber nicht bereits der Umstand aus, daß der Steuerpflichtige auf den Zeitpunkt der Steuerfestsetzung keinen Einfluß hatte oder daß eine Verzögerung der Steuerfestsetzung vom Finanzamt zu vertreten ist (vgl. BFH-Urteil vom 8. September 1993, BStBl. 1994 II S. 81). Die Verzinsung ist als Ausgleich für mögliche Zinsvorteile des Schuldners bzw. Zinsnachteile des Gläubigers auch in diesen Fällen gewollt.

47. Die freiwillige vorzeitige Zahlung einer Steuernachforderung ist für die Zinsberechnung unbeachtlich. Rechnet der Steuerpflichtige mit bereits fälligen Erstattungsansprüchen gegen noch nicht fällige Steuernachforderungen auf oder verrechnet die Finanzbehörde noch

nicht fällige Steuernachforderungen mit bereits fälligen Erstattungsansprüchen, können die für den Zeitraum zwischen der Fälligkeit der Erstattungsansprüche und der Festsetzung der Steuernachforderung berechneten Nachzahlungszinsen nach § 227 erlassen werden.

Rechtsbehelfsverfahren

48. Gegen die Zinsfestsetzung ist der Einspruch (§ 348 Abs. 1 Nr. 10) gegeben. Einwendungen gegen die zugrundeliegende Steuerfestsetzung oder Anrechnung von Steuerabzugsbeträgen und Körperschaftsteuer können jedoch nicht mit dem Einspruch gegen den Zinsbescheid geltend gemacht werden. Wird die Steuerfestsetzung oder die Anrechnung von Steuerabzugsbeträgen und Körperschaftsteuer geändert, sind etwaige Folgerungen für die Zinsfestsetzung nach § 233a Abs. 5 zu ziehen.

49. Gegen die Entscheidung über eine Billigkeitsmaßnahme ist die Beschwerde (§ 349) gegeben, und zwar auch dann, wenn die Finanzbehörde die Billigkeitsentscheidung im Rahmen der Zinsfestsetzung getroffen hat (vgl. § 348 Abs. 1 Nr. 2 sowie zu § 348 Nr. 7).

50. Wird der Zinsbescheid als solcher angefochten, kommt unter den Voraussetzungen des § 361 bzw. des § 69 FGO die Aussetzung der Vollziehung in Betracht. Wird mit dem Rechtsbehelf eine erstmalige oder eine höhere Festsetzung von Erstattungszinsen begehrt, ist mangels eines vollziehbaren Verwaltungsaktes eine Aussetzung der Vollziehung nicht möglich (vgl. Tz. 2.3.2 des BMF-Schreibens vom 12. 12. 1988, BStBl. I 1989 S. 2). Soweit die Vollziehung des zugrundeliegenden Steuerbescheides ausgesetzt wird, ist auch die Vollziehung des Zinsbescheides auszusetzen.

Zu § 234 – Stundungszinsen:

1. Stundungszinsen werden für die Dauer der gewährten Stundung erhoben. Ihre Höhe ändert sich nicht, wenn der Steuerpflichtige vor oder nach dem Zahlungstermin zahlt, der in der Stundungsverfügung festgelegt ist (Sollverzinsung).

Eine vorzeitige Tilgung führt nicht automatisch zu einer Ermäßigung der Stundungszinsen. Eine verspätete Zahlung löst zusätzlich Säumniszuschläge aus. Wird mehr als ein Monat vor Fälligkeit des gestundeten Betrags getilgt (z.B. durch Aufrechnung), so kann auf bereits festgesetzte Stundungszinsen auf Antrag nach § 234 Abs. 2 verzichtet werden, soweit sie auf einen Zeitraum entfallen, der nach der Tilgung liegt.

2. Wird die gestundete Steuerforderung vor Ablauf des Stundungszeitraums herabgesetzt, ist der Zinsbescheid nach § 175 Abs. 1 Satz 1 Nr. 2 entsprechend zu ändern. Eine Aufhebung, Änderung oder Berichtigung der Steuerfestsetzung nach Ablauf der Stundung hat keine Auswirkungen auf die Stundungszinsen (§ 234 Abs. 1 Satz 2); wegen der zeitlichen Anwendung des § 234 Abs. 1 Satz 2 Hinweis

auf Art. 97 § 15 Abs. 6 EGAO. Werden Vorauszahlungen gestundet, sind Stundungszinsen nur im Hinblick auf eine Änderung der Vorauszahlungsfestsetzung, nicht aber im Hinblick auf die Festsetzung der Jahressteuer herabzusetzen.

3. Die Stundungszinsen werden regelmäßig zusammen mit der Stundungsverfügung durch schriftlichen Zinsbescheid festgesetzt.

Sofern nicht besondere Umstände des Einzelfalls eine andere Regelung erfordern, sind die Stundungszinsen zusammen mit der letzten Rate zu erheben. Bei einer Aufhebung der Stundungsverfügung (Rücknahme oder Widerruf) sind auch die auf ihr beruhenden Zinsbescheide aufzuheben oder zu ändern; §§ 175 Abs. 1 Satz 1 Nr. 1, 171 Abs. 10 gelten gem. § 239 Abs. 1 Satz 1 entsprechend.

Beispiel:

Das Finanzamt hat am 10. 3. 1977 eine am 25. 2. 1977 fällige Einkommensteuerforderung von 3600 DM ab Fälligkeit gestundet. Der Betrag ist in 12 gleichen Monatsraten von 300 DM, beginnend am 1. 4. 1977 zu zahlen. Die Zinsen von 117 DM sind zusammen mit der letzten Rate am 1. 3. 1978 zu erheben.

Das Finanzamt erfährt im August 1977, daß eine wesentliche Verbesserung der Vermögensverhältnisse des Schuldners eingetreten ist. Es widerruft deshalb die Stundung nach § 131 Abs. 2 Nr. 3 und stellt den gesamten Restbetrag von 2100 DM zum 1. 9. 1977 fällig.

Der Zinsbescheid ist nach § 175 Abs. 1 Satz 1 Nr. 1 zu ändern. Die Zinsen in Höhe von insgesamt 85,50 DM sind zum 1. 9. 1977 zu erheben.

4. Der Zinslauf beginnt bei den Stundungszinsen an dem ersten Tag, für den die Stundung wirksam wird (§ 238 Abs. 1 Satz 2 i.V. mit § 234 Abs. 1). Bei einer Stundung ab Fälligkeit beginnt der Zinslauf am Tage nach Ablauf der ggf. nach § 108 Abs. 3 verlängerten Zahlungsfrist.

Beispiele:

1. Fälligkeitstag ist der 11. 3. 1977 (Freitag). Der Zinslauf beginnt am 12. 3. 1977 (Sonnabend).

2. Fälligkeitstag ist der 12. 3. 1977 (Sonnabend). Die Zahlungsfrist endet nach § 108 Abs. 3 erst am 14. 3. 1977 (Montag). Der Zinslauf beginnt am 15. 3. 1977 (Dienstag).

Wegen der Fälligkeit der Anmeldungssteuern vgl. zu § 240 Nr. 1 Satz 2.

5. Der Zinslauf endet mit Ablauf des letzten Tages, für den die Stundung ausgesprochen worden ist. Dieser Tag ist der Berechnung des Zinslaufs auch zugrunde zu legen, wenn er ein Sonnabend, ein Sonntag oder ein gesetzlicher Feiertag ist. Wegen der Berechnung siehe zu § 238 Nr. 1.

Beispiele:

1. Die Steuer ist bis zum 18. 3. 1977 (Freitag) gestundet. Der Zinslauf endet am 18. 3. 1977.

2. Die Steuer ist bis zum 19. 3. 1977 (Sonnabend) gestundet. Der Zinslauf endet am 19. 3. 1977. Eine erst am 21. 3. 1977 (Montag) geleistete Zahlung gilt aber noch als rechtzeitige Tilgung; Säumniszuschläge entstehen nicht.

6. Stundungszinsen sind nur für volle Monate zu zahlen; angefangene Monate bleiben außer Ansatz.

Beispiele:

Ende der ursprünglichen Zahlungsfrist	Beginn des Zinslaufs	Infolge Stundung hinausgeschobene Fälligkeit = Ende des Zinslaufs	Voller Monat
10. 3. 1977 (Do)	11. 3. 1977 (Fr)	10. 4. 1977 (So)	ja
10. 3. 1977 (Do)	11. 3. 1977 (Fr)	9. 4. 1977 (Sb)	nein
31. 1. 1977 (Mo)	1. 2. 1977 (Di)	28. 2. 1977 (Mo)	ja
29. 1. 1977 (Sb)	1. 2. 1977 (Di)	27. 2. 1977 (So)	nein
25. 2. 1977 (Fr)	26. 2. 1977 (Sb)	25. 3. 1977 (Fr)	ja
31. 3. 1977 (Do)	1. 4. 1977 (Fr)	30. 4. 1977 (Sb)	ja

7. Zu verzinsen ist der jeweils gestundete Anspruch aus dem Steuerschuldverhältnis (§ 37) mit Ausnahme der Ansprüche auf steuerliche Nebenleistungen (§ 233 Satz 2). Die Zinsen sind für jeden Anspruch (Einzelforderung) besonders zu berechnen. Bei der Zinsberechnung sind die Ansprüche zu trennen, wenn Steuerart, Zeitraum (Teilzeitraum) oder der Tag des Beginns des Zinslaufs voneinander abweichen.

Beispiel:

1. Einkommensteuervorauszahlungen I/77 und II/77;

2. das Finanzamt hat am 1. 3. 1977 eine Einkommensteuerabschlußzahlung für 1974 von 4920 DM festgesetzt; es berichtigt eine offenbare Unrichtigkeit und setzt am 1. 4. 1977 weitere 850 DM fest.

8. Die Kleinbetragsregelung des § 239, wonach Zinsen unter 20 DM nicht erhoben werden, ist auf die für eine Einzelforderung berechneten Zinsen anzuwenden.

Beispiel:

Es werden ab Fälligkeit jeweils für einen Monat gestundet:

Einkommensteuervorauszahlung . . . . 3900,— DM = 19,50 DM
Rückforderung der Arbeitnehmer-Sparzulage der
Ehefrau . . . . 187,20 DM = —,50 DM
Rückforderung der Arbeitnehmer-Sparzulage des
Ehemanns . . . . 187,20 DM = —,50 DM
Vermögensteuerabschlußzahlung . . . . 1200,— DM = 6,— DM

Zinsen werden nicht festgesetzt, da sie für keine Einzelforderungen 20 DM erreichen.

9. Bei Gewährung von Ratenzahlungen sind Stundungszinsen nach § 238 Abs. 2 wie folgt zu berechnen:
Der zu verzinsende Betrag jeder Steuerart ist auf volle hundert Deutsche Mark abzurunden. Ein sich durch die Abrundung ergebender Spitzenbetrag (Abrundungsrest) ist für Zwecke der Zinsberech-

nung bei der letzten Rate abzuziehen. Bei höheren Beträgen soll die Stundung in der Regel so ausgesprochen werden, daß die Raten mit Ausnahme der letzten Rate auf durch hundert Deutsche Mark ohne Rest teilbare Beträge festgesetzt werden.

1. Beispiel:

Es werden 4215 DM in 3 Monatsraten gestundet.

1. Rate 1400 DM;	Zinsen = 7 DM
2. Rate 1400 DM;	Zinsen = 14 DM
3. Rate 1415 DM;*	Zinsen = 21 DM
festzusetzende Zinsen	= 42 DM

* Die Zinsberechnung erfolgt von 1415 ./. 15 = 1400 DM

2. Beispiel:

Es werden 4215 DM in 3 Monatsraten ausnahmsweise nicht auf hundert Deutsche Mark ohne Rest teilbare Beträge gestundet.

1. Rate 1405 DM;	Zinsen = 7,02 DM
2. Rate 1405 DM;	Zinsen = 14,05 DM
3. Rate 1405 DM;*	Zinsen = 20,85 DM
festzusetzende Zinsen	= 41,92 DM

* Die Zinsberechnung erfolgt von 1405 ./. 15 = 1390 DM

10. Sollen mehrere Ansprüche in Raten gestundet werden, so ist bei der Festlegung der Raten möglichst zunächst die Tilgung der Ansprüche anzuordnen, für die keine Stundungszinsen erhoben werden. Sodann sind die Forderungen in der Reihenfolge ihrer Fälligkeit zu ordnen; bei gleichzeitig fällig gewordenen Forderungen soll die niedrigere Forderung zuerst getilgt werden. Dies gilt nicht, wenn die Sicherung der Ansprüche eine andere Tilgungsfolge erfordert.

Beispiel:

Stundungsantrag vom 15. Juni 1993; Stundungsverfügung vom 25. Juni 1993; die Stundung wird ab der Fälligkeit gewährt.
Zu zahlen sind: eine Rate zu 2950 DM am 13. Juli 1993, eine Rate zu 3000 DM am 13. August 1993 und eine Rate zu 15 150 DM am 13. September 1993.

11. Auf die Erhebung von Stundungszinsen kann gem. § 234 Abs. 2 im Einzelfall aus Billigkeitsgründen verzichtet werden. Ein solcher Verzicht kann z.B. in Betracht kommen bei Katastrophenfällen, bei länger dauernder Arbeitslosigkeit des Steuerschuldners, bei Liquiditätsschwierigkeiten allein infolge nachweislicher Forderungsausfälle im Konkurs und in ähnlichen Fällen, im Rahmen einer Sanierung, sofern allgemein ein Zinsmoratorium gewährt wird, sowie im Hinblick auf belegbare, demnächst fällig werdende Ansprüche des Steuerschuldners aus einem Steuerschuldverhältnis, soweit hierfür innerhalb des Stundungszeitraums keine Erstattungszinsen gem. § 233a anfallen.

Es werden gestundet	Fällig am	Betrag DM	Tilgung 13. 7. 93	Rest	Tilgung 13. 8. 93	Rest	Tilgung 13. 9. 93	Rest
ESt IV/92	10. 12. 92	850	850	0	–	–	–	–
ESt I/93	10. 3. 93	650	650	0	–	–	–	0
ESt 1991	20. 5. 93	11 150	0	11 150	0	11 150	11 150	0
USt 1991	20. 5. 93	7 800	800	7 000	3 000	4 000	4 000	0
Verspätungszuschlag	10. 6. 93	650	650	0	–	–	–	–

Zinsberechnung:

gestundet	Fällig am	Betrag DM	Zahlungstermin	Zins-monate	v. H.	Zinsen DM
ESt IV/92	10. 12. 92	850	13. 7. 93	7	3,5	28,— *
ESt I/93	10. 3. 93	650	13. 7. 93	4	2,0	entfällt *
ESt 1991	20. 5. 93	11 150	13. 9. 93	3	1,5	166,50
USt 1991	20. 5. 93	800	13. 7. 93	1	0,5	4,—
USt 1991	20. 5. 93	3 000	13. 8. 93	2	1,0	30,—
USt 1991	20. 5. 93	4 000	13. 9. 93	3	1,5	60,— **
Verspätungszuschlag	10. 6. 93	650	13. 7. 93	–	–	–
Summe						288,50

* Kleinbetrag unter 20 DM (§ 239 Abs. 2 AO).

** Ansprüche auf steuerliche Nebenleistungen werden nicht verzinst (§ 233 S. 2 AO).

Auch wird eine Stundung in der Regel dann zinslos bewilligt werden können, wenn sie einem Steuerpflichtigen gewährt wird, der bisher seinen steuerlichen Pflichten, insbesondere seinen Zahlungspflichten, pünktlich nachgekommen ist und der in der Vergangenheit nicht wiederholt Stundungen in Anspruch genommen hat; in diesen Fällen kommt ein Verzicht auf Stundungszinsen i.d.R. nur in Betracht, wenn für einen Zeitraum von nicht mehr als drei Monaten gestundet wird und der insgesamt zu stundende Betrag 10000 DM nicht übersteigt. Zum Rechtsbehelfsverfahren gegen die Entscheidung über eine Billigkeitsmaßnahme siehe zu § 348 Nr. 7.

12. Wird ein Anspruch auf Rückforderung von Arbeitnehmer-Sparzulage, Wohnungsbau-Prämie oder Bergmanns-Prämie gestundet, so sind – da die Vorschriften über die Steuervergütung entsprechend gelten – Stundungszinsen zu erheben (§ 234 i.V.m. § 37 Abs. 1).

Zu § 235 – Verzinsung von hinterzogenen Steuern:

1. Zur Frage, ob Steuern hinterzogen sind, vgl. zu § 71.

2. Für die Festsetzung von Hinterziehungszinsen sind in entsprechender Anwendung des § 180 Abs. 1 Nr. 2a diejenigen Tatbestandsmerkmale einheitlich und gesondert festzustellen, deren Verwirklichung den Zinsanspruch entstehen läßt. Voraussetzung für eine einheitliche und gesonderte Feststellung der Zinsfestsetzungsgrundlagen ist, daß die Rechtsfolgen der nämlichen Hinterziehungshandlung den an der Einkunftsquelle Beteiligten nach § 235 Abs. 1 Satz 2 gleichermaßen zugerechnet werden (vgl. BFH-Urteil vom 19. April 1989, BStBl. II S. 596).

3. Die Zinsen für hinterzogene Realsteuern sind von der hebeberechtigten Gemeinde zu berechnen, festzusetzen und zu erheben. Die Berechnungsgrundlagen werden der Gemeinde vom Finanzamt formlos mitgeteilt.

Zu § 236 – Prozeßzinsen auf Erstattungsbeträge:

1. Voraussetzung für die Zahlung von Erstattungszinsen an den Steuerpflichtigen ist, daß eine festgesetzte Steuer herabgesetzt oder eine Steuervergütung gewährt – oder erhöht – wird. Die Steuerherabsetzung oder die Gewährung (Erhöhung) der Steuervergütung muß erfolgt sein:

a) Durch eine rechtskräftige gerichtliche Entscheidung;

b) aufgrund einer rechtskräftigen gerichtlichen Entscheidung, z.B. in den Fällen, in denen das Gericht nach § 100 Abs. 1 Satz 1, Abs. 2 Sätze 2 und 3 oder Abs. 3 FGO den angefochtenen Verwaltungsakt aufhebt und das Finanzamt die Steuer niedriger festsetzt oder eine (höhere) Steuervergütung gewährt;

c) durch Aufhebung oder Änderung des angefochtenen Verwaltungsaktes sowie durch Erlaß des beantragten Verwaltungsaktes, wenn
sich der Rechtsstreit bei Gericht dadurch rechtskräftig erledigt;

d) durch einen sog. Folgebescheid nach § 175 Abs. 1 Satz 1 Nr. 1
oder § 35b GewStG in den Fällen, in denen sich der Rechtsstreit
bei Gericht gegen den Grundlagenbescheid (z.B. Feststellungsbescheid, Steuermeßbescheid) durch oder aufgrund einer gerichtlichen Entscheidung (Buchstaben a und b) bzw. durch einen Verwaltungsakt (Buchstabe c) rechtskräftig erledigt.

Ohne Bedeutung ist, aus welchen Gründen die Steuerherabsetzung
oder die Gewährung (Erhöhung) der Steuervergütung erfolgt ist.

2. Zu verzinsen ist nur der zuviel entrichtete Steuerbetrag oder die
zuwenig gewährte Steuervergütung. Sofern also der Rechtsbehelf
zwar zu einer Herabsetzung der Steuer oder zu einer Gewährung
(Erhöhung) der Steuervergütung führt, nicht aber oder nicht in glei-
chem Umfang zu einer Steuererstattung oder Auszahlung einer Steuervergütung, kommt insoweit eine Verzinsung nicht in Betracht.

3. Der zu verzinsende Betrag ist auf volle hundert Deutsche Mark
nach unten abzurunden. Hat der Steuerpflichtige die zu erstattende
Steuerschuld in Raten entrichtet, wird die Abrundung nur einmal bei
der Rate mit der kürzesten Laufzeit vorgenommen.

4. Der Anspruch auf Erstattungszinsen entsteht mit der Rechtskraft
der gerichtlichen Entscheidung oder der Unanfechtbarkeit des geänderten Verwaltungsaktes. Ein Gerichtsbescheid (§ 90a FGO) wirkt als
Urteil. Er gilt aber als nicht ergangen, wenn gegen ihn die Revision
nicht zugelassen wurde und rechtzeitig mündliche Verhandlung beantragt worden ist.

5. Erstattungszinsen sind für die Zeit vom Tage der Rechtshängigkeit, frühestens jedoch vom Tage der Zahlung des Steuerbetrages an
bis zum Tage der Auszahlung des zu verzinsenden Steuer- oder Steu-
ervergütungsbetrages zu berechnen und zu zahlen. Rechtshängig ist
die Streitsache erst mit dem Tag, an dem die Klage bei Gericht erhoben wird (§ 66 Abs. 1 i.V. mit § 64 Abs. 1 FGO). Wird die Klage zur
Fristwahrung beim Finanzamt angebracht (§ 47 Abs. 2 FGO), ist die
Streitsache mit dem Tage der Anbringung zwar anhängig, nicht aber
rechtshängig. Auch in diesem Fall wird die Streitsache erst mit dem
Eingang der Klage beim Gericht rechtshängig. Das gleiche gilt bei
einer Sprungklage (§ 45 FGO). Stimmt die Behörde der Sprungklage
nicht zu oder gibt das Gericht die Klage an die Behörde ab, ist die
Sprungklage als außergerichtlicher Rechtsbehelf zu behandeln; die
Rechtshängigkeit entfällt somit rückwirkend. Wird auf Antrag des
Klägers ein ändernder oder ersetzender Bescheid Gegenstand des
Verfahrens (§ 68 FGO), berührt dieser Antrag nicht den Tag der
Rechtshängigkeit der Streitsache.

6. Erstattungszinsen sind von Amts wegen zu zahlen. Es ist nicht
erforderlich, daß der Steuerpflichtige einen Antrag stellt.

7. Die Zahlung von Erstattungszinsen entfällt, soweit durch Entscheidung des Gerichts einem Steuerpflichtigen die Kosten des Verfahrens nach § 137 Satz 1 FGO auferlegt worden sind, weil die Herabsetzung der Steuer oder die Gewährung (Erhöhung) der Steuervergütung auf Tatsachen beruhte, die dieser früher hätte geltend machen oder beweisen können und müssen (§ 236 Abs. 3).

8. Bei den Realsteuern obliegt die Zahlung von Erstattungszinsen den Gemeinden. Diesen sind deshalb – soweit erforderlich – die zur Berechnung und Festsetzung der Zinsen notwendigen Daten mitzuteilen.

Zu § 237 – Zinsen bei Aussetzung der Vollziehung:

1. Die Zinsregelung gilt ab 1. 1. 1977 auch für das Einspruchsverfahren und zwar auch für solche Beträge, die zu diesem Zeitpunkt bereits ausgesetzt waren (Art. 97 § 15 EGAO).

2. Voraussetzung für die Erhebung von Aussetzungszinsen beim Steuerpflichtigen ist, daß die Vollziehung eines Steuerbescheides, eines Bescheides über die Rückforderung einer Steuervergütung oder – nach Aussetzung eines ESt-, KSt- oder Feststellungsbescheides – eines Gewerbesteuermeßbescheides oder Gewerbesteuerbescheides ausgesetzt worden ist. Die Verzinsung tritt auch dann ein, wenn nach Anfechtung eines Grundlagenbescheides die Vollziehung eines Folgebescheides ausgesetzt wird. Auch wenn ein Grundlagenbescheid nicht auf den Vorschriften der §§ 179 ff. beruht, oder wenn die Anfechtung des Grundlagenbescheides die Vollziehungsaussetzung eines anderen Grundlagenbescheides und der hierauf beruhenden Folgebescheide gem. § 361 Abs. 3 Satz 1 AO oder § 69 Abs. 2 Satz 4 FGO auslöst, tritt die Verzinsung ein.

3. Bei teilweiser Aussetzung der Vollziehung eines angefochtenen Verwaltungsaktes bezieht sich die Zinspflicht nur auf den ausgesetzten Steuerbetrag.

4. Aussetzungszinsen sind zu erheben, soweit ein Einspruch oder eine Anfechtungsklage endgültig erfolglos geblieben ist. Ohne Bedeutung ist, aus welchen Gründen der Rechtsbehelf im Ergebnis erfolglos war (BFH-Urteil vom 27. 11. 1991, BStBl. II 1992 S. 319). Aussetzungszinsen sind demnach zu erheben, wenn

a) der Steuerpflichtige auf Grund einer bestandskräftigen Einspruchsentscheidung oder auf Grund eines rechtskräftigen gerichtlichen Urteils ganz oder teilweise unterlegen ist,

b) das Einspruchsverfahren oder gerichtliche Verfahren nach der Rücknahme des Einspruchs, der Klage oder der Revision rechtskräftig abgeschlossen wird,

c) der angefochtene Verwaltungsakt – ohne dem Rechtsbehelfsantrag voll zu entsprechen – geändert wird und sich der Rechtsstreit endgültig erledigt.

5. Aussetzungszinsen sind nicht zu erheben, wenn die Fälligkeit des streitigen Steueranspruchs, z.B. aufgrund einer Stundung (§ 222), hinausgeschoben war oder Vollstreckungsaufschub (§ 258) gewährt wurde.

6. Aussetzungszinsen sind vom Tage des Eingangs des außergerichtlichen Rechtsbehelfs, frühestens vom Tage der Fälligkeit an, oder von der Rechtshängigkeit an bis zu dem Tage zu erheben, an dem die nach § 361 AO oder nach § 69 FGO gewährte Aussetzung der Vollziehung endet. Wird die Aussetzung der Vollziehung erst später gewährt, werden Zinsen erst vom Tage des Beginns der Vollziehungsaussetzung erhoben.

7. Bei den Realsteuern obliegt die Erhebung der Aussetzungszinsen den Gemeinden. Diesen sind deshalb – soweit erforderlich – die für die Berechnung und Festsetzung der Zinsen notwendigen Daten mitzuteilen.

Zu § 238 – Höhe und Berechnung der Zinsen:

1. Fällt das Ende des Zinslaufs auf einen Sonntag, einen gesetzlichen Feiertag oder einen Sonnabend, so tritt zwar für die Fälligkeit des geschuldeten Betrages anstelle dieses Tages der nächstfolgende Werktag (§ 108 Abs. 3), für die Berechnung des Zinslaufs und bei Prüfung der Frage, ob ein voller Monat vorliegt, sind jedoch Sonntage, gesetzliche Feiertage oder Sonnabende einzubeziehen.

2. Abzurunden ist jeweils der einzelne zu verzinsende Anspruch. Bei der Zinsberechnung sind die Ansprüche zu trennen, wenn Steuerart, Zeitraum (Teilzeitraum) oder der Tag des Beginns des Zinslaufs voneinander abweichen.

Zu § 239 – Festsetzung der Zinsen:

1. Zinsen werden durch schriftlichen Zinsbescheid festgesetzt. Es sind die für Steuern geltenden Vorschriften entsprechend anzuwenden. Der Mindestinhalt des Zinsbescheids richtet sich nach § 157 Abs. 1 Sätze 2 und 3, § 119 Abs. 3 und 4. Der Bescheid kann nach §§ 129, 172 bis 177 berichtigt werden. Als Rechtsbehelf gegen den Zinsbescheid sowie gegen die Ablehnung, Erstattungszinsen nach § 236 zu zahlen, ist der Einspruch gegeben (§ 348 Abs. 1 Nr. 10, Abs. 2). Zum Rechtsbehelfsverfahren gegen die Entscheidung über eine Billigkeitsmaßnahme siehe zu § 348 Nr. 7.

2. Nach Ablauf der Festsetzungsfrist von einem Jahr können Zinsen nicht mehr festgesetzt werden. Der Anspruch auf festgesetzte Zinsen erlischt durch Zahlungsverjährung fünf Jahre nach Festsetzung (§ 228), ggf. aber auch schon früher mit dem Erlöschen des Hauptanspruchs (§ 232).

3. Die Kleinbetragsregelung, wonach Zinsen unter 20 DM nicht erhoben werden, ist jeweils auf die für eine Einzelforderung berechneten Zinsen anzuwenden (vgl. zu § 238 Nr. 2).

Zu § 240 – Säumniszuschläge:

1. Säumnis tritt ein, wenn die Steuer oder die zurückzuzahlende Steuervergütung nicht bis zum Ablauf des Fälligkeitstages entrichtet wird. Sofern – wie bei den Fälligkeitssteuern – die Steuer ohne Rücksicht auf die erforderliche Steuerfestsetzung oder Steueranmeldung fällig wird, tritt die Säumnis nicht ein, bevor die Steuer festgesetzt oder die Steueranmeldung abgegeben worden ist. Bei Fälligkeitssteuern ist daher wie folgt zu verfahren:

a) Gibt der Steuerpflichtige seine Voranmeldung oder Anmeldung erst nach Ablauf des Fälligkeitstages ab, so sind Säumniszuschläge bei verspätet geleisteter Zahlung nicht vom Ablauf des im Einzelsteuergesetz bestimmten Fälligkeitstages an, sondern erst von dem auf den Tag des Eingangs der Voranmeldung oder Anmeldung folgenden Tag an (ggf. unter Gewährung der Zahlungs-Schonfrist nach § 240 Abs. 3) zu berechnen. Entsprechendes gilt für den Mehrbetrag, der sich ergibt, wenn der Steuerpflichtige seine Voranmeldung oder Anmeldung nachträglich berichtigt und sich dadurch die Steuer erhöht. Zur Abgabe-Schonfrist vgl. zu § 152 Nr. 7

b) Setzt das Finanzamt eine Steuer wegen Nichtabgabe der Voranmeldung oder Anmeldung fest, so sind Säumniszuschläge für verspätet geleistete Zahlung nicht vom Ablauf des im Einzelsteuergesetz bestimmten Fälligkeitstages an, sondern erst von dem Tag an (ggf. unter Gewährung der Zahlungs-Schonfrist nach § 240 Abs. 3) zu erheben, der auf den letzten Tag der vom Finanzamt gesetzten Zahlungsfrist folgt. Dieser Tag bleibt für die Berechnung der Säumniszuschläge auch dann maßgebend, wenn der Steuerpflichtige nach Ablauf der vom Finanzamt gesetzten Zahlungsfrist seine Voranmeldung oder Anmeldung abgibt. Entsprechendes gilt, wenn das Finanzamt eine auf einer Voranmeldung oder Anmeldung beruhende Steuerschuld höher festsetzt, als sie sich aus der Voranmeldung oder Anmeldung ergibt oder eine von ihm festgesetzte Steuer durch Berichtigung höher festsetzt.

2. Im Falle der Aufhebung oder Änderung der Steuerfestsetzung oder ihrer Berichtigung nach § 129 bleiben die bis dahin verwirkten Säumniszuschläge bestehen (§ 240 Abs. 1 Satz 4). Das gilt auch, wenn die ursprüngliche, für die Bemessung der Säumniszuschläge maßgebende Steuer in einem Rechtsbehelfsverfahren herabgesetzt wird. Säumniszuschläge sind nicht zu entrichten, soweit sie sich auf Steuerbeträge beziehen, die durch (nachträgliche) Anrechnung von Lohn-, Kapitalertrag- oder Körperschaftsteuer entfallen sind, weil insoweit zu keiner Zeit eine rückständige Steuer im Sinne von § 240 Abs. 1 Satz 4 vorgelegen hat (BFH-Urteil vom 24. März 1992, BStBl. II S. 956).

3. Der Säumniszuschlag ist von den Gesamtschuldnern nur in der Höhe anzufordern, in der er entstanden wäre, wenn die Säumnis nur

bei einem Gesamtschuldner eingetreten wäre; der Ausgleich findet
zwischen den Gesamtschuldner nach bürgerlichen Recht statt.

4. Säumniszuschläge sind nicht zu entrichten, wenn Verspätungszuschläge, Zinsen, Säumniszuschläge, Zwangsgelder und Kosten
(steuerliche Nebenleistungen) nicht rechtzeitig gezahlt werden.

5. Säumniszuschläge entstehen kraft Gesetzes allein durch Zeitab-
lauf ohne Rücksicht auf ein Verschulden des Steuerpflichtigen (BFH-
Urteil vom 17. Juli 1985, BStBl. II 1986 S. 122). Sie stellen in erster
Linie ein Druckmittel zur Durchsetzung fälliger Steuerforderungen
dar, sind aber auch eine Gegenleistung für das Hinausschieben der
Zahlung und ein Ausgleich für den angefallenen Verwaltungsaufwand
(BFH-Urteil vom 29. August 1991, BStBl. II S. 906). Soweit dieser
Zweck durch die verwirkten Säumniszuschläge nicht mehr erreicht
werden kann, ist ihre Erhebung sachlich unbillig, so daß sie nach
§ 227 ganz oder teilweise erlassen werden können.

Im einzelnen kommt ein Erlaß in Betracht

a) bei plötzlicher Erkrankung des Steuerpflichtigen, wenn er selbst
   dadurch an der pünktlichen Zahlung gehindert war und es dem
   Steuerpflichtigen seit seiner Erkrankung bis zum Ablauf der Zahlungsfrist nicht möglich war, einen Vertreter mit der Zahlung zu
   beauftragen;

b) bei einem bisher pünktlichen Steuerzahler, dem ein offenba-
   res Versehen unterlaufen ist. Wer seine Steuern laufend unter Aus-
   nutzung der Schonfrist des § 240 Abs. 3 zahlt, ist kein pünktli-
   cher Steuerzahler (BFH-Urteil vom 15. Mai 1990, BStBl. II
   S. 1007);

c) wenn einem Steuerpflichtigen die rechtzeitige Zahlung der Steuern wegen Zahlungsunfähigkeit und Überschuldung nicht mehr
   möglich war (BFH-Urteil vom 8. März 1984, BStBl. II S. 415).
   Zu erlassen ist regelmäßig die Hälfte der verwirkten Säumniszuschläge;

d) bei einem Steuerpflichtigen, dessen wirtschaftliche Leistungsfähigkeit durch nach § 258 bewilligte oder sonst hingenommene Ratenzahlungen unstreitig bis an die äußerste Grenze ausgeschöpft
   worden ist. Zu erlassen ist regelmäßig die Hälfte der verwirkten
   Säumniszuschläge (BFH-Urteil vom 22. Juni 1990, BStBl. II 1991
   S. 864);

e) wenn die Voraussetzungen für einen Erlaß der Hauptschuld nach
   § 227 oder für eine zinslose Stundung der Steuerforderung nach
   § 222 im Säumniszeitraum vorliegen (BFH-Urteil vom 23. Mai
   1985, BStBl. II S. 489). Lagen nur die Voraussetzungen für eine
   verzinsliche Stundung der Hauptforderung vor, ist die Hälfte der
   verwirkten Säumniszuschläge zu erlassen;

f) in sonstigen Fällen sachlicher Unbilligkeit.

Die Möglichkeit eines weitergehenden Erlasses aus persönlichen Billigkeitsgründen bleibt unberührt. Zum Erlaß von Säumniszuschlägen bei einer Überschneidung mit Nachzahlungszinsen vgl. zu § 233a Nr. 41.

6. Mit einem Verwaltungsakt nach § 258 verzichtet die Vollstreckungsbehörde auf Vollstreckungsmaßnahmen; an der Fälligkeit der Steuerschuld ändert sich dadurch jedoch nichts (s. auch BFH-Urteil vom 15. 3. 1979, BStBl. II S. 429). Für die Dauer eines bekanntgegebenen Vollstreckungsaufschubs sind daher grundsätzlich Säumniszuschläge zu erheben; auf diese Rechtslage ist der Steuerpflichtige bei Bekanntgabe des Vollstreckungsaufschubs hinzuweisen (vgl. Abschnitt 7 Abs. 3 VollStrA). Die Möglichkeit, von der Erhebung von Säumniszuschlägen aus Billigkeitsgründen nach § 227 ganz oder teilweise abzusehen, bleibt unberührt (vgl. Nr. 5 Abs. 2).

7. Macht der Steuerpflichtige geltend, die Säumniszuschläge seien nicht oder nicht in der angeforderten Höhe entstanden, so ist sein Vorbringen – auch wenn es bspw. als „Erlaßantrag" bezeichnet ist – als Antrag auf Erteilung eines Bescheides nach § 218 Abs. 2 anzusehen, da nur in diesem Verfahren entschieden werden kann, ob und inwieweit Säumniszuschläge entstanden sind (vgl. BFH-Urteil vom 15. 3. 1979, BStBl. II S. 429).

Bestreitet der Steuerpflichtige nicht die Verwirkung der Säumniszuschläge dem Grunde und der Höhe nach, sondern wendet er sich gegen deren Anforderungen im engeren Sinne (Leistungsgebot, § 254), so ist sein Vorbringen als Beschwerde (§ 349) anzusehen.

Das Vorbringen des Steuerpflichtigen ist als Erlaßantrag zu werten, wenn sachliche oder persönliche Billigkeitsgründe geltend gemacht werden.

Zu §§ 241 bis 248 – Sicherheitsleistung:

1. Die Vorschriften regeln nur die Art und das Verfahren der Sicherheitsleistung. Wann und ggf. in welcher Höhe Sicherheiten zu leisten sind, ergibt sich aus anderen Vorschriften der Abgabenordnung (vgl. z.B. § 109 Abs. 2, § 165 Abs. 1, §§ 221, 222, 223, 361 Abs. 2). Die Erzwingung von Sicherheiten richtet sich nach § 336, ihre Verwertung nach § 327. Die Kosten der Sicherheitsleistung treffen den Steuerpflichtigen.

2. Die für die Bundesfinanzverwaltung bekanntgegebenen Bestimmungen über die Sicherheitsleistung im Besteuerungsverfahren (Vorschriftensammlung Bundesfinanzverwaltung – allgemeines Steuerrecht, S. 1450 (AO-Kartei §§ 241 bis 248 Karte 2) sind für den Bereich der Besitz- und Verkehrsteuern entsprechend anzuwenden.

Vor § 347 – Außergerichtliches Rechtsbehelfsverfahren:[1]

1. Das außergerichtliche Rechtbehelfsverfahren ist abzugrenzen
- von den in der AO nicht geregelten, nicht förmlichen Rechtsbehelfen (Gegenvorstellung, Sachaufsichtsbeschwerde; Dienstaufsichtsbeschwerde),
- von der Anregung, einen Verwaltungsakt zu berichtigen, aufzuheben oder zu ändern (§§ 129 bis 132, 172 bis 177).

Der förmliche Rechtsbehelf unterscheidet sich von den Änderungsanregungen in folgenden Punkten:
- Er hindert den Eintritt der formellen und materiellen Bestandskraft;
- er verpflichtet die Finanzbehörde zur Entscheidung;
- er kann zur Verböserung führen (§ 367 Abs. 2 Satz 2); der Verböserungsgefahr kann der Steuerpflichtige aber durch rechtzeitige Rücknahme des Rechtsbehelfs entgehen;
- er ermöglicht die Aussetzung der Vollziehung.

In Zweifelsfällen ist ein förmlicher Rechtsbehelf anzunehmen, da er die Rechte des Steuerpflichtigen umfassender wahrt als die bloße Änderungsanregung.

2. Das außergerichtliche Rechtsbehelfsverfahren (Einspruch und Beschwerde) ist nicht kostenpflichtig. Steuerpflichtiger und Finanzbehörde haben jeweils ihre eigenen Aufwendungen zu tragen. Auf die Kostenerstattung nach § 139 FGO, auch für das außergerichtliche Vorverfahren, wird hingewiesen.

Zu § 347 – Zulässigkeit der Rechtsbehelfe:

1. Die Aufzählung in § 347 Abs. 1 ist abschließend.

2. § 347 Abs. 1 Nr. 3 beschränkt in Steuerberatungsangelegenheiten die außergerichtlichen Rechtsbehelfe auf Streitigkeiten über
- die Ausübung (insbesondere die Zulässigkeit) der Hilfe in Steuersachen einschließlich der Rechtsverhältnisse der Lohnsteuerhilfevereine,
- die Voraussetzungen für die Berufsausübung der Steuerberater und Steuerbevollmächtigten,
- die Vollstreckung wegen Handlungen und Unterlassungen.

3. Die Vorschriften über den Einspruch oder die Beschwerde sind z.B. durch folgende Gesetze für anwendbar erklärt worden:

a) Berlinförderungsgesetz (§ 19 Abs. 7),

b) Investitionszulagengesetz (§ 5 Abs. 5),

c) Wohnungsbau-Prämiengesetz (§ 8 Abs. 1),

d) Spar-Prämiengesetz (§ 5b Abs. 1),

e) Gesetz über Bergmannsprämien (§ 5a Abs. 1),

---

[1] Vgl. das ab 1. 1. 1996 durch G v. 24. 6. 1994 (BGBl. I S. 1395) geänderte Rechtsbehelfsverfahren (§§ 347 ff.).

f) Fünftes Vermögensbildungsgesetz (§ 14 Abs. 1),

g) im übrigen auch durch
   - Landesgesetze, die Steuern betreffen, die der Landesgesetzgebung unterliegen und von Landesfinanzbehörden verwaltet werden,
   - Gesetze zur Durchführung der Verordnungen des Rates der Europäischen Wirtschaftsgemeinschaft,
   soweit diese Gesetze die Anwendbarkeit der AO-Vorschriften vorsehen.

Zu § 348 – Einspruch:

1. Die Aufzählung in § 348 ist abschließend.

2. Beantragt der Steuerpflichtige bei einer Steuerfestsetzung unter Vorbehalt der Nachprüfung (§ 164) oder bei einer vorläufigen Steuerfestsetzung (§ 165) die Aufhebung dieser Nebenbestimmungen, so ist gegen den ablehnenden Bescheid der Einspruch gegeben (§ 348 Abs. 2). Wird der Vorbehalt nach § 164 aufgehoben, so kann der Steuerpflichtige gegen die dann als Steuerfestsetzung ohne Vorbehalt der Nachprüfung wirkende Steuerfestsetzung uneingeschränkt Einspruch einlegen. Entsprechendes gilt, soweit eine vorläufige Steuerfestsetzung endgültig durchgeführt oder für endgültig erklärt wird. Gegen die Aufhebung des Nachprüfungsvorbehalts in der Einspruchsentscheidung ist die Klage, nicht ein erneuter Einspruch gegeben (BFH-Urteil vom 4. 8. 1983, BStBl. II 1984, S. 85). Das gilt entsprechend, wenn in einer Einspruchsentscheidung die bisher vorläufige Steuerfestsetzung für endgültig erklärt wird.

3. Nach § 348 Abs. 1 Nr. 4 ist gegen Haftungs- und Duldungsbescheide der Einspruch gegeben. Die Vorschrift gilt auch für Haftungsbescheide über Vorauszahlungen und Haftungs- bzw. Duldungsbescheide, die auf bürgerlichem Recht beruhen.

4. Ist eine Steuerfestsetzung mit einer Billigkeitsentscheidung verbunden (§ 163 Abs. 1 letzter Satz), ist gegen die Ermessensentscheidung Beschwerde, im übrigen Einspruch zu erheben; das Verfahren ist damit zweigleisig. Zum Rechtsbehelfsverfahren gegen die Billigkeitsentscheidung vgl. zu § 368 Nr. 3.

5. Gegen Entscheidungen über die schlichte Änderung (§ 172 Abs. 1 Satz 1 Nr. 2 Buchstabe a) ist der Einspruch gegeben.

6. Gem. § 348 Abs. 2 ist der Einspruch auch gegeben, wenn ein in Abs. 1 genannter Verwaltungsakt aufgehoben oder geändert oder ein Antrag auf Erlaß, Aufhebung oder Änderung eines einspruchsfähigen Verwaltungsaktes abgelehnt wird. Gleiches hat zu gelten, wenn die Finanzbehörde einen einspruchsfähigen Verwaltungsakt wegen einer offenbaren Unrichtigkeit gem. § 129 berichtigt oder es ablehnt, die beantragte Berichtigung eines Verwaltungsaktes i.S. des § 348 Abs. 1 durchzuführen (BFH-Urteil vom 13. 12. 1983, BStBl. II 1984 S. 511).

7. Gegen Entscheidungen über einen Verzicht auf Stundungs- oder Aussetzungszinsen aus Billigkeitsgründen (§ 234 Abs. 2 AO, § 237 Abs. 4 AO) ist nicht der Einspruch, sondern die Beschwerde gegeben. Dies gilt auch, wenn die Finanzbehörde die Billigkeitsentscheidung im Rahmen der Zinsfestsetzung getroffen hat (BFH-Urteil vom 20. November 1987, BStBl. 1988 II S. 402).

Zu § 350 – Beschwer:

1. Eine Beschwer ist nicht nur dann schlüssig geltend gemacht, wenn eine Rechtsverletzung oder Ermessenswidrigkeit gerügt wird, sondern auch dann, wenn der Rechtsbehelfsführer eine günstigere Ermessensausübung begehrt. Aus nicht gesondert festgestellten Besteuerungsgrundlagen (§ 157 Abs. 2) ergibt sich keine Beschwer.

2. Bei einer zu niedrigen Festsetzung kann eine Beschwer dann bestehen, wenn eine höhere Festsetzung, z.B. aufgrund des Bilanzzusammenhangs, sich in Folgejahren günstiger auswirkt (BFH-Urteil vom 27. 5. 1981, BStBl. II 1982 S. 211).

3. Bei einer Festsetzung auf 0 DM besteht grundsätzlich keine Beschwer (BFH-Urteil vom 24. 1. 1975, BStBl. II S. 382). Etwas anderes gilt, wenn eine Vergütung begehrt wird. Zur Beschwer bei der Festsetzung der Körperschaftsteuer siehe Abschnitt 103a KStR.

4. Wird durch Rechtsbehelf die Änderung eines Grundlagenbescheides begehrt, kommt es für die schlüssige Geltendmachung der Beschwer nicht auf die Auswirkungen in den Folgebescheiden an.

5. Durch Feststellungen eines Verlustvortrags oder Verlustrücktrags kann der Steuerpflichtige im Feststellungsjahr (Verlustentstehungsjahr) beschwert sein. Bei Steuerbescheiden – mit Ausnahme der Körperschaftsteuerbescheide (siehe Nr. 3 Satz 3) – kann eine Beschwer erst im Abzugsjahr gegeben sein (BFH-Urteil vom 8. 12. 1982, BStBl. II 1983 S. 710).

6. Beschwert sein kann nicht nur derjenige, für den ein Verwaltungsakt bestimmt ist, sondern auch derjenige, der von ihm betroffen ist.

Zu § 351 – Bindungswirkung anderer Verwaltungsakte:

1. Wird ein Bescheid, der einen unanfechtbaren Bescheid geändert hat, angegriffen, ist die Sache nach § 367 Abs. 2 Satz 1 in vollem Umfang erneut zu prüfen. Geändert werden kann aber aufgrund der Anfechtung der Änderungsbescheid nur in dem Umfang, in dem er vom ursprünglichen Bescheid abweicht; diese Beschränkung bezieht sich z.B. beim Steuerbescheid auf den festgesetzten Steuerbetrag. Einwendungen, die bereits gegen die ursprüngliche Steuerfestsetzung vorgebracht werden konnten, können auch gegen den Änderungsbescheid vorgetragen werden. Ist z.B. im Änderungsbescheid eine höhere Steuer festgesetzt worden, kann die ursprünglich festgesetzte

Steuer nicht unterschritten werden; ist dagegen im Änderungsbescheid eine niedrigere Steuer festgesetzt worden, kann der Steuerpflichtige nicht eine weitere Herabsetzung erreichen.

2. Etwas anderes gilt jedoch, soweit sich aus den Vorschriften über die Aufhebung oder die Änderung von Verwaltungsakten, z.B. wegen neuer Tatsachen, ein Rechtsanspruch auf Abänderung des unanfechtbaren Bescheids ergibt.

Beispiele:

a) Ein Steuerbescheid wird nach § 173 Abs. 1 Nr. 1 zuungunsten des Steuerpflichtigen geändert. Der Steuerpflichtige kann mit dem Einspruch geltend machen, daß Tatsachen i.S. des § 173 Abs. 1 Nr. 2 unberücksichtigt geblieben sind, die die Mehrsteuern im Ergebnis nicht nur ausgleichen, sondern sogar zu einer Erstattung führen.

b) Ein Steuerbescheid wird nach § 173 Abs. 1 Nr. 2 zugunsten des Steuerpflichtigen geändert. Der Steuerpflichtige kann mit dem Einspruch geltend machen, daß Tatsachen, die zu einer weitergehenden Erstattung führen, unberücksichtigt geblieben sind.

3. § 351 Abs. 1 gilt nach seinem Wortlaut nur für änderbare Bescheide, nicht hingegen für die sonstigen Verwaltungsakte, die den Vorschriften über die Rücknahme (§ 130) und den Widerruf (§ 131) unterliegen (BFH-Urteil vom 24. 7. 1984, BStBl. II 1984 S. 791). Diese sonstigen Verwaltungsakte lassen sich zumeist auch nach Unanfechtbarkeit noch korrigieren; es besteht deshalb auch kein praktisches Bedürfnis, sie in den Geltungsbereich des § 351 Abs. 1 einzubeziehen.

§ 351 Abs. 1 bleibt aber zu beachten, wenn ein änderbarer Verwaltungsakt nach § 129 berichtigt worden ist. Die Berichtigung rechnet zwar nicht ausdrücklich zu den Änderungen i.S. des § 351 Abs. 1; es ist aber kein Grund ersichtlich, in diesen Fällen die Bestandskraft des ursprünglichen Verwaltungsaktes nach einer Berichtigung gem. § 129 im Rechtsbehelfsverfahren außer acht zu lassen.

Zu § 352 – Rechtsbehelfsbefugnis bei einheitlichen Feststellungsbescheiden:

Gem. § 352 Abs. 1 steht bei Mitunternehmergemeinschaften die Rechtsbehelfsbefugnis gegen Feststellungsbescheide über Einkünfte aus Gewerbebetrieb, über den Einheitswert eines gewerblichen Betriebes oder über wirtschaftliche Untereinheiten von gewerblichen Betrieben grundsätzlich nur den zur Vertretung berechtigten geschäftsführungsbefugten Gesellschaftern (Gemeinschaftern) zu. Auch in derartigen Feststellungsverfahren sind abweichende Festsetzungen aus Billigkeitsgründen gem. § 163 Abs. 1 statthaft (§ 181 Abs. 1). Zum Ausschluß des § 163 im Einheitswertverfahren vgl. § 20 Satz 2 BewG.

Die Entscheidung über die Billigkeitsmaßnahme kann entweder mit dem Feststellungsbescheid verbunden werden (stellt aber dennoch einen selbständigen Verwaltungsakt dar), oder es ergeht ein auch äußerlich von dem Feststellungsbescheid getrennter Verwaltungsakt. In beiden Fällen ist die Entscheidung über die abweichende Feststellung mit der Beschwerde anzufechten (§ 348 Abs. 1 Nr. 2, § 349 Abs. 1).

Es ist davon auszugehen, daß auch hierbei die Anfechtungsbeschränkung des § 352 Abs. 1 zu beachten ist. Zwar erwähnt § 352 in seinem Wortlaut nur den Einspruch, nicht aber die Beschwerde.

Es sind jedoch keine sachlichen Gründe erkennbar, die es rechtfertigen würden, einerseits die nicht zur Geschäftsführung berufenen Gesellschafter (grundsätzlich) von einem Einspruchsverfahren, in dem eine Besteuerungsgrundlage streitig ist, auszuschließen, ihnen aber andererseits in Fällen, in denen die Besteuerungsgrundlage (ausnahmsweise) aus Billigkeitsgründen abweichend festgesetzt worden ist, eine Rechtsbehelfsbefugnis einzuräumen. Die Erwägungen, die zu einer Anfechtungsbeschränkung im Rechtsbehelfsverfahren gegen einen Feststellungsbescheid geführt haben, lassen sich auch auf den Fall einer abweichenden Festsetzung gem. § 163 Abs. 1 übertragen. Es ist daher davon auszugehen, daß das Gesetz insoweit eine Regelungslücke enthält, die i. S. der obigen Auslegung zu schließen ist.

Zu § 353 – Rechtsbehelfsbefugnis des Rechtsnachfolgers:

Die Rechtsnachfolge tritt ein,

1. bevor einer der in § 353 genannten Bescheide ergangen ist. Nach § 182 Abs. 2 Satz 2, § 184 Abs. 1 Satz 4, §§ 185 und 190 wirkt der Bescheid gegen den Rechtsnachfolger nur dann, wenn er ihm bekanntgegeben wird;

2. nach der Bekanntgabe eines in § 353 genannten Bescheides, aber noch innerhalb der Rechtsbehelfsfrist. Der Rechtsnachfolger kann innerhalb der – schon laufenden – Frist Einspruch einlegen (§ 353);

3. nach Ablauf der Rechtsbehelfsfrist für einen in § 353 genannten Bescheid. Der Bescheid wirkt gegenüber dem Rechtsnachfolger, ohne daß dieser die Möglichkeit des Einspruchs hat (§ 182 Abs. 2 Satz 1, § 184 Abs. 1 Satz 4, §§ 185 und 190);

4. während eines außergerichtlichen Rechtsbehelfsverfahrens gegen einen in § 353 genannten Bescheid. Der Gesamtrechtsnachfolger tritt in die Rechtsstellung des Rechtsvorgängers als Verfahrensbeteiligter ein; seiner Hinzuziehung bedarf es nicht. Beim Einzelrechtsnachfolger hat die Finanzbehörde seine Hinzuziehung zum Verfahren zu prüfen (§§ 359, 360);

5. während die Frist zur Erhebung der Klage läuft. Da auch in diesem Fall der Bescheid gegenüber dem Rechtsnachfolger wirkt (§ 365 Abs. 1, § 353), kann dieser nur innerhalb der für den Rechtsvorgänger maßgebenden Frist gem. § 40 Abs. 2 FGO Klage erheben;

6. während eines finanzgerichtlichen Verfahrens. Bei Gesamtrechtsnachfolge (z. B. bei Erbfolge oder bei Verschmelzung von Gesell-

schaften) wird das Verfahren bis zur Aufnahme durch den Rechtsnachfolger unterbrochen (§ 155 FGO, § 239 ZPO), es sei denn,
der Rechtsvorgänger war durch einen Prozeßbevollmächtigten
vertreten (§ 155 FGO; §§ 239, 246 ZPO). Bei Einzelrechtsnach-
folge (z.B. bei Kauf) hat das Finanzgericht zu prüfen, ob der
Rechtsnachfolger beizuladen ist (§§ 57, 60 FGO).

Zu § 355 – Rechtsbehelfsfrist:

1. Die Rechtsbehelfsfrist beträgt einen Monat. Sie beginnt im Fall
des § 355 Abs. 1 Satz 1 mit Bekanntgabe (§ 122), im Fall des § 355
Abs. 1 Satz 2 erster Halbsatz mit Eingang der Steueranmeldung bei
der Finanzbehörde und im Fall des § 355 Abs. 1 Satz 2 zweiter Halbsatz mit Bekanntwerden der formfreien Zustimmung des Finanzamts
zu laufen. Soweit die Zustimmung allgemein erteilt wurde (vgl. zu
§ 168 Nr. 9), ist i.d.R. davon auszugehen, daß dem Steuerpflichtigen
die Zustimmung frühestens mit der Auszahlung der Steuervergütung
bzw. des Mindersolls bekannt geworden ist; zu diesem Zeitpunkt beginnt demnach auch erst die Rechtsbehelfsfrist zu laufen.

2. Zur Wiedereinsetzung in den vorigen Stand nach unterlassener
Anhörung eines Beteiligten bzw. wegen fehlender Begründung des
Verwaltungsaktes (§ 126 Abs. 3 i.V.m. §110) vgl. zu § 91 Nr. 3 und
zu § 121 Nr. 3.

Zu § 357 – Einlegung der Rechtsbehelfe:

1. Nach § 357 Abs. 2 Satz 5 genügt die Einlegung des Rechtsbehelfs bei einer unzuständigen Behörde, sofern der Rechtsbehelf innerhalb der Rechtsbehelfsfrist einer der Behörden übermittelt wird,
bei der er nach § 357 Abs. 2 Satz 1 bis 3 angebracht werden kann;
der Steuerpflichtige trägt jedoch das Risiko der rechtzeitigen Übermittlung.

2. Wird ein Einspruch bei einem Wechsel der örtlichen Zuständigkeit nach Erlaß eines Verwaltungsaktes entgegen § 357 Abs. 2
Satz 1 bereits bei der nach § 367 Abs. 1 Satz 2 zur Entscheidung berufenen anderen Finanzbehörde eingelegt, so gilt auch in diesem Fall
§ 357 Abs. 2 Satz 5. Der Einspruch muß der alten Behörde innerhalb
der Rechtsbehelfsfrist übermittelt werden, damit diese die Anwendung des § 26 Satz 2 prüfen kann; wird der Einspruch nicht rechtzeitig übermittelt, können die Voraussetzungen des § 110 gegeben sein.

Zu § 360 – Hinzuziehung zum Verfahren:

1. Entsprechend der Regelung in § 60 FGO über die Beiladung
wird zwischen notwendiger (§ 360 Abs. 3) und einfacher Hinzuziehung (§ 360 Abs. 1) unterschieden.

2. § 360 Abs. 1 Satz 2 ist entsprechend auf § 360 Abs. 3 anzuwenden; der Rechtsbehelfsführer erhält damit die Möglichkeit, durch
Rücknahme seines Rechtsbehelfs die Hinzuziehung zu vermeiden.

3. Bei Zusammenveranlagung (z.B. von Ehegatten bei der Einkommen- oder Vermögenssteuer) wird es sich regelmäßig empfehlen, von der Möglichkeit der einfachen Hinzuziehung (§ 360 Abs. 1) Gebrauch zu machen. Das gilt auch dann, wenn der hinzuzuziehende Ehegatte nicht über eigene Einkünfte (eigenes Vermögen) verfügt.

4. Will das Finanzamt den angefochtenen Verwaltungsakt gem. § 172 Abs. 1 Satz 1 Nr. 2 Buchstabe a ändern, ohne dem Antrag des Rechtsbehelfsführers der Sache nach zu entsprechen, ist auch die Zustimmung des notwendig Hinzugezogenen einzuholen; gleiches empfiehlt sich bei einfacher Hinzuziehung.

Zu § 361 – Aussetzung der Vollziehung:

1. Für die Entscheidung über die Aussetzung der Vollziehung ist ohne Rücksicht auf die Steuerart und die Höhe des Steuerbetrages das Finanzamt zuständig, das den angefochtenen Verwaltungsakt erlassen hat. Ein zwischenzeitlich eingetretener Zuständigkeitswechsel betrifft grundsätzlich auch das Aussetzungsverfahren (§ 367 Abs. 1 Satz 2 i.V. mit § 26 Satz 2).

2. Über Anträge auf Aussetzung der Vollziehung ist unverzüglich zu entscheiden. Solange über einen entsprechenden bei der Finanzbehörde gestellten Antrag noch nicht entschieden ist, sollen Vollstreckungsmaßnahmen unterbleiben, es sei denn, der Antrag ist aussichtslos, bezweckt offensichtlich nur ein Hinausschieben der Vollstreckung oder es besteht Gefahr im Verzug.

Ist die Aussetzung der Vollziehung eines Grundlagenbescheids beantragt worden, kann über den Antrag aber nicht kurzfristig entschieden werden, sollen die für die Erteilung der Folgebescheide zuständigen Finanzämter, ggf. Gemeinden, unterrichtet werden.

3. Stellt der Steuerpflichtige einen Antrag auf Aussetzung der Vollziehung nach § 69 Abs. 3 FGO beim Finanzgericht, ist die Vollstreckungsstelle darüber zu unterrichten. Die Vollstreckungsstelle entscheidet, ob im Einzelfall von Vollstreckungsmaßnahmen abzusehen ist. Vor Einleitung von Vollstreckungsmaßnahmen ist mit dem Finanzgericht Verbindung aufzunehmen (vgl. Abschnitt 5 Abs. 4 Satz 4 VollstrA). Die Verpflichtung des Finanzamts, unverzüglich selbst zu prüfen, ob eine Aussetzung der Vollziehung in Betracht kommt und ggf. die Aussetzung der Vollziehung selbst auszusprechen, bleibt unberührt.

4. Hat das Finanzamt einen Aussetzungsantrag abgelehnt, so ist in der Regel unter Beachtung der Grundsätze des § 258 (vgl. Abschnitt 7 VollstrA) zu vollstrecken, auch wenn die Entscheidung des Finanzamts vom Steuerpflichtigen angefochten worden ist. Über die Ablehnung des Aussetzungsbegehrens ist die Vollstreckungsstelle zu unterrichten.

5. Unanfechtbare Bescheide können nicht ausgesetzt werden; eine Ausnahme gilt nach § 361 Abs. 3 Satz 1 für Folgebescheide, soweit

diese im Zeitpunkt der Aussetzung schon bestandskräftig geworden sind. Bei Anträgen auf Aussetzung der Vollziehung von Realsteuermeßbescheiden soll das Finanzamt in Fällen von größerer Bedeutung vor der Entscheidung die betreffende Gemeinde zu Rate ziehen.

Über die Sicherheitsleistung entscheiden die Gemeinden. Das Finanzamt darf jedoch anordnen, daß die Aussetzung der Vollziehung des Folgebescheids von keiner Sicherheitsleistung abhängig zu machen ist, § 361 Abs. 3 Satz 3. Das kann z. B. der Fall sein, wenn der Rechtsbehelf wahrscheinlich erfolgreich sein wird.

Von der Entscheidung über den Antrag auf Aussetzung der Vollziehung des Realsteuermeßbescheides ist die Gemeinde zu unterrichten.

6. Liegen nebeneinander die gesetzlichen Voraussetzungen sowohl für eine Stundung als auch für eine Aussetzung der Vollziehung vor, so wird im Regelfall auszusetzen sein.

7. Demjenigen, der eine Verfassungsbeschwerde erhoben hat, kann für diesen Verfahrensabschnitt keine Aussetzung der Vollziehung gewährt werden (§ 32 BVerfGG; siehe BFH-Urteil vom 11. 2. 1987, BStBl. II S. 320).

Zu § 362 – Rücknahme des Rechtsbehelfs:

1. Für die Rücknahme ist zum Schutze des Steuerpflichtigen die Schriftform vorgeschrieben. Die Rücknahme führt nur zum Verlust des eingelegten Rechtsbehelfs, nicht des Rechtsbehelfs schlechthin. Der Rechtsbehelf kann daher innerhalb der Rechtsbehelfsfrist erneut erhoben werden.

2. Wird die Unwirksamkeit der Rücknahme innerhalb eines Jahres bei der für die Einlegung des Rechtsbehelfs zuständigen Finanzbehörde (§ 362 Abs. 1 Satz 2, § 357 Abs. 2) geltend gemacht (§ 362 Abs. 2 Satz 2, § 110 Abs. 3), so wird das ursprüngliche Rechtsbehelfsverfahren wieder aufgenommen. Es ist in der Sache zu entscheiden. Erachtet die Behörde die vorgetragenen Gründe für die Unwirksamkeit der Rechtsbehelfsrücknahme für nicht stichhaltig, wird der Rechtsbehelf als unzulässig verworfen.

Zu § 363 – Aussetzung des Verfahrens:

1. Ein wichtiger Grund, das Verfahren nach § 363 Abs. 2 ruhen zu lassen, ist regelmäßig gegeben, wenn in der gleichen Rechtsfrage eine Verfassungsbeschwerde, eine Normenkontrollklage oder ein Musterprozeß vor dem BFH schwebt, deren Ausgang abgewartet werden soll.

2. Die nach § 363 Abs. 2 erforderliche Zustimmung der Beteiligten sollte aus Gründen der Klarheit immer in schriftlicher Form erteilt werden.

Zu § 364 – Mitteilung der Besteuerungsunterlagen:

Die Beteiligten haben nur einen Anspruch auf Mitteilung der Besteuerungsunterlagen, nicht jedoch einen Rechtsanspruch auf Akteneinsicht. Im Einzelfall kann jedoch nach Ermessen der Finanzbehörde Akteneinsicht gewährt werden. Hierbei ist sicherzustellen, daß Verhältnisse eines anderen nicht unbefugt offenbart werden. Die Gewährung einer beantragten Akteneinsicht kann insbesondere nach einem Beraterwechsel zweckmäßig sein. Die Ablehnung eines Antrags auf Akteneinsicht ist mit der Beschwerde (§ 349) anfechtbar. Für das finanzgerichtliche Verfahren gilt § 78 FGO.

Zu § 365 – Anwendung von Verfahrensvorschriften:

1. Wird während des außergerichtlichen Rechtsbehelfsverfahrens der angefochtene Verwaltungsakt geändert oder ersetzt, so wird der neue Verwaltungsakt Gegenstand des Rechtsbehelfsverfahrens (§ 365 Abs. 3).

Bei einem Teilwiderruf oder einer Teilrücknahme bleibt der Verwaltungsakt – wenn auch eingeschränkt – bestehen und der Rechtsbehelf damit ebenfalls anhängig (BFH-Urteil vom 28. 1. 1982, BStBl. II S. 292).

Die Berichtigung gem. § 129 läßt den angefochtenen Verwaltungsakt als solchen unberührt; das Rechtsbehelfsverfahren wird gegen den berichtigten Verwaltungsakt fortgesetzt. Für das finanzgerichtliche Verfahren gilt § 68 FGO.

2. Die Aufklärungspflicht der Rechtsbehelfsbehörde wird von der Zumutbarkeit begrenzt (vgl. zu § 88 Nr. 1).

Nach dem BFH-Urteil vom 11. 12. 1984 (BStBl. II 1985 S. 354) können im Hinblick auf die Gesetzmäßigkeit und Gleichmäßigkeit der Besteuerung keine Vergleiche über Steueransprüche abgeschlossen werden. Eine „tatsächliche Verständigung" über schwierig zu ermittelnde tatsächliche Umstände ist aber zulässig und bindend (vgl. zu § 88 Nr. 1).

Zu § 366 – Form und Inhalt der Rechtsbehelfsentscheidung:

1. Für die Bekanntgabe der Rechtsbehelfsentscheidungen gilt § 122 entsprechend. Hinsichtlich der Bekanntgabe an Bevollmächtigte sind die Anweisungen in Nummer 2 zu § 122 und in Tz. 1.7 des Bekanntgabeerlasses (BMF-Schreiben vom 8. April 1991 IV A 5 – S 0284 – 1/91, BStBl. I S. 398, AO-Kartei § 122 Karte 2) zu beachten.

2. Eine förmliche Zustellung der Rechtsbehelfsentscheidung ist nur erforderlich, wenn sie ausdrücklich angeordnet wird (§ 122 Abs. 5 Satz 1). Sie sollte insbesondere dann angeordnet werden, wenn ein eindeutiger Nachweis des Zugangs für erforderlich gehalten wird.

Zur Zustellung von Rechtsbehelfsentscheidungen siehe auch die Tzn. 1.8.3, 1.8.4, 3.2 und 4.5 des Bekanntgabeerlasses.

Vor §§ 367, 368 – Besondere Verfahrensvorschriften:

In den Gründen der Rechtsbehelfsentscheidung sollen Wiedergabe des Tatbestandes und Darlegung der rechtlichen Erwägungen der entscheidenden Behörde getrennt sein. Auf Zulässigkeitsfragen ist nur einzugehen, wenn hierzu begründeter Anlaß besteht, etwa in den Fällen der § 354 Abs. 2, § 362 Abs. 2 oder bei ernsthaften Zweifeln am Vorliegen einzelner Zulässigkeitsvoraussetzungen. Hinweis auf § 358. Enthält die Rechtsbehelfsentscheidung entgegen § 366 Satz 2 keine oder eine unrichtige Rechtsbehelfsbelehrung, beträgt die Klagefrist nach § 55 Abs. 2 FGO ein Jahr statt eines Monats.

Zu § 367 – Entscheidung über den Einspruch:

1. Jeder nach Erlaß eines Verwaltungsaktes eintretende Zuständigkeitswechsel bewirkt auch eine Zuständigkeitsänderung im Einspruchsverfahren. Die Rechtsbehelfsvorgänge sind daher mit den übrigen Akten abzugeben. Die zunächst zuständige Behörde kann jedoch unter Wahrung der Interessen der Beteiligten aus Zweckmäßigkeitsgründen das Einspruchsverfahren fortführen, wenn das neu zuständige Finanzamt zustimmt. Zu den Auswirkungen eines Zuständigkeitswechsels auf das Rechtsbehelfsverfahren siehe auch BMF-Schreiben vom 15. 10. 1979 – IV A 6 – S 0600 – 14/79 – (BStBl. I S. 642, AO-Kartei § 347 Vorkarte 2).

2. Das Einspruchsverfahren ist verlängertes Veranlagungsverfahren. Gem. § 132 gelten die Vorschriften über Rücknahme und Widerruf, Aufhebung und Änderung von Verwaltungsakten auch während des Rechtsbehelfsverfahrens. Das Finanzamt kann daher einen angefochtenen Verwaltungsakt auch während des Einspruchsverfahrens nach den Korrekturvorschriften zurücknehmen, ändern oder ersetzen, und zwar auch zum Nachteil des Rechtsbehelfsführers. Unabhängig davon, ob die Voraussetzungen der Korrekturvorschriften gegeben sind, darf eine Verböserung nur erfolgen, wenn dem Steuerpflichtigen zuvor Gelegenheit zur Äußerung gegeben worden ist.

Nimmt der Steuerpflichtige seinen Einspruch zurück, so ist eine Änderung zum Nachteil des Steuerpflichtigen nur noch möglich, wenn dies nach den Vorschriften über Aufhebung oder Änderung von Verwaltungsakten zulässig ist.

3. Zu den Auswirkungen einer Teilabhilfe auf das Einspruchsverfahren siehe zu § 365 Nr. 1.

4. § 172 Abs. 1 Satz 2 bestimmt, daß auch ein durch Einspruchsentscheidung bestätigter oder geänderter Verwaltungsakt nach den Vorschriften der §§ 172 ff. aufgehoben oder geändert werden darf. Gleiches gilt für einen im Einspruchsverfahren ergehenden Abhilfebescheid (z. B.: nach § 172 Abs. 1 Satz 1 Nr. 2 Buchstabe a). Es ist kein Grund ersichtlich, Abhilfebescheiden eine stärkere Bestandskraft zuzuerkennen als den durch Einspruchsentscheidung bestätigten oder geänderten Steuerbescheiden. Da auch Abhilfebescheide Steuerbe-

scheide darstellen, war es nicht zwingend erforderlich, diese in § 172 Abs. 1 Satz 2 neben den Einspruchsentscheidungen ausdrücklich zu erwähnen.

5. Es ist zulässig, den Vorbehalt der Nachprüfung (§ 164) auch in der Entscheidung über einen Einspruch aufrechtzuerhalten (BFH-Urteil vom 12. 6. 1980, BStBl. II 1980 S. 527). In diesen Fällen braucht die Angelegenheit nicht umfassender geprüft zu werden als in dem Verfahren, das dem Erlaß der angefochtenen Vorbehaltsfestsetzung vorangegangen ist.

Der Vorbehalt der Nachprüfung ist jedoch aufzuheben, wenn im Rechtsbehelfsverfahren eine abschließende Prüfung i.S. des § 164 Abs. 1 durchgeführt wird.

Es ist auch statthaft, nach Hinweis auf die Verböserungsmöglichkeit einen Verwaltungsakt erstmalig in der Rechtsbehelfsentscheidung mit einer Nebenbestimmung zu versehen (BFH-Urteil vom 12. 6. 1980, a. a. O.). Ist ein Bescheid, der auf einer Schätzung beruht, ohne Nachprüfungsvorbehalt ergangen und wird nach Klageerhebung die Steuererklärung eingereicht, so kann der daraufhin ergehende Änderungsbescheid nur mit Zustimmung des Steuerpflichtigen unter Nachprüfungsvorbehalt gestellt werden (BFH-Urteil vom 30. 10. 1980, BStBl. II 1981 S. 150).

6. Wegen der Erledigung von Massenrechtsbehelfen und Massenanträgen siehe Art. 97 § 18a EGAO.

Zu § 368 – Entscheidung über die Beschwerde:

1. Eine Verböserung ist im Beschwerdeverfahren unzulässig. Es ist ggf. aber zu prüfen, ob außerhalb des Beschwerdeverfahrens eine Rücknahme oder ein Widerruf in Betracht kommt.

2. Zu den Auswirkungen eines Zuständigkeitswechsels auf das Beschwerdeverfahren siehe BMF-Schreiben vom 15. 10. 1979 – IV A 6 – S 0600 – 14/79 – (BStBl. I S. 642, AO-Kartei § 347 Vorkarte 2).

3. Bei Entscheidungen über Billigkeitsmaßnahmen nach § 163 Abs. 1 ist die Beschwerde auch gegeben, wenn die Entscheidung mit der Steuerfestsetzung verbunden worden ist.

Legt der Steuerpflichtige gegen die Versagung der Billigkeitsmaßnahme Beschwerde ein, trifft die Oberfinanzdirektion, wenn sie die Beschwerde ganz oder teilweise für begründet hält, als Rechtsbehelfsbehörde (§ 368) nur eine Beschwerdeentscheidung wegen der Billigkeitsmaßnahme und überläßt es dem Finanzamt, den Steuerbescheid entsprechend zu ändern.

Soweit die Oberfinanzdirektion zwar nach § 368 Abs. 2 über die Beschwerde zu entscheiden hat, für die Billigkeitsmaßnahme selbst aber die oberste Finanzbehörde des Landes – ggf. mit Zustimmung des Bundesministers der Finanzen – zuständig ist, spricht sie in der Beschwerdeentscheidung eine Billigkeitsmaßnahme nur mit Zustimmung der obersten Finanzbehörde des Landes aus.

Aus der Zuständigkeitsregelung für Billigkeitsmaßnahmen nach § 163 folgt außerdem, daß das Finanzamt im finanzgerichtlichen Verfahren nur mit Zustimmung der für die Billigkeitsmaßnahme zuständigen Behörde von der Erhebung der Revision gegen ein Urteil des Finanzgerichts absieht, mit dem das Finanzamt verpflichtet wird, die Steuer nach § 163 abweichend festzusetzen.

§ 348 Abs. 1 Nr. 2 rechnet die Entscheidung über eine Billigkeitsmaßnahme nach § 163 zu den Verwaltungsakten, die für die Festsetzung von Steuern verbindlich sind. Derartige Verwaltungsakte sind Grundlagenbescheide (§ 171 Abs. 10), die das Finanzamt nach § 175 Abs. 1 Satz 1 Nr. 1 bei der Steuerfestsetzung zu berücksichtigen hat.

Dieses Schreiben tritt an die Stelle des BMF-Schreibens vom 1. 10. 1976 – IV A 7 – S 0015 – 30/76 (BStBl. I S. 576). Die BMF-Schreiben vom 20. 12. 1976 – IV A 8 – S 0465 – 1/76 – (BStBl. I S. 738), vom 30. 12. 1976 – IV A 8 – S 0461 – 6/76 –, vom 8. 3. 1978 – IV B 4 – S 0187 – 9/78 – (BStBl. I S. 202), vom 15. 3. 1978 – IV A 6 – S 0613 – 3/78 –, vom 6. 11. 1978 – IV A 6 – S 0613 – 8/78 –, vom 7. 11. 1978 – IV A 6 – S 0619 – 4/79 –, vom 15. 11. 1978 – IV A 6 – S 0622 – 32/78 –, vom 15. 11. 1978 – IV A 6 – S 0625 – 8/78 –, vom 2. 1. 1979

$$- \frac{\text{IV A 7} - \text{S 0353} - 5/78}{\text{IV A 6} - \text{FG 2032} - 35/78} - \text{(BStBl. I S. 2), vom 13. 3. 1979}$$

– IV A 6 – S 0625 – 6/79 – vom 30. 3. 1979 – IV A 7 – S 0320 – 8/79 (BStBl. I S. 194), vom tS 0361 – 12/79 – (BStBl. I S. 286), vom 29. 5. 1979 – IV B 4 – S 0183 – 15/79 –, vom 11. 6. 1979

$$- \frac{\text{IV A 8} - \text{S 0456} - 6/79}{\text{IV A 8} - \text{S 0480} - 10/79} - \text{(BStBl. I S. 360), vom 26. 7. 1979}$$

– IV A 6 – S 0625 – 10/79 –, vom 16. 2. 1981 – IV A 6 – S 0622 – 28/80 –, vom 5. 6. 1981 – IV A 7 – S 0120 – 4/81 – (BStBl. I S. 488), vom 6. 7. 1981

$$- \frac{\text{IV B 7} - \text{S 2835} - 3/81}{\text{IV A 6} - \text{S 0619} - 5/81} - \text{(BStBl. I S. 505), vom 24. 11. 1981}$$

– IV A 8 – S 0456 – 13/81 –, vom 13. 1. 1982 – IV B 4 – S 0187 – 1/82 – (BStBl. I S. 300), vom 18. 12. 1981 – IV A 8 – S 0480 – 31/81 –, vom 25. 8. 1982 – IV A 7 – S 0166 – 12/82 – (BStBl. I S. 690), vom 12. 10. 1982 – IV A 7 – S 0361 – 28/82 – (BStBl. I S. 808) und vom 7. 12. 1982 – IV A 7 – S 0166 – 20/82 – (BStBl. I S. 900) werden aufgehoben.

ACHTUNG
Beachten Sie unbedingt die Hinweise in Abschnitt V. des Formulars !
Zutreffendes bitte ankreuzen bzw. leserlich ausfüllen !

Eingangsstempel

Finanzamt

Raum für Bearbeitungsvermerke

☐ **Abtretungsanzeige**

☐ **Verpfändungsanzeige**

I. Abtretende(r) / Verpfänder(in)

Familienname bzw. Firma (bei Gesellschaften)	Vorname	Geburtsdatum
	Steuernummer	
Ehegatte: Familienname	Vorname	Geburtsdatum
Anschrift(en)		

II. Abtretungsempfänger(in) / Pfandgläubiger(in)

Name / Firma u. Anschrift

III. Anzeige

Folgender Erstattungs- bzw. Vergütungsanspruch ist abgetreten / verpfändet worden:

1. Bezeichnung des Anspruchs:

☐ Einkommensteuer-Veranlagung   für   Kalenderjahr ____

☐ ____   für   Zeitraum ____

☐ Arbeitnehmersparzulage   für   Kalenderjahr ____

☐ Umsatzsteuerfestsetzung   für   Kalenderjahr ____

☐ Umsatzsteuervoranmeldung   für   Monat bzw. Quartal / Jahr ____

☐ ____

2. Umfang der Abtretung bzw. Verpfändung:

☐ VOLL-Abtretung / Verpfändung   voraussichtliche Höhe   DM ____

☐ TEIL-Abtretung / Verpfändung   in Höhe von   DM ____

3. Grund der Abtretung / Verpfändung:

☐ Sicherungsabtretung   oder   ____

Seite 2

IV. Überweisung / Verrechnung

Der abgetretene / verpfändete Betrag soll ausgezahlt werden durch:

☐ Überweisung auf Konto-Nr. | Bankleitzahl

Geldinstitut (Zweigstelle) und Ort

Kontoinhaber, wenn abweichend von Abschnitt II.

☐ **Verrechnung** mit Steuerschulden des / der Abtretungsempfängers(in) / Pfandgläubigers(in)

beim Finanzamt _____ Steuernummer _____

Steuerart _____ Zeitraum _____

(für genauere Anweisungen bitte einen gesonderten Verrechnungsantrag beifügen !)

V. Wichtige Hinweise

Unterschreiben Sie bitte kein Formular, das nicht ausgefüllt ist oder dessen Inhalt Sie nicht verstehen !

Prüfen Sie bitte sorgfältig, ob sich eine Abtretung für Sie überhaupt lohnt ! Denn das Finanzamt bemüht sich, Erstattungs- und Vergütungsansprüche schnell zu bearbeiten.

Vergleichen Sie nach Erhalt des Steuerbescheids den Erstattungsbetrag mit dem Betrag, den Sie gegebenenfalls im Wege der Vorfinanzierung erhalten haben.

Denken Sie daran, daß die Abtretung aus unterschiedlichen Gründen unwirksam sein kann, daß das Finanzamt dies aber nicht zu prüfen braucht ! Der geschäftsmäßige Erwerb von Steuererstattungsansprüchen ist nur Kreditinstituten (Banken und Sparkassen) im Rahmen von Sicherungsabtretungen gestattet. Die Abtretung an andere Unternehmen und Privatpersonen ist nur zulässig, wenn diese nicht geschäftsmäßig handeln. Haben Sie z. B. Ihren Anspruch an eine Privatperson abgetreten, die den Erwerb von Steuererstattungsansprüchen geschäftsmäßig betreibt, dann ist die Abtretung unwirksam. Hat aber das Finanzamt den Erstattungsbetrag bereits an den / die von Ihnen angegebenen neuen Gläubiger ausgezahlt, dann kann es nicht mehr in Anspruch genommen werden, das heißt: Sie haben selbst dann keinen Anspruch mehr gegen das Finanzamt auf den Erstattungsanspruch, wenn die Abtretung nicht wirksam ist.

Abtretungen / Verpfändungen können gem. § 46 Abs. 2 der Abgabenordnung dem Finanzamt erst dann wirksam angezeigt werden, wenn der abgetretene / verpfändete Erstattungsanspruch entstanden ist. Der Erstattungsanspruch entsteht nicht vor Ablauf des Besteuerungszeitraums (bei der Einkommensteuer / Lohnsteuer: grundsätzlich Kalenderjahr; bei der Umsatzsteuer: Monat, Kalendervierteljahr bzw. Kalenderjahr).

Die Anzeige ist an das für die Besteuerung des / der Abtretenden / Verpfändenden zuständige Finanzamt zu richten. So ist z.B. für den Erstattungsanspruch aus der Einkommensteuer-Veranlagung das Finanzamt zuständig, in dessen Bereich der / die Abtretende / Verpfändende seinen / ihren Wohnsitz hat.

Bitte beachten Sie, daß neben den beteiligten Personen bzw. Gesellschaften auch der abgetretene / verpfändete Erstattungsanspruch für die Finanzbehörde zweifelsfrei erkennbar sein muß. Die Angaben in Abschnitt III. der Anzeige dienen dazu, die gewünschte Abtretung / Verpfändung schnell und problemlos ohne weitere Rückfragen erledigen zu können !

Die Abtretungs- / Verpfändungsanzeige ist sowohl von dem / der Abtretenden / Verpfändenden als auch von dem / der Abtretungsempfänger(in) / Pfandgläubiger(in) zu unterschreiben. Dies gilt z.B. auch, wenn der / die zeichnungsberechtigte Vertreter(in) einer abtretenden juristischen Person (z.B. GmbH) oder sonstigen Gesellschaft und der / die Abtretungsempfänger(in) / Pfandgläubiger(in) personengleich sind (2 Unterschriften).

VI. Unterschriften

1. Abtretende(r) / Verpfänder(in) lt. Abschnitt I. – Persönliche Unterschrift –

   Ort, Datum

   (Werden bei der Einkommensteuer-Zusammenveranlagung die Ansprüche beider Ehegatten abgetreten, ist unbedingt erforderlich, daß **beide** Ehegatten persönlich unterschreiben.)

2. Abtretungsempfänger(in) / Pfandgläubiger(in) lt. Abschnitt II. – Unterschrift unbedingt erforderlich –

   Ort, Datum

IV A Sfaum-1

325

1.2. Einführungsgesetz zur Abgabenordnung (EGAO 1977)

Vom 14. Dezember 1976 (BGBl. I S. 3341)

Geändert durch Grunderwerbsteuergesetz 1983 vom 17. 12. 1982 (BGBl. I S. 1777), Steuerbereinigungsgesetz 1986 vom 19. 12. 1985 (BGBl. I S. 2436), Steuerreformgesetz 1990 vom 25. 7. 1988 (BGBl. I S. 1093), Haushaltsbegleitgesetz 1989 vom 20. 12. 1988 (BGBl. I S. 2262), Vereinsförderungsgesetz vom 18. 12. 1989 (BGBl. I S. 2212), Wohnungsbauförderungsgesetz vom 22. 12. 1989 (BGBl. I S. 2408), Einigungsvertrag vom 31. 8. 1990 (BGBl. II S. 889, 968), Steueränderungsgesetz 1991 vom 24. 6. 1991 (BGBl. I S. 1322), Steueränderungsgesetz 1992 vom 25. 2. 1992 (BGBl. I S. 297), Gesetz zur Umsetzung des Föderalen Konsolidierungsprogramms vom 23. 6. 1993 (BGBl. I S. 944), Standortsicherungsgesetz vom 13. 9. 1993 (BGBl. I S. 1569), Mißbrauchsbekämpfungs- und Steuerbereinigungsgesetz vom 21. 12. 1993 (BGBl. I S. 2310) und Grenzpendlergesetz vom 24. 6. 1994 (BGBl. I S. 1395)

BGBl. III 610-1-4

– Auszug –

Der Bundestag hat mit Zustimmung des Bundesrates das folgende Gesetz beschlossen:

Erster Abschnitt. Änderung von Gesetzen auf dem Gebiet des Finanzwesens

Art. 1 bis Art. 6 . . . . .

Art. 7 Hauptfeststellung der Einheitswerte der Mineralgewinnungsrechte. (1) Für Mineralgewinnungsrechte findet die nächste Hauptfeststellung der Einheitswerte auf den 1. Januar 1977 statt (Hauptfeststellung 1977).

(2) Die Einheitswerte für Mineralgewinnungsrechte, denen die Wertverhältnisse vom 1. Januar 1977 zugrunde liegen, sind erstmals anzuwenden bei der Feststellung von Einheitswerten der gewerblichen Betriebe auf den 1. Januar 1977 und bei der Festsetzung von Steuern, bei denen die Steuer nach dem 31. Dezember 1976 entsteht.

Art. 8 bis Art. 38 . . . . .

Zweiter Abschnitt. Anpassung weiterer Bundesgesetze

Erster Titel. Änderung von Gesetzen auf dem Gebiet des Rechts der Verwaltung

Art. 39 bis Art. 52 . . . . .

Zweiter Titel. Änderung von Gesetzen auf dem Gebiet der Rechtspflege, des Zivilrechts und des Strafrechts

Art. **53** bis Art. **57** . . . . .

Dritter Titel. Änderung von Gesetzen auf dem Gebiet des Verteidigungsrechts

Art. **58** . . . . .

Vierter Titel. Änderung von Gesetzen auf dem Gebiet des Wirtschaftsrechts

Art. **59** bis Art. **81** . . . . .

Fünfter Titel. Änderung von Gesetzen auf dem Gebiet des Arbeitsrechts, der Sozialversicherung und der Kriegsopferversorgung

Art. **82** bis Art. **90** . . . . .

Sechster Titel. Änderung von Gesetzen auf dem Gebiet des Post- und Fernmeldewesens sowie des Verkehrswesens

Art. **91** bis Art. **94** . . . . .

Siebenter Titel. Änderung anderer Gesetze

Art. **95** . . . . .

Achter Titel. Außerkrafttreten von Vorschriften

Art. 96 Außerkrafttreten. Mit Inkrafttreten der Abgabenordnung treten außer Kraft:

1. Die Reichsabgabenordnung vom 22. Mai 1931 (Reichsgesetzbl. I S. 161), zuletzt geändert durch das Gesetz über das Zeugnisverweigerungsrecht der Mitarbeiter von Presse und Rundfunk vom 25. Juli 1975 (Bundesgesetzbl. I S. 1973);

2. die Verordnung zur Durchführung des § 160 Abs. 2 der Reichsabgabenordnung vom 24. März 1932 (Reichsgesetzbl. I S. 165);

3. die Verordnung zur Durchführung von Buch- und Betriebsprüfungen vom 9. November 1925 (Reichsministerialblatt S. 1337);

4. die Verordnung zur Durchführung der §§ 402 und 413 der Reichsabgabenordnung vom 17. August 1940 (Reichsministerialblatt S. 209);

5. das Steueranpassungsgesetz vom 16. Oktober 1934 (Reichsgesetz-bl. I S. 925), zuletzt geändert durch das Einführungsgesetz zum Einkommensteuerreformgesetz vom 21. Dezember 1974 (Bundes-gesetzbl. I S. 3656);

6. die Gemeinnützigkeitsverordnung vom 24. Dezember 1953 (Bundesgesetzbl. I S. 1592), zuletzt geändert durch das Steuerän-derungsgesetz 1969 vom 18. August 1969 (Bundesgesetzbl. I S. 1211);

7. die Aufteilungsverordnung vom 8. November 1963 (Bundesge-setzblatt I S. 785), geändert durch die Finanzgerichtsordnung vom 6. Oktober 1965 (Bundesgesetzbl. I S. 1477);

8. das Steuersäumnisgesetz vom 13. Juli 1961 (Bundesgesetzbl. I S. 981, 993), zuletzt geändert durch das Dritte Gesetz zur Ände-rung des Steuerberatungsgesetzes vom 24. Juni 1975 (Bundes-gesetzbl. I S. 1509);

9. die Verordnung zum Steuersäumnisgesetz vom 15. August 1961 (Bundesgesetzbl. I S. 1299), geändert durch die Verordnung zur Änderung der Verordnung zum Steuersäumnisgesetz vom 9. Juni 1969 (Bundesgesetzbl. I S. 539);

10. die Beitreibungsordnung vom 23. Juni 1923 (Reichsministerial-blatt S. 595);

11. die Verordnung zur Einführung der Beitreibungsordnung vom 5. Juli 1923 (Reichsministerialblatt S. 645);

12. die Verordnung über die Auswertung der Personenstands- und Betriebsaufnahme (Aufstellung von Urlisten) vom 16. Mai 1935 (Reichsministerialblatt S. 538);

13. die Verordnung über die Führung eines Wareneingangsbuchs vom 20. Juni 1935 (Reichsgesetzbl. I S. 752), zuletzt geändert durch das Gesetz zur Abkürzung handelsrechtlicher und steuer-rechtlicher Aufbewahrungsfristen vom 2. März 1959 (Bundesge-setzbl. I S. 77);

14. die Verordnung über landwirtschaftliche Buchführung vom 5. Juli 1935 (Reichsgesetzbl. I S. 908);

15. die Warenausgangsverordnung vom 20. Juni 1936 (Reichsge-setzbl. I S. 507), geändert durch das Gesetz zur Änderung von Vorschriften des Dritten Teiles der Reichsabgabenordnung vom 11. Mai 1956 (Bundesgesetzbl. I S. 418);

16. die Verordnung über die Zuständigkeit im Besteuerungsverfahren vom 3. Januar 1944 (Reichsgesetzbl. I S. 11);

17. das Gesetz über die Kosten der Zwangsvollstreckung nach der Reichsabgabenordnung vom 12. April 1961 (Bundesgesetzbl. I S. 429), zuletzt geändert durch das Gesetz zur Änderung des Ge-setzes über die Kosten der Zwangsvollstreckung nach der Reichs-abgabenordnung vom 20. Mai 1975 (Bundesgesetzbl. I S. 1119);

18. § 6 Abs. 2 Satz 4 der Verordnung über die Offenlegung der Ergebnisse der Bodenschätzung vom 31. Januar 1936 (Reichsgesetzbl. I S. 120);

19. §§ 15 und 20 des Rennwett- und Lotteriegesetzes vom 8. April 1922 (Reichsgesetzbl. I S. 335, 393), zuletzt geändert durch das Gesetz zur Änderung des Rennwett- und Lotteriegesetzes vom 16. Dezember 1974 (Bundesgesetzbl. I S. 3561);

20. die Verordnung über die Zwangsvollstreckung im Erstattungsverfahren für den Dienstbereich der Reichsfinanzverwaltung vom 17. Dezember 1937 (Reichsgesetzbl. I S. 1388);

21. § 5 der Verordnung zur beschleunigten Förderung des Baues von Heuerlings- und Werkwohnungen sowie von Eigenheimen für ländliche Arbeiter und Handwerker vom 10. März 1937 (Reichsgesetzbl. I S. 292), zuletzt geändert durch das Beurkundungsgesetz vom 28. August 1969 (Bundesgesetzbl. I S. 1513);

22. § 2 Abs. 3 der Zweiten Durchführungsverordnung über die beschleunigte Förderung des Baues von Heuerlings- und Werkwohnungen sowie von Eigenheimen für ländliche Arbeiter und Handwerker vom 27. Januar 1938 (Reichsgesetzbl. I S. 107);

23. § 3 des Gesetzes über die Erhebung von Gebühren durch die Außenhandelsstelle des Bundesministeriums für Ernährung, Landwirtschaft und Forsten vom 17. Dezember 1951 (Bundesgesetzbl. I S. 969);

24. § 21 Abs. 3 des Vieh- und Fleischgesetzes vom 25. April 1951 (Bundesgesetzbl. I S. 272), zuletzt geändert durch das Gesetz über die Neuorganisation der Marktordnungsstellen vom 23. Juni 1976 (Bundesgesetzbl. I S. 1608);

25. § 11 Abs. 3 des Zuckergesetzes vom 5. Januar 1951 (Bundesgesetzblatt I S. 47), zuletzt geändert durch das Gesetz zur Gesamtreform des Lebensmittelrechts vom 15. August 1974 (Bundesgesetzbl. I S. 1945).

Dritter Abschnitt. Schlußvorschriften

Art. **97** Übergangsvorschriften

§ 1 Begonnene Verfahren. (1) Verfahren, die am 1. Januar 1977 anhängig sind, werden nach den Vorschriften der Abgabenordnung zu Ende geführt, soweit in den nachfolgenden Vorschriften nichts anderes bestimmt ist.

(2) [1] Durch das Steuerbereinigungsgesetz 1986 vom 19. Dezember 1985 (BGBl. I S. 2436) geänderte oder eingefügte Vorschriften sowie die auf diesen Vorschriften beruhenden Rechtsverordnungen sind auf alle bei Inkrafttreten dieser Vorschriften anhängigen Verfahren anzu-

wenden, soweit nichts anderes bestimmt ist. [2] Soweit die Vorschriften die Bekanntgabe von schriftlichen Verwaltungsakten regeln, gelten sie für alle nach dem Inkrafttreten der Vorschriften zur Post gegebenen Verwaltungsakte.

(3) Die durch Artikel 15 des Steuerreformgesetzes 1990 vom 25. Juli 1988 (BGBl. I S. 1093) geänderten Vorschriften sind auf alle bei Inkrafttreten dieser Vorschriften anhängigen Verfahren anzuwenden, soweit nichts anderes bestimmt ist.

(4) Die durch Artikel 26 des Gesetzes vom 21. Dezember 1993 (BGBl. I S. 2310) geänderten Vorschriften sind auf alle bei Inkrafttreten dieser Vorschriften anhängigen Verfahren anzuwenden, soweit nichts anderes bestimmt ist.

§ 1 a Steuerlich unschädliche Betätigungen. (1) Die Vorschrift des § 58 Nr. 7 der Abgabenordnung über steuerlich unschädliche Betätigungen in der Fassung des Steuerbereinigungsgesetzes 1986 ist erstmals ab 1. Januar 1985 anzuwenden.

(2) Die Vorschrift des § 58 Nr. 10 der Abgabenordnung über steuerlich unschädliche Betätigungen in der Fassung des Artikels 26 des Gesetzes vom 21. Dezember 1993 (BGBl. I S. 2310) ist erstmals ab dem 1. Januar 1993 anzuwenden.

§ 1 b Krankenhäuser. Die Vorschrift des § 67 Abs. 1 der Abgabenordnung über die Zweckbetriebseigenschaft eines Krankenhauses in der Fassung des Steuerbereinigungsgesetzes 1986 ist erstmals ab 1. Januar 1986 anzuwenden.

§ 1 c Sportliche Veranstaltungen. Die Vorschrift des § 67 a der Abgabenordnung über die Zweckbetriebseigenschaft sportlicher Veranstaltungen sowie die Folgeänderungen des § 68 Nr. 7 der Abgabenordnung in der Fassung des Steuerbereinigungsgesetzes 1986 sind erstmals ab 1. Januar 1986 anzuwenden.

§ 1 d Steuerbegünstigte Zwecke. Die Vorschriften der §§ 51, 52, 58, 64, 67 a und 68 der Abgabenordnung in der Fassung des Artikels 1 des Vereinsförderungsgesetzes vom 18. Dezember 1989 (BGBl. I S. 2212) sind erstmals ab 1. Januar 1990 anzuwenden.

§ 2 Fristen. [1] Fristen, deren Lauf vor dem 1. Januar 1977 begonnen hat, werden nach den bisherigen Vorschriften berechnet, soweit in den nachfolgenden Vorschriften nichts anderes bestimmt ist. [2] Dies gilt auch in den Fällen, in denen der Lauf einer Frist nur deshalb nicht vor dem 1. Januar 1977 begonnen hat, weil der Beginn der Frist nach § 84 der Reichsabgabenordnung hinausgeschoben worden ist.

§ 3 Grunderwerbsteuer, Feuerschutzsteuer. (1) [1] Die Abgabenordnung und die Übergangsvorschriften dieses Artikels gelten auch für die Grunderwerbsteuer und die Feuerschutzsteuer; abweichende landesrechtliche Vorschriften bleiben unberührt. [2]Soweit die Grunderwerbsteuer nicht von Landesfinanzbehörden verwaltet wird, gilt § 1 Abs. 2 der Abgabenordnung sinngemäß.

(2) *(aufgehoben)*

§§ 4–7. *(aufgehoben)*

§ 8 Verspätungszuschlag. [1]Die Vorschriften des § 152 der Abgabenordnung über Verspätungszuschläge sind erstmals auf Steuererklärungen anzuwenden, die nach dem 31. Dezember 1976 einzureichen sind; eine Verlängerung der Steuererklärungsfrist ist hierbei nicht zu berücksichtigen. [2]Im übrigen gilt § 168 Abs. 2 der Reichsabgabenordnung mit der Maßgabe, daß ein nach dem 31. Dezember 1976 festgesetzter Verspätungszuschlag höchstens zehntausend Deutsche Mark betragen darf.

§ 9 Aufhebung und Änderung von Verwaltungsakten. (1) [1]Die Vorschriften der Abgabenordnung über die Aufhebung und Änderung von Verwaltungsakten sind erstmals anzuwenden, wenn nach dem 31. Dezember 1976 ein Verwaltungsakt aufgehoben oder geändert wird. [2]Dies gilt auch dann, wenn der aufzuhebende oder zu ändernde Verwaltungsakt vor dem 1. Januar 1977 erlassen worden ist. [3]Auf vorläufige Steuerbescheide nach § 100 Abs. 1 der Reichsabgabenordnung ist § 165 Abs. 2 der Abgabenordnung, auf Steuerbescheide nach § 100 Abs. 2 der Reichsabgabenordnung und § 28 des Erbschaftsteuergesetzes in der vor dem 1. Januar 1974 geltenden Fassung ist § 164 Abs. 2 und 3 der Abgabenordnung anzuwenden.

(2) § 173 Abs. 1 der Abgabenordnung in der Fassung des Steuerbereinigungsgesetzes 1986 vom 19. Dezember 1985 (BGBl. I S. 2436) gilt weiter, soweit Tatsachen oder Beweismittel vor dem 1. Januar 1994 nachträglich bekannt geworden sind.

§ 10 Festsetzungsverjährung. (1) [1]Die Vorschriften der Abgabenordnung über die Festsetzungsverjährung gelten erstmals für die Festsetzung sowie für die Aufhebung und Änderung der Festsetzung von Steuern, Steuervergütungen und – soweit für steuerliche Nebenleistungen eine Festsetzungsverjährung vorgesehen ist – von steuerlichen Nebenleistungen, die nach dem 31. Dezember 1976 entstehen. [2]Für vorher entstandene Ansprüche gelten die Vorschriften der Reichsabgabenordnung über die Verjährung und über die Ausschlußfristen weiter, soweit sie für die Festsetzung einer Steuer, Steuervergütung oder steuerlichen Nebenleistung, für die Aufhebung oder Änderung einer solchen Festsetzung oder für die Geltendmachung von Erstattungsansprüchen von Bedeutung sind; § 14 Abs. 2 dieses Artikels bleibt unberührt.

(2) ¹Absatz 1 gilt sinngemäß für die gesonderte Feststellung von Besteuerungsgrundlagen sowie für die Festsetzung, Zerlegung und Zuteilung von Steuermeßbeträgen. ²Bei der Einheitsbewertung tritt an die Stelle des Zeitpunkts der Entstehung des Steueranspruchs der Zeitpunkt, auf den die Hauptfeststellung, die Fortschreibung, die Nachfeststellung oder die Aufhebung eines Einheitswertes vorzunehmen ist.

(3) Wenn die Schlußbesprechung oder die letzten Ermittlungen vor dem 1. Januar 1987 stattgefunden haben, beginnt der nach § 171 Abs. 4 Satz 3 der Abgabenordnung zu berechnende Zeitraum am 1. Januar 1987.

(4) Die Vorschrift des § 171 Abs. 14 der Abgabenordnung gilt für alle bei Inkrafttreten des Steuerbereinigungsgesetzes 1986 noch nicht abgelaufenen Festsetzungsfristen.

(5) § 170 Abs. 2 Satz 1 Nr. 1, Abs. 3 und 4, § 171 Abs. 3 Satz 1 und Abs. 8 Satz 2, § 175a Satz 2, § 181 Abs. 1 Satz 3 und Abs. 3 sowie § 239 Abs. 1 der Abgabenordnung in der Fassung des Artikels 26 des Gesetzes vom 21. Dezember 1993 (BGBl. I S. 2310) gelten für alle bei Inkrafttreten dieses Gesetzes noch nicht abgelaufenen Festsetzungsfristen.

§ 10a Erklärungspflicht. Die Vorschriften des § 181 Abs. 2 der Abgabenordnung über Erklärungspflichten gelten in der Fassung des Steuerbereinigungsgesetzes 1986 auch für noch nicht abgegebene Feststellungserklärungen, die Zeiträume oder Zeitpunkte vor dem 1. Januar 1987 betreffen.

§ 10b Gesonderte Feststellungen. § 180 Abs. 1 Nr. 2 Buchstabe a, Abs. 4 und Abs. 5 der Abgabenordnung in der Fassung des Artikels 26 des Gesetzes vom 21. Dezember 1993 (BGBl. I S. 2310) ist erstmals auf Feststellungszeiträume anzuwenden, die nach dem 31. Dezember 1994 beginnen.

§ 11 Haftung. (1) Die Vorschriften der §§ 69 bis 76 und 191 Abs. 3 bis 5 der Abgabenordnung sind anzuwenden, wenn der haftungsbegründende Tatbestand nach dem 31. Dezember 1976 verwirklicht worden ist.

(2) Die Vorschriften der Abgabenordnung über die Haftung sind in der Fassung des Steuerbereinigungsgesetzes 1986 anzuwenden, wenn der haftungsbegründende Tatbestand nach dem 31. Dezember 1986 verwirklicht worden ist.

§ 12 Verbindliche Zusagen auf Grund einer Außenprüfung. Die Vorschriften der Abgabenordnung über verbindliche Zusagen auf Grund einer Außenprüfung (§§ 204 bis 207) sind anzuwenden, wenn die Schlußbesprechung nach dem 31. Dezember 1976 stattfindet oder, falls eine solche nicht erforderlich ist, wenn dem Steuerpflichtigen der Prüfungsbericht nach dem 31. Dezember 1976 zugegangen ist.

§ 13 Sicherungsgeld. [1]Die Vorschriften des § 203 der Reichsabgabenordnung sind auch nach dem 31. Dezember 1976 anzuwenden, soweit die dort genannten besonderen Bedingungen vor dem 1. Januar 1977 nicht eingehalten wurden. [2]Auf die Verwaltungsakte, die ein Sicherungsgeld festsetzen, ist § 100 Abs. 2 der Finanzgerichtsordnung nicht anzuwenden.

§ 14 Zahlungsverjährung. (1) Die Vorschriften der Abgabenordnung über die Zahlungsverjährung gelten für alle Ansprüche im Sinne des § 228 Satz 1 der Abgabenordnung, deren Verjährung nach § 229 der Abgabenordnung nach dem 31. Dezember 1976 beginnt.

(2) [1]Liegen die Voraussetzungen des Absatzes 1 nicht vor, so gelten für die Ansprüche weiterhin die bisherigen Vorschriften über Verjährung und Ausschlußfristen. [2]Die Verjährung wird jedoch ab 1. Januar 1977 nur noch nach den §§ 230 und 231 der Abgabenordnung gehemmt und unterbrochen. [3]Auf die nach § 321 Abs. 3 der Abgabenordnung beginnende neue Verjährungsfrist sind die §§ 228 bis 232 der Abgabenordnung anzuwenden.

(3) § 229 Abs. 1 Satz 2 der Abgabenordnung in der Fassung des Artikels 26 des Gesetzes vom 21. Dezember 1993 (BGBl. I S. 2310) gilt für alle bei Inkrafttreten dieses Gesetzes noch nicht abgelaufenen Verjährungsfristen.

§ 15 Zinsen. (1) [1]Zinsen entstehen für die Zeit nach dem 31. Dezember 1976 nach den Vorschriften der Abgabenordnung. [2]Aussetzungszinsen entstehen nach § 237 der Abgabenordnung in der Fassung des Steuerbereinigungsgesetzes 1986 auch, soweit der Zinslauf vor dem 1. Januar 1987 begonnen hat.

(2) Ist eine Steuer über den 31. Dezember 1976 hinaus zinslos gestundet worden, so gilt dies als Verzicht auf Zinsen im Sinne des § 234 Abs. 2 der Abgabenordnung.

(3) Die Vorschriften des § 239 Abs. 1 der Abgabenordnung über die Festsetzungsfrist gelten in allen Fällen, in denen die Festsetzungsfrist auf Grund dieser Vorschrift nach dem 31. Dezember 1977 beginnt.

(4) Die Vorschriften der §§ 233a, 235, 236 und 239 der Abgabenordnung in der Fassung von Artikel 15 Nr. 3 bis 5 und 7 des Steuerreformgesetzes 1990 vom 25. Juli 1988 (BGBl. I S. 1093) und Artikel 9 des Wohnungsbauförderungsgesetzes vom 22. Dezember 1989 (BGBl. I S. 2408) gelten für alle Steuern, die nach dem 31. Dezember 1988 entstehen.

(5) § 233a Abs. 2 Satz 3 der Abgabenordnung in der Fassung des Artikels 4 Nr. 1 des Gesetzes vom 24. Juni 1994 (BGBl. I S. 1395) gilt in allen Fällen, in denen Zinsen nach dem 31. Dezember 1993 festgesetzt werden.

(6) § 233a Abs. 5 und §§ 234 bis 237 der Abgabenordnung in der Fassung des Artikels 26 des Gesetzes vom 21. Dezember 1993 (BGBl. I S. 2310) gelten in allen Fällen, in denen die Steuerfestsetzung nach Inkrafttreten dieses Gesetzes[1] aufgehoben, geändert oder nach § 129 der Abgabenordnung berichtigt wird.

§ 16 Säumniszuschläge. (1) Die Vorschriften des § 240 der Abgabenordnung über Säumniszuschläge sind erstmals auf Säumniszuschläge anzuwenden, die nach dem 31. Dezember 1976 verwirkt werden.

(2) Bis zum 31. Dezember 1980 gilt für die Anwendung des § 240 der Abgabenordnung bei den Finanzämtern, die von den obersten Finanzbehörden der Länder dazu bestimmt sind, Rationalisierungsversuche im Erhebungsverfahren durchzuführen, folgendes:

1. [1] Abweichend von § 240 Abs. 1 der Abgabenordnung tritt bei der Einkommensteuer, der Körperschaftsteuer, der Gewerbesteuer, der Vermögensteuer, der Grundsteuer, der Vermögensabgabe, der Kreditgewinnabgabe und der Umsatzsteuer für die Verwirkung des Säumniszuschlages an die Stelle des Fälligkeitstages jeweils der auf diesen folgende 20. eines Monats. [2] § 240 Abs. 3 der Abgabenordnung gilt nicht.

2. Werden bei derselben Steuerart innerhalb eines Jahres Zahlungen wiederholt nach Ablauf des Fälligkeitstages entrichtet, so kann der Säumniszuschlag vom Ablauf des Fälligkeitstages an erhoben werden; dabei bleibt § 240 Abs. 3 der Abgabenordnung unberührt.

3. Für die Berechnung des Säumniszuschlages wird der rückständige Betrag jeder Steuerart zusammengerechnet und auf volle hundert Deutsche Mark nach unten abgerundet.

(3) Die Vorschrift des § 240 Abs. 3 der Abgabenordnung in der Fassung des Artikels 17 des Gesetzes vom 23. Juni 1993 (BGBl. I S. 944) ist erstmals auf Säumniszuschläge anzuwenden, die nach dem 31. Dezember 1993 verwirkt werden.

§ 17 Angabe des Schuldgrundes. Für die Anwendung des § 260 der Abgabenordnung auf Ansprüche, die bis zum 31. Dezember 1980 entstanden sind, gilt folgendes:

Hat die Vollstreckungsbehörde den Vollstreckungsschuldner durch Kontoauszüge über Entstehung, Fälligkeit und Tilgung seiner Schulden fortlaufend unterrichtet, so genügt es, wenn die Vollstreckungsbehörde die Art der Abgabe und die Höhe des beizutreibenden Be-

---

[1] In Kraft ab 30. 12. 1993.

trages angibt und auf den Kontoauszug Bezug nimmt, der den Rück-
stand ausweist.

§ 17a Pfändungsgebühren. Die Höhe der Pfändungsgebühren
richtet sich

1. in den Fällen des § 339 Abs. 1 Nr. 1 der Abgabenordnung nach
   dem Gebührenrecht, das in dem Zeitpunkt gilt, in dem der für die
   Erhebung der Gebühr maßgebende Tatbestand erfüllt wird,
2. in den Fällen des § 339 Abs. 1 Nr. 2 der Abgabenordnung nach
   dem Gebührenrecht, das in dem Zeitpunkt gilt, in dem die Pfändungsverfügung den Bereich der Vollstreckungsbehörde verlassen
   hat.

§ 18 Außergerichtliche Rechtsbehelfe. (1) Wird ein Verwaltungsakt angefochten, der vor dem 1. Januar 1977 wirksam geworden ist,
bestimmt sich die Zulässigkeit des außergerichtlichen Rechtsbehelfs
nach den bisherigen Vorschriften; ist über den Rechtsbehelf nach
dem 31. Dezember 1976 zu entscheiden, richten sich die Art des
außergerichtlichen Rechtsbehelfs sowie das weitere Verfahren nach
den neuen Vorschriften.

(2) Nach dem 31. Dezember 1976 ist eine Gebühr für einen außergerichtlichen Rechtsbehelf nur noch dann festzusetzen, wenn die
Vorausset-zungen für die Festsetzung einer Gebühr nach § 256 der
Reichsabgabenordnung bereits vor dem 1. Januar 1977 eingetreten
waren.

(3) ¹Wird ein Verwaltungsakt angefochten, der vor dem 1. Januar
1996 wirksam geworden ist, bestimmt sich die Zulässigkeit des
Rechtsbehelfs nach den bis zum 31. Dezember 1995 geltenden Vorschriften der Abgabenordnung. ²Ist über den Rechtsbehelf nach dem
31. Dezember 1995 zu entscheiden, richten sich die Art des außergerichtlichen Rechtsbehelfs sowie das weitere Verfahren nach den ab
1. Januar 1996 geltenden Vorschriften der Abgabenordnung.

(4) § 365 Abs. 3 Satz 2 Nr. 1 der Abgabenordnung in der Fassung
des Artikels 4 Nr. 11 Buchstabe b des Gesetzes vom 24. Juni 1994
(BGBl. I S. 1395) ist auf berichtigende Verwaltungsakte anzuwenden,
die nach dem 31. Dezember 1995 bekanntgegeben werden.

**§ 18a Erledigung von Massenrechtsbehelfen und Massenanträ-
gen.** (1) ¹Wurde mit einem vor dem 1. Januar 1995 eingelegten Einspruch die Verfassungswidrigkeit von Normen des Steuerrechts gerügt, derentwegen eine Entscheidung des Bundesverfassungsgerichts
aussteht, gilt der Einspruch im Zeitpunkt der Veröffentlichung der
Entscheidungsformel im Bundesgesetzblatt (§ 31 Abs. 2 des Gesetzes
über das Bundesverfassungsgericht) ohne Einspruchsentscheidung als
zurückgewiesen, soweit er nach dem Ausgang des Verfahrens vor
dem Bundesverfassungsgericht als unbegründet abzuweisen wäre.

²Abweichend von § 47 Abs. 1 und § 55 der Finanzgerichtsordnung endet die Klagefrist mit Ablauf eines Jahres nach dem Zeitpunkt der Veröffentlichung gemäß Satz 1. ³Die Sätze 1 und 2 sind auch anzuwenden, wenn der Einspruch unzulässig ist.

(2) Absatz 1 gilt für Anträge auf Aufhebung oder Änderung einer Steuerfestsetzung außerhalb des außergerichtlichen Rechtsbehelfsverfahrens sinngemäß.

(3) ¹Die Absätze 1 und 2 sind auch anzuwenden, wenn eine Entscheidung des Bundesverfassungsgerichts vor Inkrafttreten dieses Gesetzes ergangen ist. ²In diesen Fällen endet die Klagefrist mit Ablauf des 31. Dezember 1994.

§ 19 Buchführungspflicht bestimmter Steuerpflichtiger. (1) Bis zum Inkrafttreten der Abgabenordnung ist § 161 der Reichsabgabenordnung mit folgender Maßgabe anzuwenden:

Beträgt der nach § 13a des Einkommensteuergesetzes ermittelte Gewinn aus Land- und Forstwirtschaft in einem Wirtschaftsjahr, das nach dem 31. Dezember 1973 beginnt, für den einzelnen Betrieb mehr als 12 000 Deutsche Mark, so tritt dadurch die Verpflichtung, Bücher zu führen und auf Grund jährlicher Bestandsaufnahmen regelmäßig Abschlüsse zu machen, nicht ein, es sei denn, die Voraussetzungen des § 141 der Abgabenordnung liegen vor.

(2) Die Vorschrift des § 141 Abs. 1 Nr. 1 der Abgabenordnung in der Fassung des Steuerbereinigungsgesetzes 1986 findet auf Umsätze der Kalenderjahre, die nach dem 31. Dezember 1983 beginnen, Anwendung.

(3) Die Vorschrift des § 141 Abs. 1 Nr. 2 der Abgabenordnung in der Fassung des Steuerbereinigungsgesetzes 1986 findet auf Feststellungszeitpunkte, die nach dem 31. Dezember 1983 liegen, Anwendung.

(4) Die Buchführungspflicht nach § 141 Abs. 1 der Abgabenordnung endet mit Ablauf des Wirtschaftsjahres, das auf das Wirtschaftsjahr folgt, in dem die Finanzbehörde feststellt, daß die Voraussetzungen des § 141 Abs. 1 der Abgabenordnung in der Fassung des Steuerbereinigungsgesetzes 1986 nicht mehr vorliegen.

(5) Eine Mitteilung über den Beginn der Buchführungspflicht ergeht nicht, wenn die Voraussetzungen des § 141 Abs. 1 der Abgabenordnung für Kalenderjahre oder Feststellungszeitpunkte, die vor dem 1. Januar 1984 liegen, erfüllt sind, jedoch nicht die Voraussetzungen des § 141 Abs. 1 der Abgabenordnung in der Fassung des Steuerbereinigungsgesetzes 1986 im Kalenderjahr 1984 oder bei Feststellungszeitpunkten im Jahr 1984.

(6) ¹Für die Anwendung der Vorschrift des § 141 Abs. 1 Satz 2 der Abgabenordnung in der Fassung des Steuerbereinigungsgesetzes 1986 gelten die in Artikel 23 Abs. 1 und 5, Artikel 24 Abs. 1 bis 5 und Ar-

tikel 28 Abs. 1 des Einführungsgesetzes zum Handelsgesetzbuch enthaltenen Übergangsvorschriften zum Bilanzrichtlinien-Gesetz entsprechend. [2]An die Stelle des Geschäftsjahres tritt das Wirtschaftsjahr.

(7) § 141 Abs. 1 Satz 1 Nr. 4 und 5 der Abgabenordnung in der Fassung des Artikels 26 des Gesetzes vom 21. Dezember 1993 (BGBl. I S. 2310) findet auf Gewinne der Wirtschaftsjahre Anwendung, die nach dem 31. Dezember 1994 beginnen.

§ 20 Verweisungserfordernis bei Blankettvorschriften. Die in § 381 Abs. 1, § 382 Abs. 1 der Abgabenordnung vorgeschriebene Verweisung ist nicht erforderlich, soweit die Vorschriften der dort genannten Gesetze und Rechtsverordnungen vor dem 1. Oktober 1968 erlassen sind.

Art. 97 a Überleitungsregelungen aus Anlaß der Herstellung der Einheit Deutschlands

§ 1 Zuständigkeit. (1) [1]Für vor dem 1. Januar 1991 nach dem Recht der Bundesrepublik Deutschland oder der Deutschen Demokratischen Republik entstandene Besitz- und Verkehrsteuern, Zulagen und Prämien, auf die Abgabenrecht Anwendung findet, und dazugehörige steuerliche Nebenleistungen, bleiben die nach den bisher geltenden Vorschriften einschließlich der Vorschriften der Einzelsteuergesetze örtlich zuständigen Finanzbehörden weiterhin zuständig. [2]Dies gilt auch für das Rechtsbehelfsverfahren.

(2) [1]Würde durch einen Wechsel der örtlichen Zuständigkeit eine Finanzbehörde in dem in Artikel 3 des Einigungsvertrages genannten Gebiet für die gesonderte Feststellung nach § 180 Abs. 1 Nr. 1 der Abgabenordnung, für die gesonderte und einheitliche Feststellung nach der Anteilsbewertungsverordnung vom 19. Januar 1977 (BGBl. I S. 171) oder für die Besteuerung nach dem Vermögen zuständig, bleibt abweichend von § 26 Satz 1 der Abgabenordnung letztmals für Feststellungen zum 1. Januar 1995 oder für die Vermögensteuer des Kalenderjahrs 1995 die nach den bisherigen Verhältnissen zuständige Finanzbehörde insoweit zuständig. [2]Dies gilt auch für das Rechtsbehelfsverfahren.

§ 2 Überleitungsbestimmungen für die Anwendung der Abgabenordnung in dem in Artikel 3 des Einigungsvertrages genannten Gebiet. Für die Anwendung der Abgabenordnung in dem in Artikel 3 des Einigungsvertrages genannten Gebiet gilt folgendes:

1. Verfahren, die beim Wirksamwerden des Beitritts anhängig sind, werden nach den Vorschriften der Abgabenordnung zu Ende geführt, soweit in den nachfolgenden Vorschriften nichts anderes bestimmt ist.

2. Fristen, deren Lauf vor dem Wirksamwerden des Beitritts begonnen hat, werden nach den Vorschriften der Abgabenordnung der

Deutschen Demokratischen Republik (AO 1990) vom 22. Juni 1990 (Sonderdruck Nr. 1428 des Gesetzblattes)[1] sowie des Einführungsgesetzes zur Abgabenordnung der Deutschen Demokratischen Republik vom
22. Juni 1990 (Sonderdruck Nr. 1428 des Gesetzblattes)[1] berechnet, soweit in den nachfolgenden Vorschriften nichts anderes bestimmt ist.

3. § 152 ist erstmals auf Steuererklärungen anzuwenden, die nach dem Wirksamwerden des Beitritts einzureichen sind; eine Verlängerung der Steuererklärungsfrist ist hierbei nicht zu berücksichtigen.

4. [1]Die Vorschriften über die Aufhebung und Änderung von Verwaltungsakten sind erstmals anzuwenden, wenn nach dem Wirksamwerden des Beitritts ein Verwaltungsakt aufgehoben oder geändert wird. [2]Dies gilt auch dann, wenn der aufzuhebende oder zu ändernde Verwaltungsakt vor dem Wirksamwerden des Beitritts erlassen worden ist. [3]Auf vorläufige Steuerbescheide nach § 100 Abs. 1 der Abgabenordnung (AO) der Deutschen Demokratischen Republik in der Fassung vom 18. September 1970 (Sonderdruck Nr. 681 des Gesetzblattes)[1] ist § 165 Abs. 2, auf Steuerbescheide nach § 100 Abs. 2 der Abgabenordnung (AO) der Deutschen Demokratischen Republik in der Fassung vom 18. September 1970 (Sonderdruck Nr. 681 des Gesetzblattes)[1] ist § 164 Abs. 2 und 3 anzuwenden.

5. [1]Die Vorschriften über die Festsetzungsverjährung gelten für die Festsetzung sowie für die Aufhebung und Änderung der Festsetzung von Steuern, Steuervergütungen und, soweit für steuerliche Nebenleistungen eine Festsetzungsverjährung vorgesehen ist, von steuerlichen Nebenleistungen, die nach dem Wirksamwerden des Beitritts entstehen. [2]Für vorher entstandene Ansprüche sind die Vorschriften der Abgabenordnung der Deutschen Demokratischen Republik (AO 1990) vom 22. Juni 1990 (Sonderdruck Nr. 1428 des Gesetzblattes)[1] sowie des Einführungsgesetzes zur Abgabenordnung der Deutschen Demokratischen Republik vom 22. Juni 1990 (Sonderdruck Nr. 1428 des Gesetzblattes)[1] über die Verjährung und über die Ausschlußfristen weiter anzuwenden, soweit sie für die Festsetzung einer Steuer, Steuervergütung oder steuerlichen Nebenleistung, für die Aufhebung oder Änderung einer solchen Festsetzung oder für die Geltendmachung von Erstattungsansprüchen von Bedeutung sind; Nummer 9 Satz 2 bis 4 bleibt unberührt. [3]Sätze 1 und 2 gelten sinngemäß für die gesonderte Feststellung von Besteuerungsgrundlagen sowie für die Festsetzung, Zerlegung und Zuteilung von Steuermeßbeträgen. [4]Bei der Einheitsbewertung tritt an die Stelle des Zeitpunkts der Ent-

---

[1] Gesetzblatt der DDR.

stehung des Steueranspruchs der Zeitpunkt, auf den die Hauptfeststellung, die Fortschreibung, die Nachfeststellung oder die
Aufhebung eines Einheitswertes vorzunehmen ist.

6. §§ 69 bis 76 und 191 Abs. 3 bis 5 sind anzuwenden, wenn der
haftungsbegründende Tatbestand nach dem Wirksamwerden des
Beitritts verwirklicht worden ist.

7. Bei der Anwendung des § 141 Abs. 1 Nr. 3 tritt an die Stelle des
Wirtschaftswerts der Ersatzwirtschaftswert (§ 125 des Bewertungsgesetzes).

8. [1]Die Vorschriften über verbindliche Zusagen auf Grund einer
Außenprüfung (§§ 204 bis 207) sind anzuwenden, wenn die
Schlußbesprechung nach dem Wirksamwerden des Beitritts stattfindet oder, falls eine solche nicht erforderlich ist, wenn dem
Steuerpflichtigen der Prüfungsbericht nach dem Wirksamwerden
des Beitritts zugegangen ist. [2]Hat die Schlußbesprechung nach
dem 30. Juni 1990 und vor dem Wirksamwerden des Beitritts
stattgefunden oder war eine solche nicht erforderlich und ist der
Prüfungsbericht dem Steuerpflichtigen nach dem 30. Juni 1990
und vor dem Wirksamwerden des Beitritts zugegangen, sind die
bisherigen Vorschriften der Abgabenordnung der Deutschen Demokratischen Republik (AO 1990) vom 22. Juni 1990 (Sonderdruck Nr. 1428 des Gesetzblattes)[1] sowie des Einführungsgesetzes
zur Abgabenordnung der Deutschen Demokratischen Republik
vom 22. Juni 1990 (Sonderdruck Nr. 1428 des Gesetzblattes)[1]
über verbindliche Zusagen auf Grund einer Außenprüfung weiter
anzuwenden.

9. [1]Die Vorschriften über die Zahlungsverjährung gelten für alle
Ansprüche im Sinne des § 228 Satz 1, deren Verjährung gemäß
§ 229 nach dem Wirksamwerden des Beitritts beginnt. [2]Liegen
die Voraussetzungen des Satzes 1 nicht vor, so sind für die Ansprüche weiterhin die Vorschriften der Abgabenordnung der
Deutschen Demokratischen Republik (AO 1990) vom 22. Juni
1990 (Sonderdruck Nr. 1428 des Gesetzblattes)[1] sowie des Einführungsgesetzes zur Abgabenordnung der Deutschen Demokratischen Republik vom 22. Juni 1990 (Sonderdruck Nr. 1428 des
Gesetzblattes)[1] über die Verjährung und Ausschlußfristen anzuwenden. [3]Die Verjährung wird jedoch ab Wirksamwerden des
Beitritts nur noch nach den §§ 230 und 231 gehemmt und unterbrochen. [4]Auf die nach § 231 Abs. 3 beginnende neue Verjährungsfrist sind die §§ 228 bis 232 anzuwenden.

10. [1]Zinsen entstehen für die Zeit nach dem Wirksamwerden des
Beitritts nach den Vorschriften der Abgabenordnung. [2]Die Vorschriften des § 233a über die Verzinsung von Steuernachforderungen und Steuererstattungen sind erstmals für Steuern anzu-

---

[1] Gesetzblatt der DDR.

wenden, die nach dem 31. Dezember 1990 entstehen. [3]Ist eine Steuer über den Tag des Wirksamwerdens des Beitritts hinaus zinslos gestundet worden, so gilt dies als Verzicht auf Zinsen im Sinne des § 234 Abs. 2. [4]Die Vorschriften des § 239 Abs. 1 über die Festsetzungsfrist gelten in allen Fällen, in denen die Festsetzungsfrist auf Grund dieser Vorschrift nach dem Wirksamwerden des Beitritts beginnt.

11. § 240 ist erstmals auf Säumniszuschläge anzuwenden, die nach dem Wirksamwerden des Beitritts verwirkt werden.

12. Wird ein Verwaltungsakt angefochten, der vor dem Wirksamwerden des Beitritts wirksam geworden ist, bestimmt sich die Zulässigkeit des außergerichtlichen Rechtsbehelfs nach den bisherigen Vorschriften; ist über den Rechtsbehelf nach dem Wirksamwerden des Beitritts zu entscheiden, richten sich die Art des außergerichtlichen Rechtsbehelfs sowie das weitere Verfahren nach den neuen Vorschriften.

13. [1]Eine vor dem Wirksamwerden des Beitritts begonnene Maßnahme der Zwangsvollstreckung ist nach dem bisherigen Recht zu erledigen. [2]Werden weitere selbständige Maßnahmen zur Fortsetzung der bereits begonnenen Zwangsvollstreckung nach dem Wirksamwerden des Beitritts eingeleitet, gelten die Vorschriften der Abgabenordnung. [3]Als selbständige Maßnahme gilt auch die Verwertung eines gepfändeten Gegenstandes.

§ 3 Verrechnung der für das zweite Halbjahr 1990 gezahlten Vermögensteuer. Die nach der Verordnung vom 27. Juni 1990 (GBl. I Nr. 41 S. 618)[1]) in der zusammengefaßten Steuerrate für das zweite Halbjahr 1990 gezahlte Vermögensteuer ist in der Jahreserklärung 1990 innerhalb der Steuerrate mit der Körperschaftsteuer und Gewerbesteuer der in Kapitalgesellschaften umgewandelten ehemaligen volkseigenen Kombinate, Betriebe und Einrichtungen zu verrechnen.

Art. 98 Verweisungen. Soweit in Rechtsvorschriften auf Vorschriften verwiesen wird, die durch dieses Gesetz aufgehoben werden, treten an deren Stelle die entsprechenden Vorschriften der Abgabenordnung.

Art. 99 Ermächtigungen. (1) Das Bundesministerium der Finanzen wird ermächtigt, durch Rechtsverordnung in den Fällen, in denen Verbrauchsteuergesetze für verbrauchsteuerpflichtige Waren Steuerbefreiungen, Steuerermäßigungen oder sonstige Steuervergünstigungen unter der Bedingung vorsehen, daß diese Waren einer besonderen Bestimmung zugeführt werden, zur Sicherung des Steueraufkommens und zur Vereinfachung des Verfahrens anzuordnen, daß

---

[1]) Gesetzblatt der DDR.

1. die Steuer nur bedingt entsteht; bei einer Steuerermäßigung gilt dies in Höhe des Unterschiedes zwischen dem vollen und dem ermäßigten Steuersatz,

2. eine bedingte Steuer außer in sonst gesetzlich bestimmten Fällen auch unbedingt wird, wenn

   a) die verbrauchsteuerpflichtige Ware entgegen Rechtsvorschriften über das Verfahren der Steueraufsicht vorenthalten oder entzogen wird,

   b) eine befristete Erlaubnis für die Inanspruchnahme einer Steuervergünstigung erlischt, hinsichtlich der in diesem Zeitpunkt beim Inhaber der Erlaubnis noch vorhandenen Bestände an von ihm steuerbegünstigt bezogenen verbrauchsteuerpflichtigen Waren.

(2) Rechtsverordnungen nach Absatz 1 und andere Rechtsverordnungen, die auf Grund der in diesem Gesetz enthaltenen Ermächtigungen auf dem Gebiet der Verbrauchsteuern und Finanzmonopole (Artikel 20 bis 32) erlassen werden, bedürfen, außer wenn sie die Biersteuer betreffen, nicht der Zustimmung des Bundesrates.

Art. 100, 101 *(aufgehoben)*

Art. 102[1] **Inkrafttreten.** (1) Dieses Gesetz tritt am 1. Januar 1977 in Kraft, soweit nichts anderes bestimmt ist.

(2) § 17 Abs. 3 des Finanzverwaltungsgesetzes in der Fassung des Artikels 1 Nr. 7 Buchstabe b, Artikel 11, Artikel 17 Nr. 13 Buchstabe c, Artikel 97 § 19 und Artikel 99 treten am Tage nach der Verkündung[2] in Kraft.

(3) Artikel 14 Nr. 1 Buchstabe a gilt erstmals für die Vermögensteuer des Kalenderjahres 1975.

---

[1] Art. 102 betrifft das Inkrafttreten in der ursprünglichen Fassung. Das Inkrafttreten der späteren Änderungen ergibt sich aus den jeweiligen Änderungsgesetzen.
[2] Verkündet am 17. 12. 1976.

2. Finanzgerichtsordnung (FGO)

Vom 6. Oktober 1965 (BGBl. I S. 1477)

Geändert durch 2. AOStrafÄndG vom 12. 8. 1968 (BGBl. I S. 953), 1. StrRG vom 25. 6. 1969 (BGBl. I S. 645), Gesetz zur Änderung des Zerlegungsgesetzes vom 17. 12. 1970 (BGBl. I S. 1727), Finanzanpassungsgesetz vom 30. 8. 1971 (BGBl. I S. 1426), Gesetz vom 26. 5. 1972 (BGBl. I S. 841), Gesetz vom 11. 8. 1972 (BGBl. I S. 1401), Einführungsgesetz zum Strafgesetzbuch vom 2. 3. 1974 (BGBl. I S. 469), Gesetz zur Entlastung der Landgerichte und zur Vereinfachung des gerichtlichen Protokolls vom 20. 12. 1974 (BGBl. I S. 3651), Gesetz zur Ergänzung des Ersten Gesetzes zur Reform des Strafverfahrensrechts vom 20. 12. 1974 (BGBl. I S. 3686), Drittes Gesetz zur Änderung des Steuerberatungsgesetzes vom 24. 6. 1975 (BGBl. I S. 1509), Gesetz über das Zeugnisverweigerungsrecht der Mitarbeiter von Presse und Rundfunk vom 25. 7. 1975 (BGBl. I S. 1973), Gesetz zur Änderung des Gerichtskostengesetzes, des Gesetzes über Kosten der Gerichtsvollzieher, der Bundesgebührenordnung für Rechtsanwälte und anderer Vorschriften vom 20. 8. 1975 (BGBl. I S. 2189), Gesetz zur Änderung verwaltungsprozessualer Vorschriften vom 24. 8. 1976 (BGBl. I S. 2437), Vereinfachungsnovelle vom 3. 12. 1976 (BGBl. I S. 3281), Einführungsgesetz zur Abgabenordnung vom 14. 12. 1976 (BGBl. I S. 3341), Gesetz über die Prozeßkostenhilfe vom 13. 6. 1980 (BGBl. I S. 677), Opferschutzgesetz vom 18. 12. 1986 (BGBl. I S. 2496), Betreuungsgesetz vom 12. 9. 1990 (BGBl. I S. 2002), Viertes Gesetz zur Änderung der Verwaltungsgerichtsordnung vom 17. 12. 1990 (BGBl. I S. 2809), Rechtspflege-Vereinfachungsgesetz vom 17. 12. 1990 (BGBl. I S. 2847), FGO-Änderungsgesetz vom 21. 12. 1992 (BGBl. I S. 2109)[1], Fünftes Gesetz zur Änderung des Gesetzes über das Bundesverfassungsgericht vom 2. 8. 1993 (BGBl. I S. 1442), Mißbrauchsbekämpfungs- und Steuerbereinigungsgesetz vom 21. 12. 1993 (BGBl. I S. 2310) und Grenzpendlergesetz vom 24. 6. 1994 (BGBl. I S. 1395)

BGBl. III 350-1

Nichtamtliche Inhaltsübersicht

Erster Teil. Gerichtsverfassung

Abschnitt I. Gerichte

---

[1] Siehe Art. 7 des FGOÄndG:

„Die Zulässigkeit eines Rechtsbehelfs gegen einen Verwaltungsakt richtet sich nach den bisher geltenden Vorschriften, wenn der Verwaltungsakt vor dem Inkrafttreten dieses Gesetzes bekanntgegeben worden ist. Die Zulässigkeit eines Rechtsbehelfs gegen eine gerichtliche Entscheidung richtet sich nach den bisher geltenden Vorschriften, wenn die Entscheidung vor dem Inkrafttreten dieses Gesetzes [in Kraft ab 1. 1. 1993] verkündet oder von Amts wegen anstelle einer Verkündung zugestellt worden ist."

Abschnitt IV. Urteile und andere Entscheidungen

Abschnitt V. Rechtsmittel und Wiederaufnahme des Verfahrens
Unterabschnitt 1. Revision

Unterabschnitt 2. Beschwerde

Unterabschnitt 3. Wiederaufnahme des Verfahrens

Dritter Teil. Kosten und Vollstreckung

Abschnitt I. Kosten

Abschnitt II. Vollstreckung

Vierter Teil. Übergangs- und Schlußbestimmungen

Der Bundestag hat mit Zustimmung des Bundesrates das folgende Gesetz beschlossen:

Erster Teil. Gerichtsverfassung

Abschnitt I. Gerichte

§ 1 [Unabhängigkeit der Gerichte] Die Finanzgerichtsbarkeit wird durch unabhängige, von den Verwaltungsbehörden getrennte, besondere Verwaltungsgerichte ausgeübt.

§ 2 [Arten der Gerichte] Gerichte der Finanzgerichtsbarkeit sind in den Ländern die Finanzgerichte als obere Landesgerichte, im Bund der Bundesfinanzhof mit dem Sitz in München.

§ 3 [Errichtung und Aufhebung von Finanzgerichten]

(1) Durch Gesetz werden angeordnet

1. die Errichtung und Aufhebung eines Finanzgerichts,
2. die Verlegung eines Gerichtssitzes,
3. Änderungen in der Abgrenzung der Gerichtsbezirke,
4. die Zuweisung einzelner Sachgebiete an ein Finanzgericht für die Bezirke mehrerer Finanzgerichte,
5. die Errichtung einzelner Senate des Finanzgerichts an anderen Orten,
6. der Übergang anhängiger Verfahren auf ein anderes Gericht bei Maßnahmen nach den Nummern 1, 3 und 4, wenn sich die Zuständigkeit nicht nach den bisher geltenden Vorschriften richten soll.

(2) Mehrere Länder können die Errichtung eines gemeinsamen Finanzgerichts oder gemeinsamer Senate eines Finanzgerichts oder die Ausdehnung von Gerichtsbezirken über die Landesgrenzen hinaus, auch für einzelne Sachgebiete, vereinbaren.

§ 4 [Anwendung des Gerichtsverfassungsgesetzes] Für die Gerichte der Finanzgerichtsbarkeit gelten die Vorschriften des Zweiten Titels des Gerichtsverfassungsgesetzes entsprechend.

§ 5 [Verfassung der Finanzgerichte] (1) [1]Das Finanzgericht besteht aus dem Präsidenten, den Vorsitzenden Richtern und weiteren Richtern in erforderlicher Anzahl. [2]Von der Ernennung eines Vorsitzenden Richters kann abgesehen werden, wenn bei einem Gericht nur ein Senat besteht.

(2) [1]Bei den Finanzgerichten werden Senate gebildet. [2]Zoll-, Verbrauchsteuer- und Finanzmonopolsachen sind in besonderen Senaten zusammenzufassen.

(3) [1]Die Senate entscheiden in der Besetzung mit drei Richtern und zwei ehrenamtlichen Richtern, soweit nicht ein Einzelrichter entscheidet. [2]Bei Beschlüssen außerhalb der mündlichen Verhandlung und bei Gerichtsbescheiden (§ 90a) wirken die ehrenamtlichen Richter nicht mit.

(4) [1]Die Länder können durch Gesetz die Mitwirkung von zwei ehrenamtlichen Richtern an den Entscheidungen des Einzelrichters vorsehen. [2]Absatz 3 Satz 2 bleibt unberührt.

§ 6 [Übertragung des Rechtsstreits auf Einzelrichter] (1) Der Senat kann den Rechtsstreit einem seiner Mitglieder als Einzelrichter zur Entscheidung übertragen, wenn

1. die Sache keine besonderen Schwierigkeiten tatsächlicher oder rechtlicher Art aufweist und
2. die Rechtssache keine grundsätzliche Bedeutung hat.

(2) Der Rechtsstreit darf dem Einzelrichter nicht übertragen werden, wenn bereits vor dem Senat mündlich verhandelt worden ist, es sei denn, daß inzwischen ein Vorbehalts-, Teil- oder Zwischenurteil ergangen ist.

(3) ¹Der Einzelrichter kann nach Anhörung der Beteiligten den Rechtsstreit auf den Senat zurückübertragen, wenn sich aus einer wesentlichen Änderung der Prozeßlage ergibt, daß die Rechtssache grundsätzliche Bedeutung hat oder die Sache besondere Schwierigkeiten tatsächlicher oder rechtlicher Art aufweist. ²Eine erneute Übertragung auf den Einzelrichter ist ausgeschlossen.

(4) ¹Beschlüsse nach den Absätzen 1 und 3 sind unanfechtbar. ²Auf eine unterlassene Übertragung kann die Revision nicht gestützt werden.

§§ 7–9. *(aufgehoben)*

§ 10 [Verfassung des Bundesfinanzhofs] (1) Der Bundesfinanzhof besteht aus dem Präsidenten und aus den Vorsitzenden Richtern und weiteren Richtern in erforderlicher Anzahl.

(2) ¹Beim Bundesfinanzhof werden Senate gebildet. ²§ 5 Abs. 2 Satz 2 gilt sinngemäß.

(3) Die Senate des Bundesfinanzhofs entscheiden in der Besetzung von fünf Richtern, bei Beschlüssen außerhalb der mündlichen Verhandlung in der Besetzung von drei Richtern.

(4) *(aufgehoben)*

§ 11 [Zuständigkeit des Großen Senats] (1) Bei dem Bundesfinanzhof wird ein Großer Senat gebildet.

(2) Der Große Senat entscheidet, wenn ein Senat in einer Rechtsfrage von der Entscheidung eines anderen Senats oder des Großen Senats abweichen will.

(3) ¹Eine Vorlage an den Großen Senat ist nur zulässig, wenn der Senat, von dessen Entscheidung abgewichen werden soll, auf Anfrage des erkennenden Senats erklärt hat, daß er an seiner Rechtsauffassung festhält. ²Kann der Senat, von dessen Entscheidung abgewichen werden soll, wegen einer Änderung des Geschäftsverteilungsplanes mit der Rechtsfrage nicht mehr befaßt werden, tritt der Senat an seine Stelle, der nach dem Geschäftsverteilungsplan für den Fall, in dem abweichend entschieden wurde, nunmehr zuständig wäre. ³Über die Anfrage und die Antwort entscheidet der jeweilige Senat durch Beschluß in der für Urteile erforderlichen Besetzung.

(4) Der erkennende Senat kann eine Frage von grundsätzlicher Bedeutung dem Großen Senat zur Entscheidung vorlegen, wenn das nach seiner Auffassung zur Fortbildung des Rechts oder zur Sicherung einer einheitlichen Rechtsprechung erforderlich ist.

(5) ¹Der Große Senat besteht aus dem Präsidenten und je einem Richter der Senate, in denen der Präsident nicht den Vorsitz führt. ²Bei einer Verhinderung des Präsidenten tritt ein Richter aus dem Senat, dem er angehört, an seine Stelle.

(6) ¹Die Mitglieder und die Vertreter werden durch das Präsidium für ein Geschäftsjahr bestellt. ²Den Vorsitz im Großen Senat führt der Präsident, bei Verhinderung das dienstälteste Mitglied. ³Bei Stimmengleichheit gibt die Stimme des Vorsitzenden den Ausschlag.

(7) ¹Der Große Senat entscheidet nur über die Rechtsfrage. ²Er kann ohne mündliche Verhandlung entscheiden. ³Seine Entscheidung ist in der vorliegenden Sache für den erkennenden Senat bindend.

§ 12 [Geschäftsstelle] ¹Bei jedem Gericht wird eine Geschäftsstelle eingerichtet. ²Sie wird mit der erforderlichen Anzahl von Urkundsbeamten besetzt.

§ 13 [Rechts- und Amtshilfe] Alle Gerichte und Verwaltungsbehörden leisten den Gerichten der Finanzgerichtsbarkeit Rechts- und Amtshilfe.

Abschnitt II. Richter

§ 14 [Richter auf Lebenszeit] (1) Die Richter werden auf Lebenszeit ernannt, soweit nicht in § 15 Abweichendes bestimmt ist.

(2) Die Richter des Bundesfinanzhofs müssen das fünfunddreißigste Lebensjahr vollendet haben.

§ 15 [Richter auf Probe] Bei den Finanzgerichten können Richter auf Probe oder Richter kraft Auftrags verwendet werden.

Abschnitt III. Ehrenamtliche Richter

§ 16 [Stellung] Der ehrenamtliche Richter wirkt bei der mündlichen Verhandlung und der Urteilsfindung mit gleichen Rechten wie der Richter mit.

§ 17 [Voraussetzungen für die Berufung] ¹Der ehrenamtliche Richter muß Deutscher sein. ²Er soll das dreißigste Lebensjahr vollendet und während des letzten Jahres vor seiner Wahl seinen Wohnsitz oder seine gewerbliche oder berufliche Niederlassung innerhalb des Gerichtsbezirks gehabt haben.

§ 18 [Ausschlußgründe] Vom Amt des ehrenamtlichen Richters sind ausgeschlossen

1. Personen, die infolge Richterspruchs die Fähigkeit zur Bekleidung öffentlicher Ämter nicht besitzen oder wegen einer vorsätzlichen

Tat zu einer Freiheitsstrafe von mehr als sechs Monaten oder innerhalb der letzten zehn Jahre wegen einer Steuer- oder Monopolstraftat verurteilt worden sind, soweit es sich nicht um eine Tat handelt, für die das nach der Verurteilung geltende Gesetz nur noch Geldbuße androht,

2. Personen, gegen die Anklage wegen einer Tat erhoben ist, die den Verlust der Fähigkeit zur Bekleidung öffentlicher Ämter zur Folge haben kann,

3. Personen, die durch gerichtliche Anordnung in der Verfügung über ihr Vermögen beschränkt sind,

4. Personen, die in den letzten drei Jahren in einem Zwangsvollstreckungsverfahren wegen einer Geldforderung eine eidesstattliche Versicherung abgegeben haben oder gegen die während dieser Zeit die Haft zur Erzwingung der Abgabe einer solchen eidesstattlichen Versicherung angeordnet worden ist,

5. Personen, die nicht das Wahlrecht zu den gesetzgebenden Körperschaften des Landes besitzen.

§ 19 [Unvereinbarkeit] Zum ehrenamtlichen Richter können nicht berufen werden

1. Mitglieder des Bundestages, des Europäischen Parlaments, der gesetzgebenden Körperschaften eines Landes, der Bundesregierung oder einer Landesregierung,

2. Richter,

3. Beamte und Angestellte der Steuerverwaltungen des Bundes und der Länder,

4. Berufssoldaten und Soldaten auf Zeit,

5. Rechtsanwälte, Notare, Patentanwälte, Steuerberater, Vorstandsmitglieder von Steuerberatungsgesellschaften, die nicht Steuerberater sind, ferner Steuerbevollmächtigte, Wirtschaftsprüfer, vereidigte Buchprüfer und Personen, die fremde Rechtsangelegenheiten geschäftsmäßig besorgen.

§ 20 [Recht zur Ablehnung der Berufung] (1) Die Berufung zum Amt des ehrenamtlichen Richters dürfen ablehnen

1. Geistliche und Religionsdiener,

2. Schöffen und andere ehrenamtliche Richter,

3. Personen, die acht Jahre lang als ehrenamtliche Richter beim Finanzgericht tätig gewesen sind,

4. Ärzte, Krankenpfleger, Hebammen,

5. Apothekenleiter, die kein pharmazeutisches Personal beschäftigen,

6. Personen, die das fünfundsechzigste Lebensjahr vollendet haben.

(2) In besonderen Härtefällen kann außerdem auf Antrag von der Übernahme des Amtes befreit werden.

§ 21 [Gründe für Amtsentbindung] (1) Ein ehrenamtlicher Richter ist von seinem Amt zu entbinden, wenn er

1. nach den §§ 17 bis 19 nicht berufen werden konnte oder nicht mehr berufen werden kann oder

2. einen Ablehnungsgrund nach § 20 Abs. 1 geltend macht oder

3. seine Amtspflichten gröblich verletzt hat oder

4. die zur Ausübung seines Amtes erforderlichen geistigen oder körperlichen Fähigkeiten nicht mehr besitzt oder

5. seinen Wohnsitz oder seine gewerbliche oder berufliche Niederlassung im Gerichtsbezirk aufgibt.

(2) In besonderen Härtefällen kann außerdem auf Antrag von der weiteren Ausübung des Amtes entbunden werden.

(3) ¹Die Entscheidung trifft der vom Präsidium für jedes Geschäftsjahr im voraus bestimmte Senat in den Fällen des Absatzes 1 Nr. 1, 3 und 4 auf Antrag des Präsidenten des Finanzgerichts, in den Fällen des Absatzes 1 Nr. 2 und 5 und des Absatzes 2 auf Antrag des ehrenamtlichen Richters. ²Die Entscheidung ergeht durch Beschluß nach Anhörung des ehrenamtlichen Richters.

(4) Absatz 3 gilt sinngemäß in den Fällen des § 20 Abs. 2.

(5) Auf Antrag des ehrenamtlichen Richters ist die Entscheidung nach Absatz 3 aufzuheben, wenn Anklage nach § 18 Nr. 2 erhoben war und der Angeschuldigte rechtskräftig außer Verfolgung gesetzt oder freigesprochen worden ist.

§ 22 [Wahl] Die ehrenamtlichen Richter werden für jedes Finanzgericht auf vier Jahre durch einen Wahlausschuß nach Vorschlagslisten (§ 25) gewählt.

§ 23 [Wahlausschuß] (1) Bei jedem Finanzgericht wird ein Ausschuß zur Wahl der ehrenamtlichen Richter bestellt.

(2) ¹Der Ausschuß besteht aus dem Präsidenten des Finanzgerichts als Vorsitzendem, einem durch die Oberfinanzdirektion zu bestimmenden Beamten der Landesfinanzverwaltung und sieben Vertrauensleuten, die die Voraussetzungen zur Berufung als ehrenamtlicher Richter erfüllen. ²Die Vertrauensleute, ferner sieben Vertreter werden auf vier Jahre vom Landtag oder von einem durch ihn bestimmten Landtagsausschuß oder nach Maßgabe der Landesgesetze gewählt. ³In den Fällen des § 3 Abs. 2 und bei Bestehen eines Finanzgerichts für die Bezirke mehrerer Oberfinanzdirektionen innerhalb eines Landes richtet sich die Zuständigkeit der Oberfinanzdirektion für die Bestellung des Beamten der Landesfinanzverwaltung sowie des Landes für die Wahl der Vertrauensleute nach dem Sitz des Finanzgerichts. ⁴Die Landesgesetzgebung kann in diesen Fällen vorsehen, daß jede beteiligte Oberfinanzdirektion einen Beamten der

Finanzverwaltung in den Ausschuß entsendet und daß jedes beteiligte Land mindestens zwei Vertrauensleute bestellt.

(3) Der Ausschuß ist beschlußfähig, wenn wenigstens der Vorsitzende, ein Vertreter der Finanzverwaltung und drei Vertrauensleute anwesend sind.

§ 24 [Bestimmung der Anzahl] Die für jedes Finanzgericht erforderliche Anzahl von ehrenamtlichen Richtern wird durch den Präsidenten so bestimmt, daß voraussichtlich jeder zu höchstens zwölf ordentlichen Sitzungstagen im Jahre herangezogen wird.

§ 25 [Vorschlagsliste] [1]Die Vorschlagsliste der ehrenamtlichen Richter wird in jedem vierten Jahr durch den Präsidenten des Finanzgerichts aufgestellt. [2]Er soll zuvor die Berufsvertretungen hören. [3]In die Vorschlagsliste soll die dreifache Anzahl der nach § 24 zu wählenden ehrenamtlichen Richter aufgenommen werden.

§ 26 [Wahlverfahren] (1) Der Ausschuß wählt aus den Vorschlagslisten mit einer Mehrheit von mindestens zwei Dritteln der Stimmen die erforderliche Anzahl von ehrenamtlichen Richtern.

(2) Bis zur Neuwahl bleiben die bisherigen ehrenamtlichen Richter im Amt.

§ 27 [Liste und Hilfsliste] (1) [1]Das Präsidium des Finanzgerichts bestimmt vor Beginn des Geschäftsjahres durch Aufstellung einer Liste die Reihenfolge, in der die ehrenamtlichen Richter heranzuziehen sind. [2]Für jeden Senat ist eine Liste aufzustellen, die mindestens zwölf Namen enthalten muß.

(2) Für die Heranziehung von Vertretern bei unvorhergesehener Verhinderung kann eine Hilfsliste ehrenamtlicher Richter aufgestellt werden, die am Gerichtssitz oder in seiner Nähe wohnen.

§ 28. *(aufgehoben)*

§ 29 [Entschädigung] Der ehrenamtliche Richter und der Vertrauensmann (§ 23) erhalten eine Entschädigung nach dem Gesetz über die Entschädigung der ehrenamtlichen Richter.

§ 30 [Ordnungsstrafen] (1) [1]Gegen einen ehrenamtlichen Richter, der sich ohne genügende Entschuldigung zu einer Sitzung nicht rechtzeitig einfindet oder der sich seinen Pflichten auf andere Weise entzieht, kann ein Ordnungsgeld festgesetzt werden. [2]Zugleich können ihm die durch sein Verhalten verursachten Kosten auferlegt werden.

(2) [1]Die Entscheidung trifft der Vorsitzende. [2]Er kann sie bei nachträglicher Entschuldigung ganz oder zum Teil aufheben.

Abschnitt IV. Gerichtsverwaltung

§ 31 [Dienstaufsicht] Der Präsident des Gerichts übt die Dienstaufsicht über die Richter, Beamten, Angestellten und Arbeiter aus.

§ 32 [Verbot der Übertragung von Verwaltungsgeschäften] Dem Gericht dürfen keine Verwaltungsgeschäfte außerhalb der Gerichtsverwaltung übertragen werden.

Abschnitt V. Finanzrechtsweg und Zuständigkeit

Unterabschnitt 1. Finanzrechtsweg

§ 33 [Zulässigkeit des Rechtsweges] (1) Der Finanzrechtsweg ist gegeben

1. in öffentlich-rechtlichen Streitigkeiten über Abgabenangelegenheiten, soweit die Abgaben der Gesetzgebung des Bundes unterliegen und durch Bundesfinanzbehörden oder Landesfinanzbehörden verwaltet werden,

2. in öffentlich-rechtlichen Streitigkeiten über die Vollziehung von Verwaltungsakten in anderen als den in Nummer 1 bezeichneten Angelegenheiten, soweit die Verwaltungsakte durch Bundesfinanzbehörden oder Landesfinanzbehörden nach den Vorschriften der Abgabenordnung zu vollziehen sind *und soweit nicht ein anderer Rechtsweg ausdrücklich gegeben ist,*

3. in öffentlich-rechtlichen und berufsrechtlichen Streitigkeiten über Angelegenheiten, die durch den Ersten Teil, den Zweiten und den Sechsten Abschnitt des Zweiten Teils und den Ersten Abschnitt des Dritten Teils des Steuerberatungsgesetzes geregelt werden,

4. in anderen als den in den Nummern 1 bis 3 bezeichneten öffentlichrechtlichen Streitigkeiten, soweit für diese durch Bundesgesetz oder Landesgesetz der Finanzrechtsweg eröffnet ist.

(2) ¹Abgabenangelegenheiten im Sinne dieses Gesetzes sind alle mit der Verwaltung der Abgaben oder sonst mit der Anwendung der abgabenrechtlichen Vorschriften durch die Finanzbehörden zusammenhängenden Angelegenheiten einschließlich der Maßnahmen der Bundesfinanzbehörden und der Finanzbehörden des Landes Berlin zur Beachtung der Verbote und Beschränkungen für den Warenverkehr über die Grenze; den Abgabenangelegenheiten stehen die Angelegenheiten der Verwaltung der Finanzmonopole gleich. ²*Die Vorschriften des Absatzes 1 finden auf das Straf- und Bußgeldverfahren keine Anwendung.*

(3) ¹Die Vorschriften dieses Gesetzes finden auf das Straf- und Bußgeldverfahren keine Anwendung.

§ 34. *(aufgehoben)*

Unterabschnitt 2. Sachliche Zuständigkeit

§ 35 [Zuständigkeit der Finanzgerichte] Das Finanzgericht entscheidet im ersten Rechtszug über alle Streitigkeiten, für die der Finanzrechtsweg gegeben ist.

§ 36 [Zuständigkeit des Bundesfinanzhofs] Der Bundesfinanzhof entscheidet über das Rechtsmittel

1. der Revision gegen Urteile des Finanzgerichts und gegen Entscheidungen, die Urteilen des Finanzgerichts gleichstehen,
2. der Beschwerde gegen andere Entscheidungen des Finanzgerichts, des Vorsitzenden oder des Berichterstatters.

§ 37. *(aufgehoben)*

Unterabschnitt 3. Örtliche Zuständigkeit

§ 38 [Örtliche Zuständigkeit des Finanzgerichts] (1) Örtlich zuständig ist das Finanzgericht, in dessen Bezirk die Behörde, gegen welche die Klage gerichtet ist, ihren Sitz hat.

(2) ¹Ist die in Absatz 1 bezeichnete Behörde eine oberste Finanzbehörde, so ist das Finanzgericht zuständig, in dessen Bezirk der Kläger seinen Wohnsitz, seine Geschäftsleitung oder seinen gewöhnlichen Aufenthalt hat; bei Zöllen, Verbrauchsteuern und Monopolabgaben ist das Finanzgericht zuständig, in dessen Bezirk ein Tatbestand verwirklicht wird, an den das Gesetz die Abgabe knüpft. ²Hat der Kläger im Bezirk der obersten Finanzbehörde keinen Wohnsitz, keine Geschäftsleitung und keinen gewöhnlichen Aufenthalt, so findet Absatz 1 Anwendung.

(3) Befindet sich der Sitz einer Finanzbehörde außerhalb ihres Bezirks, so richtet sich die örtliche Zuständigkeit abweichend von Absatz 1 nach der Lage des Bezirks.

§ 39 [Bestimmung des Gerichts durch den Bundesfinanzhof] (1) Das zuständige Finanzgericht wird durch den Bundesfinanzhof bestimmt,

1. wenn das an sich zuständige Finanzgericht in einem einzelnen Fall an der Ausübung der Gerichtsbarkeit rechtlich oder tatsächlich verhindert ist,
2. wenn es wegen der Grenzen verschiedener Gerichtsbezirke ungewiß ist, welches Finanzgericht für den Rechtsstreit zuständig ist,
3. wenn verschiedene Finanzgerichte sich rechtskräftig für zuständig erklärt haben,

4. wenn verschiedene Finanzgerichte, von denen eines für den Rechtsstreit zuständig ist, sich rechtskräftig für unzuständig erklärt haben,

5. wenn eine örtliche Zuständigkeit nach § 38 nicht gegeben ist.

(2) ¹Jeder am Rechtsstreit Beteiligte und jedes mit dem Rechtsstreit befaßte Finanzgericht kann den Bundesfinanzhof anrufen. ²Dieser kann ohne mündliche Verhandlung entscheiden.

Zweiter Teil. Verfahren

Abschnitt I. Klagearten, Klagebefugnis, Klagevoraussetzungen, Klageverzicht

§ 40 [Anfechtungs- und Verpflichtungsklage] (1) Durch Klage kann die Aufhebung, in den Fällen des § 100 Abs. 2 auch die Änderung eines Verwaltungsaktes (Anfechtungsklage) sowie die Verurteilung zum Erlaß eines abgelehnten oder unterlassenen Verwaltungsaktes (Verpflichtungsklage) oder zu einer anderen Leistung begehrt werden.

(2) Soweit gesetzlich nichts anderes bestimmt ist, ist die Klage nur zulässig, wenn der Kläger geltend macht, durch den Verwaltungsakt oder durch die Ablehnung oder Unterlassung eines Verwaltungsaktes oder einer anderen Leistung in seinen Rechten verletzt zu sein.

(3) Verwaltet eine Finanzbehörde des Bundes oder eines Landes eine Abgabe ganz oder teilweise für andere Abgabenberechtigte, so können diese in den Fällen Klage erheben, in denen der Bund oder das Land die Abgabe oder einen Teil der Abgabe unmittelbar oder mittelbar schulden würde.

§ 41 [Feststellungsklage] (1) Durch Klage kann die Feststellung des Bestehens oder Nichtbestehens eines Rechtsverhältnisses oder der Nichtigkeit eines Verwaltungsaktes begehrt werden, wenn der Kläger ein berechtigtes Interesse an der baldigen Feststellung hat (Feststellungsklage).

(2) ¹Die Feststellung kann nicht begehrt werden, soweit der Kläger seine Rechte durch Gestaltungs- oder Leistungsklage verfolgen kann oder hätte verfolgen können. ²Dies gilt nicht, wenn die Feststellung der Nichtigkeit eines Verwaltungsaktes begehrt wird.

§ 42 [Unanfechtbare Verwaltungsakte] Auf Grund der Abgabenordnung erlassene Änderungs- und Folgebescheide können nicht in weiterem Umfang angegriffen werden, als sie in dem außergerichtlichen Vorverfahren angefochten werden können.

§ 43 [Verbindung von Klagen] Mehrere Klagebegehren können vom Kläger in einer Klage zusammen verfolgt werden, wenn sie sich gegen denselben Beklagten richten, im Zusammenhang stehen und dasselbe Gericht zuständig ist.

§ 44 [Außergerichtlicher Rechtsbehelf] (1) In den Fällen, in denen ein außergerichtlicher Rechtsbehelf gegeben ist, ist die Klage vorbehaltlich der §§ 45 und 46 nur zulässig, wenn das Vorverfahren über den außergerichtlichen Rechtsbehelf ganz oder zum Teil erfolglos geblieben ist.

(2) Gegenstand der Anfechtungsklage nach einem Vorverfahren ist der ursprüngliche Verwaltungsakt in der Gestalt, die er durch die Entscheidung über den außergerichtlichen Rechtsbehelf gefunden hat.

§ 45 [Sprungklage] (1) [1]Die Klage ist ohne Vorverfahren zulässig, wenn die Behörde, die über den außergerichtlichen Rechtsbehelf zu entscheiden hat, innerhalb eines Monats nach Zustellung der Klageschrift dem Gericht gegenüber zustimmt. [2]Hat von mehreren Berechtigten einer einen außergerichtlichen Rechtsbehelf eingelegt, ein anderer unmittelbar Klage erhoben, ist zunächst über den außergerichtlichen Rechtsbehelf zu entscheiden.

(2) [1]Das Gericht kann eine Klage, die nach Absatz 1 ohne Vorverfahren erhoben worden ist, innerhalb von drei Monaten nach Eingang der Akten der Behörde bei Gericht, spätestens innerhalb von sechs Monaten nach Klagezustellung, durch Beschluß an die zuständige Behörde zur Durchführung des Vorverfahrens abgeben, wenn eine weitere Sachaufklärung notwendig ist, die nach Art oder Umfang erhebliche Ermittlungen erfordert, und die Abgabe auch unter Berücksichtigung der Belange der Beteiligten sachdienlich ist. [2]Der Beschluß ist unanfechtbar.

(3) Stimmt die Behörde im Falle des Absatzes 1 nicht zu oder gibt das Gericht die Klage nach Absatz 2 ab, ist die Klage als außergerichtlicher Rechtsbehelf zu behandeln.

(4) Die Klage ist außerdem ohne Vorverfahren zulässig, wenn die Rechtswidrigkeit der Anordnung eines dinglichen Arrests geltend gemacht wird.

§ 46 [Untätigkeitsklage] (1) [1]Ist über einen außergerichtlichen Rechtsbehelf ohne Mitteilung eines zureichenden Grundes in angemessener Frist sachlich nicht entschieden worden, so ist die Klage abweichend von § 44 ohne vorherigen Abschluß des Vorverfahrens zulässig. [2]Die Klage kann nicht vor Ablauf von sechs Monaten seit Einlegung des außergerichtlichen Rechtsbehelfs erhoben werden, es sei denn, daß wegen besonderer Umstände des Falles eine kürzere Frist geboten ist. [3]Das Gericht kann das Verfahren bis zum Ablauf einer von ihm bestimmten Frist, die verlängert werden kann, aussetzen; wird dem außergerichtlichen Rechtsbehelf innerhalb dieser Frist stattgegeben oder der beantragte Verwaltungsakt innerhalb dieser Frist erlassen, so ist der Rechtsstreit in der Hauptsache als erledigt anzusehen.

(2) Absatz 1 Satz 2 und 3 gilt für die Fälle sinngemäß, in denen geltend gemacht wird, daß eine der in *§ 349 Abs. 3 [ab 1. 1. 1996: § 348 Nr. 3 und 4]* der Abgabenordnung[1] genannten Stellen über einen Antrag auf Vornahme eines Verwaltungsaktes ohne Mitteilung eines zureichenden Grundes in angemessener Frist sachlich nicht entschieden hat.

§ 47 [Frist zur Erhebung der Anfechtungsklage] (1)[2] [1]Die Frist für die Erhebung der Anfechtungsklage beträgt einen Monat; sie beginnt mit der Bekanntgabe der Entscheidung über den außergerichtlichen Rechtsbehelf, in den Fällen des § 45 und in den Fällen, in denen ein außergerichtlicher Rechtsbehelf nicht gegeben ist, mit der Bekanntgabe des Verwaltungsaktes. [2]Dies gilt für die Verpflichtungsklage sinngemäß, wenn der Antrag auf Vornahme des Verwaltungsaktes abgelehnt worden ist.

(2) [1]Die Frist für die Erhebung der Klage gilt als gewahrt, wenn die Klage bei der Behörde, die den angefochtenen Verwaltungsakt oder die angefochtene Entscheidung erlassen oder der Beteiligten bekanntgegeben hat oder die nachträglich für den Steuerfall zuständig geworden ist, innerhalb der Frist angebracht oder zur Niederschrift gegeben wird. [2]Die Behörde hat die Klageschrift in diesem Fall unverzüglich dem Gericht zu übersenden.

(3) Absatz 2 gilt sinngemäß bei einer Klage, die sich gegen die Feststellung von Besteuerungsgrundlagen oder gegen die Festsetzung eines Steuermeßbetrages richtet, wenn sie bei der Stelle angebracht wird, die zur Erteilung des Steuerbescheides zuständig ist.

(4) *(aufgehoben)*

[Fassung bis 31. 12. 1995]

§ 48 [Klagebefugnis] (1) Eine Klage in Angelegenheiten, die einen einheitlichen Feststellungsbescheid über Einkünfte aus Gewerbebetrieb, über den Einheitswert eines gewerblichen Betriebes oder über wirtschaftliche Untereinheiten von gewerblichen Betrieben betreffen,

[Fassung ab 1. 1. 1996]

§ 48[3] [Klagebefugnis]

(1) Gegen Bescheide über die einheitliche und gesonderte Feststellung von Besteuerungsgrundlagen können Klage erheben:

---

[1] Nr. **1**.
[2] Abweichend hierzu siehe Art. 97 § 18 a EGAO (Nr. **1.2**).
[3] § 48 neugef. durch G v. 24. 6. 1994 (BGBl. I S. 1395).

[Fassung bis 31. 12. 1995]

können die folgenden Personen erheben:

1. soweit es sich darum handelt, wer an dem festgestellten Betrag beteiligt ist und wie dieser sich auf die einzelnen Beteiligten verteilt:
jeder Gesellschafter oder Gemeinschafter, der durch die Feststellungen hierzu berührt wird;

2. soweit es sich um eine Frage handelt, die einen Gesellschafter oder Gemeinschafter persönlich angeht:
der Gesellschafter oder Gemeinschafter, der durch die Feststellungen über die Frage berührt wird;

3. im übrigen:
nur die zur Geschäftsführung berufenen Gesellschafter oder Gemeinschafter.

(2) Sind in anderen als den Fällen des Absatzes 1 einheitliche Feststellungsbescheide gegen Mitberechtigte ergangen, so ist jeder Mitberechtigte befugt, Klage zu erheben.

[Fassung ab 1. 1. 1996]

1. zur Vertretung berufene Geschäftsführer oder, wenn solche nicht vorhanden sind, der Klagebevollmächtigte im Sinne des Absatzes 2;

2. wenn Personen nach Nummer 1 nicht vorhanden sind, jeder Gesellschafter, Gemeinschafter oder Mitberechtigte, gegen den der Feststellungsbescheid ergangen ist oder zu ergehen hätte;

3. auch wenn Personen nach Nummer 1 vorhanden sind, ausgeschiedene Gesellschafter, Gemeinschafter oder Mitberechtigte, gegen die der Feststellungsbescheid ergangen ist oder zu ergehen hätte;

4. soweit es sich darum handelt, wer an dem festgestellten Betrag beteiligt ist und wie dieser sich auf die einzelnen Beteiligten verteilt, jeder, der durch die Feststellungen hierzu berührt wird;

5. soweit es sich um eine Frage handelt, die einen Beteiligten persönlich angeht, jeder, der durch die Feststellungen über die Frage berührt wird.

(2) [1] Klagebefugt im Sinne des Absatzes 1 Nr. 1 ist der gemeinsame Empfangsbevollmächtigte im Sinne des § 183 Abs. 1 Satz 1 der Abgabenordnung oder des § 6 Abs. 1 Satz 1 der Verord-

[Fassung bis 31. 12. 1995]

[Fassung ab 1. 1. 1996]

nung über die gesonderte Feststellung von Besteuerungsgrundlagen nach § 180 Abs. 2 der Abgabenordnung vom 19. Dezember 1986 (BGBl. I S. 2663). [2]Haben die Feststellungsbeteiligten keinen gemeinsamen Empfangsbevollmächtigten bestellt, ist klagebefugt im Sinne des Absatzes 1 Nr. 1 der nach § 183 Abs. 1 Satz 2 der Abgabenordnung fingierte oder der nach § 183 Abs. 1 Satz 3 bis 5 der Abgabenordnung oder nach § 6 Abs. 1 Satz 3 bis 5 der Verordnung über die gesonderte Feststellung von Besteuerungsgrundlagen nach § 180 Abs. 2 der Abgabenordnung von der Finanzbehörde bestimmte Empfangsbevollmächtigte; dies gilt nicht für Feststellungsbeteiligte, die gegenüber der Finanzbehörde der Klagebefugnis des Empfangsbevollmächtigten widersprechen. [3]Die Sätze 1 und 2 sind nur anwendbar, wenn die Beteiligten spätestens bei Erlaß der Einspruchsentscheidung über die Klagebefugnis des Empfangsbevollmächtigten belehrt worden sind.

§ 49 *(aufgehoben)*

§ 50 [Klageverzicht] (1) [1]Auf die Erhebung der Klage kann nach Erlaß des Verwaltungsaktes verzichtet werden. [2]Der Verzicht kann auch bei Abgabe einer Steueranmeldung ausgesprochen werden, wenn er auf den Fall beschränkt wird, daß die Steuer nicht abweichend von der Steueranmeldung festgesetzt wird. [3]Eine trotz des Verzichts erhobene Klage ist unzulässig.

(1 a) [1]Soweit Besteuerungsgrundlagen für ein Verständigungs- oder ein Schiedsverfahren nach einem Vertrag im Sinne des § 2 der Abgabenordnung von Bedeutung sein können, kann auf die Erhebung der Klage insoweit verzichtet werden. [2]Die Besteuerungsgrundlage, auf die sich der Verzicht beziehen soll, ist genau zu bezeichnen.

(2) ¹Der Verzicht ist gegenüber der zuständigen Behörde schriftlich oder zur Niederschrift zu erklären; er darf keine weiteren Erklärungen enthalten. ²Wird nachträglich die Unwirksamkeit des Verzichts geltend gemacht, so gilt § 56 Abs. 3 sinngemäß.

Abschnitt II. Allgemeine Verfahrensvorschriften

§ 51 [Ausschließung und Ablehnung der Gerichtspersonen] (1) ¹Für die Ausschließung und Ablehnung der Gerichtspersonen gelten §§ 41 bis 49 der Zivilprozeßordnung sinngemäß. ²Gerichtspersonen können auch abgelehnt werden, wenn von ihrer Mitwirkung die Verletzung eines Geschäfts- oder Betriebsgeheimnisses oder Schaden für die geschäftliche Tätigkeit eines Beteiligten zu besorgen ist.

(2) Von der Ausübung des Amtes als Richter, als ehrenamtlicher Richter oder als Urkundsbeamter ist auch ausgeschlossen, wer bei dem vorausgegangenen Verwaltungsverfahren mitgewirkt hat.

(3) Besorgnis der Befangenheit nach § 42 der Zivilprozeßordnung ist stets dann begründet, wenn der Richter oder ehrenamtliche Richter der Vertretung einer Körperschaft angehört oder angehört hat, deren Interessen durch das Verfahren berührt werden.

§ 52 [Sitzungspolizei usw.] (1) §§ 169, 171b bis 197 des Gerichtsverfassungsgesetzes über die Öffentlichkeit, Sitzungspolizei, Gerichtssprache, Beratung und Abstimmung gelten sinngemäß.

(2) Die Öffentlichkeit ist auch auszuschließen, wenn ein Beteiligter, der nicht Finanzbehörde ist, es beantragt.

(3) Bei der Abstimmung und Beratung dürfen auch die zu ihrer steuerrechtlichen Ausbildung beschäftigten Personen zugegen sein, soweit sie die Befähigung zum Richteramt besitzen und soweit der Vorsitzende ihre Anwesenheit gestattet.

§ 53 [Zustellung] (1) Anordnungen und Entscheidungen, durch die eine Frist in Lauf gesetzt wird, sowie Terminbestimmungen und Ladungen sind den Beteiligten zuzustellen, bei Verkündung jedoch nur, wenn es ausdrücklich vorgeschrieben ist.

(2) Zugestellt wird von Amts wegen nach den Vorschriften des Verwaltungszustellungsgesetzes.

(3) ¹Wer seinen Wohnsitz oder seinen Sitz nicht im Geltungsbereich dieses Gesetzes hat, hat auf Verlangen einen Zustellungsbevollmächtigten zu bestellen. ²Geschieht dies nicht, so gilt eine Sendung mit der Aufgabe zur Post als zugestellt, selbst wenn sie als unbestellbar zurückkommt.

§ 54 [Beginn des Laufs von Fristen] (1) Der Lauf einer Frist beginnt, soweit nichts anderes bestimmt ist, mit der Bekanntgabe des Verwaltungsaktes oder der Entscheidung oder mit dem Zeitpunkt, an dem die Bekanntgabe als bewirkt gilt.

(2) Für die Fristen gelten die Vorschriften der §§ 222, 224 Abs. 2 und 3, §§ 225 und 226 der Zivilprozeßordnung.

§ 55[1) [Belehrung über Frist] (1) [1]Ist im Fall der Anfechtungsklage der Verwaltungsakt schriftlich ergangen, so beginnt die Frist für die Erhebung der Klage nur, wenn der Berechtigte über die Klage und das Gericht oder die Behörde, bei denen sie anzubringen ist, deren Sitz und die einzuhaltende Frist schriftlich belehrt worden ist. [2]Dies gilt für die Einlegung eines Rechtsmittels gegen eine gerichtliche Entscheidung sinngemäß.

(2) [1]Ist die Belehrung unterblieben oder unrichtig erteilt, so ist die Einlegung des Rechtsbehelfs nur innerhalb eines Jahres seit Bekanntgabe im Sinne des § 54 Abs. 1 zulässig, es sei denn, daß die Einlegung vor Ablauf der Jahresfrist infolge höherer Gewalt unmöglich war oder eine schriftliche Belehrung dahin erfolgt ist, daß ein Rechtsbehelf nicht gegeben sei. [2]§ 56 Abs. 2 gilt für den Fall höherer Gewalt sinngemäß.

§ 56 [Wiedereinsetzung in den vorigen Stand] (1) Wenn jemand ohne Verschulden verhindert war, eine gesetzliche Frist einzuhalten, so ist ihm auf Antrag Wiedereinsetzung in den vorigen Stand zu gewähren.

(2) [1]Der Antrag ist binnen zwei Wochen nach Wegfall des Hindernisses zu stellen. [2]Die Tatsachen zur Begründung des Antrags sind bei der Antragstellung oder im Verfahren über den Antrag glaubhaft zu machen. [3]Innerhalb der Antragsfrist ist die versäumte Rechtshandlung nachzuholen. [4]Ist dies geschehen, so kann Wiedereinsetzung auch ohne Antrag gewährt werden.

(3) Nach einem Jahr seit dem Ende der versäumten Frist kann Wiedereinsetzung nicht mehr beantragt oder ohne Antrag bewilligt werden, außer wenn der Antrag vor Ablauf der Jahresfrist infolge höherer Gewalt unmöglich war.

(4) Über den Antrag auf Wiedereinsetzung entscheidet das Gericht, das über die versäumte Rechtshandlung zu befinden hat.

(5) Die Wiedereinsetzung ist unanfechtbar.

§ 57 [Am Verfahren Beteiligte] Beteiligte am Verfahren sind
1. der Kläger,
2. der Beklagte,

[1)] Abweichend hierzu siehe Art. 97 § 18a EGAO (Nr. **1.2**).

3. der Beigeladene,

4. die Behörde, die dem Verfahren beigetreten ist (§§ 61 und 122 Abs. 2).

§ 58 [Prozeßfähigkeit] (1) Fähig zur Vornahme von Verfahrenshandlungen sind

1. die nach dem bürgerlichen Recht Geschäftsfähigen,

2. die nach dem bürgerlichen Recht in der Geschäftsfähigkeit Beschränkten, soweit sie durch Vorschriften des bürgerlichen oder öffentlichen Rechts für den Gegenstand des Verfahrens als geschäftsfähig anerkannt sind.

(2) ¹Für rechtsfähige und nichtrechtsfähige Personenvereinigungen, für Personen, die geschäftsunfähig oder in der Geschäftsfähigkeit beschränkt sind, für alle Fälle der Vermögensverwaltung und für andere einer juristischen Person ähnliche Gebilde, die als solche der Besteuerung unterliegen, sowie bei Wegfall eines Steuerpflichtigen handeln die nach dem bürgerlichen Recht dazu befugten Personen. ²§§ 53 bis 58 der Zivilprozeßordnung gelten sinngemäß.

(3) Betrifft ein Einwilligungsvorbehalt nach § 1903 des Bürgerlichen Gesetzbuchs den Gegenstand des Verfahrens, so ist ein geschäftsfähiger Betreuter nur insoweit zur Vornahme von Verfahrenshandlungen fähig, als er nach den Vorschriften des bürgerlichen Rechts ohne Einwilligung des Betreuers handeln kann oder durch Vorschriften des öffentlichen Rechts als handlungsfähig anerkannt ist.

§ 59 [Streitgenossenschaft] Die Vorschriften der §§ 59 bis 63 der Zivilprozeßordnung über die Streitgenossenschaft sind sinngemäß anzuwenden.

§ 60 [Beiladungen] (1) ¹Das Finanzgericht kann von Amts wegen oder auf Antrag andere beiladen, deren rechtliche Interessen nach den Steuergesetzen durch die Entscheidung berührt werden, insbesondere solche, die nach den Steuergesetzen neben dem Steuerpflichtigen haften. ²Vor der Beiladung ist der Steuerpflichtige zu hören, wenn er am Verfahren beteiligt ist.

(2) Wird eine Abgabe für einen anderen Abgabenberechtigten verwaltet, so kann dieser nicht deshalb beigeladen werden, weil seine Interessen als Abgabenberechtigter durch die Entscheidung berührt werden.

(3) ¹Sind an dem streitigen Rechtsverhältnis Dritte derart beteiligt, daß die Entscheidung auch ihnen gegenüber nur einheitlich ergehen kann, so sind sie beizuladen (notwendige Beiladung). ²Dies gilt nicht für Mitberechtigte, die nach § 48 nicht klagebefugt sind.

(4) ¹Der Beiladungsbeschluß ist allen Beteiligten zuzustellen. ²Dabei sollen der Stand der Sache und der Grund der Beiladung angegeben werden.

(5) Die als Mitberechtigte Beigeladenen können aufgefordert werden, einen gemeinsamen Zustellungsbevollmächtigten zu benennen.

(6) [1] Der Beigeladene kann innerhalb der Anträge eines als Kläger oder Beklagter Beteiligten selbständig Angriffs- und Verteidigungsmittel geltend machen und alle Verfahrenshandlungen wirksam vornehmen. [2] Abweichende Sachanträge kann er nur stellen, wenn eine notwendige Beiladung vorliegt.

§ 60a [Begrenzung der Beiladung] [1] Kommt nach § 60 Abs. 3 die Beiladung von mehr als fünfzig Personen in Betracht, kann das Gericht durch Beschluß anordnen, daß nur solche Personen beigeladen werden, die dies innerhalb einer bestimmten Frist beantragen. [2] Der Beschluß ist unanfechtbar. [3] Er ist im Bundesanzeiger bekanntzumachen. [4] Er muß außerdem in Tageszeitungen veröffentlicht werden, die in dem Bereich verbreitet sind, in dem sich die Entscheidung voraussichtlich auswirken wird. [5] Die Frist muß mindestens drei Monate seit Veröffentlichung im Bundesanzeiger betragen. [6] In der Veröffentlichung in Tageszeitungen ist mitzuteilen, an welchem Tage die Frist abläuft. [7] Für die Wiedereinsetzung in den vorigen Stand wegen Versäumung der Frist gilt § 56 entsprechend. [8] Das Gericht soll Personen, die von der Entscheidung erkennbar in besonderem Maße betroffen werden, auch ohne Antrag beiladen.

§ 61 [Beitritt von Behörden] *Ist im außergerichtlichen Vorverfahren eine Beschwerdeentscheidung ergangen, so kann die Behörde, die diese Entscheidung getroffen hat, dem Verfahren beitreten.*

§ 62 [Bevollmächtigte und Beistände] (1) [1] Die Beteiligten können sich durch Bevollmächtigte vertreten lassen und sich in der mündlichen Verhandlung eines Beistandes bedienen. [2] Durch Beschluß kann angeordnet werden, daß ein Bevollmächtigter bestellt oder ein Beistand hinzugezogen werden muß.

(2) [1] Bevollmächtigte oder Beistände, denen die Fähigkeit zum geeigneten schriftlichen oder mündlichen Vortrag fehlt, können zurückgewiesen werden; dies gilt nicht für die in § 3 und in § 4 Nr. 1 und 2 des Steuerberatungsgesetzes bezeichneten natürlichen Personen. [2] Bevollmächtigte und Beistände, die geschäftsmäßig Hilfe in Steuersachen leisten, ohne dazu nach den Vorschriften des Steuerberatungsgesetzes befugt zu sein, sind zurückzuweisen.

(3) [1] Die Bevollmächtigung ist durch eine schriftliche Vollmacht nachzuweisen. [2] Das Gericht hat den Mangel der Vollmacht von Amts wegen zu berücksichtigen. [3] Die Vollmacht kann nachgereicht werden; hierfür kann der Vorsitzende oder der Berichterstatter eine Frist mit ausschließender Wirkung setzen. [4] Für die Wiedereinsetzung in den vorigen Stand wegen Versäumung der Frist gilt § 56 entsprechend. [5] Ist ein Bevollmächtigter bestellt, sind die Zustellungen oder Mitteilungen des Gerichts an ihn zu richten.

Abschnitt III. Verfahren im ersten Rechtszug

§ 63 [Passivlegitimation] (1) Die Klage ist gegen die Behörde zu richten,

1. die den ursprünglichen Verwaltungsakt erlassen oder

2. die den beantragten Verwaltungsakt oder die andere Leistung unterlassen oder abgelehnt hat oder

3. der gegenüber die Feststellung des Bestehens oder Nichtbestehens eines Rechtsverhältnisses oder der Nichtigkeit eines Verwaltungsaktes begehrt wird.

[Fassung bis 31. 12. 1995]	*[Fassung ab 1. 1. 1996]*
(2) Ist vor Erlaß der Entscheidung über einen außergerichtlichen Rechtsbehelf eine andere als die ursprünglich zuständige Behörde für den Steuerfall örtlich zuständig geworden, so ist die Klage zu richten	(2)[1] Ist vor Erlaß der Entscheidung über den Einspruch eine andere als die ursprünglich zuständige Behörde für den Steuerfall örtlich zuständig geworden, so ist die Klage zu richten
1. im Fall eines vorangegangenen Einspruchs gegen die Behörde, welche die Einspruchsentscheidung erlassen hat,	1. gegen die Behörde, welche die Einspruchsentscheidung erlassen hat,
2. im Fall einer vorangegangenen Beschwerde gegen die der Beschwerdebehörde unmittelbar nachgeordnete, für den Steuerfall im Zeitpunkt des Erlasses der Beschwerdeentscheidung örtlich zuständige Behörde,	2. wenn über einen Einspruch ohne Mitteilung eines zureichenden Grundes in angemessener Frist sachlich nicht entschieden worden ist (§ 46), gegen die Behörde, die im Zeitpunkt der Klageerhebung für den Steuerfall örtlich zuständig ist.
3. wenn über einen außergerichtlichen Rechtsbehelf ohne Mitteilung eines zureichenden Grundes in angemessener Frist sachlich nicht entschieden worden ist (§ 46), gegen die Behörde, die im Zeitpunkt der Klageerhebung für den Steuerfall örtlich zuständig ist.	

---

[1] § 63 Abs. 2 neugef. durch G v. 24. 6. 1994 (BGBl. I S. 1395).

(3) Hat eine Behörde, die auf Grund gesetzlicher Vorschrift berechtigt ist, für die zuständige Behörde zu handeln, den ursprünglichen Verwaltungsakt erlassen oder den beantragten Verwaltungsakt oder die andere Leistung unterlassen oder abgelehnt, so ist die Klage gegen die zuständige Behörde zu richten.

§ 64 [Form der Klageerhebung] (1) Die Klage ist bei dem Gericht schriftlich oder zur Niederschrift des Urkundsbeamten der Geschäftsstelle zu erheben.

(2) Der Klage sollen Abschriften für die übrigen Beteiligten beigefügt werden; § 77 Abs. 2 gilt sinngemäß.

§ 65 [Notwendiger Inhalt der Klage] (1) [1]Die Klage muß den Kläger, den Beklagten, den Gegenstand des Klagebegehrens, bei Anfechtungsklagen auch den Verwaltungsakt und die Entscheidung über den außergerichtlichen Rechtsbehelf bezeichnen. [2]Sie soll einen bestimmten Antrag enthalten. [3]Die zur Begründung dienenden Tatsachen und Beweismittel sollen angegeben werden.

(2) [1]Entspricht die Klage diesen Anforderungen nicht, hat der Vorsitzende oder ein von ihm bestimmter Richter (Berichterstatter) den Kläger zu der erforderlichen Ergänzung innerhalb einer bestimmten Frist aufzufordern. [2]Er kann dem Kläger für die Ergänzung eine Frist mit ausschließender Wirkung setzen, wenn es an einem der in Absatz 1 Satz 1 genannten Erfordernisse fehlt. [3]Für die Wiedereinsetzung in den vorigen Stand wegen Versäumung der Frist gilt § 56 entsprechend.

§ 66 [Rechtshängigkeit] (1) Durch Erhebung der Klage wird die Streitsache rechtshängig.

(2), (3)*(aufgehoben)*

§ 67 [Klageänderung] (1) Eine Änderung der Klage ist zulässig, wenn die übrigen Beteiligten einwilligen oder das Gericht die Änderung für sachdienlich hält; § 68 bleibt unberührt.

(2) Die Einwilligung des Beklagten in die Änderung der Klage ist anzunehmen, wenn er sich, ohne ihr zu widersprechen, in einem Schriftsatz oder in einer mündlichen Verhandlung auf die geänderte Klage eingelassen hat.

(3) Die Entscheidung, daß eine Änderung der Klage nicht vorliegt oder zuzulassen ist, ist nicht selbständig anfechtbar.

§ 68 [Änderung des angefochtenen Verwaltungsakts] [1]Wird der angefochtene Verwaltungsakt nach Klageerhebung durch einen anderen Verwaltungsakt geändert oder ersetzt, so wird dieser auf Antrag des Klägers Gegenstand des Verfahrens. [2]Der Antrag ist innerhalb eines Monats nach Bekanntgabe des neuen Verwaltungsaktes zu stellen. [3]Hierauf ist in der Rechtsbehelfsbelehrung hinzuweisen.

§ 69 [Aussetzung der Vollziehung] (1) [1]Durch Erhebung der Klage wird die Vollziehung des angefochtenen Verwaltungsaktes vorbehaltlich des Absatzes 5 nicht gehemmt, insbesondere die Erhebung einer Abgabe nicht aufgehalten. [2]Entsprechendes gilt bei Anfechtung von Grundlagenbescheiden für die darauf beruhenden Folgebescheide.

(2) [1]Die zuständige Finanzbehörde kann die Vollziehung ganz oder teilweise aussetzen. [2]Auf Antrag soll die Aussetzung erfolgen,wenn ernstliche Zweifel an der Rechtmäßigkeit des angefochtenen Verwaltungsaktes bestehen oder wenn die Vollziehung für den Betroffenen eine unbillige, nicht durch überwiegende öffentliche Interessen gebotene Härte zur Folge hätte. [3]Die Aussetzung kann von einer Sicherheitsleistung abhängig gemacht werden. [4]Soweit die Vollziehung eines Grundlagenbescheides ausgesetzt wird, ist auch die Vollziehung eines Folgebescheides auszusetzen. [5]Der Erlaß eines Folgebescheides bleibt zulässig. [6]Über eine Sicherheitsleistung ist bei der Aussetzung eines Folgebescheides zu entscheiden, es sei denn, daß bei der Aussetzung der Vollziehung des Grundlagenbescheides die Sicherheitsleistung ausdrücklich ausgeschlossen worden ist.

(3) [1]Auf Antrag kann das Gericht der Hauptsache die Vollziehung ganz oder teilweise aussetzen; Absatz 2 Satz 2 bis 6 und § 100 Abs. 2 Satz 2 gelten sinngemäß. [2]Der Antrag kann schon vor Erhebung der Klage gestellt werden. [3]Ist der Verwaltungsakt im Zeitpunkt der Entscheidung schon vollzogen, kann das Gericht ganz oder teilweise die Aufhebung der Vollziehung, auch gegen Sicherheit, anordnen. [4]In dringenden Fällen kann der Vorsitzende entscheiden.

(4) [1]Der Antrag nach Absatz 3 ist nur zulässig, wenn die Behörde einen Antrag auf Aussetzung der Vollziehung ganz oder zum Teil abgelehnt hat. [2]Das gilt nicht, wenn

1. die Finanzbehörde über den Antrag ohne Mitteilung eines zureichenden Grundes in angemessener Frist sachlich nicht entschieden hat oder

2. eine Vollstreckung droht.

(5) [1]Durch Erhebung der Klage gegen die Untersagung des Gewerbebetriebes oder der Berufsausübung wird die Vollziehung des angefochtenen Verwaltungsaktes gehemmt. [2]Die Behörde, die den Verwaltungsakt erlassen hat, kann die hemmende Wirkung durch besondere Anordnung ganz oder zum Teil beseitigen, wenn sie es im öffentlichen Interesse für geboten hält; sie hat das öffentliche Interesse schriftlich zu begründen. [3]Auf Antrag kann das Gericht der Hauptsache die hemmende Wirkung wiederherstellen, wenn ernstliche Zweifel an der Rechtmäßigkeit des Verwaltungsaktes bestehen. [4]In dringenden Fällen kann der Vorsitzende entscheiden.

(6) [1]Das Gericht der Hauptsache kann Beschlüsse über Anträge nach den Absätzen 3 und 5 Satz 3 jederzeit ändern oder aufheben.

²Jeder Beteiligte kann die Änderung oder Aufhebung wegen veränderter oder im ursprünglichen Verfahren ohne Verschulden nicht geltend gemachter Umstände beantragen.

(7) Lehnt die Behörde die Aussetzung der Vollziehung ab, kann das Gericht nur nach den Absätzen 3 und 5 Satz 3 angerufen werden.

§ 70 [Wirkungen der Rechtshängigkeit; Entscheidung über die Zulässigkeit des Rechtsweges] ¹Für die sachliche und örtliche Zuständigkeit gelten die §§ 17 bis 17b des Gerichtsverfassungsgesetzes entsprechend. ²Beschlüsse entsprechend § 17a Abs. 2 und 3 des Gerichtsverfassungsgesetzes sind unanfechtbar.

§ 71 [Zustellung der Klageschrift] (1) ¹Die Klageschrift ist dem Beklagten von Amts wegen zuzustellen. ²Zugleich mit der Zustellung der Klage ist der Beklagte aufzufordern, sich schriftlich oder zur Niederschrift des Urkundsbeamten der Geschäftsstelle zu äußern. ³Hierfür kann eine Frist gesetzt werden.

(2) Die beteiligte Finanzbehörde hat die den Streitfall betreffenden Akten nach Empfang der Klageschrift an das Gericht zu übersenden.

§ 72 [Zurücknahme der Klage] (1) ¹Der Kläger kann seine Klage bis zur Rechtskraft des Urteils zurücknehmen. ²Nach Schluß der mündlichen Verhandlung, bei Verzicht auf die mündliche Verhandlung und nach Ergehen eines Gerichtsbescheides ist die Rücknahme nur mit Einwilligung des Beklagten möglich.

(1a) ¹Soweit Besteuerungsgrundlagen für ein Verständigungs- oder ein Schiedsverfahren nach einem Vertrag im Sinne des § 2 der Abgabenordnung von Bedeutung sein können, kann die Klage hierauf begrenzt zurückgenommen werden. ²§ 50 Abs. 1a Satz 2 gilt entsprechend.

(2) ¹Die Rücknahme hat bei Klagen, deren Erhebung an eine Frist gebunden ist, den Verlust der Klage zur Folge. ²Wird die Klage zurückgenommen, so stellt das Gericht das Verfahren durch Beschluß ein. ³Wird nachträglich die Unwirksamkeit der Klagrücknahme geltend gemacht, so gilt § 56 Abs. 3 sinngemäß.

§ 73 [Verbindung mehrerer Verfahren] (1) ¹Das Gericht kann durch Beschluß mehrere bei ihm anhängige Verfahren zu gemeinsamer Verhandlung und Entscheidung verbinden und wieder trennen. ²Es kann anordnen, daß mehrere in einem Verfahren zusammengefaßte Klagegegenstände in getrennten Verfahren verhandelt und entschieden werden.

(2) Ist die Klage von jemandem erhoben, der wegen dieses Klagegegenstandes nach § 60 Abs. 3 zu einem anderen Verfahren beizuladen wäre, so wird die notwendige Beiladung des Klägers dadurch

ersetzt, daß die beiden Verfahren zu gemeinsamer Verhandlung und einheitlicher Entscheidung verbunden werden.

§ 74 [Aussetzung der Verhandlung] Das Gericht kann, wenn die Entscheidung des Rechtsstreits ganz oder zum Teil von dem Bestehen oder Nichtbestehen eines Rechtsverhältnisses abhängt, das den Gegenstand eines anderen anhängigen Rechtsstreits bildet oder von einer Verwaltungsbehörde festzustellen ist, anordnen, daß die Verhandlung bis zur Erledigung des anderen Rechtsstreits oder bis zur Entscheidung der Verwaltungsbehörde auszusetzen sei.

§ 75 [Mitteilung der Besteuerungsgrundlagen] Den Beteiligten sind, soweit es noch nicht geschehen ist, die Unterlagen der Besteuerung auf Antrag oder, wenn der Inhalt der Klageschrift dazu Anlaß gibt, von Amts wegen mitzuteilen.

§ 76 [Erforschung des Sachverhalts durch das Gericht]
(1) [1]Das Gericht erforscht den Sachverhalt von Amts wegen. [2]Die Beteiligten sind dabei heranzuziehen. [3]Sie haben ihre Erklärungen über tatsächliche Umstände vollständig und der Wahrheit gemäß abzugeben und sich auf Anforderung des Gerichts zu den von den anderen Beteiligten vorgebrachten Tatsachen zu erklären. [4]§ 90 Abs. 2, § 93 Abs. 3 Satz 2, § 97 Abs. 1 und 3, §§ 99, 100 der Abgabenordnung[1]) gelten sinngemäß. [5]Das Gericht ist an das Vorbringen und an die Beweisanträge der Beteiligten nicht gebunden.

(2) Der Vorsitzende hat darauf hinzuwirken, daß Formfehler beseitigt, sachdienliche Anträge gestellt, unklare Anträge erläutert, ungenügende tatsächliche Angaben ergänzt, ferner alle für die Feststellung und Beurteilung des Sachverhalts wesentlichen Erklärungen abgegeben werden.

(3) [1]Erklärungen und Beweismittel, die erst nach Ablauf der von der Finanzbehörde nach § 364b Abs. 1 der Abgabenordnung gesetzten Frist im Einspruchsverfahren oder im finanzgerichtlichen Verfahren vorgebracht werden, kann das Gericht zurückweisen und ohne weitere Ermittlungen entscheiden. [2]§ 79b Abs. 3 gilt entsprechend.

(4) Die Verpflichtung der Finanzbehörde zur Ermittlung des Sachverhaltes (§§ 88, 89 der Abgabenordnung[1])) wird durch das finanzgerichtliche Verfahren nicht berührt.

§ 77 [Schriftsätze] (1) [1]Die Beteiligten sollen zur Vorbereitung der mündlichen Verhandlung Schriftsätze einreichen. [2]Hierzu kann der Vorsitzende sie unter Fristsetzung auffordern. [3]Den Schriftsätzen sollen Abschriften für die übrigen Beteiligten beigefügt werden. [4]Die Schriftsätze sind den Beteiligten von Amts wegen zu übersenden.

---

[1]) Nr. **1**.

(2) ¹Den Schriftsätzen sind die Urkunden, auf die Bezug genommen wird, in Urschrift oder in Abschrift ganz oder im Auszug beizufügen. ²Sind die Urkunden dem Gegner bereits bekannt oder sehr umfangreich, so genügt die genaue Bezeichnung mit dem Anerbieten, Einsicht bei Gericht zu gewähren.

(3) Hat die Finanzbehörde den Verwaltungsakt nach Klageerhebung durch einen anderen Verwaltungsakt geändert oder ersetzt, so hat sie dem Gericht eine Abschrift dieses Verwaltungsaktes zu übersenden.

§ 78 [Akteneinsicht] (1) ¹Die Beteiligten können die Gerichtsakten und die dem Gericht vorgelegten Akten einsehen und sich durch die Geschäftsstelle auf ihre Kosten Ausfertigungen, Auszüge und Abschriften erteilen lassen. ²Sind die Gerichtsakten zur Ersetzung der Urschrift auf einem Bildträger verkleinert wiedergegeben worden, gilt § 299a der Zivilprozeßordnung sinngemäß.

(2) Die Entwürfe zu Urteilen, Beschlüssen und Verfügungen, die Arbeiten zu ihrer Vorbereitung, ferner die Schriftstücke, die Abstimmungen oder Ordnungsstrafen des Gerichts betreffen, werden weder vorgelegt noch abschriftlich mitgeteilt.

§ 79 [Vorbereitung der mündlichen Verhandlung] (1) ¹Der Vorsitzende oder der Berichterstatter hat schon vor der mündlichen Verhandlung alle Anordnungen zu treffen, die notwendig sind, um den Rechtsstreit möglichst in einer mündlichen Verhandlung zu erledigen. ²Er kann insbesondere

1. die Beteiligten zur Erörterung des Sach- und Streitstandes und zur gütlichen Beilegung des Rechtsstreits laden;
2. den Beteiligten die Ergänzung oder Erläuterung ihrer vorbereitenden Schriftsätze sowie die Vorlegung von Urkunden und von anderen zur Niederlegung bei Gericht geeigneten Gegenständen aufgeben, insbesondere eine Frist zur Erklärung über bestimmte klärungsbedürftige Punkte setzen;
3. Auskünfte einholen;
4. die Vorlage von Urkunden anordnen;
5. das persönliche Erscheinen der Beteiligten anordnen; § 80 gilt entsprechend;
6. Zeugen und Sachverständige zur mündlichen Verhandlung laden.

(2) Die Beteiligten sind von jeder Anordnung zu benachrichtigen.

(3) ¹Der Vorsitzende oder der Berichterstatter kann einzelne Beweise erheben. ²Dies darf nur insoweit geschehen, als es zur Vereinfachung der Verhandlung vor dem Gericht sachdienlich und von vornherein anzunehmen ist, daß das Gericht das Beweisergebnis auch ohne unmittelbaren Eindruck von dem Verlauf der Beweisaufnahme sachgemäß zu würdigen vermag.

§ 79a [Entscheidung im vorbereitenden Verfahren] (1) Der Vorsitzende entscheidet, wenn die Entscheidung im vorbereitenden Verfahren ergeht,

1. über die Aussetzung und das Ruhen des Verfahrens;

2. bei Zurücknahme der Klage;

3. bei Erledigung des Rechtsstreits in der Hauptsache;

4. über den Streitwert;

5. über Kosten.

(2) [1] Der Vorsitzende kann ohne mündliche Verhandlung durch Gerichtsbescheid (§ 90a) entscheiden. [2] Dagegen ist nur der Antrag auf mündliche Verhandlung innerhalb eines Monats nach Zustellung des Gerichtsbescheides gegeben.

(3) Im Einverständnis der Beteiligten kann der Vorsitzende auch sonst anstelle des Senats entscheiden.

(4) Ist ein Berichterstatter bestellt, so entscheidet dieser anstelle des Vorsitzenden.

§ 79b [Fristsetzung] (1) [1] Der Vorsitzende oder der Berichterstatter kann dem Kläger eine Frist setzen zur Angabe der Tatsachen, durch deren Berücksichtigung oder Nichtberücksichtigung im Verwaltungsverfahren er sich beschwert fühlt. [2] Die Fristsetzung nach Satz 1 kann mit der Fristsetzung nach § 65 Abs. 2 Satz 2 verbunden werden.

(2) Der Vorsitzende oder der Berichterstatter kann einem Beteiligten unter Fristsetzung aufgeben, zu bestimmten Vorgängen

1. Tatsachen anzugeben oder Beweismittel zu bezeichnen,

2. Urkunden oder andere bewegliche Sachen vorzulegen, soweit der Beteiligte dazu verpflichtet ist.

(3) [1] Das Gericht kann Erklärungen und Beweismittel, die erst nach Ablauf einer nach den Absätzen 1 und 2 gesetzten Frist vorgebracht werden, zurückweisen und ohne weitere Ermittlungen entscheiden, wenn

1. ihre Zulassung nach der freien Überzeugung des Gerichts die Erledigung des Rechtsstreits verzögern würde und

2. der Beteiligte die Verspätung nicht genügend entschuldigt und

3. der Beteiligte über die Folgen einer Fristversäumung belehrt worden ist.

[2] Der Entschuldigungsgrund ist auf Verlangen des Gerichts glaubhaft zu machen. [3] Satz 1 gilt nicht, wenn es mit geringem Aufwand möglich ist, den Sachverhalt auch ohne Mitwirkung des Beteiligten zu ermitteln.

§ 80 [Persönliches Erscheinen] (1) [1] Das Gericht kann das persönliche Erscheinen eines Beteiligten anordnen. [2] Für den Fall des

Ausbleibens kann es Ordnungsgeld wie gegen einen im Vernehmungstermin nicht erschienenen Zeugen androhen. [3] Bei schuldhaftem Ausbleiben setzt das Gericht durch Beschluß das angedrohte Ordnungsgeld fest. [4] Androhung und Festsetzung des Ordnungsgeldes können wiederholt werden.

(2) Ist Beteiligter eine juristische Person oder eine Vereinigung, so ist das Ordnungsgeld dem nach Gesetz oder Satzung Vertretungsberechtigten anzudrohen und gegen ihn festzusetzen.

(3) Das Gericht kann einer beteiligten öffentlich-rechtlichen Körperschaft oder Behörde aufgeben, zur mündlichen Verhandlung einen Beamten oder Angestellten zu entsenden, der mit einem schriftlichen Nachweis über die Vertretungsbefugnis versehen und über die Sach- und Rechtslage ausreichend unterrichtet ist.

§ 81 [Beweiserhebung] (1) [1] Das Gericht erhebt Beweis in der mündlichen Verhandlung. [2] Es kann insbesondere Augenschein einnehmen, Zeugen, Sachverständige und Beteiligte vernehmen und Urkunden heranziehen.

(2) Das Gericht kann in geeigneten Fällen schon vor der mündlichen Verhandlung durch eines seiner Mitglieder als beauftragten Richter Beweis erheben lassen oder durch Bezeichnung der einzelnen Beweisfragen ein anderes Gericht um die Beweisaufnahme ersuchen.

§ 82 [Verfahren bei der Beweisaufnahme] Soweit §§ 83 bis 89 nicht abweichende Vorschriften enthalten, sind auf die Beweisaufnahme §§ 358 bis 377, 380 bis 382, 386 bis 414 und 450 bis 494 der Zivilprozeßordnung sinngemäß anzuwenden.

§ 83 [Benachrichtigung der Parteien] [1] Die Beteiligten werden von allen Beweisterminen benachrichtigt und können der Beweisaufnahme beiwohnen. [2] Sie können an Zeugen und Sachverständige sachdienliche Fragen richten. [3] Wird eine Frage beanstandet, so entscheidet das Gericht.

§ 84 [Zeugnisverweigerungsrecht] (1) Für das Recht zur Verweigerung des Zeugnisses und die Pflicht zur Belehrung über das Zeugnisverweigerungsrecht[1]) gelten die §§ 101 bis 103 der Abgabenordnung[1]) sinngemäß.

(2) Wer als Angehöriger zur Verweigerung des Zeugnisses berechtigt ist, kann die Ableistung des Eides verweigern.

§ 85 [Hilfspflichten der Zeugen] [1] Zeugen, die nicht aus dem Gedächtnis aussagen können, haben Schriftstücke und Geschäftsbücher, die ihnen zur Verfügung stehen, einzusehen und, soweit nötig, Aufzeichnungen daraus zu entnehmen. [2] Die Vorschriften des § 97

---

[1]) Nr. **1**.

Abs. 1 und 3, der §§ 99, 100, 104 der Abgabenordnung[1]) gelten sinngemäß.

§ 86 [Aktenvorlage und Auskunftserteilung] (1) Behörden sind zur Vorlage von Urkunden und Akten und zu Auskünften verpflichtet, soweit nicht durch das Steuergeheimnis (§ 30 der Abgabenordnung)[1]) geschützte Verhältnisse Dritter unbefugt offenbart werden.

(2) Wenn das Bekanntwerden von Urkunden oder Akten oder von Auskünften dem Wohle des Bundes oder eines deutschen Landes Nachteile bereiten würde oder wenn die Vorgänge aus anderen Gründen als nach Absatz 1 nach einem Gesetz oder ihrem Wesen nach geheimgehalten werden müssen, kann die zuständige oberste Aufsichtsbehörde die Vorlage von Urkunden oder Akten und die Erteilung der Auskünfte verweigern.

(3) [1] In den Fällen der Absätze 1 und 2 entscheidet auf Antrag eines Beteiligten das Gericht der Hauptsache durch Beschluß, ob glaubhaft gemacht ist, daß die gesetzlichen Voraussetzungen für die Verweigerung der Vorlage von Urkunden oder Akten und die Erteilung von Auskünften vorliegen. [2] Im Fall des Absatzes 2 ist die oberste Aufsichtsbehörde zu diesem Verfahren beizuladen. [3] Der Beschluß kann selbständig mit der Beschwerde angefochten werden.

§ 87 [Zeugnis von Behörden] Wenn von Behörden, von Verbänden und Vertretungen von Betriebs- oder Berufszweigen, von geschäftlichen oder gewerblichen Unternehmungen, Gesellschaften oder Anstalten Zeugnis begehrt wird, ist das Ersuchen, falls nicht bestimmte Personen als Zeugen in Betracht kommen, an den Vorstand oder an die Geschäfts- oder Betriebsleitung zu richten.

§ 88 [Weiterer Grund für Ablehnung von Sachverständigen] Die Beteiligten können Sachverständige auch ablehnen, wenn von deren Heranziehung eine Verletzung eines Geschäfts- oder Betriebsgeheimnisses oder Schaden für ihre geschäftliche Tätigkeit zu befürchten ist.

§ 89 [Erzwingung der Vorlage von Urkunden] Für die Erzwingung einer gesetzlich vorgeschriebenen Vorlage von Urkunden gelten § 380 der Zivilprozeßordnung und § 255 der Abgabenordnung sinngemäß.

§ 90 [Entscheidung grundsätzlich auf Grund mündlicher Verhandlung – Vorbescheid] (1) [1] Das Gericht entscheidet, soweit nichts anderes bestimmt ist, auf Grund mündlicher Verhandlung. [2] Entscheidungen des Gerichts, die nicht Urteile sind, können ohne mündliche Verhandlungen ergehen.

---

[1]) Nr. **1**.

(2) Mit Einverständnis der Beteiligten kann das Gericht ohne mündliche Verhandlung entscheiden.

(3) *(aufgehoben)*

§ 90a [Entscheidung ohne mündliche Verhandlung] (1) Das Gericht kann in geeigneten Fällen ohne mündliche Verhandlung durch Gerichtsbescheid entscheiden.

(2) Die Beteiligten können innerhalb eines Monats nach Zustellung des Gerichtsbescheides

1. Revision einlegen, wenn sie zugelassen worden ist,
2. Nichtzulassungsbeschwerde einlegen oder mündliche Verhandlung beantragen, wenn die Revision nicht zugelassen worden ist; wird von beiden Rechtsbehelfen Gebrauch gemacht, findet mündliche Verhandlung statt,
3. mündliche Verhandlung beantragen, wenn ein Rechtsmittel nicht gegeben ist.

(3) Der Gerichtsbescheid wirkt als Urteil; wird rechtzeitig mündliche Verhandlung beantragt, gilt er als nicht ergangen.

(4) Wird mündliche Verhandlung beantragt, kann das Gericht in dem Urteil von einer weiteren Darstellung des Tatbestands und der Entscheidungsgründe absehen, soweit es der Begründung des Gerichtsbescheides folgt und dies in seiner Entscheidung feststellt.

§ 91 [Ladung der Beteiligten] (1) ¹Sobald der Termin zur mündlichen Verhandlung bestimmt ist, sind die Beteiligten mit einer Ladungsfrist von mindestens zwei Wochen, beim Bundesfinanzhof von mindestens vier Wochen, zu laden. ²In dringenden Fällen kann der Vorsitzende die Frist abkürzen.

(2) Bei der Ladung ist darauf hinzuweisen, daß beim Ausbleiben eines Beteiligten auch ohne ihn verhandelt und entschieden werden kann.

(3) Das Gericht kann Sitzungen auch außerhalb des Gerichtssitzes abhalten, wenn dies zur sachdienlichen Erledigung notwendig ist.

§ 92 [Gang der Verhandlung] (1) Der Vorsitzende eröffnet und leitet die mündliche Verhandlung.

(2) Nach Aufruf der Sache trägt der Vorsitzende oder der Berichterstatter den wesentlichen Inhalt der Akten vor.

(3) Hierauf erhalten die Beteiligten das Wort, um ihre Anträge zu stellen und zu begründen.

§ 93 [Erörterung der Streitsache] (1) Der Vorsitzende hat die Streitsache mit den Beteiligten tatsächlich und rechtlich zu erörtern.

(2) [1]Der Vorsitzende hat jedem Mitglied des Gerichts auf Verlangen zu gestatten, Fragen zu stellen. [2]Wird eine Frage beanstandet, so entscheidet das Gericht.

(3) [1]Nach Erörterung der Streitsache erklärt der Vorsitzende die mündliche Verhandlung für geschlossen. [2]Das Gericht kann die Wiedereröffnung beschließen.

§ 94 [Niederschrift] Für die Niederschrift gelten die §§ 159 bis 165 der Zivilprozeßordnung entsprechend.

§ 94a [Verfahren nach billigem Ermessen] [1]Das Gericht kann sein Verfahren nach billigem Ermessen bestimmen, wenn der Streitwert bei einer Klage, die eine Geldleistung oder einen hierauf gerichteten Verwaltungsakt betrifft, tausend Deutsche Mark nicht übersteigt. [2]Auf Antrag eines Beteiligten muß mündlich verhandelt werden. [3]Das Gericht entscheidet über die Klage durch Urteil; § 76 über den Untersuchungsgrundsatz und § 79a Abs. 2 , § 90a über den Gerichtsbescheid bleiben unberührt.

Abschnitt IV. Urteile und andere Entscheidungen

§ 95 [Urteil] Über die Klage wird, soweit nichts anderes bestimmt ist, durch Urteil entschieden.

§ 96 [Freie Beweiswürdigung, notwendiger Inhalt des Urteils] (1) [1]Das Gericht entscheidet nach seiner freien, aus dem Gesamtergebnis des Verfahrens gewonnenen Überzeugung; §§ 158, 160, 162 der Abgabenordnung[1]) gelten sinngemäß. [2]Das Gericht darf über das Klagebegehren nicht hinausgehen, ist aber an die Fassung der Anträge nicht gebunden. [3]In dem Urteil sind die Gründe anzugeben, die für die richterliche Überzeugung leitend gewesen sind.

(2) Das Urteil darf nur auf Tatsachen und Beweisergebnisse gestützt werden, zu denen die Beteiligten sich äußern konnten.

§ 97 [Zwischenurteil über Zulässigkeit der Klage] Über die Zulässigkeit der Klage kann durch Zwischenurteil vorab entschieden werden.

§ 98 [Teilurteil] Ist nur ein Teil des Streitgegenstandes zur Entscheidung reif, so kann das Gericht ein Teilurteil erlassen.

§ 99 [Vorabentscheidung über den Grund] (1) Ist bei einer Leistungsklage oder einer Anfechtungsklage gegen einen Verwal-

---

[1]) Nr. 1.

tungsakt *der in § 348 der Abgabenordnung bezeichneten Art*[1]) ein Anspruch nach Grund und Betrag strittig, so kann das Gericht durch Zwischenurteil über den Grund vorab entscheiden.

(2) Das Gericht kann durch Zwischenurteil über eine entscheidungserhebliche Sach- oder Rechtsfrage vorab entscheiden, wenn dies sachdienlich ist und nicht der Kläger oder der Beklagte widerspricht.

§ 100 [Aufhebung angefochtener Verwaltungsakte durch Urteil] (1) [1]Soweit ein angefochtener Verwaltungsakt rechtswidrig und der Kläger dadurch in seinen Rechten verletzt ist, hebt das Gericht den Verwaltungsakt und die etwaige Entscheidung über den außergerichtlichen Rechtsbehelf auf; die Finanzbehörde ist an die rechtliche Beurteilung gebunden, die der Aufhebung zugrunde liegt, an die tatsächliche so weit, als nicht neu bekannt werdende Tatsachen und Beweismittel eine andere Beurteilung rechtfertigen. [2]Ist der Verwaltungsakt schon vollzogen, so kann das Gericht auf Antrag auch aussprechen, daß und wie die Finanzbehörde die Vollziehung rückgängig zu machen hat. [3]Dieser Ausspruch ist nur zulässig, wenn die Behörde dazu in der Lage und diese Frage spruchreif ist. [4]Hat sich der Verwaltungsakt vorher durch Zurücknahme oder anders erledigt, so spricht das Gericht auf Antrag durch Urteil aus, daß der Verwaltungsakt rechtswidrig gewesen ist, wenn der Kläger ein berechtigtes Interesse an dieser Feststellung hat.

(2) [1]Begehrt der Kläger die Änderung eines Verwaltungsaktes, der einen Geldbetrag festsetzt oder eine darauf bezogene Feststellung trifft, kann das Gericht den Betrag in anderer Höhe festsetzen oder die Feststellung durch eine andere ersetzen. [2]Erfordert die Ermittlung des festzusetzenden oder festzustellenden Betrags einen nicht unerheblichen Aufwand, kann das Gericht die Änderung des Verwaltungsaktes durch Angabe der zu Unrecht berücksichtigten oder nicht berücksichtigten tatsächlichen oder rechtlichen Verhältnisse so bestimmen, daß die Behörde den Betrag auf Grund der Entscheidung errechnen kann. [3]Die Behörde teilt den Beteiligten das Ergebnis der Neuberechnung unverzüglich formlos mit; nach Rechtskraft der Entscheidung ist der Verwaltungsakt mit dem geänderten Inhalt neu bekanntzugeben.

(3) [1]Hält das Gericht eine weitere Sachaufklärung für erforderlich, kann es, ohne in der Sache selbst zu entscheiden, den Verwaltungsakt und die Entscheidung über den außergerichtlichen Rechtsbehelf aufheben, soweit nach Art oder Umfang die noch erforderlichen Ermittlungen erheblich sind und die Aufhebung auch unter Berücksichtigung der Belange der Beteiligten sachdienlich ist. [2]Satz 1 gilt nicht,

---

[1]) § 99 Abs. 1 kursiver Satzteil aufgeh. mWv 1. 1. 1996 durch G v. 24. 6. 1994 (BGBl. I S. 1395).

soweit der Steuerpflichtige seiner Erklärungspflicht nicht nachgekommen ist und deshalb die Besteuerungsgrundlagen geschätzt worden sind. [3] Auf Antrag kann das Gericht bis zum Erlaß des neuen Verwaltungsaktes eine einstweilige Regelung treffen, insbesondere bestimmen, daß Sicherheiten geleistet werden oder ganz oder zum Teil bestehen bleiben und Leistungen zunächst nicht zurückgewährt werden müssen. [4] Der Beschluß kann jederzeit geändert oder aufgehoben werden. [5] Eine Entscheidung nach Satz 1 kann nur binnen sechs Monaten seit Eingang der Akten der Behörde bei Gericht ergehen.

(4) Kann neben der Aufhebung eines Verwaltungsaktes eine Leistung verlangt werden, so ist im gleichen Verfahren auch die Verurteilung zur Leistung zulässig.

§ 101 [Urteil auf Erlaß eines Verwaltungsakts] [1] Soweit die Ablehnung oder Unterlassung eines Verwaltungsaktes rechtswidrig und der Kläger dadurch in seinen Rechten verletzt ist, spricht das Gericht die Verpflichtung der Finanzbehörde aus, den begehrten Verwaltungsakt zu erlassen, wenn die Sache spruchreif ist. [2] Andernfalls spricht es die Verpflichtung aus, den Kläger unter Beachtung der Rechtsauffassung des Gerichts zu bescheiden.

§ 102 [Nachprüfung des Ermessensgebrauchs] Soweit die Finanzbehörde ermächtigt ist, nach ihrem Ermessen zu handeln oder zu entscheiden, prüft das Gericht auch, ob der Verwaltungsakt oder die Ablehnung oder Unterlassung des Verwaltungsaktes rechtswidrig ist, weil die gesetzlichen Grenzen des Ermessens überschritten sind oder von dem Ermessen in einer dem Zweck der Ermächtigung nicht entsprechenden Weise Gebrauch gemacht ist.

§ 103 [Am Urteil beteiligte Richter] Das Urteil kann nur von den Richtern und ehrenamtlichen Richtern gefällt werden, die an der dem Urteil zugrunde liegenden Verhandlung teilgenommen haben.

§ 104 [Verkündung und Zustellung des Urteils] (1) [1] Das Urteil wird, wenn eine mündliche Verhandlung stattgefunden hat, in der Regel in dem Termin, in dem die mündliche Verhandlung geschlossen wird, verkündet, in besonderen Fällen in einem sofort anzuberaumenden Termin, der nicht über zwei Wochen hinaus angesetzt werden soll. [2] Das Urteil wird durch Verlesung der Formel verkündet; es ist den Beteiligten zuzustellen.

(2) Statt der Verkündung ist die Zustellung des Urteils zulässig; dann ist das Urteil binnen zwei Wochen nach der mündlichen Verhandlung der Geschäftsstelle zu übergeben.

(3) Entscheidet das Gericht ohne mündliche Verhandlung, so wird die Verkündung durch Zustellung an die Beteiligten ersetzt.

§ 105 **[Urteilsform]** (1) [1]Das Urteil ergeht im Namen des Volkes. [2]Es ist schriftlich abzufassen und von den Richtern, die bei der Entscheidung mitgewirkt haben, zu unterzeichnen. [3]Ist ein Richter verhindert, seine Unterschrift beizufügen, so wird dies mit dem Hinderungsgrund vom Vorsitzenden oder, wenn er verhindert ist, vom dienstältesten beisitzenden Richter unter dem Urteil vermerkt. [4]Der Unterschrift der ehrenamtlichen Richter bedarf es nicht.

(2) Das Urteil enthält

1. die Bezeichnung der Beteiligten, ihrer gesetzlichen Vertreter und der Bevollmächtigten nach Namen, Beruf, Wohnort und ihrer Stellung im Verfahren,

2. die Bezeichnung des Gerichts und die Namen der Mitglieder, die bei der Entscheidung mitgewirkt haben,

3. die Urteilsformel,

4. den Tatbestand,

5. die Entscheidungsgründe,

6. die Rechtsmittelbelehrung.

(3) [1]Im Tatbestand ist der Sach- und Streitstand unter Hervorhebung der gestellten Anträge seinem wesentlichen Inhalt nach gedrängt darzustellen. [2]Wegen der Einzelheiten soll auf Schriftsätze, Protokolle und andere Unterlagen verwiesen werden, soweit sich aus ihnen der Sach- und Streitstand ausreichend ergibt.

(4) [1]Ein Urteil, das bei der Verkündung noch nicht vollständig abgefaßt war, ist vor Ablauf von zwei Wochen, vom Tag der Verkündung an gerechnet, vollständig abgefaßt der Geschäftsstelle zu übergeben. [2]Kann dies ausnahmsweise nicht geschehen, so ist innerhalb dieser zwei Wochen das von den Richtern unterschriebene Urteil ohne Tatbestand, Entscheidungsgründe und Rechtsmittelbelehrung der Geschäftsstelle zu übergeben. [3]Tatbestand, Entscheidungsgründe und Rechtsmittelbelehrung sind alsbald nachträglich niederzulegen, von den Richtern besonders zu unterschreiben und der Geschäftsstelle zu übergeben.

(5) Das Gericht kann von einer weiteren Darstellung der Entscheidungsgründe absehen, soweit es der Begründung des Verwaltungsaktes oder der Entscheidung über den außergerichtlichen Rechtsbehelf folgt und dies in seiner Entscheidung feststellt.

(6) Der Urkundsbeamte der Geschäftsstelle hat auf dem Urteil den Tag der Zustellung und im Fall des § 104 Abs. 1 Satz 1 den Tag der Verkündung zu vermerken und diesen Vermerk zu unterschreiben.

§ 106 **[Gerichtsbescheide]** §§ 104 und 105 gelten für Gerichtsbescheide sinngemäß.

§ 107 [Berichtigung des Urteils] (1) Schreibfehler, Rechenfehler und ähnliche offenbare Unrichtigkeiten im Urteil sind jederzeit vom Gericht zu berichtigen.

(2) [1] Über die Berichtigung kann ohne mündliche Verhandlung entschieden werden. [2] Der Berichtigungsbeschluß wird auf dem Urteil und den Ausfertigungen vermerkt.

§ 108 [Antrag auf Berichtigung des Tatbestandes] (1) Enthält der Tatbestand des Urteils andere Unrichtigkeiten oder Unklarheiten, so kann die Berichtigung binnen zwei Wochen nach Zustellung des Urteils beantragt werden.

(2) [1] Das Gericht entscheidet ohne Beweisaufnahme durch Beschluß. [2] Der Beschluß ist unanfechtbar. [3] Bei der Entscheidung wirken nur die Richter mit, die beim Urteil mitgewirkt haben. [4] Ist ein Richter verhindert, so gibt bei Stimmengleichheit die Stimme des Vorsitzenden den Ausschlag. [5] Der Berichtigungsbeschluß wird auf dem Urteil und den Ausfertigungen vermerkt.

§ 109 [Nachträgliche Ergänzung eines Urteils] (1) Wenn ein nach dem Tatbestand von einem Beteiligten gestellter Antrag oder die Kostenfolge bei der Entscheidung ganz oder zum Teil übergangen ist, so ist auf Antrag das Urteil durch nachträgliche Entscheidung zu ergänzen.

(2) [1] Die Entscheidung muß binnen zwei Wochen nach Zustellung des Urteils beantragt werden. [2] Die mündliche Verhandlung hat nur den nicht erledigten Teil des Rechtsstreits zum Gegenstand.

§ 110 [Rechtskraftwirkung der Urteile] (1) [1] Rechtskräftige Urteile binden, soweit über den Streitgegenstand entschieden worden ist,

1. die Beteiligten und ihre Rechtsnachfolger,

2. in den Fällen des § 48 Abs. 1 *Nr. 3* [*ab 1. 1. 1996:* Nr. 1][1]) die nicht klageberechtigten Gesellschafter oder Gemeinschafter und

3. im Falle des § 60 a die Personen, die einen Antrag auf Beiladung nicht oder nicht fristgemäß gestellt haben.

[2] Die gegen eine Finanzbehörde ergangenen Urteile wirken auch gegenüber der öffentlich-rechtlichen Körperschaft, der die beteiligte Finanzbehörde angehört.

(2) Die Vorschriften der Abgabenordnung und anderer Steuergesetze über die Rücknahme, Widerruf, Aufhebung und Änderung von Verwaltungsakten sowie über die Nachforderung von Steuern bleiben unberührt, soweit sich aus Absatz 1 Satz 1 nichts anderes ergibt.

§§ 111, 112. *(aufgehoben)*

---

[1]) § 110 Abs. 1 Nr. 2 Zitat geänd. durch G v. 24. 6. 1994 (BGBl. I S. 1395).

§ 113 [Beschlüsse] (1) Für Beschlüsse gelten § 96 Abs. 1 Satz 1 und 2, § 105 Abs. 2 Nr. 6, §§ 107 bis 109 sinngemäß.

(2) [1]Beschlüsse sind zu begründen, wenn sie durch Rechtsmittel angefochten werden können oder über einen Rechtsbehelf entscheiden. [2]Beschlüsse über die Aussetzung der Vollziehung (§ 69 Abs. 3 und 5) und über einstweilige Anordnungen (§ 114 Abs. 1) sowie Beschlüsse nach Erledigung des Rechtsstreits in der Hauptsache (§ 138) sind stets zu begründen. [3]Beschlüsse, die über ein Rechtsmittel entscheiden, bedürfen keiner weiteren Begründung, soweit das Gericht das Rechtsmittel aus den Gründen der angefochtenen Entscheidung als unbegründet zurückweist.

§ 114 [Einstweilige Anordnungen] (1) [1]Auf Antrag kann das Gericht, auch schon vor Klageerhebung, eine einstweilige Anordnung in bezug auf den Streitgegenstand treffen, wenn die Gefahr besteht, daß durch eine Veränderung des bestehenden Zustandes die Verwirklichung eines Rechts des Antragstellers vereitelt oder wesentlich erschwert werden könnte. [2]Einstweilige Anordnungen sind auch zur Regelung eines vorläufigen Zustandes in bezug auf ein streitiges Rechtsverhältnis zulässig, wenn diese Regelung, vor allem bei dauernden Rechtsverhältnissen, um wesentliche Nachteile abzuwenden oder drohende Gewalt zu verhindern oder aus anderen Gründen nötig erscheint.

(2) [1]Für den Erlaß einstweiliger Anordnungen ist das Gericht der Hauptsache zuständig. [2]Dies ist das Gericht des ersten Rechtszuges. [3]In dringenden Fällen kann der Vorsitzende entscheiden.

(3) Für den Erlaß einstweiliger Anordnungen gelten §§ 920, 921, 923, 926, 928 bis 932, 938, 939, 941 und 945 der Zivilprozeßordnung sinngemäß.

(4) Das Gericht entscheidet durch Beschluß.

(5) Die Vorschriften der Absätze 1 bis 3 gelten nicht für die Fälle des § 69.

Abschnitt V. Rechtsmittel und Wiederaufnahme des Verfahrens

Unterabschnitt 1. Revision[1)]

§ 115 [Zulassung der Revision] (1) Gegen das Urteil eines Finanzgerichts (§ 36 Nr. 1) steht den Beteiligten die Revision an den Bundesfinanzhof zu, wenn der Wert des Streitgegenstandes eintausend Deutsche Mark übersteigt oder wenn das Finanzgericht die Revision zugelassen hat.

[1)] Siehe hierzu Art. 1 Nrn. 5 bis 8 des G zur Entlastung des Bundesfinanzhofs vom 8. 7. 1975 (Nr. 3).

(2) Die Revision ist nur zuzulassen, wenn

1. die Rechtssache grundsätzliche Bedeutung hat oder

2. das Urteil von einer Entscheidung des Bundesfinanzhofs oder des Bundesverfassungsgerichts abweicht und auf dieser Abweichung beruht oder

3. bei einem geltend gemachten Verfahrensmangel die angefochtene Entscheidung auf dem Verfahrensmangel beruhen kann.

(3) [1] Die Nichtzulassung der Revision kann selbständig durch Beschwerde innerhalb eines Monats nach Zustellung des Urteils angefochten werden. [2] Die Beschwerde ist bei dem Gericht einzulegen, dessen Entscheidung angefochten werden soll. [3] In der Beschwerdeschrift muß die grundsätzliche Bedeutung der Rechtssache dargelegt oder die Entscheidung des Bundesfinanzhofs, von der das Urteil abweicht, oder der Verfahrensmangel bezeichnet werden.

(4) Die Einlegung der Beschwerde hemmt die Rechtskraft des Urteils.

(5) [1] Wird der Beschwerde nicht abgeholfen, so entscheidet der Bundesfinanzhof durch Beschluß. [2] Der Beschluß bedarf keiner Begründung, wenn die Beschwerde einstimmig verworfen oder zurückgewiesen wird; in diesem Fall sind dem Beschwerdeführer vorher die Bedenken gegen die Zulässigkeit oder die Begründetheit seiner Beschwerde mit dem Hinweis mitzuteilen, daß er sich innerhalb eines Monats nach Zustellung der Mitteilung äußern könne. [3] Mit der Ablehnung der Beschwerde durch den Bundesfinanzhof wird das Urteil rechtskräftig. [4] Wird der Beschwerde stattgegeben, so beginnt mit der Zustellung des Beschwerdebescheides der Lauf der Revisionsfrist.

§ 116 [**Revision ohne vorherige Zulassung**] (1) Einer Zulassung zur Einlegung der Revision bedarf es nicht, wenn als wesentliche Mängel des Verfahrens gerügt werden, daß

1. das erkennende Gericht nicht vorschriftsmäßig besetzt war,

2. bei der Entscheidung ein Richter mitgewirkt hat, der von der Ausübung des Richteramtes kraft Gesetzes ausgeschlossen oder wegen Besorgnis der Befangenheit mit Erfolg abgelehnt war,

3. ein Beteiligter im Verfahren nicht nach Vorschrift des Gesetzes vertreten war, außer wenn er der Prozeßführung ausdrücklich oder stillschweigend zugestimmt hat,

4. das Urteil auf eine mündliche Verhandlung ergangen ist, bei der die Vorschriften über die Öffentlichkeit des Verfahrens verletzt worden sind,

5. die Entscheidung nicht mit Gründen versehen ist.

(2) Der Zulassung bedarf es ferner nicht für die Revision gegen Urteil in Zolltarifsachen.

§ 117. *(aufgehoben)*

§ 118 [Revisionsgründe] (1) [1]Die Revision kann nur darauf gestützt werden, daß das angefochtene Urteil auf der Verletzung von Bundesrecht beruhe. [2]Soweit im Falle des § 33 Abs. 1 Nr. 4 die Vorschriften dieses Unterabschnitts durch Landesgesetz für anwendbar erklärt werden, kann die Revision auch darauf gestützt werden, daß das angefochtene Urteil auf der Verletzung von Landesrecht beruhe.

(2) Der Bundesfinanzhof ist an die in dem angefochtenen Urteil getroffenen tatsächlichen Feststellungen gebunden, es sei denn, daß in bezug auf diese Feststellungen zulässige und begründete Revisionsgründe vorgebracht sind.

(3) [1]Wird die Revision auf Verfahrensmängel gestützt und liegt nicht zugleich eine der Voraussetzungen des § 115 Abs. 2 Nr. 1 und 2 vor, so ist nur über die geltend gemachten Verfahrensmängel zu entscheiden. [2]Im übrigen ist der Bundesfinanzhof an die geltend gemachten Revisionsgründe nicht gebunden.

§ 119 [Fälle der Verletzung von Bundesrecht] Ein Urteil ist stets als auf der Verletzung von Bundesrecht beruhend anzusehen, wenn

1. das erkennende Gericht nicht vorschriftsmäßig besetzt war,

2. bei der Entscheidung ein Richter mitgewirkt hat, der von der Ausübung des Richteramtes kraft Gesetzes ausgeschlossen oder wegen Besorgnis der Befangenheit mit Erfolg abgelehnt war,

3. einem Beteiligten das rechtliche Gehör versagt war,

4. ein Beteiligter im Verfahren nicht nach Vorschrift des Gesetzes vertreten war, außer wenn er der Prozeßführung ausdrücklich oder stillschweigend zugestimmt hat,

5. das Urteil auf eine mündliche Verhandlung ergangen ist, bei der die Vorschriften über die Öffentlichkeit des Verfahrens verletzt worden sind, oder

6. die Entscheidung nicht mit Gründen versehen ist.

§ 120 [Einlegung der Revision] (1) [1]Die Revision ist bei dem Finanzgericht innerhalb eines Monats nach Zustellung des vollständigen Urteils oder nach Zustellung des Beschlusses über die Zulassung der Revision (§ 115 Abs. 5) schriftlich einzulegen und spätestens innerhalb eines weiteren Monats zu begründen. [2]Die Frist für die Revisionsbegründung kann auf einen vor ihrem Ablauf gestellten Antrag durch den Vorsitzenden des zuständigen Senats des Bundesfinanzhofs verlängert werden.

(2) [1]Die Revision muß das angefochtene Urteil angeben. [2]Die Revisionsbegründung oder die Revision muß einen bestimmten An-

trag enthalten, die verletzte Rechtsnorm und, soweit Verfahrensmängel gerügt werden, die Tatsachen bezeichnen, die den Mangel ergeben.

(3) Das Finanzgericht legt die Revisions- oder Beschwerdeschrift dem Bundesfinanzhof mit den Akten vor.

§ 121 [Verfahrensvorschriften] [1] Für das Revisionsverfahren gelten die Vorschriften über das Verfahren im ersten Rechtszug und die Vorschriften über Urteile und andere Entscheidungen entsprechend, soweit sich aus den Vorschriften über die Revision nichts anderes ergibt. [2] § 79 a über die Entscheidung durch den vorbereitenden Richter und § 94 a über das Verfahren nach billigem Ermessen sind nicht anzuwenden. [3] Erklärungen und Beweismittel, die das Finanzgericht nach § 79 b zu Recht zurückgewiesen hat, bleiben auch im Revisionsverfahren ausgeschlossen.

§ 122 [Beteiligte am Revisionsverfahren] (1) Beteiligter am Verfahren über die Revision ist, wer am Verfahren über die Klage beteiligt war.

(2) [1] Betrifft das Verfahren eine auf Bundesrecht beruhende Abgabe oder eine Rechtsstreitigkeit über Bundesrecht, so kann das Bundesministerium der Finanzen dem Verfahren beitreten. [2] Betrifft das Verfahren eine von den Landesfinanzbehörden verwaltete Abgabe oder eine Rechtsstreitigkeit über Landesrecht, so steht dieses Recht auch der zuständigen obersten Landesbehörde zu. [3] Der Senat kann die zuständigen Stellen zum Beitritt auffordern. [4] Mit ihrem Beitritt erlangt die Behörde die Rechtsstellung eines Beteiligten.

§ 123 [Unzulässigkeit der Klageänderung] [1] Klageänderungen und Beiladungen sind im Revisionsverfahren unzulässig. [2] § 68 bleibt unberührt.

§ 124 [Prüfung der Zulässigkeit der Revision] (1) [1] Der Bundesfinanzhof prüft, ob die Revision statthaft und ob sie in der gesetzlichen Form und Frist eingelegt und begründet worden ist. [2] Mangelt es an einem dieser Erfordernisse, so ist die Revision unzulässig.

(2) Der Beurteilung der Revision unterliegen auch diejenigen Entscheidungen, die dem Endurteil vorausgegangen sind, sofern sie nicht nach den Vorschriften dieses Gesetzes unanfechtbar sind.

§ 125 [Rücknahme der Revision] (1) [1] Die Revision kann bis zur Rechtskraft des Urteils zurückgenommen werden. [2] Nach Schluß der mündlichen Verhandlung, bei Verzicht auf die mündliche Verhandlung und nach Ergehen eines Gerichtsbescheides ist die Rücknahme nur mit Einwilligung des Revisionsbeklagten möglich.

(2) Die Zurücknahme bewirkt den Verlust des eingelegten Rechtsmittels.

§ 126 [Entscheidung über die Revision] (1) Ist die Revision unzulässig, so verwirft der Bundesfinanzhof sie durch Beschluß.

(2) Ist die Revision unbegründet, so weist der Bundesfinanzhof sie zurück.

(3) Ist die Revision begründet, so kann der Bundesfinanzhof

1. in der Sache selbst entscheiden oder

2. das angefochtene Urteil aufheben und die Sache zur anderweitigen Verhandlung und Entscheidung zurückverweisen.

(4) Ergeben die Entscheidungsgründe zwar eine Verletzung des bestehenden Rechts, stellt sich die Entscheidung selbst aber aus anderen Gründen als richtig dar, so ist die Revision zurückzuweisen.

(5) Das Gericht, an das die Sache zur anderweitigen Verhandlung und Entscheidung zurückverwiesen ist, hat seiner Entscheidung die rechtliche Beurteilung des Bundesfinanzhofs zugrunde zu legen.

§ 127 [Zurückverweisung] Ist während des Revisionsverfahrens ein neuer oder geänderter Verwaltungsakt Gegenstand des Verfahrens geworden (§§ 68, 123 Satz 2), so kann der Bundesfinanzhof das angefochtene Urteil aufheben und die Sache zur anderweitigen Verhandlung und Entscheidung an das Finanzgericht zurückverweisen.

Unterabschnitt 2. Beschwerde

§ 128 [Fälle der Zulässigkeit der Beschwerde] (1) Gegen die Entscheidungen des Finanzgerichts, des Vorsitzenden oder des Berichterstatters, die nicht Urteile oder Gerichtsbescheide sind, steht den Beteiligten und den sonst von der Entscheidung Betroffenen die Beschwerde an den Bundesfinanzhof zu, soweit nicht in diesem Gesetz etwas anderes bestimmt ist.

(2) Prozeßleitende Verfügungen, Aufklärungsanordnungen, Beschlüsse über eine Vertagung oder die Bestimmung einer Frist, Beweisbeschlüsse, Beschlüsse über Ablehnung von Beweisanträgen, über Verbindung und Trennung von Verfahren und Ansprüchen können nicht mit der Beschwerde angefochten werden; dies gilt nicht für die Entscheidung über eine Aussetzung des Verfahrens.

(3) [1] Gegen die Entscheidung über die Aussetzung der Vollziehung nach § 69 Abs. 3 und 5 und über einstweilige Anordnungen nach § 114 Abs. 1 steht den Beteiligten die Beschwerde nur zu, wenn sie in der Entscheidung zugelassen worden ist. [2] Für die Zulassung gilt § 115 Abs. 2 entsprechend.

(4) [1] In Streitigkeiten über Kosten ist die Beschwerde nicht gegeben. [2] Das gilt nicht für die Beschwerde gegen die Nichtzulassung der Revision.

§ 129 [Einlegung der Beschwerde] (1) Die Beschwerde ist beim Finanzgericht schriftlich oder zur Niederschrift des Urkundsbeamten der Geschäftsstelle innerhalb von zwei Wochen nach Bekanntgabe der Entscheidung einzulegen.

(2) Die Beschwerdefrist ist auch gewahrt, wenn die Beschwerde innerhalb der Frist beim Bundesfinanzhof eingeht.

§ 130 [Abhilfe oder Vorlage beim BFH] (1) Hält das Finanzgericht, der Vorsitzende oder der Berichterstatter, dessen Entscheidung angefochten wird, die Beschwerde für begründet, so ist ihr abzuhelfen; sonst ist sie unverzüglich dem Bundesfinanzhof vorzulegen.

(2) Das Finanzgericht soll die Beteiligten von der Vorlage der Beschwerde in Kenntnis setzen.

§ 131 [Aufschiebende Wirkung der Beschwerde] (1) ¹Die Beschwerde hat nur dann aufschiebende Wirkung, wenn sie die Festsetzung eines Ordnungs- oder Zwangsmittels zum Gegenstand hat. ²Das Finanzgericht, der Vorsitzende oder der Berichterstatter, dessen Entscheidung angefochten wird, kann auch sonst bestimmen, daß die Vollziehung der angefochtenen Entscheidung einstweilen auszusetzen ist.

(2) §§ 178 und 181 Abs. 2 des Gerichtsverfassungsgesetzes bleiben unberührt.

§ 132 [Entscheidung über die Beschwerde] Über die Beschwerde entscheidet der Bundesfinanzhof durch Beschluß.

§ 133 [Antrag auf Entscheidung des Gerichts] (1) ¹Gegen die Entscheidung des beauftragten oder ersuchten Richters oder des Urkundsbeamten kann innerhalb von zwei Wochen nach Bekanntgabe die Entscheidung des Finanzgerichts beantragt werden. ²Der Antrag ist schriftlich oder zur Niederschrift des Urkundsbeamten der Geschäftsstelle des Gerichts zu stellen. ³§§ 129 bis 131 gelten sinngemäß.

(2) Im Verfahren vor dem Bundesfinanzhof gilt Absatz 1 für Entscheidungen des beauftragten oder ersuchten Richters oder des Urkundsbeamten der Geschäftsstelle sinngemäß.

Unterabschnitt 3. Wiederaufnahme des Verfahrens

§ 134 [Anwendbarkeit der ZPO] Ein rechtskräftig beendetes Verfahren kann nach den Vorschriften des Vierten Buchs der Zivilprozeßordnung wiederaufgenommen werden.

Dritter Teil. Kosten und Vollstreckung

Abschnitt I. Kosten[1]

§ 135 [Kostenpflichtige] (1) Der unterliegende Beteiligte trägt die Kosten des Verfahrens.

(2) Die Kosten eines ohne Erfolg eingelegten Rechtsmittels fallen demjenigen zur Last, der das Rechtsmittel eingelegt hat.

(3) Dem Beigeladenen können Kosten nur auferlegt werden, soweit er Anträge gestellt oder Rechtsmittel eingelegt hat.

(4) Die Kosten des erfolgreichen Wiederaufnahmeverfahrens können der Staatskasse auferlegt werden, soweit sie nicht durch das Verschulden eines Beteiligten entstanden sind.

(5) [1]Besteht der kostenpflichtige Teil aus mehreren Personen, so haften diese nach Kopfteilen. [2]Bei erheblicher Verschiedenheit ihrer Beteiligung kann nach Ermessen des Gerichts die Beteiligung zum Maßstab genommen werden.

§ 136 [Kompensation der Kosten] (1) [1]Wenn ein Beteiligter teils obsiegt, teils unterliegt, so sind die Kosten gegeneinander aufzuheben oder verhältnismäßig zu teilen. [2]Sind die Kosten gegeneinander aufgehoben, so fallen die Gerichtskosten jedem Teil zur Hälfte zur Last. [3]Einem Beteiligten können die Kosten ganz auferlegt werden, wenn der andere nur zu einem geringen Teil unterlegen ist.

(2) Wer einen Antrag, eine Klage, ein Rechtsmittel oder einen anderen Rechtsbehelf zurücknimmt, hat die Kosten zu tragen.

(3) Kosten, die durch einen Antrag auf Wiedereinsetzung in den vorigen Stand entstehen, fallen dem Antragsteller zur Last.

(4) *(aufgehoben)*

§ 137 [Anderweitige Auferlegung der Kosten] [1]Einem Beteiligten können die Kosten ganz oder teilweise auch dann auferlegt werden, wenn er obsiegt hat, die Entscheidung aber auf Tatsachen beruht, die er früher hätte geltend machen oder beweisen können und sollen. [2]Kosten, die durch Verschulden eines Beteiligten entstanden sind, können diesem auferlegt werden.

§ 138 [Kostenentscheidung durch Beschluß] (1) Ist der Rechtsstreit in der Hauptsache erledigt, so entscheidet das Gericht nach billigem Ermessen über die Kosten des Verfahrens durch Beschluß; der bisherige Sach- und Streitstand ist zu berücksichtigen.

---

[1] Wegen der Berechnung der Kosten siehe §§ 1 und 11 des Gerichtskostengesetzes idF v. 15. 12. 1975 und die Anlage zu § 11 Abs. 2; abgedr. im Anschluß an die FGO.

(2) ¹Soweit ein Rechtsstreit dadurch erledigt wird, daß dem Antrag des Steuerpflichtigen durch Rücknahme oder Änderung des angefochtenen Verwaltungsaktes stattgegeben oder daß im Falle der Untätigkeitsklage gemäß § 46 Abs. 1 Satz 3 Halbsatz 2 innerhalb der gesetzten Frist dem außergerichtlichen Rechtsbehelf stattgegeben oder der beantragte Verwaltungsakt erlassen wird, sind die Kosten der Behörde aufzuerlegen. ²§ 137 gilt sinngemäß.

§ 139 [Erstattungsfähige Kosten] (1) Kosten sind die Gerichtskosten (Gebühren und Auslagen) und die zur zweckentsprechenden Rechtsverfolgung oder Rechtsverteidigung notwendigen Aufwendungen der Beteiligten einschließlich der Kosten des Vorverfahrens.

(2) Die Aufwendungen der Finanzbehörden sind nicht zu erstatten.

(3) ¹Gesetzlich vorgesehene Gebühren und Auslagen eines Bevollmächtigten oder Beistandes, der nach den Vorschriften des Steuerberatungsgesetzes zur geschäftsmäßigen Hilfeleistung in Steuersachen befugt ist, sind stets erstattungsfähig. ²Aufwendungen für einen Bevollmächtigten oder Beistand, für den Gebühren und Auslagen gesetzlich nicht vorgesehen sind, können bis zur Höhe der gesetzlichen Gebühren und Auslagen der Rechtsanwälte erstattet werden. ³Soweit ein Vorverfahren geschwebt hat, sind die Gebühren und Auslagen erstattungsfähig, wenn das Gericht die Zuziehung eines Bevollmächtigten oder Beistandes für das Vorverfahren für notwendig erklärt. ⁴Steht der Bevollmächtigte oder Beistand in einem Angestelltenverhältnis zu einem Beteiligten, so werden die durch seine Zuziehung entstandenen Gebühren nicht erstattet.

(4) Die außergerichtlichen Kosten des Beigeladenen sind nur erstattungsfähig, wenn das Gericht sie aus Billigkeit der unterliegenden Partei oder der Staatskasse auferlegt.

§§ 140, 141. *(aufgehoben)*

§ 142 [Prozeßkostenhilfe] (1) Die Vorschriften der Zivilprozeßordnung über die Prozeßkostenhilfe gelten sinngemäß.

(2) Einem Beteiligten, dem Prozeßkostenhilfe bewilligt worden ist, kann auch ein Steuerberater beigeordnet werden.

§ 143 [Kostenentscheidung] (1) Das Gericht hat im Urteil oder, wenn das Verfahren in anderer Weise beendet worden ist, durch Beschluß über die Kosten zu entscheiden.

(2) Wird eine Sache vom Bundesfinanzhof an das Finanzgericht zurückverwiesen, so kann diesem die Entscheidung über die Kosten des Verfahrens übertragen werden.

§ 144 [Kostenentscheidung bei Rücknahme eines Rechtsbehelfs] Ist ein Rechtsbehelf seinem vollen Umfange nach zurückgenommen worden, so wird über die Kosten des Verfahrens nur entschieden, wenn ein Beteiligter Kostenerstattung beantragt.

§ 145 [Anfechtung der Kostenentscheidung] Die Anfechtung der Entscheidung über die Kosten ist unzulässig, wenn nicht gegen die Entscheidung in der Hauptsache ein Rechtsmittel eingelegt wird.

§§ 146–148. *(aufgehoben)*

§ 149 [Festsetzung der zu erstattenden Aufwendungen]
(1) Die den Beteiligten zu erstattenden Aufwendungen werden auf Antrag von dem Urkundsbeamten des Gerichts des ersten Rechtszuges festgesetzt.

(2) ¹Gegen die Festsetzung ist die Erinnerung an das Gericht gegeben. ²Die Frist für die Einlegung der Erinnerung beträgt zwei Wochen. ³Über die Zulässigkeit der Erinnerung sind die Beteiligten zu belehren.

(3) Der Vorsitzende des Gerichts oder das Gericht können anordnen, daß die Vollstreckung einstweilen auszusetzen ist.

(4) Über die Erinnerung entscheidet das Gericht durch Beschluß.

Abschnitt II. Vollstreckung

§ 150 [Anwendung der Bestimmungen der AO] ¹Soll zugunsten des Bundes, eines Landes, eines Gemeindeverbandes, einer Gemeinde oder einer Körperschaft, Anstalt oder Stiftung des öffentlichen Rechts als Abgabenberechtigte vollstreckt werden, so richtet sich die Vollstreckung nach den Bestimmungen der Abgabenordnung, soweit nicht durch Gesetz etwas anderes bestimmt ist. ²Vollstreckungsbehörden sind die Finanzämter. ³Für die Vollstreckung gilt § 69 sinngemäß.

§ 151 [Anwendung der Bestimmungen der ZPO] (1) ¹Soll gegen den Bund, ein Land, einen Gemeindeverband, eine Gemeinde, eine Körperschaft, eine Anstalt oder Stiftung des öffentlichen Rechts vollstreckt werden, so gilt für die Zwangsvollstreckung das Achte Buch der Zivilprozeßordnung sinngemäß; § 150 bleibt unberührt. ²Vollstreckungsgericht ist das Finanzgericht.

(2) Vollstreckt wird

1. aus rechtskräftigen und aus vorläufig vollstreckbaren gerichtlichen Entscheidungen,

2. aus einstweiligen Anordnungen,

3. aus Kostenfestsetzungsbeschlüssen.

(3) Urteile auf Anfechtungs- und Verpflichtungsklagen können nur wegen der Kosten für vorläufig vollstreckbar erklärt werden.

(4) Für die Vollstreckung können den Beteiligten auf ihren Antrag Ausfertigungen des Urteils ohne Tatbestand und ohne Entscheidungsgründe erteilt werden, deren Zustellung in den Wirkungen der Zustellung eines vollständigen Urteils gleichsteht.

§ 152 [**Vollstreckung wegen Geldforderungen**] (1) [1]Soll im Falle des § 151 wegen einer Geldforderung vollstreckt werden, so verfügt das Vollstreckungsgericht auf Antrag des Gläubigers die Vollstreckung. [2]Es bestimmt die vorzunehmenden Vollstreckungsmaßnahmen und ersucht die zuständigen Stellen um deren Vornahme. [3]Die ersuchte Stelle ist verpflichtet, dem Ersuchen nach den für sie geltenden Vollstreckungsvorschriften nachzukommen.

(2) [1]Das Gericht hat vor Erlaß der Vollstreckungsverfügung die Behörde oder bei Körperschaften, Anstalten und Stiftungen des öffentlichen Rechts, gegen die vollstreckt werden soll, die gesetzlichen Vertreter von der beabsichtigten Vollstreckung zu benachrichtigen mit der Aufforderung, die Vollstreckung innerhalb einer vom Gericht zu bemessenden Frist abzuwenden. [2]Die Frist darf einen Monat nicht übersteigen.

(3) [1]Die Vollstreckung ist unzulässig in Sachen, die für die Erfüllung öffentlicher Aufgaben unentbehrlich sind oder deren Veräußerung ein öffentliches Interesse entgegensteht. [2]Über Einwendungen entscheidet das Gericht nach Anhörung der zuständigen Aufsichtsbehörde oder bei obersten Bundes- oder Landesbehörden des zuständigen Ministers.

(4) Für öffentlich-rechtliche Kreditinstitute gelten die Absätze 1 bis 3 nicht.

(5) Der Ankündigung der Vollstreckung und der Einhaltung einer Wartefrist bedarf es nicht, wenn es sich um den Vollzug einer einstweiligen Anordnung handelt.

§ 153 [**Ohne Vollstreckungsklausel**] In den Fällen der §§ 150, 152 Abs. 1 bis 3 bedarf es einer Vollstreckungsklausel nicht.

§ 154 [**Androhung eines Zwangsgeldes**] [1]Kommt die Finanzbehörde in den Fällen des § 100 Abs. 1 Satz 2 und der §§ 101 und 114 der ihr im Urteil oder in der einstweiligen Anordnung auferlegten Verpflichtung nicht nach, so kann das Gericht des ersten Rechtszuges auf Antrag unter Fristsetzung gegen sie ein Zwangsgeld bis zweitausend Deutsche Mark durch Beschluß androhen, nach fruchtlosem Fristablauf festsetzen und von Amts wegen vollstrecken. [2]Das Zwangsgeld kann wiederholt angedroht, festgesetzt und vollstreckt werden.

Vierter Teil. Übergangs- und Schlußbestimmungen

§ 155 [Anwendung von GVG und von ZPO] Soweit dieses Gesetz keine Bestimmungen über das Verfahren enthält, sind das Gerichtsverfassungsgesetz und, soweit die grundsätzlichen Unterschiede der beiden Verfahrensarten es nicht ausschließen, die Zivilprozeßordnung sinngemäß anzuwenden.

§ 156. *(aufgehoben)*

§ 157 [Folgen der Nichtigkeitserklärung von landesrechtlichen Vorschriften] [1] Hat das Verfassungsgericht eines Landes die Nichtigkeit von Landesrecht festgestellt oder Vorschriften des Landesrechts für nichtig erklärt, so bleiben vorbehaltlich einer besonderen gesetzlichen Regelung durch das Land die nicht mehr anfechtbaren Entscheidungen der Gerichte der Finanzgerichtsbarkeit, die auf der für nichtig erklärten Norm beruhen, unberührt. [2] Die Vollstreckung aus einer solchen Entscheidung ist unzulässig. [3] § 767 der Zivilprozeßordnung gilt sinngemäß.

§ 158 [Eidliche Vernehmung, Beeidigung] [1] Die eidliche Vernehmung eines Auskunftspflichtigen nach § 94 der Abgabenordnung oder die Beeidigung eines Sachverständigen nach § 96 Abs. 7 Satz 5 der Abgabenordnung durch das Finanzgericht findet vor dem dafür im Geschäftsverteilungsplan bestimmten Richter statt. [2] Über die Rechtmäßigkeit einer Verweigerung des Zeugnisses, des Gutachtens oder der Eidesleistung entscheidet das Finanzgericht durch Beschluß.

§ 159. *(aufgehoben)*

§ 160 [Beteiligung und Beiladung] (1) Soweit der Finanzrechtsweg auf Grund des § 33 Abs. 1 Nr. 4 eröffnet wird, können die Beteiligung am Verfahren und die Beiladung durch Gesetz abweichend von den Vorschriften dieses Gesetzes geregelt werden.

(2) *(aufgehoben)*

§ 161 [Aufhebung von Vorschriften] (1) Mit dem Inkrafttreten dieses Gesetzes werden alle Vorschriften früherer Gesetze und Verordnungen, die denselben Gegenstand regeln, aufgehoben, soweit sie nicht schon außer Kraft getreten sind, besonders

1. das Gesetz über Maßnahmen auf dem Gebiete der Finanzgerichtsbarkeit vom 22. Oktober 1957 (Bundesgesetzbl. I S. 1746),

2. das Gesetz über den Bundesfinanzhof vom 29. Juni 1950 (Bundesgesetzbl. I S. 257),

3. die Verordnung Nr. 175 der Britischen Militärregierung (Verordnungsblatt der britischen Zone 1948 S. 385),

4. das Gesetz über die Ermächtigung der Landesregierungen zur Verlängerung der Wahlperiode der ehrenamtlichen Mitglieder der Finanzgerichte vom 21. Juli 1954 (Bundesgesetzbl. I S. 213),

5. §§ 50 und 51 der Dritten Steuernotverordnung vom 14. Februar 1924 (Reichsgesetzbl. I S. 74),

6. die Rechtsanordnung über die Wiedereinführung des Berufungsverfahrens in Steuersachen und über die Errichtung eines Finanzgerichts vom 21. März 1947 (Regierungsblatt für das Land Württemberg-Hohenzollern S. 102),

7. die Verordnung zum Vollzug des Kontrollratsgesetzes Nr. 36 über Verwaltungsgerichte vom 25. August 1948 (Badisches Gesetz- und Verordnungsblatt S. 111),

8. das Gesetz über die Finanzgerichte vom 30. Juni 1958 (Gesetzblatt für Baden-Württemberg S. 170),

9. das Gesetz zur Wiederherstellung der Finanzgerichtsbarkeit vom 19. Mai 1948 (Bayerisches Gesetz- und Verordnungsblatt S. 87),

10. die Finanzgerichtsordnung vom 22. Oktober 1948 (Bereinigte Sammlung der bayerischen Finanzverwaltungsvorschriften I S. 321),

11. das Gesetz über die Finanzgerichtsbarkeit vom 21. Dezember 1957 (Gesetzblatt der Freien Hansestadt Bremen S. 183),

12. die Finanzgerichtsordnung vom 13. Oktober 1947 (Gesetz- und Verordnungsblatt für das Land Hessen S. 108),

13. die Verordnung über die Vereidigung der Mitglieder der Finanzgerichte vom 31. Mai 1949 (Gesetz- und Verordnungsblatt für das Land Nordrhein-Westfalen S. 177),

14. die Verordnung über die Verlängerung der Wahlperiode der ehrenamtlichen Mitglieder der Finanzgerichte vom 12. August 1958 (Gesetz- und Verordnungsblatt für das Land Nordrhein-Westfalen S. 343),

15. das Landesgesetz über die Errichtung eines Finanzgerichts für das Land Rheinland-Pfalz vom 11. August 1949 (Gesetz- und Verordnungsblatt der Landesregierung Rheinland-Pfalz I S. 338),

16. die Finanzgerichtsordnung vom 15. Mai 1951 (Amtsblatt des Saarlandes S. 660),

17. das Gesetz Nr. 616 über Maßnahmen auf dem Gebiet der Finanzgerichtsbarkeit des Saarlandes vom 28. Januar 1958 (Amtsblatt des Saarlandes S. 425),

und alle zu diesem Gegenstand ergangenen Ausführungsgesetze und -verordnungen und Verwaltungsvorschriften.

(2) Soweit andere Gesetze Bezeichnungen verwenden oder Vorschriften enthalten, die durch dieses Gesetz aufgehoben werden, treten an deren Stelle die entsprechenden Bezeichnungen und Vorschriften dieses Gesetzes.

§§ 162–181 *[enthalten Änderungen von Gesetzen, die, soweit sie in dieser Sammlung abgedruckt sind, berücksichtigt sind]*

§ 182. *(aufgehoben)*

§ 183 **[Geltung in Berlin]** *(gegenstandslos)*

§ 184[1] **[Inkrafttreten, Überleitungsvorschriften]** (1) [1]Dieses Gesetz tritt am 1. Januar 1966 in Kraft. [2]§ 162 Nr. 33, 44, 46 und 52 sowie Vorschriften, die zum Erlaß von Rechtsverordnungen ermächtigen oder den Erlaß von Landesgesetzen vorsehen, treten am Tage nach der Verkündung[2] in Kraft.

(2) Für die Überleitung gelten folgende Vorschriften:

1. [1]In Sachen, in denen der Lauf einer Frist für einen Rechtsbehelf vor dem Inkrafttreten des Gesetzes begonnen hat, richten sich die Frist und die Zuständigkeit für die Entscheidung über den Rechtsbehelf nach den bisherigen Vorschriften, das weitere Verfahren nach den Vorschriften dieses Gesetzes. [2]In den Fällen, in denen nach den bisherigen Vorschriften der Lauf einer Frist nicht begonnen hat, weil eine ausreichende Rechtsbehelfsbelehrung fehlte, kann der Rechtsbehelf nur bis zum Ablauf eines Jahres nach dem Inkrafttreten des Gesetzes erhoben werden. [3]§ 56 Abs. 3 gilt sinngemäß.

2. Die Zulässigkeit eines Rechtsbehelfs gegen die vor dem Inkrafttreten des Gesetzes ergangenen Entscheidungen richtet sich nach den bisher geltenden Vorschriften.

3. [1]Ist eine Sache bei dem Inkrafttreten des Gesetzes bei einem Finanzgericht anhängig, so richtet sich die Zuständigkeit nach den bisher geltenden Vorschriften. [2]§ 3 Abs. 1 Nr. 6 bleibt unberührt.

4. [1]Das Amt der bei dem Inkrafttreten des Gesetzes berufenen ehrenamtlichen Finanzrichter endet spätestens ein Jahr nach dem Inkrafttreten des Gesetzes. [2]Die Vorschlagslisten nach § 25 sind erstmals innerhalb von sechs Monaten nach dem Inkrafttreten des Gesetzes aufzustellen.

5. Will in einer Rechtsfrage ein Senat des Bundesfinanzhofs von einer vor dem Inkrafttreten des Gesetzes ergangenen Entscheidung eines anderen Senats oder des Großen Senats oder von einer Entscheidung des ehemaligen Obersten Finanzgerichtshofs in München abweichen, so entscheidet der Große Senat (§ 11) nur, wenn die frühere Entscheidung gemäß § 64 der Reichsabgabenordnung veröffentlicht worden ist.

---

[1] § 184 betrifft das Inkrafttreten des G in seiner ursprünglichen Fassung v. 6. 10. 1965. Das Inkrafttreten der späteren Änderungen ergibt sich aus den jeweiligen Änderungsgesetzen.

[2] Verkündet am 9. 10. 1965.

Anhang

(zu §§ 135 ff. FGO, Kosten)
§§ 1 und 11 des Gerichtskostengesetzes

In der Fassung der Bek. vom 15. Dezember 1975 (BGBl. I S. 3047)
Zuletzt geändert durch Gesetz vom 24. 6. 1994 (BGBl. I S. 1325)

§ 1 Geltungsbereich. (1) Für das Verfahren
a), b) . . .
c) vor den Gerichten der Finanzgerichtsbarkeit nach der Finanzgerichtsordnung,
d) . . .
werden Kosten (Gebühren und Auslagen) nur nach diesem Gesetz erhoben.
(2), (3) . . .

§ 11 Höhe der Kosten. (1) Kosten werden nach dem Kostenverzeichnis der Anlage 1 zu diesem Gesetz erhoben.

(2) Die Gebühren richten sich nach dem Wert des Streitgegenstandes (Streitwert), soweit nichts anderes bestimmt ist. Die Gebühr bei einem Streitwert bis 600 DM beträgt 50 DM. Die Gebühr erhöht sich bei einem

Streitwert bis . . . DM	für jeden angefangenen Betrag von weiteren . . . DM	um . . . DM
3 000	600	20
10 000	1 000	15
20 000	2 000	30
50 000	5 000	45
100 000	10 000	60
400 000	30 000	200
1 000 000	60 000	295
über 1 000 000	100 000	300

Eine Gebührentabelle für Streitwerte bis eine Million Deutsche Mark ist diesem Gesetz als Anlage 2 beigefügt.

(3) Der Mindestbetrag einer Gebühr ist 20 Deutsche Mark. Dies gilt nicht für das durch die Geschäftsstelle an die Post gerichtete Ersuchen um Bewirkung einer Zustellung (§ 196 ZPO). Pfennigbeträge werden auf volle zehn Deutsche Pfennig aufgerundet.

Anlage 1[1)] (zu § 11 Abs. 1 GKG)

Kostenverzeichnis

. . . .

Teil 3
Verfahren vor den Gerichten der Finanzgerichtsbarkeit

Nr.	Gebührentatbestand	Gebührenbetrag oder Satz der Gebühr nach § 11 Abs. 2 GKG
I. Prozeßverfahren		
1. Prozeßverfahren erster Instanz		
3110	Verfahren im allgemeinen, soweit es sich nicht nach § 45 Abs. 3 FGO erledigt. . . . . Die Gebühr entfällt bei Zurücknahme der Klage vor Ablauf des Tages, an dem ein Beweisbeschluß oder ein Gerichtsbescheid unterschrieben ist, und früher als eine Woche vor Beginn des Tages, der für die mündliche Verhandlung vorgesehen war; die Erledigung des Rechtsstreits in der Hauptsache (§ 138 FGO) steht der Zurücknahme nicht gleich.	1,0
3113	Gerichtsbescheid (§ 90a FGO) außer Zwischengerichtsbescheid, Grundurteil (§ 99 Abs. 1 FGO), Vorbehaltsurteil (§ 155 FGO i.V.m. § 302 ZPO)	1,0
3114	Endurteil, soweit die Gebühr 3113 entstanden ist	1,5
3115	Endurteil, soweit die Gebühr 3113 nicht entstanden ist	2,5
3118	Beschluß nach § 138 FGO, soweit nicht bereits die Gebühr 3114 oder 3115 entstanden ist	1,5
2. Revisionsverfahren		
3130	Verfahren im allgmeinen	2,0
3131	Zurücknahme der Revision oder der Klage, bevor die Schrift zur Begründung der Revision bei Gericht eingegangen ist; die Erledigung des Rechtsstreits in der Hauptsache (§ 138 FGO) steht der Zurücknahme nicht gleich: Die Gebühr 3130 ermäßigt sich auf	0,5
3133	Gerichtsbescheid (§ 90a FGO) außer Zwischengerichtsbescheid	1,5
3134	Urteil, das die Instanz abschließt, soweit die Gebühr 3133 entstanden ist	1,5
3135	Urteil, das die Instanz abschließt, soweit die Gebühr 3133 nicht entstanden ist	3,0

[1)] Anlage 1 neugef. mWv 1. 7. 1994 durch G v. 24. 6. 1994 (BGBl. I S. 1325).

Nr.	Gebührentatbestand	Gebührenbetrag oder Satz der Gebühr nach § 11 Abs. 2 GKG
3138	Beschluß nach § 138 FGO	1,5

II. Einstweilige Anordnungen, Verfahren nach § 69 Abs. 3, 5 FGO

3210	Verfahren über den Antrag . . . . In Verfahren über den Antrag auf Erlaß und über den Antrag auf Aufhebung einer einstweiligen Anordnung werden die Gebühren jeweils gesondert erhoben. Mehrere Verfahren nach § 69 Abs. 3, 5 FGO gelten innerhalb eines Rechtszuges als ein Verfahren.	0,5

III. Selbständige Beweisverfahren, Verzögerung des Rechtsstreits

3300	Selbständiges Beweisverfahren	0,5
3310	Auferlegung einer Gebühr nach § 34 GKG wegen Verzögerung des Rechtsstreits	wie vom Gericht bestimmt

IV. Beschwerdeverfahren

3400	Verfahren über die Beschwerde nach § 114 FGO	1,0
3401	Verfahren über die Beschwerde gegen eine Entscheidung im Verfahren über die Prozeßkostenhilfe: Die Beschwerde wird verworfen oder zurückgewiesen . . . . Wird die Beschwerde nur teilweise verworfen oder zurückgewiesen, kann das Gericht die Gebühr nach billigem Ermessen auf die Hälfte ermäßigen oder bestimmen, daß eine Gebühr nicht zu erheben ist.	50 DM
3402	Verfahren über nicht besonders aufgeführte Beschwerden, die nicht nach anderen Vorschriften gebührenfrei sind: Soweit die Beschwerde verworfen oder zurückgewiesen wird	1,0

Anlage 2[1]) (zu § 11 Abs. 2 GKG)

Gebührentabelle

Streitwert bis . . . DM	Gebühr . . . DM	Streitwert bis . . . DM	Gebühr . . . DM
600	50	70 000	775
1 200	70	80 000	835
1 800	90	90 000	895
2 400	110	100 000	955
3 000	130	130 000	1 155
4 000	145	160 000	1 355
5 000	160	190 000	1 555
6 000	175	220 000	1 755
7 000	190	250 000	1 955
8 000	205	280 000	2 155
9 000	220	310 000	2 355
10 000	235	340 000	2 555
12 000	265	370 000	2 755
14 000	295	400 000	2 955
16 000	325	460 000	3 250
18 000	355	520 000	3 545
20 000	385	580 000	3 840
25 000	430	640 000	4 135
30 000	475	700 000	4 430
35 000	520	760 000	4 725
40 000	565	820 000	5 020
45 000	610	880 000	5 315
50 000	655	940 000	5 615
60 000	715	1 000 000	5 905

---

[1]) Anlage 2 neugef. mWv 1. 7. 1994 durch G v. 24. 6. 1994 (BGBl. I S. 1325).

3. Gesetz zur Entlastung des Bundesfinanzhofs

Vom 8. Juli 1975 (BGBl. I S. 1861)

Geändert durch Gesetze vom 4. 8. 1980 (BGBl. I S. 1147), vom 14. 12. 1984 (BGBl. I S. 1514), vom 4. 7. 1985 (BGBl. I S. 1274), vom 3. 12. 1987 (BGBl. I S. 2442), vom 22. 12. 1989 (BGBl. I S. 2404), vom 17. 12. 1990 (BGBl. I S. 2847), vom 20. 12. 1991 (BGBl. I S. 2288), vom 21. 12. 1992 (BGBl. I S. 2109) und vom 20. 12. 1993 (BGBl. I S. 2236)

BGBl. III 302-4

Der Bundestag hat das folgende Gesetz beschlossen:

Art. 1 Entlastungsvorschriften. Bis zum 31. Dezember 1996 gelten für Beschwerden und Revisionen nach der Finanzgerichtsordnung sowie für Verfahren im ersten Rechtszug vor dem Bundesfinanzhof die folgenden besonderen Vorschriften:

1. [1] Vor dem Bundesfinanzhof muß sich jeder Beteiligte durch einen Rechtsanwalt, Steuerberater oder Wirtschaftsprüfer als Bevollmächtigten vertreten lassen. [2] Dies gilt auch für die Einlegung der Revision sowie der Beschwerde. [3] Juristische Personen des öffentlichen Rechts und Behörden können sich auch durch Beamte oder Angestellte, welche die Befähigung zum Richteramt besitzen, vertreten lassen.

2.–4. *(aufgehoben)*

5. [1] Abweichend von § 115 Abs. 1 der Finanzgerichtsordnung findet die Revision nur statt, wenn das Finanzgericht oder auf Beschwerde gegen die Nichtzulassung der Bundesfinanzhof sie zugelassen hat.

6. Der Beschluß des Bundesfinanzhofs nach § 115 Abs. 5 der Finanzgerichtsordnung über die Beschwerde gegen die Nichtzulassung der Revision bedarf keiner Begründung.

7. [1] Der Bundesfinanzhof kann über die Revision in der Besetzung von fünf Richtern durch Beschluß entscheiden, wenn er einstimmig die Revision für unbegründet und eine mündliche Verhandlung nicht für erforderlich hält. [2] Die Beteiligten sind vorher davon zu unterrichten und zu hören. [3] Die Voraussetzungen dieses Verfahrens sind im Beschluß festzustellen; einer weiteren Begründung bedarf es nicht.

8. [1] Die Entscheidung über die Revision braucht nicht begründet zu werden, soweit der Bundesfinanzhof Rügen von Verfahrensmängeln nicht für durchgreifend hält. [2] Dies gilt nicht für Rügen nach § 119 der Finanzgerichtsordnung.

Art. 2 Übergangsvorschriften

1. [1] In Verfahren vor dem Bundesfinanzhof über Klagen nach § 37 der Finanzgerichtsordnung, die vor Inkrafttreten dieses Gesetzes erhoben worden sind oder für die eine Klagefrist vor Inkrafttreten dieses Gesetzes begonnen hat, ist Artikel 1 Nr. 1 nicht anzuwenden. [2] Das gleiche gilt für Verfahren über Rechtsmittel gegen Entscheidungen der Finanzgerichte, die vor Inkrafttreten dieses Gesetzes verkündet oder von Amts wegen an Stelle einer Verkündung zugestellt worden sind. [3] In Verfahren, die bis zum 31. Dezember 1978 bei dem Bundesfinanzhof anhängig geworden sind, können sich die Beteiligten abweichend von Artikel 1 Nr. 1 auch durch Steuerbevollmächtigte vertreten lassen.

2. Die Zulässigkeit eines Rechtsmittels gegen Entscheidungen der Finanzgerichte, die vor Inkrafttreten dieses Gesetzes verkündet oder von Amts wegen an Stelle einer Verkündung zugestellt worden sind, richtet sich nach den bisher geltenden Vorschriften.

3. Die Zulässigkeit eines Rechtsmittels gegen Entscheidungen der Finanzgerichte, die in der Zeit vom Inkrafttreten dieses Gesetzes bis zum 31. Dezember 1996 verkündet oder von Amts wegen an Stelle einer Verkündung zugestellt werden, richtet sich nach Artikel 1 Nr. 3 bis 5 dieses Gesetzes.

Art. 3 *(aufgehoben)*

Art. 4 Inkrafttreten. Dieses Gesetz tritt am 15. September 1975 in Kraft.

Sachverzeichnis

Die fett gedruckte Ziffer nach dem Stichwort bezeichnet die Nummer innerhalb der Ausgabe, die nachfolgende magere Ziffer den Paragraphen der Vorschrift bzw. beim AO-Anwendungserlaß den Paragraphen der AO, auf den er sich bezieht.

Sachverzeichnis Fette Ziffern = Nummern der Gesetze

Buchanzeigen

STEUERRECHT im

Textausgaben

SteuerG 1 · Steuergesetze I
Einkommensteuer einschließlich Neben-bestimmungen sowie Einkommensteuer-Tabellen, Gewerbesteuer, Körperschaft-steuer, Umwandlungssteuer.
(dtv-Band 5549, Beck-Texte)

SteuerG 2 · Steuergesetze II
Außensteuer, Berlinförderung, Bewer-tungsrecht, Erbschaft- und Schenkung-steuer, Grunderwerbsteuer, Grundsteuer, Umsatzsteuer, Sonstige Verkehrsteuern.
(dtv-Band 5550, Beck-Texte)

LStRecht
Lohnsteuerrecht
Lohnsteuer-Durchführungsverordnung, Lohnsteuer-Richtlinien.
(dtv-Band 5540, Beck-Texte)

Lohnsteuer-Tabellen 1993
Lohnsteuer-Tabellen Tag, Woche, Monat, Jahr mit Vorbemerkungen, Zusatztabellen und Berechnungsanleitungen.
Einkommensteuer-Tabellen 1993:
Grund- und Splittingtabelle mit Vorbemer-kungen.
(dtv-Band 5541, Beck-Texte)

EStRecht
Einkommensteuerrecht
Einkommensteuergesetz mit Einkommen-steuer-Grund- und -Splittingtabelle, Ein-kommensteuer-Durchführungsverordnung, Einkommensteuer-Richtlinien.
(dtv-Band 5542, Beck-Texte)

KStRecht
Körperschaftsteuerrecht
Körperschaftsteuergesetz mit Körper-schaftsteuer-Durchführungsverordnung und Körperschaftsteuer-Richtlinien.
(dtv-Band 5544, Beck-Texte)

GewStRecht
Gewerbesteuerrecht
Gewerbesteuergesetz mit Gewerbesteuer-Durchführungsverordnung und Gewerbe-steuer-Richtlinien.
(dtv-Band 5545, Beck-Texte)

UStRecht · Umsatzsteuerrecht
Umsatzsteuerrecht mit Umsatz-steuer-Durchführungsverordnung und Um-satzsteuer-Richtlinien 1992.
(dtv-Band 5546, Beck-Texte)

VStRecht · Vermögensteuer- und Bewertungsrecht
Bewertungsgesetz, Vermögensteuerge-setz, Anteilsbewertungsverordnung, Ver-mögensteuer-Richtlinien, Richtlinien für die Bewertung des Grundvermögens.
(dtv-Band 5547, Beck-Texte)

AO · FGO · Abgabenordnung
mit Finanzgerichtsordnung und Nebengesetzen.
(dtv-Band 5548, Beck-Texte)

Rechtsberater

Schneidewind/Schiml
Alles über Steuern von A–Z
Einkommensteuer, Lohnsteuer, Mehrwert-steuer, Gewerbesteuer, Grundsteuer, Kör-perschaftsteuer, Vermögensteuer, Zinsab-schlag, Verfahrensrecht und EG-Binnen-markt 1993.
(dtv-Band 5049, Beck-Rechtsberater)

Bunjes
Steuer-ABC für Freiberufler
(dtv-Band 5065, Beck-Rechtsberater)

Würdinger
Wegweiser durch das Einkommen- und Lohnsteuer-recht
Einkünfte, abzugsfähige Ausgaben, Son-

Die schnelle Alternative für Ihren PC

Jungbeck/Zeitlhöfler
Lohnsteuer-Tabellen 1995
für PC

Von Helmut Jungbeck
und Dipl.-Finanzwirt Gerhard Zeitlhöfler

Beck-Software im dtv, Band 50551, 4. Auflage. 1994
Rd. 46 Seiten Programmanleitung
Komplett mit 9 cm (3½″) Diskette (DD 720 KB) für
IBM-kompatible PC mit Betriebssystem MS-DOS
ab Version 3.0. Festplatte nicht erforderlich.
Auch unter Windows lauffähig. Ca. DM 78,–
(unverbindliche Preisempfehlung)

Das Angebot:
- Lohn- und Kirchensteuer vom Tages-, Wochen-, Monats- und
  Jahreslohn einschließlich der neuen Zusatztabellen für 1995
- Automatische Berücksichtigung von Freibeträgen
- Jahres-Einkommensteuer nach Grund- und Splittingtabelle
- Jahres-Einkommensteuer mit Progressionsvorbehalt
- Hochrechnung von Netto- und Bruttolohn
- Berechnung der Beiträge zur Renten-, Arbeitslosen-, Kranken-
  und Pflegeversicherung
- Übergangstabellen Solidaritätszuschlag
- Textprogramm für Ihre persönlichen Notizen
- Routine zur Steuerklassenwahl
- Berechnung von Lohnpfändungen
- Gesamtlohnkostenbelastung
- Steuerbelastungsvergleich

Und noch mehr:
Als zusätzlichen Service enthält die Diskette die alten Lohnsteuer-
Tabellen 1992, 1993 und 1994.

Beck-Software
im

dtv

Deutscher
Taschenbuch
Verlag

Die zeitgemäße Alternative für Klein- und Mittelbetriebe,
Selbständige, Handwerker und Freiberufler:

Jungbeck/Zeitlhöfler
Lohnberechnung 1995 am PC

Programm zur Lohnabrechnung 1995 von Helmut Jungbeck und
Dipl.-Finanzwirt Gerhard Zeitlhöfler

Beck-Software im dtv, Band 50553, 3. Auflage. 1995
Originalsoftware. Ca. 100 Seiten Programmanleitung
Mit 9 cm (3½˝) Diskette (DD 720 KB) für IBM-kompatible PC mit Betriebssystem MS-DOS
ab Version 3.0 mit Arbeitsspeicher von mind. 512 KB. Festplatte
erforderlich. Ca. DM 128,– (unverbindliche Preisempfehlung)

Das Angebot:
Vollwertiges, einfach zu handhabendes, Software-unabhängiges Lohnab-
rechnungsprogramm zur Berechnung und Erstellung der Lohn- und Gehaltsabrechnungen für alle Lohnarten (außer Baulohn) an Ihrem PC zum
„Taschenbuch-Preis".

Die Leistung:
– Berechnung der Löhne und Gehälter, Erstellung, Speicherung und
  Ausdruck der Lohn- und Gehaltsabrechnungen
– Erstellung und Druck der Beitragsnachweise zur Sozialversicherung
  (Kranken-, Renten-, Arbeitslosen- und Pflegeversicherung)
– Druck eines monatlichen Lohnjournals
– Mandantenfähig (bis zu 99 Mandanten/Arbeitnehmeranzahl unbegrenzt)
– Erstellung und Druck der Lohnsteueranmeldungen und Lohnsteuer-
  Jahresbescheinigung (nachrichtlich)
– Lohnkontenführung für jeden Arbeitnehmer
– Sonderroutinen für Aushilfen, geringfügige Beschäftigung und
  Lohnpfändung
– Schnellberechnungsprogramm
– Eingebautes Textprogramm
– Teillohnzahlungszeiträume
– Hochrechnung von Netto- auf Bruttolohn
– Jederzeit abrufbare Hilfedateien zu den einzelnen Eingabefeldern
und . . . und . . . und . . .

Wichtiger Hinweis für Bezieher der 2. Auflage:
Bei der Version 1995 werden die für 1994 angelegten Stammdaten bei der
Installation automatisch übernommen.

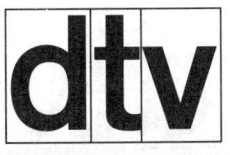

Beck-Software
im

dtv

Deutscher
Taschenbuch
Verlag

Einkommensteuer – schnell berechnet

Den Band Schreyer, Einkommen-Steuer-Sparer 1994,
können Sie wieder mit dem bewährten
Schnellberechnungsprogramm erwerben

Schreyer/Uranic/Spriesterbach

Einkommensteuer-
Berechnungsprogramm

zur Einkommensteuer-Erklärung 1993

Von Dietmar Schreyer, Markus Uranic und
Frank Spriesterbach

Beck-Rechtsberater im dtv: Band 5607. 3. Auflage. 1993
Komplettangebot zus. DM 39.90
(unverbindliche Preisempfehlung)

Mit Buch (Schreyer, Einkommen-Steuer-Sparer 1994, 471 Seiten), 9 cm (3½˝)-Diskette und ausführlicher Programmanleitung
(rd. 40 Seiten) für IBM-kompatible PC (XT/AT) mit dem
Betriebssystem MS-DOS ab Version 3.3 und Arbeitsspeicher
von mindestens 512 KB.

Originalsoftware

neu in der 3. Auflage:

Sie können direkt unter Eingabe des zu versteuernden Einkommens in der Einkommensteuer- und -zusatztabelle nachschlagen –
beispielsweise um Steuerbelastungsvergleiche vorzunehmen.

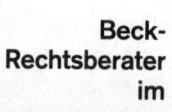

Beck-
Rechtsberater
im

Deutscher
Taschenbuch
Verlag

Die Alternative für den kühlen Rechner!

Christof Helfrich
LEASCALC
Leasing oder Kauf

Entscheidungsfindung am PC

Von Dipl.-Betriebswirt Christof Helfrich

Beck-Software im dtv, Band 50554, 1993
Originalsoftware. 68 Seiten Programmanleitung
Mit je einer 9 cm (3½˝)-Diskette und einer 13 cm (5¼˝)-Diskette für
IBM-kompatible PC (XT, AT) mit Arbeitsspeicher von mindestens
512 KB und Festplatte.
DM 68,– (unverbindliche Preisempfehlung)

Ist Leasing

für Sie wirklich die bessere Alternative? Mit Hilfe des EDV-
Programms „LEASCALC" können Sie sich leicht ein eigenes Urteil
bilden. Besondere PC-Kenntnisse sind nicht erforderlich.

Auf Ihre Bedürfnisse zugeschnitten:

Durch die Einteilung in drei gesonderte, voneinander unabhängige
Berechnungsroutinen ist das Programm geeignet sowohl für
Gewerbetreibende und **Selbständige** als auch für **Privatpersonen**.
In allen Fällen können Sie nach Ihren persönlichen Bedürfnissen
Berechnungsparameter auswählen. Das Programm berücksichtigt
beispielsweise

- Mietsonderzahlungen,
- Investitionszulagen,
- Leasing-Raten als Faktor (%) oder Betrag (DM)
- Zinsen für Eigen- und Fremdkapital,
- die persönliche Steuersituation (ESt/KSt, GewSt, VSt),
- Marktpreis des Leasing-Objekts,
- lineare, degressive oder Wechsel von der degressiven zur
  linearen Abschreibung

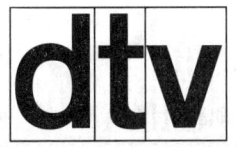

Beck-Software
im

Deutscher
Taschenbuch
Verlag

Die neue Dimension der Einkommensteuererklärung
für jedermann in der 3. Auflage

Uranic/Spriesterbach

Mit Ausdruck auf die Steuerformulare

ELSTER
Einkommensteuer 1995
am PC
zur Steuererklärung 1994

Erfassung, Beratung, Berechnung, Ausdruck

Von Dipl.-Finanzwirt Markus Uranic und math.-tech. Ass.
Frank Spriesterbach

3. Auflage. 1994. Beck-Software im dtv, Band 50552

Originalsoftware, 88 Seiten Programmanleitung. Mit zwei 9 cm (3½´´)-
Disketten (DD 720 KB) für IBM-kompatible PC mit Betriebssystem
MS-DOS ab Version 3.3 mit Arbeitsspeicher von mind. 640 KB.
Festplatte erforderlich. Auch unter Windows lauffähig. Ca. DM 89.–
(unverbindliche Preisempfehlung)

Was kann ELSTER?

ELSTER erfaßt und ermittelt die Besteuerungsgrundlagen für alle Ein-
kunftsarten, berät Sie bei materiell-rechtlichen Steuerfragen, rechnet
aus, ob Sie Geld vom Finanzamt zurückbekommen, druckt Ihnen die
Steuererklärung auf den Originalformularen aus.

Wie geht ELSTER vor?

ELSTER erfragt im Dialog mit Ihnen alle notwendigen Daten für die
Einkommensteuererklärung. Die Eingabe und Abfrage der Daten erfolgt
mittels modernster Fenstertechnik – bei Problemen helfen die jederzeit
zuschaltbaren umfangreichen Datenbanken weiter, die alles notwendige
materiell-rechtliche Hintergrundwissen enthalten.

ELSTER geht strikt nach dem Einkommensteuerformular vor – Sie können
aber auch den Weg über die Eingabe von Stichwörtern wählen.

Hinweis für die Bezieher der Vorversion:

Die 3. Auflage des Programms kann als „Up-Date" unter demselben Da-
teinamen wie die Vorversion installiert werden – die für die Einkommensteuererklärung 1993 eingegebenen Stammdaten bleiben dann
erhalten.

**Beck-Software
im** **dtv** **Deutscher
Taschenbuch
Verlag**